国家社会科学基金重大项目

中国财富分配模式
CHINESE WEALTH DISTRIBUTION MODEL

岳公正 等著

中国财经出版传媒集团
中国财政经济出版社
·北京·

图书在版编目（CIP）数据

中国财富分配模式/岳公正等著．--北京：中国财政经济出版社，2025.3．--ISBN 978-7-5223-3591-9

Ⅰ.F124.7

中国国家版本馆CIP数据核字第2025KV1219号

责任编辑：蔡丽兰　郁东敏	责任校对：胡永立
封面设计：中通世奥	责任印制：党　辉

中国财富分配模式
ZHONGGUO CAIFU FENPEI MOSHI

中国财政经济出版社 出版
URL：http://www.cfeph.cn
E-mail：cfeph@cfeph.cn
（版权所有　翻印必究）
社址：北京市海淀区阜成路甲28号　邮政编码：100142
营销中心电话：010-88191522
天猫网店：中国财政经济出版社旗舰店
网址：https://zgczjjcbs.tmall.com
涿州汇美亿浓印刷有限公司印刷　各地新华书店经销
成品尺寸：185mm×260mm　16开　31.25印张　548 000字
2025年3月第1版　2025年3月河北第1次印刷
定价：128.95元
ISBN 978-7-5223-3591-9
（图书出现印装问题，本社负责调换，电话：010-88190548）
本社图书质量投诉电话：010-88190744
打击盗版举报热线：010-88191661　QQ：2242791300

项目批准号：12&ZD042

项目类别：国家社会科学基金重大项目

项目名称：工业化国家国民财富分配制度重大改革、调节机制和政策体系比较研究

最终成果名称：工业化国家国民财富分配制度重大改革、调节机制和政策体系研究

学科分类：管理学、经济学、社会学、政治学

成果形式：专著

科研工作委员会成员

名誉主任：苏海南

主　任：岳公正

副主任：马红梅　刘晓丽　张跃泷　贺　军　马　君
　　　　　岳　缠

委　员：康　娜　何媛媛　王小峰　刘　琰　刘　洋
　　　　　杨雪莹　刘　花　张耀凯　李锦鸿　段荷蓉
　　　　　欧阳秋珍　黄凯源　颜泽东　林玥岐　李珊伊
　　　　　张　锰　王俊停　陆云燕　池家飞　朱文翰
　　　　　丁　健　顾　敏　王学力　吴浩弘

序言（一）

实现收入分配公平，发展扩大中等收入群体，是世界各国普遍关注的社会经济问题。发展扩大中等收入群体，既是经济发展、社会进步的必然结果，也是各国政府应尽的责任，更是各国人民群众特别是中低收入普通老百姓的热切期盼。在1985年由T.莱维首次提出经济全球化概念迄今40年来，在各国经济社会发展相互紧密联系、相互融合、相互影响促进的新时代，特别是在习近平主席于2017年1月17日在达沃斯"世界经济论坛"首次提出"人类命运共同体"理念的时代背景下，本书致力于中国式现代化的收入分配理论创新，探索研究我国收入分配制度向财富分配制度转型，尤其是扩大中等收入群体等关键性改革问题，具有重要的现实意义。

在全球扩大中等收入群体是一项意义重大、影响深远的大事、好事，也是一项涉及面很广、庞大而复杂的系统工程，需要我国和世界各国的联合行动。

第一，各国要树立"协同联动扩中"的理念，其中"扩中"是指扩大中产阶层的规模。全球行动需要全球共同认可理念的指导和引领。由于扩大中等收入群体是涉及各国国家利益及其老百姓群体利益的大事、好事，且在经济全球化的背景下，各国经济相互依存、相互影响、相互融合、相互促进，各国"扩中"必然要以本国以及全球经济平稳顺利发展为基础，因而各国的"扩中"具有内在的联系性和互动性，需要各国树立"协同联动扩中"的理念，以此来指导推动全球范围内扩大中等收入群体的工作。正如习近平主席在世界经济论坛2017年年会开幕式上的主旨演讲中指出的："人类已经成为你中有我、我中有你的命运共同体，利益高度融合，彼此相互依存。每个国家都有发展权利,同时都应该在更加广阔的层面考虑自身利益,不能以损害其他国家利益为代价",为此,要"坚持协同联动"。各国应把本国的"扩中"既视为有利于本国人民利益和经济发展的好事,也应将其视为有利于促进与本国有密切或较多经贸联系国家经济发展和"扩中"的好事;同时,各国应把别国特别是与本国有密切或较多经贸联系国家的"扩中"视为本国"扩中"的机遇,绝不能将本国"扩中"视为以别国"缩中"为条件,也不能将别国"扩中"视为对本国"扩中"的制约和阻碍。各国"扩中"千万不要有以邻为壑的零和想法,最高的境界是互利双赢共同做好"扩中"这件大事、好事,起码的要求是从利己出发,惠及他人,要破除损人利己的坏观念,更要根除损人又不利己的毒观念。所以,要在全球范围内推动扩大中等收入群体的行动,率先树立"协同联动扩中"的理念是推行此项全球行动的思想认识基础。

第二,全球"扩中"要梳理明确基本思路。扩大中等收入群体要以经济平稳顺利发展为前提,以持续做大做好社会财富"蛋糕"为基础,同时还需要一系列关于经济社会领域特别是其中收入分配领域的相关改革措施来推进,才能取得好效果。就全球范围"扩中"而言,前者,正如习近平主席在世界经济论坛2017年年会开幕式上的主旨演讲标题"共担时代责任,共促全球发展"所界定的,只有继续实行经济全球化,各国共同做好"四个坚持,四个打造",即坚持创新驱动,打造富有活力的增长模式;坚持协同联动,打造开放共赢的合作模式;坚持与时俱进,打造公平合理的治理模式;坚持公平包容,打造平衡普惠的发展模式。在这样的基础之上,就一定能够保持并促进全球经济的平稳顺利发展,为全球"扩中"夯实经济物质基础。后者,则需要各国从本国实际出发,深化经济社会等多领域改革,特别是深化收入分配和财富分配制度、机制的改革,将做大做好的社会财富"蛋糕"更公正公平地分配给本国全体人民,从而扩大中等收入群体,促进全球该群体比重的明显提升,造福全球的老百姓。据此可简要归纳基本思路如下:以共担时代责任、共促全球发展理念为指引,通过打造富有活力的增长模式、开放共赢的合作模式、公平合理的治理模式、平衡普惠的发展模式,保持并促进全球经济平稳顺利发展,为全球"扩中"提供必要的经济物质基础。同时,坚持"协同联动扩中"的理念,通过各国深化经济社会领域特别是居民收入和财富分配制度改革,加强各国有益经验交流,形成全球"扩中"联合行动,加快扩大各国中等收入群体,进而提高全球中等收入群体比重,更好地造福于全球人民。

第三,扩大中等收入群体全球行动要梳理明确主要措施。按照上述基本思路所述,从全球"扩中"看,需要抓好以下两方面的工作:

一方面,继续保持和促进全球以及各国的经济平稳顺利发展。一是继续维持并努力发展好全球及各国之间的经贸关系,力争使经济总体上保持平稳并逐步向好发展。据世界贸易组织(WTO)统计,2016年世界商品贸易出口总额为15.46万亿美元,同比下降3.3%;进口总额为15.79万亿美元,同比下降3.2%;交易规模同比增长1.3%,比上年下降1.3个百分点;但相较2015年比上年同比,降幅大幅度收窄,显示全球经济态势逐渐向趋稳方向发展。各国要继续努力使之由负增长向正增长转变,这既有迫切需要,也有可能。二是巩固并执行全球以及各国之间现行有效的经济贸易制度、机制。首先是继续维持并执行WTO制度、规则,不能由个别国家随意抛弃不用或推翻,扰乱世界经济贸易秩序;同时要继续维持、增加并执行好各有关国家、地区之间签订的自由贸易协定。目前,全球共有各类自由贸易(港)区1 000余个,其中约2/3在发达国家。要在维持执行好上述自贸区协定基础上,增加发展中国家之间和北南半球之间以及南南之间自贸区的建设,进一步加强各有关国家、地区特别是发展中国家之间的经贸关系,增加和提升相互之间的经济贸易数量与质量,促进全球经济的平稳顺利发展。三是创新发展并执行好新体系、新机制。当前,首先要发展好由中国倡导的"一带一路"新机制,同时进一步扩大覆盖面,将更多国家、地区及其人口、经济量纳入其中,充分发挥好"一带一路"新体系、新机制促进全球经济发展的功能作用。其次,中国也支持其他国家、地区创新建立其他经贸新体系、新机制,进一步补充完善全球经济贸易体系,共同发挥促进全球经济发展的功能。通过以上工作进一步做大做好全球以及各国社会财富"蛋糕",夯实扩大中等收入群体的经济物质基础。

另一方面，深化经济社会等领域改革，特别是居民收入和财富分配制度、机制改革，为"扩中"提供制度、机制支撑。一是根据需要和可能，合理转换全球以及各国经济发展方式，就全球而言，就是要转换资源浪费、全球资源配置不公平、不合理的发展方式，全面落实可持续发展；就各国而言，则需要分别针对本国经济发展中存在的突出问题转换发展方式，保持本国经济健康和可持续发展，为"扩中"提供基础性支撑。二是优化调整全球以及各国经济结构、产业结构，从全球而言，就是要北南半球、发达国家与发展中国家之间逐步达成经济结构、产业结构的基本均衡；就发展中国家而言，就是要早日进入并平顺跨过工业化阶段，向更高层级经济结构、产业结构调整，为职业结构的调整——大量增加白领、灰领岗位人员创造条件，从而扩大中等收入群体人员来源。三是深化改革全球以及各国收入和财富分配制度、机制，使国民收入及财富更加公平合理地分配到各国以及各国内部全体人民，这里包括改革发达国家与发展中国家之间的财富分配制度、机制，改革各国内部居民收入分配制度、居民财富分配制度、财政税收体系等多方面制度、机制，切实保证社会财富"蛋糕"能够比较公平公正公开地分配给人民群众，让其中绝大多数人获益，从而扩大中等收入群体。四是抓好其他相关配套改革，消除经济社会等领域存在的各种不公平、不公正制度、机制，努力实现公民不论出身、身份等在就业、升迁、分配等多方面均不受歧视，从而促进公平合理的收入和财富分配制度、机制更好落实，共同发挥促进扩大中等收入群体的作用。

联合国应在扩大中等收入群体全球活动中发挥积极作用。多年来，联合国把减少贫穷作为优先考虑的工作。早在20世纪90年代，联合国大会就宣布1997年到2006年这十年为"国际消除贫穷十年"。其后，在千年宣言中，世界各国决心到2015年，除在反贫穷和抗疾病的斗争中完成许多其他目标外，将使每天生活费用不到1美元的人口数量减少一半。在全球消除贫困的工作中，联合国既牵头引领世界各国确定了工作目标，规划了工作进程和步骤，还指定联合国有关机构具体负责相关工作并提供资金支持，使全球消除贫困工作取得了良好成效。今天，联合国应该在扩大中等收入群体全球行动中充分发挥自己的作用，可参照消除贫困目标全球行动一样，确立全球"扩中"的目标，组织有关机构，投入必要资金，发动各国都先后加入到此行动中来，从而全面推进全球的"扩中"取得明显成效。

是为序。

2025年3月6日于北京

[**专家简介**]

苏海南，湖南长沙人，著名劳动经济专家，国务院政府特殊津贴专家，中国劳动学会副会长兼薪酬专业委员会会长，人力资源和社会保障部劳动工资研究所研究员，任职近十二年的原所长，国家协调劳动关系三方会议企业工资分配专业研究委员会第一副主任，国家劳动管理和保护标准化技术委员会副主任兼秘书长，人力资源和社会保障部专家咨询委员会委员，新华经参仕邦人力资源指数研究院院长，中国人民大学、首都经贸大学兼职教授、博士生导师，北京大学、清华大学、中央党校、国家行政学院、中国企业联合会培训中心等单位外聘教授或客座教授，中国石油化工、中国土蓄进出口等大型企业薪酬顾问。主持完成国家及部委级课题二十多项；主持设计了中国石油、中国神华、中国镍都金川、中国电子科技集团第十四研究所等几十家大型企事业单位薪酬管理与人力资源管理改革方案。

序言（二）

实现收入分配公平，是建设中国特色社会主义的关键所在。收入分配理论是基于劳动力市场现象及劳动力市场运行领域的收入分配规律的重要研究方向。作为劳动经济学的重要理论分支，收入分配理论从萌芽到产生、发展已有二百多年的历史，经历了曲折、复杂的过程。在发展中国式现代化的新时代背景下，本书勇于探索中国式现代化的新型收入分配理论——中国式财富分配制度，研究我国收入分配制度向财富分配制度的历史转型，具有重要的理论价值和现实意义。

一、国外收入分配理论的形成和发展

（一）古典经济学家将劳动和工资等收入分配问题作为经济理论的重要内容

劳动经济学及收入分配理论是从经济学分化出来的，是经济学的一个分支，其萌芽和产生与经济学的发展有着密切的关系。17世纪中叶至19世纪70年代，是古典经济学产生、发展和完成的时期，古典经济学派将劳动和工资等收入分配问题作为经济理论的重要内容。

早在二百多年前，以英国亚当·斯密和李嘉图为代表的古典经济学派就对劳动与工资问题作过深入论述。

亚当·斯密提出劳动决定价值的理论，明确指出"劳动是衡量一切商品交换价值的真实尺度"[1]，商品的价值是由劳动创造的，生产商品时花费的社会必要劳动时间是商品价值的尺度。李嘉图更明确提出了劳动时间决定价值量的原

---

[1] 亚当·斯密.国民财富的性质和原因的研究（上册）[M].北京：商务印书馆，1972：25.

理和"工资、利润、地租"三位一体的分配形式，认为"如果体现在商品中的劳动量规定商品的交换价值，那么，劳动量每有增加，就一定会使在其上的施加劳动的商品的价值增加，劳动量每有减少，也一定会使之减少"①。

因为劳动是生产过程的基本要素，工资是国民收入的组成部分，每个经济学家都不得不对这个问题进行理论探讨，所以长期以来劳动经济及收入分配理论一直是经济理论的重要组成部分。

（二）20世纪20年代制度经济学派建立了独立的劳动经济学及收入分配理论

劳动经济学作为一门独立的学科产生于20世纪20年代。根据美国劳动经济学家麦克纳特的考证，劳动经济学是由美国制度学派的经济学家首先建立起来的。该派学者认为各种制度（如收入分配和家庭、公司、工会、同业工会、政府机关等）对经济发展起着重要作用，因此他们研究包括收入分配在内的经济问题时，特别关注这些制度的结构和活动。

第一次世界大战后，美国经济发展异常迅速，成为经济最发达的国家之一。伴随着经济的发展，工人阶级队伍不断壮大，工会力量日益增强，劳资双方的关系日趋紧张，工会领导下的大罢工给社会经济发展造成了严重的负面影响。当时有些制度学派的经济学家专门从事劳动及收入分配问题的研究，用制度不完善来解释劳资双方的矛盾与收入分配问题，用工会和雇主组织之间的关系来分析美国的劳动问题与收入分配问题，并把自己的理论体系称之为劳动经济学及注重分配的理论。在第一批以劳动经济学命名的著作中，最早的一本是1925年出版的所罗门·布拉姆的《劳动经济学》。同时，美国一些大学（如芝加哥大学、维斯康辛大学等）先后在经济学系单独开设了劳动经济学及收入分配类课程，出现了一批专门研究劳动经济学，尤其是收入分配问题的学者。从此，劳动经济学便被承认为一门独立的经济学科，收入分配理论成为劳动经济学的重要理论分支。

早期的劳动经济学及收入分配理论强调制度的作用，主张工会与雇主通过谈判提高工资待遇，改善劳动条件，使这类研究集中于工会运动，范围过于狭

---

① 大卫·李嘉图.政治经济学及赋税原理[M].北京：商务印书馆，1976：9.

窄，理论性相对薄弱。

（三）20世纪40年代芝加哥学派的劳动经济学及收入分配理论革命

20世纪二三十年代的资本主义世界经济大危机，给刚刚发展起来的劳动经济学带来了严峻的挑战。失业和贫困的加剧使劳动关系更紧张，资本主义世界陷入了困境之中。但早期的劳动经济学及收入分配理论由于范围狭窄，无法对现实起到有效的指导作用。到20世纪30年代末，劳动经济学及收入分配理论在西方国家陷入了曲折发展的阶段。

社会现实引发了经济学家对宏观劳动力市场及收入分配问题的深入思考。进入40年代以后，美国芝加哥学派发动了一场劳动经济学及收入分配理论革命，重新肯定19世纪新古典经济学的传统，反对凯恩斯主义的政策，认为市场机制可以自发调节经济，使其趋于均衡，不需要政府采取措施进行干预。具体到劳动及收入分配问题上，他们强调劳动力市场的自发调节作用，因而把劳动力市场及收入分配的论述增加到劳动经济学中，并成为这门学科的主要内容。此后，劳动经济学及收入分配理论的研究内容不断增加，除了原有的工会运动和劳资关系外，还包括劳动力的供给与需求、工资的决定与结构、失业问题、劳动政策、分配公平等内容。这次革命以后，劳动经济学及收入分配理论在美国有了很大的发展，各大学的经济系几乎都开设了劳动经济学及收入分配理论的课程，研究劳动经济学及收入分配理论的学者也大大增加。

（四）20世纪60年代以来劳动经济学及收入分配理论的新发展

20世纪60年代以来，劳动经济学及收入分配理论在西方发达国家得到进一步发展。以新古典经济学为代表的劳动经济学家，努力将劳动经济学及收入分配理论与主流经济学即新古典经济学的研究方法相融合，更加注重经济分析方面。

1961年，美国劳动经济学家舒尔茨发表了《人力资本投资》的演讲，提出普通教育、培训、健康、保健、流动等形成和增加人力资本，并且人力资本投资带来的收益大于成本的理论，于是人力资本成为劳动经济学及收入分配理论研究的新内容。随后，从劳动力市场的现实问题出发，劳动力市场中的性别、种族和民族歧视、通货膨胀与失业率、人口老龄化和生活质量、收入分配公平问题也被纳入劳动经济学的研究领域。

与此同时，劳动关系（产业关系）这一劳动经济学研究的传统领域则出现了逐渐从劳动经济学中分化出来的趋势。研究劳动关系的学者，除重视吸取劳动经济学的内容，将劳动经济学及收入分配理论作为劳动关系领域的基本理论分析之外，越来越重视与社会学、法学、组织行为学和政治科学等不同学科领域学者的互动和交流。在这一时代背景下，收入分配理论成为一个跨学科研究的领域。在澳大利亚和英国，收入分配理论成为一个独立的学科领域。在德国等其他一些欧洲大陆的国家，收入分配理论则更多地从属于社会学学科领域。

（五）马克思主义劳动经济学及收入分配理论的产生与发展

马克思和恩格斯批判吸收了前人关于劳动经济论述的合理内核，在《共产党宣言》《英国工人阶级状况》《资本论》《哥达纲领批判》等著作中，对劳动经济及收入分配理论问题作了精辟论述，如关于价值、劳动二重性、剩余价值理论、生产价格理论以及利润、地租、工资理论和劳动与劳动力的科学区分等，这奠定了马克思主义劳动经济学及收入分配理论的科学基础。[①]

俄国十月革命与第二次世界大战后，苏联在批判西方劳动经济学及收入分配理论的基础上，建立了马克思主义的劳动经济学，或称为社会主义劳动经济学。与西方劳动经济学不同，该学术主要研究社会劳动组织、企业劳动组织与按劳分配等，成为计划经济体制下的劳动经济学及收入分配理论，形成了与西方劳动经济学相对立的局面。

二、劳动经济学及收入分配理论在中国的发展

（一）中华人民共和国成立前劳动经济学及收入分配理论相关著作的出版

中华人民共和国成立前，我国学者就出版了劳动经济学及收入分配理论的相关著作。20世纪30年代，商务出版社出版了著名社会学家陈达教授的著作《中国劳动问题》。1931年，朱通九教授在黎明书店出版了《劳动经济概论》。1935年，陈振鹭先生在上海大学书店出版《劳动大纲》。这些学者的研究主要针对劳工社会问题，以制度分析为主，与主流劳动经济学及收入分配理论有很

[①] 袁伦渠.劳动经济学（第三版）[M].大连：东北财经大学出版社，2011：18.

大区别。在该阶段，劳动经济学及收入分配理论主要是作为一门课程在社会学和经济学中讲授，劳动经济学没有成为一门独立的学科。

（二）计划经济体制下劳动经济学及收入分配理论的产生与发展

新中国成立后，劳动经济学及收入分配理论成为一个独立的学科和研究方向。但受到计划经济体制的束缚，我国的劳动经济学及收入分配理论在相当长的一段时间里形成了不同于西方主流劳动经济学的研究范式，呈现了曲折发展的状态。20世纪50年代初，我国邀请苏联专家来华讲学，全面吸收了苏联劳动经济学理论，翻译出版了柯斯津和梁思尼科夫的《劳动经济学》和《劳动经济》。1981年，三联书店出版了袁伦渠等翻译的《劳动经济学》。这些著作成为当时劳动经济学的教科书和劳动干部的参考书，它们与计划经济体制相适应，论证了劳动工资政策及收入分配理论的合理性。

我国的劳动经济学及收入分配的理论与实践长期受苏联的影响，脱离中国实际，而且起步不久就受到"左"的错误干扰和长达十年的"文化大革命"破坏，再加上高度集中的计划经济体制的影响，其内容与研究方法相当落后，甚至处于停滞不前的状态。在研究对象方面，偏重劳动关系和劳动政策的研究。研究的主要目的是论证劳动政策的实用性，劳动制度、工资制度的合理性。研究方法偏重规范的方法。

（三）我国社会主义市场经济体制下劳动经济学及收入分配理论的新发展

党的十一届三中全会后，随着改革开放的逐步深入和社会主义市场经济体制的逐步建立，我国经济学界对劳动经济及收入分配的理论研究出现了重大突破，主要体现在以下几个方面：

（1）劳动力具有商品性质属性的理论。劳动力作为商品是通过劳动力市场与用人单位谈判成交，实现劳动力使用权的让渡，实现就业。

（2）劳动力产权归个人所有的理论。劳动力的生产费用主要由个人和家庭负担，劳动还是谋生手段。劳动力产权归个人所有，劳动者有权支配自己的劳动力，有选择职业、转换岗位的自由。

（3）企业用工主体理论。由国家用工主体转换为企业用工主体理论。

（4）企业与劳动者双向选择的理论。

（5）工会与集体谈判理论。

（6）按劳分配与按生产要素分配理论。

（7）劳动力市场理论。

三、劳动经济学及收入分配理论与劳动科学体系之间的关系

劳动是一种普遍的社会现象，是人类最主要的实践活动。劳动和人是分不开的，凡是有人的地方都有劳动问题。正因为劳动如此普遍重要，许多学科都从不同角度对劳动及收入分配加以研究。从经济学的角度研究劳动及收入分配，则形成劳动经济学；从社会学的角度研究劳动，则形成劳动社会学；从法学的角度研究劳动，则形成劳动法学（包括劳动保护学）；从统计学的角度研究劳动，则形成劳动统计学；从历史学的角度研究劳动，则形成了劳动史学；从生理学的角度研究劳动，形成劳动生理学；从卫生学的角度研究劳动，形成劳动卫生学；从心理学的角度研究劳动，则形成劳动心理学。[1] 这样便形成了一个劳动科学体系。

由此可见，对劳动及收入分配问题的研究既涉及社会经济方面，又涉及自然科学方面。劳动是一种非常复杂又涉及多方面的现象，涉及经济学、社会学、法学、心理学、生理学等学科。劳动科学体系是一个多学科的知识群，而劳动经济学及收入分配理论则是劳动科学体系中发展最早，影响最大，成熟度最高的一门主干学科，是劳动科学体系中的基础理论学科。

四、由收入分配研究向财富分配研究转型是新时代发展的必然要求

在发展中国式现代化的新时代背景下，实现收入分配公平，是我国建设新时代中国特色社会主义的重要前提和关键所在。

本书的一项创新是提出了关于现代国民财富分配制度是典型的社会经济大系统的观点。本书认为，形成于20世纪80年代的高收入国家现代国民财富分配制度，与以往的居民收入分配、国民收入分配制度的主要区别是，它不仅涵盖了以往的居民收入分配制度和国民收入分配制度所包含的以财税杠杆等经济

---

[1] H.A.伊万诺夫.劳动经济学［M］.上海：三联出版社，1981：5~7.

手段对收入和财产进行调节的内容，而且发展形成了以培育维护中产阶级权益为制度价值观，侧重以社会管理、政治、法律等政策杠杆为主，配合经济手段共同调节（引导）居民、企业、政府及其他社会主体的收入和财产及财富心理预期（财富期望）、社会安全心理预期（社会安全期望）、信仰心理预期（信仰期望）等三类预期的运行机制和政策体系。

通过学习借鉴国外历史教训与正反两个方面的经验，有利于我国规避从收入分配制度向国民财富分配制度的转型所引致的经济风险和社会风险。对于高收入国家而言，现代国民财富分配制度的出现和成熟是一个自然历史过程。对于包括中国在内的新兴工业化国家来说，在政府主导下以赶超战略通过财政税收、金融、就业、社会保障、住房、医疗、教育等多领域的改革在相对较短的时段内建立国民财富分配制度，实行这一路径选择是必然的，同时也充满了强制性制度变迁引致的经济风险和社会风险，而这正是我们吸收学习高收入国家建立运用国民财富分配制度的教训与经验的意义所在。

袁伦渠

2025年3月6日于北京

[专家简介]

袁伦渠，山东金乡人，著名劳动经济学家，我国劳动经济学科的开拓者之一，原任国务院参事，国务院政府特殊津贴专家，北京交通大学经济管理学院二级教授、博士生导师，中国劳动学会、中国人力资源开发研究会、中国社会保险学会常务理事，国家劳动与社会保障部劳动工资研究所客座研究员，日本立正大学客座教授，中国管理学学会公共管理专业委员会主任。先后在国家劳动部、首都经济贸易大学工作，曾任北京市第九届、第十届、第十一届人大代表。主要研究领域为劳动经济学、公共管理与社会保障等。

前 言

收入分配是中国式现代化的核心问题之一。收入分配不仅是经济问题,还是政治问题、社会问题与文化问题。收入分配不仅与国家经济社会制度密切相关,而且与政治制度、法律制度和历史文化紧密关联。

实现收入分配公平是实现中国式现代化的关键所在。本书从理论上探讨了高收入国家的历史经验与教训,探索确立中国式现代化收入分配的战略方向,从理论和实践两方面推动构建中国特色现代国民财富分配模式,对于推动中国式现代化收入分配改革都具有十分重要的现实意义。习近平总书记指出,要完善分配制度,坚持按劳分配为主体、多种分配方式并存,坚持多劳多得,鼓励勤劳致富,促进机会公平,增加低收入者收入,扩大中等收入群体,规范收入分配秩序,规范财富积累机制;必须始终把人民利益摆在至高无上的地位,让改革发展成果更多更公平惠及全体人民,朝着实现全体人民共同富裕不断迈进。[①] 本书针对我国收入分配制度转型面临的问题和主要矛盾,探讨总结高收入国家的历史经验与教训,总结研究现代国民财富分配理论,系统吸收高收入国家国民财富分配制度的重大改革、调节机制、政策体系、社会管理与政府职能等历史教训和有益经验,为中国式现代化背景下我国收入分配体制改革提供理论参考与模式指引。

现代国民财富分配模式是高收入国家实现收入分配公平的基础,是工业文明与后工业文明经济、社会制度的重要组成部分,是人类经济社会文明的里

[①] 习近平.高举中国特色社会主义伟大旗帜 为全面建设社会主义现代化国家而团结奋斗——在中国共产党第二十次全国代表大会上的报告,2022年10月。

程碑。现代国民财富分配模式是典型的社会经济大系统。现代国民财富分配模式，萌芽形成于19世纪中叶至第二次世界大战，发展于第二次世界大战后至20世纪70年代，成熟于20世纪80年代至今。现代国民财富分配模式与以往的居民收入分配、国民收入分配制度的主要区别是它不仅涵盖了以往的居民收入分配制度和国民收入分配制度所包含的以财税杠杆等经济手段对收入和财产进行调节的内容，而且形成了以培育维护中产阶级权益为制度价值观，侧重以社会管理、政治、法律等社会性政策杠杆为主，配合经济手段共同调节（引导）居民、企业、政府及其他社会主体的收入和财产及财富心理预期（财富期望）、社会安全心理预期（社会安全期望）、信仰心理预期（信仰期望）三类预期的运行机制和政策体系。中产阶级是现代国民财富分配模式的主要社会基础。社会管理、政治法律杠杆和经济政策并重是现代国民财富分配模式的调节方式的主要特征。现代国民财富分配模式的三大核心社会特征是形成中产阶级且中产阶级占有主导地位、低水平的基尼系数（普遍为0.4以下）和对人权及财产权的法律尊重。

新中国成立后，我国的收入分配体制历经嬗变。改革开放40多年来，我国收入分配制度的演化，其本质是建立与社会主义市场经济相统一的分配制度模式。中国共产党作为执政党遵循了实事求是、理论与实际相结合的原则，没有照搬传统马克思主义的经典"教条"，而是勇于创新，大胆改革，遵循生产关系适应生产力发展的马克思主义基本原理，在全面总结新中国成立后尤其是改革开放40多年来收入分配领域改革实践的基础上，党的十九大提出"坚持在经济增长的同时实现居民收入增长，在劳动生产率提高的同时实现劳动薪酬提高"[①]。这一重要论断科学、全面、深刻地总结了党对中国式现代化收入分配问题的认识，指明了人民群众应当享有劳动发展成果，充分体现了中国式现代化发展的根本宗旨；同时，将人民群众对美好生活的向往与经济社会发展水平相结合，充分体现了历史唯物主义原则。习近平总书记指出，要进一步完善收入分配制度，遵循按劳分配为主体、多种分配方式并存，实现按劳分配

---

① 习近平.决胜全面建成小康社会 夺取新时代中国特色社会主义伟大胜利——在中国共产党第十九次全国代表大会上的报告，2017年10月。

与按生产要素分配相结合，正确对待政府、企业、居民的分配关系；要尊重企业劳动，保证多种要素获得报酬；要强化产权制度，进一步完善对知识产权的保护，进一步完善人民群众财产保护制度；要注重人力资本投入，注重教育质量，建立职业教育体系。① 习近平总书记改革分配制度的论断是顶层战略创新，是传统收入分配概念的重大扩展和内容创新，包含注重要素分配、改革所有制、调整分配格局、调节分配关系等重要内容。

改革开放40多年来，围绕居民收入分配、国民收入分配、分配公平等问题，国内理论界已经取得了显著的理论研究成果，吴敬琏、厉以宁、李实、樊纲、张维迎、郑功成、杨宜勇、宋晓梧、赵人伟、胡鞍钢、杨河清、刘福垣、刘伟、杨瑞龙、曾湘泉、蔡昉、苏海南、田小宝、金维刚等学者提出了很多富有创新性的理论和政策，促进了我国收入分配体制改革的理论研究。在党中央、国务院的领导下，政府部门积极推动立法保护物权、财产权，采用财产税等新税制调节社会的财产分配结构，尝试使用社会政策和经济政策共同调节分配格局，也得到了社会各界的普遍认同。但是客观上讲，国内理论界对于居民收入分配、国民收入分配、分配公平的研究是零散的、局部性的，主要是以经济制度和经济机制的研究为主，普遍缺乏系统性和完整性，未确定现代国民财富分配模式的研究视角，也未能提出现代国民财富分配模式的基本概念。正是针对这一问题，本书论证了"现代国民财富分配模式"的概念及其调节机制与政策体系，为我国居民收入分配、国民收入分配、分配公平等问题的研究提出创新性的理论假说。从国际上看，20世纪初以来，对于居民收入分配、国民收入分配、分配公平等问题的研究形成了诸多理论学说，但是对于"现代国民财富分配模式"的研究尚属理论研究的"前沿"领域。在进行社会调查和国际比较的基础上，本书针对"现代国民财富分配模式"这个研究命题，结合公共管理、经济史学、社会学和政治学相关理论，构建了一个关于"现代国民财富分配模式"的体系性理论框架，对现代国民财富分配模式进行考察和研究分析。显然，本书开展对管理学、经济学、社会学、政治学和历史学的交叉研究

---

① 习近平.在中央财经领导小组第十三次会议上的讲话，2016年5月。

在国际上属于前沿性研究范畴。

现代国民财富分配模式对建设中国式现代化具有重要的现实意义。实现收入分配公平，是中国式现代化建设的关键。本书从理论上探讨构建现代国民财富分配模式，确立了中国式现代化收入分配改革的战略方向。这一研究从理论和实践上推动了现代国民财富分配模式的构建，有利于加快促进中国式现代化收入分配改革。相较于高收入国家，我国现代国民财富分配模式的研究还处于起步探索阶段，很多理论处于"空白"状态。本书认为，要从历史唯物主义的高度，本着实事求是的精神，勇于突破传统的思想禁区，从吸收人类共同文明成果出发，科学看待和评价高收入国家的现代国民财富分配模式。吸收自19世纪中叶以来高收入国家建立完善的国民财富分配制度，以及培育中产阶级为主的社会结构的教训和经验，勇于探索建立中国式财富分配模式，这是实现从现存的仍带有浓厚计划经济色彩的收入分配制度到现代国民财富分配模式的管理体制跨越，是当前我国解决收入分配问题的历史必然，是应对反贫困和防止社会两极分化、培育我国中产阶级的重要举措，是建设中国式现代化的战略选择，是对高收入国家实现分配公平经验的有益吸收，是对培育中产阶级的人类普世文明经验和经济社会历史规律的尊重。

本书的内容结构如下：

第一篇（第1章～第2章）：现代国民财富分配理论框架。

在总结归纳现有收入分配理论的基础上，根据所得税、财产税、社会保障税等税制在国民经济中的地位和比重，以及教育、医疗、住房和社会保障等资源的分配状况，区分居民收入分配制度、国民收入分配制度和国民财富分配制度，探索建立国民财富分配制度理论框架。根据中产阶级在社会结构中的地位、人均国民收入水平、基尼系数水平等三项标准，划分居民收入分配、国民收入分配和国民财富分配的历史时段，探讨国民财富分配制度的内涵和分析方法。

第二篇（第3章～第9章）：高收入国家国民财富分配历史分析。

研究分析美国、英国、德国、法国、日本、瑞典和俄罗斯七个高收入国家国民财富分配的重大改革。根据中产阶级在社会结构中的地位、人均国民收入水平、参照基尼系数水平等三项标准，划分居民收入分配、国民收入分配和国民财富分配的历史时段，把高收入国家国民财富分配制度的发展历史划分为初级阶段（19世纪中叶至20世纪初叶）、发展阶段（第一次世界大战后至20世纪70年代）、成熟阶段（20世纪80年代至今）三个阶段。

根据国别，分别回顾美国、英国、德国、法国、日本、瑞典和俄罗斯七个高收入国家国民财富分配制度的改革历程，分析重大制度和政策，探讨这些历史事件、制度和政策形成的经济原因和社会原因。

第三篇（第10章～第13章）：分析高收入国家国民财富分配调节机制和政策体系。

对高收入国家国民财富分配制度的初级阶段（19世纪中叶至20世纪初叶）、发展阶段（第一次世界大战后至20世纪70年代）、成熟阶段（20世纪80年代至今）三个阶段的划分，以财税制度、价格政策、金融制度、产业政策等经济杠杆为中心，以就业和失业、教育、住房、医疗、社会保障等为重点，以国家政治制度、法律制度、财产制度等为参照，分析高收入国家国民财富分配制度的调节机制和政策体系在初级阶段、发展阶段、成熟阶段的主要内容和特点，比较美国、英国、德国、法国、日本、瑞典和俄罗斯等国家国民财富分配制度调节机制、政策体系的差别，区分同一高收入国家国民财富分配制度调节机制、政策体系在初级阶段、发展阶段、成熟阶段的不同特点。

对高收入国家国民财富分配制度的初级阶段、发展阶段、成熟阶段的划分，以社会管理为中心，以中产阶级培育为重点，以基尼系数和社会效果为参照。分析高收入国家社会管理及政府职能在国民财富分配制度的初级阶段、发展阶段、成熟阶段的内容和特点，区分美国、英国、德国、法国、日本、瑞典和俄罗斯等不同国家社会管理及政府职能的差别，区分同一高收入国家的社会管理及政府职能在国民财富分配制度初级阶段、发展阶段、成熟阶段的不同特点。

第四篇（第14章～第17章）：高收入国家国民财富分配制度对我国的政策启示。

当前，应结合国情，同时批判地吸收19世纪中叶以来高收入国家建立完善的国民财富分配制度，以及培育中产阶级为主的社会结构的教训和经验，探索建立中国特色财富分配模式，实现从现存的、带有浓厚计划经济特点的收入分配制度到现代国民财富分配模式的管理体制跨越，这是当前我国解决收入分配问题的必然选择，是构建和谐社会和全面建成小康社会的战略选择，是对高收入国家建立完善国民财富分配制度和培育中产阶级的人类普世文明经验和经济社会历史规律的尊重。

第五篇（第18章~结论）：2035：我国财富分配战略创新设计。

立足国情，以经济杠杆为中心，以就业和失业、教育、住房、医疗、社会保障等为重点，以社会管理、中产阶级培育、基尼系数和政策的社会效果和国家政治制度、法律制度、财产制度为主要政策内容，研究分析我国财富分配战略创新设计。

岳公正

二〇二五年一月于中国香港

Preface

Income distribution is one of the core issues of Chinese path to modernization. Income distribution is not only an economic issue, but also it is a political, social, and cultural issue. Income distribution is not only closely related to the national economic and social system, but also and it is closely related to the political system, legal system, and historical culture.

Achieving fair income distribution is the key to achieving Chinese path to modernization. This book theoretically discusses the historical experience and lessons of high-income countries, establishes the strategic direction of income distribution of Chinese path to modernization, and promotes the construction of modern national wealth distribution model with Chinese characteristics from both theoretical and practical aspects, which is of great practical significance for promoting the income distribution reform of Chinese path to modernization. In view of the problems and major contradictions faced by the transformation of China's income distribution system, this book discusses and summarizes the historical experience and lessons of high-income countries, summarizes and studies modern national wealth distribution theories, systematically absorbs the historical lessons and beneficial experience of major reforms, adjustment mechanisms, policy systems, social management and government functions of high-income countries' national wealth distribution systems, and provides theoretical reference and model guidance for the reform of China's income distribution system in the context of Chinese path to modernization.

Modern national wealth distribution model is the basis for high-income countries to achieve fair income distribution, an important part of the economic and social system of industrial civilization and post industrial civilization, and a milestone of human economic and social civilization. The modern national wealth distribution model is a typical socioeconomic system. The modern national wealth distribution model originated from the mid-19th century to World War II, developed from World War II to the 1970s, and matured since the 1980s. The main difference between the modern national wealth distribution model and the previous residents' income distribution and national income distribution system is that it not only covers the content of income and property adjustment by economic means such as fiscal and tax leverage contained in the previous residents' income distribution system and the national income distribution system, but also forms an institutional value of cultivating and safeguarding the rights and interests of the middle class, focusing on social management, politics, law and other social policy leverage, cooperating with economic means to jointly regulate (Guide) the income, property and wealth psychological expectations (wealth expectations), social security psychological expectations (Social Security expectations) and belief psychological expectations (belief expectations) of residents, enterprises, governments and other social subjects. Policy system. The middle class is the main social foundation of the modern national wealth distribution model. Equal emphasis on social management, political and legal leverage and economic policy is the main feature of the adjustment mode of modern national wealth distribution mode. The three core social characteristics of the modern national wealth distribution model are the formation and dominance of the middle class, a low Gini coefficient (generally below 0.4) and legal respect for human and property rights.

After the founding of new China, China's income distribution system has undergone evolution. Over the past 40 years of reform and opening up, the evolution of China's income distribution system is essentially to establish a distribution system model unified with the socialist market economy. This important thesis scientifically, comprehensively and profoundly summarizes our party's understanding of the income distribution problem of Chinese style modernization, points out that the people should enjoy the fruits of labor development, and fully reflects the fundamental purpose of Chinese style modernization development; At the same time, the combination of the people's yearning for a better life and the level of economic and social development fully reflects the principle of historical materialism. We should respect the labor of enterprises and ensure that many elements are paid; We should strengthen the property rights system, further improve the protection of intellectual property rights, and further improve the property protection system of the people.

Over the past 40 years of reform and opening up, around the issues of income distribution, national income distribution and distribution equity, the domestic theoretical community has achieved remarkable theoretical research results. Wu Jinglian, Li Yining, Li Shi, Fan Gang, Zhang Weiying, Zheng Gongcheng, Yang Yiyong, Song Xiaowu, Zhao Renwei, Hu Angang, Yang Heqing, Liu Fuyuan, Liu Wei, Yang Ruilong, Zeng Xiangquan, Cai Fang, Su Hainan, Tian Xiaobao, Jin Weigang and other scholars have put forward many innovative theories and policies, which have promoted the reform of China's income distribution system. Theoretical research. Under the leadership of the Party Central Committee and the State Council, government departments have actively promoted legislation to protect property rights and property rights, adopted new tax systems such as property tax to regulate the property distribution structure of society, and tried to use social and economic policies to jointly regulate the distribution pattern, which has also been widely recognized by all sectors of society. However, objectively speaking, the domestic theoretical circle's research on residents' income distribution, national income distribution and distribution equity is scattered and localized, mainly focusing on the research of economic system and economic mechanism, generally lacking systematicness and integrity, not determining the research perspective of modern national wealth distribution model, and failing to put forward the basic concept of modern national wealth distribution model. In response to this problem, this book demonstrates the concept of "modern national wealth distribution model" and its adjustment mechanism and policy system, and puts forward innovative theoretical hypotheses for the study of income distribution, national income distribution and distribution equity in China. Internationally, since the beginning of the 20th century, many theories have been formed on the research of residents' income distribution, national income distribution and distribution equity, but the research on "modern national wealth distribution model" is still a "frontier" field of theoretical research. On the basis of social investigation and international comparison, this book constructs a systematic theoretical framework for the "modern national wealth distribution model" based on the research proposition of "modern national wealth distribution model", combined with the relevant theories of public management, economic history, sociology and politics, to investigate, study and analyze the modern national wealth distribution model. Obviously, the cross study of management, economics, sociology, politics and history in this book belongs to the frontier research category in the world.

Modern national wealth distribution model has important practical significance for building Chinese style modernization. Achieving fair income distribution is the key to Chinese style modernization. This book theoretically discusses the construction of a modern national wealth distribution model and establishes the strategic direction of China's modern income distribution reform. This research promotes the construction of modern national wealth distribution model in theory and practice, and is conducive to accelerating the reform of modern income distribution in China. Compared with high-income countries, the research on China's modern national wealth distribution model is still in the initial stage of exploration, and many theories are in a "blank" state. This book believes that from the height of historical materialism, in the spirit of seeking truth from facts, we should dare to break through the traditional ideological forbidden zone, and scientifically view and evaluate the modern national wealth distribution model of high-income countries from the perspective of absorbing the achievements of human common civilization. Absorbing the lessons and experiences of establishing a sound national wealth distribution system in high-income countries since the mid-19th century and cultivating a social structure dominated by the middle class, and daring to explore the establishment of a Chinese style wealth distribution model, this is a leap from the existing income distribution system with a strong color of planned economy to a modern national wealth distribution model. It is the historical necessity for China to solve the problem of income distribution. It is an important measure to deal with anti poverty, prevent social polarization and cultivate China's middle class. It is a strategic choice for building a Chinese style modernization. It is a beneficial absorption of the experience of realizing fair distribution in high-income countries. It is also a respect for the experience of human universal civilization and the historical laws of economy and society in cultivating the middle class.

The structure of the book is as follows:

Part I (Chapters 1 to 2): the theoretical framework of modern national wealth distribution.

On the basis of summarizing the existing income distribution theory, according to the status and proportion of income tax, property tax, social security tax and other tax systems in the national economy, as well as the distribution of resources such as education, medical treatment, housing and social security, we should distinguish among residents' income distribution system, national income distribution system and national wealth distribution system, and explore the establishment of a theoretical framework for the national wealth distribution system. According to the status of the middle class in the social structure, the level of per capita national income and the level of Gini coefficient, the historical periods of residents' income distribution, national income distribution and national wealth distribution are divided, and the connotation and analysis methods of the national wealth distribution system are discussed.

Part Ⅱ (Chapters 3 to 9): historical analysis of the national wealth distribution system in high-income countries.

This paper studies and analyzes the major reforms of the national wealth distribution system in seven high-income countries, namely, the United States, Britain, Germany, France, Japan, Sweden and Russia. According to the status of the middle class in the social structure, the level of per capita national income and the level of Gini coefficient, the historical periods of residents' income distribution, national income distribution and national wealth distribution are divided, and the development history of the national wealth distribution system in high-income countries is divided into three stages: the primary stage (from the middle of the 19th century to the early 20th century), the development stage (from the first World War to the 1970s) and the mature stage (since the 1980s).

According to the country, this paper reviews the reform process of the national wealth distribution system in seven high-income countries, namely, the United States, Britain, Germany, France, Japan, Sweden and Russia, analyzes major systems and policies, and explores the economic and social reasons for the formation of these historical events, systems and policies.

Part Ⅲ (chapters 10 to 13): analysis of the adjustment mechanism and policy system of the national wealth distribution system in high-income countries.

The three stages of the national wealth distribution system in high-income countries are divided into the primary stage (from the mid-19th century to the early 20th century), the development stage (from World War I to the 1970s) and the mature stage (since the 1980s), focusing on economic levers such as fiscal and taxation system, price policy, financial system and industrial policy, focusing on employment and unemployment, education, housing, medical care and social security, and referring to the national political system, legal system and property system, this paper analyzes the main contents and characteristics of the adjustment mechanism and policy system of the national wealth distribution system in high-income countries in the primary stage, development stage and mature stage, and compares the United States and Britain. Differences in the adjustment mechanism and policy system of the national wealth distribution system in, Germany, France, Japan, Sweden, Russia and other countries, Distinguish the different characteristics of the adjustment mechanism and policy system of the national wealth distribution system in the same high-income country in the primary stage, the development stage and the mature stage.

The division of the primary stage, development stage and maturity stage of the national wealth distribution system in high-income countries takes social management as the center, the cultivation of the middle class as the focus, and the Gini coefficient and social effect as the reference. This paper analyzes the contents and characteristics of social management and government functions in the primary, development and mature stages of the national wealth distribution system in high-income countries, distinguishes the differences of social management and government functions in the United States, Britain, Germany, France, Japan, Sweden, Russia and other countries, and distinguishes the different characteristics of social management and government functions in the primary, development and mature stages of the national wealth distribution system in the same high-income country.

Part IV (chapters 14 to 17): policy implications of the national wealth distribution system in high-income countries for China.

At present, based on the national conditions, while critically absorbing the lessons and experience of establishing a sound national wealth distribution system in high-income countries since the middle of the 19th century and cultivating a social structure dominated by the middle class, we should explore the establishment of a wealth distribution model with Chinese characteristics and realize the leap from the existing income distribution system with strong characteristics of planned economy to the management system of modern national wealth distribution model. This is the inevitable choice for China to solve the problem of income distribution at present. It is a strategic choice for building a harmonious society and building a well-off society in an all-round way. It is also a respect for the experience of human universal civilization and the historical law of economy and Society for high-income countries to establish and improve the national wealth distribution system and cultivate the middle class.

Part V (Chapter 18 to conclusion): 2035: innovative design of wealth distribution strategy in China.

Based on the national conditions, we should refer to the experience and lessons of high-income countries in the national wealth distribution system. Centered on economic leverage, focusing on employment, education, housing, medical care and social security, and taking social management, middle-class cultivation, Gini coefficient and social effect of policies and national political system, legal system and property system as reference, this paper studies and analyzes the innovative design of China's wealth distribution strategy.

Yue Gongzheng

Hong Kong, China, January 2025

目 录

/第一篇/ 现代国民财富分配理论框架 ... 001

第1章 绪论 ... 002
1.1 研究背景 ... 002
1.2 基本思路 ... 006
1.3 研究方法 ... 007
1.4 研究内容 ... 009
1.5 主要难点问题与研究创新 ... 013

第2章 现代国民财富分配：理论框架与逻辑模型 ... 015
2.1 收入分配与财富分配：概念比较 ... 015
2.2 现代国民财富理论：理论框架与元模型 ... 021

/第二篇/ 高收入国家国民财富分配历史分析 ... 035

第3章 英国国民财富分配改革 ... 038
3.1 形成阶段（18世纪初至19世纪末） ... 038
3.2 发展阶段（20世纪初至20世纪70年代） ... 048

3.3　成熟阶段（第二次世界大战后至今） …………………………… 064

第4章　法国国民财富分配改革 ……………………………………… 081
4.1　形成阶段（18世纪至19世纪末） …………………………………… 081
4.2　发展阶段（19世纪末至20世纪70年代） …………………………… 091
4.3　成熟阶段（20世纪80年代至今） …………………………………… 099

第5章　瑞典国民财富分配改革 ……………………………………… 117
5.1　形成阶段（18世纪初至19世纪末） ………………………………… 119
5.2　发展阶段（19世纪末至20世纪70年代） …………………………… 125
5.3　成熟阶段（20世纪80年代至今） …………………………………… 142

第6章　美国国民财富分配改革 ……………………………………… 159
6.1　形成阶段（19世纪中叶至20世纪初叶） …………………………… 159
6.2　发展阶段（第一次世界大战后至20世纪70年代） ………………… 167
6.3　成熟阶段（20世纪80年代至今） …………………………………… 187

第7章　日本国民财富分配改革 ……………………………………… 210
7.1　形成阶段（"明治维新"至20世纪初叶） …………………………… 210
7.2　发展阶段（第一次世界大战后至20世纪70年代） ………………… 212
7.3　成熟阶段（20世纪80年代至今） …………………………………… 231

第8章　俄罗斯国民财富分配改革 …………………………………… 254
8.1　萌芽阶段（18世纪初至19世纪末） ………………………………… 254
8.2　曲折发展阶段（"十月革命"至苏联解体） ………………………… 270
8.3　变革阶段（20世纪末至今） ………………………………………… 284

第9章　新加坡国民财富分配改革 …………………………………… 297
9.1　形成阶段（19世纪中叶至第二次世界大战） ……………………… 297

9.2 发展阶段（第二次世界大战后至20世纪70年代） …………… 311

9.3 成熟阶段（20世纪80年代至今） …………………………… 327

/第三篇/ 高收入国家国民财富分配调节机制与政策体系 ………… 341

第10章 财富分配模式变革：社会化财富分配 …………………… 344

10.1 社会化调节：财富分配制度模式转型 ……………………… 344

10.2 社会化调节可行性理论分析 ………………………………… 345

10.3 社会化财富分配政策与公共选择均衡模型 ………………… 347

第11章 经济性财富分配政策工具 ………………………………… 355

11.1 宏观分配政策工具：税制 …………………………………… 355

11.2 税收公平与财富分配公平 …………………………………… 355

11.3 政府财政调节与财富分配公平 ……………………………… 360

11.4 调节个人收入与财富分配公平 ……………………………… 369

第12章 社会化财富分配政策体系 ………………………………… 372

12.1 社会保障政策工具 …………………………………………… 372

12.2 创新推进反贫困政策 ………………………………………… 378

12.3 灵活运用住房与医疗服务政策 ……………………………… 379

第13章 长周期财富分配政策工具 ………………………………… 381

13.1 政府改革与政府职能再造 …………………………………… 381

13.2 编制教育投入专项预算，优化教育制度 …………………… 385

/第四篇/ 高收入国家国民财富分配制度对我国的政策启示 ………… 387

第14章 财富分配制度再造：社会化财富分配 …………………… 389

14.1 治理理念转型：改革设计顶层化 …………………………… 390

14.2 制度设计转型：政策组合化 ………………………………… 391

第15章　经济性财富分配政策设计 ······ 393
15.1　实施2035年"中国人均财富倍增计划"可行性 ······ 393
15.2　实施2035年"中国人均财富倍增计划"政策导向 ······ 394
15.3　实施2035年"中国人均财富倍增计划"基本原则 ······ 395
15.4　推进公务员薪酬制度改革 ······ 397

第16章　社会化财富分配政策设计 ······ 401
16.1　设立社会保障房财政预算，实现住房保障多层次化 ······ 401
16.2　明确政府责任，摒弃医疗服务市场化 ······ 407

第17章　长周期财富分配政策设计 ······ 412
17.1　政策程序立法：构建公共选择制度 ······ 412
17.2　高收入国家继续教育模式主要特征 ······ 416
17.3　吸收参考高收入国家继续教育政策 ······ 423

/第五篇/ 2035：我国财富分配战略创新设计 ······ 427

第18章　我国居民收入和财产分配改革战略设计 ······ 428
18.1　近十年来我国居民收入和财产分配发展状况 ······ 428
18.2　现阶段我国居民收入和财产分配的主要问题 ······ 433
18.3　居民收入和财产分配问题的原因分析 ······ 437
18.4　战略创新设计 ······ 440

第19章　创建财富分配制度，致力实现共同富裕 ······ 445
19.1　财富积累机制的现状和问题简析 ······ 445
19.2　规范财富积累机制的思路和原则 ······ 447
19.3　规范财富积累机制的基本战略 ······ 448

结论 ······ 452

参考文献 ······ 456

第一篇

现代国民财富分配理论框架

　　收入分配是经济问题，也是政治问题、社会问题、文化问题和历史问题。收入分配不仅与一国的经济制度、社会制度密切相关，而且与政治制度、法律制度和历史文化紧密关联。

　　现代国民财富分配模式是典型的社会经济大系统。本书在总结归纳现有收入分配理论的基础上，根据所得税、财产税、社会保障税等不同税种和税制在国民经济中的地位和比重，以及教育、医疗、住房和社会保障等资源的分配状况，区分居民收入分配制度、国民收入分配制度和国民财富分配制度的重大差异，探索建立国民财富分配制度理论框架。根据中产阶级在社会结构中的地位、人均国民收入水平、基尼系数水平等三项标准，划分居民收入分配、国民收入分配和国民财富分配的历史时段，探讨国民财富分配制度的内涵和分析方法。

第1章 绪 论

现代国民财富分配模式是一个动态的社会经济大系统，形成于20世纪80年代的高收入国家。它包括以往的居民收入分配和国民收入分配制度，但是其作为社会经济大系统与这些子系统比较存在结构性的重要差别。现代国民财富分配模式以维护中产阶级权益为制度价值观；以法律、社会管理和政治为政策杠杆。中产阶级的形成是现代国民财富分配模式的主要社会基础，社会管理、政治法律杠杆和经济政策并重是制度调节方式；三个结构性特征是中产阶级占主导地位、低水平的基尼系数（0.4以下），以及对人权和财产权的法律尊重。

1.1 研究背景

第一，收入分配是当前我国经济社会发展的重大战略问题，是发展中国式现代化的重要前提，是全面建成小康社会的关键所在。收入分配问题涉及经济、社会和政治等诸多领域。

改革开放40多年来，我国经济社会发展取得了历史性成就，创造了世界经济史上的奇迹，向世界充分展示了中国式现代化的优越性和蓬勃生命力！在经济社会高速发展的同时，我国和其他高收入国家当年同样，要面对诸如收入分配这样涉及经济、社会、政治的复杂问题。客观地讲，现阶段我国已经出现了居民收入分配差距较大、贫富悬殊、非均等化等问题，收入分配引起了社会各界的高度关注。根据国家统计局等机构数据及综合测算，2000年伊始，中国基尼系数已经跨越了0.4的国际公认警戒线，2012年至2015年我国居民收入的基尼系数分别为0.474、0.473、0.469和0.462，2016年达到0.465，2017年达到0.467，城乡之间、区域之间、行业之间收入差距扩大的趋势没有得到根本性扭转，国民收入分配向高收入阶层倾斜的格局没有得到根本性扭转，中产阶级发展放缓、两极分化、两级固化的状况没有得到根本性扭转。[1][2]我国的收入分配格局阻碍中产阶级的健康成长，已经在一定程度上影响社会稳定。中产阶层（中产阶级）是个人收入、声望、文化这三者的综合结果，是

---

[1] 李实.当前中国的收入分配状况［J］.学术界，2018（03）.
[2] 李实.中国收入分配制度改革四十年［J］.China Economist，2018，13（4）：2~33.

个人多项财富与人文因素的总括。根据国内外数据综合测算,目前我国中产阶级占社会总人口的25%左右,主要包括私营企业主、中高级知识分子、技师与部分中等收入城乡居民等。中产阶层(中产阶级)占50%以上的社会结构才符合现代高收入国家的要求。我国目前的收入分配制度加剧了分配不公,不利于培育中产阶层(中产阶级),直接影响社会政治稳定。

第二,吸收和批判借鉴高收入国家现行的国民财富分配制度的教训与优点,才能实现从传统的带有浓厚计划经济特点的收入分配制度向现代国民财富分配模式的历史性跨越,才能吸收先进高收入国家国民财富分配制度的调节机制和政策体系,吸收运用先进高收入国家社会管理方式,避免重蹈这些国家的历史覆辙,避免出现两极分化,培育中产阶层(中产阶级)主导的社会结构。

现代国民财富分配模式是对传统收入分配制度和国民收入分配制度的结构性超越。我国现有收入分配制度是在新中国成立后传统的计划经济色彩的劳动工资分配制度的斯大林主义的"老版本"上,历经计划经济和社会主义市场经济、改革开放等历史变革而不断演进形成的一个综合性的复杂的历史范式,至今仍是我国调节社会收入的主要制度模式。

应当指出,我国现存收入分配制度绝不是现代意义上科学、高效、公平的国民财富分配制度,它与现代国民财富分配模式存在重大差异。这是因为我国现行的收入分配制度的主要特点是针对现期的居民薪酬(工资)、企业利润、政府收入与支出的规模和结构等进行调控,未把居民、企业利润、政府财产规模和结构作为主要的调控对象。国民财富收入分配的早期萌芽形态出现在18世纪初叶,其重要特征是出现了以财产为对象的分配层面的政府规制。现代意义上的国民财富分配制度初步形成于18世纪末至19世纪中叶,基本形成于19世纪末,这一制度初步形成的一个重要标志是法国、英国等高收入国家中财产税成为财政税收的组成部分。[①] 现代意义上的国民财富分配制度的主要特征是政府通过税收、社会保险、金融等政策杠杆工具对居民、企业的财产进行调节,居民、企业的财产的规模和结构成为主要的调节对象。[②] 现代国民财富分配模式基本成熟于20世纪80年代,其重要标志是在全社会范围内已经培育形成了由稳定的中产阶级主导的社会结构,全社会从价值观上渐进认同对中产阶级财产权益的保护和培育,政府在使

---

① 苏海南.收入分配之我见[M].北京:中国财政经济出版社.2013(07).
② James H R. A History of the Revenues of the Kings of England 1066–1399 [M]. Oxford: Clarendon Press.

用税收、投资、利率、汇率等经济杠杆调节财产和收入的同时，更加注重使用社会、政治等政策工具调节和实现教育、医疗、住房、社会保障、就业和人权等社会、政治资源的公平分配，同时建立了实现财产和收入的公平分配所必需的较为合理的社会管理机制和社会政治制度基础，全社会能够实现0.4以下的较低的基尼系数水平。

第三，高收入国家在建立完善国民财富分配制度的调节机制和政策体系方面积累了失败教训和有益历史经验，亟待我们深入认识和全面总结，亟待我们立足国情，辩证分析和运用于践行中国式财富分配模式的历史使命中。

高收入国家国民收入分配制度起源于18世纪初期。当时，英国、法国等国出现了以财产为缴税对象的税收制度。例如，当时英国、法国政府开征的门窗税、烟囱税、炉灶税等早期形态的房产税已经成为一项相对稳定的税收收入。

门窗税是1798年拿破仑征战意大利时吸收引进法国的。美国于1787年制定了新宪法，新宪法规定地方政府以财产税为主要税种。19世纪中叶，财产税成为当时主要高收入国家税收的重要组成部分。

现代国民财富分配模式出现于19世纪末，成熟于20世纪80年代。税制是政府规制收入分配的主要政策工具，社会保障税在税制中占有重要地位。第二次世界大战后，高收入国家普遍建立了公共服务型政府和公共财税体制，注重建立实现财产和收入的公平分配。现代国民财富分配模式的重要标志是德国俾斯麦关于社会保险的立法，其社会保险法律包括1883年颁布的《疾病保险法》、1884年颁布的《工伤事故保险法》、1889年颁布的《老年残废保险法》。社会保障税始于美国。1935年，美国在罗斯福总统领导下通过了联邦历史上第一部社会保障法，议会批准美国政府开始征收薪酬税。[①] 第二次世界大战后，伴随高收入国家人均收入的不断增长，高收入国家普遍培育形成了由中产阶级主导的社会模式。第二次世界大战后，高收入国家大多实施了教育改革、保障性住房制度，促进教育资源分配向中低收入阶层倾斜，由政府建设实施低价格、低租金的住房保障政策。高收入国家积极实施向低收入阶层的包括失业保险、就业福利、免费培训、职业培训等。进入20世纪80年代，高收入国家通过税收、社会保障、义务教育、保障性住房、失业保障等政策措施，构建了比较完整的现代国民财富分配模式的政策体系，有效促进实现了收入分配公平，基尼系数水平普遍实现了0.4以下低数值。

---

① 顾銮斋.中西中古社会赋税结构演变的比较研究［J］.世界历史，2003（04）.

第四,解决收入分配问题,探索建立中国式财富分配模式,不仅要着眼于经济政策,也要着眼于社会管理,更要着眼于不断推进行政体制和政治体制改革。

吸收高收入国家国民财富分配制度,不能局限于以往的居民收入、居民薪酬的范畴,也不能局限于居民的财产收入范畴,而是要从税收、社会保障、教育、住房、就业等政策层面进行系统性调节,使用经济杠杆和社会管理工具,系统推进经济、社会、文化和政治领域的深层改革,打造廉洁型政府,建立注重公平与效率相结合的公共财政体制,致力培育形成中产阶级主导的社会阶层模式。

从表1-1可以看出,近40多年来,我国的收入分配方式经历了实质性的改变,且在改变过程中没有生搬硬套其他高收入国家收入分配体制,也没有盲目照抄经典的马克思主义按劳分配理论,而是在实践中不断摸索、调整,渐进形成了适合我国国情的收入分配体系。

1979年以来,伴随收入分配方式的不断调整,我国的经济社会发展在世界经济史上创造了奇迹,取得了历史性成就,充分展示了中国式现代化的优越性和蓬勃生命力。但在经济社会快速发展的同时,我国也和其他高收入国家一样,要面对诸如收入分配这样的涉及经济、社会、政治的复杂问题。目前,我国也已经出现了贫富悬殊过大的问题,尤其是城镇与农村居民之间的收入分配差距较为明显。

我国收入分配格局阻碍了中产阶级的健康成长。一般认为,中产阶级占50%以上的社会结构才符合现代社会的要求。中产阶级是个人收入、声望、文化这三者的综合,是若干分阶层的总和。有关学者曾测算,目前我国中产阶级占社会总人口的25%左右,主要包括私营企业主、中高级知识分子、技师等。我国现存收入分配制度中的很多结构性问题不利于培育中产阶级,也影响社会稳定[1]。

表1-1　　　　　　　　　　我国收入分配制度变迁

时间	会议	内容
1978	中国共产党第十一届三中全会	提出克服平均主义,收入分配制度改革拉开帷幕
1984	中国共产党第十二届三中全会	提出先富带后富从而实现共同富裕的战略思想
1987	中国共产党第十三次全国代表大会	提出以按劳分配为主体、其他分配方式为补充的分配制度
1993	中国共产党第十四届三中全会	按劳分配为主体、多种分配方式并存,并提出效率优先、兼顾公平的原则

---

[1] 张若云.中国式现代化新社会阶层理论研究(1978—2017年)[D].成都:西南交通大学,博士学位论文,2018.

续表

时间	会议	内容
1997	中国共产党第十五次全国代表大会	在确定以公有制为主体、多种所有制经济共同发展的基本经济制度的基础上,提出要把按劳分配和按生产要素分配结合起来
2002	中国共产党第十六次全国代表大会	提出确定劳动、资本、技术和管理等生产要素按贡献参与分配的原则
2007	中国共产党第十七次全国代表大会	提出初次分配和再分配中都要处理好效率和公平的关系,再分配要更加注重公平
2012	中国共产党第十八次全国代表大会	实现居民收入增长和经济发展同步、劳动薪酬增长和劳动生产率提高同步,提高居民收入在国民收入分配中的比重,提高劳动薪酬在初次分配中的比重
2013	中国共产党第十八届三中全会	提出规范收入分配秩序,渐进形成橄榄型分配格局
2016	中央财经领导小组第十三次会议习近平同志讲话	必须加强产权保护,健全现代产权制度,加强对国有资产所有权、经营权、企业法人财产权保护,加强对非公有制经济产权保护,加强知识产权保护,增强人民群众财产安全感;处理好政府、企业、居民三者分配关系;必须发挥好企业家作用,帮助企业解决困难、化解困惑,保障各种要素投入获得回报;必须强化人力资本,加大人力资本投入力度,着力把教育质量搞上去,建设现代职业教育体系
2017	中国共产党第十九次全国人民代表大会	提出"坚持在经济增长的同时实现居民收入同步增长、在劳动生产率提高的同时实现劳动薪酬同步提高"
2022	中国共产党第二十次全国人民代表大会	要完善分配制度,坚持按劳分配为主体、多种分配方式并存,坚持多劳多得,鼓励勤劳致富,促进机会公平,增加低收入者收入,扩大中等收入群体,规范收入分配秩序,规范财富积累机制

资料来源:岳公正.收入分配制度改革与公共政策的社会选择变革[J].学术交流,2013(11).

1.2　基本思路

本书的基本研究思路是:

理论假说→历史考察和国别分析→制度和机制分析→经验总结和政策吸收

(1) 理论假说

在总结归纳现有收入分配理论的基础上,根据所得税、财产税、社会保障税等不同税种在国民经济中的地位和比重,以及教育、医疗、住房和社会保障等资源的分配状况，区分居民收入分配制度、国民收入分配制度和国民财富分配制度，探索研究现代国民财富分配模式理论框架。根据中产阶级在社会结构中的地位、人均国民收入水平、参照基尼系数水平等三项标准，划分居民收入分配、国民收入分配和国民财富分配的历史时段，探讨现代国民财富分配模式的内涵和分析方法。

（2）历史考察和国别分析

在广泛收集历史资料和专业文献的同时，本书对主要高收入国家开展历史考察和国别分析，特别是高收入国家国民财富分配制度的重大改革。

（3）制度和机制分析

根据文献分析、调查和访谈，以相关理论为指导，根据数据统计，分析高收入国家国民财富分配制度的调节机制、政策体系、社会管理和政府职能，总结比较区分不同的高收入国家国民财富分配制度的差别，比较区分同一高收入国家国民财富分配制度在初级阶段、发展阶段、成熟阶段的不同特点。

（4）经验总结和政策吸收

立足国情，着眼于从现存的仍然带有计划经济特点的收入分配制度到现代国民财富分配模式的体制跨越，提出促进体制转型的主要路径和制度创新渠道，系统全面地提出实现从收入分配制度到现代国民财富分配模式转型的政策建议。

1.3 研究方法

本书采用了经济学、管理学、社会学和历史学四个层次的方法论。

（1）经济学、管理学、历史学层次上的方法

第一，经济现象的研究需要和其所处的背景一致。本书的研究和分析始终置于中国从计划经济特点的收入分配制度向现代国民财富分配模式的体制跨越的历史背景下。

第二，方法论上的非个人主义。方法论上的非个人主义认为，一切社会现象都应追溯到它们的社会行为基础，都必须从社会的角度来分析阐述；社会与个人的目的或偏好，都是经济学分析的重要出发点和基石，必须把社会与个体的目的性并列放在首位，因为个体根据其利益采取行动，社会的目的性乃是个体行为的充分起因。

现代国民财富分配理论不只是研究个体行为，而是把个体、政府都作为分析的基本单位，把财富分配不公平的现象作为个体、政府、集团或阶级之间相互

作用的结果，认为应当从社会系统角度解释社会经济现象，而不是基于个体解释社会。

西方经济学家对收入分配的分析，主要缺憾是其只局限于分析市场机制，只研究和强调市场的合理性，把治理市场失败寄托于市场本身。实际上，对于财富分配问题的分析，尤其要考虑政府的重要作用。国民财富分配理论试图建立包括经济和政治这两个市场上的系统行为模型。在这个模型中，决策者是两个——政府和个体。这个模型的出发点是要分析国民财富分配决策过程，就必须分析参与这些决策过程的政府与个体的行为。

（2）经济学、管理学、社会学一般分析原理和分析方法

第一，抽象分析法。抽象分析法即从实际存在的错综复杂的社会保障经济关系中，先把一些表面的、次要的、特殊的东西舍掉，抓住本质的、主要的、普遍性的东西，在纯粹的理论形态上进行分析，从个别到一般、从特殊的社会保障经济现象概括出一般规律；再从抽象上升到具体，用一般规律和原理指导具体的社会保障经济问题的分析、解释、解决，使人们对社会保障经济关系发展的客观规律及其现象形态有一个清晰的全面的认识。本书在论证中多次使用了归纳法和演绎法。

第二，比较分析方法。比较是为了鉴别和择优，本书进行了国民财富分配制度的国际比较研究。通过比较，发现共同点和差异，弄清所处的不同环境，力求对中国式财富分配模式研究有所吸收，寻找更适合中国国情的国民财富分配制度。

第三，数理分析方法。数理分析方法主要是指理论数理分析方法和经验数理分析方法。理论数理分析方法是由观察抽象出模型关系，通过逻辑推导，得出数理模型化的理论"假说"。经验的数理分析方法是指对理论数理方法得出的"模型假说"进行经验性的数理化验证。从国民财富分配制度研究来看，经验数理分析方法可以结合典型的国内外案例，验证理论的可靠性、可行性。

第四，系统分析法。现代国民财富分配理论研究的对象"国民财富分配"，是社会再生产大系统中的一个子系统。国民财富分配作为子系统，它与社会再生产大系统中的经济、社会、文化、政治等子系统相互影响、相互促进、相互制约。只有从社会经济系统的角度进行分析，才能正确评价和认识国民财富分配系统的内在机制。

（3）经济学、管理学、社会学的具体技术方法

第一，博弈分析方法。博弈论（Game Theory）是研究决策主体的行为发生直接相互作用时的决策及其均衡问题的理论，又称"对策论"。博弈论可以划分为合

作博弈（Cooperative Game）和非合作博弈（Non-cooperative Game）。在国民财富分配制度过程中，一国的中央政府、地方政府、利益集团之间存在相互对抗、相互利用的关系，而这一部分正是博弈论主要的应用领域之一。

第二，社会调查法。国民财富分配关系是极其复杂的经济、社会、文化与政治的综合现象。通过社会调查或者采用社会调查数据，可以对国民财富分配关系进行系统地、科学地描述和分析。本书针对主要高收入国家或地区收集整理了大量社会调查数据和典型性调查资料，为研究工作提供了坚实的数据基础。

1.4 研究内容

（1）基本内容

第一，建立现代国民财富分配理论框架。在总结归纳现有收入分配理论的基础上，根据所得税、财产税、社会保障税等不同税种和税制在国民经济中的地位和比重，以及教育、医疗、住房和社会保障等资源的分配状况，区分居民收入分配制度、国民收入分配制度和国民财富分配制度的重大差异，探索建立国民财富分配制度理论框架。根据中产阶级在社会结构中的地位、人均国民收入水平、参照基尼系数水平等三项标准，划分居民收入分配、国民收入分配和国民财富分配的历史时段，探讨国民财富分配制度的内涵和分析方法。

第二，分析高收入国家国民财富分配制度的重大改革。研究分析美国、英国、德国、法国、日本、瑞典和俄罗斯七个高收入国家国民财富分配制度的重大改革。根据中产阶级在社会结构中的地位、人均国民收入水平以及参照基尼系数水平三项标准，划分居民收入分配、国民收入分配和国民财富分配的历史时段，把高收入国家国民财富分配制度的发展历史划分为初级阶段（19世纪中叶至20世纪初叶）、发展阶段（第一次世界大战后至20世纪70年代）、成熟阶段（20世纪80年代至今）三个阶段。

根据国别历史，分别回顾七个高收入国家国民财富分配制度的改革历程，分析重大制度和政策，探讨这些历史事件、制度和政策形成的经济原因和社会原因。

第三，分析高收入国家国民财富分配制度的调节机制和政策体系。根据对高收入国家国民财富分配制度三个阶段的划分，以财税制度、价格政策、金融制度、产业政策等经济杠杆为中心，以就业和失业、教育、住房、医疗、社会保障等社会政策杠杆为重点，以国家政治制度、法律制度、财产制度等制度杠杆为参照，研究分析高收入国家国民财富分配制度的调节机制和政策体系在三个阶段的主要内容和特点，比较区分七个不同的高收入国家国民财富分配制度调节机制、政策体系的差别，比较区分同一高收入国家国民财富分配制度调节机制、政策体系在初级阶段、发展阶段、成熟阶段的不同特点。

根据对高收入国家国民财富分配制度的初级阶段、发展阶段、成熟阶段三个阶段的划分，以社会管理为中心，以中产阶级培育为重点，以基尼系数和社会效果为参照，研究分析高收入国家社会管理及政府职能在国民财富分配制度的初级阶段、发展阶段、成熟阶段的主要内容和特点，比较区分七个不同国家社会管理及政府职能的差别，比较区分同一高收入国家的社会管理及政府职能在国民财富分配制度初级阶段、发展阶段、成熟阶段的不同特点。

第四，总结高收入国家国民财富分配制度对我国的政策启示。吸收自19世纪中叶以来高收入国家建立完善国民财富分配制度，以及培育中产阶级为主的社会结构的教训和经验，探索建立中国式财富分配模式，实现从现存的带有计划经济特点的收入分配制度到现代国民财富分配模式的管理体制跨越。这是当前我国解决收入分配问题的历史必然，是构建和谐社会和全面建成小康社会的战略选择。

研究第二次世界大战后新加坡、韩国、巴西、印度以及中国台湾等地区的探索发展财富分配制度的经验与教训。以经济杠杆为中心，以就业和失业、教育、住房、医疗、社会保障等社会政策杠杆为重点，以社会管理、中产阶级培育、基尼系数和政策的社会效果和政治制度、法律制度、财产制度为参照，研究分析新兴高收入国家及地区在探索发展国民财富分配制度方面的经验与教训。

（2）内容结构

第一篇：现代国民财富分配理论框架

在总结归纳现有收入分配理论的基础上，区分居民收入分配制度、国民收入分配制度和国民财富分配制度的重大差异，划分居民收入分配、国民收入分配和国民财富分配的历史时段，探索建立国民财富分配制度理论框架。

第一，居民收入分配、国民收入分配和国民财富分配的概念区分。根据所得税、财产税、社会保障税等不同税种和税制在国民经济中的地位和比重，以及教育、医疗、住房和社会保障等资源的分配和中产阶级、基尼系数等情况，区分居民收入分配、国民收入分配和国民财富分配的重大差异，界定居民收入分配、国民收入分配和国民财富分配的概念。

第二，划分居民收入分配、国民收入分配和国民财富分配的历史时段。根据中产阶级在社会结构中的地位、人均国民收入水平、基尼系数水平三项标准，划分居民收入分配、国民收入分配和国民财富分配的历史时段，把高收入国家国民财富分配制度的发展历史划分为初级阶段（19世纪中叶至20世纪初叶）、发展阶段（第一次世界大战后至20世纪70年代）、成熟阶段（20世纪80年代至今）三个阶段。

第三，国民财富分配制度的主要内容。国民财富分配制度的主要内容包括：所得税、财产税、社会保障税等制度；就业、教育、医疗、住房和社会保障等制度；中产阶级数量和比例；基尼系数水平；财产权制度等。

第二篇：高收入国家国民财富分配历史分析

研究分析美国、英国、德国、法国、日本、瑞典和俄罗斯七个高收入国家国民财富分配制度的重大改革。分别回顾美国、英国、德国、法国、日本、瑞典和俄罗斯七个高收入国家国民财富分配制度的改革历程，划分改革阶段，列举分析具有历史标志性的重大制度和政策，探讨这些历史事件、重大制度和政策的影响，形成的经济原因和社会原因。

第一，分析英国、德国、法国、瑞典等欧洲四国国民财富分配制度的改革历程。回顾英国、德国、法国、瑞典等四个欧洲国家国民财富分配制度的改革历程，划分改革阶段，列举分析其具有历史标志性的重大制度和政策。

高收入国家国民收入分配制度起源于18世纪初期。当时，英国、法国等出现了以财产为缴税对象的税收制度。至19世纪中叶，财产税已经成为当时主要高收入国家税收的重要组成部分。现代国民财富分配模式出现于19世纪末，成熟于20世纪80年代。税制是政府规制收入分配的主要政策工具，社会保障税在税制中占有重要地位。

瑞典等北欧福利国家模式的国民财富分配制度极具代表性。通过税制改革，有效改善了收入的分配格局，保证了中产阶级的利益，保持了较低的基尼系数水平。

第二，美国国民财富分配制度的改革历程。回顾美国国民财富分配制度的改革历程，划分改革阶段，列举分析具有历史标志性的重大制度和政策。

社会保障税始于美国。1935年，美国在罗斯福总统领导下通过了联邦历史上第一部社会保障法，议会批准美国政府开始征收薪酬税。

第三，日本国民财富分配制度的改革历程。回顾日本国民财富分配制度的改革历程，划分改革阶段，列举分析具有历史标志性的重大制度和政策。第二次世界大战后日本政府在努力发展经济并获得了经济发展的巨大成就；同时，社会管理日臻完善，日本基尼系数水平在全球长期处于最低水平序列。日本政府加强税收制度、社会保障制度管理，努力培育中产阶级，这些政策措施均为后发国家提供了重要的历史参考。

第四，俄罗斯国民财富分配制度的改革历程。回顾俄罗斯国民财富分配制度的改革历程，划分改革阶段，列举分析具有历史标志性的重大制度和政策。冷战后，俄罗斯在经济复兴的同时，通过采取国民补贴有效促进了教育、医疗、住房和社会保障等资源的公平分配。俄罗斯只用了很短的时间，就大幅度提高了社会公众对国民财富分配的满意度，这方面的经验具有重要的参考价值。

第五，新加坡、韩国、巴西、印度等新兴高收入国家及中国台湾地区探索民众财富分配制度的改革历程。新加坡、韩国、巴西、印度等国家及中国台湾地区，能够依据本国或本地区特有的优势，促进教育、医疗、住房和社会保障等资源的公平分配。但是，巴西、印度在探索国民财富分配制度的改革历程中也有很多教训，需要认真总结。

第三篇：高收入国家国民财富分配调节机制与政策体系

根据对高收入国家国民财富分配制度的初级阶段、发展阶段、成熟阶段三个阶段的划分，以财税制度、价格政策、金融制度、产业政策等经济杠杆为中心，以就业和失业、教育、住房、医疗、社会保障等社会政策杠杆为重点，以国家政治制度、法律制度、财产制度等制度杠杆为参照，研究分析高收入国家国民财富分配制度的调节机制和政策体系在初级阶段、发展阶段、成熟阶段的主要内容和特点，比较区分美国、英国、德国、法国、日本、瑞典和俄罗斯等七个国家国民财富分配制度调节机制、政策体系的差别，比较区分同一高收入国家国民财富分配制度调节机制、政策体系在初级阶段、发展阶段、成熟阶段的不同特点。

第一，英国、德国、法国、瑞典等欧洲四国国民财富分配制度的调节机制和政策体系。

主要内容包括：英国、德国、法国、瑞典等欧洲四国的财税制度、价格政策、金融制度、产业政策，就业和失业、教育、住房、医疗、社会保障，国家政治制度、法律制度、财产制度等。

第二，美国国民财富分配制度的调节机制和政策体系。主要内容包括：美国的财税制度、价格政策、金融制度、产业政策，就业和失业、教育、住房、医疗、社会保障，国家政治制度、法律制度、财产制度等。

第三，日本国民财富分配制度的调节机制和政策体系。主要内容包括：日本的财税制度、价格政策、金融制度、产业政策，就业和失业、教育、住房、医疗、社会保障，国家政治制度、法律制度、财产制度等。

第四，俄罗斯国民财富分配制度的调节机制。主要内容包括：俄罗斯的财税制度、价格政策、金融制度、产业政策，就业和失业、教育、住房、医疗、社会保障，国家政治制度、法律制度、财产制度等。

第五，新加坡等新兴高收入国家及地区的调节机制。主要内容包括：新兴高收入国家及地区的财税制度、价格政策、金融制度、产业政策，就业和失业、教育、住房、医疗、社会保障，国家政治制度、法律制度、财产制度等。

第四篇：中国式财富分配模式总体框架

当前我国吸收与批判自19世纪中叶以来高收入国家建立完善国民财富分配制度，以及培育中产阶级为主的社会结构的教训和经验，探索建立中国式财富分配模式，实现从现存的仍带有计划经济特点的收入分配制度到现代国民财富分配模式的体制跨越，这是当前我国解决收入分配问题的战略选择。

主要政策建议如下：

第一，建立现代国民财富分配模式是我国经济社会发展的战略选择；

第二，加快建立财产税制度是当前财政体制改革的新突破；

第三，建立公务员财产申报和纳税制度势在必行；

第四，培育中产阶级是我国迈向现代社会形态的必要前提；

第五，社会保障税务必尽快开征；

第六，教育资源应面向农村、面向低收入阶层实行免费制；

第七，医疗资源应面向农村、面向低收入阶层实行免费制或低收费制；

第八，保障性住房建设应实行年度倍增计划，建立全国性保障性住房建设基金；

第九，政府要积极引导建立发展就业型、务工型产业；

第十，高收入国家经验证明社会保障基金进入证券市场的风险可控，我国政府要积极引导推进社会保障基金在有效管制下早日进入证券市场，以规避养老保险基金、医疗保险基金贬值和亏损不断加剧的巨大社会风险。

1.5 主要难点问题与研究创新

（1）高收入国家国民财富分配制度历史分析

由于美国、英国、德国、法国、日本、瑞典和俄罗斯等七个国家的工业化进程不同，在经济社会发展水平上存在"时差"或"代差"，因此，要划分不同的时段，才能得出具有可比性的科学结论。

本研究采用历史考察和典型数据分析的方法，历史数据的信度和效度将影响研究的结果，数据收集和整理是研究工作的重点和难点。

（2）对高收入国家国民财富分配调节机制的分析

根据对高收入国家国民财富分配制度的初级阶段（19世纪中叶至20世纪初叶）、发展阶段（第一次世界大战后至20世纪70年代）、成熟阶段（20世纪80年代至今）三个阶段的划分，对调节机制的分析，要以财税制度、价格政策、金融制度、产业政策等经济杠杆为中心，以就业、教育、住房、医疗和社会保障等社会政策杠杆为重点，以国家政治制度、法律制度、财产制度等制度杠杆为参照。由于分析涉及的要素数量多，在判断各要素权重和作用时，要采用制度和实证相结合的方法。同时，要分析高收入国家国民财富分配制度的调节机制在三个阶段的主要内容和特点，比较区分七个国家国民财富分配制度调节机制的差别，比较区分同一高收入国家国民财富分配制度调节机制、政策体系在初级阶段、发展阶段、成熟阶段的不同特点。

（3）高收入国家国民财富分配政策体系分析

对高收入国家国民财富分配政策体系的分析，既涉及财税制度、价格政策、金融制度、产业政策等经济杠杆，又涉及就业、教育、住房、医疗、社会保障等社会政策杠杆，还涉及国家政治制度、法律制度、财产制度等制度杠杆，这一问题具有复杂性。本书将结合历史分析，确定特定阶段高收入国家国民财富分配制度的主导因素，重点分析结构性因素。

（4）收入分配制度向现代国民财富分配制度转型分析

由于我国和工业化国民经济社会发展存在"时差"或"代差"，需要制定赶超型的转型战略，但是这一转型战略同时要和经济社会发展的总体转型契合，要与国家总体发展战略或者规划保持高度一致，才能避免战略上的超前或者滞后。关于转型进度和转型方向将影响最终的转型战略，这是本书的难点之一。

第 2 章 现代国民财富分配：理论框架与逻辑模型

本章提出了现代国民财富分配的基本概念，建立了现代国民财富分配理论框架，构建了元模型等逻辑模型。现代国民财富分配是从居民收入分配、国民收入分配衍生而来。收入分配是流量概念，国民财富分配是存量概念。对现代国民财富分配模式进行分析，应了解国民财富分配与居民收入分配、国民收入分配的基本概念，并构建现代国民财富分配理论逻辑模型。

2.1 收入分配与财富分配：概念比较

2.1.1 收入分配与财富分配：概念分析

（1）收入分配与国民财富分配

国民财富是指在一定时期一个国家所拥有的全部物质资料和自然资源的总和。收入分配是流量概念，是指要素投入的薪酬。国民财富分配是存量概念，是指房产、金融资产、社会保障权和受教育权利等要素产权的拥有。

本书认为，国民财富主要来源有两部分：存量财富和流量财富。存量财富，可以来源于收入的积累，即存量财富可以来自流量财富。但在某些条件下也不尽然。例如，伴随我国社会主义市场经济制度改革发展，产权制度改革往往导致公民存量财富分配与流量财富分配相关性不高。例如，改革开放40多年来，我国劳动市场一体化不断深化，企业员工"同工同酬"的权利得到有效保护，员工在企业的薪酬福利权益得到保障，这有利于促进实现公平分配。人们在土地开发、经营、矿产开采、企业改制、城市旧城改造、专利发明、证券市场和征地拆迁补偿等领域的机会差异很大，导致不同行业、不同群体、居民之间、城乡之间的财富状况千差万别。调节国民财富分配差距和调节收入分配差距需要通过不同的方式和渠道进行。因此，要在中国式现代化背景下实现分配公平，就要区分收入分配制度和国民财富分配制度的重大差异，实现分配公平理念与视野上的与时俱进。①

（2）分配状况与分配格局

对于社会分配问题，可从三个不同维度考察：一是社会成员之间分配差距是否悬殊，尤其是否存在贫富两极分化。二是分配秩序是否规范，以及分配规则是否公正。三是国民收入分配格局是否适当，即政府、居民和企业可支配收入的份额分别占国民收入之比是否有利于经济持续发展。对分配问题的观点和研究，可以分为三个范畴：一是指居民薪酬收入的范围；二是指企业、居民的范围内其收入占国民收入的比例，可以称为"分配状况"；三是指政府、居民和企业的范围内各主体收入占国民收入的比例，可以称为"分配格局"。

（3）"不均等"与"不平等"

两者含义不同。这两个概念在中文语境中常常被混用甚至滥用。"不均等"反映的是一种事实状态，可以用数据之间的差距来描述，是客观的。"不平等"则体现一种主观评价，反映对某种事实的主观评价。不平等可能是针对个人、群体的评价或者描述，也可以针对一个国家、地区或者阶级，往往与社会结构、政治制度、历史文化等紧密相连。对于"不平等"的描述，需要整合多种因素，尤其是要科学地进行价值判断层次的分析，才能得出科学的结论。

（4）分配制度与分配政策

制度是指一组或一套规则和组织的统称，包含各种主体之间的相互关系，被一定的规则、秩序所决定，其产生、变化往往经历一个较长时期。一般认为，"分配制度"是生产关系的重要组成部分，由生产力决定，优劣需在阶段性的时间区间分析，"分配制度"决定"收入分配关系"。

"政策"是由政府制定、实施的规则或者干预安排，有一定的不确定性和易变性。通常的"调节收入分配关系"，是指通过税收、价格、工资、福利等"分配政策"调节财富或者收入的分配导向或具体布局。

（5）分配秩序与贫富分化

分配秩序是指政府制定和实施的关于分配和再分配的各种规则。分配秩序一般反映为政府围绕财富分配制定一系列法律法规。

"贫富分化"，也称为"两极分化"，既指部分人侵占他人劳动成果或合法权益，也指反帕累托效应的存在，即部分人富裕的代价是其他人的贫穷，社会中财富分配不公加剧。

---

① 江剑平.中国国有企业收入分配改革效果评估研究［D］.湘潭：湘潭大学，2016.

2.1.2 居民收入分配与分配公平

1. 居民收入

居民收入是指一国居民在一定的时间段通过各种途径获得的收入总和。目前，我国居民收入途径主要来自两个：一是居民自身的劳动所得，包括农业生产经营收入、非农生产经营收入以及工资收入；二是非劳动性的收入，包括财产性收入和转移性收入（见表2-1和图2-1），国家的宏观经济状况和收入分配政策都会对居民的收入产生重大的影响。①

表2-1　全国居民人均收入水平与构成（2018年1月）

指标	绝对数（元）	构成（%）
可支配收入	25 974.0	100.0
工资性收入	14 620.0	56.3
经营净收入	4 502.0	17.3
财产净收入	2 107.0	8.1
转移净收入	4 744.0	18.3

数据来源：国家统计局网站；《中国统计年鉴（2019）》，北京：中国统计出版社，2019年9月。

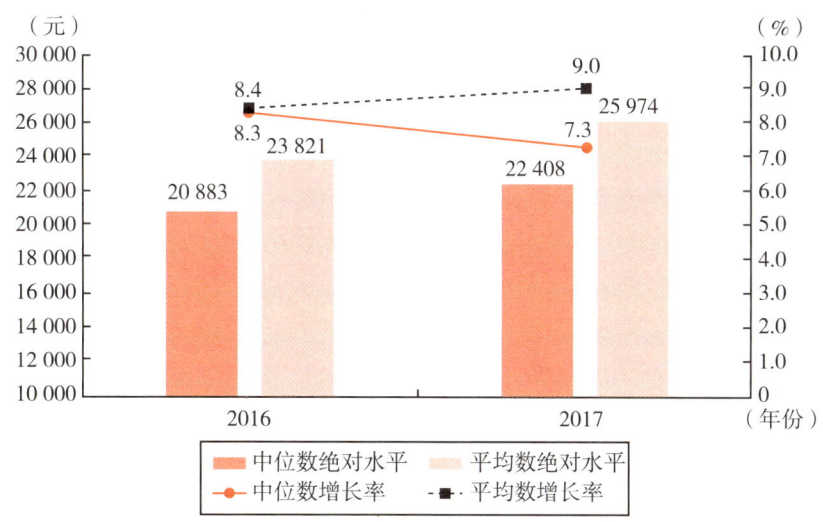

图2-1　全国居民人均可支配收入平均数与中位数（2018年1月）

数据来源：国家统计局网站；《中国统计年鉴（2018）》，北京：中国统计出版社，2018年9月。

---

① 江剑平.中国国有企业收入分配改革效果评估研究［D］.湘潭：湘潭大学，2016.

（1）工资性收入

我国劳动法规定，劳动者获得的工资是雇用他的企业主按照国家有关规定或劳动合同的约定给予他与其劳动付出相当的货币量。[①] 由表2-1可知，2017年，全国人均工资性收入为14 620.0元，占总收入的56.3%；全国居民人均可支配收入25 974元，比上年名义增长9.0%，扣除价格因素，实际增长7.3%。其中，城镇居民人均可支配收入36 396元，增长8.3%（以下如无特别说明，均为同比名义增长），扣除价格因素，实际增长6.5%；农村居民人均可支配收入13 432元，增长8.6%，扣除价格因素，实际增长7.3%。这不仅说明了工资性收入是我国居民的主要收入来源，也可以表明我国农村和城镇居民的收入差距。

（2）经营性收入

经营性收入是指居民通过自身的生产经营获得的收入，可以分为农业生产经营收入和非农业生产经营收入。其中，农业生产经营收入是指居民通过从事农业生产活动所获得的收入，也可以简单概括为农民的第一产业（种植业、畜牧业等）的收入。非农业生产经营收入与农业生产经营收入是相对的，即指居民通过从事非传统的农业生产以外的生产经营而获得的收入，也称副业收入（家庭手工业、商业等）。伴随我国经济的发展，居民个人的生产经营性收入不断增加。2017年，全国居民人均经营性收入为4 502.0元，占总收入的17.3%，成为居民收入的重要组成部分。

（3）财产性收入

财产性收入指依赖于财产本身所获得的收入，具体包括存款利息收入、财产出售或租赁获得的租赁金和有价证券的投资收入等。2017年，全国居民人均财产净收入为2 107.0元，占人均收入的8.1%。财产性收入增长迅速的主要因素包括：一是居民家庭财产日益快速增加，居民投资渠道多元化，以及其他投资收入稳步增长；二是市场经济快速发展，各地区就业人员流动量加大，对居民日常住房需求旺盛，城镇居民出租房屋收入增加；三是中国证券市场复苏，部分居民把自有的存款用于投资证券市场的股票或基金，以提高利息、股利性收入，来自证券市场的投资收益的显著提高，增加了居民的财产性收入。

（4）转移性收入

转移性收入是一种非劳动性收入，一般包括政府的补贴、救济以及他人的馈

[①] 中华人民共和国劳动部《关于贯彻执行〈中华人民共和国劳动法〉若干问题的意见》第53条。

赠等，这也就注定了其具有不稳定性的特点，所以个人的转移性收入是不固定的，可能忽高忽低。因此，理论上讲政府要通过这一途径来进行收入分配调节，效果应该是不明显的。伴随国家重视低收入群体和给予物质帮助，2017年，全国居民人均转移净收入为4 744.0元，占总收入的18.3%，高于财产性收入。

2.居民收入分配

居民收入分配即对全国居民的收入进行一个宏观控制、调整，尽可能达到公平。但是因为居民的收入主要是靠个人的劳动所得，所以从政府的角度而言，可以进行调节的手段只有宏观经济政策和转移支付。1912年，意大利经济学家Gini提出了衡量一国居民收入分配的标准——基尼系数[①]。

继基尼系数之后，国际上又出现了很多用以分析居民收入分配差距的方法，但是基尼系数依旧在各国的统计数据上占据首要位置，而且通常各国之间的收入分配问题的比较也多是采用基尼系数。

2.1.3　国民收入分配与分配公平

国民收入分配有狭义和广义之分。从广义上来讲，国民收入分配是指一个国家的各经济主体在一定时期内在各种经济活动中的所得形成的分配格局，而狭义上则是指这些经济活动的所得在经济主体间分配的过程，具体可以分为初次分配、再分配和最终分配三个过程[②]。

（1）国民收入的初次分配

初次分配指的是在市场机制的调节下，按照等价交换的公平性原则，市场参与主体自愿按照自身的劳动所创造的财富占国民收入的比例来进行收入分配。其实质是在全国范围内的各个生产部门、各类阶层及其成员之间将国民收入进行分配，这一阶段分配的收入可以称作"原始收入"，形成的结构反映了功能收入分配的格局。对于初次分配，我们可以通过最低工资制度、职工持股制度、集体谈判制度三方面进行分析。

---

① 基尼系数是指国际上通用的、用以衡量一个国家或地区居民收入差距的常用指标。基尼系数介于0~1之间，基尼系数越大，表示不平等程度越高。长久以来，人们错误地把这个指标归到基尼名下。但1964年，赫希曼在《美国经济评论》（AER）发表了澄清文字，标题是《一项指标的父权认证》（The Paternity of An Index）。据此知，基尼系数并非基尼发明的，也不是赫芬道尔重新发明的，而是赫希曼发明的。

② 李炳炎.跨越"中等收入陷阱"与我国收入分配改革[J].管理学刊，2012，25（01）：45~50，108.

（2）国民收入的再分配

"再"即在"初"的基础上又一次进行分配，这一过程的主导者是政府，主要采取各种税收政策对居民的"原始收入"进行更公平的调节。所谓的各种税收政策主要包括所得税、财产税等。之所以要进行再分配，主要是考虑初次分配的成果可能有失平衡，故而再次对要素收入进行分配，这实质上是一种社会转移分配。除了税收制度外，政府还可以通过社会保障制度、教育医疗制度等与居民有关的一切日常所需的政策制度，以管理者的身份强制调节收入分配。特别需要注意的是，国民收入再分配更注重公平，将有利于全社会的稳定发展。

（3）国民收入的最终分配

国民收入的最终分配是继政府的再分配之后，个人和企业出于道德的指引，自愿将自身的要素收入通过各种途径部分分配给社会的弱势群体。这既是一种无偿的慈善行为，也是一种收入分配的调节方式。这个阶段的调节没有固定的政策，也没有明确的指标、界限，充分发挥作用的是一个国家或一个民族的文化、社会责任力量。因此，国民收入的最终分配不仅是简单地调节国民收入分配，还是一个国家的社会、政治、经济力量的体现，政府的宏观调控是方法。

2.1.4 国民财富分配与分配公平

（1）国民财富的概念

国民财富是指在一定的时期内，一个国家所拥有的全部物质资料的总和，可以分为自然资源和国民财产两个部分。其中，自然资源包括一国境内的土地、矿产、森林和水资源等；国民财产是指除自然资源外，通过劳动而获得的资产，包括金融资产、流动资产和固定资产等。

（2）国民财富分配的概念

国民财富分配在广义上是指一个国家在一定时期内国民财富在每个经济主体之间的分配；狭义上是指国民财富在各国民经济部门、非生产单位、各生产单位和居民中的分配过程。国民财富分配既包括存量意义上的财产分配和资源分配，也包括流量上的收入分配。可以说，国民财富分配包括财产、资源、收入的初次分配、再分配和最终分配这三个过程，涵盖居民收入分配和国民收入分配两部分。

（3）国民财富分配制度的发展

国民财富分配的雏形出现于19世纪后期，其产生的标志是德国俾斯麦的社会保障法的提出及施行。国民财富分配体系形成于20世纪80年代，其体系形成的标志是围绕国民财富分配的经济、社会、政治等政策体系的建立。现代国民财富分配模式与以往的居民收入分配、国民收入分配的主要区别在于：现代国民财富制度在形成过程中，不断发展、培育了新型的制度价值观，这种制度价值观以维护中产阶级权益为中心，以法律、社会管理和政治为政策杠杆，在多种经济手段的配合使用下，共同促进收入分配公平。①

中产阶级的形成是现代国民财富分配的主要社会基础；社会管理、政治法律杠杆和经济政策并重是现代国民财富分配的调节方式的主要特征；现代国民财富分配的三大核心社会特征是形成中产阶级且中产阶级占据主导地位、低水平的基尼系数（普遍为0.4以下）和对人权及财产权的法律尊重。

2.2 现代国民财富理论：理论框架与元模型

本书认为，从狭义上分析，"国民财富"，首先是一个经济学范畴的概念，其次从广义分析的维度，外延扩展到"国民财富"的社会学、政治学、管理学和历史学的概念内涵。因此，从狭义的经济学范畴分析，本书遵循经济学之父亚当·斯密（Adam Smith）在《国富论》中关于"国民财富"（National Wealth）的概念的经典界定，这可以为本书研究提供坚实的理论和逻辑基础。

《国富论》中"国民财富"是指一个国家（或地区）一定时间内所拥有的全部物质资料，包括国民财产和自然资源两部分。国民财产是指一定时域、一定地域内劳动产品的积存，可以分为固定财产、流动财产、金融财产三部分。自然资源是指土地、森林、矿产、水等自然界的非人类劳动的产物或者自然性物产。②

现代国民财富分配，广义上是指一个国家（或地区）在一定时期内国民财产、自然资源在各经济主体之间的分配，狭义上则指国民财产在国民经济各部门、各生产单位和非生产单位以及居民中的分配过程。

高收入国家国民财富分配制度，出现并形成于19世纪中期至第二次世界大战前，其重要标志是德国俾斯麦的社会保障法的实行；发展于第二次世界大战后至20世纪70年代，其重要标志是高收入国家中产阶级的发展壮大并占社会阶级结构的主导地位；成熟于20世纪80年代至今，其重要标志是围绕国民财富分配的经

---

① 尹恒，龚六堂，邹恒甫.当代收入分配理论的新发展[J].经济研究，2002（08）.
② [英]亚当·斯密.郭大力，王亚南译.国民财富的性质和原因的研究[M].北京：商务印书馆，1972年12月.

济、社会、政治、法律等制度性体系化构建，围绕国民财富分配的经济、社会、政治等政策体系的基本形成。

从形式上看，国民财富分配不仅包括流量意义上的收入分配，还包括存量意义上的财产分配和资源分配；或者说，国民财富分配包括关于收入、财产、资源的初次分配、再分配和最终分配三个过程。国民财富分配涵盖了以往的居民收入分配和国民收入分配所包含的所有内容。国民财富分配制度是关于收入、财产、资源分配的一系列制度和规定。

一般来说，国民财富分配制度包括：狭义的收入分配制度，即各生产要素在创造社会财富过程中所应得薪酬的分配制度，包括薪酬分配制度、间接税如增值税和营业税等制度、个体户收入分配制度、农民的收入分配制度等；财产分配制度，包括所得税、财产税、遗产税、房产税等税收调节制度，社会保障、教育、医疗、住房保障等制度，基本公共服务等分配制度，财政转移支付制度；关于中产阶级财产保护、物权维护等一系列制度；资源分配制度或资源配置制度，主要是关于自然资源（土地、矿产、森林、水等）配置制度和规定。

总之，国民财富分配制度所调节的范围大于居民收入分配与国民收入分配。国民财富分配理论是国民财富分配制度建立的基础。本书对于国民财富分配理论的研究，将对19世纪以来高收入国家的国民财富分配制度变革的历史以及主要内容进行梳理，并与中国国民收入分配的历史和制度变迁进行对比的基础之上，提出现代国民财富分配理论框架，并构建一些重要的指标作为分配制度合理化的参考标准。

2.2.1　现代国民财富分配模式变革的历史划分

高收入国家国民收入分配制度具有特定的时代背景和历史渊源。高收入国家中的英国、法国等在18世纪伊始已经出现了财产税的制度雏形。例如，英国、法国的窗户税、烟囱税、炉灶税等成为政府的税收收入。1787年，美国联邦的新宪法规定，地方政府将财产税列为重要税种。[1]

高收入国家国民财富分配制度的发展历史，可以分为以下主要阶段：初级阶段（19世纪中叶至20世纪初叶）、发展阶段（第一次世界大战后至20世纪70年代）、成熟阶段（20世纪80年代至今）三个阶段。

高收入国家国民财富分配制度以财税制度、价格政策、产业政策、金融制度

---

[1] ［美］伊格尔斯.何兆武，译.二十世纪的历史学——从科学的客观性到后现代的挑战［M］.沈阳：辽宁教育出版社，2003.

等经济杠杆为中心，同时以就业、社会保障、教育、医疗、住房等社会政策杠杆为重点，以政治、法律、财产等制度体系为基础。

2.2.2 理论框架与元模型分析

现代国民财富分配模式，这是本书的研究主命题。

18世纪初，以财产为分配对象的国民财富分配的早期形态已经出现，但是现代意义上的国民财富分配制度形成于18世纪末、19世纪初，成熟于19世纪中叶，其重要标志是很多高收入国家的财产税成为税收的重要组成部分。[①] 国民财富分配制度的重要特点是通过税收、价格、社会保险、金融等经济工具与社会保障、教育等社会政策工具对居民、企业、政府的财产分配进行调节，居民、企业利润、政府财产的规模和结构成为主要的调节对象。现代国民财富分配模式成熟的重要标志为，在全社会范围内已经培育形成了稳定的中产阶级主导的社会结构，全社会从价值观上渐进认同对中产阶级财产权益的保护和培育，政府在使用税收、投资、利率、汇率等经济杠杆调节财产和收入的同时，更加注重使用社会、政治等政策工具调节和实现教育、医疗、住房、社会保障、自然资源的公平分配，同时建立了实现财产和收入的公平分配所必需的较为合理的社会管理机制和社会政治制度基础，使全社会能够实现0.4以下的较低的基尼系数水平。[②]

由于经济社会制度背景不同，各个高收入国家国民财富分配制度差异很大。19世纪前期，欧洲经济发展缓慢，社会机构单一，分配不公主要是货币收入不公。在这一背景下的分配制度主要是实现居民收入公平，通过政策调节居民收入差距，缓解社会不公。

19世纪中后期，资本主义生产制度和分配方式都发生了变化，资产阶级快速发展，财产分配不公加剧，分配制度转向解决财产差距造成的社会不公。进入20世纪，经济货币化趋势加快，家庭金融财产增加，为了实现财富分配公平，教育、医疗、社会保障等社会性改革得到深化，促进机会均等成为公平分配的保障。[③] 高收入国家的分配制度渐进演变为更广义层面上的国民财富分配制度。进入后工业化社会，全球收入不平等的主要根源是自由市场经济政策在全球的广泛采用，义务教育、公共医疗和社会保障福利覆盖面和水平的提高，片面、机械推行"高福

---

① 马金华.外国财政史［M］.北京：中国财政经济出版社，2011（06）：124~135.
② 李实.当前中国的收入分配状况［J］.学术界，2018（03）：5~19，274.
③ 毛程连.西方财政思想史［M］.北京：经济科学出版社，2003（12）：26~35.

利、高补贴、高税收"政策,则会抑制长期经济增长潜力,阻滞提升就业率。针对这一全球性问题,迫切需要突破经典的生产要素决定论,建立新的国民财富分配理论,以指导国民财富分配制度的发展完善。①

若构建新的国民财富分配理论,在国民财富分析中引入政治、法律、文化和社会变量,则需要突破传统的单一的纯粹经济学范畴的分析,从经济学、管理学、社会学与历史学的广义范畴,系统研究收入、财产和自然资源分配的关系,全面分析经济增长和公平分配的动态的历史关系。

(1)居民收入分配、国民收入分配和国民财富分配的概念界定

根据所得税、财产税、社会保障税等不同税种和税制在国民经济中的地位和比重,以及教育、医疗、住房和社会保障等资源的分配和中产阶级、基尼系数等情况,区分居民收入分配、国民收入分配和国民财富分配的重大差异,界定居民收入分配、国民收入分配和国民财富分配的概念差别。

通过对高收入国家收入分配历史的考察,我们注意到早期的收入分配主要强调工资等货币收入的分配公平,伴随市场自由化程度和资本有机构成不断提高,非工资收入在国民收入中的比重渐进提高,财产分配不平等程度的提高,进一步扩大收入分配的不平等。②

第一,居民收入分配、国民收入分配和国民财富分配的比较研究。

一方面,伴随民主法治的实施和市场经济制度的完善以及产业革命和信息技术的普及,具备现代产业发展所需知识和技能的人群形成新的社会阶层即中产阶层,而中产阶层的发展壮大使民主法治更加规范,公民政治参与度提高。另一方面,伴随新兴产业迅速崛起,专业化分工更加精细,社会心理问题也得到空前关注,并与可持续发展相提并论,分配制度开始关注社会基本心理预期的管理。经济、社会、政治、文化等诸多因素在国民财富分配中的系统作用得到重视。

通过对美国、英国、法国、德国和瑞典等高收入国家一百多年收入分配发展过程的历史考察,我们发现过去历史经验基础上的传统居民收入分配理论、国民收入分配理论都已不适用于21世纪国民财富的分配。三种收入分配概念比较见表2-2。

---

① 岳公正.收入分配制度改革与公共政策的社会选择变革[J].学术交流,2013(11):80~84.
② 李实.当前中国的收入分配状况[J].学术界,2018(03):5~19,274.

表2-2　　　　　　　　三种收入分配概念比较

类别	居民收入分配	国民收入分配	国民财富分配
概念界定	注重工资收入分配	注重工资收入和财产分配	既包括流量上的收入分配，也包括存量上的财产分配和资源分配
税制	所得税	所得税、财产税	所得税、财产税、社会保障税
社会保障	家庭养老	养老保险、失业保险工伤保险、生育保险、医疗保险	养老保险、失业保险工伤保险、生育医疗保险，就业培训
教育	政府无教育责任	义务教育，职业教育	义务教育，职业教育；社会教育、社区教育
住房制度	政府无公共住房责任	公租房	公租房、公益房、住房补贴
医疗制度	政府无医疗责任	公共医疗	公共医疗，医疗保险
中产阶层地位	较弱，参与社会生活领域较少	渐进成长，社会参与度提高	发挥在经济、政治、社会领域发挥主导作用
基尼系数	缺乏社会公平"综合性"评价的社会意识	普遍基尼系数在0.4以上；提出社会公平"综合性"评价的理念	普遍基尼系数在0.4以下；普遍存在社会公平"综合性"评价的社会意识

第二，财富分配公平的新内涵。现代国民财富分配理论拟建立反映涵盖贫穷阶层、中产阶层和富裕阶层三类社会阶层，横跨居民收入分配、财产分配、自然资源分配三大领域变化的新基尼系数，包含三个阶层、三大领域的动态财富模型，从而揭示伴随社会财富不断增大，中产阶层不断变成富裕阶层，中下贫困层不断转变成中层的过程。基尼系数低于0.4，这意味着不仅是收入和财产分配的基尼系数低于0.4，也反映了人类在公平自由等基本权益保障的分配上的基尼系数也低于0.4。社会只有具有了人权和财产权保护的政治法律基础，人们才会形成稳定的财产预期、社会安全预期，也才能去追求精神生活的自由解放。在经济、政治法律和社会管理综合手段的调控下，国民财富的公平分配才得以实现。①

第三，现代国民财富分配元模型：数理分析。现代国民财富的分配，需要有一套系统的运行机制和政策体系的支撑。国民财富分配理论除了关注国民财富总量水平大小外，还关注财富分配差异程度对国民的影响。"增长"与"公平"二者共同实现的可能性，取决于各经济体自身的社会经济政治结构。②

---

① 张俊山.关于当前我国收入分配理论研究的若干问题思考[J].经济学家，2012（12）：21~30.

② 关于现代国民财富分配理论模型的研究，由本书课题组首席专家主持研究与提出关于理论原理、模型内容和设计思路等；并邀请著名经济学家、清华大学蔡继明教授及其研究团队参加了有关研究工作。在此致谢。

假设国民财富分配是社会大系统的多因素的隐函数形式:

$$G_3=F(x_1, x_2, x_3, x_4, x_5, x_6, x_7, x_8) \tag{2-1}$$

其中,x_1代表所有制结构(含城乡结构);x_2代表市场活力;x_3代表政治民主;x_4代表人均财富水平(含人均收入);x_5代表基尼系数;x_6代表中产阶层占比;x_7代表社会心理预期;x_8代表社会调控方式。上述8个变量之间存在相互影响、相互牵制的关系,即:

$$x_2=f(x_1, x_3, x_4, x_5, x_6, x_7, x_8), x_5=f(x_1, x_2, x_3, x_4, x_6, x_7, x_8) \tag{2-2}$$

国民财富的公平分配要求社会改革同步推进:在所有制结构上,要保证各种产权主体平等地使用全社会的资源,把保护私人财产落到实处;在经济体制上,充分发挥要素市场在财富分配中的基础性作用;在政治法律制度上,注重财产权、人权保护和民主化程度的提高;在社会阶层上,注重培育中产阶层,夯实国民财富分配的社会基础;在调控手段上,注重对自然资源的合理配置,调控垄断收入,注重国民心理感受对社会财富的反馈机制的作用。以上构成国民财富分配的政策体系框架。①

国民财富分配变革,与经济制度、政治制度、社会结构、文化变革相共存伴生、共同演进。上述自变量都是以向量形式出现的,且都包含不同子变量,不同子变量及其影响权重的变化会带来收入、财产和自然资源三大领域基尼系数的变化,通常只要在基尼系数可容忍变化区间即[0.3,0.6]范围内,就可以最大幅度提高经济效率的各子变量变动值,这些子变量所涉及的领域就是经济社会发展应该重视的领域,也就是确保国民财富增长和公平分配的最有效的改革路径。

上述社会系统诸多因素的改革未必都会导致财富"蛋糕"做大和更加公平地分配,但只要综合效应为正,并能设计良好机制进行不断帕累托改进,达到最优就是最好的分配制度。即:

$$\frac{\partial G_3}{\partial x_1}=\phi_1, \frac{\partial G_3}{\partial x_2}=\phi_2, \cdots, \frac{\partial G_3}{\partial x_7}=\phi_7, \frac{\partial G_3}{\partial x_8}=\phi_8 \tag{2-3}$$

根据不同国民经济社会背景和发展阶段的差异,上述因素对国民财富的边际贡献可正可负,但诸因素的综合效应应该为正。这是运行机制设计的基本原则和预期效果。即:

---

① 靳卫萍.从收入分配改革到现代国民财富分配体系的建立[J].经济学动态,2013(10):29~35.

$$\phi = \sum_{i=1}^{8} \phi_i > 0 \qquad i=1,2,\cdots,8 \tag{2-4}$$

例如，如果所有制结构中私有制占比提升2%，可能带来经济效率提升5%；同时，由市场机制调控的要素收入的不平等程度提升4%，政治体制完善和自然资源公平配置程度提升2%，反馈到国民心理预期上，心理保障安全指数提升1%，则社会总体分配综合和谐度会提升4%。可见，尽管存在收入不平等程度的上升，但效率提升和自然资源领域基尼系数水平的降低会抵消这一不利影响，并保持了综合社会效应的正向影响。[①]

所有制结构、政治体制、市场机制的设计要理顺利益关系，兼顾各方面的诉求，既促进增长，又保证公平。只要体制机制设计合理科学，那么效率与公平就可相辅相成。

（2）划分居民收入分配、国民收入分配和国民财富分配的历史时段

纵观人类发展史，在国民财富分配的不同历史时段中，中产阶层占比、人均收入和基尼系数水平有不同的指标阈值，并与不同的国民收入分配调节方式、历史发展阶段的制度特征密切相关。由于现代国民收入的内涵发生了根本性变化，中产阶层的崛起对高收入国家收入分配和政治民主进程起到了重要的促进作用，传统的收入分配理论已不能解释近几十年来世界各国收入分配发生的新变化。

中产阶层在社会结构中的地位、人均国民收入水平、基尼系数水平三项指标，与国民收入分配调节方式存在映射关系，即历史和制度的映射原理。

根据中产阶层在社会结构中的地位、人均国民收入水平、基尼系数水平等三项标准，可以把高收入国家国民财富分配制度的发展历史划分为初期阶段（19世纪中叶至20世纪初叶）、发展阶段（第一次世界大战后至20世纪70年代）、成熟阶段（20世纪80年代至今）三个阶段。

中产阶级的比重、基尼系数和人均收入水平这三个变量之间是相互作用、相互影响的。人均收入水平发生变化，必然带来中产阶级数量的变化和基尼系数的变化，使三个变量之间的结构关系发生改变。只有当所有人的收入都按同样的比例发生变化时，基尼系数的均值水平才能保持不变，但经济发展与各因素会使收入水平在富裕阶层、中产阶层和低收入阶层之间发生变化。经济增长、效率提升、社会结构会带来收入水平的提高，增长效应会自然带来贫困的消减；但同时如果

---

① 靳卫萍.从收入分配改革到现代国民财富分配体系的建立[J].经济学动态，2013（10）：29~35.

分配制度过度注重平等必然会带来效率的损失，进而影响贫困状况的改善。在学界中有一种思潮，即将分配制度的中性设计原则作为标准化原则（RaviKanbur，2000）。实际上，即使分配对经济的影响是中性的，政府的宏观调控也是必不可少的。而在现代国民财富分配模式中，调控政策作为一种经济、政治、法律和社会层面的组合系统，不得不考虑国家和社会发展的特殊性。[①][②]

表2-3　　　现代国民财富分配模式历史划分与主要特征

	阶段	主要特征指标阈值			主要分配调控方式所占权重（%）			历史和制度的主要特征		
		中产阶层占比（%）	人均国民收入（美元）	基尼系数（区间、均值、曲线）	经济财税杠杆	政治法律手段	社会管理措施	经济改革思潮	法律指数	社会保障支出占GDP比重（%）
现代国民财富分配模式历史划分	初期阶段（19世纪到第二次世界大战）		[162，500]	*	70	20	10	供给学派	39	[0.8，2]
	发展阶段（第二次世界大战后—20世纪70年代）	61	[566，8 000]	*	50	30	20	国家干预主义	4.5	[2，10]
	成熟阶段（20世纪80年代至今）	51	[9 000，40 000]	[25，43]32.57，"_/"	40	30	30	新自由主义	6.6	[10，30]

注：根据本书研究与有关学者专家科研成果汇总整理。由于考察历史时段过长，增加了数据获取的难度。各国人均收入可以从现行数据库中提取，但基尼系数只有个别年份有数据，中产阶层人数占比的统计数据较难得到，需要根据社会阶层收入分布统计进行计算方能得到。基尼系数也需要根据各国收入分配状况自行计算或从专业文献中查找获取。

2.2.3　现代国民财富分配模式的主要内容

现代国民财富分配模式主要包括：所得税、财产税、社会保障税等制度，就业、教育、医疗、住房和社会保障等制度，中产阶级数量和比例，基尼系数值，财产权制度等。所得税、财产税和社会保障税等制度，就业、教育、医疗、住房

---

① 张俊山.关于当前我国收入分配理论研究的若干问题思考[J].经济学家，2012（12）：21~30.
② 马桂花.马克思分配正义理论在中国的实践探索研究[D].北京：中央财经大学，2016.

和社会保障等制度以及财产权制度是培育中产阶层的社会基础。财税制度和社会公共资源的配置效率及运行机制都要以刺激中产阶层财富创造动力和提升中产阶层社会占比为出发点。只有壮大中产阶级队伍，才能建立与收入分配基尼系数、财（资）产分配基尼系数和自然资源分配基尼系数（以下统称"三种基尼系数"）相关联的财税体制和公共福利制度，合理调整国民财富分配格局，提高中产阶层在国民财富分配中的占比，才能有效降低财富分配基尼系数，实现更加公平的分配（见图2-2）。

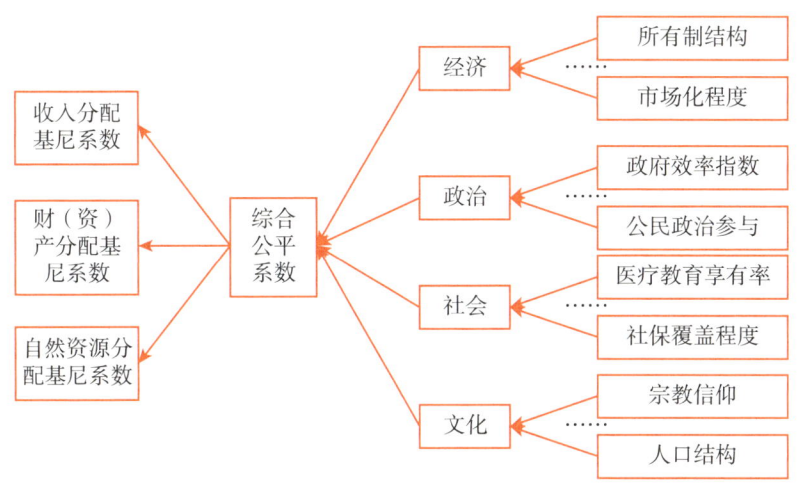

图2-2　三种基尼系数

（1）税制改革：所得税、财产税、社会保障税等制度

构建现代国民财富分配模式，需要推行税制改革，创新发展税收体系、税种以及税制结构，建立以所得税为主体，增值税、财产税、社会保障税为三大支柱的财税体系，开征与财产分配高度相关的房地产税、社会保障税、财产赠与和遗产税、证券交易税等，覆盖国民财富流通各环节，加大税收对财富分配的调控作用。制定科学的所得税、财产税和社会保障税等税收总量政策和税收结构政策。[①]

其中，总量政策是对所得税、财产税、社会保障税等三种调控国民财富分配的税收的总量进行调节，使其保持与经济社会发展的一定比例关系。结构政策是如何在财税体制中协调三种税种的比例关系，使其分别在社会财富分配的不同环节发挥最大的调控作用。税收总量政策和税收结构政策的合理搭配运用，能有效促进经济发展和财富公平分配。

---

① 国家税务总局税收科学研究所编译.外国税制概览［M］.北京：中国税务出版社，2004.

（2）就业、教育、医疗、住房和社会保障、财产等制度安排

所得税、财产税、社会保障税既是调控国民财富分配重要经济手段，也是通过再分配渠道建立完善的就业、教育、医疗、住房和社会保障等制度的重要财税来源。转移支付建立失业救济补贴、普及义务教育、建立社会医疗保险制度、支持福利性住房保障建设、充实养老金账户等，可以提高公共服务资源的全民覆盖程度。

财产包括一切积累的劳动产品（生产资料和生活资料）、自然资源（如土地、矿藏、森林等）和各种科学技术、发明创造的特许权等。财产权是社会物质资料占有、支配、流通和分配关系的法律表现，财产权制度对各类主体的合法财产实行平等保护，能有效刺激和鼓励人们创造社会财富，保护私人和个体经济发展，培育中产阶级。同时，财产权制度也是征收财产税的制度基础，只有具备完善的财产权界定的法律规定，财产税征收才能有法可依，有章可循，减少交易成本。

对不同主体的财产权给予平等的法律保护，是现代国民财富分配模式的应有之义。建立完善财产权和人权保护法律制度，确认国有财产和私有财产的平等法律地位，保障人权和尊重不同生存方式，是发展私营经济、提高财富创造热情的制度保障，也是人们享受物质利益的权利基础。有了明晰的财产权和人权的法律界定，人们在从事经济活动、建立婚姻关系和劳动关系中一系列与财物权利、人身权利相关的利益享有就得以确立，就业、教育、医疗、住房和社会保障等制度安排才能覆盖最广泛的阶级群体，做到劳有所得、学有所教、病有所医、住有所居、老有所养，从而能在全社会形成财富创造和财富享受的心理预期。[①]

（3）中产阶级数量和比例以及基尼系数水平

各国经济社会的发展是工业化和城市化不断升级的过程。国民财富分配包含农村和城市财富分配。城乡分离下的财富分配结构中，中产阶级数量和比例、基尼系数水平会呈现不同的分化形态和演变趋势。一般而言，农村人均收入低于城市，伴随城市化进程不断提高，一部分农村居民会不断进入城市，转化为城市从业人员，并有相当部分进入由低收入阶层向中产阶层过渡的梯队之中。由于介入金融市场和政治参与的程度较低，农村财富分配过程中的基尼系数要低于城市，而伴随人口向城市的流动，城市中产阶层占比会不断提高，全社会的基尼系数将趋于降低。城市人均生产率的增长比农村要快，伴随农村人口的减少和收入占比

---

① Thomas Piketty and Emmanuel Saez, How Progressive is the U.S. Federal Tax System? A Historical and International Perspective, NBER Working Paper No. 12404, Issued in August 2006.

的降低，全社会的收入差距将呈现缩小趋势。

现代国民财富分配理论包括建立中产阶级人口数量权重变化与三种基尼系数之间的动态联系。在就业、教育、医疗、住房和社会保障等公共自然资源分配中，中产阶层人口的增长和比重的增加，使其财富分配优于其他阶层。这种变化会导致国民财富分配的一阶显性变化，使中产阶级的壮大带来财富的一阶递增。更进一步说，对于"二阶占优"分配，中产阶层人口数量的增长、富裕阶层和贫困阶层人数的下降将会引起国民财富的再分配，而国民财富分配各层次的所有福利函数都将是递增、对称和拟凹的。反映在洛伦兹曲线上就是通过基尼系数的不断降低达到国民财富分配的平等程度的不断"帕累托"改进，通过运行机制设计和宏观杠杆调控实现国民财富分配在"公平"与"效率"上的双赢。

（4）现代国民财富分配模式——基于复杂社会大系统的联动机制

中产阶层增长与基尼系数之间的互动关系是社会大系统的变化结果，二者能否形成相互增益的正相关关系，有赖于在经济社会运行中各个层面的条件能否同时得到满足。国民财富分配制度一方面建立完善的税收体系对私人部门形成有效激励，促进经济增长和社会财富扩张；另一方面，在基础教育、医疗卫生和社会保障领域加大公共投资，提高自然资源和政治权益的全民覆盖程度，构建国民心理预期的安全网络。此时，可同时运用财税、政治、法律和社会管理杠杆调控经济、政治、社会、文化协调运作，共同促进社会财富增长和阶层人口从上下通道向中间区域的集聚转移。

2.2.4 经济社会公平综合评价系数（综合公平系数）模型

（1）根据现代国民财富分配理论，我们构建经济社会公平综合评价系数（综合公平系数）模型，从经济、政治、社会、文化的多个层面来综合评估财富分配公平程度。

对国民财富分配公平程度的评价将采用综合公平系数，该系数是在对收入分配、财产分配和自然资源分配的不平等程度进行衡量的基础上，通过一定数量关系得到的综合公平指数，由三种基尼系数的三个子变量组成。而综合公平系数大小又是由复杂的经济、政治、社会、文化等方面因素交织作用的结果。由此可以建立以综合公平系数为因变量，经济、政治、社会和文化为自变量的方程组模型。而经济、政治、社会、文化自变量又是分别由若干子指标组成的分类变量。其评价方程模型如下：

$$G(g_1, g_2, g_3) = f[O(x_1, x_2, \cdots, x_i), L(y_1, y_2, \cdots, y_i),$$

$$N(z_1, z_2, \cdots, z_i), C(v_1, v_2, \cdots, v_i)] \qquad (2\text{-}5)$$

其中，G 为综合公平系数；g_1 代表收入分配基尼系数；g_2 代表财（资）产分配基尼系数；g_3 自然资源分配基尼系数；O 为经济变量；$x_1, x_2, \cdots, x_i$ 分别为影响经济发展水平和经济效率的子变量，如所有制结构、收入结构、市场化水平、财税政策等；L 为政治变量；$y_1, y_2, \cdots, y_i$ 分别为影响政治运作效率和政治民主程度的子变量，如政府效率指数、公民政治参与度、预算平衡程度等；N 为社会变量；$z_2, \cdots, z_i$ 分别为影响社会发展程度和居民生活满意度的子变量，如就业率、医疗和教育人均资源享有率、社会保障覆盖水平等；C 为文化变量；$v_1, v_2, \cdots, v_i$ 分别为影响民族传统和精神信仰的子变量，如宗教信仰、人口结构、社会习俗等。[①]

对经济、政治、社会、文化各方面评价指标的选取，主要采取以下步骤：

①在对各国国民财富分配社会大系统充分研究的基础上，根据影响各国经济、政治、社会、文化运作的主要因素，有针对性地选取或编制初步评价指标。

②根据整体性、科学性、可比性和可操作性等原则，构建基础指标评价体系。经济、政治、社会、文化变量中的每个分指标都是从不同侧面刻画变量具有的某方面特征或属性，各分指标共同服务于目标变量。

③根据国民财富分配公平程度评价指标原始数据或信息，建立评价指标矩阵。对指标进行指标类型、无量纲化等预处理。

（2）基于历史数据的经济、政治、社会、文化的评价标准、综合评价标准的验证及其计量模型。

在历史数据基础上，运用结构方程模型对国民财富分配公平程度的评价模型中各变量间的具体数量关系进行计量分析和模型验证、优化。首先，建立联立方程组模型；其次，采用结构方程模型对联立方程组的变量关系和方程结构进行评估、检验，择优确定模型具体函数形式；最后，根据各子变量和估计模型来测算综合公平系数。

具体步骤如下：

①模型构建。确立经济、政治、社会、文化中的各子变量分别与经济、政治、社会、文化潜变量之间的关系，以及综合公平系数潜变量与经济、政治、社会、文化潜变量之间的关系。

[①] 靳卫萍.从收入分配改革到现代国民财富分配体系的建立［J］.经济学动态，2013（10）：29~35.

测量模型：
$$X = \Lambda_X \xi + \delta \quad (2\text{-}6a)$$
$$Y = \Lambda_Y \eta + \varepsilon \quad (2\text{-}6b)$$

其中，X为外源指标（如所有制结构、公民政治参与度、医疗和教育人均资源享有率、宗教信仰度等）组成的向量；Y为内生指标（即三种基尼系数）组成的向量；ξ为外源潜变量（如经济、政治、社会、文化）组成的向量；η为内生潜变量（如综合公平系数）组成的向量；Λ_X为外源指标与外源潜变量之间的关系，即所有制结构、公民政治参与度、医疗和教育人均资源享有率、宗教信仰度等与经济、政治、社会、文化之间的关系，是外源指标在外源潜变量上的因子负荷矩阵；Λ_Y是内生指标与内生变量之间的关系，即三种基尼系数与综合公平系数之间的关系，是内生指标在内生潜变量上的因子负荷矩阵。

结构模型：
$$\eta = B\eta + \Gamma\xi + \sigma \quad (2\text{-}7)$$

其中，B是内生潜变量间的关系，即其他内生潜变量与综合公平系数潜变量之间的关系；Γ是外源潜变量对内生潜变量的影响，即经济、政治、社会、文化潜变量对综合公平系数潜变量的影响；σ为结构方程的残差项，反映了在方程中未被解释部分。

②模型拟合。对模型参数进行估计，编程进行模型计算，算出（如经济、政治、社会、文化与综合公平系数之间的以及三种基尼系数与综合公平系数之间的）标准化路径系数，考察是否通过t值显著性检验。

③模型评价。首先，考察结构方程的解是否恰当，相关系数应在[-1, 1]区间内。其次，考察参数与预计模型的关系是否合理，与模型假设或国民财富分配理论假说是否相符。最后，检验不同类型的整体拟合指数，根据各指数的阈值要求，检验各项拟合优度指标是否达到要求。

④模型修正。根据现代国民财富分配理论假说，设计提出先验模型；分析设定与查验潜变量与指标的逻辑关系、数理关系，构建测量模型；查验模型标准误差、修正指数、标准化残差、t值，以及拟合指数；修正模型，修正误差，导出最优模型[①]。

---

① 靳卫萍.从收入分配改革到现代国民财富分配体系的建立[J].经济学动态，2013（10）：29~35.

2.2.5 多国国民财富分配公平综合评价模型

分析多国经济社会发展过程中整个国民财富分配制度的变动时，需要从经济、政治、社会、文化和历史的角度，考察各国国民财富分配的共同特征及发展趋势。从美国、英国以及欧洲各高收入国家不同制度背景下的国民财富制度演变过程中，寻找影响国民财富分配制度的社会大系统的显著变量，从经济、政治、文化和社会的角度提取主要指标变量。

在历史分析基础上，初步确定入围指标数量和涵盖范围。在经济上采用市场化程度、所有制结构、财税体制、收入结构等衡量指标；在政治法律上采用政治体制、公民政治参与度、产权清晰度、腐败程度、政府效率指数等指标；在社会管理上采用就业率、医疗与教育人均资源享有率、社会保障覆盖程度等指标。为了进一步验证所选指标的科学性和合理性，我们将采用相关性分析和层次分析法进行更细致的指标筛选和指标性能评价，以找到最能准确揭示国民财富分配制度变迁的核心指标变量，建立完善的国民财富分配制度的指标评价体系。

按照上述关于"经济社会公平综合评价系数（综合公平系数）"理论模型中的评价方法，对所需要研究的每个不同国家的国民财富分配公平程度进行测算，得到各国的综合公平系数。在此基础上，对各国的综合公平系数进行排序比较，得到公平程度最高、居中和最低的三类国家群组。根据各国经济、政治、社会、文化上的现实发展状况，对各国国民财富分配公平程度存在的差异进行原因解析和理论假说的修正完善。

第二篇
高收入国家国民财富分配历史分析

一、概述：基于经济史视域

现代国民财富分配模式是本书的研究主命题。

通过对高收入国家国民财富分配制度的经济史分析，本书认为，高收入国家的国民财富分配制度是经济社会发展的基础性制度。建立完善国民财富分配制度，是高收入国家在经济、社会、政治等多个层面不断改革完善的历史过程。现代国民财富分配模式包括诸多内容，如所得税、财产税等税收制度，就业、教育、医疗、住房和社会保障制度，中产阶级数量和比例，基尼系数水平，财产权制度等。英国、法国、瑞典等高收入国家在这一领域积累了丰富的教训和经验。

18世纪初叶，以财产为分配对象的国民财富分配的早期形态已经出现，但是现代意义上的国民财富分配制度形成于18世纪末，成熟于19世纪中叶，重要标志是很多高收入国家的财产税成为税收的重要组成部分。[①]

本书采用历史分析法，分析不同历史阶段国民财富分配制度的特点及对分配公平的影响。现代国民财富分配模式是通过运用税收、价格、社会保险、金融等经济工具与社会保障、教育等社会政策工具对居民、企业、政府的财产分配进行调节，是以居民收入、企业利润、政府财产规模和结构为主要的调节对象。是现代国民财富分配模式成熟的重要标志，在全社会范围内形成了稳定的中产阶级主导的社会结构，全社会从价值观上渐进认同对中产阶级财产权益的保护和培育，政府在使用税收、投资、利率、汇率等经济杠杆调节财产和收入的同时，更加注重使用社会、政治等政策工具调节和实现教育、医疗、住房、社会保障、自然资源的公平分配；同时，建立了实现财产和收入的公平分配所必需的较为合理的社会管理机制和社会政治制度基础，从而使全社会能够实现0.4以下的较低的基尼系数水平。[②]

[①] 马金华.外国财政史[M].北京：中国财政经济出版社，2011.
[②] 李实.当前中国的收入分配状况[J].学术界，2018（03）：5~19，274.

英国、法国、瑞典、德国是福利国家的典型代表。这些国家都是发达资本主义国家，大多具有社会自由主义倾向、极力追求平等。他们大多设立了诸多社会福利制度，在联合国开发计划署的人类发展指数中通常名列前茅。这些国家的可贵之处在于实现了经济发展和社会公平之间的平衡，它们在保证经济发展的同时，充分实现了人们追求的公平，它们的国民财富分配制度在调节国内利益关系方面起到了关键性作用。①

现代国民财富分配中，政府应起决定作用，通过创新分配制度来实现公平，缩小收入贫富差距，协调不同群体之间利益关系，保持合理基尼系数，实现社会和谐稳定。政府若为了保护垄断者群体利益，而进行政策倾斜，势必会损害普通劳动者利益，不利于社会和谐。政府对国民财富分配有很强的干预能力和调节能力。国民财富分配伴随政府不断改革而日趋完善，把公平理念融汇于财富分配调节，完善初次分配和再分配，推动实施分配正义。

现代国民财富分配模式也会遇到矛盾和问题，但这并没有改变制度福利宗旨。政府可以制定出台一系列调节机制和政策，如初次分配中的工资制度、再分配中的社会保障制度和再分配中的税收调节制度等，以及大力促进就业的措施、教育政策、社会保障和家庭政策等。如再加上政府的高效治理，会提高福利制度效率，促进财富分配公平，从而实现二者的有机结合。②

二、经济史分析的理论逻辑

根据历史分析法和理论元模型，本书对美国、英国、法国、德国、瑞典、俄罗斯、日本和新加坡等国的现代国民财富分配模式进行分析，内容主要涉及经济性政策、社会性政策和长周期政策等。

分析时，对国民财富分配公平程度的评价将采用综合公平系数。该系数是在对收入分配、财产分配和自然资源分配不平等程度进行衡量的基础上，通过一定数量关系得到的公平数据，由收入分配基尼系数、财（资）产分配基尼系数和自然资源分配基尼系数三个子变量组成。综合公平系数是复杂的经济、政治、社会、文化等方面因素交织作用的结果，由此可以建立以综合公平系数为因变量，经济、政治、社会和文化为自变量的方程模型。其中，经济、政治、社会、文化自变量是分别由若干子指标组成的分类变量。

---

①② 罗依晨.瑞典模式下的瑞典社会福利制度研究［D］.武汉：华中师范大学，硕士学位论文，2017.

三、经济历史分析的主变量与财富分配公平评价模型

本书所选择的主要与财富分配公平评价模型如下:

$$G(g_1, g_2, g_3) = f[O(x_1, x_2, \cdots, x_i), L(y_1, y_2, \cdots, y_i), N(z_1, z_2, \cdots, z_i), C(v_1, v_2, \cdots, v_i)]$$

其中,G 为综合公平系数,g_1 代表收入分配基尼系数,g_2 代表财(资)产分配基尼系数,g_3 代表自然资源分配基尼系数;O 为经济变量;$x_1, x_2, \cdots, x_i$ 分别为影响经济发展水平和经济效率的子变量,如所有制结构、收入结构、市场化水平、财税政策等;L 为政治变量;$y_1, y_2, \cdots, y_i$ 分别为影响政治运作效率和政治民主程度的子变量,如政府效率指数、公民政治参与度、预算平衡程度等;N 为社会变量;$z_1, z_2, \cdots, z_i$ 分别为影响社会发展程度和居民生活满意度的子变量,如就业率、医疗和教育人均资源享有率、社会保障覆盖水平等;C 为文化变量;$v_1, v_2, \cdots, v_i$ 分别为影响民族传统和精神信仰的子变量,如宗教信仰、人口结构、社会习俗等。

第 3 章　英国国民财富分配改革

从经济史的视域分析，英国作为世界上最早的高收入国家，其国民财富分配制度具有代表性。根据对国民财富分配制度的萌芽阶段（18世纪初至19世纪末）、形成阶段（19世纪末至20世纪80年代）、成熟阶段（20世纪80年代至今）三个阶段的划分，本章以英国财税制度、价格政策、金融制度、产业政策等经济杠杆为中心，以就业、教育、住房、医疗、社会保障等社会政策为重点，以政治制度、法律制度、财产制度等为参照来分析英国国民财富分配制度。

3.1　形成阶段（18世纪初至19世纪末）

3.1.1　劳动就业与工资制度

（1）劳动就业与分配公平

第一次工业革命时期，英国就存在悬殊的贫富差距，其根本原因是不合理的财富分配制度。1801年，占全国1.1%富裕的人口收入占国民收入的1/4；1848年，占全国1.2%富裕的人口收入占国民收入的1/3；1867年，国民收入50%被英国富裕的2%人口占有。同时，1803年从事体力劳动者的收入在国民总收入中占42%，到1867年却下降到39%。随着工业革命不断深入，不合理财富分配最终导致贫富差距进一步拉大，富人更富，穷人更穷。因贫富阶级差别，贫富分化、贫富对立现象十分普遍，尤其是在某些新兴的工业化城镇。一位著名社会学家曾在19世纪中期对有"心脏城市"美誉的工业革命城市——曼彻斯特被这样评价：世界上没有其他城市的贫富悬殊如此之大，贫富之间的鸿沟是如此难以逾越。[①]

杜德利·巴克斯特（Dudley Bxater）1867年对财富分配进行了统计（见表3-1），表明当时贫富之间的差距悬殊。

---

① 刘书维."济贫法"到"国民保险法"：英国社会法兴起［D］.哈尔滨：黑龙江大学，2016.

表3-1　　　　　　　　　　1867年英国收入分配状况

中产阶级及以上	收入水平（英镑）	评估人数（人）	所占人口比率（%）
高收入阶层	5 000以上	8 100	0.07
	1 000~5 000	46 100	0.4
中等收入阶层	300~1 000	163 900	1.4
低收入阶层	100~300	947 900	8.6
	收入税以下，100	1 159 000	10.5
总计		2 325 000	—
工人阶级	工人平均工资（英镑）	评估人数（人）	所占人口比率（%）
高技能的工人和手工工人	50~73	1 260 000	11.4
低技能的工人和手工工人	35~52	377 000	39.9
农业工人和非技能工人	10英镑又10先令、36英镑	32 700 000	29.8
总计	—	10 960 000	

注：1867年英国总人口24 152 000。

资料参考：茅变变.十四~十九世纪中期中英雇工工资比较［D］.长春：东北师范大学，硕士学位论文.2014.

工业革命给人们带来了丰厚财富，然而不管如何努力工作，底层民众仍旧在贫困中挣扎，高强度的工作与微薄工资不相匹配，造成这种后果的重要原因是财富分配不公。[①]

相较于中青年男性，老人、妇女和儿童存在更加严重的贫困问题。在生活上，妇女比男性更艰难，尤其是未婚母亲、被丈夫抛弃的妇女以及寡妇等。1872年，伦敦济贫院救济接受者中这样的妇女占据了1/3。虽然她们也可以找到工作，但由于薪资水平达不到男性的一半，甚至难以维持她们自身的生计，倘若还要抚养小孩，则更是雪上加霜。[②]此外，轻工业的纺织行业中，使用童工现象非常普遍，1871年在纺织行业的用童工（10~12岁）率达到了9%，1890年达8%。严厉苛刻的工厂制法令，是对未成年人一种残忍的非人性虐待，导致孩子畸形发展。此外，采矿厂中童工现象很普遍，被虐待成了家常便饭。[③]

工业革命的到来使传统的家庭保障模式被颠覆，老人和孩子留守在家，年轻劳动力外出。老年人丧失劳动能力，贫困的威胁更大。查里斯洛奇等人统计，

---

① 周涛.英国积极的就业政策研究［D］.上海：华东师范大学，2004.
②③ 刘文龙.英国工业革命时期劳工家庭演变探究［D］.昆明：云南师范大学，2007.

1870—1914年，英国的老年人口占总人口比例都相当高。1860年，英国60岁以上的贫困人口约30万人，65岁以上人口中的贫困人口占18%，也就是说65岁人口中每4位就有一位是贫困人口。1892年，65岁以上人口中的贫困人口占20%。1906年，60岁以上的贫困人口竟高达38万人。伴随年龄化，老年人口生存能力越来越差，对社会保障诸如医疗等服务的需求也越来越大，贫困使其只能是勉强实现温饱，不可能享受到其他的社会服务。①

（2）失业问题

第一次工业革命前，失业问题相对较少，伴随机器大生产渐进取代手工操作，失业成为英国严重的社会问题。一般而言，失业有两种情况：一是通常意义上的失业；二是就业不足。就业不足（包括有工作能力却没有找到合适岗位的自愿失业）是失业的一种潜在形式。就业不足通常在短工（临时工和季节工）中表现得尤其突出。临时工的特点：这些人不是完完全全地就业，往往一周只工作2~3天，时间和工作地点不固定，经常要面临着失业危险，精神压力很大，生活不体面，在家庭中不能独立生存。就业不足的另外一个群体是季节工，存在于建筑行业或装饰业、制砖业、锯木业（建筑工人、油漆工、搬运工等），另外还分布在海港（码头搬运工）以及消费品生产业、成衣制造业。这些行业都具有明显的季节性，在此行业工作也有了季节性，往往只需要在某段时间工作，不能实现充分就业。②例如，苏格兰石匠和铺路工在冬季很难找到工作，在每年头几个月装饰工很难找到工作，服装业有半年是淡季，在淡季从事服装业的工人面临着失业。舍威尔描述伦敦季节工："现在一个事实是，至少在伦敦，制帽工人、制衣工人、裁缝在淡季常被抛至街上，旺季时又重新回到他们的铺子里，这是一种流动的职业。"③

3.1.2 税制改革

（1）税收管理

英国政府部门的税收征管职权划分如下：税务局主要征收个人所得税、石油税、公司税、土地发展税、财产税，并代收国民社会保险费。而消费税、增值税和关税由消费税局和海关负责。此外，车辆消费税由交通部征收，地方税由地方政府征管。

英国财政部成员在每个财政年度结束前（3月中下旬）于下议院提出次年度的税收计划和方案，在议会批准后列为财政法案，其余人无权变更。税款的征收

---

① 刘书维. "济贫法"到"国民保险法"：英国社会法兴起[D]. 哈尔滨：黑龙江大学，2016.
②③ [英]《格拉斯哥先锋报》. 伦敦：1907：10~12.

及税额的核算相分离是英国税收征管工作的突出特点。英国税务局下属650个税务所，工作职责是专门负责审查公司及其个体或者职工的纳税申报，确定应缴的纳税额。此外还包括直接办理征收税额的150个征收所。同时，设立了4个征收所对大公司的税收实行专门管理，15个征税所对金融业进行税收专门管理，11个征税所专门管理石油税收。各税务所配有多名专业知识强、资历深厚的税务督察官。

英国税收系统重视培养税务人员。国内税务局设立了10个税务培训中心，分布全国各地，每年对10万名新员工和在职税务人员进行培训。税务工作人员的考核标准十分规范，其任免升迁由其工作绩效考核的优劣决定。管理机构也是垂直管理模式，15个大区由税务局直接管理，旗下直接管辖65个税务所。税务工作者只对上级税务机关负责，与地方政府没有管理与被管理的关系。[①]

税务所督查工作十分到位，每个年度税务所都要随机抽取3%的自谋职业者和1%的重点公司进行税收审查。对税收情况不符合税收规定的公司或者自谋职业者采取严厉的惩治措施，促使其合理、合法纳税。

（2）税种

英国的税种繁多。按照课税方式分类，可分为直接税和间接税。直接税涵盖房地产税、土地税、公司税、资产转移税（或资产继承税）、个人所得税、资本盈利税等。间接税包括增值税、关税、货物税、运输税等。

①个人所得税。1798年，由英国首创个人所得税，后来在19世纪被高收入国家渐进仿行。1842年英国政府启用了挣钱即付税的制度，将个人所得税纳入国家税收体制。[②]居民和非居民都是纳税人员。凡是在英国居住8个月以上的居民，不管其个人所得（利润、工资、股息、利息、养老金和企业年金）来源是国内还是国外，都应缴纳个人所得税。而非居民仅征收个人所得税即他们的国内收入部分。英国个人所得税所采用的是超额累进税率。对于个人所得税，其扣除项目按照各个年份的物价指数来调整确定。当然，英国也存在许多的免税项目（奖学金、士兵抚恤金、各类养老金和退职金、健康、失业、分娩等的保险金以及死亡补助、搬家等）。英国政府的财政收入中个人所得税占1/4。[③]

②公司税。公司税的全称是公司所得税，对公司的盈利部分征收。公司税征收有两个标准：标准税率为33%；而年利润少于25万英镑的小公司，税率为

[①②] 程晶.英国个人所得税最新发展及对我国的吸收意义[D].天津：天津财经大学，2012.
[③] 刘书维."济贫法"到"国民保险法"：英国社会法兴起[D].哈尔滨：黑龙江大学，2016.

25%。所有居民企业（包括在英国设立分支机构或代理机构从事经营活动的非居民企业）、公司团体和非公司性的联合组织（除合伙人以外）都须缴纳公司税。居民企业（即最高层管理机构和经营控制地在英国的公司）就其国际范围内的所得缴纳公司税，非居民企业就其通过分支机构或代理人在英国从事经营活动或在英国处理财产所得的收入缴纳公司税。公司税通常须在公司会计年度结束后9个月之内缴纳完毕。[①]

③增值税。英国增值税是在其加入欧共体后，取消特别雇佣税和购货税而产生的。该税种是对国外进口商品、国内提供的劳务消费或生产的商品征收的。

④石油税。凡是在英国国内（陆地和大陆架）依靠开采天然气、石油赚取的利润都要相应的缴纳石油税。石油税的收缴有三项，依次为许可证使用费、石油收入费、公司税，而征缴的额度一般为石油和天然气价值的13%；其次是石油收入税，对油田和油田开采商征收，税率为75%。

⑤财产收益税。财产收益税是指针对个人处置其财产时所获得的收益而征缴的税。英国税收法律规定，在每一个财政年度（纳税年度），一定数额的接受赠与和变卖个人财产可以免税，对超过法定金额的部分要征缴印花税（包括土地、房屋出租等）。

⑥关税。关税是指海关对国外进口的商品征缴的税费。英国加入了关税贸易总协定之后其关税税率多次下调。[②]

3.1.3 济贫与社会保障

英国济贫院很早就存在了。[③]根据其在英国历史上的发展特点，分为三个时间段。

（1）新济贫法颁布（17世纪初期至1834年）

1601年，英国政府在伊丽莎白女王的同意下颁布了《伊丽莎白济贫法》（即旧济贫法）。这是历史上第一部以法的形式来体现政府济贫救灾责任的法典。此法是政府针对社会上存在的失业、贫困等社会现象而设立的法案，凸显了政府济贫理念。这一法律把救济对象划分为三种类型：无依无靠孤儿、无劳动能力贫民、有劳动能力贫民。由政府给定一个官方的核算标准，以教区为基本单位来救济穷人；指定各郡负责征收济贫税，负责给失业者增加就业机会；各个教区要按时救

---

① 刘赛力.英国税收制度概况[J].世界经济,1994(10):67~70.
② 任超.英国财税法史研究——从诺曼征服到光荣革命[D].上海:华东政法学院,2006.
③ 刘书维."济贫法"到"国民保险法":英国社会法兴起[D].哈尔滨:黑龙江大学,2016.

济无劳动能力的穷人，组织安排管理有劳动能力的成人劳动，负责组织孤儿学习。尽管旧济贫法的颁布只是在某种程度上承认了政府对于贫困问题的责任，但也体现了统治者对贫困和失业这两个社会现象的高度关注与重视。

关于"济贫院"，法律解释是这样的：改造房子将其作为城市穷人和城市流民、目无法纪者的矫习所。济贫院主要是为了帮助穷人。旧济贫法规定要为无劳动力的贫困人口建造房子，其他并未提及。1722年英国颁布了《济贫院检验法》，该法意在促使教区也加入到救济贫苦民众的队伍中，批准合并济贫院来降低成本来救济更多的贫民。济贫院制度的出台是从两个方面考虑的：一是济贫院通过雇佣贫困人解决就业问题，同时服务其他穷人；二是财政有限。1782年英国通过了《吉尔伯特法》，旨在使各教区的建立和管理运营更加规范化和标准化。该法案规定，有劳动能力的成年人是严禁进入济贫院接受救济的，在找到新的工作前可以接受其所在地教区的供养。在这个时段，济贫院的规模比较小，配套设施也不齐全。1776年英国政府报告显示，每个济贫院仅配备约40个济贫人员，而此时全国大约有2 000个济贫院。根据1802—1803年英国政府报告，全国有3 765个济贫院分布在14 611个教区之中，每个济贫院的工作人员约为20个，然而在某些偏僻的地区，一些济贫院仅配备了1名工作人员。到18世纪中后期，在济贫院接受永久性救济的人口占接受救济总人口的20%。同时，存在某些地方巡视员对上级掩盖或者谎报了那些规模小、条件差的济贫院，使济贫院的数目得不到准确调查。

总之，这个时期的济贫院存在规模小、人员配备严重不足、配套设施不足、地区资源分布不均等问题。尽管存在诸多不足和不完善，但济贫院还是帮助了不少贫困人民，帮他们解决温饱问题，也给部分贫困人员提供了相应的就业岗位。

（2）1834年至19世纪六七十年代

伴随英国第一次工业革命，机器大生产渐进取代手工生产，传统的家庭手工业受到前所未有的冲击，导致大量人员失业，引发了各种社会问题，街上无业游民增加，穷人打劫犯罪活动提高，群众游行和骚动不断等不良社会现象增加。

英格兰和威尔士的总人口由1760年670万人增长到1801年900万人，在接下来的30年间人口增长了50万人，即在1831年总人口达到了1 400万人。人口不断增加加重了社会负担，引发了更多的社会问题，英国政府每年必须拿出更多的财政资金用于救济贫民，这也致使了英国财政支出增加。表3-2列示英格兰和威尔士的济贫税征收情况。

表3-2　　1802—1833年英格兰和威尔士的济贫税征收情况

时间	济贫税（万英镑）
1802—1803年	530
1812—1813年	860
1817—1818年	930
1802—1803年	860
1832—1833年	1 393

资料来源：英国财政部网站历史材料；刘书维."济贫法"到"国民保险法"：英国社会法兴起，哈尔滨：黑龙江大学，2016，12；赵静.英国济贫法的历史考察[D].开封：河南大学，2007。

由表3-2可知，1802—1833年这32年济贫税增加了863万英镑，翻了近3倍。1802年呈现下降趋势之后，1812年回调到了860万英镑，1817年济贫税空前增加到了930万英镑，紧随其后又继续增长。这32年的济贫税增长率达到了62%，但是比较同期（1800—1830年）的土地租金收入从近2 800万英镑增长到3 500万英镑，增幅为25%，远比不上济贫税的增长幅度。[①]

18世纪中后期，英国社会各界人士对于济贫问题的争论层出不穷，主要争论焦点可总结为三个方面：一是接受济贫法所规定的内容和原则，提出要进行完善和补充的意见；二是希望建立一套捐赠机构来替代当前贫民的救济系统；三是完全的反对派，彻底否定济贫法，并提出要废除这个法案。持第三种看法的是极少数人，其理论支撑是马尔萨斯的人口学和边沁的功利主义。马尔萨斯的人口论认为，伴随社会生活水平的提高，人口也会相应增加，而土地的收益是递减的，因而就会产生人口增长所带来的需求增长速度必然大于食物供给的增长速度。边沁认为，衡量社会机构和法律的标准是对社会的贡献度，是以符合多少人的利益来判定的。[②]贫困不单单是个人的问题，更是整个社会亟须解决的问题，因此，政府必须采取相应的手段来解决此问题。此外，边沁也同意不管人民出于什么原因变得贫苦，都必须保持有劳动能力的人要远超过靠救济生活的人这样一个数量标准。旧济贫法的颁布确实给生活处于贫困状态的人们带来了一丝光明，但即便得到了救助，还是很难真正地摆脱贫困。英国于1834年出台了《济贫法（修正案）》（即新济贫法）[③]。新

[①] 姚槿曦.英国济贫法的历史演变及其对中国流浪乞讨人员救助管理制度的启示[D].广州：暨南大学，硕士学位论文，2014.

[②] 赵静.英国济贫法的历史考察[D].开封：河南大学，硕士学位论文，2007.

[③] 刘书维."济贫法"到"国民保险法"：英国社会法兴起[D].哈尔滨：黑龙江大学，硕士学位论文，2016.

济贫法倡导的主题是根治贫穷问题靠惩治"懒惰"。该法案的最大特点是规定贫困者只能在院内接受到救济,一旦接受了救济在政治上就不再享有选举权,这样做的目的是告诫每一个贫民不要只是依赖政府救济,不要单纯享受这些施舍而不通过自身的努力摆脱贫困,从而惩治穷人懒惰,并激励他们完善道德。当时保守主义经济学家J.R.麦卡洛克(J.R.McCul-loch)这样描述:济贫院内的贫民应当感到他的处境要比自食其力的工厂劳工要差一些。济贫院内供给的食物很少,劳动极其繁重且毫无意义,而且院内实行夫妻子女分居的隔离制度,居住条件也很恶劣,济贫院因此被称为"巴士底狱"。新济贫法出台后,济贫院的发展达到了一个新高度,也使济贫院规模增大、数量增多。在威尔士和英格兰约1.5万个教区都修建了本区的联合济贫院。随后英国政府对此法也进行了修改和补充。该法案的修改主要是地方和中央两个部分,地方主要是控制地方的自治管理权过大的问题,而中央主要是济贫院存在的不完善管理的问题。英国政府在1847年成立济贫部来替代以前的济贫委员会,相应的地方政府也开始将广大人民的衣食住行等基本问题纳入他们的议程。伴随社会的发展,济贫院慢慢发展成为慈善机构以帮助社会上的弱势群体。总而言之,新济贫法是英国在社会贫富差距如此之大引起了尖锐社会矛盾而不得不保障弱势群体而颁布的,为穷人提供了基本的生存保障,也为资本主义工业的发展提供了一些廉价的劳动力,在某种程度上减少了由于社会失业问题而引发的社会问题。新济贫法为当代英国社会救助立法奠定了坚实的基础,开辟了以政府为主导的直接管理社会保障事务的先河,也标志着英国国家福利模式的萌芽[①]。

3.1.4 社会结构与中产阶级

英国在17世纪后期就已经产生了中产阶级,只是在早期一般称为"旧(老)中中产阶级",而这些被称为中产阶级的人主要是一些约曼(Yeoman)、乡绅、大户的呢绒工匠等。

"约曼"(Yeoman)在英国的古英语中意思是皇室、贵族的侍从,在这里专指非常富有的农民,他们有着较高的社会和经济地位,诸如持有土地出租农、有钱的公簿持有农以及自由的持有农,这些农民在当时的英国都可称为约曼。托马斯·威尔逊认为,约曼的年收入在1600年就已经有400英镑左右了。罗伯特·张伯伦认为,1669年约曼的年收入差距很大,在某些地区一些约曼的年收入高达

---

① 郭家宏.唐艳.19世纪英国济贫院制度评析[J].史学月刊,2007(2).

1 500英镑，少的有50英镑，而200英镑的年收入是再普通不过的事了。有些约曼比乡绅还富裕，他们不断扩大自身的土地和资金，赚取更多的利润。雄厚的经济实力更为这些约曼奠定了举足轻重的社会地位，渐进演变为英国社会中备受关注的阶层。17世纪末，很多富裕的约曼凭借其巨额资产跻身到了乡绅行列。此外，一些乡绅跻身到了别的行业中，例如呢绒工匠。因此，新的社会群体"富有的呢绒工匠"出现了，渐进为大家所熟悉，"约曼"这个词逐渐被贬弃。①

英国乡绅是封建土地所有者的集结，其等级由低到高依次分为：普通乡绅、缙绅、骑士。乡绅伴随英国农村商品经济发展而演化。早期乡绅"表现出极大的开放性和包容性，不断吸纳社会的中下层。约曼、商人拥有共同的价值观念、生活方式、教育经历以及婚姻亲属关系，这些不断强化着这个群体，模糊了内部差别。更为重要的是，他们对土地的追求和以资本主义生产方式经营地产，使其不同于传统坐收封建地租的领主，逐渐形成了乡村之中介于贵族和普通农民之间的中间阶层……"② 16世纪前期，英国乡绅在早期的宗教改革中购买了大量地产。据统计，在16世纪80%以上的地产是被修道院以转让、出售、馈赠的方式让渡出去的，而且最后基本上都进入了乡绅的囊袋。出生在英国萨福克郡约曼家庭的举世闻名的哲学家法兰西斯·培根，他在负责处理教产事务的过程中购买了价值10 000英镑的修道院地产。③据统计17世纪末，乡绅（占总人口的2%）就拥有了全国一半的土地，为其发展资本主义性质的经营提供了条件。④

表3-3　　　1690年、1790年、1873年英格兰、威尔士地产分布占比状况　　　　（单位：%）

土地控制者	1690年	1790年	1873年
大土地所有者	20	20	24
乡绅	25	45	55
约曼	20	30	10
王室和教会	35	5	10

资料来源：刘芮.12—16世纪英国乡绅阶层研究［D］.天津：天津师范大学，硕士学位论文，2005；敖宁宁.亨利八世时期的济贫问题研究［D］.沈阳：辽宁大学，硕士学位论文，2012.

---

① 敖宁宁.亨利八世时期的济贫问题研究［D］.沈阳：辽宁大学，硕士学位论文，2012.
② 刘芮.12—16世纪英国乡绅阶层研究［D］.天津：天津师范大学，硕士学位论文，2005.
③ Alan Simpson.The Wealth of the Gentyr 1540–1660［M］.Cambridge，1961：59.
④ 雍正江，15—17世纪英国农民福利保障模式转型研究——以土地和劳动关系演变为视角［D］.南京：南京大学，2014.

除了从修道院购买地产，乡绅还进行了大规模的圈地运动。据有关数据统计，乡绅在16世纪末期圈地数高达72%，足以见乡绅财力之丰厚。当然，这些乡绅在拥有了一定的经济实力之后必然会在政治上提出更高的要求。乡绅慢慢进入议会机构，尤其在伊丽莎白一世时，下议院就有很多乡绅，并发展成为一支强大的队伍。乡绅不断趋于阶级化，但在英国社会中乡绅与旧中产阶级还是有很大差别。主要原因如下：英国是一个封建等级制度相当严格的国家，政治特权仅被少数贵族享有，并且很多乡绅地产也被贵族占有。尽管乡绅和贵族会通过某种方式建立亲密关系，例如联姻通婚，但这不能从根本上解决问题，也无法消除他们与生俱来低于贵族的身份①。

到了18世纪，中产阶级的队伍（制造业、商业等人）在英国开始兴起。历史学家阿萨·柏理克斯这样描述19世纪中期（也是维多利亚时代中期），社会安稳、经济发展、文化繁荣。②

3.1.5 金融市场发展与贫富分化

18世纪末19世纪初，英国就已经形成了统一的资本市场。英国先后进行了两次工业革命，跨入经济增长时期进行工业生产需要筹集大量的资金。资金来源一般是以下三个渠道：自有资金、资本市场举借、非正式资本市场筹措（类似于民间集资）。英国工业革命如火如荼，城市银行也相继增长。据统计，城市银行从1750年到1800年由30家发展到了80家。这些银行均具备了提供贷款、票据贴现等基本业务，还在乡村银行中起到了中间人的作用。在农村，富裕地主和农户会将闲钱存入乡村银行，在城市或者工业，一些资本家因发展工业需要银行为他们贴现票据，这时城市银行可能为供给和需求之间的顺利衔接发挥作用。19世纪初，这种对接工作就能由专职证券经纪人从事。乡村银行由1750年的10家发展到了1810年的700家，半个世纪增加了690家，金融行业发展速度迅猛。③

工业革命时期，银行促进了资本在不同区域之间流动。农民、地主或商人都会把他们的收入（地租收益、利润收入）或者票据存入商业银行，商业银行吸纳这些存款后又集中统一给伦敦银行，伦敦银行吸纳各商业银行存款后再把资金转送到某些资金短缺的区域银行以便其发行贷款，整个过程就使资金在全国范围内更好地流动。同时，工业区域所在银行能够向客户提供以下银行服务：兑付票据、

---

① 敖宁宁.亨利八世时期的济贫问题研究［D］.沈阳：辽宁大学，硕士学位论文，2012.
② 雍正江.15—17世纪英国农民福利保障模式转型研究——以土地和劳动关系演变为视角［D］.南京：南京大学，2014.
③ 刘文龙.英国工业革命时期劳工家庭演变探究［D］.昆明：云南师范大学，2007.

贷款给客户或是其他银行业务要求。①

另外是证券机构的发展。早在1865年《有限责任法》出台之前，英国的商人、教士、遗嘱执行人、寡妇、财产托管人等其他持有闲暇资产的各种社会人士都热衷于证券投资，尤其是企业间也出现了以债券方式来举借资金。1812年伯利和主卡德韦尔、霍恩比投资的棉纺工厂（位于布莱克本）账册记录了的9个投资者的投资总额为3.6万英镑。②

总之，英国工业革命的开展和推进，整合了工、农、商等社会不同行业，促进了英国金融系统的改善。新的金融体系主要是两个核心一个轴心。"两个核心"是指英格兰银行（银行系统的核心）以及伦敦股票市场（证券市场的核心）；"一个轴心"是指国债制度。国债从机构开始发行、购买者认购、市场上流通转让及最后的偿付阶段，政府都参与其中。最具英国政府色彩的三家代表性的大股份公司（东印度公司、英格兰银行、南海公司），它们的日常业务和投资都离不开英国政府发行的国债。③

3.2　发展阶段（20世纪初至20世纪70年代）

3.2.1　劳动就业和工资制度

英国在18世纪开始了工资、就业和工会三大制度的改革。英国政府制定颁布了《联合法》（1799年、1800年），这表明英国政府与社会各界已经十分关注劳工立法、劳工政策。《联合法》的重要规定包括：工人团体为提高生活水平和改善就业条件而采取联合行动，是与法律抵触的，法律不承认工会是合法的组织。政府不支持，没有阻碍工会发展，工人运动十分活跃。④1859年议会通过《工人干扰法案》，恢复了工会进行和平纠察的权利。1867年，皇家委员会通过的《主仆法》在很大程度上解除了刑法对单个工人活动的限制，普通工人第一次得到议会特许的承认。⑤1871年《刑法修正案》取消了对工会正常罢工行为的刑法限制。1875年，

---

①③　王勇.世界金融史上的革命：论十七、十八世纪英国金融体系的形成[D].贵阳：贵州师范大学，2008.

②　S.D.Chapman：The Cotten Industry in Industrial Revolution[M].The Macmillan Press LTD，1977：38.

④　金博文.19世纪上半叶的英国劳资争议化解机制：立法与实践[D].南京：南京大学，2015.

⑤　吕楠.对英国集体谈判制度形成过程的历史考察[J].长春市委党校学报，2008（05）：69~70.

议会通过《合谋与财产保护法》，表示要公正地对待工人阶级，使集体谈判不再受刑法限制，规定工人为罢工而设置的纠察线是合法行为，不得以阴谋罪起诉。[①]随后，这些人士没有放弃争取工会在法律上的合法地位。1875年争取到在法案中去除了工会承担刑事责任。在民法上，法律仍规定有权处罚凡是出现在工会集体谈判组织的各种活动。英国直至1906年出台的"劳资纠纷法"中，才进一步规定了如果是工人进行罢工或者是有前提的集体谈判等活动，工会可免受法律的起诉，这也意味着工会人员终于得到了法律保护。当劳资双方产生纠纷时，根据规定工会会员是可以不受惩罚的，因为工会会员在集体抗议中充当了参与者的角色，作为参与者的工会会员不需要承担相应处罚。工会在劳资双方冲突中采取罢工所导致的损失不应受到赔偿起诉，政府对劳资双方谈判的过程、内容和结果不受任何法律方面的限制，即只在自愿的基础之上由劳资方认可的协议才能受到民法的保护和支持。[②]

第一次世界大战期间，英国专门设立了劳资关系委员会，目的是尽量削弱个人定制军需品的抵触情绪，劳资会议用来协调劳资关系、协商生产问题等。类似这样的机构在第二次世界大战期间也存在。[③]

工会在法律上争取权利，同时也在政治上争取权利。1832年议会改革后，工人不享有政治基本权利——选举和被选举权。因此，出现了宪章运动。迫于工人运动压力，英国政府逐渐重视起来。英国工人阶级转移了战术，以经济斗争为主，走工联主义道路。19世纪中期，英国再次陷入了经济危机，工人运动再次异常激烈。伦敦在1864年成立了第一国际。尽管由工联主义所组织的活动能够开展和进行，往往受到比较大的局限，只能保护工人阶级的基本利益。嗣后工人阶级和激进派被第一国际总委会批准联合壮大政治势力。1868年，英国成立了全国工人代表大会，即TUC。全国工人代表大会主要是由来自各个地区的大型工会的与会人员组成，是一个行业协会，只负责给工会提供相应的援助或相对规范以及行业、协调工会与工会之间相关事宜。它不是真正意义上的工会，只是一个联合组织，不参加集体谈判。英国的大型工会基本上都会参加全国工人代表大会。全国工人代表大会在实际工会会议中要充当代言人的角色——劳工议会，其立场及形象都

---

① 吕楠.对英国集体谈判制度形成过程的历史考察［J］.长春市委党校学报，2008（05）：69-70.

② 潘春红.撒切尔政府对英国工会的改革［D］.上海：华东师范大学.2010.

③ 胡晓莹.政府引导下英国集体谈判制的发展（1896—1914）［D］.南京：南京大学，硕士学位论文，2015.

能影响未来的工党。该组织也常参与英国的政治活动，通过成立政治基金的方式来参政。①②

3.2.2 税制改革

（1）与财政支出相关改革

①济贫法。英国宪章运动是工人和中产阶级发起的一场影响英国政权走向的政治运动。1832年政权转变后的主要改革之一是济贫法。19世纪中期，英国经济遭遇困难，虽然工业有了发展，也给英国社会提供了很多就业岗位，但还不能完全消化掉农村过剩劳动力人口。此时期能够充分吸纳就业岗位的基础设施工程未铺开，如铁路建设。农村过剩劳动力就业得不到解决，影响社会稳定，这是济贫法出台的重要原因。

新济贫法出台，旨在解决英格兰政府补助南部农业从业人员生计及待遇问题。英格兰南部经济条件较差，从事农业生产人员的工资不足以维持生计，只有政府救济和帮助才能维持生活。政府通过出台新法律，以工资的形式直接给农业生产从事人员予以补助。对于无劳动能力的如老弱病残孕等，新济贫法沿袭过去让他们在家中或在院内接受救济的做法。政府每年使用财政支出救济穷人，改善他们的生活，使他们能基本解决温饱问题。③

②教育法。工业革命使英国机器大生产能力飞速发展，新兴制造业迅猛凸起。新兴制造业发展对人才的要求越来越高。教育在新兴制造业地区快速发展。由于新兴制造业地区是人口相对密集区，儿童教育不普及和对儿童照顾不周。同时，由于工业革命对技术型的人才需求日益增多，企业意识到了技术人才的重要性。原先的济贫法和工厂法就有提及过国民教育这个观点，其中就包括儿童必须在规定的时间段内接受应享有的教育。社会各界支持普及教育，政府始终未以一个明确的文件或者法案对适龄儿童接受教育作强制规定。经多年争议，1870年政府通过了教育法，实行小学制度。如何普及小学教育、兴办学校、分配教师工资、配给学校基础设施等种种安置问题，这些资金都是由政府财政支付。④

---

① 张娅楠.浅析新工党政府对集体谈判机制的调整[D]，石家庄：河北师范大学，硕士学位论文，2006.
② 潘春红.撒切尔政府对英国工会的改革[D].上海：华东师范大学，硕士学位论文，2010.
③ 赵静.英国济贫法的历史考察[D]，开封：河南大学，硕士学位论文，2007.
④ 严亚男.英国《1870教育法》的历史探析[D].上海：华东师范大学，硕士学位论文，2013.

③公共卫生法。伴随英国居民生活水平的提高,社会上层渐趋富裕,对社会公共服务要求日益增多,如公共卫生法。公共卫生法是英国居民经过长时间的酝酿出台的。工业革命进一步发展,机器生产日益增多,机器的运作需要燃烧煤等燃料,给城市造成污染。机器生产的废水、废气、废旧固体垃圾等污染物影响居民和城市卫生环境。污染问题引起了社会高度关注。经济发展初期会以环境为代价的一个重要原因是很多人连基本的生存问题都没有解决,再加上对环境卫生状况的认识有很大的局限性,或者说当时的学者或者机构对这方面的研究非常少,人们对卫生状况的警觉性不高。埃德温·查德威克1842年撰写的《中低收入阶层卫生条件的报告》,比较早地让人们认识到了卫生条件的重要性。1848年,政府通过了公共卫生法,意在以政府的命令强制性让地方执行相应的卫生条件标准,公共卫生由中央机关卫生总署负责。地方性的公共卫生领导机关应参考该地区纳税人所提交的申请,或者该区域的死亡率以确定污染,这个卫生领导机关是该地区负责卫生工作的最高行政机关,有权任命和推选本单位的工作人员。立法对于如何处理伦敦污水和供水作出了进一步解释。1848—1853这6年就有近300个地区城市曾向卫生总署申请要求帮忙解决他们的卫生问题,其中有一半的城市选择了遵从公共卫生法的相关规定并以此为依据执行。按规定执行后,这6年工人阶级居住区死亡率降低了10个百分点。[①]英国政府在成立中央机构卫生总署时将该总署的存续时间规定为5年,决定到5年后撤销中央机构卫生总署。英国的内政院和枢密院负责行使中央机构卫生总署部的权力。具体工作由中央机构卫生总署部医务官员负责实施。英国于1871年新建了地方自治局,接管内政院和枢密院,负责行使中央机构卫生总署部的权力。[②]

(2)与税收相关改革

①所得税。第二次世界大战前英国政府综合考虑,认为无须征收所得税。1842年,罗特为了弥补财政赤字决定征缴所得税,规定每英镑征收7便士。20年后,格拉德斯通为了解决克里米亚辗转所需的军队、军资等方面的资金问题,又征收了所得税。19世纪60年代,所得税税率由原先每英镑征收7便士下降到了每英镑仅征收4便士。1880—1890年,政府财政开支较以前增加,征收所得税也是必然选择。这些年,所得税是根据政府的财政支出来决定每英镑应该征收多少,

---

[①] 柳润涛.约翰·西蒙与19世纪中后期的英国公共卫生改革[D].南京:南京大学,硕士学位论文,2013.

[②] 韩玲慧.英国财政税收制度的演变:1597年至今[J].经济研究参考,2009(40):42~48.

至于是否有一个固定的征收比例、征收时间和期限，则无规定。将所得税正式纳入税收制度中的是财政大臣阿斯奎斯，后来相继规定了对高收入人群实行累进税制。

②遗产税。遗产税的征收对象是死者的遗产或是省区赠与的财产。英国政府为缩小阶层的贫富差距、维护公平公正，于1796年开始征收遗产税。社会各界对英国政府征收遗产税是这样分析的：第一，受到民主、博爱、互助等启蒙思想浪潮的影响，很多启蒙思想家宣传倘若继承不受到任何条件的约束和限制，会形成富人更富、穷人更穷的恶性局面，因此政府有必要对富人进行税收管制；第二，当时法国拿破仑与英国的战争需要英国财政拨付军资、物资等开支，而财政赤字的弥补必须通过增加财政收入势在必行，遗产税也顺水推舟颁布了。总体上来说，前期英国遗产税的征收规模相对较小。19世纪中期，由于英国社会阶层的分化异常极端，一头是穷人更穷，主要表现为大批农民无地可种，大量工人失业；另一头是富人更富，新兴工业家和传统贵族在地产或者工业生产方面享有极大的利益，不劳就可食利。这种严重的两极分化现象引发了社会矛盾。因此，社会上不少人士呼吁要通过实行累进税率的方式对遗产税进行改革，从而缩小贫富差距、减小社会矛盾。[①]

3.2.3 金融制度改革

经济发展使货币关系渐趋遍布各个经济领域，贸易扩大刺激了货币需求。1870—1913年，世界人均国内生产总值的年均增长速度为1.3%，而1770—1820年和1820—1870年这两个时间段世界人均国内生产总值的年均增长速度分别为0.5%和0.07%，这44年可谓是经济加速发展期。究其原因，当然离不开工业革命带来的技术革新，而且以英国为主建立的自由经济秩序也加速了经济的发展。各国的经济基础、政治环境不同也就决定了各国经济发展速度相背离，收入水平差距也不同。整体来看，全球收入水平是不断提高的。第一次世界大战前，大部分欧美、拉丁美洲、澳大利亚等地区及国家人均GDP增长速度都超过了英国。[②]

1929年世界性经济危机前，英国在出口贸易方面奉行自由贸易，倡导进口别国优势产品、出口本国优势产品。作为一个高收入国家，工业品是英国的优势出口产品。19世纪末，英国绝大部分钢、铁、棉纺织品出口到其他国家，而进口他

---

① 任超.英国财税法史研究——从诺曼征服到光荣革命［D］.上海：华东政法学院，硕士学位论文，2006.

② 裴毅菲.英国金融霸权问题研究：1816—1914［D］.保定：河北大学，硕士学位论文，2013.

国初级技术产品。工业品价格普遍高于初级品的价格,这种顺差使英国获益,企图"使其余一切国家皈依自由贸易的福音,来建立以英国为最大的工业中心,其余一切国家为依存这个中心的农业地域世界"①。第一次世界大战爆发使英国不得不直接管制经济而渐进放弃了自由贸易政策。第一次世界大战爆发的第二年,英国出台了《麦肯纳关税法》,明确规定要对高档奢侈品(如小汽车、珠宝等)征收1/3的从价税。战时经济只是短暂的,随后英国恢复了自由贸易政策。第一次世界大战期间,战争对军工需求暴增,英国的主要精力集中在扩大军工生产上,必然会减少原来工业品的出口份额。在此期间,日本和美国的工业品出口增加,甚至渐趋占领了英国原来的出口市场,隶属英国管制的殖民地也在日益壮大自身的民族工业。第二次世界大战后,作为世界工厂的英国已失去了昔日的辉煌,随之被美国取代。据统计,1913年美国和英国的世界制造业分布占比分别是35.8%和14.1%。②到了20世纪20年代,美国和英国的世界制造业分布占比分别是42.2%和9.4%。美国异军突起,且份额逐年增加,到20年代末份额占到了近一半。而此时的英国,份额不仅减少且占比已不足10%。在第一次世界大战所耗费的巨额财力不得不让英国卖掉了国外的10亿英镑投资。此外,英国政府还发行了一大批公债。据统计,英国的公债由第一次世界大战前的7亿英镑上升到了70亿英镑,翻了整整10倍。就国外而言,单单欠美国就达到9亿英镑。第二次世界大战后的英国已经由债权国变成了债务国,英镑的货币地位下降了许多,占据世界金融中心地位的英国已经丧失了金融霸权地位。

面对复杂严峻的国际形势,丘吉尔(时任财政大臣)在1925年4月决定恢复金本位,规定英镑与美元的兑换比例为1:3.5,这意味英镑贬值,英国出口商品价格提高了,商品竞争力下降,不利于英国出口。1924年金本位恢复,致使1925年英国的出口贸易损失了将近150万英镑,GDP损失180万英镑。1929年,英国损失惨重,其工业品出口贸易占世界的比例也下降7个百分点,出口总量也下降了1/4,但自由贸易政策使英国的进口总量水平仍然占世界的20%。英国贸易逆差越来越大,随初级产品进口水平基本维持不动,然而工业品出口总额占世界的比例却急剧减少,这是对英国的消耗。特别值得一提的是,此时的美国在全球范围内加大了对初级产品的进口,并拓宽海外投资。此时英国还尚能用美元盈余来平衡对美国的赤字。然而好景不长,1928年美国减少了海外投资,回笼了海外本

---

① [美]尤多·卡梅伦.世界经济史(中译本).开封:河南大学出版社,1993:286~292.
② 裴毅菲.英国金融霸权问题研究1816—1914[D].保定:河北大学,硕士学位论文,2013.

币，英国也就不能再用逆差来抵消赤字，其贸易主导权渐趋丧失，支付体系渐趋被打破。这种经济上的强烈冲击不得不使英国政府作出相应调整。英国政府于19世纪20年代规定：非经特许，禁进口染料[①]。1921年英国第一个和平时期的关税法令——《工业保护法》（The Safeguarding of Industries Act）获得通过，以国家安全为由对一些重要战略物资，如丝绸、燃料、刺绣、装饰纸等进口物品征收1/3的从价税。在延续该法的同时还提高了从价税的征收比例，上调20个点，调到50%，并且又重新采用《麦肯纳关税法》。

上述这些都是"小动荡"。1929年，由美国股市暴跌而席卷全球的经济危机爆发。这对英国经济是致命一击，彻底动摇了英国的经济体系。1930年美国通过最高关税法——《斯穆特—霍利关税法》，提高进口税率，新增很多需征税的商品。税率的提高使欧洲的出口贸易量在经济危机的四年骤减了1/3，英国也未能幸免。经济危机中，英国出口额骤降1/3，并出现了持续下降趋势。出口份额急剧减少，国内出口型企业必然会受到严重的打击。1930年前3个月，英国同比生产力的下降意味着英国进入了经济危机。两年后，英国经济危机进入最严重时期，工业产量只达到了经济危机爆发之初的20%，到了历史低点。这一危机波及的工业领域有冶金业、造船业、钢铁业、煤炭业等。曾经辉煌的工业区，都变成了萧条区。经济危机不仅对工业的打击是显著的，对农业打击也不小。农业领域在经济危机爆发前就出现了农业生产严重过剩的情况，农产品价格大跌，4年农产品价格下跌了70个百分点。在危机爆发的几年，世界农产品价格持续下跌，1930年与1932年农产品价格分别下降了40%和12%。当各个国家已经在限制农产品价格进一步下降之时，英国对农产品价格依然无过多干涉，尤其体现在进口上。于是许多国家将本国的农产品大量出口到英国，其出口价格还高于本地价格。大量的农产品涌入英国本土市场导致供应严重大于需求，英国本来经济就不景气，消费能力不足，农产品价格必然下降。其次，外来进口农产品的过量涌入对本国农业生产的冲击也非常大，致使英国农业萎缩。国际经济萧条，国内生产锐减，英国由以前的贸易顺差一度转化为贸易逆差，且该贸易逆差在1931年高达1亿英镑。麦克唐纳政府并没有通过自由政策度过经济大萧条时期，反而使财政赤字越来越大。有关报告显示，在预算年度（1932—1933年），财政赤字为1.2亿英镑，而减少财政赤字的方式主要是向国外贷款或者增加国内税收收入、缩减公共开支等。外贸赤字加大也使黄金流失更加严重。有数据表明，英格兰银行在两个星期内最高流

[①] 侯竞博.英国金融监管法律变革研究［D］长春：吉林大学，硕士学位论文，2011.

失了价值1.5亿美元的黄金。英国政府意识到了应该实行贸易保护政策,嗣后贸易政策发生了改变。①

鉴于经济局势的复杂性,英国政府只能实行贸易保护,缓解经济危机。政府取消了金本位,对英镑实行贬值,刺激出口。英国实行已久的金本位制度是自由贸易的重要标志,这项规定的取消表明英国自由贸易的结束。政府在1931年颁布了《非常出口法》,明确规定了相关倾销商品该如何征收从价税以及征收多少、对哪些商品征收从价税。政府通过《紧急关税法》,明确规定了对第一产业农产品征收从价税不能超过100%。这些保护措施已经上升了到了法律层面,但是其有短暂性且涵盖范围有限。第二年的《进口关税法》使英国的关税架构基本搭建起来。该法主要是为了限制英国商品进口并进一步扩大政府的财政收入。如表3-4所示,不同的商品实行了不同的从价税征收标准,这表明英国在设立关税壁垒,实行贸易保护政策。②

表3-4　　　　　　　　从价税征收比例

商品名称	从价税
普通商品	20%
奢侈品及半奢侈品	25%~30%
钢、铁	33%

资料来源:英国财政部网站数据。

3.2.4　社会保障制度

在高收入国家中,英国是社会保障制度的"先行"国家。第二次世界大战后,英国进一步加强社会保障制度建设,深化社会保障制度改革。社会保障制度涵盖的内容广泛,涉及的群体众多,但英国政府始终致力建设一个以社会保险制度为中心,以国民救济制度、社会补助制度、国民健康服务为三个辐射点的社会保障体系。③

进入20世纪,英国处于一个不平稳、发展骤变的阶段,尤其是第二次世界大战的爆发。伴随新济贫法的颁布和实施,英国政府对济贫法实施和管理情况都非

---

① 侯竞博.英国金融监管法律变革研究[D].长春:吉林大学,2011.
② 王勇.世界金融史上的革命:论十七、十八世纪英国金融体系的形成[D].贵阳:贵州师范大学,2008.
③ 雍正江.15—17世纪英国农民福利保障模式转型研究——以土地和劳动关系演变为视角[D].南京:南京大学,硕士学位论文,2014.

常重视，将济贫法的相关事宜按照教区所在地区来分区域管理。1847年济贫法局成立，主要监督下级对此法的执行力度，教区的济贫相关事宜就分给各地所在教区分开管理。1871年，英国又成立了地方济贫法局，代替1847年成立的济贫法局监督济贫法相关工作的执行情况。

英国政府意识到了英国社会的贫富差距，出台了新、旧贫困法，但法案只是政府对社会财富不均、减少社会动荡问题的一个临时、应急的尝试而已。

历经了经济发展繁荣和社会稳定发展后，19世纪后期，英国进入了一个不稳定、充斥着危机的阶段。各阶级、各集团利益矛盾异常尖锐，英国政府不断作出调整以缓和社会矛盾。英国两次工业革命使部分企业家和资本家充分享受了工业革命的成果，赚取了丰厚的利润，其中不乏一些掌握了先进技术的工人，但比较那些企业家和资本家，他们的收益只是冰山一角。对于那些受到严重冲击的传统工业，家庭或是个人面临失业、下岗，老人和小孩的温饱问题很难解决。工业革命给英国社会带来了财富，但是财富集中在少数人的手中，财富分配极度不公平。据统计，1901年英国，140万人口占据了国民收入的近1/3，而有3 900万人，是140万人的4 000多倍，这3 900万人毫无疑问是那些社会底层人民。据查尔斯·布思的统计，在英国首都伦敦，贫困人口占比就高达1/3，而这1/3中，还有10%的特困人口，可以用吃一顿算一顿、有一件穿一件来描述他们的糟糕处境。英国首相丘吉尔曾说"显著的贫富差距使英国陷入危险的境地"[1]。

贫困问题和失业问题对英国社会治安、阶层矛盾、资本主义发展构成了严重威胁，引发了英国政府的关注。英国扩张殖民地需要有军队作为保障。在第二次世界大战征兵过程中，超过1/2的应征者身体条件达不到军人基本的身体素质要求。工业发展也需要身体素质过硬的工人阶级，资本家也越来越需要拥有娴熟和强健体魄的工人。资产阶级渐趋注意到，提高医疗卫生条件、普及教育、救济贫苦人员才能为资本主义经济的生产提供强有力的保障。"这是一个极其合理的行为——让工人在经济上免受贫困。"维护统治秩序，缓和社会矛盾必须首先来救济穷人。[2][3]

1908年英国通过了《养老金法案》，明确规定如果一个年龄在70岁以上的老人的年收入在20~30英镑，那么他将获得每星期1~5先令的政府补贴。1911年，英国吸收德国的经验，出台了《国民保险法》，标志着国家福利调控手段雏形出

---

[1] 沈瑞英．西方中产阶级与社会稳定研究［D］．上海：上海大学，2008．
[2] 英国财政部统计资料，伦敦：1925．
[3] 刘志英．社会保障与贫富差距研究——典型国家的实践与中国的政策主张［D］．武汉：武汉大学，硕士学位论文，2004．

现。法案明确定，为所有购买相应保险种类的投保人提供补助，涵盖伤残、产妇、病痛等领域。赔偿标准见表3-5所示。

表3-5　　　　　　　　1911年英国国民保险法赔偿标准

参保人	每周赔偿
患病女子	7先令6便士
残疾者	5先令
妇产	30先令

资料来源：英国财政部统计资料，英国财政部网站所公布历史数据。

每周的赔偿标准是不一样的，其中产妇每周的赔偿标准最高。参保的费用标准并不是由参保人员一个人承担的。前面提到该法案的强制性是指这个保险是由英国政府强制规定的，是企业主（每周3便士）、劳工（每周4便士）、国家（每周2便士）三方共同出资来购买的。以这样强制的方式来明确政府和企业都要承担相应的保险费用，这使参保人减轻了开支，在一定程度上体现了财富的公平分配。由于社会保险的品种不够齐全，再加上并不是每个人都能够参加社会保险，所以政府这种手段是相对温和的调节社会的手段。在第一次世界大战期间，由于国家处于战时状态，及时干预经济、社会等各个方面，起到了积极的作用，人民也越来越相信政府，愿意接受政府的干预和调节。第二次世界大战后，英国经济得到了较快的复苏，社会很快稳定下来。但是经济繁荣持续多久，就遇到了经济危机。[①]1929年世界经济危机爆发，英国作为一个经济高度国际化的高收入国家自然难以幸免。1931年，英国黄金储备量已经到了警戒线之下，而当时采用的金本位制意味着黄金和美元是直接关联的，英国只好放弃金本位制，使英镑贬值。在经济危机中除了货币贬值外，失业也十分严重。据统计，四年经济危机使200多万人口失去工作。1932年仍然存在1/4参加社会保险的失业人员，更严重的地区失业人员达到了一半。地区间失业人数差别大、失业人员数量多、失业时间期限长致使失业基金透支。失业基金领不到，失业人员无法解决自身和家人的温饱问题，只能游行或罢工，甚至抢夺食物，社会秩序异常混乱，社会矛盾空前尖锐。在此种情况下，政府的当务之急是要解决失业问题。1931年，英国政府只好把失业补助金削减10%，同时提高了保险税，缩短了领取补助的时间。迫于劳工重重压力，英国政府在1934年通过了新的失业法，成立了两个机构：失业保险法令委

---

① 张溢.19世纪以来英国民众抗争与政府回应的互动：变迁模式比较［D］.成都：西南政法大学，硕士学位论文，2013.

员会（UISC）和失业救济署（UAB）。第一个机构主要是负责失业保险的管理，而后者主要是管理未投保人的补助。可见，传统的经济自由主义思想和旧的社会保险体系已不能适应形势的发展，调控理论和调控方式的重大改变已不可避免。[①]

3.2.5 教育制度

19世纪末到第二次世界大战前，英国政府不断推进教育改革，颁布三部教育法：1870年初等教育法、1902年教育法、1944年教育法。这里主要探讨这一时期英国中等教育和高等教育两个方面的状况。英国工党在1924年上台后就倡导一个重要理念：人人都要受中等教育，中等教育普惠人人。这样的教育政策理念始终被英国的历届政府所提倡，构成英国政府推行财富公平分配的教育制度的支点。[②]

（1）中等教育改革

第一次世界大战后，英国政府出台了《费舍法案》（1918年）。这一法案促进了英国中等教育的发展，在教育师资力量配备和基础设施建设上，中等教育的发展严重不足。据统计，1920年，初等学校到中等学校的升学率不到10%，很多学生甚至在不到15岁就不上学了。更严峻的是，只有大约2%的学生能够进入所具备良好基础设施的有较高升学率的中等学校。社会各界这样评论："英国正在使自身失去可以在将来成为工商业发展基石的人才来源，它不适当地限制了专业人才培养，它把网撒得太小，无法发现和培养最有才能的人来为社会服务，只从一部分人中来培养领导人物。因此，这个民族正在走向失败。"[③] 呼吁中等教育改革、完善中等教育制度的声音日益增多。工党教育委员主席托尼认为，英国在中等教育上存在不足，尤其是初等教育和中等教育的衔接、过渡上存在问题。工党的教育政策是"确信应该建立适合民主社会的一项教育政策：初等教育和中等教育成为一个连续过程的两个阶段，中等教育是青少年教育，初等教育是其预备阶段的教育……所有正常儿童都能在11岁后从初等或预备学校转入各种类型的中学"[④]。托尼认为，教育应当能折射各地区经济状况、道德传统、社会条件等，针对不同地区应该有不同种类的学校。此外，托尼还强调要将中等教育纳入国民教育。原因是：第一，给人人都有一个接受教育的公平机会对于社会发展进步是必需的；

[①] 姜南.英国福利制度的演变及其调控作用[J].世界历史，1999（4）.
[②] 武翠红.传统与变革：英国教育史学历史演变研究[D].南京：南京师范大学，2012.
[③] 康内尔.20世纪世界教育史[M].张法琨，等译.北京：人民教育出版社，1990：83.
[④] S.J.Curtis and M.Boultwood. An Introductory History of English Education Since 1800, University Tutorial Press：184.

第二，通过教育为国家培养人才是符合国家利益；第三，要建立一个民主国家，通过教育提高全民素质十分必要。①

1924年英国工党政府成立教育咨询委员会，该委员会的主要责任是针对全日制初等教育调查过程中存在的问题和不足，给出相应的解决措施和方案的报告。教育咨询委员会的主席哈多爵士组织调查，1926年发布了《关于青少年教育》（也称"哈多报告"）。该报告的调查对象是15岁以前的学生（不包括文法中学），调查范围是全日制学生的学习课程、学校的制度组织等。哈多通过调查提出了一系列建议，他认为离校年龄上至少是15岁以后，初等教育为6年，然后再进入中等教育阶段。最后，在教育课程设置目的上，他认为中等教育要更加注重实用性。针对英国工人阶级如何更好地改善子女教育这一问题，报告提出了相应具体的改革计划和措施：一是应该在初等教育和中等教育的划分中明确规定一个指定的年龄界限。他认为，初等教育是在11岁前所接受的，11岁后接受的是中等教育，前者为后者的教育提供坚实的基础。二是中等教育中的学科课程设置不应该是纯学术，应更加注重实用性和可操作性，例如可以设置手工劳动等实践性强的科目。三是设置中等学校应该符合多样性的原则，例如设置公立初等学校、现代中学、初等技术学校。要不断将中等教育在整个教育中的地位进一步提升，使中等教育与文法中学同样能引起社会的高度重视和对待。对中等学校配备的师资力量、教学硬件设备、宿舍条件应该按照文法中学的标准来执行，对实验性的科目要多配备老师。四是对于由初等教育进入中等教育的学生都要接受一次考试，学校根据学生的成绩、兴趣等择优选择。对初等教育和中等教育的改革方案提出的建议，这是英国教育改革一个重要里程碑。20世纪30年代，英国教育改革按照哈多提出的改革方案进行相应的改革，尤其是在中等教育的改革过程中更是根据哈多报告中的建议和意见来改革。到第二次世界大战前，英国75%的初等学校改组完成。②

1938年，教育调查委员会发布"关于文法中学和技术中学的专门报告"。该报告由斯宾斯撰写的，因此又称斯宾斯报告。该报告肯定了哈多报告中提出的人人受中等教育的说法，同时也批评指出了文法学校在中等教育所享受的特殊优惠待遇。在中等教育中，文法学校是最高级的学校，无论是在师资力量、基础设施、教学条件方面都要优于其他学校。对此，斯宾斯报告提出要改善这种不公的状况。例如，学校要有战略眼光，转变培养模式，尤其是为大概率不会上大学的学生量

---

① 人人受中等教育.英国工党教育委员会文献汇编，伦敦：1922.
② 关于青少年教育（哈多报告）.英国工党政府成立教育咨询委员会文献汇编，1926.

身打造丰富多样和灵活多变的课程。又如，尽管不断在改革教育，但是伴随经济和政治的发展，现有的教育仍然不能满足当前社会发展需要。报告指出："仔细研究英格兰和威尔士中等教育的发展，特别是1900年以来的发展，同时探讨一下目前的状况……留给我们的总体印象是在英格兰和威尔士，为11周岁以上男女孩子更高层次的全日制教育所作的现行安排，已不能适应当代社会的现实结构和目前形势下的经济状况。"① 在斯宾斯报告中主要是提出了以下建议：一是大力发展技术中学，将初级学校或类似的学校改为初级中学，规定技术中学和文法中学所享受的师资条件、基础设施、宿舍条件、班级规模等一样。二是提倡中等教育多轨制理念，同样鼓励边远地区和新建区域尝试运用这个理念。斯宾斯报告中最有意义的意见是用来扩展哈多委员会的职务功能，该报告要把哈多委员会的职能扩展为建立一种令人满意的为全体儿童提供中等教育的正规教育……该委员会考虑到初级技术学校的增加，进而把哈多的双轨方案扩展为三轨，即现代中学、文法学校和技术中学。②

通过上述内容的简单介绍，我们可以看到斯宾斯报告是在哈多报告的基础上进一步补充和延伸的。临近第二次世界大战爆发，人人受中等教育的理念已渐趋深入人心，将中等教育分为现代中学、技术中学、文法中学这三大类的路线也得到了普遍认可。1936年英格兰和威尔士这两个地区的中学生人数达到近50万人，相较1913年这两个地区的中学人数差不多增加了2.5倍。1938年英国11岁以上（包含11岁）儿童有一大半在不同类型的中等学校接受教育。③

在英国的国民中等教育制度还未完全建立之时，大学考试委员会只负责中学考试这一个工作，使其中等教育的发展、学生人数的增加、学生个性的差异化、能力的差别化增大，这种命题考试制度并不能适应时代的发展，其局限性和滞后性越发凸显出来。英国政府1941年任命诺伍德爵士担任中学考试委员会的主席，负责调查中学考试相关事宜。第二年，委员会出具了"中学的课程与考试"报告。诺伍德报告将孩童大致分为三种类型，认为应该针对这三类孩童设立不同的中学以开展中学教育。文法中学应该培养拥有理论智力的学生；现代中学的是培养那些理性较差而更具感性的学生；中等技术中学是培养拥有理论智力的学生和在艺术和应用实践技术上有着浓厚兴趣的学生。这三类学生都有着优势和独特的思维方式，中

---

① 瞿葆奎.教育学文集·英国教育改革[M].北京：人民教育出版社，1993：120.
② 康内尔，张法琨，等译.20世纪世界教育史[M].北京：人民教育出版社，1990：390~391.
③ 滕大春.外国教育通史（第5卷）[M].济南：山东教育出版社，1995：176.

等教育应该根据他们的差异性来设立。由于缺乏相应的理论支撑，诺伍德报告引来了很多质疑，但该报告的内容和精神是符合英国对中等教育改革的基本原则，儿童是教育的中心，在力所能及的范围内，所有儿童都应受到最适合其才能的教育。①

英国的一个被民众攻击的问题是公学。有人批判英国公学生活空洞，有些人直接把公学说成是摆架子、非正义、庸俗化、同性恋等不好社会风气的源头。社会掀起了一场取消公学的浪潮。第二次世界大战期间，英国政府表达过对公学的忧虑。英国教育委员会在1942年成立了公学委员会，任命弗莱明勋爵为主席。公学委员会主要是调查如何将公学发展和普通教育更好地联系起来，女子公学怎样接轨于男性公学。两年后，一个以弗莱明勋爵为主席的公学委员会出具了"弗莱明报告"②。该报告的主要内容是：公学向外录取学生应该是本着平等、公开、公平的原则，以学生从该校教学中所学知识、能力为录取的唯一准则来面向社会招收，学校不得排除付不起学费的学生；公学要保留1/4的免费名额给公立小学；至于是寄宿制还是日校制，由公学根据学校的情况来决定。该报告某些建议被教育委员会采纳。但免费名额的补贴由各个地方教育局负责，有些地方不能提供25个全免名额的费用，有些地方是设立了小额助学金资助学生。

（2）高等教育改革

19世纪末，英国经济发展水平已经不及德国和美国，失去了世界第一工业强国地位，国外竞争力下降，国内矛盾重重。在这个时间段内，两次世界大战、一次席卷全球的经济危机使英国不得不采用新自由主义政策，加强国家的宏观调控。在教育上，国家更加强调集中和控制。自20世纪初，英国实施了教育福利政策。这是英国教育现代化过程中的一个重要里程碑。经济发展推动了教育改革，民主化和自由化的观念趋深入人心，市民参政热情提高，新任的工党积极推行福利政策，都推动了教育现代化。③

英国在教育上遵从依法治教，各届政府制定严格政策，再根据政策，按部就班开展。英国高等教育改革的发展常规步骤是："问题→委员会→报告→白皮书→议案→法律"④。

---

① ［美］卡扎米亚斯，马西亚拉斯.教育的传统与变革［M］.福建师范大学教育系，等译.北京：文化教育出版社，1982：81.

②③ 武翠红.传统与变革：英国教育史学历史演变研究［D］.南京：南京师范大学，硕士学位论文，2012.

④ 林冬华.崇尚传统、渐进改革——英国教育政策发展.教育现代化研究生论坛.http://emrc.sysu.edu.cn/zgjyxdhyj/jyxdhyjslt/2004jyjsxz/77766.htm.

不同时代背景下，英国推行教育改革特点不同。19世纪末到20世纪初，初等教育的普及问题是须迫切解决的，紧跟其后的是中等教育。英国政府主要采取非直接的管理方式来管理高等教育，如制定相关的法律规章制度，出台相应的教育政策等。例如，1871年英国颁布了一部非常有名的法案《1871年大学考试法案》。该大学考试法案的出台主要针对教育与宗教的关系。法案规定，学校可以摆脱教派的控制，自由行使权利，并不允许进行宗教检查，这也就意味着英国的高等教育从此摆脱了教会控制。1852年前英国出台《剑桥法》和《牛津法》，意味着政府开始干预高等教育。毫无疑问，这两个法律的出台极大地促进了高等教育的发展。1905年，英国政府采纳了"霍尔丹报告"中关于在大学建立大学学院基金咨询委员会作为常设机构的提议后，又把这个机构更名为大学拨款委员会，体现了国家重视高等教育事业财政拨款。1902年，英国出台《巴尔福教育法》，政府对地方教育行政机关做了一次全方位的调整，新成立了300多个教育局并撤销了以前学校的许多董事会、理事会、入学及地方委员会等。这是政府对教育行政管理上的一次彻底调整和整顿，推动了高等教育管理的规范化和统一化。

第二次世界大战前是英国高等教育的起源和恢复时期。高等教育的主要特征是精英教育。适龄人口入学率处于15%以下才能称为精英教育。精英教育强调受教育者的智力、素质基础，有机会接受所谓精英教育的人占比非常小。第二次世界大战前各个大学享有充分的自治权。那时高等教育重视自由教育，轻视科技教育；重视教学，轻视学术研究。英国政府也注意到了教育对一个国家的发展起着至关重要的作用。《1944年教育法》规定设立全国性的教育领导机构——教育和科学部，以加强中央对教育的集中领导；把教会学校纳入国家教育体制，在所有公私立学校进行宗教教育；规定独立学校必须在教育和科学部注册、备案并接受检查等。[①]国家不断加强对教育的管理与控制，促进了高等教育事业的发展。[②]1945年，工党在英国大选中获得胜利继续执政后，颁布了《国家健康福利法》等相关法律，参考罗斯福新政在美国的实施方法和取得成果，在英国全面推行国家干预，大力提倡凯恩斯主义，不断强化英国政府对教育和经济的干预和管理力度。教育由英国政府主要负责兴办，要负责调控和管理整个国家的教育事业。[③④]

[①③] 罗泽意，董维春.英国高等教育改革历程及其启示[J].世界教育信息，2007（11）：67~69，96.

[②] 冉旭.从英国高等教育发展看英国教育政策的演变[D].重庆：重庆师范大学，硕士学位论文，2012.

[④] 李俐：英国高校教师发展研究[D].重庆：西南大学，2013.

3.2.6 社会结构与中产阶级

中产阶级产生于工业革命前夕。保罗·兰福德在其《文雅和富有商业精神的人们：1727~1783年的英国》一书中，尝试着用第一人称的方式描绘和勾勒中产阶级的世界。兰福德对英国整个社会阶层结构认识不充分和不透彻，不能精准衡量中产阶级在社会结构中的地位。兰福德开创了"中产阶级"这一18世纪鲜为人知的专业名词。受实证研究的影响，彼得·厄尔认为，正是通过区分社会群体的自我认同和社会认同，形成不同阶级的社会群体，从而中产阶级由此被界定出来。他选取伦敦375位市民作为研究样本，通过收集他们各个方面的信息，对他们进行分类。

中产阶级形成于工业革命时期。工业革命使大量的劳动力得以被充分利用，给社会带来了突飞猛进的飞跃。中产阶级的形成和成长在很大程度上也是依赖于工业革命的不断壮大。当时部分学者研究中产阶级，工业革命为其提供了良好视角，如利奥诺·达维多夫、凯瑟琳·霍尔以及西奥多·科迪特谢克对中产阶级的研究大多涵盖工业革命时期。中产阶级是在工业革命的后期才明确确立起来的。英国工业革命彻底颠覆了原有的社会结构，到维多利亚时代中期，中产阶级首次亮相于历史舞台。著名学者珀金认为，工业革命带来了经济方面的变化，还对社会环境、自然环境以及人类的社会关系等产生了巨大影响。简而言之，工业革命是一场社会革命。工业革命使社会阶层有了明确的区分，人们开始各司其职，中产阶级的明显特征开始显现，即"企业家社会"。

学者们对中产阶级的形成没有给出一个具体的时间，围绕工业革命，通过社会群体研究，发现不同群体的特征，由此区分出中产阶级。这些学者对中产阶级的研究方式，表明了社会上阶级的划分其实没有明确的标准，阶层之间也是错综复杂，难以区别，具有阶级的隐匿性。

伴随资本主义国家工业发展，工业资产阶级队伍壮大，中产阶级的队伍也不断扩大，国家权力渐趋被中产阶级接管。比较以往英国史上政权交接所发生的暴力冲突流血事件，中产阶级凭借经济实力实现了权利接管。第一种方式是议会。英国的权利分配机关是议会，议会机构又分为上议院和下议院。1884年通过长时间争取，选举权为农业工人所享有，整个下议院几乎被工业资产阶级掌控，进入议会的中产阶级人数也大量增加，渐趋掌握英国执政权。从中产阶级在议会中所占的比例就可以清楚看出这支队伍的壮大。1860年英国议会中，大资产阶级和中产阶级在议会中所占人数的比例可谓是旗鼓相当，各占1/2。[①]第一次世界大战结

---

① 徐聪颖.论强盛巅峰时期的英国劳资关系（1850—1880）[D].南京：南京大学，2011.

束时，1918年英国妇女有了选举权，议会中中产阶级占据了绝大多数（接近2/3），这种绝对优势延续到了第二次世界大战。第二种方式是文官制度。众所周知，将立法、司法、行政三权分立且相互制衡是通过议会的改革实现的，而议会的改革权力机构仅代表了上层的权利交接。而文官制度的设立和改革迎合了中下层权利的分配问题。文官职员只需执行政府的政策，不参与党派之争，他们执行内阁的方针、政策、命令。无论内阁如何更迭，文官的存在能使政策保持不间断性和稳定性。前台是两党轮流执政，后台则永不更换，使文官被称为"永不更迭的幕后政府"①。文官制度在此期间依次经历了三次改革，分别是1890年、1918年、1945年。这三次改革不断丰富了文官制度的内容，使该制度的分级更合理，监督更加严密，管理更加到位。1890年，文官制度改革将第一等级细分成了三个不等的级别，而选拔文官的规定更加明确了，即首先必须符合年龄段在20~24岁，其次对大学所学的专业必须是规定的相关专业，并组织统一的考试，考试合格后才能决定最终是否录用。在1918年的文官制度改革过程中，又进一步细分，按照由高到低的等级顺序将文官分为五个等级，依次是行政级对应的是大学文凭，一等书记级对应的是高中文凭，二等书记级对应的是初中文凭，女书记级也是对应于的初中文凭，速记打字级对应的无固定要求。相对来说，这些文官等级越高，享受的工资待遇也会越高，工资级别差异也较大，但是相较于普通的企业职工来说，文官的工资整体平均水平至少比他们高出约8个点，并且其工资灵活性强，能根据物价水平变化而相应调整，且性别上不存在工资差别化对待问题。关于文官的晋升问题则由政府专门设置的晋升委员会对他们实行考核，晋升委员会实行定期考核，根据文官的考试成绩和有关材料决定其晋升还是罢黜。②

3.3 成熟阶段（第二次世界大战后至今）

3.3.1 劳动就业与工资制度

（1）英国就业制度主要特点

①三次失业高峰。第二次世界大战后，英国实行凯恩斯主义所倡导的充分就业方针，这个政策在第二次世界大战后的二十年多里取得了较好效果。20世纪中期，英国失业率大约是2个百分点，失业人数30万人左右。这种相对较好的趋势只维持了10年左右，随后在20世纪70年代，失业率持续攀升，失业问题进一步

---

①② 百度百科："英国文官制度"介绍。

严重化。据统计在20世纪70年代的第一个年头里，英国的失业率由先前的2%上升到了3.5%，失业人数也由30万人急剧增多了50万人，达到了80万人。随后5年这个数据还在上涨，在1976年的时候失业率达到了6%，失业人口更是比1971年增加了50万人，达到了130万人，已然发展成为第二次世界大战后的失业顶峰状态了。如果说20世纪70年代是英国失业潮的开端，那么80年代才是失业潮的掀起。80年代，英国失业问题愈加严重。80年代初，英国失业人数比70年代翻了一番，逼近了250万人，失业率也首次达到了2位数，超过了10%。直至1984年，又达到了第二个失业高峰，失业人数比70年代接近翻了两番，失业率也屡创新高，甚至高达12%。直到80年代末，失业率才有所下降。但高失业率延续到了90年代。1993年失业率一度又接近10%，尽管相对80年代有所下降，但失业率依然保持了两位数。这也是第二次世界大战后英国的第三次失业率高峰，也是距今最近的一次失业潮。嗣后，英国政府推进积极的就业政策，促使失业率降低下来，现阶段保持了相对较低的失业率①。

②长期失业状况。除了上述失业呈现周期性和高峰性的特点之外，英国失业人口中长期失业现象非常严重。长期失业是指超过1年的失业状态。20世纪60年代到70年代，英国男性中长期失业比重不断攀升。

表3-6　　　　1960年至20世纪90年代英国长期失业者在失业男性中的比重

时间	长期失业者在失业男性中的比重（%）
20世纪60年代	17.6
20世纪70年代	21.9
20世纪80年代	26.5
20世纪90年代	38.0

资料来源：英国中央统计局，财政部统计资料，网站信息；侯冰然.英国劳动力市场的灵活化改革及其启示[D].石家庄：河北师范大学，硕士学位论文，2008.

由表3-6可知，20世纪60年代至90年代，长期失业者在失业男性中的比重从20世纪60年代至90年代期间增加了近20%，甚至在1993年达到了43%。在英国的失业人口中，不仅男性长期失业比重大，长期失业者也呈现出了年龄的差异化

---

① 张娅楠.浅析新工党政府对集体谈判机制的调整[D].石家庄：河北师范大学，硕士学位论文，2006.

和规律化。经历过两次工业革命的英国,第二产业有了显著的发展。20世纪80年代,英国在发展第三产业的同时相应缩减了第二产业,由第二产业向第三产业转移的过程中,劳动力也相应转移。第三产业主要是服务业,对从事第三产业从业人员的知识能力水平、服务态度等职业要求较高。对于相对"老化"的第二产业从事者来说,他们很难顺利进入第三产业,也很难胜任第三产业的工作岗位,这也造成第二产业失业者在总失业人口中占据较高的比例。同时,部分大龄工人认为,作为一个以服务业为主的第三产业部门,他们跟不上新的职业要求,且服务行业工作不稳定、收入也不高。因此,政府对产业结构的调整,失业者的思想观念滞后都会提高失业率。同时,在教育或者职业培训方面,职业资格证书是工人在第三产业就业的通行证。受教育程度高的人的失业率显然较低,因为他们有着更加丰富的知识储备,甚至能更快地接受社会的新知识。1988年英国教育程度不高和没有资格证书的人口占长期失业人口50%以上。失业者处于失业,其精神状态不佳,做事效能低,或工作技能不熟练,这些因素都会导致部分求职者处于长期失业。①

③失业人口与青年劳动力。1960年至20世纪80年代,英国社会就业竞争越发激烈,青年失业者不断增加,就业难度较大。很多大学生毕业就面临失业。如表3-7所示,在20世纪70年代初,青年失业率为12.5%,5年后,青年失业率翻了一番,1978年高达近30%,失业人数增长到了44万人。相较前文所提到的20世纪70年代的高失业率,青年失业现象则更为严重。究其原因,首要原因是经济不景气背景下的产业结构转型。②

表3-7　　　　英国劳动力中青年(20岁以下)失业率

时间	青年失业率
1973年	12.5%
1978年	29.1%
1983年	20%
1986年	18%
1993年	17%

资料来源:英国中央统计局、财政部统计资料、网站信息。

参考:侯冰然.英国劳动力市场的灵活化改革及其启示[D].石家庄:河北师范大学,硕士学位论文,2008年.

---

①② 侯冰然.英国劳动力市场的灵活化改革及其启示[D].石家庄:河北师范大学,硕士学位论文,2008.

经济不景气的社会环境推高了青年人口失业率。刚踏入社会的工作者无法和老员工竞争，经济萧条时公司招聘也相应减少。同时，公司培养一个新员工要增加财务投入，要做新员工岗位培训，还要提供宿舍等公共服务设施。公司如有裁员计划，优先裁减的也是经验不足的新员工。另外，很多青年人的想法多变，他们或因婚姻问题而重新求职，或因"猎奇"与尝试新岗位而辞职，或因不能承受工作压力而失业。

伴随英国经济的萧条、复苏、繁荣和衰退四个"周期性"的循环过程，社会的失业率也呈现出不同特点。当经济处于衰退或者萧条时，往往伴随高失业率；当经济复苏和繁荣时，失业率会下降，渐趋恢复到正常水平。第二次世界大战前，失业率和经济状况的相关性很强。1976~1978年，英国的GDP增长速度是3%左右。对于这一指标，通常可以判断，国民经济应处于繁荣阶段或者复苏阶段，然而这个时期英国的失业率不减反增，甚至增加了1个百分点以上。同样的现象也发生在英国20世纪80年代。尽管80年代英国经济明显增长，但是失业率却不断攀升。①

（2）劳动力市场改革

①工资集体谈判制度变革。英国撒切尔政府实行对工会打压及采用分散的集体谈判制度，标志着英国劳动改革的开始。撒切尔政府这一政策的目的在于，政府通过干预手段控制英国工会的力量。当时工会力量快速发展，已经影响了政府政策的实施，工会在集体谈判及劳资改革上给政府带来很大社会压力。英国在20世纪80年代采取了一系列措施来规范管理工会组织的运行规范、组织和成员队伍，出台了一系列法律法规。例如1980年和1988年出台了就业法规。这促使工会组织的管理更符合法制要求，也限制了工会中的"工人贵族"滥用特权。

②最低工资改革。英国劳动者所追求的是工资。工资是衡量他们付出的劳动力价值的标准。不是每个劳动者都能够获得合理的工资，政府为了保障弱势群体的利益在进行最低工资改革，更好地保障工人权益。英国历届政府在最低工资改革上的态度截然不同。20世纪80年代，在保守党执政期间，保守党不赞同最低工资制度。到1993年，随着撤销行业工资委员会，废除了最低工资的制定者，这样，无法再继续实施最低工资制度了。嗣后，新工党在执政阶段重新于1993年实施最低工资制度，且对最低工资制度作了补充。例如，考虑到旧的最低工资制度忽视了青年和无技能、低技能者这两个群体的权益，新的最低工资制度强调了

---

① 周涛：英国积极的就业政策研究［D］.上海：华东师范大学，2004.

这两个群体的就业权益，提议要把年龄结构、技能素质与身体状况等作为考核标准，并制定颁布相应的最低工资标准，取代旧制度的规定。鉴于青年人的身体素质和发展机会多，成年人的最低工资标准比他们略高一点。1994年伊始，英国政府在全国范围内大力推行新制度。新制度规定：每小时3英镑是青年最低工资标准，成年人的最低工资标准比青年人的最低工资标准每小时多了0.6英镑。当然，这个标准是在考虑了当时经济状况和行业薪资水平等多个方面制定的。伴随生活水平提高，根据行业工资的变动等综合因素再进行相应的调整。如2000年成年人的最低工资标准调整到了每小时3.7英镑，这是政府给予低工资者的一份基本生活保障。实行最低工资制度的最大受益者应该是妇女，由于妇女本身的薪资水平就相对较低，且工作稳定性不强，作为家里的主要劳动力，她们的工资主要是作为家庭生活补贴。而对于大部分无技能或低技能劳动者，他们的工资待遇通常要高于最低工资标准，只有少数人的工资待遇低于最低工资标准且能按最低工资标准领取工资。实行新的最低工资制度，是英国政府扶贫、促进社会公平的一种重要手段[1]。

③工作时间更灵活。在英国工业革命时代，伴随机器大生产的发展，工人的工作时间更加固定和规律化，工业生产领域实行的基本是全日制。工人须在规定的时间和规定的地点做相应的工作，因为机器是固定的，生产流水线也是固定的，这就决定了工作时间的固定性。但在20世纪80年代，伴随英国政府对经济结构的调整、产业的升级，尤其是以服务业为主的第三产业的迅速发展，使工作种类更具多样性和灵活性。传统的固定工作时间模式已经不能够适应产业发展的新要求。

英国政府在20世纪80年代开始推行灵活就业方式。这种灵活就业形式尤其给广大妇女带来了福音。"上班族"夫妇在家庭中既要照顾老人又要教育子女，他们需要相对灵活的工作时间，英国政府的改革适应了他们的需要。政府部门还注意到非全日制工人的工资收入普遍低于全日制工资收入，但是其所缴纳的工资税率和社会保障税同样多，工资低而税收还多，这种制度安排对非全日制工人较为不利。因此，政府部门减少了对非全日制工作岗位的税费征收，通过《禁止性别歧视法》规定不能歧视非全日制工人。[2]

---

[1] 周涛.英国积极的就业政策研究［D］.上海：华东师范大学，2004.
[2] 梁斌.第二次世界大战以来英国劳资关系的变迁及启示［D］.天津：天津商业大学，硕士学位论文，2011.

④失业福利。英国政府发现较高的失业福利待遇并不能解决失业保障问题，反而滋生了失业人员的依赖和懒惰心理，促使他们不思进取，过度依赖政府失业津贴的"最后保障"。同时，政府部门对领取失业津贴人员的资格审查不够严格。鉴于此，英国政府主要是从减少失业补贴和严格申请人的资格两个方面对失业福利制度改革。英国通过严格考查申请人资格、减少享受补贴的时间、撤销某些津贴事项等多种手段降低失业福利水平。

从1984年起，英国政府废除了儿童津贴，儿童不再享有特殊的补助。1988年，政府部门确定取消失业保险资格的时间为26个星期。1996年，政府部门撤销了失业津贴而以新的求职者津贴代替。同时，明确了享受津贴人员的工作义务，如1996年英国政府规定失业半年以上的人员须去求职中心积极参与求职。嗣后几年内，政府部门不断完善相关规定，例如，规定参加面试咨询的时间，引导参加新政计划等，这使英国的普惠福利变成了选择性福利。①

（3）劳动力市场改革

20世纪60年代OECD倡导"积极劳动力市场政策"（ALMP）。这个政策是在充分研究和发现失业与通货膨胀间关系后才推行的。OECD研究机构认为，为了保证有效供应劳动力须实施积极的劳动力政策，不断减少自然失业率和降低工资待遇。1970年至20世纪80年代，英国出现了青年群体失业率比社会平均失业率要高的现象。为了解决这一问题，英国政府提供了相应的技能培训和就业指导，这是实施积极劳动力市场政策的萌芽。20世纪80年代后期，是英国实施失业福利的一个改革阶段。英国政府主要是从减少失业补贴和严格申请人资格两个方面来应对失业福利制度改革。政府部门严格考查申请人资格、减少享受补贴的时间、撤销某些津贴事项，降低了失业福利水平。同时，为了帮助失业人员求职，政府部门创设了一些基本岗位以供失业人员暂时获得工作，例如清洁城市卫生、城市基础设施建设等简单劳动岗位。②

政府为失业人员举办技能培训班，要求长期失业人员参加这种培训来提高失业人员的技能素质。英国政府在20世纪80年代提出了多项培训项目计划。例如，1983年英国政府支付11亿英镑推出的为失业的初中毕业生提供基本的技能培训，简称"YT"。20世纪90年代，英国政府进一步完善了劳动力市场。初期，英国政府推行职业资格证书的考级等级来区别技能的高低，给参加考试的人员颁发等级

---

① 周涛.英国积极的就业政策研究［D］.上海：华东师范大学，2004.
② 杨佳英.美两国再就业培训的研究［D］.福州：福建农林大学，硕士学位论文，2012.

证书。政府部门根据不同行业的技术复杂性、操作性、难易程度等综合因素划分不同行业的等级，等级越高，就代表他们的技能水平越高，职业资格鉴定机构会根据失业者的考级成绩颁发相应证书，政府部门也减少了劳动力市场开支。1985年OCED劳动力市场政策开支占国内生产总值的0.71%，而英国仅高了0.02%。1996年，OCED劳动力市场政策开支占生产总值的0.99%，而此时英国低了0.55%。当然，这种比重的下降很大程度上是由于英国经济在复苏，其失业率不断下降。英国政府注重实施职业培训，也重视公共就业服务。1990年到1991年，公共服务就业支出占国内生产总值15%，嗣后其比重逐步提高。[①]

3.3.2 税制改革

财政税收政策是20世纪以来国家采取宏观调控的重要手段之一。国家的财政收入来源于税收，政府进行宏观调控干预经济的财力源自税收，可见一个国家的税收在国民经济中的重要性。

20世纪80年代之前，英国政府在税收征收上采用了高税率，例如个人所得税的征收，最低税率为30%，而最高税率达80%。当然，高税率是英国推行福利政策的重要手段。同时，这种福利政策使某些享受福利社会补贴的人员津贴还要高于一些低收入工作者，从而严重影响了低收入工作者的工作积极性。也就是说，工作者还不如未工作者享受的福利待遇高，与其工作还不如不工作。到撒切尔夫人执政时，高度关注这种片面的高福利政策的社会弊端，倡导要降低个人所得税的税率，认为征收高税率的个人所得税会严重影响个人工作的积极性。同时，撒切尔政府倡导全社会要努力工作，打破了英国先前的"大锅饭"做法，鼓励有能力有劳动积极性的人参与竞争，多劳多得，还提倡税低兴业。撒切尔政府在执政期间不断调低个人所得税的税率，1979年将83%的最高税率调低了43个百分点，降到了40%；又将33%的最低税率降低了8个百分点，降至25%。同时，进一减少了税收的征收档次，即由先前的6个档次缩减到了2个档次，简化了原先征收的复杂性。减税直接受益的那些纳税人的收入更高，消费能力更强，这有利于刺激社会消费能力，推动经济发展。为了扶植中小私营企业的发展，英国政府减免了很多企业税收，更好地扶持中小企业的发展，增加了企业竞争力。政府还增加了增值税征收的种类和范围。英国政府每年根据经济情况也会相应调整税收政策制度，通过测算通货膨胀和失业率或国内生产总值等经济指标，从而确定是提高

---

① 梁斌.第二次世界大战以来英国劳资关系的变迁及启示［D］.天津：天津商业大学，硕士学位论文，2011.

还是降低税率、是增加还是减少税收种类等税收政策。如1899年英国面临经济萧条，政府部门为了帮助中小型企业挺过经济危机，大幅度减少了企业税收，如在汽车行业就采取过直接取消汽车行业增值税来刺激消费者对汽车的需求，从而使汽车行业重新散发了活力。在宏观层面，政府使用了相对宽松的财政政策来刺激需求，从而促进经济发展。在增值税上，政府是渐趋提高征税税率。为了刺激出口、抑制进口，也为了保护本国产品在国际上的竞争，实行出口商品退税和国外来英购物的商品也退税的政策。①

为了帮扶某些偏远地区及重振出现倒退的工业生产区域，英国政府特设了一批需要援助的重点企业和重点区域，通过减免税收、增加财政补贴等措施，帮助企业发展。对某些招商项目减免了相应税费。例如，对于重点扶持的企业，可享受免去前5年的土地税，公司所得税也能免征4年。②

3.3.3 金融制度改革

（1）证券市场改革

英国证券市场是一个自由开放的经济市场，由于第一次和第二次世界大战对证券市场的破坏，加上1929—1933年世界性经济危机，英国的证券市场可谓雪上加霜，证券市场的国际竞争力下降。为了发展证券市场，英国政府于20世纪80年代采取了一系列改革措施。1981年英国政府部门允许成员公司被非交易所成员收购29.9%的股份，这种对股份购买限制的放宽政策，使大量外资涌入英国证券市场，促进了英国证券市场的国际化水平。20世纪90年代，英国政府为了提高在欧洲的证券市场地位，进行了相应改革。为了维护证券市场的交易安全和稳定，英国政府加强了对金融市场（证券市场和期货市场）的监管力度，并且金融市场一律接受英国政府的统一监管。1991年，英国不再分别设立期货交易商及经纪商协会和证券局，而是把期货交易商及经纪商协会和证券局合并统一，设立了新的证券期货局。③1992年，英国政府为了促进证券市场的流动性和国际化，取消了以前的个人会员制度。另外，通过与国际上的大型证券市场的接轨，实现在全球范围内全日小时都可交易；开通了证券交易自动和国际报价系统，促进了证券市场的全球化。在证券交易的清算系统中，英国也做了相应的改革，为使清算更加便捷安全，英国采用了无纸化清算系统，并决定交易的清算系统采取T+3原则。英

---

① 陈彦.英国税收制度演变的宪政意义［D］.重庆：西南政法大学，硕士学位论文，2010.
② 陈炜.英国税收与社会公正［D］.济南：山东大学，博士学位论文，2012
③ 王琪琼，古雯.80年代以来英国金融体制的变革［J］.国际金融研究，2001（08）：30~35.

国政府在证券市场也给高科技企业设立了专门的平台,如新设计的创业板是为高科技企业提供融资渠道的板块。当然英国政府为了方便股民和机构了解选购这些企业信息和业绩,1999年又推出了技术板块,以便投资者更好地选购。英国为了与欧共体实行交易的一体化,力主建立了1998年欧洲最有影响力的两大证券交易所(伦敦证券交易所和法兰克福交易所)联盟。①

(2)货币市场

平行市场与贴现市场目前主要构成英国的货币市场。商业票据市场、短期资金拆借市场、短期金融工具市场以及国库券市场是英国贴现市场的主要金融市场。贴现市场的中心是贴现行,伦敦11家贴现行是英国贴现市场的中心。贴现市场是由以下金融机构构成:英格兰银行、商人银行及承兑行、贴现行、清算银行、证券经纪商号等。②伦敦贴现中心主要从事商业票据、政府短期债券、英国政府的国库券贴现。英格兰银行以间接的方式参与英国的贴现市场,英格兰银行向需要融资融券的贴现行提供资金,英格兰银行还有权利通过下面的两种方式传导货币政策:公开市场买卖票据或是规定对贴现行的放贷利率。

伴随金融市场革新,新生了各种各样的金融债券形式,也出现了不同种类的货币交易形式。尤其是其中的平行货币市场。平行货币市场出现在20世纪20年代中期,主要由大额可转让存单市场以及银行同业拆借市场组成,嗣后出现了专业的批发市场——金边证券回购市场(即金边债券借贷市场和回购协议市场)。英格兰银行不直接参与平行货币市场,它的主要职责是监督参与平行市场交易的参与者,平行货币市场不接受英格兰银行的直接贷款;平行货币市场的利率不是直接由英格兰银行决定,利率是市场本身的供求关系所决定的。贴现市场和平行货币市场的市场参与者类似,这两个市场利率相同。1996年1月,英格兰银行宣布开放英国的国债出售及回购市场,改变了此前英格兰银行中央国债办公室(CGO)直接交易的对象仅局限于国债造市商、对国内外国债投资者实行不同的税收待遇、所有国债交易必须在英国国内清算等做法。一是批准造市商可以对国债进行分拆,这利于国债回购市场。二是进一步开放国债市场,提高国债市场流动性,也降低了政府融资成本,更利于国家的短期货币市场,促进了货币政策实施。1996年12月,英格兰银行进一步开放货币市场,不再将央行公开市场操作的对象局限于传

---

① 董津佑.金融危机后英国金融监管体制改革分析[D].长春:吉林大学,硕士学位论文,2013.

② 刘西刚.欧美货币市场建设对中国的吸收与启示[D].长春:吉林大学,硕士学位论文,2007.

统的"贴现行",同时公开允许银行及经纪商的广泛参与。[①] 贴现行呈现出了多样化的经营模式,渐趋涉猎基金、证券经纪等业务领域,不再受货币市场短期拆借的局限和约束。[②]

3.3.4 教育制度改革

英国是高收入国家中的一个老牌的教育强国,也是一个致力于教育改革的国家。英国的教育改革主要是指第二次世界大战后英国政府为高等教育改革而采取的一系列措施政策。第二次世界大战后,英国高等教育改革大致经历了三个阶段:国家凯恩斯主义、市场导向的撒切尔主义、兼容官僚制的第三条道路。

（1）推行国家干预,奉行凯恩斯主义

第二次世界大战后到20世纪70年代末期,与其他资本主义国家一样,英国采用了国家干预主义——凯恩斯主义,由于自由放任政策的弊端日益明显,国家干预经济的趋势得到加强,"有调节的资本主义"得到普遍认同。在教育上,政府也推行同向政策。为了加强在教育方面的干预管理,英国政府出台了《1944年教育法》。该法律规定了教育和科学部是全国性的教育主导部门,这使中央高度享有了对教育的集中领导;明确了独立学校的相关报批手续、注册规章、接受检查须在教育和科学部的管理之下按程序实施。执政的英国工党又出台了《国家健康福利法》等法规,效仿罗斯福新政成功实施的硕果,英国政府也全面推行凯恩斯主义所主张的国家干预政策,主张要进一步加强对教育的控制和管理,深化国家在教育领域的干预和调控的力度和广度。正是由于国家在教育事业上实行全面的调整和干预,加上第二次世界大战之后英国的经济也得到了迅速恢复,使英国从第二次世界大战后到20世纪70年代这段时间里的教育也有了跨越式的发展和进步。尽管政府作为直接干预人来统筹教育的改革取得了一定的成效,但是也掩盖不了这种直接干预的本身所存在的缺陷。[③] 第一,政府并不能及时对社会上各类主体的需求作出及时而准确的判断和预测,更何况政策制定本身就存在严重的滞后性。教育和科学部作为全国性的直管主导机构,必须对全国的教育事业进行全面管理和控制,而作为一个工程量浩大、信息量庞大的工作,教育和科学部难免会在预测社会需求时存在因主观判断错误或信息收集错误而导致的决策错误。然而这种错

---

① 苏立峰.全球金融中心演进规律的实证研究［D］.上海:华东师范大学,博士学位论文,2009.
② 晏露蓉,郑航滨.英国金融发展与改革的经验吸收［J］.福建金融,2006（03）:52~56.
③ 冉旭.从英国高等教育发展看英国教育政策的演变［D］.重庆:重庆师范大学,硕士学位论文,2012.

误一旦形成之后，哪怕是被及时发现，由于信息的收集和数据的采取以及决策制定的程序的烦琐，再加上决策实施也需要一定的时间，产生的错误决策若想进行修订也是棘手的问题。第二，英国奉行的凯恩斯主义国家干预政策本身存在一定缺陷。凯恩斯主义只考虑社会总供给是如何影响国民经济发展，但忽视了社会总需求。在经济体系中，供给和需求实际是相互影响。第三，要保证国家干预政策，意味着国家须有财力保障，然而战后的英国负债累累，国内经济处于复苏阶段。要想增加财政收入须实施高税收政策，而过重的税收必然影响投资的积极性。若不能实现增税，则无法有效实施国家干预政策。显然，战后初期的英国财力不能支撑其该政策预期，要想实现福利国家的发展目标并非易事。

（2）完全市场化，采用撒切尔主义

进入20世纪70年代，伴随第一次石油危机的爆发，英国的新经济发生了极大衰退，福利制度也未能幸免。靠国家雄厚财力而实施的国家干预手段达到了福利国家的目标，从而实现全民保障、全面保障的政策期望，但是这种政策的践行使英国的财政开支增加，出现了严重的财政赤字，而英国政府为了弥补赤字不得不大量发行新国债来缓解财政问题。一味依靠发行国债来减轻政府负债，必然会降低公民的实际收入水平，而公民实际收入水平的降低又促使政府再一次发行新国债。如此恶性循环，给教育事业带来许多问题，例如致使教育质量水平下降或者造成单一的教育资源的供给或者是形成单一的教育发展渠道。1979年，撒切尔夫人担任英国首相，以撒切尔夫人为代表的政府在全国范围内开始实施撒切尔主义，也是我们常说的完全市场制。撒切尔主义的理论是基于新公共管理理论，公共机关部门是以私营部门管理理论和经济型理论为基础，公共部门不应该受国家权力机关的束缚，放弃使用福利国家用市场机制，放弃以前国家直接干预的手段转而使用间接干预的方式调控，更加强调管理私营部门的方式方法，注重公共管理部门专业化管理，注重资源的稀缺性从而更加合理地分配资源，达到资源合理配置。

尽管撒切尔主义推行的完全市场化使英国的高等教育开始向消费者需求中心的转移，改变了以前以自我为中心的高等教育模式，为此也使英国的学生能够更加灵活自由地选择适合自身的教育方式，并且在一定程度上推进了高等教育的进一步开放和发展。但是，伴随撒切尔主义不断推行，弊端也日益增多[1]。

一是撒切尔主义全面推行的教育全面化过于理想化，与英国的社会现实严重脱节。市场全面化意味着放任市场决定一切，一切以市场为中心，国家在教育上

---

[1] 李俐.英国高校教师发展研究［D］.重庆：西南大学，博士学位论文，2013.

不能做任何干预，国家不能干预调控教育的供给、需求及决定教育投资，原本教育、经济发达地区能够充分发挥市场自身调节的优势，然而对于欠发达的地区和还沿袭市场自由政策，政府不进行干预管理，这会滞后这些地区教育发展，会扩大教育的区域差异，加剧教育的不公平。若要维护教育可持续发展，政府需要直接干预教育，对教育进行适度的管制和投资，促进教育资源的合理化和公平性。

二是撒切尔主义推行的教育市场化使教育制度发生重要变化。教育改革须按市场化标准进行，学校自治管理模式要改变。教育机构的教育质量和教育评判标准按照市场化标准来设立，监督措施过于随意，这严重影响了高等教育自治。[1]

三是完全市场化意味着市场是自由竞争的，教育资源是公共资源，把它当作商品来看待，必然会浪费教育资源和降低教育质量。若放任教育作为一个商品，任其自由竞争，则教育机构获得领先优势，不惜支出寻租成本（人力、物力、财力）获取政府部门、消费者和投资者的偏好，按照追求经济利润最大化的原则来设置专业，这忽视了教育合理性和服务性，降低了教育质量。

四是撒切尔主义推行市场化，忽视了教育的公共职能，浪费了公共资源。[2]在教育领域推行市场化机制，教育投资者势必遵从市场制度下的利己原则，只关注自身利润最大化。这种教育市场化导致轻视公共价值、教育资源分配不平等、过度忽视社会价值，严重阻碍了教育发展和教育事业整体利益，加剧了教育行业恶性竞争。[3]

（3）兼容官僚制的第三条道路

1988年以后英国发生了严重通货膨胀并产生马太效应，社会经济矛盾不断加剧。布莱尔首相上任之后，针对撒切尔主义的市场化所引发的通货膨胀等严重问题提出了"第三条道路"——既不支持右翼政府的完全市场化也不支持左翼政府的完全国家干预，布莱尔政府是综合了两派做法，既强调国家要进行干预调控，又要结合市场自由竞争。这样兼顾效率和公平、权利和义务，促进了经济、教育与社会的和谐发展。当市场出现失灵时，由政府进行干预，弥补市场的盲目性、滞后性、自发性等缺点，尤其是针对教育资源分配不平等的地区，政府若能合理分配教育资源，则能促进教育资源区间转移，推进教育公平性，从而促进英国社

---

[1] 杨义萍.撒切尔政府的教育改革政策[J].西欧研究，1990（03）：55-59.
[2] 苏可.英国两党教育政策比较研究（1979—2015）[D].北京：北京外国语大学，硕士学位论文，2016.
[3] 武翠红.传统与变革：英国教育史学历史演变研究[D].南京：南京师范大学，博士学位论文，2012.

会的民主化和法治化。由于"第三条道路"政策汲取了凯恩斯主义和撒切尔主义的优点，将两者有机结合，将教育划入公共物品范围内，吸取自由主义和民主社会主义的观点，反思教育中存在的弊端，倡导教育公平、入学平等、教育现代化，使这个政策呈现出了发展优势。①一是"第三条道路"有利于促进教育公平。第三条道路的实施消除了管理主义中排斥官僚制的偏见，并且重新搭建起了在微观层面采取官僚制管理、在宏观层面上采取市场化原则。与此同时，高等教育机构接受着国家的宏观调控管理，促使了高等教育机构的管理更加规范化、标准化，且国家将高等教育机构作为一个社会上实际的竞争参与者来公平参与市场竞争，有利于高等教育资源的合理化，国家干预更能阻止教育中存在的特权主义、私利主义，更能在宏观层面提高教育质量，更好地帮助弱势群体。二是"第三条道路"有利于促进学术自由与自治。由于第三条道路吸收了市场经济中自由竞争的理念，这就能抑制政府这只"有形的手"伸得过广、过宽，为教育行业从业人员提供了更加广阔的自由竞争的空间，为教师群体提供了更多的权益保护，提升了教师群体工作积极性，也促进了学术自由化、权威化和创新化发展。②三是"第三条道路"能缓解财政在教育上的支出问题，还能提高教育质量。③由于界定了教育是准公共部门产品，因此政府除了对教育部门投入一定的财政资金外，还按照谁享用谁负担的原则，消费者主动购买这种公共服务，政府只负责在教育经费上进行部分补贴，那样就可以减少政府的财政压力。与此同时，作为花钱才能享有的资源，消费者会更加珍惜这种教育资源，更好地求知学习，更好地激发他们的学习兴趣。④

3.3.5 社会结构与中产阶级

英国反对党工党领袖米利班德说，英国中产阶级面临危机。"中产阶级"这个词类似于"中等收入"，很难下确切定义，它涵盖父母背景、教育程度、工作种类、生活方式选择等在内的家庭和文化观念和信仰。工党领袖米利班德宣布了"重建中产阶级"的计划，并在《每日电讯报》撰文说，令中产阶级保持稳定的

---

① 李俐.英国高校教师发展研究［D］.重庆：西南大学，博士学位论文，2013.
② 杨义萍.撒切尔政府的教育改革政策［J］.西欧研究，1990（03）：55~59.
③ 苏可.英国两党教育政策比较研究（1979—2015）［D］.北京：北京外国语大学，硕士学位论文，2016.
④ 冉旭.从英国高等教育发展看英国教育政策的演变［D］.重庆：重庆师范大学，硕士学位论文，2012.

白领工种已"空洞化"。米利班德所定义的中产阶级与工作和收入有关，但是具体哪些人群属于中产阶级，他讲得很模糊。英国传统的社会文化中有关注身份等级、个人家庭出身的倾向。英国传统的观念把社会划分为上层阶级、中产阶级和工人阶级，但是这种划分已经过时。英国首相卡梅伦是私校伊顿公学的毕业生，他的妻子是一位男爵的女儿，他却形容两人属于"敢于拼搏的中产阶级"的一部分。前副首相约翰·普雷斯科特（John Prescott）在1997年成为内阁大臣之前曾表示"我们都属于中产阶级"，但是10年之后他的态度似乎也是自相矛盾。《历史沿革：中产阶级历史》（Middle Class：A History）一书的作者劳伦斯·詹姆斯（Lawrence James）认为，为中产阶级下定义曾经很容易。詹姆斯说，伊丽莎白一世女王时期将中产阶级定义为"那些不是靠体力，而是靠脑力获得收入的人"。英国中世纪作家乔叟（Chaucer）在其代表作《坎特伯雷故事集》（Canterbury Tales）中说，医生、律师、职员都属于中产阶级。[①]

詹姆斯认为，在工业革命时期，由于英国扩张需要大量职员，中产阶级才获得认可。《现代英国》（Modernity Britain）一书的作者戴维·基纳斯顿（David Kynaston）认为，中产阶级在第二次世界大战后稳步增加，当时从事重工业的工人与办公室职员之间的分界非常明确。基纳斯顿指出，"一名职员也许比一名技工挣钱少，但是他仍然保有中产阶级的地位"。服务业在20世纪60年代开始追上了制造业，那个时期尤为重要，当时的保守党籍首相哈罗德·麦克米兰（Harold Macmillan）曾经提问："谁是中产阶级？他们要什么？"[②]直到20世纪80年代社会发生巨变，服务业发展将重工业甩在后面。保守党首相撒切尔夫人领导的政府大规模将政府福利房和国有公司私有化被看作是社会变革的转折点。这两项政策都是针对想要加入中产阶级的工人阶级。但是前保守党国会议员、曾在撒切尔私人办公室工作过的《泰晤士报》专栏本书马修·帕里斯（Matthew Parris）的看法不同。帕里斯认为，从某种程度上看，撒切尔政府是在跟随社会发展趋势，而不是创造了这种趋势。在审视中产阶级的时候，你不可能不关注"英国工人阶级的消亡"。他说，"从经济的角度讲，特别是马克思所说的无产阶级已经在英国消亡"。詹姆斯认为，如今人们普遍认为很多古老的评判阶级标准已经不存在了，其中之一是口音。"中产阶级子弟曾经需要学习纯正的口音，但是这已经成为过去。"今

---

① ［英］劳伦斯·詹姆斯.李春玲，杨典，译.中产阶级史［M］.北京：中国社会科学出版社，2015.

② ［英］Kynaston，David.现代英国：1957—1962 Modernity Britain 1957-1962，Bloomsbury，New York，2014.

天，一名低收入的服务业员工可能并不需要干脏活，但是这不等于他们属于中产阶级。那些代表中产阶级生活方式的陈腐指标究竟能不能准确描述中产阶级值得商榷。英国国家统计局的数字显示，2013年，英国全职员工的中等年薪是27 000英镑。有两人工作的家庭，平均总收入是40 000英镑。这样的收入无法支撑一般的中产阶级家庭消费，如开沃尔沃车或者奥迪车、去意大利托斯卡纳度假、穿伯顿牌衣服，并且经常喝普罗塞克葡萄酒（Prosecco）。剑桥大学现代英国历史学者乔·劳伦斯博士（Dr. Jon Lawrence）认为，人们平时调侃中产阶级的习惯，其实更多是指中上阶层的行为。"像滑雪等常见的中产阶级习惯，实际上最多只有10%的人从事这样的活动。有人认为，中产阶级本身也有几个阶层，如低层中产阶级、上层中产阶级，以及中层中产阶级。2013年4月，BBC与社会学家合作研究找出7个新的社会阶层，其中，最高层的是精英阶层，最底层是传统工人阶级、紧急服务工人和无工作保障的人，中间阶层包括中产阶级、技术中产阶级和新富工人。

曾经为知名智库——未来基金会（Future Foundation）撰写报告的威廉·尼尔森（William Nelson）2010年对《每日电讯报》表示，中产阶级的最佳指标是为未来积累资产，例如股票和免税的ISA存款。《卫报》专栏本书波莉·汤因比（Polly Toynbee）曾经为著书《不公正奖励》（Unjust Rewards）做过专门研究。她认为，穷人和富人都认为自身比实际情况更接近中产阶级。因此，从收入的角度来看，人们对中产阶级的定义因自身经济情况而产生倾斜。汤因比说，目前85%的英国人年薪低于40 000英镑，报纸却把对收入高于这个水准人群的征税称为"针对中产阶级的攻击"。劳伦斯博士指出，最终这是一种梦话。"人们忽略社会地位和收入，使社会阶层变得复杂，其实英国人本质上仍然生活在一个现代化的简·奥斯汀的时代，而且仍然比其他国家更对这个中产阶级概念痴迷。"试图为中产阶级下定义很可能是徒劳的。有一个阶级，其存在不直接依赖于经济体制，如律师、医生和被认为是"生活贵族"的资产阶级成员，这些"贵族"依靠他们的收入生活。

3.3.6 社会保障制度
（1）社会保障制度基本框架

英国是最早建立社会保障制度的国家，也是运用此制度较为成功的国家。英国社会保障框架的主要组成部分是社会保险制度。

社会保险制度的建立要追溯到英国1911年出台的《国民保险法》。该部法律主要是由《失业保险法》和《健康保险法》两部分组成，对失业工人如何补贴以及工人如何参保、缴费多少都有了详细规定。第二次世界大战后，英国重新出台了《国民保险法》，也是我们现在俗称的社会保险制度，它涵盖了企业退休年金、战争抚恤金、产妇津贴、工伤津贴、疾病补偿、寡妇津贴等一系列的津贴。国家为了保证社会保险制度的有效实施，设立了社会保险基金，这个基金由三个部分构成，分别是企业主缴费、劳工缴费、国家补贴。其中，国家补贴是社会保险基金的重要资金来源，大概占11.5%。[①] 参保人员按规定缴纳了参保费用后，若发生了国民保险法中规定的事项，如疾病、失业等，参保人员可依据自身缴纳水平和蒙受的损失找相关机构进行赔偿。这在很大的程度上减轻了参保人员的经济负担。[②]

英国社会保障制度的另一个重要组成部分是国民健康服务。国民健康服务通俗地理解是医疗服务体系，英国于1948年就兴办了这个体系。医疗体系是一个庞大体系，也是保障公民更好生活的服务机构。国家将财政收入的一部分投入医疗体系，例如兴建医疗机构、雇佣医疗从业人员、购置医疗器械设备、完善医疗基础配套设施等。国家所投资兴办的医疗机构服务于公民，公民免费享受这些公共医疗待遇，减轻了公民医疗开支，医疗无后顾之忧。不是所有的医疗资源都是免费，相对于公共医疗服务资源，还有作为补充的私人医疗资源，例如私人服务医生、私人护理等一些为市场上某些有特殊需求的人员提供的服务，这些私人医疗机构的设立也是要经过政府的严格审批来确保机构的合法性和安全性，当然它们的存在也迎合了市场对医疗资源的需要。

社会救济制度是由早期济贫法演变而来的，也是社会保障制度的重要部分之一。英国1948年颁布的《国民救助法》标志着单一救助制度的开始。嗣后英国不断完善社会救济制度，在1966年建立了比较完善的社会救济制度，以补助待遇取代先前的国民救助，并由政府专门成立了一个强化长期待遇的补助待遇委员会。社会救济专项金也是由政府的财政补贴来发放，被救济人员毕竟只是社会底层少部分的贫困人员，救济金的发放数额有严格规定，数额不大。社会救济制度为社会贫困人员解决了基本的生活问题，有利于缓解社会矛盾，维护社会公平。

社会保障制度的一个补充部分是社会补助制度。该补助制度适用于任何公民，也无须缴纳任何的费用。社会补助制度主要包括以下补助项目：家庭补贴、住房补贴、儿童津贴等。[③]

---

①② 邓念国.高收入国家社会保障的民营化：新制度主义的视角[D].上海：上海交通大学，博士学位论文，2008.

③ 王世恒：西方左翼政党民生理论的批判及启示[D].长春：吉林大学，博士学位论文，2015.

（2）社会保障基本特点

从上述英国社会保障制度的基本框架内容就可以看出，英国社会保障制度具有涉及群体广、保障措施多样、内容完善等特点。尤其在第二次世界大战后，英国更是大力加强社会保障制度方面的建设，使涵盖生育、病残、贫困、失业、养老等一系列的项目得以完成。此外，政府对各个项目的津贴和补助日益增多，尤其是儿童津贴。政府不断提高儿童津贴福利水平。全面覆盖的社会保障体系，使广大英国居民享受到从摇篮到坟墓的福利，广大群众在整个人生阶段都享受着英国福利。

英国社会的第二个主要特点是以英国政府为主导来保障整个制度的实施和监管。为了使社会保障制度能够普惠到全民，英国政府付出了大量财力和物力。国民补助等基金是由英国政府的财政支出来成立的。尽管企业主和劳工缴纳了一定费用，但是政府承担了大部分费用。单单从经费和财政支出就可以看到英国高度重视社会保障制度。为了促进社会保障制度实施，英国政府成立了专门部门——社会保障部。该部是管理社会保障的最高机构，不仅要制定社会保障的各项规章制度，还要负责安排如何实施，以及监督反馈实施中存在的问题。社会保障部负责的日常工作有：全民社会保障卡的发放和管理，社会保障资金的审批和发放，社会保障规章制度制定，下属部门工作人员的选定等。

（3）社会保障制度评价

英国社会保障制度在第二次世界大战后取得了重要成就，获得了英国公众好评。英国社会保障制度缓和了社会阶级矛盾，提高了公众生活水平，促进了经济发展。

首先，帮扶了弱势群体、维护了社会稳定。20世纪50年代，英国基本上消除了绝对贫困问题。按照贝弗里奇报告，所谓绝对贫困是指个人或家庭的收入难以维持其基本生存所必需的食物、房租、医务和其他杂物的最低限度开支。[1] 解决了贫困人口的基本生活问题，有利于减少社会动乱维护社会的稳定。其次，有利于维护社会公平。国家将税收转移支付给需要帮助的弱势群体，使弱势群体得到相应的补偿，尤其是对社会的高收入者实行的累进税收手段使他们的财富集聚没有那么迅速，将这些财富再分配给了贫困者，有利于减少阶层之间的差距，缩小贫富差距，实现英国福利国家所追求的公平。最后，完善的社会保障措施、稳定的社会环境，给英国经济提供了良好的发展基础。

---

[1] 邵艳梅，孙玉芹.当代英国社会保障制度及其启示［J］.经济论坛，2006（13）：119~122.

第4章　法国国民财富分配改革

法国国民财富分配涵盖经济制度、社会制度和政治制度等多个方面。其主要内容包括：所得税、财产税、社会保障税等税收制度；就业、教育、医疗、住房和社会保障制度；中产阶级政策；基尼系数水平；财产权制度等。法国政府在干预与调节国民财富分配方面积累了丰富的历史经验与教训。

4.1　形成阶段（18世纪至19世纪末）

18世纪初至19世纪末，是法国现代国民财富分配模式的萌芽形成阶段。这一时期，法国劳动就业和工资制度的改革处于初级阶段，这主要体现于阶级斗争、劳动法和一部分工资待遇等方面。税制改革主要旨在保证"社会力量"的维护和"支出管理"，体现在一些间接税。1789年法国大革命是法国税收制度的一个重要转折点，原先的税收制度被彻底废除。议会代表人民掌握了征税权，剥夺了封建当权者的征税权，规定了贵族和神职人员以及省、市、公司等的税负权责。新税制的目标是设立一个公平的税收比例。1789年的《人权宣言》提出了改革措施，主要体现在实施四项直接税——土地税、房地产税、专利（工贸）税、门窗税。在济贫制度改革中，社会救助制度逐步形成，最初由天主教等机构发起，嗣后通过第一部专门的济贫法律得以延续。19世纪的工业化革命中，出现了一些新的济贫救助形式，例如兄弟利益团体。这些团体源于自愿和有限的极贫救助活动，在1791年参与了废除旧政权。1835年，这些团体获得法律认可，于1898年在国家支持下正式建立起来。[①]

法国国民财富分配制度形成于18世纪初至19世纪末。这一时期劳动就业和工资制度、财税制度与社会保障制度都获得了一定发展。这一时期的改革处在孕育形成阶段，改革大多以失败告终，但是它们为此后的改革奠定了基础。

---

① ［法］皮埃尔·米盖尔.桂裕芳，郭华榕，译.法国史［M］.北京：中国社会科学出版社，2010：50~61.

4.1.1 劳动就业和工资制度改革

18世纪初到19世纪末法国劳动就业和工资制度的改革还处在初级阶段，主要体现在阶级斗争、劳动法和一部分工资待遇上。这一时期的阶级斗争还处在低水平，没有形成强大的劳动组织来争取自身的权利，所以大多数的罢工最后都以失败而告终，劳动阶级的福利待遇仍然没有得到较好的处理和对待。

（1）劳动就业与阶级斗争

法国大革命的重要成果之一在于促进了经济制度自由，他们的财富和技能有利于保持他们的独立性。大革命不仅废除了行会的所有制限制，还在1791年的《莱乐可夏佩利埃法案》中宣称，未来所有常见的经济活动，是否是自雇或非法雇佣工人皆得到认可。然而，实际结果是由于小企业在经济中残酷竞争加剧了贫穷化。尽管西斯蒙第很早就对自由主义展开了批判，可直到1840年，当工人阶级的苦难成为法国的一个政治问题时，法国才第一个被称为"社会主义者"的政治改革的国家。

《莱乐可夏佩利埃法案》不直接涉及当时尚不存在的工会，但对产业工人协会产生了重要影响。这一法案在1810年的刑法中得到了大幅强化，惩罚了企业家协会，尤其是对罢工工人领袖实施了严厉处罚。1834年，对里昂和巴黎工人起义及其镇压后，有关禁止组织的规定进一步收紧。自1864年刑法规定被废除，直至1884年才出台明确保障自由组织工会权益的法律。然而，这些规定仍然受制于具体情况的限制，且这些限制条件直到1927年才被彻底废除。

法国工会在19世纪末强烈地追求工团主义革命路线。1902年，地方和行业特定的工会组织联合起来，组建了"法国总工会"（CGT），其致力于生产条件的社会主义改造。第一次世界大战后，共产主义联盟（CGTU）从法国总工会（CGT）中分裂出来。与此同时，天主教工会联合会（CFTC）顺势而生。这种思想与工会运动的政治分裂状态一直持续到第五共和国时期。此外，法国工会从未成功地组织起工人运动，也很少共同发起大规模行动。工人运动在法国政治上较为薄弱，除了在短暂的人民阵线政府期间才有所显现。[1]

在经济上自由主义态度占主导地位，法国政府在国家工业安全与职业卫生政策上遇到的阻力比英国小。拿破仑一世时期曾设想通过机构来调节劳资纠纷，拿破仑三世时期工人被赋予了平等代表权和发言权。1907年，委员会提出的法律的

---

[1] 滕菲.典型国家劳动关系协调模式比较及其对中国的吸收与启示[D].沈阳：辽宁大学，硕士学位论文，2014.

首次进入了劳工法庭的初审,上诉则转到民事法庭。在这方面,法国是先行者。早在1852年就设立了就业机构。第一个儿童保护法可以追溯到1841年,尽管当时没有设立强制执行机构。1874年法律规定通过出厂检验来确保工业安全,从1892年起执行。1900年,10小时工作日成为法律。1910年,第一部劳动法律规范生效,几乎完全自由的劳动合同也开始实施。1906年,劳动部成立,出台了关于工作场所保险事故的重要法律,首次尝试将其纳入社会保障体系。[1]

尽管遭遇了来自企业主和社会主义工会的质疑,法国仍致力于规范工业作业。这种"社会连带主义"的社会政策在两个意识形态上之间持续发展:一个是敌对团体和世俗自由主义者,另一个是社会天主教的意识形态。受到1870年德国主教凯特勒的影响,在教皇庞十三世的谕令《新事物》之后,社会天主教变得日益活跃。然而,他们无法调节真正的阶级冲突,这主要是由于双方互不信任。[2]

(2)劳资关系改革

工人阶级之所以没有成功,实际上是因为缺乏强大的劳动组织。熟练工排除其他工人,形成了难以打破的特殊兄弟情谊。他们组织了工会,这种工会在实际操作中限制了环法自行车赛的巡回交易。所谓的同伴责任或自由与现代行业工会有些相似。他们的组织多为秘密性质,且有严格的仪式程序。此外,工人工会构成对大师的防守和进攻组织。他们通过互助和影响雇佣关系来保护工人,主人对工人的不满常导致工人被列入黑名单,以圆形信件方式通知其他工人。[3]因此,他们从事环法自行车赛交易等流动交易。工人工会之间的竞争,阻碍了工会有效运作。这反映了较低层次的劳动阶级尚未意识到其集体利益。不过,某些行业的工人凭借强大的组织力量崭露头角。比如,文具店工人通过组织获得了更好的生活条件,帽匠们甚至与比利时工人建立了紧密联系,早期互助社的存在也体现了他们对抗压迫的努力。

①罢工。18世纪时,临时联盟的形式比以往更加频繁,但他们反抗的意见遭到压制。发生的一些罢工事件,如1724年巴黎印刷厂的罢工,旨在阻止雇佣外国或不称职的工人,从而保护自身工资不被削减。1776年,巴黎黏合剂的罢工,旨

---

[1] [法]皮埃尔·米盖尔.桂裕芳,郭华榕译.法国史[M].北京:中国社会科学出版社,2010:230~234.

[2] 滕菲.典型国家劳动关系协调模式比较及其对中国的吸收与启示[D].沈阳:辽宁大学,硕士学位论文,2014.

[3] 姜照辉.欧洲的劳动力政策及其对我国的启示[D].济南:山东大学,博士学位论文,2012.

在减少工作时间，但是主要问题是工资问题。1724年到1725年，巴黎工匠因担心工资下降而发生骚动，但很快被镇压。路易十六在位期间，巴黎发生了一些长期性罢工。尽管如此，也未成立协会。1787年，马赛帽子行业的员工爆发了罢工。① 罢工往往以失败告终，因为他们几乎总是局限于一个工会或一个城市。

②政府态度。在18世纪，市政权力和皇家权威对工人的要求表现出特别的敌视态度。路易十六罢工期间，剪羊毛的轿车和熟练工受到严重压制。即使国家倾向于放宽有关制造业的规定，但却积极加强对人事的管理，特别是把工人与企业主捆绑在一起。1749年1月，专利特许证明确规定，未经企业主的书面同意，工人不得离职，违者将被罚款100里弗。同时，工人被禁止召开会议，所谓的"兄弟会"和"阴谋"是为了防止某些人获得新职位、离开现有岗位，或阻止某些人以任何方式挑选工人，无论这些工人是法国人还是外国人。工人的努力旨在支持制造业发展及增加产量。②

1776年，杜尔哥法令禁止了所有工人协会和行会，并赋予进步部长有权使用警察打击工人协会。1781年9月，加强了早期的限制性规定，禁止工人形成兄弟会或召开提高工资的会议。如：工人只有事先通知雇主并完成手头的工作，才能离开雇主。如果工人未获得雇主的书面解雇，他们将不可能获得新的雇主。所有部门、议会、政府和警察都被指示要反对联盟和谴责工人为"阴谋家"。对那些仅限于互助协会的工人（如内维尔陶器工人协会）也表现出极大的敌意，这些协会旨在为患病成员提供援助，帮助老年人。马赛帽商成立的互助会在1772年遭到严厉镇压，主要是由于该协会引起了政府对激进组织的担忧。③

③劳资矛盾。劳动阶级在社会旧政权中的地位并未得到确认，这一点在1789年全国会议的召集上表现得尤为明显，他们几乎没有获得参会机会。农民通过众多教区纪念碑表达他们的不满。在特鲁瓦和马赛等地，只有少数工人要求与企业主相同的待遇。特鲁瓦的工人对商人的抗议促进了当地机械和农村工业的发展。显然，1789年工人在追求自身利益时没有清晰的劳动立法改革的意识。1791年，《莱乐可夏佩利埃法案》禁止一切劳动联盟，巴黎的劳动阶级后似乎并没有表现出强烈的愤怒，他们的活动焦点几乎完全集中在争取更高工资上。劳动阶级本身

---

①②③ 法国经济财政和私营化部、社会事务和国民团结部、联合国经济与社会事务部数据资料、政府网站信息整理汇编，网址：https://www.economie.gouv.fr，https://www.un.org/development/desa/.

在当时并没有显著的存在意义。①

资本和劳动力之间的斗争并不明显，而是以模糊的形式存在。这种情况不难理解，因为当时工人相对较少，小规模行业仍占主导地位，产业集中度刚刚起步。19世纪的思想家开始关注产业组织，而18世纪则主要关注政治组织、农业问题或生产效率等问题。1789年的主要社会问题是农民问题，这是革命集会在土地问题的社会压力下必须解决的问题。②

4.1.2 税制改革

法国的税收制度从未统一过。在征收方式、基准、税率和税收的性质上始终存在多样性。1789年，税收被国家、教会和地方领主联合征收。法国大革命之后，税收对象扩展至财富和收入。现行的税收制度形成于20世纪。法国大革命时期设立的所有税种已被取消，最后一项在1974年被废除。税收的初衷是为了维护"社会力量"和"支出管理"（人权和公民，1789年），而现在的税收旨在保证高效的公共服务以及财富和收入的公平分配。③

历史上的大多数税费以实物（如硬币）或劳动（如苦差事、军事服务）的形式缴纳。后来逐渐被更方便的现金税收所取代。14世纪创建的租税是法国君主制下最古老税种，后来被拖船费替代。在旧体制下，税收的征收方式是租赁制，即国家将征税任务委托给企业家或大地主，他们先行支付税款，再向纳税人征收税款。这个系统对国家和大地主都很有利（前者可以预期收入并处理不受欢迎的税吏，后者可以通过讨价还价获得利益）。然而，这一征税方式被普遍认为是不公正且过渡性的。

当时主要的间接税包括：助手税（由国家征收的间接税，适用于饮料等产品）、陈腐税（对钢厂、烤箱和葡萄酒印刷机征收的领主税）、偶然税（教堂收取的洗礼、婚礼和葬礼等费用）、中经社税（领主对使用其土地而征收的税）、谷物税（由领主征收，纳税人需支付一定数量的谷物）、盐税（由国王征收，适用于盐的消费）、布雷税（由国王或领主征收，适用于集市和市场销售的谷物）。15世纪到18世纪，出现了三种主要的直接税：租税（创建于15世纪并使用了三个多世

---

① ［法］皮埃尔·米盖尔.桂裕芳，郭华榕，译.法国史［M］.北京：中国社会科学出版社，2010：176~185.

② 王玮.浅析法国社会保障制度［D］.外交学院，硕士学位论文，2009.

③ ［法］皮埃尔·米盖尔.桂裕芳，郭华榕，译.法国史［M］.北京：中国社会科学出版社，2010：150~156.

纪，适用于所有权、房屋、农田和非特权养殖的收入）、按人头税（创建于1695年，根据征税人的社会地位征收，但对已缴纳按人头租税的人有例外）和第十税（创建于1710年，适用于所有收入来源，如土地、房地产、年金，税率为10%。1749年，第十税被"第二十税"取代，税率降至5%）[①]。

法国大革命彻底改变了税收制度，废除了旧制度。议会代表人民，掌握了征税权。革命计划建立一个公平的税收体系，这一目标在1789年《人权与公民权宣言》中得以体现。18世纪末，设立了四种适用于财富的直接税：土地税、房地产税、专利税（工商业税）和门窗税。

整个19世纪，法国税收体系变化不大。一些源自革命时期的税种仍然存在，例如适用于专业活动的财产税（专利税，营业税的前身）以及许多间接税和"所有权"税（包括继承税和房地产购买税）。19世纪中叶，1869年引入的所得税存在争议。该税种由蒲鲁东（Proudhon）于1848年提出，并在1869年由Gambetta推广，但所得税在当时并未得到社会普遍接受。1872年开始征收房地产收入税，1876年Gambetta提出了全面收入税的建议。实质性的变化是1896年对证券交易所收入征收税款。

在1914年之前，税收主要集中在财富（如土地和遗产）及其收入上，税负不超过10%。尽管Doumer、Cavaignac、Waldeck-Rousseau等先后提出了许多改革建议，但由于存在权力对立，最后都未能成功。1917年，财务部长Joseph Caillaux利用战争的机会推动了所得税的创建。同时，1790年和1791年设立的四种税收变成了地方税，逐渐取代了所得税，成为国家的主要税收来源[②]。

4.1.3 济贫与社会保障改革

法国社会保障的起源可以追溯到中世纪。19世纪下半期，社会救助制度逐渐发展，通常由与天主教有关的企业主发起。

1789年法国大革命取代了家庭或企业（公司）主导的社会援助。在20世纪早期，这些援助为社会保障体系的建立提供了契机。19世纪的工业化革命中，出现了新的保护形式。兄弟会和基于自愿的利益团体在1791年成功地废除了旧政权。1835年，它们被法律认可。1898年，他们获得国家的鼓励，建立了社会保障制度。

---

① ［法］乔治·杜比.吕一民，等译.法国史［M］.北京：商务印书馆，2010：142~148.
② 法国经济财政和私营化部、社会事务和国民团结部、联合国经济与社会事务部数据资料、政府网站信息整理汇编，网址：https://www.economie.gouv.fr，https://www.un.org/development/desa/.

此外，还设立了地方福利制度，专门为贫困个人或家庭提供援助。①

在19世纪90年代，法国模仿德国俾斯麦的社会改革措施。1893年，法国实施了免费的医疗援助；1904年创建了儿童福利部门；1905年开始援助体弱和无法治愈的老年人。然而，基于互助会的志愿服务和社会救助的受益人口仅惠及有限的受益人群。这也正是20世纪早期尝试实施某些社会风险保险的原因。1898年，企业主在工作场所事故中的责任被认可，这使应对这一风险成为可能。对于老人，1910年设立了贸易和工业的劳工强制保险制度。1928年和1930年为员工和农民建立了疾病、生育、残疾、年老和死亡的风险的保险制度。1932年，规定由企业主支付家庭津贴。尽管在第二次世界大战前夕，法国拥有了一个比较全面的社会保障系统，但这一系统相对脆弱。②

4.1.4 社会结构与中产阶级

17世纪末至18世纪初，法国已经出现了中产阶级。历经1789年法国大革命，以及工业化和教育的发展，法国中产阶级（bourgeois）迎来了新的发展机遇，新中产阶级（middle class）快速增加，成为法国社会生活中的重要组成部分。随着社会地位的提高，法国中产阶级承袭了许多贵族阶级的道德价值观与文化精神风范，其行为特征表现为追求富有阶级的生活方式、艺术品位。③

17世纪末至19世纪中叶，法国社会各阶级的构成及其主要特点。

（1）自由职业者

律师、公证员和领主的代理人属于同一社会阶层。在第一等级中，特别是在议会城市，如Rennes或Dijon，主要由倡导者和律师组成。在Rennes（法国西北部城市），议会的律师数量达到了80名，且他们普遍富裕。尽管倡导者在整体上并不富裕，但其中一些人享有很高的声誉，在城市中占有重要地位。这也诠释了为什么像帽匠这样的商人1789年能发挥重要作用。省区的席位，主要由律师和公证员担任，几乎没有很好地履行倡导者的职责。大城市办公室公证员的收入通常超过16 000里弗（古时的法国货币单位及其银币），而在农村地区则不超过3 000里弗。④至于皇家的法官席位（范围和总管的地区）或君主的席位，在法国各地都非

---

① 王玮.浅析法国社会保障制度[D].北京：外交学院，硕士学位论文，2009.
② 根据法国经济财政和私营化部、社会事务和国民团结部、联合国经济与社会事务部数据资料、政府网站信息整理，网址：https：//www.economie.gouv.fr，https：//www.un.org/development/desa/.
③ 许荣.法国中产阶级：历史与现状[J].湖北社会科学，2004（11）：119~121.
④ [法]乔治·杜比.吕一民，等译.法国史[M].北京：商务印书馆，2010.

常常见。虽然他们中的许多人都有倡导者的头衔，但他们形成的阶级比城市议会的倡导者和律师更为贫困。①

拥有自由职业的成员比法律界的成员处于更不利的地位。在大城市里，医生能够享受舒适生活，尤其是在旧政权结束时期，他们的声望较高。例如，圣布里厄的伍兹贝格曾担任市长，后来成为立法议会副职。巴黎著名的医生，如 Vicqd Azyr、Guillotin 和 Tronchin，长期以来被混淆为商人，在18世纪中叶被视为自由职业者。当时教授阶层的社会威望相对较低。在1762年耶稣会士被驱逐后，高校掌握在教士手里。在大多数城市，拉丁语或数学教师人数不多且经济状况较差。学校教师人数较多，他们生活简朴，不被视为中产阶级。②此外，音乐、舞蹈、剑术老师也面临同样的窘境。

（2）城市资产阶级

在城市，特别是在重要的城市，许多资产阶级成员的生活水平可与"贵族生活"相提并论。然而，这个阶级中各阶层的生活条件差距很大。一些人非常富有，而另一些人只有非常微薄的资产。虽然他们的财富状况各异，但许多商人最终成为富人并选择退休，这反映了资产阶级成员的常见发展历程。另一些人则从事法律职业或拥有房地产。此外，也有许多年长的未婚妇女和寡妇。贝纳德在他的《纪念日》中宣称：当人们积累了足够的房产，确保他们的收入能达到3 000到4 000里弗时往往会选择退休。③

这类退休资产阶级的"贵族生活"构成18世纪法国社会的一个显著特点。富人家庭倾向于退休和回避工作。因此，在像圣马洛这样的城市，许多商人家庭的资产阶级过着"贵族般"的生活。然而，在英国，这种趋势几乎不存在。有钱的英国公民和绅士的儿子们会毫不犹豫地工作和从事业务。这个对比颇具趣味，尤其是在长子继承制在法国和英国都很普及的背景下。

（3）新贵族和城市贵族

在城市中，我们都能找到贵族，包括一些有财产继承的家庭。其成员经常属于新的贵族，因为这些职位赋予了他们高贵的地位。这些获得了贵族地位的人往往还担任司法职位。我们可以看到，家庭之间的竞争形成了高收入资产阶级、中

---

① ［英］劳伦斯·詹姆斯.李春玲，杨典，译.中产阶级史［M］.北京：中国社会科学出版社，2015：149~153.

② ［法］乔治·杜比.吕一民等译.法国史［M］.北京：商务印书馆，2010：115~124.

③ ［法］皮埃尔·米盖尔.桂裕芳，郭华榕，译.法国史［M］.北京：中国社会科学出版社，2010：76~81.

资产阶级和低资产阶级（如倡导者、医生、商人、工匠等）的层级结构。

在召开国家会议时，城市见证了资产阶级之间的斗争，第三阶级希望从代表大会的权利中排除那些拥有特权的个体。此外，许多中产阶级在农村拥有较多地产，如农场和乡村家庭。

（4）生活方式

大资产阶级只占人口少数，他们作为一个整体过着简约的生活。一位九十岁的资产阶级人士这样描述了小城市律师和领主代理人的生活方式。其外婆的居家生活如下：一楼有一个大房间、一个厨房、一个餐厅、一个睡房，睡房里有两张床；睡房里没有壁炉，只有一张单人床、两个衣柜和几把椅子；大厅里有接待客人的一个衣柜和几把扶手椅，房间里有一张床；二楼有一间设有两张床的房间及一间阁楼。

即使在大城市，大多数资产阶级的房子也少有窗帘和品种丰富的家具。显著的壁炉没有任何装饰，没有花瓶、瓷器或时钟。家中很少有十几套或几个银制酒杯。只有红土做的盘子和碗或粗陶器，以及一个仆人。可以肯定的是，几乎每个人都有一根亚麻绳，通常粗而大，而布料则是由乡村工匠制造的。

资产阶级家庭通常在厨房里就餐。通常一天有四餐：早餐在七点到八点之间；上午十一点或中午有一餐，由一个汤或煮牛肉组成；下午四点还有一顿午饭；晚上吃一顿烤肉和一份沙拉。当有客人时，这顿饭更为讲究，常有肉馅饼、烤肉、沙拉和一些蔬菜。

资产阶级在服装上较为奢侈，包括夏季和冬季服装。贵族或高收入资产阶级妇女能够戴顶结或颜色鲜艳丝带，穿荷叶边的裙子。公证员、外科医生或店主的妻子罕有如此穿着。

此外，资产阶级家庭给女儿的嫁妆很少超过6 000里弗。高收入资产阶级（如批发商户、金融家和律师富人）的生活方式在18世纪后半期发生了很大变化。因此，像雷恩拉瓦尔这样的城市，新住宅建成或将旧的住宅重新布置了会更舒适。房子里有沙龙和餐厅，多个房间被加热。但即使是在巴黎，贝纳德告知说中小资产阶级的生活很简单。奢侈品被限制在贵族、金融机构和大商人中。①

（5）知识文化

资产阶级，尤其是律师群体，通常有较高的知识底蕴。这一点从私人图书馆

---

① ［法］皮埃尔·米盖尔.桂裕芳，郭华榕译.法国史［M］.北京：中国社会科学出版社，2010：184~196.

的藏书情况便可以看出。例如，雷恩市图书馆的旧藏书大部分来自私人书库。这些书籍包括了18世纪的许多优秀作品，尤其是"哲学"类著作。

在法国大革命爆发后，阿瑟·杨被一些中产阶级妇女的智慧所打动。特别是Roland夫人给他留下了深刻印象，他称她为"宝藏Morveau（著名的化学家）"，因为她不仅能够与他讨论化学问题，还对他人的见解表现出极大的兴趣。在18世纪末的资产阶级社会中，像Roland夫人这样的妇女并不罕见。[①]

（6）资产阶级革命情绪

资产阶级，特别是高收入资产阶级，是一个相对的特权阶层。他们通常免于缴纳租税，且许多政府职位对他们开放。然而，自1781年法令颁布以来，许多政府职位被排除在外，特别是军队的职务。资产阶级不能担任高级行政职位，这些职位更多地由贵族享有，资产阶级的"政治自尊心"在贵族的"政治骄傲"受到伤害。

资产阶级已经接受了良好的教育。一些拥有贵族身份的人凭借出身和财富获得了国家行政职务，同时贵族则垄断了高层的行政职务。在巴黎和其他大城市，中产阶级在财富、能力和个人价值上更优于贵族。在省会城市，他们同样优于乡村贵族。资产阶级满意于自己的优越感，但他们又羞辱于被排除在高层行政职务之外。天主教的主教们通常从高等贵族中选出，而其他副高职位也被排除在外，大多数的法庭只承认贵族拥有的权利，因此，资产阶级被排除在高层神职人员外。

1789年，第三等级要求废除贵族的特权，包括公认职位及消灭庄园制。在农民坚持下，资产阶级提出了扩大资产阶级范围的计划，至少使他们在城市的第三产业得到了发展。资产阶级和农村人口都没有形成一个明确的阶级，而是被分为许多不同的类别，往往代表着对立的利益。一方面，虽然第一和第二阶层试图维护一个利益共同体，但是他们之间并没有真正团结。另一方面，非特权阶级意识到，他们都有反对特权阶级的需求，并抵制特权阶级滥用权力。下层阶级之所以对上层阶级有明确的反对原因，是因为他们真正代表了国家的利益。

贵族阶级的没落伴随着第三阶级的兴起。贵族逐步归于公众阶级，直接与高收入资产阶级接触。18世纪，只有少数第三等级人士得以晋升为贵族。在第三等级中，最活跃的是那些从事法律实践的人，因为他们不仅推动了他们的阶级利益，而且通过新思想激发了阶层的上进热情。毫无疑问，商人阶级、工商业领导人和

---

① ［英］劳伦斯·詹姆斯.李春玲，杨典，译.中产阶级史［M］.北京：中国社会科学出版社，2015：245~260.

进取的创新者反对自身的规章特权和司法特权，有助于打破旧制度。①

4.2 发展阶段（19世纪末至20世纪70年代）

19世纪末至20世纪70年代，法国国民财富分配制度经历了多项重大改革。这一历史阶段，法国财税制度、社会保障制度、教育制度、医疗制度、住房保障制度等都发生了重大变革，现代国民财富分配模式逐步在法国形成。

19世纪末至20世纪70年代，是法国国民财富分配制度的现代发展阶段。

19世纪末至第二次世界大战前，法国在教育制度和政策方面的改革主要集中在国民教育的理念上及高等教育的变革。这一时期，法国中产阶级出现了两极分化，新老阶级发展的差距拉大。在教育方面的制度和政策，1808年，法国设立了一个等级架构，集中控制国有企业与17个区域的院校，并在教育综合启蒙思想的基础上推动大学专业培训的改革。1896年，法国重塑了大学教师学院结构，增加了高校的自主权。在中产阶级发展和壮大的过程中，19世纪后出现了两极分化，新中产阶级不断增长，尤其是在20世纪20年代到20世纪30年代，而老中产阶级则相对衰落。

第二次世界大战后至20世纪80年代末，法国财税制度、社会保障制度和教育制度作了重大改革，其现代国民财富分配模式逐步形成。在税制改革上，1948年设立了营业税，1954年设立了增值税；在社会保障上，1945年10月设立了一个关于疾病、生育、老年、死亡的保障系统，1946年这一保障系统扩展覆盖了家庭人口的津贴，并将工伤纳入社会保障。第二次世界大战后，法国中产阶级快速发展，物质生活水平不断提高。20世纪40年代到70年代，法国经济蓬勃发展，新的工薪阶层的经济收入迅速增长，工资年增长率为3.5%以上。工人和高级管理人员的薪资水平差距不断缩小，由原来的4倍下降到2.7倍。②

4.2.1 社会保障改革

1945年，法国社会保障制度的目标是实现体系的统一、保障的普惠和扩大覆盖范围。合作银行取代了以前的多机构的协调网络，但当时的实施并不彻底，农

---

① ［法］皮埃尔·米盖尔.桂裕芳，郭华榕，译.法国史［M］.北京：中国社会科学出版社，2010：40~46.

② ［法］皮埃尔·米盖尔.桂裕芳，郭华榕，译.法国史［M］.北京：中国社会科学出版社，2010：60~65.

业部门保留了其特定的机构。受益于特殊安排的员工（如官员、水手、铁路工人和矿工等）拒绝接受改革安排，这使这一体系在很长的时间内带有"过渡"特征。至1945年10月，法国初步建立了一个涵盖疾病、生育、老年和死亡的社会保障系统。1946年这一社会保障系统增加了家庭津贴和工伤保障。[①]

（1）阶级斗争和劳动法

两次世界大战期间，法国经济和政治不稳定，这对工会发展十分不利。但是，1934年发生的暴力冲突促成了社会主义和共产主义工会的短暂联盟，随后的左翼政党和人民政线政府在选举中获胜。政府的社会立法产生了积极影响，使企业主和工人坐在了一起。1936年，在马提翁协议下，企业主组织了一个伞式组织，首次承认工会，表示愿意参与集体谈判协议，避免在工作场所歧视工会成员。协议还规定了工资大幅上涨、14天的带薪假期和一周40小时的工作日。还通过一项集体谈判法律，规定集体谈判协议具有约束力，可采取强制调解。

第二次世界大战爆发后不久，不稳定的政府和法国的失败阻碍了人民阵线政府的社会改革。战争结束后，劳动关系紧张，法律虽然允许自愿调解，但实际效果有限。中小企业占主导地位，数量众多，这使工会组织工作较为困难。同时，可行的集体谈判制度只出现在企业层面，而未能在一个特定行业或国家层面上推广，相关计划也未能有效地解决劳资关系问题。

1968年，法国劳动法律才出现了新的变革。戴尔马政府的社团主义政策在某些方面未能取得成功。虽然该政策大幅提高了最低工资标准，实施国家层面的集体谈判，并宣布协商和集体协议在国有企业普遍具有约束力，但成效依然有限。1982年以后，政府转向减少经济政策干预，并加强了工人在企业和整体经济中的影响。[②]

这表明阶级斗争的基本历史格局在过去几十年中发生了变化。与大多数高收入国家相比，法国工会组织的工人仅占工人总数约10%。工人利益的代表转向了左翼政党，在1968年后愈加明显。在全球化趋势下，法国政府应在劳资关系和一般社会政策中承担更多责任。

（2）家庭危机与人口增长

如上所述，法国关注的问题既不是贫困，也不是早期社会政策中心的工人问

[①] 孔子路.法国社会保障制度对法国经济的影响研究［D］.哈尔滨：哈尔滨工业大学，硕士学位论文，2012.

[②] 滕菲.典型国家劳动关系协调模式比较及其对中国的吸收与启示［D］.沈阳：辽宁大学，2014.

题，而是家庭和人口增长问题。英国将贫困问题归因为马尔萨斯所描述的下层阶级的无节制生育，法国则是面临较高的未婚率和儿童死亡率。工人阶级家庭成为社会和政治的重要议题。①

当时的社会理论以家长制家庭为理想，这使法国19世纪下半叶"家族制度"成为法国社会秩序的卓越模式。这种模式的扩散和加强，与城市下层阶级的晋升及积极努力相关，特别是企业家十分关注"社会政策"。推广家长制社会政策导致了大量典范性实验，如家庭工资、职工住宿楼以及培养家庭主妇和母亲的措施。他的学生哈尔迈勒在1891年创建了第一个庭补贴基金。

推行家庭政策需要从政治上关注人口政策。早在1896年初，由于人口停滞以及军事和政治权力的损失，这引发了对"国家联盟对法国人口下降"的关注。第一次世界大战中，法国失去了10%的男性工作人口，这一损失给法国的经济政策带来了紧迫性。②

法国企业主协会设立了一个总体的家庭补偿基金，以提供保险补偿。该基金根据不同的利率补偿给企业，并迅速在整个法国推广开来。到了1930年左右，只有7%的企业和不到一半的工人被纳入该基金。1932年，强制性国家计划通过了私人补偿基金的发展规划，并将其纳入公共授权管理，成为第二次世界大战后社会保障的新模式。此外，还建立了第一个补偿基金，推动家庭的社会运动，成立了多个组织，并呼吁发布"家庭权利宣言"（1920年），倡导家庭福利政治独立于国家利益。③政府采取了一系列有关家庭的政策措施，并建立了相应的管理机构。如1919年引入基于儿童的公共部门家庭补偿；大家庭获得税收年度补贴和国家铁路票价优惠；家庭环境中考虑所得税法（1920年，1926年）；引入生育奖金。第一次世界大战的一个后果是，国民议会决定补贴保障性住房，给予大家庭住房特殊支持。④

在1939年战争爆发前，法国政府部门颁布了"德拉彩守则"。这标志着世界上第一个综合性家庭政策立法的出现。从此，基本福利对所有阶层的家庭人口进行了标准化，并增加了一些低收入群体的福利，例如对于低收入家庭主妇的补贴

---

① ［法］乔治·杜比.吕一民，等译.法国史［M］.北京：商务印书馆，2010（10）：76~81.

② 滕菲.典型国家劳动关系协调模式比较及其对中国的吸收与启示［D］.沈阳：辽宁大学，硕士学位论文，2014.

③ 邓念国.高收入国家社会保障的民营化：新制度主义的视角［D］.上海：上海交通大学，博士学位论文，2008.

④ 王玮.浅析法国社会保障制度［D］.北京：外交学院，硕士学位论文，2009.

和最低收入保障。基金由企业主缴税支付，并由强制性和补充资金分别设立，家庭补偿资金的结构得以保持完整。战争结束后，福利家庭社会支出占比接近46%，1985年这个比例大幅下降至15%。这主要是由于家庭福利没有跟上上升的收入，以及疾病和养老的支出增长速度不成比例。这15%的比例并未包括其他配置系统和税收制度。苏珊·彼得森预计，在20世纪80年代法国社会预算的20%以上用于家庭福利，瑞典是15%，英国是11%，西德是4%。过去几十年中家庭补贴的目标发生了改变，如1968年生育占主导地位，但如今家庭政策主要转向了预防贫困。① 在整个法国社会制度中，不断增加的失业率、财政赤字以及私人生活方式的变化，都对传统的法国家庭政策提出了质疑。②

（3）支持和保障国家政策的开端

法国的西斯蒙第在其《自由经济纠纷》中分析了法国的社会问题。他在《政治经济》中批评马克思是小资产阶级分子。他的理论成为法国干涉主义思想的基础，并受中产阶级社会连带主义的影响。最初的情况与西斯蒙第时代类似。在政治上占主导地位的是"自助自由主义"概念，提倡主要通过储蓄应对生活风险。在"社会君主政体"下的拿破仑三世时期，洛伦兹将自身的希望付诸实践，推动建立了工人的储蓄和援助资金。法国的"互助会"成为工会运动的核心。矿业和铁路行业的大型企业建立了自身的基金。基于自愿会员的强势地位，这些基金对法国政府的社会保障持续产生影响，构成了补充养老的重要组成部分。③

在20世纪之交的社会自由主义阶段，法国的社会政策主要集中在如何处理工伤事故和救济穷人方面。1898年，经过13年的争论，企业主责任最终发展为新的"职业风险"责任基础。尽管这一制度并不依赖于强制性，也不涉及意外保险状态，国家只在企业主面临破产风险时通过赔偿来提供保障。同时，由于薪酬水平相对透明，民事责任的保护非常有限。只有当法院加强了受伤工人的法律地位后，相关法律才逐步发挥保护作用。

进入20世纪，世俗政府致力于将天主教会从学校制度和福利制度中剥离。1893年到1905年，法国通过了涉及免费医疗、儿童福利以及对贫困老人的支持与关怀的法律，这些法律以团结为核心概念。国家养老的目标群体受到严格限

---

① ［法］乔治·杜比.吕一民，等译.法国史［M］.北京：商务印书馆，2010：166~172.
② 邓念国.高收入国家社会保障的民营化：新制度主义的视角［D］.上海：上海交通大学，博士学位论文，2008.
③ 孔子路.法国社会保障制度对法国经济的影响研究［D］.哈尔滨：哈尔滨工业大学，硕士学位论文，2012.

制，超出这些范围的穷人依靠当地贫困救济机构、私人慈善机构的自由裁量权，以及家人的支持。因此，相较于英国，法国对解决压迫性贫困问题的措施更为严格。

关于养老保险的法律问题超出了职工养老保险讨论的范围，是一个更广泛的问题。经历了30多年的探讨后，议会首次倡议并通过了强制性保险法律，将工人和农民对残疾和年老风险的保障分开。俾斯麦的社会保障也是法国热烈讨论和争议的话题，也在探索类似的解决方案。这种保险制度只是在投资资金原则和义务方面存在问题，工人与雇主各承担一半，但并未真正达成共识。此外，最初存在的一些模糊问题导致该制度在第一次世界大战和货币贬值后以失败告终。①

1921年进行了第二次尝试，最终在1928年通过了关于社会保障的法律，1930年进行了大幅修正。法律规定，福利即时支付，一个更为有效的系统建立。然而，这一制度也引发了与法国医生之间相当大的冲突。该保险涵盖所有工业、商业和农业领域的工人，只要他们达到一定的收入门槛。②

（4）第二次世界大战后社会保障体系

第二次世界大战结束后，为了结束混乱的社会保障系统，在精力充沛的长期社会保障专家彼埃尔拉罗克的指导下，最终形成了727个社会保障基金。1944年，左派力量与戴高乐将军领导的右派流亡政府达成一致，同意按照贝弗里奇计划的原则进行社会保障改革，即在一个单一、统一的系统中覆盖整个人口，预防所有标准风险。政治争论导致该计划遭到稀释，统一组织的问题也未能成功解决。

法国为公务员、采矿业、铁路工人、某些类别的自雇人士和白领工人等设立了专项基金，并进行了详细的划分。然而，受经济原则的限制，这些最初的目标以及覆盖整个人口的目标在很大程度上被缩减。③

改革带来了重要进展：再保险覆盖了约80%的人口，在其他系统中设立了最低标准。设置这些最低标准的一个因素是，曾经的德国阿尔萨斯——洛林地区在1919年后效益成本无法平衡而关闭了其社会保障体系。与德国相比，法国的体系能够更全面地覆盖风险并进行更好地协调。改革没有在社会保障框架内创立失业保险。

现金福利水平主要取决于以前的收入以及贡献程度。系统也有最低的工资补

---

① 王玮.浅析法国社会保障制度[D].北京：外交学院，硕士学位论文，2009.
② [法]乔治·杜比.吕一民，等译.法国史[M].北京：商务印书馆，2010：235~241.
③ 孔子路：法国社会保障制度对法国经济的影响研究[D].哈尔滨：哈尔滨工业大学，硕士学位论文，2012.

偿效益；上层通常是被保险人收入的50%，最优贡献年限平均为10年（1993年为最佳25年）。

由于基本保险制度一般不足以维持一家人现有的生活水平，社会保障体系设立了强制性和自愿性补充保险。这些补充保险通常建立在集体谈判协议的基础上，强制性保险则要求所有人参加。在这一领域，互助组织（Mutualités）和盈利性保险制度均发挥了重要作用。

特殊系统涵盖所有风险（如农业基金）或仅针对特定风险，尤其是收入替代效益，通常提供良好的保障。目前，在家庭福利和疾病津贴方面，一般系统占据主导地位。

改革从贝弗里奇计划起步，最初便未将社会保障体系国有化。在集体谈判协议的基础上进行基金管理，通常企业与员工支持比例为3∶1。左翼政党反对国有化，盟军也联合试图在工会势力范围内扩大这一领域的影响力。多年来，政府一直致力于完善社会保障体系的责任制，在这一过程中取得了显著进展。①

职业意外保险和家庭津贴的费用由企业主承担，老年和疾病保险则由共同出资资助，企业主支付的份额通常大于劳工。医疗保险，尤其是成本和结构性赤字不可控增长，经常用盈余的保险资金来覆盖。此外，各保险公司的年度盈余和赤字受经济活动波动和长期成员资格的变化（按捐助者和福利金领取者的人数计算）的影响。②

平衡赤字问题是收入分配矛盾中的一个方面，主要集中在金融组织不同运营商之间的均衡。但在没有税收用于弥补赤字的情况下，富裕阶级承担了主要的直接税负和社会保险费。只有达到一定的临界水平，社会保障才能在一定的程度上最大地缩小收入差距。

社会保障行政当局通过集体谈判的代表，表明无法解决出现的结构性赤字问题。失业率不断上升，对养老保险的要求越来越高，这得益于更容易提前退休的政策。同时，医疗保险费用不断上升，导致福利水平的调整。结果是，在国民经济框架内，财政赤字逐渐积累，政府不得不采取更为积极的干预措施。因此，在不危及法国经济自由化的过程中，作为一个必要的步骤，政府与劳动和利益没有冲突，扩大了融资基础。1983年伊始，对特别税（对毒品、烈性酒等）和健康保

---

① ［法］乔治·杜比.吕一民等译.法国史［M］.北京：商务印书馆，2010：5~9.
② 孔子路.法国社会保障制度对法国经济的影响研究［D］.哈尔滨：哈尔滨工业大学，硕士学位论文，2012.

险税不再设置上限。1991年，洛卡社会主义政府推出了"社会保障税"，对所有形式的收入征税。从那时起，该税种增加了几倍税收，发挥了一定的收入再分配效应。然而，随后的保守党政府改变了所得税法，削弱了再分配的效果，导致政府政策遭到反对，特别是在公共部门，类似于1995年"朱佩计划"案例。

关于失业保险（Assedic）。1958年，一项国家层面的集体谈判协议建立了，涵盖了每个保险人的义务，并于1967年扩展至私营部门的自雇人士。失业保险的管理和资助由双方集体谈判负责，从原有的社会保障组织中独立出来。在持续时间和范围方面，其提供的福利水平明显低于德国失业保险所提供的福利水平。①

1988年伊始，法国设立了一项特别福利，旨在帮助25岁以上的失业者。这是一种特殊的社会救助，帮助受益人通过参与特定的社会措施重返劳动力市场。然而，由于法国不具备积极的劳动力市场政策的基础设施，这项措施取得的成效不大，类似于英国，企业在补贴之外雇佣年轻人就业也面临诸多困难。②

总体而言，法国的收入分配制度呈现出多层次有组织的职业群体特征，同时具有综合性和选择性。按照国际标准，家庭的需求得到了特别关注，发达的幼儿制度也发挥了作用。然而，法国仍缺乏公民社会权利的"终极保障网"③。

4.2.2 教育改革

在法国大革命之前，旧政权下的教育体系以教会为基础，主要由宗教团体主导。法国大革命期间提出建立一个覆盖全体国民的国家教育体系。该国民教育的首要目标是建立民族团结意识和保障平等。不同的计划和建议在具体的细节上有所不同，在不稳定的几年里几乎没有付诸实践，直到罗伯斯庇尔的秋季均衡国民教育计划占主导地位。④

拿破仑采纳了国民教育的基本理念。他主要关注于高等教育。1808年，法国创建了一个等级式教育结构，集中控制国有企业与十七个区域的院校，同时明确了大学预科和大学教育的任务，推动了基于教育综合启蒙思想的大学专业培训改革。1896年，法国重塑了大学教师学院结构。⑤

---

① 孔子路.法国社会保障制度对法国经济的影响研究［D］.哈尔滨：哈尔滨工业大学，硕士学位论文，2012.
② ［法］乔治·杜比，吕一民，等译：法国史［M］.北京：商务印书馆，2010：120~131.
③ 王玮.浅析法国社会保障制度［D］.北京：外交学院，硕士学位论文，2009.
④ 王薇.法国教师职前培养中的教育实习研究［D］.重庆：西南大学，硕士学位论文，2016.
⑤ 易然.法国高等教育改革的哲学推动研究［D］.重庆：西南大学，博士学位论文，2015.

第二次世界大战后，法国政府致力于克服结构性式教育产生的问题。标准化的学校引入了小学教育。从1930年到1975年，高等教育的参与度增长了12倍，社会阶级结构也在教育发展中发生了变化。20世纪80年代后，区域化使教育系统在某些地区出现了竞争力下降，70%左右的适龄人群倾向于获得更高的文凭。①

20世纪80年代以来，年轻人的失业率始终很高，尤其是非技术工人的失业率。与英国相比，法国缺乏传统的基于企业的职业培训，试图通过建立新的职业教育学校体系来弥补这个不足。1988年引入最低收入补贴帮助失业者获得就业资质，尤其侧重于帮助年轻失业者。②

4.2.3　税制改革

第二次世界大战后，法国的税收制度历经现代化和适应改革。所得税被调整，旧的捐助被废除。1948年创建了营业税，1959年进行了改革。1954年创建的增值税成为一项重要的技术创新，被很多国家借鉴采纳。同时，法国的税收制度在全球化背景下也存在一些争议，如移居国外引发的逃税问题。③

4.2.4　社会结构与中产阶级

19世纪后，法国中产阶级出现了两极分化。20世纪20年代到20世纪30年代，新兴中产阶级增长迅速，而老的中产阶级相对衰落。经历了第一次和第二次世界大战后，法国中产阶级繁荣发展，物质生活水平不断提高。20世纪40年代到70年代，法国经济蓬勃发展，工薪阶层经济收入迅速增长，工资年增长率为3.5%。工人和高级管理人员的薪资水平差距不断缩小，由原来的4倍下降到2.7倍。④法国其他阶层间的收入差距也在不断缩小。工薪阶层中的一些上层和中层人数迅速增加。20世纪70年代法国劳动人口的相关分析显示，工人数量在减少，20世纪60年代末占劳动人口的比例是40%，而21世纪时只占30%。因此，法国很流行阶级消亡论。⑤

---

① 赵冉.21世纪法国中等职业教育课程改革研究［D］.成都：四川外国语大学，硕士学位论文，2013.
② ［法］乔治·杜比.吕一民，等译.法国史［M］.北京：商务印书馆，2010：290~301.
③ 法国经济财政和私营化部、社会事务和国民团结部、联合国经济与社会事务部数据资料、政府网站信息整理汇编，网址：https：//www.economie.gouv.fr，https：//www.un.org/development/desa/.
④ ［法］乔治·杜比.吕一民，等译.法国史［M］.北京：商务印书馆，2010：314~318.
⑤ 许荣.法国中产阶级：历史与现状［J］.湖北社会科学，2004（11）：119~121.

4.3 成熟阶段（20世纪80年代至今）

20世纪80年代至今，法国现代国民财富分配模式和政策不断发展完善，渐进走向成熟。与此同时，法国政府部门致力于财富分配制度持续创新，积极推进劳动就业和工资制度改革，促进税收负担分配，创新融资方式。这些政策措施促进了法国公平分配制度的发展。①

4.3.1 劳动就业与工资制度改革

20世纪80年代以来，法国失业率超过了12%，失业问题日益严重，使法国政府面临严峻挑战。为了解决就业问题，法国政府从20世纪90年代起推行了一系列刺激经济增长和促进就业的措施。经长期努力，法国的失业率到21世纪初下降至约8%。②

（1）2008年国际金融危机前的就业制度改革

第一，促进就业措施。20世纪90年代以来法国政府推行了一系列促进就业的措施，主要体现在以下几个方面：

一是鼓励创业。法国政府希望通过创业来带动就业。他们认为通过创业来解决就业问题是一个非常不错的措施，为此，法国政府采取了各种优惠政策来鼓励和引导失业者创业。

二是给予创业优惠。法国政府规定失业者创办新企业则在税收上有优惠。如创办的工商企业在前两年可以享受免征所得税的待遇，同时从第3年到第5年可以分别减收3/4、1/2和1/4的所得税。同时，21世纪初的政策规定，创业者若在创业以前的收入低于最低工资标准，可以获得失业创业补贴。③

三是降低创业的门槛。2002年法国政府将注册企业的资金降为1欧元，同时创业者可以将自身的办公场所设在家里，这大幅度降低了失业者的创业成本，促进了个人和小集体创业。一年后，法国出台了相关法律，进一步完善了创业的环境和企业管理制度，推动了各种小企业的创办，在一定程度上解决了法国部分失业者的就业问题。

四是拓宽创业融资的渠道。失业者在创办企业的初期普遍面临资金困难。为

---

① 法国经济财政和私营化部、社会事务和国民团结部、联合国经济与社会事务部数据资料、政府网站信息整理汇编，网址：https：//www.economie.gouv.fr，https：//www.un.org/development/desa/.
② 罗忠贵，徐文德.法国促进就业措施及启示[J].金融经济，2009（08）：44~45.
③ 姜照辉.欧洲的劳动力政策及其对我国的启示[D].济南：山东大学，博士学位论文，2012.

解决小企业融资难问题，法国政府提供了多项政策优惠补贴，但仍无法解决一部分企业的融资问题。因此，法国政府又采取了一些措施进一步拓宽创业融资渠道，如提供无担保的信用贷款、租赁式贷款以及储蓄存款等，这些措施在解决创业者的融资问题上发挥了重要作用。

五是加强创业指导。为帮助失业者创业，法国政府成立"国家创业委员会"，专门为创业者提供帮助和建议，如帮助创业者修改和规划各种方案并进行跟踪指导等。同时，一些成功的企业还帮助新创办的企业，提供技术上和资金上的帮助。

在各种创业措施的鼓励支持下，法国掀起了创业热潮。据统计，2004年法国新成立的公司有22万家左右，比2003年增长了近13%，2006年达到23万家，比2005年增长近4%。[①]到2007年，法国已经完成了新创百万企业的目标，这在很大程度上缓解了法国就业问题。[②]

第二，根据不同的群体具体解决就业问题。

在青年就业方面。法国的青年在就业市场中所占的比例较高达1/4，面临严峻的就业形势。为了解决青年人的就业问题，法国政府通过了一些法案和规则来促进青年就业。20世纪70年代，法国政府规定16~25岁的就业者必须参加就业培训并给予培训补贴。90年代通过了《青年就业法案》，要求各级政府和部门给失业者提供一定的岗位，上岗的青年者可以享受最低工资制度的保护，同时就业青年者还可以享受4/5的工资补贴。这个法案促进了青年者就业，为法国的青年者提供了30多万个岗位。[③④]

在高龄就业方面，法国高龄就业率在欧盟国家中始终比较低，这主要是由法国的一些退休政策和老年人就业市场所造成的。为了提高高龄就业率，法国政府推行了新的政策，实施了新的退休法，退休的年龄推迟到63岁，比以前推迟了3岁。同时，加大宣传，改变市场对高龄就业者的看法并实施相关的高龄就业法律，推进高龄者就业。法国政府致力于将高龄就业率提高到50%。

在残疾人就业方面。法国政府始终重视残疾人就业，出台了很多促进残疾

---

① 费景汉和J.拉尼斯.劳动剩余经济的发展——理论与政策[M].北京：经济科学出版社，1992.

②④ 滕菲.典型国家劳动关系协调模式比较及其对中国的吸收与启示[D].沈阳：辽宁大学，硕士学位论文，2014.

③ 宁越敏.新城市化进程——90年代中国城市化动力机制和特点探讨[J].地理学报，1998（05）：88~95.

人就业的措施。20世纪80年代法国出台残疾人就业保障法并规定20人以上的企业必须雇佣3/50的残疾员工，否则企业则须每年为每个缺额交纳2万法郎的税金。①21世纪初，法国又出台促进残疾人就业的法案，这些措施都在一定程度上保障了残疾人就业。

第三，充分挖掘企业创造就业潜力。②

一是扶持中小企业发展。扶持中小企业的发展是解决就业难题的重要手段之一。中小企业的门槛较低，成本较低等优势都给创业带来了便利，也给就业带来了空间。法国政府通过各种激励措施和减免税费等来减轻中小企业的负担，以及给予中小企业在雇用专业和科技人才方面的补贴等促进中小企业吸纳更多的就业者。同时，法国政府还进一步给予中小企业金融支持，为中小企业成立发展银行并提供相应的担保业务，减轻中小企业的风险，促进中小企业的发展。

二是缩短法定工时。20世纪80年代以来，法国历届政府都希望减少法定工作时间进而促进就业岗位的增加。20世纪90年代，有关法规把法定工时减至每周35小时左右，比80年代减少了5小时。据不完全统计，这一法定工时的缩短使大部分的私营部门的就业岗位增加了30万个，占这一时期新的就业岗位的9/50。③

第四，实施劳动市场弹性化策略。④法国对本国企业的就业保护程度很高，这在一定程度上抑制了法国企业招工积极性，导致一些企业离开本土去其他国家招工，这严重影响了法国劳动力市场的就业状况。为缓解这一问题，21世纪法国通过了新的就业法案，规定新雇佣的员工有2年的试用期，在这期间企业可以解雇劳工。被解雇的员工有领取失业补贴和保险金等权利。这一法案给了企业较大的灵活性，促进了劳动力市场的弹性，使企业可以积极地去招工。法国还制定了规范就业市场的法律来进一步提高劳动力市场的弹性。⑤

具体措施包括：增强和完善国家的就业服务联系，了解企业招工的难题，成立专门的小组帮助其解决；为就业者提供优惠的工资领取方式，如用支票支付职工的薪资，在家政服务中使用"用工信用卡"。

（2）2008年国际金融危机后的就业制度改革

2008年国际金融危机后，法国经济出现衰退，失业率不断上升，财政面临诸

---

① 王信东，赵安顺.试析农村城镇化的动力机制[J].工业技术经济，2000（06）：51~53.
②③ 罗忠贵，徐文德.法国促进就业措施及启示[J].金融经济，2009（08）：44~45.
④ 姜照辉.欧洲的劳动力政策及其对我国的启示[D].济南：山东大学，博士学位论文，2012.
⑤ 许学强，薛凤旋，阎小培.中国乡村——城市转型与协调发展[M].北京：科学出版社，1998.

多困难。为了降低失业率，解决失业问题，法国政府从自2009年起采取了刺激就业的措施，主要体现在以下几个方面：[①]

第一，改革职业培训。职业培训改革主要从职业培训的质量、培训的费用、培训的方向及以往培训经历的有效性等方面进行，法国政府设定了以下目标：一是发展和加强中小企业职工职业培训；二是更准确和有效地收集求职者和企业信息，指导求职者和企业更好地选择或决策；三是针对求职者的具体情况，引导他们进入劳动力市场；四是规范劳动力市场的秩序，使求职者和企业能够以低成本获得最佳利益。

第二，设立新的职业中心。2009年，法国政府将设立新的职业中学，以加强求职者和企业之间的联系，促进就业服务。这些职业中心简化了求职者求职的程序，加强和完善了相关服务，扩大了职业中心网点，增加了职业中心的专职人员。新的职业中心根据求职者的具体需要制订特别的计划，全面改革就业服务并对求职者进行跟进服务。新职业中心有利于求职者和企业，能够帮助求职者就业。

第三，完善援助劳动合同政策。为了促进就业和鼓励更多的企业招工，法国政府出台了多部法律。这些法律也称为"援助工作合同"，即企业给求职者提供的岗位可以享受到政府的优惠和补贴。援助合同政策在2008年给法国带来了23万个职位。为了提供更多的就业岗位，法国政府在2009年完善了援助合同政策。新政策包括：一是加大援助合同的补贴；二是定位求职者的方向和就业后带来的发展潜力；三是对困难行业的企业给予指导；四是密切援助合同政策和职业培训间的联系，让援助合同的受益者继续接受职业培训；五是增强劳动力市场的弹性化。新的援助合同政策预计将增加30多万个职位。

法国政府实施的一系列就业措施推动了就业增长，帮助解决了大量失业者的就业问题，促进了社会经济发展。

4.3.2　税制改革

20世纪70年代初以来，法国税收负担水平演变分为三个不同的阶段。首先，20世纪70年代至80年代，税率从34%上升到42%。随后，这一税率稳定在42%左右，直到20世纪90年代初期，1999年税率达到了44.9%的历史高度。此后，法国政府的税率略有下降，降到了GDP的43%或44%。

在过去几十年中，三个主要部门之间税收负担的分配发生了显著变化。分配

[①] 彭峰.法国就业政策新动向[J].社会观察，2009（02）：22.

给国家的份额呈下降趋势，分配给社会保障机构和地方政府的份额增长了。社会保障税率较高，主要是由于社会支出总体呈上升趋势，尤其是养老保险制度和医疗保险制度支出更高。法国养老金支出占GDP比例从1981年的11%提高到2007年的13%，医疗卫生支出占GDP比例从1981年的6%提高到2006年的10%。

表4-1　　　　　法国社会保障基金资金来源类型与支出　　　　（单位：%）

类型/年份	1978年	1991年	2007年	2014年
捐赠占比	97	95	72	63.5
税收占比	3	5	28	36.5
其中社会贡献CSG	—	2	19	16.1

在这种情况下，社会保障管理局的资金结构越来越依赖税收，而不是社会捐助。特别是新征收的税种，如一般的社会贡献（CSG）和社会债务偿还贡献（CRDS），用于资助社会保障行政部门。中央政府利用酒精和烟草消费税的收入来资助社会保障部门，这在一定程度上抵消了社会贡献的减少。

4.3.3　金融制度改革

法国金融制度改革包括银行体系和金融市场体系两个方面。

法国的银行业起步得较早，发展迅速，18世纪初形成了高度发达的信贷业务，新建了多家银行。伴随法国经济的不断发展，银行体系也渐趋完善，国有银行和私人银行都获得了较大发展。同时，国有银行效率相对较低，竞争力较弱。法国政府减少行政干预，不断提升国有银行竞争力。20世纪90年代以来，银行体系推行渐进改革，形成了包括商业银行、国有银行、私有银行、互助合作银行及其他各类金融机构的全面银行体系。[①]

20世纪70年代前，法国金融体制严重缺乏竞争力，金融市场缺乏活力。20世纪80年代后，法国实施金融自由化，这种革命性改变，推动了法国金融市场的发展，同时促进了股票、期货、期权、大额定期存单与市场化证券品种等金融工具的发展，特别是货币法的推行，促进发展了开放式基金。20世纪90年代，法国建立了全国性的证券市场。[②] 直接融资方式成为法国企业筹集资金的重要来源之一，促进完善了法国金融市场和金融体系。表4-2反映了法国20世纪70年代到90

[①] 吴国庆.战后法国政治史［M］.北京：社会科学文献出版社，2004.

[②] 白钦先，常海中.法国金融制度：由非典型的银行主导型向市场主导型演进［J］.金融论坛，2005（06）：48~54，63.

年代非金融企业融资来源，表4-3反映了法国1987—1994年股票的发行量和收购数量。

表4-2　　　　　　　　　　1970—1994年法国净资金　　　　　　（单位：百亿法郎）

类别 年份	内部筹资	银行信贷	债券	股票	贸易信用	资本转让	其他	统计调整
1970—1974年	61	36	3	7	−1	1.1	−0.4	−6
1975—1979年	67	32	2	9	−4	2.2	−2	−7
1980—1984年	66	37	0.4	6	−4	2	−4	−4
1985—1989年	85	30	1.4	7	−3	4	−22	−2.3
1990—1994年	92	23	6	2	−3.4	7	−25	−1.4

资料来源：（1）詹金森.融资行业，1970—1989：国际比较［R］.1994.
（2）科巴姆·塞儿.法国的金融体系［J］.曼彻斯特学校，2000.

表4-3　　　　　　　法国股票发行和收购的原始数据　　　　　　（单位：百亿法郎）

年份	1987年	1988年	1989年	1990年	1991年	1992年	1993年	1994年
发行额	15.6	15.6	21.9	22.1	24.1	23.6	21.2	24.6
收购金额	14.6	15.2	19.7	36.1	18.9	24.5	12.2	17.3

资料来源：科巴姆.塞儿.法国的金融体系［J］.曼彻斯特学校，2000.

表4-4　　　法国非金融企业融资来源（国有大型公用事业部门企业除外）　　　（单位：%）

年份	净资金来源占实物投资的百分比			
	1970—1977年	1978—1984年	1985—1989年	1990—1994年
股票	7	8	7	2
购买OPCVM所发行证券前的净融资	7	8	7.4	9

资料来源：科巴姆.塞儿.法国的金融体系［J］.曼彻斯特学校，2000.

从表中的数据可以看出，1970—1994年法国企业融资结构发生了变化。从表4-2可以看出，1970—1984年，内部筹资较1985—1994年所占比例小，主要是因为当时石油危机和薪资水平的上升导致公司的利润降低，内部资金不足。同时，1970—1984年，银行信贷在净资金来源中所占的比重相对较大，这是因为这一时期政府鼓励企业向银行贷款并且贷款利率低，因此这一时期法国企业融资结构中间接融资要大于直接融资。其次，1985—1994年，法国企业融资结构进行了诸多创新，推动了企业融资的发展。20世纪80年代，法国金融自由化推动金融市场走向国际，吸引了国际资本，增强了金融市场的活力和竞争力，促进了金融市场的国际化。在这一时期，银行借款利率上升，企业利润增加，导致银行信贷比例下降，内部筹资的比例上升，同时直接融资的比例有所提高。

法国的融资结构从非典型银行主导型向市场主导型转变是一个量变过程。法国企业、银行和金融市场存在结构性关联。银行和企业的关系决定了一个国家金融制度是市场主导型还是银行主导型。在日本，企业自有资本率很低[1]，形成了对银行的高度依赖。日本银行持有公司的股权，公司也持有银行的股权，这种银企关系是日本的一大特色。德国与日本相似，企业对银行依赖程度高。德国法律允许银行持有不超过银行资本价值的企业股份。[2] 尽管法国被认为是银行主导型的国家，但长期以来企业对银行的依赖程度较低，银行和企业的关系并不是很密切，银行参与企业的活动也很少。[3] 法国不是一个真正意义上的银行主导型金融制度国家。[4]

在市场主导型国家中，企业管理层是负责运行管理，实行董事会这种内部治理制度和企业控制权市场这种外部治理制度的有机结合。在内外双重治理下，实现股东利益最大化。[5] 在银行主导型国家，并非将股东的利益放在首位，而是综合权衡所有利益相关者的利益。

伴随经济全球化和金融全球化，法国不断开放资本市场，积极吸引外资。企业管理层以股东利益最大化为经营目标。[6] 外资的持续进入使法国由非典型的银行主导型国家向市场主导型国家转变。

法国的直接融资主要是股票融资。根据法国融资结构和企业、银行和市场的金融关系来看，银行信贷利率的上升和国际资本的引进，推动了法国由非典型银行主导型金融制度向市场主导型金融制度转变。同时，要从历史演进来分析一国的金融制度，而不是局限于短期分析。

---

[1] 20世纪70年代，日本企业的自由资金率仅为17.6%，而同期联邦德国为31.7%，美国为53.14%（白钦先，1989）.

[2] 白钦先.比较银行学[M].郑州：河南人民出版社，1989.

[3] Cobham D, Serre J M. A characterization of the French financial system [J]. The Manchester School, 2000, 68 (1): 44~67.

[4] 法国经济财政和私营化部、社会事务和国民团结部、联合国经济与社会事务部数据资料、政府网站信息整理汇编，网址：https://www.economie.gouv.fr, https://www.un.org/development/desa/.

[5] Allen.F.比较金融系统[M].北京：中国人民大学出版社，2002.

[6] Boyer R, Calingaert M, Posen A. Who's the Comeback Kid？[J]. International Economy, 2003, 17 (4): 8~17.

4.3.4 社会保障制度

进入21世纪，法国居民的社会排斥感随人口增长显著增加。根据生活条件研究观察中心的一项调查，25~29岁的人群中，1/3面临社会保障的困难（失业一年以上或失业期间依靠最低社会救助）。2007年10月，新当选的法国总统萨科齐宣布组织多方协商会议，致力于推动融合政策的转变。2008年5月，针对恢复就业的多方协商强调了就业安置系统的必要性。[①]

针对社会排斥所实施的各种措施，如特定的收入补助津贴（RMI）、单亲补贴（API）和分配残疾成人（AAH），被批评为可能助长失业和贫困的工作排斥和不稳定性。政府部门指出，在经历一段时间失业后，重新就业的收益往往被社会福利的减少所抵消，从而导致门槛效应，产生不活动陷阱的情况。

2007年11月，格勒纳勒就业安置项目成立了。经过6个月谈判，社会合作伙伴重新审视了整个系统。这积极促进了主动团结收入（RSA）项目的实施，旨在帮助贫困人口在恢复就业时补偿部分社会福利损失，并提供额外收入。[②]

4.3.5 教育改革

（1）教育体制的历史和社会参数

第一，教育发展的基石。法国教育体制受到1789年法国大革命的影响，后者奠定了其教育理论基础。然而，教育制度直到19世纪第三共和国时才建立起来。法国大革命发起人并未使用金融的手段去改革其教育制度。拿破仑政权时期，为了培养国家精英人才，政府十分强调教育的重要性，尤其重视中小学教育。

第一次世界大战后，法国尝试创建统一的学校系统。第二次世界大战后，这些努力获得了新进展。1945—1959年，政府提出了多项学校改革提案，但在议会未获得多数支持。在第五共和国之后，中学改革逐步取得了实效。1975年，保守派提出了新教育法案，建立了一个不同级别学校组织系统的框架，其核心是面向所有年轻人的非选择性中学，提供基本的中等教育。在这一框架确立后，高中教育网状系统涵盖了普通教育、技术和职业教育等不同类型。嗣后，这一框架又做了多项细节修改。[③]

---

① 邓念国.高收入国家社会保障的民营化：新制度主义的视角[D].上海：上海交通大学，博士学位论文，2008.
② 孔子路.法国社会保障制度对法国经济的影响研究[D].哈尔滨：哈尔滨工业大学，硕士学位论文，2012.
③ 易然.法国高等教育改革的哲学推动研究[D].重庆：西南大学，博士学位论文，2015.

第二，1990年以来的教育改革。20世纪90年代以来，中学教育改革在法国社会评价中存在争议。有人视其为教育改革的突破，认为它克服了不同社会背景下教育的阶级鸿沟；而有人批评这只是局部改革，不是彻底的教育改革，并没有解决根本性问题。教育失败与社会地理的错位相关：移民聚居区的学校面临暴力倾向、消极情绪和社会歧视等矛盾，这些问题长期未得到解决。从20世纪80年代开始，学校积极解决这些问题，创建了"教育优先领域"[①]。这已成为一个特别行动，学校改革的目标是提高教育水平，不再引入新的移民隔离措施。1989年7月10日，法国通过了新教育法。1989年7月14日，宣布国家教育的优先事项为：在年底相应年龄群体的入学水平达到80%以上。这种教育的"民主化"也影响了教师专业化：统一了教师类别，创建了教师培训学院（IUFM），提升了培训水平。20世纪80年代和90年代，特权检查员在委员会中拥有了更广泛的社会支持。[②]

20世纪90年代，教育改革支持者尝试改变课程设置。小学外语教学中引入了更多的"欧洲化"教育。2005年的关于教育改革的定位法案强化了机会平等的目标，继续贯彻1789年以来法国社会的三个指导原则。该法案设定了50%以上的大学毕业率的目标，打击学校暴力事件，将"尊重的共和国"价值观作为重要的教育目标。该法案还强调要促进移民家庭儿童和青少年的社会融入。2013年7月关于教育改革的新定位法明确强调了"尊重共和国"的价值观，突出了人权理念。

第三，教育体制的政治、经济和文化框架。与许多欧洲高收入国家类似，法国大部分人口居住在城市。在这些大都市的郊区，移民比例较高。法国移民形态独特：作为一个老殖民大国，1/3的移民人口实际上是法国移民海外的后裔。鉴于该国严格的移民政策，新移民数量在过去30年中趋于稳定。2004年，第一代移民占法国人口增长的8.1%，主要来自南欧（葡萄牙、西班牙、意大利）；而后，更多移民则来自马格里布和撒哈拉沙漠以南。约60%移民集中在三个地区：巴黎郊区的工业区、马赛、里昂，通常被视为教育的优先发展区域。2005年移民郊区的骚乱将公众的目光集中到了这个问题。陷入困境的郊区困扰了共和国的精英价值观，使教育被赋予了更深的象征性意义，成为实现更高社会地位的一种手段。这背后的逻辑是，每个人都可以通过社会教育系统来争取更高的社会地位。事实上，法国社会学家已多次证明，学校的社会机制不仅与现有社会条件的复制一致，还

---

① 许荣.法国中产阶级：历史与现状［J］.湖北社会科学，2004（11）：119~121.
② 王宇昊.法国高等教育改革分析及对中国高等教育改革的启示［D］.成都：四川外国语大学，硕士学位论文，2015.

与其互补。①

在法国民族集体意识中，教育被赋予了显著的价值。这一价值观根植于法国民族文化的使命感，其历史可以追溯到文化启蒙时代。事实上，这一理念具有普遍的意义："理性的光辉"应平等地照耀每个人，不应给予区分。这种文化自觉与法国语言、文学和哲学有着密切的联系。语言教育作为民族文化的一种表现，尤其是在法国语言和文学在学校考试中的重要性的问题上，受到公众广泛讨论。

值得关注的是，学校在法国学生心中具有不可替代的价值。比较研究表明，与德国学校学生相比，法国学生对自己的学校更加满意。学生在学校的地位甚至仅次于他们的父母，这体现在众多家长协会的宗旨和理念之中。如果学生在学校的学习条件不理想，则可能会引发地方甚至全国范围的学校罢工。②

在这样的逻辑中，法国教师通常扮演着重要的社会角色。尽管老师是公务员编制，他们仍有权继续罢工，这种罢工的意愿和强大的工会组织是他们的职业身份的重要特征。虽然不同教师群体之间的人群尽管存在差别并偶尔发生冲突，但他们在职业上仍有很多相似之处。接受高质量教育的群体在社会上享有较高的声望，教师职业已成为一个属于中产阶级的职业，为向上流动的工薪阶层的父母及其子女提供了额外收入。薪资水平提高了10%~20%。20世纪90年代，教师人数显著增加。2008年后，法国的高出生率在欧盟中名列前茅，但是新任教师人数大幅下降，这对教育发展带来负面的影响。2012年，新任教师数量持续下降。2013年提出新计划预计到2017年教师将增加6万名新教师。2012年以来的教育政策的变化反映了政策的调整。尽管当时的法国经济紧缩计划旨在应对欧洲的金融危机，但政府仍努力将教师人数维持在较高的水平。③

（2）教育制度的组织和治理

自19世纪末现代法语学校成立以来，其基本原则与国家理念始终紧密连接：教育是义务的、免费的和世俗的，即意识形态上是中性的。这些原则中，唯有"政教分离"理念屡次被质疑，但最终被证明了其有效性。"政教分离"被视为实现共同国民道德的一种世俗化过程，反映了天主教保守势力对年轻共和派思想基础的影响。世俗化并不是反对宗教本身，而是允许宗教存在于私人领域，允许在学校外开展宗教教育。

---

①③ 易然.法国高等教育改革的哲学推动研究［D］.重庆：西南大学，博士学位论文，2015.
② 王宇昊.法国高等教育改革分析及对中国高等教育改革的启示［D］.成都：四川外国语大学，硕士学位论文，2015.

法国学校教育的中心目标是从学前教育开始，面向所有孩子，无论他们是法国人还是外国人。义务教育这一共同基础体现在2005年的教育法中。共同教育包括：学习法语，学习外语、数学、自然科学和技术的关键要素，运用信息和通信技术，学习人文学科，培养社会技能和公民能力以及个人自主性和主动性。

为了实现这些目标，2005年教育法强化了1989年教育法案中的教育政策。在2002年做到80%的人口应完成中等教育（即完成12年教育）。在那个时间点，这意味着增加了一倍的学校毕业生。通过这些计划，我们可以看到法国教育政策的目标与日本或美国类似。尽管这个目标尚未完全达到，且中学生毕业率自2000年以来有所停滞，但多数保守政府仍设定了较高的毕业率目标，致力于实现高水平的大学录取率（达到人口的50%）。[1]

"中学教育"作为一个"国家目标"在法国获得了政治共识，独立于政党的政治方向。这一目标需要更准确地界定。一方面，80%的目标是指学生通过大学入学资格的比例，但也要考虑到未能通过资格考试的学生人数。另一方面，目标还包括学生在技术或职业考试中的表现，使通过考试的潜在人数增加到总人数的一半。因此，80%的目标并不限于普通教育考试的结果。[2]

20世纪60年代以来，法国教育系统日趋开放与国际化，与魁北克、德国及柏林墙倒塌后的其他中东欧国家之间开展了广泛的交流项目。1981年，法国的部分小学、大学和公立中学已提供双语课程。1996年后，三年级学生开始学习外语。法国发起了博洛尼亚进程，2004年成为第一个实现该进程的国家。此外，法国的交流项目十分活跃，超过10%的学生来自国外。法国在国际组织中发挥着关键作用，如经合组织、联合国教科文组织、欧洲委员会，这些组织促进了教育研究活动和政策改革。

教育制度的法律基础始于1958年法国宪法，它赋予全体公民接受教育和职业培训的权利。根据1789年教会赋予的传统教育习惯，学校教学必须设有教堂，各级学校教育活动须是有组织的，大多由国家控制。

法国政府在教育组织管理中的作用十分重要。约80%的学校由国家直接管理，在区域层面设有政府代表和巡视员。除了公立学校，大约有20%（主要是天主教）的私立学校不平衡地分布在各个地区（例如，布列塔尼高达40%）。政府拥

---

[1] 王宇昊.法国高等教育改革分析及对中国高等教育改革的启示[D].成都：四川外国语大学，硕士学位论文，2015.

[2] 许荣.法国中产阶级：历史与现状[J].湖北社会科学，2004（11）：119~121.

有监督考试和颁发学位证书的垄断权力。职业教育机构和普通教育机构毕业生要接受国家考试。①

政府财政是学校的主要资金来源。教育部的预算被视为"外部学校事务",但教育部的预算是全国最大的教育支出项目。1985年以来,地方的财政对教育的贡献有所增加,教育部的贡献相应减少,家庭支出中也减少了免费服务和奖学金的支出。相比之下,2006年教育设施的支出增加了,教育总费用达6.8%,占国内生产总值的7.5%。②每年平均的学生人均支出为:幼儿/小学达4 990~7 140欧元;二级部门为8 790欧元;高等教育为9 220欧元。在高等教育上存在显著差异:大学生的平均支出为7 720欧元。2004年以来,该项支出整体呈下降趋势,但就中小学而言,仍然高于德国的支出水平。

教育制度中,公共教育与私立教育的关系较为稳定。除公立学校之外,约20%的学校为私立学校。对私立教育的争论在19世纪末已经结束。私立学校教师须遵循国际规定,接受公开课程并接受国家检验,且须具备与公立学校教师相同的资格。

在中学阶段,私立教育十分活跃,这些学校被戏称为"学士学位工厂"。私立高等教育机构被视为公共高等专业学院的补充或替代。尽管如此,国家仍保留对期末考试和认证的垄断权。2005—2006年,13.8%的学生就读于私人教育机构。相比之下,十年前,超过20%的学生就读于私立中学,只有不到6%的学生就读于私立大学。③

(3)教育体系结构

学校组织的时代特征。法国教育模式遍布了整个国家,国内没有法式教育之外的其他类型学校。然而,基于古老的世俗传统,孩子们每周有一天的自由时间,允许他们在校外参加宗教课程。随着年长学生学习负担的增加,这一自由时间逐渐缩减为一个下午,并为学生提供午餐设施。

全日制教育促使教育和学科任务的分化。在非教学个体化学习过程中,学校设立了教育督导组,这一支持小组显著减轻了教师的课外负担,这些课外任务通常是教师培训中的附加要求。

A.学前教育部门。法国学前教育设施的发展带来了社会正效应。这一教育政

---

① 易然.法国高等教育改革的哲学推动研究[D].重庆:西南大学,博士学位论文,2015.
②③ 王宇昊.法国高等教育改革分析及对中国高等教育改革的启示[D].成都:四川外国语大学,硕士学位论文,2015.

策促进了社会和家庭的教育普惠。实际上，法国女性的劳动参与和教育水平较高，居于欧洲首位。法国政府在20世纪90年代设立了普通教师培训机构。①

以学校为基础的学前教育基本结构显示，它有适用于4岁儿童的结构化课程。这些课程引导儿童从自由游戏过渡到结构化活动，学习掌握独立学习的技能，培养了孩子在心理、社会和知识方面的全方位发展。

学前教育的课程重点是培养儿童的语言和社会技能，特别是那些在社会和经济上的弱势儿童。官方文件强调，要促进人才培育，资助贫困家庭家庭。社会调查表明，这些方面还存在显著不足。

B.初级部门。学习周期的分类不仅是为了改善学前和小学之间的衔接，还允许按学习周期分类，使小学学生能够自主决定学习进度。这种方式可以持续3年，还可以视情况再延长2年。弹性的学习进度安排为学生奠定了更加坚实的学习基础。②

C.小学教育的主要任务是教授孩子读写。最终的文盲率相对较高，且下降速度较慢。2008年修订了课程，教育重心重新回到基础教学，强调提高学校的教学质量。课程主题之一是母语教育，每周安排10小时（在第一个学习周期是8小时）；数学素养课程，每周安排5小时，覆盖两个学习周期。基础学习包括一门新学科"公民基础教育"，它涵盖体育、外语和艺术/音乐，每周共9小时，其中1/3的时间分配给体育，1/6的时间分配给外语。每周有4.5小时分配给其他科目。教学时间集中于学科基础课程，以帮助"后进"学生。人文教育理念上，在艺术与历史、地理、公民道德教育等领域强调了主体性，在政治文化事务中展现了多样的社会审美观。学校在自然科学课和外语教学中强调欧洲文化要素，从一年级进行语言教授。在小学课程中，语文教学不仅培养欧洲语言意识，在小学毕业时学生的外语成绩要达到欧洲理事会的A1级别，这已经成为语言教学的普遍要求。③

课程名称涵盖七个技能领域。2005年法国现代通识教育法案规定，小学教育应完成相应的教学内容要点，并为这些教育标准制定了一个教学框架。④其中必修课包括：

·掌握法语；

---

① 易然.法国高等教育改革的哲学推动研究［D］.重庆：西南大学，博士学位论文，2015.

②④ 刘爱华.法国小学阶段公民教育实施背景及途径研究［D］.兰州：西北师范大学，硕士学位论文，2013.

③ 刘志英.社会保障与贫富差距研究——典型国家的实践与中国的政策主张［D］.武汉：武汉大学，博士学位论文，2004.

- 学习一种现代外语（首选欧洲语言）；
- 数学、自然科学、技术关键课程；
- 基础性通信技术；
- 人文知识；
- 社会技能和公民基本知识；
- 培育个人自主性与主动性。

显然，以上这些教育的基本框架不可避免地带有时代的局限性。

D.中等教育方面。大学课程分为四个阶段（年级）和三个周期。第一个周期涵盖6年级和高考学年，旨在衔接小学和中学教育（包括主题课程和专业教师）。在这一周期的结构转型称为"适应周期"。接下来的两年（7年级和8年级）被称为"中央周期"，这一阶段没有特殊功能。第9年级是最后i阶段的大学课程，成为"方向循环"，学生们要在这一阶段决定他们未来的教育计划，为国家统一考试和获取毕业文凭做准备。

低水平的中学教育没有分化的问题。教育支持者提出了基于学生成绩和兴趣且符合英国、德国综合学校的差异化模式的教育系统。1975年，政府推出的普通中等教育预示着今后将消除差异化，唯一的例外是为成绩较差的学生增加3小时的法语和数学学习时间。①

大学第一外语的选择存在分化问题。大学生可以在英语、西班牙语和德语之间自由选择第一外语。德语是比较难学的语言，选择德语作为第一外语的学生主要来自上层中产阶级，其父母更重视学业表现。学校课程通常会根据所选外语语种而有所区别，社会地位较高的家庭的孩子常常聚集在这些班级中。第一外语的选择成为一种社会选择机制，其中德语承担了过去拉丁语的角色。20世纪90年代，学校管理层将来自不同类别的第一外语教学班级的学生进行组合，旨在消除社会分化，取得了不同程度的成功。

20世纪90年代，8年级存在外部的差异化，形成了中学教育的不同模式。学习较差的学生有机会脱离普通中学教育系统，进入专门班级，准备进入职业技术教育学校。这类学校比普通中学教育水平低，因此从20世纪80年代逐渐淘汰。相较于在结构分化的基础上创建的科尔、GE等独立系统，不如在普通教育学校中创建差异化的课程，为学习较差的学生提供更实用的课程，以帮助他们获得较低水

---

① 赵冉.21世纪法国中等职业教育课程改革研究［D］.成都：四川外国语大学，硕士学位论文，2013.

平的中等教育证书。20世纪80年代中等教育改革的主要目标是提高中等教育参与率,尤其是在最后一年,力争使80%的适龄学生参与其中。教育政策的调整取得了一定成就,实现了增加初中文凭数量的目标。此外,引进职业教育BAC(法国中学毕业会考证书),有助于挖掘人才储备,以实现更高的发展目标。①

E.特殊学校方面。针对身体残疾及弱智儿童的特殊教育需求,有多种解决方案。这些孩子可能被安排到"正常"班,或组成特殊班级,或集中在专门的"特殊学校"。20世纪90年代中期,约1.3%的小学生在特殊教育学校就读(约423万名小学生中约有5.6万名在特殊学校学习)。卫生部负责管理部分特殊学校。

在大学的特殊教育部分,早期设立了特殊教育部分,主要目标是帮助孩子们掌握基本的手工作业。这些孩子大多数来自小学阶段的特殊教育项目。②

F.高中教育方面。高中学历的主要结构特征逐渐分化为学术教育和技术学术教育或普通技术学士学位。这使学生能够独立选择自己的教育模式,并有权自由进入大学以及报考其他形式的高等教育。③

1975年之前,已经存在不同的教育模式。到这次改革之前,高中教育的社会影响力主要依赖于数学教学。随着在分层普通高中教育中排除"数学帝国主义",教育模式的数量减少到3种学术模式。至20世纪90年代,高中教育教学框架中的主要课程包括:

学术类课程:

L:语言和文学;ES:经济和社会科学;S:数学和自然科学。

技术类课程:STI:工业部门科学与技术;STL:实验科学和技术;STSS:医疗和社会服务部门科学和技术;STG:管理中的科学和技术;TMD:音乐和舞蹈。

旅游产业类课程:STAV:农业科学和技术。

从以上排列中可以看出,法国的教育体系使用了一个更广泛的概念,涵盖管理和艺术。在最后提到的三个部门,绝大多数的学生是女生,这导致技术型人才中女生占了大多数,2007年这一比例达到了66%。④

为了避免学生过早地进入专业化阶段,法国在1992年实施了高中教育改革。

---

①③ 赵冉.21世纪法国中等职业教育课程改革研究[D].成都:四川外国语大学,硕士学位论文,2013.

② 刘爱华.法国小学阶段公民教育实施背景及途径研究[D].兰州:西北师范大学,硕士学位论文,2013.

④ Cobham D,Serre J M. A characterization of the French financial system[J]. The Manchester School,2000,68(1):44~67.

这一改革旨在长期保持本科教学的开放性。10年级之前，学生没有被分配到特定的学术培养方向：学术培养方向的学生和技术培养方向的学生之间没有做明确区分。选修课为学生未来学业提供了探索的机会。10年级末期，学生须选择是学术培养方向抑或技术培养方向，或者需要"重新定位"到职业学校或学徒。[①]

为了平行地减少本科的培养方向数量，选修课也变得更灵活。同时，一个涵盖所有普通教育必修科目的基础框架也基本建立，学生可以选择其他选修课。该系统在一些高中教育科目上存在一定的刻板性。即使到今天，该系统在法国教育界仍存在争议。

自20世纪80年代中期伊始，除了学术和技术本科的培养方向外，还有另一个培养方向——全科目的高中毕业会考。政府教育部门推广后，该培养方向的学生不断增长。2012年，在法国高中毕业生中，每100名学生中有48名选择了学术方向，20名选择了技术方向，32名选择了职业方向。约80%的12年级学生对通过高中毕业会考充满信心。在高中毕业生中，约一半人实际上拥有双重资格：不仅有进入大学的资格，还具备职业技能教育的资格。

G.职业教育方面。除了技术学士学位外，法国教育系统还提供两种其他形式的职业教育和培训：高职院校的职业高中教育和为期两年的公司学徒制，分别颁发CAP文凭（针对特定行业）或BEP文凭（适用于更广泛的职业选择）。如果学生未完成中学教育，3年后获得的学位证书将不再有意义。另一种职业资格是结合理论教学和实践经验的"三明治"式课程。2007年，所有职业教育和培训参与者中，只有28%的学徒参与了结合理论指导的实践课程，而相应年龄组中只有10%的学生选择了学徒方式。2011年，参与相应年龄组的学徒的比例不超过5.3%。[②]

H.高等教育方面。法国高等教育组织具有特别的形式。所有的本科大学都是开放的，大多数不收学费，也不组织统一的入学考试。但有些高等教育机构，如精英大学、大学校和理工类的学校则需要参加入学考试。正式的IUT（技术学院）和STS（高级技术专科班）也存在，但由于附属于上级学校，它们不是独立的高等教育机构，也没有独立产权的高等教育设施。

（4）学校行政管理改革

在普通教育领域，法国教育系统承认两个教育层次的过渡：低层次的中学教育和各种类型的本科教育。"布莱卫"属于全国性的考试，涵盖9年级的学校成绩

---

①② 赵冉.21世纪法国中等职业教育课程改革研究［D］.成都：四川外国语大学，硕士学位论文，2013.

及中央组织的核心科目的外部考试。2005年教育法案引入"共同支柱"以来,"布莱卫"也用于评估学生是否达到了最低标准。教育改革后,证书增加了行为和纪律功能的标志,旨在治理学校暴力。同时,最终成绩中包括对工作经验的评价,以增加学习较差学生获得文凭的机会。证书提供了激励机制,特别奖可作为申请奖学金的基础。文凭本身并不能保证学生进入10年级,学生进入高等教育可通过不同的程序,其中9年级的学科教师发挥着关键作用。

法国高中毕业会考是决定个人教育资格的主要手段,它贯穿整个教育体系。历史上,中世纪大学的学生需通过语法、修辞和辩证法等三门课程。法国高中毕业会考被视为第一个大学学位,但早期的法国大学已进行过研究准备,这也解释了该考试在中学教育职责中的特殊性。作为第一个大学学位,该考试在大学机构监督下进行,是一个国家级考试。[①]

学校行政的特殊问题处理。虚拟纳入中学教育的整体年龄组无疑提高了人口平均受教育水平,但也带来了一系列问题。这主要是由于中学课程的灵活性。现在,必须考虑到小学的新生群体。如前所述,在社会现实生活中,富裕家庭能够使其子弟避免就读于"贫民窟"学校,而无力购买"学区房"的贫困家庭则无力做到。通过选修课和外语教学,学校试图吸引"优秀"学生。贫困地区的学校被高收入家庭所抛弃或忽视。在这样的社会环境中,通常是工薪阶层的子弟被迫选择位于城市郊区的那些具有逃学较多或校园暴力强倾向的学校。尽管政府部门通过创造教育优先领域并动员更多资金来解决这些问题,但依然暴露出学校面临的困难。2005年的一项研究揭露了"学校种族隔离"的情况,表明现有的措施尚不能完全消除校园中的种族歧视。[②]

(5)教育创新

关于学区和确定学校设施结合问题存在长期的激烈争论。萨科齐政府决定将儿童送到他们居住区的学校。相关研究表明,这种政策显著降低了社会多样性,只有社会特权家庭——无论是通过他们的教育标准还是经济资源——能够减轻这一义务。奥朗德的社会党政府计划强制实施学区划分法,但由于这一问题充满争议,实际行动并未取得进展。

2013年萨科齐时代结束后,为教师培训设立的IUFMS(教师培训学院)实际

[①] 王薇.法国教师职前培养中的教育实习研究[D].重庆:西南大学,硕士学位论文,2016.
[②] 赵冉.21世纪法国中等职业教育课程改革研究[D].成都:四川外国语大学,硕士学位论文,2013.

上被取消了。同时，硕士研究生阶段的新教师招聘考试被推迟，原先的试用期支付被取消，以一系列无偿工作安置取而代之。2013—2014年，建立了新的重点高等学校综合教育体系。新的大学教师培训课程聚焦于共同的教学研究，旨在为教育系统所有专业领域树立一个共同的专业文化核心。①

重建了教师培训方式。在硕士阶段的第二年，学生须支付公务员费用（虽然仅相当于半个月工资）。在两年的课程中，实用培训和资金支持将再次增加（定期培训期的1/3将得到补偿）。这些措施旨在吸引来自各个社会层面的教学候选人。

通过这种新教师培训方法，政府希望增加教师数量，计划在2012年到2017年任命6万名教师。原计划中可能出现的公务员岗位损失被重新审视。在社会多样性强的领域，新目标是"更多的教师"。

在过去几年里，关于小学及其每周日程安排的公众讨论日益增加。发展心理学家提醒人们关注学生所面临的压力，旅游行业及公共交通管理人员也参与了这一讨论。2008年政府部门决定小学生应每周上学4天（星期三除外）。这使法国儿童在所有经合组织国家中上学天数最少。2013年9月起，小学生每周上学9个半天。星期三早上上课意味着其他上学日可提前45分钟结束。②

---

① 刘志英.社会保障与贫富差距研究——典型国家的实践与中国的政策主张[D].武汉：武汉大学，博士论文，2004.

② 王薇.法国教师职前培养中的教育实习研究[D].重庆：西南大学，硕士学位论文，2016.

第5章　瑞典国民财富分配改革

瑞典是欧洲福利国家中的典型代表。瑞典经济发达、人民生活水平高、社会和谐稳定，人均国内生产总值排名常居世界前列，是欧盟成员国，在联合国开发计划署的人类发展指数中通常名列前茅。瑞典构建了多种社会福利制度，追求财富平等，具有鲜明的社会自由主义倾向。在瑞典经济社会发展过程中，可贵之处是实现了其他国家难以做到的经济发展和社会公平的平衡，在保证经济发展的同时，充分实现了社会公平。财富分配制度在调节国内利益关系方面发挥了关键作用。

按照艾斯平—安德森的"三分法"，福利资本主义分为三种模式："自由主义"福利体制、"保守主义"福利体制和"社会民主主义"福利体制。在这三种福利模式中，受到普遍欢迎的是"社会民主主义"福利体制，它的福利给付是定额式的，也是非商品化程度最高、给付慷慨的一种福利模式。实行这一模式的主要目标是能够把国家建设得如一个团结互助的大家庭，国家中的不同阶层、不同群体都享有平等的权利。通过把社会收入中很高比例的一部分以税收的方式征收起来，用于各种公共设施的建设，缩小公民之间的社会收入差距。属于这种福利模式的国家很少，但瑞典是其中之一。①

瑞典是一个经济高度高收入国家，20世纪成为一个高福利国家。瑞典经济发展水平较高，社会保障制度比较完善，医疗卫生体系也非常发达，这在很大程度上要归功于它在战争中保持了中立，未参加第二次世界大战。第二次世界大战后，瑞典社会福利制度不断完善，社会福利项目涉及广泛。瑞典以高税收、高福利的分配制度吸引着全球各国居民。根据联合国发展规划署测算，其社会发展指数长期名列世界前茅，被人们称赞为"人间天堂"。

瑞典是通过高额的税收来实现福利资金的保障，税收是重要的再分配手段，所以瑞典被称为高税收高福利的国家。政府主要通过税收制度对国民财富进行再分配，缩小贫富差距，在促进经济发展的同时保证社会的稳定。瑞典针对居民个人的税种较多，如个人收入所得税、遗产税、利息税、证券投资税、房产交易税、

---

① 陈维佳.瑞典福利国家改革研究［D］.武汉：华中科技大学，博士学位论文，2011.

增值税，以及企业主个人缴纳的企业所得税。每年的4月到6月，瑞典人要主动向税务局申报全年所有收入。

瑞典财富分配制度从18世纪初至今始终处于变革之中，经历了形成阶段、发展阶段和成熟阶段。18世纪初至19世纪末是瑞典财富分配制度的萌芽阶段，特别是在1860—1910年这一阶段，瑞典从停滞的农村社会转变为有活力的工业社会。当时农业农村发展迅速，渐趋从低效的公社村庄转变到更高效的私人农田基础的农业。在这个时期，农业对体力劳动的需求更少，许多人去了城市，直接推动了瑞典城市化进程，十分有利于国民经济发展。1850—1890年，100多万瑞典人移民美国（瑞典裔美利坚人，Swedish American）。这一时期的大量移民，对于瑞典国民经济发展发挥了重要作用。他们中的许多人回到瑞典，带回了美国的先进生产与管理技术，促进加速了瑞典的现代化进程。

19世纪末，瑞典出现了自由主义的反对派，废除了贸易和制造业行会垄断，探索了自由化的企业征税，实施了选举投票制度改革。当时的3个主要党派包括：社会民主主义政党（瑞典社会民主党，Swedish Social Democratic Party，成立于1889年）、自由主义政党和保守主义政党。

20世纪90年代后，瑞典的福利国家模式面临挑战。在世界性经济危机背景下，瑞典深受经济危机影响，经济萧条带来各种社会问题。尤其是严重的失业问题。同时，经济萧条导致国家税收减少，而需要救助者和贫困者增加，瑞典社会保障制度也出现了问题，进入了"福利国家危机"时代。以上问题影响了瑞典政治稳定，"社会民主党"领导地位受到挑战，政治上的一致性渐趋动摇。

此后，瑞典财富分配制度进入了成熟阶段。瑞典政府在这一阶段的政策特征是社会福利优先，兼顾经济效率，致力于建立一种科学合理的财富分配制度。

瑞典财富分配制度以高福利为特征，从它建立发展到成熟，有效促进了社会公平，有效缩小了各阶级收入差距。联合国等国际组织认为，瑞典是世界上贫富差距最小的国家之一，基尼系数长期稳定在0.25左右，已经构建成稳定的橄榄型社会结构。[①]

同时，瑞典高福利政策增加了财政负担，高福利、高税收造成经济增长动力不足，高福利和高额边际所得税阻碍了劳动者的工作积极性。面对高福利带来的社会矛盾，瑞典政府总结经验，创新推动瑞典财富分配改革。

瑞典财富分配制度使本国的人民享受高福利，生活水平高，同时也遇到一些

---

① 联合国教科文组织.世界人文发展调查报告，2015.

问题。这些问题没有改变瑞典关于福利的社会共识，政府制定实施了一系列调节机制和政策。在财富分配调节中，政府发挥着决定性作用。政府可以通过制度创新促进公平，缩小收入贫富差距，维护普通劳动者获得最大利益，协调不同群体的利益关系，保持合理的基尼系数，实现社会的和谐稳定。如果政府向垄断者群体做政策倾斜，则势必损害普通劳动者利益，不利于协调社会利益。政府干预是瑞典财富分配制度的主导调节方式。单一的市场机制对实现利益平衡的作用较为有限，而政府这只"无形的手"却具有突出作用。瑞典政府充分发挥其职能，通过福利政策来进行调控。瑞典社会福利政策在改革中日趋完善，政府将廉洁因子融入分配调节的各个环节：初次分配中减少政府寻租、规范市场秩序、完善劳资协调机制、提供公平的分配环境和相对合理的劳动薪酬；再分配中通过完善社会保障、税收制度的征管制度，以及完善法律制度、维护分配正义。

5.1　形成阶段（18世纪初至19世纪末）

18世纪初至19世纪末，瑞典从农村社会转变为工业社会。这一历史时期也是瑞典社会福利制度的形成阶段。[①]

5.1.1　劳动就业和工资制度改革

19世纪50年代前，瑞典经济不发达，国民经济主要以农业生产为主。1850年，瑞典开始了一个新变革时代：蒸汽机投入使用，大力发展铁路建设，推进技术更新。工业经济发展初期，瑞典国民经济有了较大发展，同时也伴随各种社会矛盾。瑞典在经济发展和技术创新方面遇到了瓶颈，由于在经济发展时缺乏一些条件，影响了产业发展速度。政府为实现经济跨越式的发展，积极构建发展条件。瑞典拥有丰富的铁矿、森林和水利等优势条件，在19世纪90年代，依靠这些自然资源条件，瑞典发展壮大机械工业，由此带动了出口贸易。瑞典这一阶段经济增长的主要来源是出口贸易。[②]

伴随工业产业的高速发展，工厂雇佣关系出现新的变化。瑞典的正式雇佣劳动关系是在这一时期渐趋形成的。在工业化初期，企业的生产专业化程度还非常

[①] 殷蕾.瑞典收入分配制度中的利益平衡问题研究［D］.石家庄：河北师范大学，博士学位论文，2013.

[②] 刘凤义，胡春玲.瑞典共享型劳资关系的形成、演变与绩效分析［J］.教学与研究，2011（11）：55~63.

低,工人的技术基础薄弱,很多工人同时拥有工人和农民两种身份,在这样特定的条件下,行业在组织活动的时候就会比较困难,例如人员分布范围太广,不容易集中,导致工人的团结性差等。在雇佣劳动关系中,企业占据主导,工人处于不利地位,没有发言权和决定权,他们的工作环境差,工作时间长,能够得到的工资却非常少,基本的生活得不到保障。人民生活苦不堪言,社会秩序不稳定。到了19世纪80年代初期,工业生产有了新的发展,出现了新行业、新技术,更多的新兴企业渐趋建立起来,行业工会组织在瑞典也顺势而生。1889年,新的政党——社会民主工人党在瑞典成立,他们制定了运动纲领,指明自身与其他政党的不同,他们致力于促进工人阶级的社会解放,改变资本主义的经济形式,努力实现工人的物质和精神文化需求。①

1890年,瑞典开始了第二阶段的工业化变革,出现了许多新技术应用。如电力技术和内燃机方便了人们出行,提高了交通运输效率,促进了城市建设。城市进步拉动经济增长的作用十分明显。这一阶段的工业化充分提高了工业生产效率,工业产品附加值有了明显提高,出现了一批大工业企业,企业有了金融意识,尝试与银行开展合作。这次变革为瑞典提供了实现充分就业的更多机会。1912年,瑞典企业的在职工人比1872年约增长了7倍,这些工人主要集中于大中型企业,据统计有2/3以上的工人工作的企业,其职工总人数在100人以上。瑞典工业化的一个引致问题是扩大了社会贫富差距,加深了人们收入分配的不平等。在马克思主义和社会主义思潮影响下,工人站起来维护自身的权益,要求提高工资,减少财富分配差距。②

1902年,瑞典工会发起了大规模维权运动。为了防止暴乱,反对工人运动,瑞典成立了企业主联合会(SAF)和冶金行业企业主协会(VF)。经协商,双方在1906年11月达成协议,签订了劳资集体协议。实际上这只是双方的缓兵之策,瑞典资产阶级表面上接受了劳资集体协议,却没有付诸行动。此后,双方就转变了策略,企业主承认了工会联合会的部分诉求,同时要求工会保证企业主拥有录用、解雇工人的自由权和分配工作的领导权。这个劳资协议后来被称为"12月妥协",成为瑞典劳资关系发展史上的一个里程碑。它以集体的力量为支撑,在一定程度上能够克服个人契约的弱小性,为解决劳资矛盾扫清了障碍,这也是瑞典建立劳

---

① 刘风义,胡春玲.瑞典共享型劳资关系的形成、演变与绩效分析[J].教学与研究,2011(11):55~63.
② 高锋.瑞典处理劳资矛盾和工资问题的启示[J].当代世界与社会主义,2011(01):75~79.

资集体协议制度的肇始事件。瑞典政府还推动设立劳资纠纷法庭，促进解决劳资纠纷的规范化、程序化。

19世纪末20世纪初，垄断资本主义兴起，瑞典的劳动雇佣关系矛盾愈加突出。工会为了争取自身利益，开始有组织团结起来，与企业主进行激烈斗争。斗争内容包括多个方面，如工资、工作条件、工人罢工权利和工会谈判权利等。资产阶级不愿意接受这些条件，就以各种理由推脱，拒绝和工会进行公平公正谈判，阻挠工人成立工会，这阻碍了工人获得更多合法权益，导致更多罢工行为。[①] 针对工人罢工，资产阶级或者雇人破坏，或者关闭工厂，或者迫使工人失业以消除工会组织权利，这都导致劳资关系恶化。

瑞典政府对劳资冲突没有明确表态。瑞典政府试图通过法律来阻挠工人罢工。1899年，瑞典政府颁布了一项法案，规定无论自身是否上班，都不能阻止其他人去上班，否则会被判"有罪"。这项法案的正式施行，成为工人正常上班的保障，但这只是暂时的，它没有解决瑞典国内劳资冲突的根本问题，后来引发了不少争端。20世纪初，瑞典劳资冲突达到了顶峰。[②] 1909年，瑞典罢工达到高潮，发生了欧洲当时规模最大的一次劳资冲突，共有30万工人参加大罢工，罢工延续了3个多月。

瑞典这一时期的劳资矛盾突出，但经济发展受到的消极影响较为有限，经济反而有了很大增长。这主要是由于瑞典国家现行的经济制度以及资本主义发展。1866—1910年，北欧国家经济增长速度在高收入国家经济体中排名第一，瑞典经济增速又居北欧国家前列，瑞典按当年价格计算的国内生产总值增长了250%以上，随后是丹麦和挪威，分别增长了2倍和1.5倍。1870—1913年，瑞典的人均国内生产总值增长率为1.46%，同期欧洲平均水平仅为1.33%。[③] 经济增长速度提高，并没有带来工人生活水平和社会地位的改善，劳工组织和政党仍然受到资本的控制。

5.1.2 财税制度改革

瑞典经济快速发展有赖于完善的税收制度。瑞典模式以纳税人资助为基础，

---

① 殷蕾.瑞典收入分配制度中的利益平衡问题研究［D］.石家庄：河北师范大学，博士学位论文，2013.
② 高锋.瑞典处理劳资矛盾和工资问题的启示［J］.当代世界与社会主义，2011（01）：75~79.
③ 刘凤义，胡春玲.瑞典共享型劳资关系的形成、演变与绩效分析［J］.教学与研究，2011（11）：55~63.

高福利是以高税收为支撑,瑞典被称为"高税收高福利"国家。瑞典政府的收入再分配调节中,税收是重要的再分配手段。政府主要通过税收制度对国民财富进行再分配,缩小贫富差距,在促进经济发展的同时,保证社会的稳定。

瑞典税收制度开始于18世纪中期,以古老的直接税为税种,向不同的阶级征收原始的赋税,主要是按不动产征收的土地税。经历了从古老的直接税向现代税收制度的演变过程后,瑞典已形成了较为严密、完善的税收制度。由于社会民主党长期执政,税收政策具有相当的连贯性,其他政党在执政时也注意保持政策的连续性和社会的稳定性。近代以来瑞典税收制度的演变经历了一个渐进的过程。

从18世纪中期至今,瑞典税制大致经历了以下发展阶段:①

第一阶段:国家税制以古老的直接税为主体税种,向不同的阶级征收原始的赋税,其赋税主要是按不动产价值来征收的土地税。

第二阶段:伴随商品经济发展得越来越快,除了直接税之外,对商业贸易征收的间接税也渐进确立,如关税、消费税、城市手工业税、风车税等,但间接税仍未处于十分重要的地位。

第三阶段:关税重要性日益突出,成为主要税种。累进所得税也开始发展起来,按土地价值征收的土地税被取消。到21世纪末,关税已占瑞典财政收入的50%以上,白兰地酒税是另外一个主要税种。直接税即累进所得税渐趋发展是本阶段的显著特点。②

第四阶段:随着税收对于国民经济发展的作用日益重要,瑞典渐趋形成了以所得税、社会保险税和增值税并重的税收制度。这是税收制度变化较大的一个阶段,伴随经济的发展,间接税、直接税收入不断增长,尤其以直接税的发展更为显著。

现行税制是从1932年社会民主党执政,特别是第二次世界大战后的"收入均等化"政策中发展起来的,属于多种税、多层次征收,税收负担较重。直接税与间接税并存的税制模式,以社会保险税、所得税和增值税为主体税种。

19世纪末,瑞典出现了现代民主制度的萌芽。瑞典建立了两院制(1866年)。但是,封建思想未完全消除,国王一些专权没有被废除,大多数公民还没有表决权,法律至上原则才开始建立。这种状况延续到20世纪初期,传统地主阶级的官僚寡头占据统治地位,拥有绝对的发言权和决定权。

---

① 解学智,张志勇.世界税制发展状况:税制结构变化[M].北京:中国税务出版社.2014.
② 财政部《税收制度国际比较》课题组.瑞典税制[M].北京:中国财政经济出版社.2005.

当时，瑞典政府主要税种包括关税、货物税、净财产税、特别税（又称bevillning）。由于特别税主要针对本地居民，与投票权相关联，引致穷人不满。特别税改为仅对财产与收入征税。

伴随国际形势演化，瑞典国防建设和经济发展都需要更多资金支持，而根据当时的税收政策，政府征收的税收收入满足不了国内的需要。由于当时经济和政治的原因，无法扩大税收范围，这主要体现在土地税上。土地始终是地主阶级的主要经济来源，而当时地主阶级拥有强大的势力，就连议会下院也被他们控制着。土地税是政治上的禁区，一旦开征土地税就会触及地主阶级的切身利益，这必然会遭到强烈的反对，在他们的压力之下，这项决议是不能通过的。在关税方面，瑞典经济发展主要依靠产品出口，若提高关税，必将对工业企业的竞争力造成影响，对国内的经济不利，所以这也是一个不能开征的税种。提高消费税或国内货物税也不可行，因为这将导致工人阶级不满，严重时还会引发社会不稳定。①

1891年，瑞典议会召开的特别会议对土地税进行了讨论，通过了一项关于废除传统的对土地征收各税的草案，政府不能触及地主阶级的利益。政府另辟蹊径，通过增加对佣户租种的土地税收来增加收入，同时通过开征对遗产征收的累进税代替提高消费税的方法来筹集收入。②上述措施于1894年通过立法，当时统治阶级很快就意识到这次改革对于国家现代化所需的资金仍是杯水车薪，加之政治上对提高传统税收的障碍，政府不得不另想办法，提出了另一种新的税制——累进所得税。1902年，累进的所得税制被正式引入瑞典。累进所得税的引进不仅起到了调节社会收入差距、体现公平的作用，对国家的财政收入需要更是起到关键的作用。③

瑞典政府认为税收可以增加国家收入，还可以调节经济。1910年，瑞典政府提高了累进所得税率，第一次开征净财产税，构建了有利于瑞典产业发展的公司所得税制度。这次改革取得了较大成效，也遭遇到了各方反对。地主阶级从自身利益出发，极力反对这次改革；社会民主党人表面上支持提高所得税及引入净财产税，但仍旧反对利润税收政策，因为当时的利润税收政策对于他们没有完全体现公平的原则。偏向于出口导向型的大企业、新建小公司也认为税制改革

---

① 陈维佳.瑞典福利国家改革研究［D］.武汉：华中科技大学，博士学位论文，2011.
② 刘舒婷.瑞典社会民主党培育和践行其核心价值观的经验及启示［D］.武汉：华中师范大学，硕士学位论文，2015.
③ 财政部《税收制度国际比较》课题组.瑞典税制［M］.北京：中国财政经济出版社.2005.

不公平。①

5.1.3 济贫与社会保障制度改革

瑞典为代表的北欧福利制度广为人知，其高福利令人羡慕。瑞典的社会救助制度比较其他国家的救助制度来讲，起源非常早，甚至早于瑞典典型的福利制度。1763年的瑞典社会救助制度只是单纯的"贫穷救济"，即对贫困人口提供相应的救济和帮助，主要针对那些患病、残疾、没有生存能力的人。当时瑞典在立法规定中没有对"贫困救助"这个名词的定义。国内很多的学者没有将其起源时间核算到这一年。有历史学家的研究事实表明，在一些地方贫困救济的存在比社会救助更早一些。②

瑞典原为农业国，经济不发达，没有足够条件去推行社会福利政策。社会救助和社会救济的工作就由教会负责。教会的资源毕竟非常有限，资金依赖捐款维持，依靠捐款救助残疾人、贫困儿童或老年人等丧失劳动能力的特殊人群，救助的人数和范围都非常小，通常仅限于初等教育、济贫和救死扶伤。18世纪中叶，政府把济贫规定为教会法定职责，但是由于能力有限，取得的成效不大。伴随社会上的贫困人口日益增多，政府渐趋意识到了仅依靠教会来解决这一问题，是不可行的。政府注重解决这一社会难题，从国家政策以及资金的支持出发。直到18世纪后期，土地制度改革导致许多农民失去了原有的土地，他们不得不到城里找工作。在工业化中，农民缺乏相应的技术掌握，找到工作很困难，并且不稳定，构成了社会的不稳定因素。③同时，土地改革对教会的权利产生了影响，社会地位和资金收入都有所减少，这样一来，能够救济的人员就更少。1763年，瑞典政府颁布了济贫法。该法规定，由各市镇当局承担起对贫困人口的救济责任。各市镇当局可以通过征收济贫税，增加财政收入，以此保证有充足的资金保障济贫工作的顺利执行。瑞典政府对济贫制度进行了一系列调整，使它更有利于保障公民权利，而政府承担更多的义务。1847年，瑞典政府通过了新的济贫法，规定社会救济是公民的一项基本权利，而不应该成为贫民感到难以启齿的一件事，政府也有责任和义务对贫困人民提供帮助。1862年，瑞典地方政府开始了新的改革，政府部门和教会的工作有了重新分工，教会不再负责济贫工作，而是交由政府部门

---

① 解学智，张志勇.世界税制发展状况：税制结构变化［M］.北京：中国税务出版社.2014.
② 殷蕾.瑞典收入分配制度中的利益平衡问题研究［D］.石家庄：河北师范大学，博士学位论文，2013.
③ 汪朝霞.瑞典的社会救助制度［J］.苏州科技学院学报（社会科学版），2005（04）：114~117.

全权负责。[1]1871年，政府再次调整了济贫制度，对需要接济的对象进行一定的选择，对于身体健康的人提供职业培训，鼓励他们自食其力，对于确实条件困难、老弱病残者给予帮助，尽力改善他们的生活条件。通过这种传统的救济制度，贫困人口的生活质量有了提高，对社会的稳定具有重要意义。[2]

5.2 发展阶段（19世纪末至20世纪70年代）

19世纪末到20世纪20年代，是瑞典第二次工业化变革时期，也是瑞典现代国民财富分配模式形成阶段。在这一时期，国民经济加快发展，尤其是重工业发展十分迅速，邮政、铁路、银行等新兴产业部门逐渐出现，国家航运业也有了长足发展。1887年，为了保障工人合法权益，瑞典成立了全国总工会。19世纪80年代末，社会民主工人党正式成立，该党成为瑞典工人维护自身应有权益的重要支撑。1929~1932年出现了世界性经济危机，瑞典经济受到重挫，各行业发展出现严重衰退，工业生产总值降低了21%，大批工人失业，居民生活陷于困境。经济危机在1932年发展到了顶点，是瑞典有史以来最大的一次经济危机，是对国民经济的严重挑战。面对经济危机，政府相继出台了各方面的政策措施，其他政治、经济组织也为应对经济危机做出了重要贡献。1936年，社会民主工人党联合农民党执政，主张促进经济恢复繁荣的同时，提出要把瑞典建设成为一个"人民之家"型的福利国家。他们积极推动经济复苏，从财政方面入手，进行改革，出台了医疗保险、失业救济、养老金等社会保障政策。

第二次世界大战后至20世纪80年代末，是瑞典国民财富分配快速发展阶段，各项财富分配制度逐步建立。瑞典政府在第二次世界大战中保持了中立的立场，得以躲避战争的破坏。瑞典借此机会发展经济，在战后欧洲重建中处于有利地位。相较于其他欧洲国家，瑞典工业在战后几年恢复很快，经济不仅没有倒退反而增长，一度达到150%的恢复性增长率。

第二次世界大战后，瑞典调整经济结构，提升了工业和服务业在国民经济发展中的比重，降低了农业和渔业的比重。瑞典海运业、重工业上了新台阶，促进了产业飞跃。同时，马歇尔计划开始实施，瑞典渐趋向先进高收入国家发展水平靠近。20世纪40年代末，瑞典曾经一度跃居欧洲第二大工业国，这为瑞典政府开

---

[1] [瑞]比约恩·古斯塔夫森.瑞典的社会救助制度[D].北斗星社区.2006.
[2] 刘舒婷.瑞典社会民主党培育和践行其核心价值观的经验及启示[D].武汉：华中师范大学，硕士学位论文，2015.

展社会福利改革创造了良好的外部环境,提供了坚实的经济基础。

第二次世界大战后,世界各地都不同程度地出现了共产主义运动,瑞典共产党在世界反法西斯战争中有良好表现,获得了左派人士的广泛支持。1944年瑞典大选中,共产党得票率高达11.3%,这种形势使令社会民主党感到了危机,他们认为要想保住其在国内的执政党地位,必须推进社会福利改革。社会民主党在政治纲领中批判了资本主义社会的贫困、失业等社会弊病,希望进一步协调经济活动,提高经济发展计划性,改革资本主义社会福利制度。

5.2.1 劳动就业和工资制度改革

瑞典的城市化进程是温和的。根据不同的地理条件,不同的产业部门在不同的地方蓬勃发展。直到20世纪30年代,工厂职工的生活条件仍然十分艰苦。到工厂工作的劳动者多是身无分文的农业劳动者,他们发现工厂大多是家长式的管理制度,工作环境严酷,但坚持下来,他们所获得的待遇水平远高于到工厂前的待遇水平。

工会和政党对工业工人的组织工作富有成效。1864年,撤销了对工人的自由组织的法定障碍。1898年,大量的工人组织联合形成统一的总工会(LO)。1892年,企业主也组织了一个中央联合会(SAF)。当时工厂的主要问题是劳资矛盾。工会会员人数占工人总数的比重从1902年的1/4上升到1909年的2/3。1909年,SAF迫使工会承认企业主经营权和雇佣非工会成员,工会被迫妥协。同年通过了集体劳动法,它是推行集体谈判合同的国家调解法。1909年发生了工人罢工运动,工会最后失败了,但是促成了一个更为温和的联盟政策,迫使企业主尊重工人的选举权。[①]

在选举民主化之前,企业主联盟和工会的合作取得了显著进步。1902年,许多城市开始设立免费的就业安置机构,由具有平等代表权的劳资双方委员会统一管理。国家劳动和社会政策委员会重视建立了与职工联系。1938年之后,伞式联盟组织之间的有效合作有利于解决劳资纠纷。当时解决劳资纠纷的主要方式是法庭审判。[②]

瑞典社会民主党(SAP)成立于1889年,拥有政治选举权。由于这些自由主

---

① 姜照辉.欧洲的劳动力政策及其对我国的启示[D].济南:山东大学,博士学位论文,2012.

② 殷蕾.瑞典收入分配制度中的利益平衡问题研究[D].石家庄:河北师范大学,博士学位论文,2013.

义者的支持，亚尔马·布兰廷于1897年被选为瑞典社会民主党的第一位领袖，他赢得工人们的普遍支持。在实施扩大男性选举权法案后，社会民主党人数快速增加，赢得了1933—1976年的长期执政，赢得了广泛的政治影响力。[①]在这个过程中，工会与社会民主党积极合作，互相配合。瑞典共产党成立于1921年，虽然政治影响力有限，但促成建立了白领工会。在总工会和社会民主党提出薪资和税收政策时，瑞典共产党发挥了积极作用，促进了服务业的加速发展。

两次世界大战之间，瑞典劳资双方针对集体劳动协议开展激烈的政治对抗。为了避免强制调解的介入，中央联合会和总工会于1938年签署了一个重要的"妥协性协议"，它包含了大量互惠合约，这为战后开展进一步谈判与缓和劳资关系奠定了政治基础。

该协议的主要内容是：

A.集体劳资冲突应首先在地方法院开展协商。如无法达成协议，则由中央联合会和工会组织开展谈判。

B.如双方没有达成协议，且有双方意见存在严重分歧，则可以将争议送达劳动法庭。

C.关于罢工的决定须由中央工会组织作出，关于停工的决定须由中央企业主组织作出，不能由个别工会或企业主协会单独决策。[②]

嗣后，政府主要通过集体协商协议的多层次制度来实施劳动法管理，而不通过司法程序。在这个过程中，瑞典工会积极维护自身权益，工会组织管理水平不断提高，工作委员会和联合会的工人代表人数没有增加。在企业层面上，工会也有效维护了职工权益。(当时)"在瑞典，工会是被誉为"个体劳动者的自然代表"(施密特，1981，15页)[③]。

集体工资协议已成为规范工作条件的重要工具。1919年，政府出台了第一个关于工作时间的国家法令，规定一天8小时的工作时间。这一法令实施过程缓慢，直到1926年，关于雇工管理的规范准则的劳动法规才得以有效实施，嗣后，这些

---

① 滕菲.典型国家劳动关系协调模式比较及其对中国的吸收与启示［D］.沈阳：辽宁大学，硕士学位论文，2014.

② 殷蕾.瑞典收入分配制度中的利益平衡问题研究［D］.石家庄：河北师范大学，博士学位论文，2013.

③ 舒婷.瑞典社会民主党培育和践行其核心价值观的经验及启示［D］.武汉：华中师范大学，硕士学位论文，2015.

法规被集体谈判协议所代替。①

1884年，瑞典成立了职工保险委员会，委员中有三人属于瑞典议会，其他委员中有独立专家、行政官员和一个工人。该委员会提出了有关工业安全、私人健康保险基金、强制性职业事故保险等建议。该委员会在养老保险政策上意见不一，但它为社会福利政策优化奠定了重要的制度基础。该委员会认为应区分"工人和可劳动人员"与剩余的其他人员。由于只有约6%的人口会在该地区之外，因此，该委员会提出了一个普惠制度，即统一捐款，使用统一捐款获得的收益再对弱势群体进行资助。这样，可以使劳动者摆脱接受救济带来的自卑心理。

1889年，随着社会民主党的发展壮大，瑞典成立处理劳资问题的第二委员会。受数学专家Anders Lindstedt教授（他比较熟悉德国的残疾保障制度）的影响，该委员会提出，除了管理人员以外，所有工人要有一份强制性养老保险，这些资金主要是由企业主提供（由于农民和部分工会反对，这一提议未获通过）。

1907年，经过后续改革，在Anders Lindstedt的领导下，第二委员会的提案获得通过，到1912年才开始实施。该提案内容紧凑，关联性很强，已经预期到20世纪60年代处理劳资关系的内容结构，强调保证资金的基础和补充资金的安全性。② 这个提案包括两个部分：首先，该提案引入了一种基于收入的老年和残疾保险，它吸收了俾斯麦模型，根据三个阶层设想了贡献和效益。与德国形成对比的是，16~66岁的全部人口参加强制性养老保险，在67岁后无条件领取养老金。残疾人可很快获得资格，且相应减少退休金。养老给付水平要根据所积累的养老金的全部资金规模来设计。由于精算原因，完善的养老金支付制度在1956年才开始执行。其次，在过渡时期，需要引入一项以养老金补贴为基础的税收资助制度，伴随其他资源收入不断增多，补贴数量占保险资金规模的比例相对减少。③

5.2.2 财税制度发展与改革

（1）19世纪末至第二次世界大战前：渐进改革阶段

在累进的所得税制被正式引入瑞典税制不久，官僚统治者们开始意识到税收不仅能够满足筹集收入的需要，同样还可以作为经济政策的工具。1910年，瑞典政府第一次开征了第一次净财产税，构建了服务于瑞典工业的公司所得税制度。

---

①② 滕菲.典型国家劳动关系协调模式比较及其对中国的吸收与启示［D］.沈阳：辽宁大学，硕士学位论文，2014.
③ 殷蕾.瑞典收入分配制度中的利益平衡问题研究［D］.石家庄：河北师范大学，博士学位论文，2013.

这次改革并非人人赞成，地主阶级反对这次改革，社会民主党人尽管支持所得税的提高及净财产税的引入，但反对当时的利润税收政策，因为当时的利润税收政策歧视小的、新的公司，而有利于大的、出口导向型的资本主义企业。第一次世界大战期间，战争对瑞典和其他战争参与国的税收结构具有不同影响。战争的巨大财政支出迫使欧洲国家采取新的收入政策，中立的非战争参与国的负担要明显轻于战争参与国。

瑞典国内对中立立场广泛赞同，这没有缓解国防经费问题上的矛盾。一方面是征兵和服兵役期限长短问题困扰着政策制定者，另一方面是对于一个不结盟国家来说，在国防体系建设、国防费用的数量及用途、国防资金筹集方式等方面存在很多不同意见。最终控制着上院的保守党不得不同意进行扩大投票权的宪法改革。这次改革废除了只有缴纳国民税和社会公共税的公民才具有投票权的法令，主张作为非战争参与国的瑞典同样需要充足的财政收入。当时，传统的税收结构（土地税、国内货物税和关税）是政治上的僵局所形成的结果，它们的改变很可能会导致政府的倒台，因此提高所得税再次成为有效和有政治意义的重要措施。瑞典政府开征了国防税，采用1%~7%的累进税率，起征点为5 000克朗，在1915年的最高所得税基础上征收。

在第二次世界大战期间，由于能和交战双方同时进行交易，瑞典的经济开始迅速发展，人均国内生产总值从1913年的567克朗上升至1925年的1 125克朗。与政府收入的迅速增长相比，税收占国民收入的比重增长较慢。政府总收入从1910年的3.98亿克朗增加到1920年的16.21亿克朗，而税收占国内生产总值的比重仅从11.8%上升至12.8%。工人们的收入得以增加，但他们没有安于现状。1909年，工人总罢工以失败告终，保守党决定改革国家宪法以防止再次发生叛乱。[①]

瑞典政府实施了社会保险税。表5-1反映了1910—1939年的瑞典重要税种的平均税率。

表5-1　　　　1910—1939年瑞典重要税种平均税率

年份	平均税率（%）	年份	平均税率（%）
1910—1911年	5.00	1918—1919年	19.00
1917—1918年	11.57	1920—1921年	25.06

---

① 殷蕾.瑞典收入分配制度中的利益平衡问题研究［D］.石家庄：河北师范大学，博士学位论文，2013.

续表

年份	平均税率（%）	年份	平均税率（%）
1921—1922年	24.56	1932—1933年	34.92
1922—1923年	24.94	1933—1934年	36.46
1926—1927年	25.28	1934—1935年	35.97
1927—1928年	29.85	1937—1938年	36.58
1929—1930年	30.24	1938—1939年	44.08

资料来源：Swedish Ministry of Finance Budget，1910-1939；瑞典统计局，财政部统计资料，网站信息。

到20世纪30年代早期，社会民主党在两院的政治体系中占据优势，选票支持率在1928年后稳步上升。社会民主党曾宣称，如果他们控制政府，必将尽力通过税收改革对社会财富进行激进社会再分配，这是瑞典税制改革的主要动力。税收政策成为该党选举计划中的关键部分，该党在选举过程中对税收政策高度重视。社会民主党人于1932年担任财政大臣后，由于社会不同阶级施压及种种社会问题，社会民主党发现需提高的是消费税而不是所得税，并未出台激进的再分配政策。这一阶段，瑞典经济没有得到提高，反而激化了社会矛盾，不利于国家政治、经济局面的稳定。1934年，瑞典政府开征了不动产税。1938年，瑞典政府实施了公司所得税改革。[1]这些改革措施有利于大型企业更好地引进先进技术和设备，促进企业的优化与发展，但是却不利于小型的、新建的和盈利不多的企业，因此在改革成功的同时也伴随部分人的反对。在政府致力于税制改革的背景下，经济专家、大多数社会公众、中低收入阶级普遍支持税制改革，他们认为税制改革有利于经济社会发展。同时，由于提高所得税、净财产税和遗产税，大企业、大资产阶级普遍提出了反对意见。[2]

（2）第二次世界大战后至20世纪80年代末：快速变革阶段

第二次世界大战期间，瑞典政府未实施税收改革。这一时期税收政策致力于提高财政收入，税收显著增加，全国税收收入总额在1937年和1945年各增长了两倍多，这是瑞典财税制度发展的重要标志。

1939年瑞典开征对所有商业收入征收的战时利得税，以限制战时的高额利

---

[1] 陈维佳.瑞典福利国家改革研究［D］.武汉：华中科技大学，博士学位论文，2011.
[2] 殷蕾.瑞典收入分配制度中的利益平衡问题研究［D］.石家庄：河北师范大学，博士学位论文，2013.

润。同时，政府对大型公司提供慷慨的税式支出，这些税式支出显然是为了让瑞典公司使用战时的利润，并在战后加强工业基础建设。当时学术界、工业界和财政部官员们都一致认为沉重的战时利得税在战争结束后并不会给公司带来困难。当时还开征特别的战时营业税和国防税，其中战时国防税对于3 000克朗以上的收入征收，1940年税率是从5.5%~23%，1942年上升至7%~31%。[①]

第二次世界大战后，瑞典不断扩大社会福利支出，税收负担不断加重，但经济实现了有效增长，成为世界各国学习借鉴的经济典范之一，这种瑞典模式被称为"中间道路"。当时瑞典两院制和比例代表选举制的结合有利于政治上的结盟和妥协的达成，社会民主党仍是居于垄断地位的政治力量，但已无法垄断政治程序。

20世纪40年代，瑞典议会制定实施若干税制改革法案，主要包括提高所得税，开征附加遗产税。中产阶级政党反对此次改革，但由于社会民主党在上议院占有大多数和社会民主党、左翼党联盟在下议院中的多数支持，这些改革得以继续推进。

1950年至20世纪70年代，淡化政治是税收政策的重要特征，主要原因是征集税收收入的权力从议会转移给了政府。这些改革，在减轻议会工作重压的同时，也直接削减了议会的部分权力，有利于政府回收政权，更好地管理国民经济。此时税收政策主要是用作宏观和微观经济管理的工具，政府邀请社会民主党内和党外的税收专家及各利益集团的代表进行税收政策的咨询甚至决策。

1950年，瑞典总的税收收入仅占GDP的21%，远低于第二次世界大战参战国的比重。伴随商品经济的发展，税收收入不断增加，与世界其他国家比较，瑞典增长得最快。到了20世纪70年代，瑞典GDP的重要来源是税收收入，税收收入比重有了很大提高，这主要归结于新税种的开征。1960年开始征收社会保障税，1969年开始征收增值税。这些新税种的征收收入在不断增长，社会保障税从开征时的4%，到1970年已经增长到占GDP的8%。[②]

伴随经济快速增长和劳动力短缺，瑞典政府提倡男女平等，消除性别歧视，为已婚妇女提供就业机会。为了增加税收收入，改革所得税，瑞典政府将原来的以家庭为单位征收对象的所得税，改为向个人征收其收入所得税。这样的改革减轻了家庭的赋税负担，有利于提高工人工作积极性，促进企业甚至国民经济的有序、健康发展。其次，虽然平均地方个人所得税税负从1970年的21%增长到2003

---

① 陈维佳.瑞典福利国家改革研究[D].武汉：华中科技大学，博士学位论文，2011.
② 浙江省国家税务局.赴瑞典税收征管培训考察团.瑞典税收制度考察报告.2005.

年的32%，但是更多的税收增长来自间接税和社会保障税，如社会保障税从1970年占GDP的8%到2003年的15%。1995年瑞典加入欧盟后，2000年将增值税标准税率提高到25%，同时扩大了消费税征收范围，2003年增值税和消费税占GDP的总比重达到13.5%。①

瑞典政府开征了国民营业税。瑞典工人阶级反对开征营业税，但社会民主党需要为公共项目筹资。20世纪50年代，瑞典政府实施的税制改革主要包括：改革资本利得税，再建投资储备，开征特别投资税，改革财产税改革，取消不动产税等。20世纪70年代前，各种强大利益集团形成，但政府能够控制；70年代后，一院制议会制度导致政府地位削弱，利益集团十分强大，向政府施加压力，要求增加医疗支出、福利支出、教育支出和行业补贴。瑞典政府无法抵抗压力，被迫提高税收以满足扩大公共支出的需要，瑞典公民由此承担了世界上最高的平均税收负担。1976年社会民主党在大选中失利，中产阶级政党三党联盟组成了联合政府。联合政府一致同意减税和减少支出，但对减税、减支对象却无法达成一致。1979年，联合政府向议会提交议案并通过立法，降低个人所得税率，边际税率的减幅在1%~7.1%。②由于在其他方面三党之间无法达成妥协，瑞典的税收政策开始变得混乱：几十种新的税式支出用于不同的利益集团，如农民、小商人和自由职业者；社会保险税率下降了1个百分点，但增值税却增加了3个百分点；公共支出也迅速上升，1982年度财政赤字达国内生产总值的13%。每况愈下的经济不仅使制定政策更为困难，而且促使政党和利益集团成为议会行使职责的阻碍者，尽管他们本身也是执政联盟中的一员。瑞典人不仅为日益增长的沉重税负而烦恼，也日渐意识到税收制度越来越不平等。20世纪80年代开始，世界性税制改革浪潮风起云涌。瑞典作为OECD组织的成员国之一，国内经济的发展与世界经济的发展趋势密切相关，世界税制改革的浪潮及世界经济一体化的趋势都迫使瑞典进行改革。③

运用货币政策效果不明显的情况下，瑞典政府于20世纪80年代初采取了紧缩的财政政策，瑞典政府使用的税收政策相当灵活，在提高增值税和能源附加税的同时，降低了其他一些税收，甚至还包括所得税。为使企业愿意将利润用于再投资，政府提高了资产税、销售股票盈利税等。允许企业将一半的所得转入"投资

---

① 浙江省国家税务局.赴瑞典税收征管培训考察团.瑞典税收制度考察报告.2005.
② 陈维佳.瑞典福利国家改革研究[D].武汉：华中科技大学，博士学位论文，2011.
③ Musgrave R A. Schumpeter's Crisis of the Tax State：An Essay in Fiscal Sociology[J]．Journal of Evolutionary Economics，1992，2（2）：89~113.

准备金"，无须缴纳公司所得税。同时，增值税税率由9%提高到19%，货物税的征收范围也有所扩大。①

20世纪80年代末期，瑞典继续推行税制改革，改革的核心是降低边际税率，取消不必要的税收优惠，简化税制，同时使财政预算达到平衡。1982—1989年，主要税收改革包括：提高消费税和社会保障税；提高财产税和遗产税率；简化所得税法；拓宽消费税和所得税税基。这些税制改革措施为1991年瑞典的税制改革做了重要铺垫。②

5.2.3 教育改革

（1）19世纪末至第二次世界大战前：渐进改革阶段

瑞典注重教育发展，是世界上比较早实行义务教育的国家之一。瑞典的现代教育事业开始于1842年，瑞典议会规定，在各个行政区内，由政府出资必须建立一所学校。这个规定对瑞典教育事业的发展有着重大意义。1937年，瑞典的七年义务教育规定出台并开始执行。

20世纪早期，瑞典总结了教育改革的经验，并经过政策调整，正式实施了考试制度。1927年，瑞典实施了关于女子学校的重要的改革，即开设公立女子中学。此前，关于妇女中学教育争议不断，始终是由私人倡议的，并没有在正式会议上提上议案。20世纪初，高等教育扩大到教区和城市。

这一时期，瑞典职业教育开始起步。制造业职业基础培训、工匠部门的专业化培训和指导通常是在星期日和晚上，被称作技术学校。这些种类的培训是对实际训练的补充。参加培训的年轻人都可以被雇佣到商店和工厂里，根据他们的工作性质，分为正式员工和临时员工，以进行不同的工资分配。在课余时间的基础上，他们更多研究公共课题。19世纪90年代起，职业技术学校的学生数量明显增加。20世纪20年代初期，职业教育组织变得越来越好，主要服务于三个主要的市政或私人机构专业：技术、商业和国内的工作。③这三种组织机构的分类不是随意的，是根据社会需求以及员工意向规定的，对于供给企业所需工人有着非常大的促进作用，有利于提高工人的学习热情和工作积极性。教育培训大多是在某些空闲时间进行的，专业培训具有很强目的性。通常情况下，学生在职业学校学习不

---

① 马金华.外国财政史［M］.北京：中国财政经济出版社，2011.
② 毛程连.西方财政思想史［M］.北京：经济科学出版社，2003.
③ Ljungberg J, Nilsson A. Human capital and economic growth: Sweden 1870–2000［J］. Cliometrica, 2009, 3: 71~95.

足一年。① 这说明,增加的企业员工认识到了职业培训的重要性,这是职业技术教育领域的一项重要改革。②

19世纪后期,出现了许多民间组织,他们大多是伴随各种民间活动顺势而生。如禁酒运动的出现产生了禁酒教育局,自由教会运动的出现产生了瑞典教会教育协会。这些民间组织的目的主要是通过举办各种教育活动,促进教育发展。

同一时期,瑞典函授学校开始兴起。1898年,瑞典南部的马尔默市最先建立了赫墨兹函授学校。我们今天使用的远程教育也是从那时的函授学校演变来的。初期阶段,函授教育主要是为了给那些家庭贫困、距离学校较远、上学不方便或者未能进入学校学习的人们提供受教育的机会。函授教育方式的出现,不仅给人们提供了学习机会,使教育形式更灵活,也更具有针对性。

更有趣味的一种教育方式是"成人学习圈"。这种方式的主要特点是"自我教育"。开始是由个人在瑞典工人教育协会的支持下创办的。学习圈中共有5人,他们都是认识并非常熟悉的朋友,他们有教材,制订了学习计划,学习内容是中学的普通教程。学习方式并不固定,主要的是互相学习。他们的成员一般具有共同的兴趣或者是对某一问题的关注而组织起来,然后根据这个问题,大家一起找资料,制订学习计划,共同学习并进行讨论,说出各自的看法,从大家的观点中学习对自身有用的知识。创办者希望通过这种方式提供更多的学习机会,不会因为资金问题而放弃学习。这更好地体现了平等的原则,参与者都是一样的,每个人都可以谈论自身的观点和意见,充分地表现自我。这种学习方式在第二次世界大战后得到了政府的大力支持,获得了充分的发展。

20世纪二三十年代,由于世界经济危机的严重影响,瑞典的工业发展严重滞后,不容乐观。失业人员大幅度增长,全国各地各种罢工运动此起彼伏,社会秩序严重混乱。瑞典企业主联合会和工会之间开始了不间断的谈判,此时他们都意识到管理人员的作用,由此达成了一项协议,即创办监工培训学校。这个学校主要是针对车间主任或班组长进行培训,创办这个学校需要的资金来自企业主联合会。监工要经过系统化培训,要学习关于管理的知识,具备一定的管理能力,提高他们在处理员工纠纷案件的应变能力。监工要在进行纠纷处理时,能做好协调

---

① 黄日强,黄宣文.战前至20世纪50年代瑞典职业与成人教育的发展与变革[J].漯河职业技术学院学报,2008(03):1~3.

② 刘舒婷.瑞典社会民主党培育和践行其核心价值观的经验及启示[D].武汉:华中师范大学,硕士学位论文,2015.

工作，服务于工会和企业主。监工培训学校是瑞典创办的最早的监工管理教育机构。①

（2）第二次世界大战后至20世纪80年代末：国际化变革阶段

瑞典经济腾飞发生在20世纪五六十年代，这是瑞典所谓"从摇篮到坟墓"的社会福利制度的"全盛"时期。在这个时期，社会民主党和共产党在议会中占据了绝对多数。社会民主党利用这种优势，大力加强公共部门管理，实现教育、医疗保健、老年年金和住房津贴等方面的改革，教育事业的发展因而取得了显著的成就。

1950—1980年，是瑞典整个教育制度基本形成的时期。在这一时期，瑞典的教育开始实行重大改革，延长接受义务教育的年限，提供给更多人学习的机会，重视对人才的培养。同时，加大对学校和科研部门的资源资助，通过对教育的投入来提高国家创新能力和竞争力。②

第二次世界大战后，社会民主党利用其执政党地位，继续推动包括教育体制及教学内容在内的广泛的社会改革，推动实现社会福利制度。1946年，社会民主党政府成立了"学校委员会"，其任务是迅速提出改进义务教育的意见。两年后，该委员会提出了报告，建议将各种小学、初中、女子中学合并为综合义务学校。义务教育的学制改为9年制，自7岁至16岁上满9年义务教育课程，才有资格进入高中学习。学习期间的各种费用都由国家承担，接受义务教育期间实行免费。为了使产品在国际上保持先进的竞争力，社会民主党政府建议扶植大中专院校和一些科研部门，专门设立政府基金来支持教学科研工作，促进产品的创新。这些政策主张在议会提出后引起了很大社会争论。

1950年，议会原则上同意延长义务教育年限至9年，把以前的初等学校与低级文法学校等合并成一种综合义务学校。将高中学制延长到3年。议会提出要经过两个试验阶段，才能最后通过立法。③9年制综合义务学校经过了近十年的试验阶段，一些新型的管理和教育方法在许多学校试行，反应良好。如：学校为所有的适龄儿童开放；初等教育应向学生提供使他们个人能力得到发展并成为社会独立成员的教学内容；学生不按智力弱强分班，高年级学生有选择各种自选课的自由；学校注重理论和实际能力训练并重；有智力障碍或残疾的孩子尽可能被留在

---

① 刘舒婷.瑞典社会民主党培育和践行其核心价值观的经验及启示［D］.武汉：华中师范大学，硕士学位论文，2015.

② 陈维佳.瑞典福利国家改革研究［D］.武汉：华中科技大学，博士学位论文，2011.

③ 顾耀铭，王和平.当今瑞典教育概览［M］.郑州：河南教育出版社，1994.

普通学生班中,并给予一些特殊照顾;所有的孩子在初等教育最后三个年级至少要接受英文一门外语基础训练;增加公民学这门新课等。这些管理和教育方法事实上已被许多学校所接受,一些初中学校的教育课程已同高小的课程衔接起来,初中教师经过训练已能适应于新的体制。议会多次派小组调查发现,经过新型义务学校培训的学生在社会知识和能力方面比旧体制的学生强,学生、家长和社会各方普遍都支持这些改革。鉴于上述反映,社会民主党政府认为应正式通过立法,确立综合义务教育制的时机已经成熟。政府于1962年向议会上交提案,获得了一致赞成。瑞典从此有了第一部教育法。

教育法明确废除两元性的学校体制,实行9年综合义务教育制,将小学、初中、市立女中的一部分和其他学校中相当于初中教育的部分合并成综合义务学校,归属所在市的政府管理。它还强调要消除上流社会与下层阶级在子女受教育机会上的不平等现象,要求学校应当使学生对不同的职业平等对待,认识到每一种职业都是同等重要的。①

这部教育法为以后颁布的一系列新教育条令奠定了基础。20世纪60年代,瑞典对高中教育也进行了一系列改革。原来偏重理论、只学习拉丁文、自然科学和近代英语的"大学预科",增设了技术和商业课程,延续9年制的义务综合教育。职业学校和市立女子中学改为衔接综合义务教育、学制为2两年的学校。职业学校无论在数量和规模上都得到了迅速的扩大。如同义务学校一样,所有职业学校也由当地市政府管理。②

1968年,瑞典在北欧国家中第一个决定对中等教育进行根本性的改革。议会通过立法,将当时存在的各类中等学校合并成一种新型的普通高中,以此作为综合义务教育的延续。1971年伊始,瑞典在各地推行了这种新型的高中学校体制。后来又进行了一些调整,使瑞典教育体系日臻完善。

瑞典成人教育事业得到了较快发展。成人教育,对于一个国家来讲是非常重要的一项国家政策,它关系到国民的整体素质。瑞典成人教育事业的发展是瑞典教育体系的一个重要进步。政府拨给充足经费促进更多成年人参加学习,扩大了成人教育的方式和内容。除了函授教育、广播电视教育、学习班等非课堂教学和民间中学,各地市政府积极发展市立成人教育,1968—1969年实行正规成人教育,

---

① 陈维佳.瑞典福利国家改革研究[D].武汉:华中科技大学,博士学位论文,2011.
② 刘舒婷.瑞典社会民主党培育和践行其核心价值观的经验及启示[D].武汉:华中师范大学,硕士学位论文,2015.

提供各种单项目课程或综合的包括多个项目的全月制课程（相当于义务学校高年级），甚至是更高水平的教育。瑞典成人教育的普及率在高收入国家中也是名列前茅的。①

加强儿童教育改革。为了培养儿童学习能力，开发儿童智力，1947年瑞典制定实施了儿童补贴法令，给有孩子的家庭提供充分的补助。该法令提出，所有的瑞典儿童，从出生到未成年，政府会发放一定金额补贴，金额相当于正常工作人员平均工资的4%~5%。这项补贴按季度来发放，由儿童的监护人领取，而且这项政策并不只是针对贫困家庭，所有的家庭都享有这项福利。这个补贴被瑞典人称为"儿童玩具费"。这项规定是瑞典彰显国家对教育重视程度的重要表现，它充分体现了国家体制，即人人平等，不管贫穷或富有，都有同样的机会接受同等的教育。特别是对贫困家庭或多子女家庭，减轻了他们的经济负担。这样的教育机会，对他们走出贫穷、创造新生活有着重大意义。20世纪70年代，国家提供了20亿克朗资助，使儿童教育得到很大的扩展。地方管理的日托所接收名额增加到10万名。许多新的幼儿园和供小学生课余活动的场所都建立起来了。这样的教育制度发展得越来越快，对国内教育不足的问题有了较大的解决，仍然满足不了整个社会需要。到20世纪80年代中期，这个问题算才得到基本解决。

从20世纪60年代初期开始，瑞典高等教育事业取得了很大发展。师范教育经历了重要改革。原有的师范学院被重建成延续高中教育的教育学校。学生须完成高中教育，才能接收进入教育学校。70年代，各种规模的专科学院合并组成能够提供多种教育机会的规模比较大的学院。全国共有33所高等院校，其中有6所综合大学。到80年代，瑞典高校每年接收高中毕业生约4万名，另有3.5万名原来曾受过高等教育的学生也被接收。因此每年约有7.5万人接受高等教育的学习计划。高等院校承担国家基础科学的研究任务，并与企业合作发展应用科学，这是瑞典高等教育事业的一个重要特色。在瑞典的经济、科学和社会的发展中，高等院校发挥着重要作用。②

第二次世界大战后，瑞典经过三十多年的努力，全国实行了9年一贯制的综合义务教育。约90%的学生在完成义务教育后直接升入高中，近25%的高中毕业

---

① 王世恒.西方左翼政党民生理论的批判及启示[D].长春：吉林大学，博士学位论文，2015.

② 刘舒婷.瑞典社会民主党培育和践行其核心价值观的经验及启示[D].武汉：华中师范大学，硕士学位论文，2015.

生进入大学继续深造。每年有9万名学生从大学毕业，其中2 000多人继续留校攻读硕士或博士学位。瑞典每年400多人获硕士学位、1 000多人获博士学位。从学龄前儿童到攻读博士学位的研究生，一律免收学费。初等学校学生还可享受免费午餐、书本。高中生和大学生都可以申请助学金和贷款。教育经费由国家和地方政府分担。在中央政府每个财政年度的预算中，教育经费占国内生产总值约7%，名列第二位，仅次于医疗保健和社会福利支出。[①]1989—1990年瑞典政府财政预算中教育经费分配情况见图5-1。

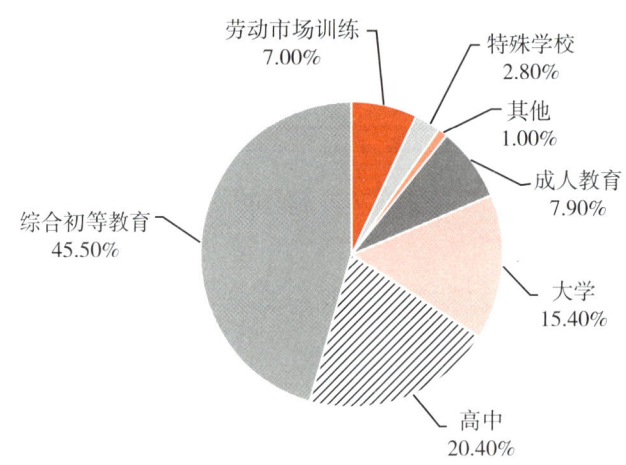

图5-1　1989—1990年瑞典政府财政预算中教育经费分配情况

资料来源：瑞典国家统计局网站，瑞典国家教育机构1991—2005年网站资料。

第二次世界大战后瑞典大办教育，国民文化教育水平大幅度提高。据20世纪80年代中期相关统计，45~64岁中，上过大学的仅占9%，中学毕业生占30%，未完成中学学业的占61%；25~44岁中，其比例分别为20%、40%和40%。1995年后，瑞典普及了高中教育，大学生比例占到40%以上。瑞典的科研投资较大。1989年科研总投资为346.24亿克朗，约占国内生产总值2.8%，在经济合作与发展组织国家中名列前茅。

瑞典政府把教育提到事关国家前途、民族命运的高度，给予足够的重视，由此在一系列科研领域培养了大量人才，取得了丰硕成果（见表5-2）。瑞典在高伏电流长距离输送、电机机车、铁矿开采、炼钢、造船、核反应堆、机器人、生物工程、电子通信、尖端武器和能源节约等科研领域都取得了标志性成果。

---

① 泥安儒.北欧福利国家教育政策发展研究［D］.石家庄：河北大学，博士学位论文，2016.

表 5-2　　　　　　　1975—1990 年瑞典教育开支相关情况

财政年度（年）	国内生产总值（10 亿克朗）	教育开支（10 亿克朗）	比例（%）
1975—1976	301	21	7.0
1981—1982	573	50	8.8
1987—1988	1 021	73	7.2
1988—1989	1 114	73	6.6
1989—1990	1 221	87	7.1

资料来源：瑞典统计局网站，瑞典国家教育机构 1991—2005 年网站资料。

瑞典政府还积极参加欧洲原子能、宇航、分子生物等机构的共同研究项目。科研的发展带动生产力发展，瑞典从一个贫穷落后的农业国发展成为一个先进工业国，进而迈入了高收入国家行列。从 20 世纪 60 年代末开始，其人均国内生产总值在经济合作与发展组织各成员国中长期处于领先地位。早在 1981 年瑞典人均国内生产总值已达 13 472 美元。瑞典产品在国际市场上保持了较强的竞争力。[①]

5.2.4　社会保障制度改革

从 19 世纪末至第二次世界大战，由于国家封闭、经济社会落后和两次世界大战，瑞典社会保障制度建设进展迟缓。

第二次世界大战后，瑞典推行的改革主要在社会政策方面，这一时期社会保障的主要特征是人们从根本上改变了对于社会福利制度的固有观念，不再把它看作一种施舍，而是成为社会公民的一项基本权利，人人平等，标准统一。虽然在第二次世界大战之前，已有规定将福利制度作为一项权利，但是在现实社会中，人们还存在固有的思想意识，不免带有歧视色彩。在第二次世界大战后，社会民主党大力推进改革，通过制定统一的标准，改变各项税率（特别是个人所得税率）来调整财富分配，努力实现国民福利的平等化，促进社会的和谐稳定。[②]

儿童津贴方面。1948 年，关于儿童津贴的法令出台，在全社会实行普遍性儿童福利制度，代替了过去的减少家庭所得税的措施。这种福利提供方式更加公平，特别是贫困家庭的儿童有了更多的机会。儿童福利法、社会救济法等保障制度中，对儿童福利都做了相关规定，关注儿童成长，使他们不管家庭出身如何，都可以

---

① 王世恒.西方左翼政党民生理论的批判及启示[D].长春：吉林大学，博士学位论文，2015.

② 刘舒婷.瑞典社会民主党培育和践行其核心价值观的经验及启示[D].武汉：华中师范大学，硕士学位论文，2015.

享有平等的成长机会。①

健康保险方面，1946年瑞典政府颁布了新的《健康保险法》，1951年正式实施。《健康保险法》规定年满16周岁的瑞典公民都必须参加健康保险，这是一种强制性规定。对于参保人员，在医院就诊时，国家会承担75%的医疗费，并且每天有现金补贴。另外，《健康保险法》对产妇有特殊的规定，不管其是否参加健康保险，都可以享受健康保险。1959年，瑞典对《健康保险法》进行了改革，取消自愿性疾病基金团体，使用强制性的国家健康保险机构，使其更规范化。同时，扩大了健康保险津贴的范围，现金补贴标准也有所提升，对其他健康保险津贴也进行了调整。1962年，政府再次进行补充改善，将健康保险制度和其他保险制度整合为一体，补贴的金额和标准都有所提高，也包括对产妇的补贴金额。也是从这时起，瑞典的健康保险制度开始完善。到了20世纪80年代末，瑞典政府开始对保险的发放进行了限制，发放时间由每两周延长至一个月，并且发放的对象是可以恢复健康并重新劳动者。

这一时期，现代社会救助制度基本建立。1957年，瑞典通过了社会福利与社会救助法。该法案规定，社会救助的资金由政府提供，不再通过发放实物救济，而是直接补贴现金。这种方式可以避免接受实物救济带来的自卑感，而且现金可以自由支配，配置更高效。实施社会福利与社会救助法，充分体现了人道主义；公民的尊严得到充分保护。社会救助成为公民的一项基本权利。②

养老保障方面，开始只实施了小范围改革，旧的养老保险制度遗留下来，直到1935年才进行了较大的改革。此次改革使基本养老保险基金发挥了更大作用。1935年，通过分离捐款制定颁布了新的资金方案，这在很多经济学家看来是有争议的，并引入了术语"居民养老"。这不仅与保守党的建议相符，还与自1932年执政的社会民主党首相Per Albin Hansson提出的"居民的家庭意识"的意图相符，旨在从制度上加强全国居民的团结意识。经过艰难的斗争和新的选举后，最终推行的法律使社会民主党成为大赢家。1946年，瑞典制定了新的养老金法案，更加突出公平。法案规定养老金在全国实行统一标准，参保者的薪资水平不再作为领取金额标准，只要超过67岁并且参加了养老保险就都可以领取。除了基本养老津贴，参保者还可以领取住房和亲属津贴。另外对老年夫妇和单身老人的津贴也有详细说明，对残疾人和寡妇的养老金则设有收入限制。嗣后几年，瑞典政府又对养老金制度进行了讨论，终于在1959年通过了补充养老金制度，根据参保者的收

---

①② 陈维佳.瑞典福利国家改革研究［D］.武汉：华中科技大学，博士学位论文，2011.

入和支出确定标准，这也是一项强制性制度，企业主必须要让劳工参保，这些费用由企业主缴纳。这一制度的补贴项目主要包括残疾和幸存者保险津贴、退休补充养老金等。政府考虑到通货膨胀的影响，根据每年的膨胀情况适时地对补充养老金进行调整。① 根据规定，普通工人即使在退休后，生活水平也不会发生大的改变，他们不仅可以有原来工资2/3的养老金，政府也对他们有医药、住房和旅游等方面的补贴，收入依然可观。到了20世纪六七十年代，政府又对补充养老金制度进行改革，把其并入到国民保险法中，提出特殊养老金，将退休年龄提前。经过这一系列的改革，瑞典的养老保险机制渐趋于完善。

保护劳工权益方面，瑞典在1974年通过了劳动保障立法，强调保障职工工作的稳定性。立法规定，员工只要没有犯重大错误以致违反法律，企业主不得随意解雇职工，一些客观原因除外。对于双方存在异议的，可以交由劳动法庭来裁决，双方都必须服从才取得结果，如果判定职工败诉，在服从解雇的同时，可以获得企业主6个月工资的补偿费。后来，瑞典又出台了职工参与决策法，扩大了职工的参与权和决策权，在进行一些重大事项的变动时，企业主必须和工会进行商量，职工有权利提出自身的意见，并影响最后的决定。该法还规定企业主必须定期发布企业经营情况、财务状况、人员变动等信息，职工也有权要求查看公司的相关资料。但是这个法案在实施过程中出现了一系列的问题，如程序复杂，效率低下，最终没得以延续。

进入20世纪80年代，瑞典的经济发展态势不佳，社会保障同样遇到了较多困难。反社会民主党的政策没有达到公众期望的社会福利水平，由此，1982年社会民主党取代反对社会民主党的党派重新上台。在经济不景气情况下，社会民主党不得不采取了减少社会福利支出的社会保障紧缩政策。②

5.2.5 社会结构与中产阶级

所谓中产阶级，这个概念和"资产阶级"的概念一样存在词源上的模糊性。同时也存在翻译上的多义性问题。瑞典语中的"borgare"更接近德语中的"burger"，而没有英语中"bourgeois"那么强烈的意识形态色彩乃至贬损的含义。这个阶层在19世纪将自身定义为所谓的中产阶级，但"中产阶级"这个词开始流行是在20世纪。彼得·盖伊（Peter Gay）和其他学者指出，中产阶级和资产阶级这两个词都涵

---

① 王世恒.西方左翼政党民生理论的批判及启示［D］.长春：吉林大学，博士学位论文，2015.

② 殷蕾.瑞典收入分配制度中的利益平衡问题研究［D］.石家庄：河北师范大学，博士学位论文，2013.

盖相当复杂的社会事实，包括不同的社会基础和亚文化。①18世纪晚期到19世纪，中产阶级的发展既依赖旧精英——贵族，又与之对立。为理解早期中产阶级的文化内涵，我们须了解，它在两条阵线上展开斗争，以攫取权力和社会地位。新兴中产阶级为定义自身，一方面与旧贵族对立，另一方面也与农民阶层相对照。

中产阶级既要远离旧贵族，同时在某些方面又要模仿旧贵族。19世纪末期，瑞典中产阶级已经进入了主流文化的亚文化层次（圈层）。但是在英国等国家，中产阶级仍然被旧贵族等守旧阶级所排斥。

19世纪初，在瑞典大多数的尚以农民为主的"村社"里，企业主和工人之间的界限尚不是非常分明。但是这种阶级分化伴随农业的急速发展，即大面积种植农业的发展而不断加剧。在大庄园里，对于仆人及临时工拖沓的工作步调、严重缺乏守时习惯、庄园主对工人的恶言相加等，抱怨更多。②

18世纪至19世纪资本主义扩张中，渐趋成型的有关人的意识形态和观念息息相关。商人、店主、政府官员不得不让他们作为社会领导阶层的新地位合法化。在原来旧的四民（four estates）社会中不存在这样的问题，因为封建贵族的高贵出身让他们毫无疑问地处在社会金字塔的顶端。资产阶级正在扩张，在社会上攀爬，他们起草关于合法性的新要求，那是有关个人资质的神秘化观念。资产阶级认为自身有能力和高尚的道德品性，所以他们有权力成为社会领导阶层。

在中产阶级新道德体系发展中，中产阶级有意要拉开自身与居于其上和之下阶级的差距，拉开和旧贵族奢靡生活方式的距离，拉开与缺乏纪律与文化的下层民众的距离。中产阶级倡导控制和节约的价值观，推崇高尚的生活方式。

5.3 成熟阶段（20世纪80年代至今）

20世纪80年代后瑞典福利国家模式受到多种非议。瑞典受到世界经济危机影响，出现了经济萧条，这加剧了失业、贫困、税负不公、政治不稳定等各类社会矛盾，致使瑞典进入了"福利国家危机"时代。③

5.3.1 劳动就业与工资改革

进入20世纪90年代后，瑞典劳动力市场政策的主要目标是减少失业。20世纪

---

① 洛夫格伦，弗雷克曼.美好生活：中产阶级的生活史［M］.北京：北京大学出版社.2011.
② 泥安儒.北欧福利国家教育政策发展研究［D］.石家庄：河北大学，博士学位论文，2016.
③ Tommy Bengtsson.Population，Economy and Welfare State.Berlin.1994.

90年代初,由于受到世界经济危机的影响,瑞典爆发了严重的金融危机,瑞典经济开始进入到艰难的发展阶段,特别在1990—1994年,正常就业率下降了13%。在这一背景下,政府开始推行积极宽松的劳动就业政策,试图控制大规模的公开失业。[1]私营企业作为创造就业的重要部门,政府对其给予了一些优惠政策,为企业发展提供良好的条件,增加就业岗位,从而促进充分就业。[2]

金融危机给瑞典经济带来了明显冲击,使瑞典开始对本国的经济模式进行重新衡量,认识到新自由主义政策已经不符合瑞典经济发展的需要,因此,瑞典政府调整了旧的经济发展模式。瑞典政府在保持劳资合作、利益共享政策的同时,开始通过增加资本税、推进集体谈判等措施削弱新自由主义的主张。这些措施的实施,有效地遏制了资本主义的力量,工人的地位得到提升。在这次调整中,工会得到了政府的支持,壮大了力量,同时政府也对工会使用权力做了一定限制。

在职工的薪酬方面,也有一些调整。允许较大收入差距的出现,在坚持"同工同酬"的基础上,可以适当地对工资进行调整,形成收入的差距。因为"同工同酬"政策虽然可以保证劳动者的公平,但是也会使劳动者都满足现状,处于平均水平,造成劳动者缺乏动力,企业生产力不足,阻碍长期发展。[3]许多经济学家认为,在20世纪七八十年代,瑞典的"同工同酬"有助于社会稳定,但对经济发展是不利的,工资制度缺乏灵活性,企业利润降低,政府需要担负的资金支持压力沉重。瑞典这次调整劳资关系,没有否定其"企业—社会共享型"的内核。

"企业—社会共享型"的劳资关系,在瑞典的实施过程中,总体的绩效是比较高的。主要表现在:首先,瑞典职工的工作时间相对一些高收入国家,是属于比较少的,如美国在1992年每位工人工作总输出时长为1 914小时,瑞典职工每年只需工作1 485小时。其次,在劳动收入方面,瑞典的职工收入超过国家平均收入水平的人口占总人口的比例为80%以上,而美国只有不到50%。[4]同时,在再就业方面,瑞典也有完善教育培训政策,给失业者提供职业教育,促进再就业。因此,瑞典"企业—社会共享型"的劳资关系充分证明了公平和效率是可以同时实

---

[1] 霍静娟,侯冰然.瑞典积极的劳动力市场政策有效性分析[J].河北青年管理干部学院学报,2008(02):105~108.

[2] 滕菲.典型国家劳动关系协调模式比较及其对中国的吸收与启示[D].沈阳:辽宁大学,硕士学位论文,2014.

[3] 姜照辉.欧洲的劳动力政策及其对我国的启示[D].济南:山东大学,博士学位论文,2012.

[4] 刘凤义,胡春玲.瑞典共享型劳资关系的形成、演变与绩效分析[J].教学与研究,2011(11):55~63.

现的。它不仅有效缩小了贫富差距，也激励了人们开展创新性工作，寻找更大的创新突破，这在经济发展的过程中是非常重要的。这种模式，使人们的物质和精神方面都有了很大的提高，推广使用新技术也促进了瑞典经济发展。有研究表明，20世纪90年代经济危机中，瑞典经济虽然受到损失，但总体上看，它的综合表现要好于美国。

2008年美国次贷危机引发全球金融危机，全球经济陷入低迷状态，瑞典经济发展停滞不前。劳动者面临失业，劳资双方开始进行协商。代表工人组织的工会和代表企业主的企业主协会都提出了自身的要求。工会提出，在协议期内工人的工资要提高10%，即每年提高约3%。企业主则有不同意见，他们认为在经济萧条的情况下，企业经营困难，涨工资的概率非常小，根据目前的情况，应该允许一些小企业降低工资，来克服企业的资金困难。这对工会来说肯定是不能接受的，他们决定退让一步，危机后一年的加薪可以往后延迟，但是绝对不能取消。瑞典的工会联盟不止一个，意见各有不同，蓝领工会联盟、私企工会联盟和政府工会联盟，他们各持立场，面对的利益关系不同，很难达成一致意见。工会和企业主进行的几次谈判也都无疾而终。[①] 由此可见，利益共享性的劳资关系是建立在微观的经济基础上的，一旦这种基础消失，劳资关系就必然会变得紧张。所以，如果要维持这种关系，就需要政府实施积极的宏观政策来弥补。

瑞典的"企业—社会共享型"劳资关系模式非常符合瑞典福利性的社会，体现平等的原则。但是一旦面临经济危机，这种利益共享性的劳资关系就会变得紧张。而且在当今经济全球化的大趋势下，世界经济的发展严重影响瑞典的经济，国际垄断资本力量的出现对瑞典的工会组织力量和共益性的劳资关系产生了威胁，工人阶级内部开始产生分级，平均主义不再符合时代发展，工人的凝聚力较之前也相差甚远。[②] 从基本国情看，瑞典的基本制度是资本主义私有制，"企业—社会共享型"劳资关系的持续需要有坚实的经济基础作支撑，若经济发展缓慢或陷入困境，这种关系的稳定性就会受到挑战。

5.3.2　税制改革

（1）1991年税制改革

1990年之前，瑞典的税收制度是复杂的，其特点是高边际税率，同时结合广

[①] 姜照辉.欧洲的劳动力政策及其对我国的启示[D].济南：山东大学，博士学位论文，2012.
[②] 滕菲.典型国家劳动关系协调模式比较及其对中国的吸收与启示[D].沈阳：辽宁大学，2014.

泛减税的可能性，鼓励税基宽泛的税收计划。事实上，高收入者往往能够报告很少一部分或没有纳税的收入所得额。1990—1991年，瑞典实施了重大税制改革，旨在通过增加不同形式的补偿、消费、储蓄来促进公平，并降低边际税率，同时通过降低减免范围来扩大税基。具体而言，增值税在商品和服务中更加标准化，税率在各种不同形式的收入中更趋于均衡；许多资本收入的减免被取消。国家税收系统的边际税率从0~42%被0~20%所替代，地方税率基本维持在30%左右。伴随改革的深入，高收入者受益不成比例地增多，相对而言，更多的纳税人享受到较低的边际税率。

改革还包括转变为双税制，其中非劳动收入从收入中分离出来，按照30%的税率统一征收。对于大多数高收入者，非劳动收入的边际税率突然低于劳动收入的边际税率，促使他们准备改变收入方式，更多地增加非劳动收入比例，适当降低劳动带来的收入。[1]

改革的目的是分配和收入均衡。减少税收的影响是通过减少免税额和扣除免税额的限制，增加消费税，并通过降低边际税率对劳动力和资本进行动态影响。要实现改革分配上的均衡，低收入者理所当然应该被扣除本应增加的税收收入，提供更慷慨的住房和儿童津贴。不幸的是，改革的时机正好与一个严重的宏观经济弱化相逢。税收改革最终没有实现收入均衡性的短期运行。改革在实现分配平等上更加成功，再分配似乎比改革前更为明显。由于许多福利都是针对有孩子的家庭，所以，没有孩子的低收入家庭受到不利影响。

1991年税制改革，是瑞典20世纪的一次重大改革。专家学者认为，这是高收入国家的一次里程碑式的税收制度改革。这一改革，导致税收收入额大幅减少，相当于国内生产总值7%左右。为补偿税收减少，瑞典政府开征了资本收益税，同时拓宽增值税税基。这一改革的收入再分配使劳动所得的税收负担向消费和个人的资本收入转移。瑞典政府重视避免所得税的国际重复课税，采用对劳动所得和资本收益分别课征的方式以避免双重征税。经历了这次的改革，瑞典的税收模式以"个人高税负、企业低税负"为特征，税收制度日渐完善。

第一，个人所得税。瑞典的个人所得税产生于20世纪初期，在1991年的税制改革后，开始实行双税制，个人所得税的税基是纳税人的全部收入所得，分为个人劳动收入和非劳动收入。个人劳动收入主要包括工资、商业和农业收入，非劳动收入主要包括投资收入和资本盈余等收入。个人劳动收入实行累进制税率，由

---

[1] 陈维佳.瑞典福利国家改革研究［D］.武汉：华中科技大学，博士学位论文，2011.

国家和地方政府共同征收。地税的税率根据情况而定，不过差别不大，各地的税率在20%~30%。非劳动收入实行单一税制，税率为30%，由中央收取。[①]

为了吸引外来人才，瑞典提出了优惠政策。2001年1月1日通过的税法规定，在瑞典公司工作（合同期少于5年）的外国专家、高管和科研人员，前三年可减免25%的缴税额。[②]

第二，公司所得税。瑞典法律规定了不同的实体，如互助保险公司、股份公司、合伙企业和经济协会等的各类合伙企业不作为单独实体课税，其成员单独缴纳国家税。瑞典公司（股份公司）根据收入来源按比例缴纳国家所得税，外国公司也根据税法规定进行纳税。[③]

所得税按应纳税所得净额征收。公司的全部所得都应作为营业所得，包括出售股票、不动产或其他资本性资产所获得的收益。正常经营过程以外处理某些资本性资产（主要是证券）所发生的亏损只能以同类资本所获收益抵扣，当年抵扣不完的，可向后结转。正常经营过程中处理资产的亏损可全部冲抵其他所得。瑞典有限责任公司的股票收益，只有一半是应纳税的，其亏损也只有一半是可以扣除的。

为了避免双重征税，瑞典政府与近百个国家或国际组织签署免税协议，降低纳税人、企业的纳税比例。根据收入与征税的比例，瑞典政府征缴所得税处于中等水平。瑞典政府为持续增强企业竞争力，多次降低公司所得税至20%左右。这一比例，在欧洲的税率中属于低水平。瑞典对公司折旧部分，征税标准也有所放宽。几乎接近自由折旧法。瑞典的定额折旧率和综合折旧率都比较高，建筑物每年的折旧率为2%~5%。

第三，增值税。增值税在瑞典被称作"MOMS"，是瑞典的主要税种。增值税的征收对象很多，它的税率因产品和劳务服务的不同而有所差别。在1995年，瑞典加入欧盟，为了方便衡量的一致性，瑞典改变了本国的税率。瑞典在2000年改变了增值税率，将税前价格的11%增加到25%。另外，瑞典还制定了出口零税率、6%和12%的低税率政策。[④]

瑞典的很多公司都是按照出口零税率、6%和12%的低税率政策缴纳增值税。像食品、房屋出租服务、粮食和艺术品的收藏和销售等采用12%的低税率政策，

[①④] 殷蕾.瑞典收入分配制度中的利益平衡问题研究［D］.石家庄：河北师范大学，博士学位论文，2013.

[②] 瑞典财政部网站，1991~2005年瑞典国家统计局网站数据.

[③] 陈维佳.瑞典福利国家改革研究［D］.武汉：华中科技大学，博士学位论文，2011.

金融、体育、教育、医疗、文化和新闻杂志等采用6%的低税率。瑞典政府对创业也有优惠政策，对于新成立的企业，在创办的前两年，政府将会全额退回企业缴纳的增值税。

增值税的纳税额以纳税人提供的商品和劳务冲抵营业支出后的金额为基准，并在纳税义务发生后的下月12日之前申报缴纳。如果冲抵后的金额超过4 000万克朗，缴纳日期可以延长到下月的26日之前。对于某些要缴纳其他税中的商品或劳务，瑞典政府为了避免同一物征两次税，就给予相应的抵扣。瑞典对外国的企业提供了诱人的优惠政策，返还他们缴纳的增值税。

第四，消费税。消费税在瑞典属于选择性消费税。消费税是瑞典政府主要的税收收入来源之一，也是筹集政府财政收入的重要手段。消费税还有调节财富分配，缩小收入差距的作用，瑞典政府通过扩大消费税范围、提高税率来促进社会的平等。2003年，瑞典颁布了新的税收法令，扩大了消费税的征税对象，把环保、酒类和烟草、能源、道路车辆作为消费税的主要征收项目。《欧洲动态》报道，2013年1月瑞典征收消费税，特别是对能源及环保征收的消费税占2/3左右。到目前为止，在瑞典所有税收收入中，有8%左右是来自消费税。所以，消费税的增加不仅促进收入平衡，对政府财政收入的增长也发挥着重要的作用。[①]

根据新的税收制度，个人所得税税率下降，同时对住房和儿童津贴的支出减少。约85%的纳税个人只需缴纳地方个人所得税，全国的平均地方个人所得税税率为31%，税率为20%的国家个人所得税对超过185 000克朗（折合33 500美元）的个人课征。也是说，全日制劳动者的边际税率降低到20%~27%。新的资本收益税税率为30%，对分红、利息收入以及长、短期的正常资本利得课征，且减少了各种债务利息支出抵扣的项目，并限制了税收减免范围。[②]尽管1991年增值税改革的意图是对所有商品和劳务征收，但一些领域的商品和劳务仍是免税的，如房租、文化和社会服务。公司所得税方面的变化也非常大，法定公司所得税税率从57%降至30%，但为保持税收收入水平，在税率降低的同时税基有相当大程度的拓宽，并且消除了出于税收目的而低估存货价值的可能性，建于20世纪50年代中期的投资储备体系也不复存在。

（2）1995年税制改革

1995年1月1日，瑞典加入欧盟。根据欧盟的税收制度，瑞典对本国的税收

---

① 王世恒.西方左翼政党民生理论的批判及启示［D］.长春：吉林大学，博士学位论文，2015.
② 陈维佳.瑞典福利国家改革研究［D］.武汉：华中科技大学，博士学位论文，2011.

制度进行了改革,主要涉及增值税、所得税。改革后,增值税占GDP比重有所提高,所得税类的比重有所下降,增值税的地位更为突出。

第一,增值税税基不断拓宽。除部分免税项目外,所有商品和劳务的提供均需缴纳增值税,同时还取消了一些免税项目。对于免费转移、价格低于购买价或生产成本的情况,提供商品均需缴纳增值税。

第二,所得税改革同步进行。现行税制已将个人所得税分为勤劳所得、经营所得和资本所得。在降低税率的同时对税制加以简化:对资本所得仅征收30%的中央个人所得税,而对另两种所得的税率也简化为两档——少于197 600克朗的税率为31%,超过部分为51%。[①]

第三,注重能源保护成为税制改革的方向之一。能源税(汽油、柴油等税收)在消费税中的比重始终呈上升趋势。其主要原因是能源税的税率有所上升,同时采取了优惠折旧的措施,如对能源保护设备和绝热改革设施采取加速折旧的办法,减征该类企业的财产税或降低一般消费税税率。

1998年以来,瑞典治理通货膨胀颇有成效,国内生产总值开始回升。国民经济恢复和宽松的税收政策营造了良好的经济环境,例如,2000年瑞典预算法案提出实行对特定地区和教育等产业的优惠待遇,实施对低收入和中等收入水平的个人及企业的优惠税率等。总体上看,瑞典税制改革方向是税收负担渐趋从所得税向增值税转移,减少税收对投资决策的影响,减少税收优惠,实现税收中性,提高资源配置的经济效率。[②]

让我们来观察一下20世纪90年代瑞典税制改革对税收收入和财政收入的影响。表5-3表明了1990—1999年瑞典国家财政收入、税收收入和非税收入的变化情况。可以看出,在大多数财政年度里,瑞典财政收入增长率要慢于国内生产总值增长率,税收收入增长率要快于国内生产总值增长率。1990—1999年财政收入发展变化可以分为两个阶段:第一阶段是1990—1992年为首次下降期,财政收入、税收收入各项指标增长速度明显放慢,出现了负增长;第二阶段是1994年以后,各项指标开始回升,但好景不长,1996年起开始下降。财政收入和税收收入波动的原因在于两次大的税制改革:①1987—1991年在英美等国所带动的世界性税制改革浪潮冲击下,瑞典进行了以税收中性为目标的税制改革,税收收入及以

---

① 王世恒.西方左翼政党民生理论的批判及启示[D].长春:吉林大学,博士学位论文,2015.
② 殷蕾.瑞典收入分配制度中的利益平衡问题研究[D].石家庄:河北师范大学,博士学位论文,2013.

税收收入为主要构成部分的财政收入出现了较大幅度的下降；②1995年瑞典成为欧盟正式成员国，为了与欧盟其他国家的税制相协调、减少重复征税和关税壁垒，瑞典在一些税种上做了较大调整。①

表5-3　　　　　　　　1990—1999年瑞典财政收入构成

年份	财政总收入（10亿克朗）	税收收入（10亿克朗）	比重（%）	非税收入（10亿克朗）	比重（%）
1990	860.8	756.1	88	104.7	12
1991	871.3	777.2	89	94.1	11
1992	856.4	735.3	86	121.1	14
1993	850.4	724.5	85	125.9	15
1994	886.5	780.3	88	105.6	12
1995	963.5	828.2	86	135.3	14
1996	1 028.1	913.3	89	114.8	11
1997	1 060.7	942.5	89	118.2	11
1998	1 133.3	995.1	88	138.2	12

资料来源：瑞典国家统计局统计资料，1989—2005年。

5.3.3　金融制度改革

2008年世界金融危机之前，瑞典金融业发展较为稳定。在世界金融危机中，瑞典金融业遭受了严重损失，瑞典政府从中吸取教训，致力于保持稳健的金融政策。1985—1989年，瑞典面临着显著的经济泡沫，房地产价格上涨了50%，股市的增长更是超过200%，由于存在较大经济泡沫，许多金融机构走向破产，金融危机爆发。金融危机使瑞典GDP降低了6%，瑞典经济陷于连续三年负增长。为了使国民经济早日恢复常态，瑞典政府扩大财政支出刺激经济。瑞典政府实施积极政策支持金融业走出危机，金融危机不久后进入了发展常态。瑞典政府从这次金融危机中吸取了教训，开始对金融业的发展保持高度警惕。金融机构在进行金融活动时保持谨慎态度，特别是对金融衍生品的交易，大多做小规模的衍生品交易，普遍回避了关乎信用的衍生品交易。②

2008年，美国次贷危机引发了国际金融危机，瑞典金融业面临挑战。瑞典

---

① 殷蕾.瑞典收入分配制度中的利益平衡问题研究［D］.石家庄：河北师范大学，博士学位论文，2013.
② 陈维佳.瑞典福利国家改革研究［D］.武汉：华中科技大学，博士学位论文，2011.

的GDP下降，在前次金融危机后首次出现0.2%负增长。瑞典股票市场反应明显，2008年斯德哥尔摩股票指数下跌创纪录，全年下跌近42%，改写了1931年世界经济大萧条时所创40%的历史纪录，瑞典银行业股票跌幅高达60%~70%。[①]1994—2008年经济危机期间瑞典GDP增长状况见图5-2。

图5-2　1994—2008年经济危机期间瑞典GDP增长状况

为了解决以上问题，瑞典政府探索实施了应对方案。瑞典政府忧虑波罗的海国家的生死存亡，因为一旦这些国家破产，瑞典银行会受牵连，甚或导致瑞典本国贷款冻结。瑞典经济发展最初依赖出口，出口在其经济发展中发挥了重要作用，出口在国内生产总值中占比大于50%。如果冻结本地市场贷款，很可能引发又一次经济危机。为了避免出现这一情况，2008年10月，瑞典政府宣布，准备到2009年4月给予担保银行和金融公司机构贷款超过1.5万亿克朗（2 050亿美元），这相当于瑞典国内生产总值1/2，不仅可用于银行间贷款，且可用于银行大部分商业活动。[②]

瑞典金融体制核心机构是直属于国会的中央银行，它在为国家实施管理服务的同时，也办理商业银行的业务。金融体制的主体是股份制和私营商业银行，同时也有合作银行、储蓄银行和其他金融机构。由中央银行、保险监督局和银行局共同承担监管责任。

瑞典是建立现代银行较早的国家。瑞典对银行的管理是非常严格的，由瑞典银行、保险监督局和中央银行三个部门共同实施监督。监督的内容主要包括银行

[①] 索鹏.全球金融危机对瑞典实体经济的影响.http://www.docin.com/p-281130809.html.
[②] 陈维佳.瑞典福利国家改革研究［D］.武汉：华中科技大学，博士学位论文，2011.

政策与法令的实施情况；商业银行和金融机构的管理情况；审查账务；对股票市场、交易所的监督等。

瑞典中央银行具有中央银行的一般职能，即发行的银行、银行的银行、政府的银行，且兼顾管理外汇，调节货币流通和管理信贷的职能，并办理商业银行的部分业务。瑞典中央银行在对商业银行进行管理时，通常会通过劝导的方式对其进行引导。瑞典中央银行直接对议会负责，主要是服务于国民经济发展；它的职责是制定货币政策，对汇率政策的顺利实施提供支持；管理国家货币储备；在某些条件下，发挥最后贷款人的作用。[1]

在金融监管方面，1989年瑞典政府解除了外汇管制，颁布了《外汇管制和信贷控制法案》。该法案赋予瑞典政府在金融监管方面更广泛的权利，提出在一些特殊情况下，如战争期间，或因战争、严重事件、个别短期资本大规模流动等，瑞典政府可以行使外汇管制权利。同时，瑞典政府还可以实施信贷控制，且须符合中央银行要求，不能违背中央银行政策意图。

需要注意的是，实施管制控制，需要先提交议会审议；只有通过审议，才能实施管制。如在1个月后还没有得到审议通过，则取消审议这项法令。

1996年，瑞典通过了《资本充足性法案》，该法案规定了金融机构的资本充足水平，要求任何机构所持有的资本必须达到这个充足水平，这有利于控制信贷风险和市场风险，减少金融市场的综合风险。为控制信贷风险，该法案规定资本比率须达到加权风险资产的8%；为控制市场风险，资本比率也应达到法案规定的水平。为了能达到法案规定的控制市场风险标准，金融机构可以在资本项目中增加一些约束，如原始到期日至少为两年的附属贷款。[2]

为了保证信贷机构和证券公司的资本充足性与防范风险，政府对金融机构的高风险做了明确定义。相关法案规定，若一个机构对单一客户或一个集团的关联客户的贷款超过该机构资本额的10%，则被认为是高风险。金融机构若发生高风险须向瑞典金融管理局报告；严禁对单一客户的贷款超过资本额的25%；特殊情况下该限制可适当放宽。金融机构的高风险资产总计不能超过资本额的800%。如金融机构违反了关于高风险有关规定，金融管理局会责令其改正，在必要时予以处罚。

瑞典还有一项金融交易税制度。1984—1991年，瑞典开始征收证券交易税。

---

[1] 王传纶.瑞典的金融制度［M］.国际金融百科全书.1993.
[2] 陈维佳.瑞典福利国家改革研究［D］.武汉：华中科技大学，博士学位论文，2011.

第一年征收的证券交易税为1%的双向税率,即在股票买入和卖出时都进行征税,税率均为0.5%。1986年,瑞典政府不仅扩大了征税的对象,开始对期权征税,而且提高双向税率至2%。期权税由在瑞典注册的证券交易经纪人缴纳,他们是瑞典金融市场的主要组成部分,大多数的股票交易都是由他们完成的。不管是本国人还是外国投资者,只要交易的是瑞典登记的股票,是通过在瑞典注册的证券交易经纪人,就要缴纳一定金额的证券交易税。1987年,瑞典政府要求注册证券交易经纪人之间交易时,必须缴纳税款,税率是1%的双向征收的证券交易税。

伴随证券交易不断增加,瑞典征收的证券交易税渐趋增长,但增长的金额没有达到人们的预期,这不免让人失望。出现这种状况,究其原因,主要是税制设计存在缺陷,给一些人提供了投机机会,产生了许多逃税交易。金融交易税制度只规定了对在瑞典注册的股票和瑞典注册的证券交易经纪人做交易征税,这样,只要换个证券交易经纪人就可以回避交税,他们完全可以选择在其他国家进行交易,这样就减少了交易成本。这一制度漏洞对外国的交易者是非常有利的。研究表明,瑞典在征收证券交易税之前,股票交易主要在斯德哥尔摩、伦敦和纽约的证券交易市场。嗣后,瑞典开始征收证券交易税,此后6年,在瑞典交易的股票数量明显减少,而伦敦市场的交易数量大幅增加。如表5-4所示,证券交易税征收后,1988—1990年,接近一半左右的瑞典股票交易转移到了伦敦。[1]

表5-4　　　　　　　　瑞典股票交易转移状况

年份	证券交易税税率(%)	每年在伦敦结算的瑞典股票比率(%)	19支瑞典大企业股票在瑞典国内交易的平均比例(%)
1985	1	—	—
1986	1	—	—
1987	1,2	30	—
1988	2	48	61
1989	2	51	57
1990	2	52	56

资料来源:Schulmeister, S., M. Schratzenstaller and O. Peck. A General Financial Transactions Tax: Motives, Revenues, Feasibility, and Effects .Vienna: Osterreichisches Institutfur Wirtschaftsforschung (WIFO), 2008.

1989年初,瑞典扩大了征税对象,即对固定收益证券征税。对固定收益征税

---

[1] 陈维佳.瑞典福利国家改革研究[D].武汉:华中科技大学,博士学位论文,2011.

的制度设计避免了交易避税的诟病,但是这项制度存在一些弊端。例如,这项税收的税基比较狭隘,导致了避税衍生工具大量出现,因此,政府未能通过这项税收获得较多财政收入。这项税收仅存在了一年时间,于1990年4月被废除。不过,这项税收对固定证券交易市场产生了很大的影响,其交易量比征收前下降了大约14%。固定收益证券交易量下降,促进了其他国内衍生工具的发展,导致其交易量迅速上升。

5.3.4 社会保障制度

20世纪90年代伊始,瑞典政府实施了社会保障制度的地方化改革。1992年,实施了老年和残疾人关怀与服务制度法案。这项法案的实施主要由地方政府来完成,他们要负责给老年人和残疾人提供各种社会服务,在保障他们基本生活的基础上,努力提高生活质量,这样的分工提高了地方政府的服务意识和地方服务资源的充分利用,达到高效率低支出的效果。一年后,这一法案取得了显著成效,看病人数和政府支出都大幅减少。免费接受老年病治疗的人数下降了一半以上,病床减少约10%,而且地方政府用于老年保健服务方面的支出减少了4.35亿克朗。① 1993年,为了提高地方政府积极性,充分利用地方政府社会救济和服务资源,尽量减少救济支出,瑞典政府再次进行改革,控制中央政府对地方政府的财政支持,财政资助要根据各个地方的税收情况和人口数量和分布结构来划拨,地方政府可以根据本地区的情况来支配。这样,不仅减少了政府的公共支出,而且使资源利用效率最大化,人们享受到的社会服务和社会救济都更加全面和完善。②

20世纪90年代中期,瑞典政府实施了养老金模式改革,由现收现付制与部分积累制相结合的新模式代替原来的现收现付制。20世纪90年代中期开始实行的"名义个人账户"改革最具有代表性。改革是在现收现付制的基础上,设置个人账户。个人缴纳一部分,企业主和国家补贴一部分,个人缴纳的部分计入个人账户,国家和企业主缴纳的部分计为基金。人们按照原来的养老保险制度计算,参保者不仅拥有个人账户上的资金,基金账户上的大部分甚至全部资金归参保者持有,个人账户上的基金只是名义性的。个人账户的作用只是方便人们对个人养老金缴费情况和养老金收益情况进行查询,通过这些来确定养老金津贴标准。1998

---

① 斯温·霍特,郑秉文.20世纪90年代瑞典社会保障改革综述:从"慷慨"到"吝啬"[J].国外社会科学,2004(04):43~51.

② 邓念国.高收入国家社会保障的民营化:新制度主义的视角[D].上海:上海交通大学,博士学位论文,2008.

年，瑞典政府提高了养老金缴费率，由原来的16%提高到18.5%，企业主和参保者各自承担50%，不再像以前，企业主要承担一半以上。这样就减轻了企业主的压力。①

伴随全球人口老龄化时代到来，瑞典政府意识到老年人口增多，各种养老服务费用增加，其中主要部分是养老金。养老金是老年人主要收入来源，需要国家承担较大的养老金缺口。为了降低养老金缺口风险，1993年瑞典通过法案，将退休年龄延长到65~66岁。仅一年以后，政府改革了养老金制度。把工资指数作为补充养老金的标准，养老金不单单作为一项社会保障，同时与经济发展水平关联。在经济繁荣时期，薪资水平高，政府的财政收入比较高；在经济萧条时期，政府财政收入会降低。因此，养老金支出与经济保持一致步调，能减轻政府压力，特别是在经济萧条时期。同年，瑞典政府提高了领取养老金的最低资格年龄，还降低了津贴的领取标准，年龄提高到61岁，津贴由原来的工资的65%降低到55%。2003年，新的养老保险基金模式正式施行，每个瑞典人可以获得一份最低保障养老基金，在职职工也拥有一份与劳动薪资相关联的养老金。②

瑞典失业保险福利有所下降。失业保险发放金额下降了，严格限制了发放对象的范围。1993年，瑞典的失业保险津贴标准下降了约10%，原来的津贴标准是职工正常工资的90%，后来降低到了80%，且失业保险津贴在失业后的第6天才开始发放。嗣后，政府为防止有人为领取这项福利而不再就业，规定对于有劳动能力的失业者，政府有义务帮助其再就业；若失业者失业时间较长，或不接受劳动管理部门提供的工作机会，则社会保险部门可扣发其20天到2个月的失业保险津贴③。

可以看出，这一时期，瑞典的社会保障政策属于紧缩型。统计数据表明，1980—1995年，与同期的其他西欧国家相比，瑞典社会保障水平上升速度是最低的，仅上升了0.3%。但是，瑞典社会保障福利水平的基数较高，总体发展水平在欧洲仍然遥遥领先。④

5.3.5 教育改革

20世纪90年代初，瑞典政府把教育的一部分职能分配给各个地方政府，由地

---

① 周云红.美国、德国和瑞典的社会政策建设及启示[D].济南：山东大学，博士学位论文，2012.

②③④ 邓念国.高收入国家社会保障的民营化：新制度主义的视角[D].上海：上海交通大学，博士学位论文，2008.

方政府负责提供义务教育、高中教育、成人教育。1993年，政府继续改革教育制度，把中央划拨到地方的教育补助拨款转变成一般性质的拨款，将瑞典的教育管理体制由中央集权转化为地方分权，这意味着地方政府在拥有更多权力的同时也要承担更多的责任，这提高了教育资源的使用效率。

1992年，自由择校政策在瑞典开始实施。经过10年改革试验，2003年的统计调查表明，90%的家长都对自由择校政策持赞同的态度，有接近20%的家长选择住地外的学校。[1]根据这个政策，家长在选择学校时有更多的自由度，不必像原来一定要到规定的学校学习。这促进了私立学校的快速发展，只要征得国家教育司的同意，就可以自由地设立私立学校。

1992年，瑞典政府推行了瑞典教育券计划，这项计划开始遭到社会民主党人的反对，但当他们上台执政时，受社会大环境影响，其态度截然不同，大力推行这项计划，通过相关立法，大幅提升教育券经费资助水平。至今，由国家资助而不受国家控制的教育券计划，已普遍被人们所接受。[2]

为了实现教育公平，瑞典政府专门设置了特别委员会，负责各个阶段教育的立法研究。通过立法，制定科学的教育政策，减少教育过程中可能存在的歧视。政府采取积极措施，加强学生教育，正确引导学生对待种族主义的态度，减少对移民家庭孩子的伤害。[3]这使瑞典教育政策不管是对本国低收入家庭，还是对外国移民，都促进实现了最大限度的公平。

过去十多年，瑞典的教育质量有所下降，教育成果不如预期，引起了社会各界广泛关注和讨论。为了改变这种情况，提高教育质量，推动持续发展，瑞典政府采取了一系列措施，努力维护国家的长远利益。[4]

第一，颁布新版《教育法》。2011年，为了提高教育的行业地位，瑞典颁布了新版的《教育法》，该法包含内容广泛，几乎囊括了从儿童到成人的所有教育阶段，从学前班、学前教育再到义务教育、继续教育，还有成人教育。新教育法与原教育法的不同在于强调了政府的监管力度、学生的自主性选择、学生的安全保障。

---

[1] 杨春燚，薛二勇.福利国家教育改革中的教育公平发展困境——基于瑞典的政策实践[J].外国中小学教育，2008（12）：1~5.

[2][4] 泥安儒.北欧福利国家教育政策发展研究[D].石家庄：河北大学，博士学位论文，2016.

[3] 杨林.二十世纪90年代以来瑞典基础教育课程改革的理念与创新[D].重庆：西南大学，博士学位论文，2011.

第二，对学习课程进行改革。2011年7月1日，瑞典开始实施了一套新课程体系，主要针对的是义务教育阶段的学生和特殊学校、高等中学和萨米族学校的学生。新课程体系更具有综合性，制定了一整套新的教学大纲、指导方针和总体目标。

第三，建立新的评分制度。2011年，瑞典修正了评分制度，废除了以前"优秀""中等""及格""不及格"四个等级制度的评分标准，取而代之的是从A~F的6个等级的评分制度。只有F是不及格，从E到A的等级由及格依次提高。新的评分制度在一定程度上吸收了欧洲的高等教育标准评分系统，即欧洲学分转换系统。

第四，增加教师资格证书的认证。从2013年12月1日起，瑞典的老师只有通过专业考试，获得教师专业资格证书，才可以和学校签订长期的劳动合同。[①]通过严格审核教师的教学水平和综合素质，不仅提高了教学质量，也更有利于教师的职业发展。

2014年，瑞典新上台的红绿政府联盟就学校教育改革达成一致。政府将提高教师待遇、缩小班级规模，将义务教育延长2~18年，瑞典青少年将免费获得高中教育。瑞典发言人Gustav Fridolin称将确保瑞典居民获得高中教育，以便找到合适的工作。[②]

2015年，为了解本国教育发展的具体情况，瑞典政府委托国际学生评估项目背后的经济合作与发展组织（OECD）对瑞典的教育进行了跟踪调查。结果表明，瑞典的教学质量有倒退的趋势。提高教育质量当属瑞典所需解决问题中的重中之重，特别是在学生的科学、语文和数学方面。其实，瑞典政府对教育投入不足已有察觉，加大了教育投入。2014年，政府投入到教育中的资金占瑞典国民收入总值的6.8%，经济合作与发展组织的平均教育投入水平仅是国内生产总值的5.6%。由此可见，瑞典政府高度重视解决教育投资问题。[③]

5.3.6 社会结构与中产阶级

瑞典社会关于社会阶级的定义并不明确，怎样划分中产阶级的说法也是各执己见。瑞典高中社会教科书中，对中产阶级的定义包括小企业主和企业中的白领职员。另外比较普遍的定义是瑞典中央统计局的，认为大中专学历以上的企业高级管理人员属于社会的中上层，把企业中的白领职员划分到中产阶级。

[①②③] 泥安儒.北欧福利国家教育政策发展研究[D].石家庄：河北大学，博士学位论文，2016.

根据上述划分标准，要计算出国家中产阶级的确切人数是很困难的。最新分法是以家庭可支配收入为依据，将瑞典家庭大致分为了三个等级：首先是年收入低于20万瑞典克朗的家庭，属于低收入家庭，占瑞典社会的20%左右；其次是属于高收入家庭，每年可支配家庭收入要达到65万克朗以上，这些家庭的成员多是企业高层领导，占10%左右；最后，除了低收入和高收入家庭之外的都属于中等收入家庭，70%家庭都在这个阶层，他们的可支配收入每月大概要有2万克朗以上。中等收入家庭是瑞典社会阶级结构的主要组成部分。[1]

根据有关机构统计调查，2002年，瑞典的人均国内生产总值为25 400美元，大约85%的家庭都拥有私家车，50%家庭有两处房子，75%的家庭有电脑，瑞典人重视家庭生活，每年有70%的家庭会组织家人集体出国旅游。其中，50%以上的出国旅游家庭属于中产阶级。[2]

瑞典中产阶级在人们心中的标准并不高。通常认为，父母健全、有一对可爱的孩子、住房宽敞、人均的住房面积达到80平方米就可以列为中产阶级。由于瑞典的高福利政策，一个家庭只要有一个人参加工作获得的收入再加上政府的福利补贴，一家人的生活就有保障，可以进入中产阶级的行列。

通过前面的划分，我们知道中产阶级在瑞典占有非常高的比例，他们在社会上的影响力也不容小觑。例如，2006年9月，瑞典举行了大选，由于意识到中产阶级的重要性，参加竞选的中右联盟就提出了许多有利于中产阶级的政策承诺，主要有取消财产税、降低个人所得税等利好政策。由于中产阶级的支持，中右联盟在这次选举中获得了胜利。[3]

瑞典健康稳定的经济环境，为瑞典中产阶级的不断壮大提供了基础条件。瑞典有丰富的自然资源，包括森林、铁矿和水利，这些资源在早期促进了瑞典出口业的发展。伴随工业化的推进，瑞典更加重视科技创新和人才培育。瑞典政府非常重视教育的发展，这促进了瑞典培养高层次人才，为瑞典的技术创新补充人力资源。20世纪70年代，瑞典加快推进技术创新，加大科技研发投入，发展高新技术产业，交通、环保、医药保健、信息、通信等产业在世界上名列前茅。[4] 瑞典拥

---

[1] 陈维佳.瑞典福利国家改革研究[D].武汉：华中科技大学，博士学位论文，2011.

[2] 马世俊.瑞典中产"借债"度日[J].环球杂志，2007：6~7.

[3] 邓念国.高收入国家社会保障的民营化：新制度主义的视角[D].上海：上海交通大学，博士学位论文，2008.

[4] 刘舒婷.瑞典社会民主党培育和践行其核心价值观的经验及启示[D].武汉：华中师范大学，硕士学位论文，2015.

有爱立信电讯公司、ABB电气公司、沃尔沃汽车、伊莱克斯家电等大型跨国企业。工业总产值中，机械占45%，林业加工占21%，化工占11%，食品占10%，矿产占7%，其他占6%。2002年，瑞典妇女年收入（税前，个人所得税大约平均为30%）为23.5万瑞典克朗，男性年收入30.5万克朗，妇女为男人收入的77%，主要是一些妇女从事的是非全日制工作。瑞典企业主所得税率是33%，这是支撑瑞典高福利的重要财源。①

公平始终是瑞典模式中的核心思想之一。经过收入的初次分配和主要以税收收入为手段的再分配，瑞典的收入差距不大，没有很穷的人，也没有很富的人。瑞典人均收入水平很高，但是没有大量的世界级富豪，至于街上偶尔有乞讨者，其大多是吸毒成瘾者。②

---

① 杨宜勇.瑞典和德国的中产阶级演进与中国未来社会阶层结构［J］.商务周刊，2004（08）：80~83.

② 邓念国.高收入国家社会保障的民营化：新制度主义的视角［D］.上海：上海交通大学，博士学位论文，2008.

第 6 章　美国国民财富分配改革

美国财富分配制度历经形成阶段、发展阶段和成熟阶段。自1776年，美国的财税制度、社会保障制度、劳动就业制度和教育制度经历了从建立到发展再到渐进完善的历程。美国税收制度从以关税为主的间接税发展为以所得税为主的直接税，且其税率随经济形势的变化而变化。社会保障制度也经历了从无到有、保障的覆盖面渐进扩大的过程。在保障工作时间方面，建立了有限保障制度，美国政府在面临财政赤字及债务危机之后，将社会保障同工作联系起来，对于有工作能力的人有保障时间的规定。在劳动就业方面，政府始终致力于增加就业，降低失业率，并取得了一定成效。在教育制度方面，美国政府意识到教育的重要性，为教育投入了大量资金，教育政策渐进完善。在克林顿总统执政期间，教育改革取得了显著效果。美国中产阶级在规模上长期呈现扩张趋势，层级结构趋于复杂。

6.1　形成阶段（19世纪中叶至20世纪初叶）

19世纪中叶至20世纪初为美国国民财富分配制度发展的形成阶段。18世纪初至19世纪末，美国实行间接税制，以关税为主体。1913—1920年，公司利润所得税与个人收入所得税随时间变化在渐进提高。梅隆主张不干预经济信条，使税率得到一定程度的下降。由于在英国的殖民统治之下，美国在获得独立前的社会保障政策依赖的是英国的"济贫法"。独立战争胜利以后，美国逐渐建立了联邦的社会保障政策，于1935年颁布《社会保障法》。该法制定之初存在许多缺陷，随着时间推进，该法在实践中不断修改与完善。在教育方面，美国最早的教育机构是建立于1636年的哈佛学院，美国在英殖民地统治时期共有九所高等教育学府，自其获得独立后至1800年，高等教育机构数量和入学人数都在增加，升学率也在上升。高等教育机构的分布状态伴随美国国土扩张在发生相应的变化。

6.1.1　税制发展与改革

18世纪初至19世纪末，美国实行的税收制度为间接税制，税制的主体为关税。美国最早的关税法令颁布于1789年7月。该法令指出，征税商品共有81

种，征收特别关税的有30种，对其余征税商品征收税率不同的计价税，税率为5%~15%。有大量商品被列入重点项目，该法令规定对这部分商品统一征收5%的关税。[①] 总体而言，平均税率在8.5%以下。由于征收的关税难以满足国家发展的需要，在随后的几年里，美国又多次提高了关税率。在颁布关税的初期，进口商品的征税率存在较大差别，从5%~100%，平均税率始终到1861年才得以稳定。在此期间，关税收入在美国财政收入中占比较大，成为财政收入的最重要来源。

1913—1920年，美国在征收公司利润所得税及个人收入所得税时依据公司所得利润的多少及人均收入水平，在综合考察支付能力的基础上确定税率的多少。嗣后，公司所得利润及人均收入伴随经济发展水平的上升而提高，与此相对应的公司利润所得税及个人收入所得税的税率也在逐年上升。就公司所得税而言，1913年美国相关法律作出规定，若公司当年利润超过5 000美元，则其超出部分应缴纳1%的利润所得税。该税的税率在随后的几年几经提高，1917年为6%，1918年则升至10%。此外，美国还对公司所得利润征收超额所得税，税率较高。例如，所得利润的部分与股本的15%相当时，该部分征收的超额所得税率为25%，对于更高的部分征收的超额所得税率更高。据统计，1917~1918年，美国国库每年征收的超额所得税平均每年为20亿美元。[②] 就个人所得税而言，在1913年，对于年收入超过4 000美元的已婚人员及年收入超过3 000美元的单身人员，个人所得税率为1%，而年收入在50万美元以上的人员需再缴纳6%的附加税。同公司利润所得税一样，在随后的几年，税率逐年提高。1916年，个人所得税率增加至2%，1917年为4%，1918年个人所得税率达到了12%。附加税率由1913年的6%提高到1917年的50%，再增加至1918年的65%。[③] 当然，税率提高取得了相应的成果。首先，美国的财政收入大幅度提升，为其发展经济提供了物质支撑；其次，减小了国民收入差距。尤其是较高的超额利润所得税率及附加税率，大大减少了富人的实际收入所得，减少了社会矛盾，促进了社会稳定。

6.1.2 社会保障制度与政策

美国社会保障政策的建立始于1935年颁布的《社会保障法》。该法是大萧条及罗斯福新政的产物。该法建立的初衷是解决全国广泛存在的一系列问题，为老年人、残疾人、儿童的生活提供更多、更充足的保障，为失业者提供救助，为居

[①] 佟福全.美国税收制度及改革趋势［J］.吉林财贸学院学报，1981（04）：56~61.
[②] ［美］德怀特·L.社蒙德.现代美国［M］.北京：商务印书馆，1984.
[③] 许国林.二十年代美国国民收入分配问题初探［J］.许昌师专学报，1995（01）：46~50.

民提供医疗保险以及其他方面的救助等。①《社会保障法》的实施对经济的恢复发挥了一定的作用，紧张的劳资关系也因此得到一定程度的缓和。通过社会救助，产生了大量的支出，增加了社会产品的有效需求，促进了国民经济的恢复。该法作为美国社会保障制度的开端，为后续法案的制定与完善发挥了不可替代的作用。

在早期的封建社会制度中，统治者为了加强对国家的统治、维护社会的安全与稳定，对那些处于生活贫困之中的人民实施了一些救助，但这种救助是基于统治者的意愿，不是基于相应的法律。因此，很多社会底层群体陷于贫困之中，生活得不到保障。19世纪德国在各种条件的催化下，以法律的形式确立了现代社会保障制度。由于德国在这方面的努力早于许多高收入国家，现今德国的社会保障制度比较健全。此后，欧洲的许多高收入国家都纷纷开始建立社会保障制度。同样作为高收入国家的美国，其社会保障制度的建立相比上述国家较晚。1929—1933年，美国发生了较为严重的经济危机，群众的生活陷入了极度困苦的境地，大批工人失业，丧失了维持正常生活所必要的收入来源，许多工厂倒闭。有些生产食品的厂商由于食品卖不出去就将其倒掉，而不是将这些食品分发给买不起食物的贫苦人民，当时人们的生活苦不堪言。经过这次经济危机，美国政府意识到保障人民基本生活的必要性。因此，实行新政的罗斯福于1935年颁布了《社会保障法》，美国社会保障制度开始建立起来。后来，美国经济取得较迅速的发展正是得益于此，社会保障制度也得到相应的完善。如今，美国的社会保障制度已经取得了较大的成就，在人们的日常生活中扮演了重要角色。1948年，联合国通过的《世界人权宣言》，第一次在国际性文献中将社会保障作为基本人权加以确定。②

美国通过独立战争获得了国家独立，不再遭受英国的统治，远离了剥削，这使美国的经济迅速发展，生产力大大提高。独立战争之前，美国的人口达到了235.4万人。八年战争使其人口大量消亡。战争取得胜利后，美国人口大量增加。1899年，其人口较1860年的南北战争开始时增加了5倍，增至529.7万人。至1909年，其人口较1774年而言，增加了40多倍，人口数量在1个亿左右。同人口迅速增长相适应，其领土面积也在迅速扩张。1783年，美国仅有89万平方英里的领土，而1900年，其面积便已达到了300多万平方英里。美国的资本存量在1774

---

① Robert A. Reuther. The United States Social Security System［J］.Social Insurance，2013，10.
② 王笛.美国联邦社会养老保险基金运行及改革［D］.武汉：华中科技大学，硕士毕业论文，2013.

年至1909年也在急速增长,1909年的资本存量为1774年资本存量的388倍。[①] 美国人均国内生产总值与其他国家比较见表6-1。

表6-1　美国人均国内生产总值与其他国家比较（1850—1913年）

国家 \ 年份	1850年	1870年	1890年	1913年
英国	1.30	1.33	1.21	0.95
法国	0.92	0.76	0.69	0.65
德国	0.81	0.78	0.75	0.72
比利时	0.99	1.07	0.99	0.78
荷兰	1.04	1.07	0.92	0.74
澳大利亚	1.69	1.55	1.41	1.04
新西兰	—	1.27	1.11	0.98
中国	—	0.21	0.18	0.13

注：以1990年美元价格计算,美国为1。
资料来源：斯坦利恩·格尔曼、罗伯特·高尔曼：剑桥美国经济史（第二卷），北京：中国人民大学出版社，2008年版，第15~21页。

由表6-1可以看出,这一阶段的美国经济高速发展。1850年美国的人均国内生产总值落后于英国,法国落后于美国,但其差距甚微。随着时间推移,英国与美国之间人均国内生产总值的差距逐渐缩小。截至1913年,英国已落后于美国,法国人均国内生产总值与美国比较差距在逐渐扩大。就澳大利亚而言,其人均国内生产总值在1850年时为美国的1.69倍,但是到1913年,两国之间的差距已微乎其微。中国人均国内生产总值在1870年时为美国的20%,到1913年时也只有美国的13%。由以上比较分析可见,美国的经济发展足以让世界为之惊奇。

伴随美国国民经济的迅速发展,社会不平等问题也由此而生。尽管法律明文规定：人人生而平等,但经济上的平等却不存在。尤其是在封建体制及世袭制度废除之后,象征人们社会地位的唯一因素便是财富。社会财富在国民中的占有情况在这种趋势下发生了明显变化,财富占有不平等的现象越发严重。[②]

根据美国联邦统计调查,1860年美国在财产分布的不平等方面达到了极致：

---

① 周云红.美国、德国和瑞典的社会政策建设及启示[D].济南：山东大学,硕士学位论文,2012.

② 王世恒.西方左翼政党民生理论的批判及启示[D].长春：吉林大学,博士学位论文,2015.

全部财产的73%集中在占总人口10%的人手中。由表6-2可以看出，1774年最富有的1%人口所持有的财产比例为12.9%，最富有的10%人口所持有的财产比例为50.7%，基尼系数为0.66，美国的财富分配已经极度不平等。1860年不平等现象更为严重。自由成年男性中最富有的1%人口持有的财产比例达29%，最富有的10%人口持有的财产比例为73%，基尼系数升至0.832，社会财富分配严重不平等，少部分人占有社会的绝大多数财产，绝大部分人几乎没有财产，这显然不利于社会稳定与和谐发展。在总财产的分布上体现了严重不平等，在不动产的分布上也体现出了不平等的严峻现状。1798年，最富有的1%人口持有社会13%的不动产，最富有10%的人口持有45%的不动产，基尼系数为0.59，这种不平等性已经相当严重，但这一不平等问题在1860年发展到了危险状态。1960年，最富有的1%人口持有19%的社会不动产，最富有的10%人口持有53%的社会不动产，也就是说不动产一般集中在占总人口10%的人手中，基尼系数达到0.66。表6-2彰显了美国社会财富的极度不平等性。造成这种现象的原因是多方面的。一方面，美国的传媒及交通在19世纪上半叶取得了突破性发展，促进了人口的流动。农村劳动力以及欧洲国家居民流入美国工业部门，满足了经济扩大发展对劳动力的需求。[①] 扩大再生产是资本家为了获取更多超额利润的源泉，是资本家更多压榨劳动力的手段。资本主义的扩大再生产只能造成资本家及劳动力收入的悬殊。大量人口争取有限的工作岗位，导致资本家降低工人工资，这也就使收入差距进一步扩大。另一方面，由于财富象征着人们的社会地位，人们展现出了对财富的疯狂追逐，资本家在攫取利润时便更加放肆。垄断与控制在19世纪末期的美国相当普遍。垄断为资本家获取更多财富提供了条件，贫富差距在原来的基础上继续扩大。财富分配不平等由此产生[②]。

表6-2　　美国财产不平等的发展趋势

财产期限、类型和财产持有单位	最富有1%人口所持有财产比（%）	最富有10%人口所持有财产比例（%）	基尼系数
1774年自由财产持有者（总财产）	12.9	50.7	0.66
1860年自由成年男性（总财产）	29	73	0.832

---

① 周云红.美国、德国和瑞典的社会政策建设及启示［D］.济南：山东大学，硕士学位论文，2012.

② 邓念国.高收入国家社会保障的民营化：新制度主义的视角［D］.上海：上海交通大学，博士学位论文，2008.

续表

财产期限、类型和财产持有单位	最富有1%人口所持有财产比（%）	最富有10%人口所持有财产比例（%）	基尼系数
1870年成年男性（总财产）	27	70	0.833
1870年白人成年男性（总财产）	24	68	0.814
1890年（总财产）	26	72	
1798年（不动产）	13	45	0.59
1860年（不动产）	19	53	0.66

资料来源：美国劳工部报告、美国劳工部网站。

进入19世纪，高收入国家政府普遍推崇古典自由主义经济学说。古典自由主义最具代表性的亚当·斯密的学说影响力很大。奉行古典自由主义的政府认为，干预会阻碍经济发展，政府应当放任市场，让市场由其价格机制、竞争机制及供求机制的自发作用达到均衡，无须市场之外的任何因素干扰，政府及个人的干预只会破坏市场的均衡调节，对经济产生不利的影响。在经济领域，政府只应做好"守夜人"的角色。[①]

独立战争前，美国受英国殖民统治。在社会保障方面，主要政策依据是英国的济贫法。英国养老保险制度的起源可以追溯到1269年，当时为国王工作多年的仆人威廉年事已高，失去了收入来源，老年生活无法得到保障，国王便每天给他支付一定金额的货币满足日常生活所需。自此，英国养老保险开始萌芽。此后出现了一些其他形式的养老保险基金，覆盖范围渐进拓展，但这一时期养老保险基金发展较为缓慢。[②]

1601年英国颁布的《伊丽莎白济贫法》对英国的社会保障制度意义重大。此法的主要内容为政府应保障没有工作的公民的基本生活，定期给他们支付一定金额的保障金，为他们的孩子提供一些就业机会，促进社会公平，维护社会稳定[③]。

1601年的济贫法是英国第一个社会保障方面的法律。作为第一次对社会保障的探索，有许多不足之处，新的济贫法必然取代旧的济贫法。1834年"新济贫法"

---

① http://baike.sogou.com/v26027.htm.
② 邓念国.高收入国家社会保障的民营化：新制度主义的视角[D].上海：上海交通大学，博士学位论文，2008.
③ 丁建定.高收入国家社会保障制度史[M].北京：高等教育出版社，2010：122.

问世，它继承了旧济贫法的合理部分，摒弃了旧济贫法的不可取之处。社会保障制度得到了一定完善，对贫困群体的生活给予了进一步保障。济贫法经过几百年发展，养老保险制度渐进形成[①]。

早期的济贫法存在许多不足之处。18世纪早期，许多贫穷人口移民至美国，北美殖民地用于救济的资金迅速增加，财政难以满足需求。初期的济贫法难以保障人民基本生活。在济贫法之外，许多民间团体组织了小范围的救助。独立战争之后，真正意义上的社会救济才出现。

表6-3为美国纽约州伊利城在1830—1878年济贫院内人数及其在总人口中的占比情况。从表6-3中可以看出，1830年济贫院内人数占总人口的5.94%，而1830—1852年，院内人数扶摇直上，其在总人口中的占比也迅速上升，在1852年其占比达到20.34%。由此可见，在这段时间，济贫压力大，济贫支出多，对财政构成了重担。1856年情况发生了改变，院内人数较1852年减少，占比也大大减少。尽管如此，1856年济贫院人数是1830年的4倍，占比也超过1830年，情况不容乐观。1856—1978年，济贫院内的人数基本上呈现出上升趋势，由于总人口的上涨，济贫院人数占总人口的比重基本保持不变[②]。

1862年，美国的社会保障范围扩大至残疾军人及其家属。国会颁布相关法令，国家会救助在战争中受伤的军人，对于在战争中失去生命的士兵的妻儿，国家会为其发放抚恤金。1865年，美国社会保障范围继续扩大，国会建立自由民局，救济难民及黑人。这在当时是一个伟大的进步，在歧视黑人的情况下，政府能够为黑人提供救助，说明美国的社会保障政策在一步步完善。嗣后，自由民局成立医院、提供救济粮等，救济了数十万病人及难民。社会保障政策还涉及儿童利益，相关政策规定：儿童需进入学校学习，不得雇佣特定年龄之下的儿童，儿童工作的时间应减少等。在此基础上，美国还致力于为儿童谋福利。在城市居民住房问题上，政府进行了一系列的改革：对破旧住宅进行维修、拆除危房、为居民建造经济公寓等。对于这一问题，19世纪80年代美国有11个州、40个城市出台了相关的法规。[③] 在工伤领域，社会保障取得了长足的进步，建立了相关的赔偿制度。

[①] 李珍.社会保障理论[M].北京：中国劳动社会保障出版社，2001.
[②] 丁建定.高收入国家社会保障制度史[M].北京：高等教育出版社，2010：133~134.
[③] 周云红.美国、德国和瑞典的社会政策建设及启示[D].济南：山东大学，硕士学位论文，2012.

表6-3　　　　1830—1878年美国纽约州伊利城济贫院人数[①]

年份（年）	院内人数（个）	占总人口比例（%）	年份（年）	院内人数（个）	占总人口比例（%）
1830	212	5.94	1856	877	7.08
1832	320	8.02	1858	1 044	7.87
1834	420	9.44	1860	876	6.17
1836	480	9.66	1862	873	5.87
1838	344	6.20	1864	854	5.48
1840	377	6.08	1866	1 037	6.35
1842	423	6.62	1873	1 677	8.81
1844	550	7.29	1875	1 291	6.51
1850	1 466	14.51	1876	1 488	7.34
1852	2 199	20.34	1878	1 490	7.06

资料来源：美国劳工部报告、美国劳工部网站。

这一时期美国的社会保障政策取得了一定成果，但社会救济的对象主要是贫穷人口，覆盖范围较窄。救济穷人也引起社会广泛的不满，有些人甚至主张救济穷人不能达到预想效果，因为穷人不工作便可以获得生活来源，这在一定程度上会抑制穷人工作的积极性，造成穷人过分依赖国家的救济。因此，许多社会人士提议废止济贫法。许多人反对实施济贫法，但是济贫法不乏支持者。支持者认为，济贫法必不可少，因为大量穷人在自身温饱解决不了的情况下，会为社会增添许多不和谐因素。纵观这一时期的社会救济，救济主要是针对城市，而忽视了农村，救济工作主要由州政府负责。

美国的社会保障政策在第一次世界大战前主要关注的是济贫，但在这一时期，美国政府开始关注经济领域，并涉足社会领域，不再拘泥于传统自由主义。在刚取得独立战争胜利的一段时期，美国仍然受到英国的排挤，旧势力依然存在，美国的制造品很难在国际市场上立足。美国政府为克服这一难题，采取了有力措施。美国施行关税政策，既增加了政府的收入，又对进口商品征收税款，提高本国商品的竞争力，保护本国经济的发展。此后的100多年，美国关税渐进提高，本国经济发展一片繁荣，离世界强国的目标也愈加近。[②]

[①] 丁建定.高收入国家社会保障制度史［M］.北京：高等教育出版社，2010：133~134.

[②] 邓念国.高收入国家社会保障的民营化：新制度主义的视角［D］.上海：上海交通大学，博士学位论文，2008.

6.1.3 教育制度

哈佛学院是美国最早的高等教育学府，建立于1636年。自1636年第一所高校建立到内战爆发，美国高等教育结构较单一。[①] 在独立战争打响之前，北美殖民地先后建立了9所高等教育学府：哈佛学院、威廉与玛丽学院、耶鲁学院、普林斯顿学院、费城学院、国王学院、罗德岛学院、女王学院、达特茅斯学院。其中费城学院便是现在广为人知的宾夕法尼亚大学，而国王学院为现在的哥伦比亚大学，罗德岛学院即布朗大学，女王学院为罗格斯大学。这9所学院现在均是世界最高学府。但在当时，这些学院人数较少，资源贫乏。

美国在取得独立战争胜利后，高等教育的发展取得了一定成果。最先表现在高等教育学府数量的增加，由原来的9所增加到1800年的26所。19世纪上半叶，数量达到了几百所。由于教育体系发展不完善，资金不充足，教育质量难以令人满意等原因，许多新建立的教育机构遭遇倒闭危机。美国教育机构的分布伴随美国领土的扩张而呈现出不同的状态。在美国获得独立之初，仅包括13个州，后来其他州陆续宣布独立，扩张了美国的版图，教育机构的数量也伴随美国版图的扩张而增加，每个州都有自身的高等教育学府，并且不止1所，大部分均是由宗教所建。在版图扩张之后，教育机构的分布也发生了较为明显的变化，新英格兰学院所占的份额下滑，大部分集中在中西部及西南部地区。在这段时间里，高等教育体系一个明显变化是学员人数增加，规模扩大，入学率不断提高。[②]

6.2 发展阶段（第一次世界大战后至20世纪70年代）

第一次世界大战后至20世纪70年代为发展阶段。第一次世界大战期间，为了筹集充足的军需费用，美国实行较高税率的所得税，增加了居民的税收负担，而超额累进所得税使富裕阶层要缴纳的赋税更高。富裕阶层认为，这种税收制度侵害了他们的利益，尤其是个人所得税率高达67%。1917年改革之前，这一税率仅为15%。同时，在起征额方面，超额累进所得税由15 000美元降低至5 000美元。除了所得税，其他税种的税率在第一次世界大战期间大幅提高。战时，美国政府为了筹集足够的款项，以满足战争的需要，美国政府于1919年又提高了税率。在新税法中，富裕阶层的缴税率甚至达到了77%。增税只是暂时的，战争结束后，

[①②] 韩梦洁.美国高等教育结构变迁机制研究［D］.大连：大连理工大学, 博士学位论文, 2013.

政府立即降低税率。战后，为了缓解这种情况，政府大规模减税，减税政策更多是针对富人。因此，战后的税收政策为富裕阶层谋取了较大的利益，加重了贫富两极分化的形势，抑制了贫穷阶层人民工作的积极性。在金融体系方面，由于在战争中，军费除了依靠征税获得外，政府还发行了大量的债券。为了挽救美国的金融体系，罗斯福总统在20世纪30年代加强了金融体系的改革。①1933年前后，美国的失业情况比较严重，为了解决失业问题，政府将大量资金投入到公共设施的建设上，取得了一定效果，罗斯福总统实施了社会保障制度建设及完善。

1929—1933年的世界经济危机期间，美国工人失业率较高，工资水平较低，生活难以得到保障，社会不和谐因素较多。罗斯福总统从危机中吸取教训，于1935年颁布《社会保障法》，对失业问题给予高度关注，并制定了相关政策。在这段时间里，美国的财税制度也发生了变化，不再依赖关税，转而以所得税为重心，并多次提高所得税率。社会保障政策也在这一时期取得了长足的进步，贫困差距较大，基尼系数较高，贫困率居高不下，种种社会问题催生了《社会保障法》的问世。该法在颁布之后，取得了明显效果，失业率渐进下降。《社会保障法》除了关注失业问题，在社会保险及公共救助等方面产生了积极影响。美国高等教育机构数量及规模均在增加，公立高等教育机构在美国占据主体地位，最普遍是四年制高等教育机构。②

第二次世界大战后，美国的社会保险税率呈现出上升的趋势。但在个人所得税方面，无论是约翰逊总统，还是肯尼迪总统，抑或是里根总统均实行了减税政策，以促进经济的恢复及发展。美国政府始终在推进金融制度的革新，其颁布一系列法案，取消对金融机构的众多限制、扩大金融机构的资金来源、促进金融机构之间的竞争，促使其向自由化的方向发展。战争结束后，政府采取了一系列促进居民就业的政策，增加居民收入，保障居民基本生活。这一时期，财税方面的主要特点就是减税。为了维护金融机构的稳定，使金融机构能够适应时代发展的要求，政府不断对其改进。增加了存款保险公司的资本充足率，提供了银行并购的标准，废弃了金融机构的分业经营而转向混业经营，加强监管，以更好地应对危机的发生，同时对金融衍生品的交易进行限制。第二次世界大战为美国经济的腾飞提供了契机，与战争相关的行业得到了迅速的发展，为政府提供了大量的收

---

① [美]德怀特·L.杜蒙德.现代美国[M].北京：商务印书馆，1984.
② 邓念国.高收入国家社会保障的民营化：新制度主义的视角[D].上海：上海交通大学，博士学位论文，2008.

入。战后，经济继续繁荣，美国政府有了更多能力去发展和完善其社会保障政策及社会福利措施。战后的众多执政者都在加强社会保障，使美国的贫困率不断下降，但是基尼系数却并没有下降，收入差距在扩大。为了保障人民的基本生活水平，提高人民生活质量，总统们都对就业状况、医疗补助、住房补助等给予较高的关注。20世纪70年代经济滞胀发生之后，社会保障政策也发生了变化，尼克松总统提出，不去工作的人不会得到政府发放的福利，在救济方面也减小了力度。作为继任者的卡特总统，在社会保障上也进行了一些限制。里根总统为了减少人们对政府救济的过度依赖，进而造成工作积极性降低，也削减了社会保障及社会福利，减轻了政府的负担。①第二次世界大战之后，美国为了在冷战中战胜俄罗斯，进而争夺世界霸权，高度重视科学技术及教育的发展，促进研究所及实验室的建立及发展，对高等教育给予了政策支持。教育在这一时期的发展是有目共睹的，表现在教育机构的增加，还表现在受教育人员的增加，以及提高了受教育程度。中产阶级在这一时期的变化趋势也比较明显，主要表现为：人员规模的扩大及覆盖范围更广。20世纪40年代起，中产阶级人数在美国总人数中的比例占到70%以上。

6.2.1 劳动就业和工资制度发展与改革

20世纪20年代，美国社会发生急剧变化，经济下行，工人失业，大批人群破产。失业人数骤增，生活窘迫，温饱问题得不到解决，社会不稳定。1925—1929年，美国失业率在5%以下，经济形势令人满意，工人生活较为稳定。但自1929年开始，由于经济危机的爆发，大批工厂倒闭，失业率急剧攀升，最高接近25%。工人失去了经济来源，难以在别处找到工作，生活窘迫，民不聊生。工厂生产的产品面临滞销，有些工厂主甚至将销售不出去的牛奶等食品倒掉。1929—1932年的危机让人民的生活苦不堪言。自罗斯福上任之后，经济好转，工厂数量增加，许多工人找到工作，失业率下降。自1933年以来，美国的失业率总体呈现出下降趋势，1944年甚至降到1%以下，经济一片繁荣。②

自1945年日本侵略者投降到第二次世界大战结束，由于战争原因，美国社会发展态势纷繁复杂，问题较多。无论是在物价还是劳动力抑或社会稳定方面，美国面临严峻的挑战。为了解决这些问题，美国总统布鲁门于1944年签署并实施了

---

① 邓念国.高收入国家社会保障的民营化：新制度主义的视角［D］.上海：上海交通大学，博士学位论文，2008.

② 滕菲.典型国家劳动关系协调模式比较及其对中国的吸收与启示［D］.沈阳：辽宁大学，硕士学位论文，2014.

《美国军人权利法案》。该法案主要为了缓解军人的就业问题，组织800万名军人进入学校继续接受教育，减轻了劳动力市场的就业压力，又使军人接受更高的教育，提高自身能力，为美国培养大批高素质人才。① 为了解决更多居民的就业问题，提供更多就业岗位，布鲁门政府于1946年颁布了《就业法案》。在该法案中，政府获得了更多参与经济生活的权利，在经济发展与稳定、促进就业、维护社会稳定等方面发挥了重要作用。

6.2.2 财税制度改革

由上文可知，建国之初美国以关税为主。1861—1933年，美国税制发生了变化，不再依赖关税，而是转向所得税，形成了以所得税为中心的复合税制。②

1861年美国第一次征收所得税。1861—1871年，美国依靠所得税获得了大量的财政收入。1872年美国政府废除了所得税，1913年不仅恢复了所得税，还开始征收遗产税。1917年政府征收的所得税已经占总税收的一半以上，逐步形成了以所得税为主体的税收制度。

伴随美国经济不断发展，1921—1922年美国政府认为，较高的公司利润所得税及个人收入所得税会阻碍投资，抑制国民经济发展，因此应降低所得税率，鼓励投资，采取不干预经济事务、鼓励工商业发展的战略。这种政策得到上层富人的支持。更有甚者，时任财政部长梅隆认为，应向低收入群体征收税负，这可以避免向高收入群体征税而使投资减少的局面。为了使其想法得到实施，他对低收入群体进行游说。③ 随后，富裕阶层要求的减税政策得到执政者的支持，公司利润所得税税率及个人收入所得税税率均大大降低。当然，减税政策取得了一定成果：减税刺激了富裕阶层的投资，生产规模扩大，美国经济取得了前所未有的繁荣。同时，贫富两极分化越发严重：社会的绝大多数财富被少量的富人及垄断资本家占有，工人收入较资本家而言微乎其微，虽然经济的发展提高了工人的平均工资，但其提高速度远不及富人收入增长的速度，贫者愈贫，富者愈富。④ 国民收入差距的扩大为社会的稳定发展埋下了隐患。

自1933年起，美国的征税范围渐进扩大，于1937年开始征收社会保险税。社会保险税的征收依据为利润与工资，企业主及劳工各缴纳一半，该项税种的特别

---

① 周云红.美国、德国和瑞典的社会政策建设及启示[D].济南：山东大学，硕士学位论文，2012.
② 佟福全.美国税收制度及改革趋势[J].吉林财贸学院学报，1981（04）：56~61.
③ [美] 丁·布卢姆.美国的历程[M].北京：商务印书馆，1988.
④ 国林.二十年代美国国民收入分配问题初探[J].许昌师专学报，1995（01）：46~50.

之处在于只能用于特定用途。20世纪40年代，政府开始征收预扣所得税，纳税人税负更重。

战争耗费大量的人力、物力，对经济发展产生一定抑制作用。在第一次世界大战期间，美国政府需要广泛募集资金，增税成为首选。1916年，收入法案提高了个人所得税率及边际税率。其中，最低个人所得税率从1%升至2%，最高边际税率从7%升至15%，1917年升至67%，1918年升至77%。战争期间政府征收了高昂的个人所得税，但征税对象只是少部分的高收入群体。第一次世界大战后，经济重新焕发生机，人民收入水平提高，个人所得税为政府带来的收入也在迅速提高。随后，政府便开始降低个人所得税率，最低税率重新降至1%，最高边际税率降至25%。减税刺激了企业的投资，经济持续快速增长。

针对个人所得税的改革从未停止。20世纪30年代末，美国经济陷入低迷，失业率连续在20%以上，GDP及工业生产总值大幅下降。为了改善经济、解决失业问题，罗斯福总统采取了一系列改革措施，税收改革是其中一项重要措施。个人所得税的改革措施为：对年收入在5万美元以上的居民实行超额累进税，增加对高收入者的税收，最高边际税率由59%提高至75%。遗产税率也由原来的60%调升至70%。这项政策的目的主要是缓解贫富收入差距过大的问题。对高收入者征收重税，防止财富过于集中，征得的税收使政府能够更多地去扶持经济，救济穷人，维护社会的稳定，使经济趋向繁荣。

第二次世界大战后，美国政府将社会保险税率由1960年的6%提高到1972年的10.4%，再提高到1978年的12.5%。公司所得税率维持在40%~45%，而个人所得税率却呈现出下降的趋势，最高的税率由1962年的91%下降至1978年的70%，最低的税率则由1961年的20%下降到1978年的14%。[①] 社会保险税、公司所得税及个人所得税是美国税收体制的主体。美国税收体制以此三种税收为主体，但并不局限于这三种。

减税政策在美国历史上多次发生。20世纪60年代，为了增加实际产出，充分调动社会资源，改变经济萧条的现状，美国政府大规模降低税收。1964年肯尼迪总统通过颁布法案使减税政策落到实处。无论是个人所得税税率还是公司所得税税率均有一定程度的降低。仅个人所得税税率的降低就使美国政府的收入降低了100多亿美元。减税虽然使政府的收入减少，但是个人及公司的压力得到了缓解，对刺激经济的发展也发挥了积极的作用。

---

① 佟福全.美国税收制度及改革趋势［J］.吉林财贸学院学报，1981（04）：56~61.

20世纪70年代美国的经济发展遇到了瓶颈——"滞胀",即通货膨胀同时又伴随经济停滞。20世纪70年代初,美国经济呈现出一片欣欣向荣的景象,就业形势较为理想,失业率水平较低。1973年情况开始发生反转,通货膨胀和经济停滞开始出现,通货膨胀率在70年代始终居高不下。1973年美国的失业率为4.9%,而到了1975年失业率就已经上升到了8.5%,经济增长率在1975年甚至为负值。实际GNP的增长速度在1979年为2.5%,到了1980年则下降为负值。

20世纪70年代,美国的经济形势很不明朗。为了应对不乐观的经济情况,美国在财税方面的改革不尽如人意。为了应对滞胀,美国对其实施的减税政策没有进行仔细的斟酌与考量,也未达到预想的目标。在这一时期,唯一一项有明显作用的政策是美国总统福特实施的降低个人所得税的政策,在减税的同时,政府为了刺激投资还对商业企业给予了税收减免。

6.2.3 社会保障制度与政策

美国在获得独立后,经济迅速发展,且在第一次世界大战爆发之前就已成为国际上最具实力经济体。1913年,无论是人均国内生产总值还是国内生产总值,美国均在当时的欧洲资本主义大国(例如英国、德国、法国等)之上。[①]第一次世界大战又为美国经济的发展提供了契机,使美国经济更上一层楼。

20世纪30年代危机爆发之前美国经济发展极其迅速,工业发展欣欣向荣。经济飞速发展一方面体现在电力行业。1929年的发电总量较1914年上升了几千倍,1929年为1 167亿度,而1914年仅为88万度。工业动力设备电气化率1929年较1914年翻了一番,1929年为70%,而1914年仅为30%。经济飞速发展另一方面体现在汽车行业。小汽车数量1928年比1919年增加了1 400万辆,1928年为2 000万辆,而1919年仅为600万辆,载重汽车增加了220万辆,1928年为300万辆,而1919年仅为80万辆。汽车行业在飞速发展的同时也为相关产业带来了发展契机,石油、钢材及化工等行业在这一时期也获得了长足的发展。不仅如此,外贸情况也有了较大改善,对外贸易额在1929年比1913年增加了一倍。美国1929年的GNP在所有资本主义国家里占到了接近50%。美国经济取得上述傲人成绩的原因是多方面的。其中,市场经济是一个关键因素,此外还包括政府采取的政策以及国际经济形势。

美国经济在这一阶段的8年里取得了可人成绩,但较大的收入差距没有被缩

---

① 周云红.美国、德国和瑞典的社会政策建设及启示[D].济南:山东大学,硕士学位论文,2012.

小。1920年，美国最富有的1%的群体拥有全国总收入的17.3%，最富有的10%的群体拥有全国总收入的43.6%，不平等程度可见一斑。当全国大多数人在为温饱问题而奔波、生病的市民在饱受疾病折磨而没钱买药时，少部分人却在过着极尽奢华的日子。根据表6-4，可以发现，1930年之前，美国家庭收入的基尼系数始终处于高位，并从未低于0.5，大家庭收入的基尼系数最高甚至达到0.625，贫困率也始终在50%以上，最高甚至达到72.2%，大多数人生活在贫困之中，收入差距悬殊不可避免地带来了社会动荡和经济不稳定，这也部分引发了1929—1933年的危机。由于在生产的产品无人购买，造成滞销，工厂不得不缩减规模、精减员工、降低产量，更多工人失业，形成恶性循环，经济危机已然不可避免。[①]

表6-4　　　　1913—1929年美国基尼系数和贫困率[②]

年份	家庭收入基尼系数	大家庭收入基尼系数	贫困率（%）
1913	0.564	0.602	—
1914	0.595	0.567	66.0
1915	0.610	0.609	—
1916	0.575	0.625	—
1917	0.528	0.580	—
1918	0.501	0.516	—
1919	0.513	0.480	51.6
1920	0.603	0.499	56.6
1921	0.568	0.622	72.2
1922	0.526	0.572	66.9
1923	0.547	0.514	55.6
1924	0.552	0.544	61.0
1925	0.546	0.549	61.1
1926	0.563	0.540	56.9
1927	0.576	0.562	61.6
1928	0.570	0.580	64.3
1929	0.580	0.571	61.5

资料来源：美国劳工部报告；美国劳工部网站；美国国家图书馆网站；www.bls.gov。

---

① 邓念国.高收入国家社会保障的民营化：新制度主义的视角[D].上海：上海交通大学，博士学位论文，2008.

② 斯坦利·恩戈尔曼，罗伯特·高尔曼.剑桥美国经济史（第三卷）[M].北京：中国人民大学出版社，2008：208~215.

从图6-1和图6-2可以看出，1913—1929年，美国基尼系数及贫困率变化不大，但并不说明政府对这种问题视若无睹。在此期间，政府恢复征缴所得税，有的州还推出养老政策，为老年人发放养老金。州政府还尝试了失业救济、穷人救济及盲人救济等，为对抗贫困、降低收入差距不遗余力。经济危机时期颁布的救济政策为社会保障政策的建立及完善打下了坚实的基础。

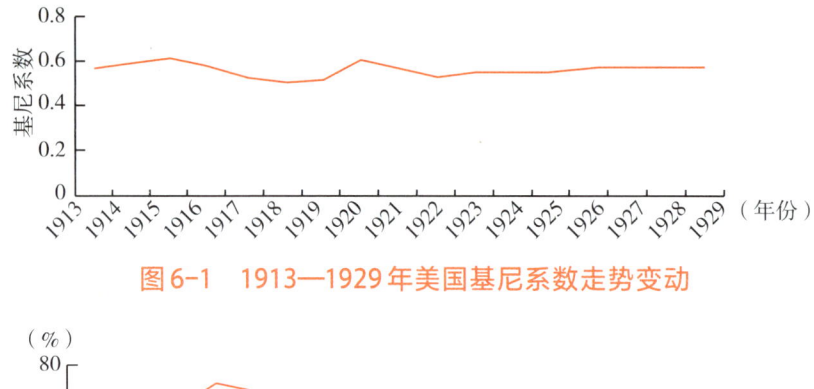

图6-1　1913—1929年美国基尼系数走势变动

图6-2　1913—1923年美国贫困率走势变动

关于大萧条阶段罗斯福新政的社会政策的分析。

根据以上分析我们得出如下结论：经济危机必然发生。1929年下半年，美国经济由盛转衰，并于当年10月爆发危机。3年后，经济跌入谷底。在这期间，股票市场崩盘，投资者损失惨重，蒸发的市值是第一次世界大战支出的3倍之多。工业产值下降。1933年美国经济开始回暖，但是其失业率到第二次世界大战爆发之前始终居高不下，失业人口数量众多。在危机时期，人民难以解决温饱问题，为了改善这一情况，许多工人举行罢工，人民要求补助，但换来的却是政府的铁枪冷炮。人民在这一段时间的生活之艰难可以从表6-5探知。1929—1933年，美国的基尼系数在0.58以上，贫困率超过60%，甚至达到70%直逼80%。1929年之前，基尼系数与贫困率就已经相当高，社会极度不稳定，而1929—1933年情况更为严重，人民生活在水深火热之中，社会动荡可能仅因为一个较小因素而发生。[①]

---

① 邓念国.高收入国家社会保障的民营化.新制度主义的视角［D］.上海：上海交通大学，博士学位论文，2008.

表6-5　　　　　1929—1940年美国基尼系数和贫困率[①]

年份（年）	家庭收入基尼系数	大家庭收入基尼系数	贫困率（%）
1929	0.580	0.571	61.5
1930	0.623	0.589	65.8
1931	0.656	0.651	72.4
1932	0.648	0.701	78.1
1933	0.617	0.692	77.7
1934	0.606	0.648	71.9
1935	0.598	0.634	69.4
1936	0.580	0.620	67.3
1937	0.591	0.594	64.3
1938	0.584	0.613	65.8
1939	0.563	0.602	64.1
1940	0.531	0.573	60.6
1941	0.476	0.527	54.7
1942	0.448	0.451	42.4
1943	0.421	0.412	31.5
1944	0.431	0.377	23.9
1945	0.447	0.390	27.1

1929—1944年，美国基尼系数的走势变动，总体上呈现出下降的趋势，并且下降幅度较为明显。十几年的时间，下降了0.2左右。基尼系数的下降体现出美国贫富收入差距的缩小（见图6-3）。

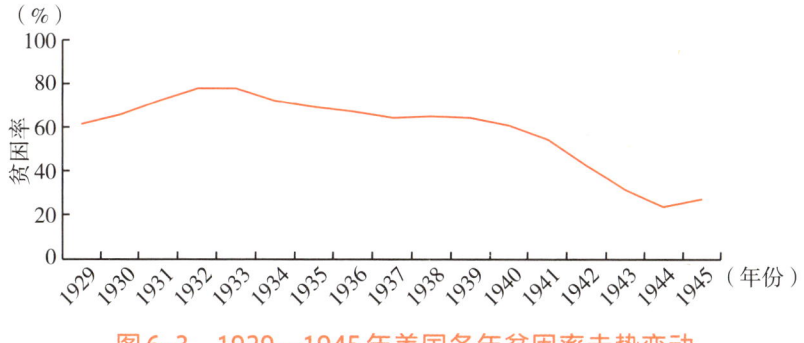

图6-3　1929—1945年美国各年贫困率走势变动

---

① 斯坦利·恩戈尔曼，罗伯特·高尔曼.剑桥美国经济史（第三卷）[M].北京：中国人民大学出版社，2008：208~209.

图6-3可以看出，1929—1945年，美国各年贫困率的具体情况及变动趋势。短短十几年，贫困率便由60%下降到近20%，中途贫困率一度上升到80%左右，但上升是短暂的，很快又下降。1929—1945年贫困率最高点与最低点相差近60个百分点，贫困率下降程度可见一斑。贫困率的迅速下降说明了美国在降低贫困、提供社会保障方面的政策取得的效果极其显著，贫困问题得到缓解，贫富收入差距也没有之前那么显著，社会矛盾得到一定程度的缓解。

1929—1933年经济危机给美国带来了很大的破坏，使人们积极去探寻危机爆发背后的原因。威廉·曼彻斯特指出：危机爆发的原因在于，1929年之前的技术革命使生产力大大提高，同样的工人数量可以生产出更多产品，而要想将产品销售出去，就需要工人有足够的资金。但是当时的工人拥有的资金量极少，工资较低，造成产品滞销。投资者为了利益，并没有降低商品的价格。因此，销售量降低，生产出来的商品大量积压，工厂主不得不削减产量，精减员工，大批员工失业，更多人没有了经济来源，产品滞销愈加严重，失业者继续增加，如此循环往复，经济危机愈加严重。①

为了应对经济危机，收拾经济残局，罗斯福担任总统后，开始推行彻底的改革。罗斯福重要的改革措施之一便是1935年颁布的《社会保障法》，它为失业者、老人、穷人提供了生活保障，在岌岌可危的美国，为居民提供了生活的希望。该法也使美国的社会保障政策取得了里程碑式的进步。

《社会保障法》建立的目的是解决社会弱势群体的生存问题，同时缓解收入差距过大的问题。对失业、残疾或年老而无法继续工作的人由国家给予救助；国家中少部分人占有国家的大部分收入，而大部分人生活窘迫的状况必须予以改善，《社会保障法》则可以用对富人征收的所得税支付给穷人，再分配制度有利于实现社会公平。②

《社会保障法》由两项内容构成。一个是社会保险，它既包括政府承建的老年遗属残疾医疗保险，又包括原则性规定的失业保险；另一个便是公共救助法案，即对于各种生活贫困的居民，国家给予其现金救助。

美国经济在第二次世界大战中迅速腾飞，一改之前失业问题极其严重的状况。第二次世界大战期间，美国的失业率迅速下降，大批失业工人重新获得了工作。

---

① 滕菲.典型国家劳动关系协调模式比较及其对中国的吸收与启示[D].沈阳：辽宁大学，硕士学位论文，2014.
② 邓念国.高收入国家社会保障的民营化：新制度主义的视角[D].上海：上海交通大学，博士学位论文，2008.

美国经济之所以在第二次世界大战中发展迅速，是因为战争需要飞机、船舶和武器。因此，与之相关的，行业例如飞机制造业、造船业及化工业行业有了发展契机，大量需求使这些企业扩大生产，雇佣更多工人。美国经济的发展可以从如下的数据中看出：1944年美国外贸出口额为153.4亿美元而1932年仅为32亿美元，GNP1945年为2 130亿美元而1940年仅有1 000亿美元。第二次世界大战期间，尤其在珍珠港事件之后，其失业率几乎为零。[①]

第二次世界大战为美国经济的发展提供了千载难逢的机遇，战后美国便一举跃为世界第一强国并保持至今。世界的黄金储备绝大多数集中在美国，其占比达到了70%以上，这为美国之后的发展发挥了重要作用，是其经济发展的重要物质基础。

第二次世界大战对美国而言不仅只有好处，也存在负面影响。战争需要大量军需物资，政府为了筹集足额的资金，增加税收是重要的筹资手段之一。税率提高，几乎每个居民都为战争作出了贡献。战后，较高的税率必然会大幅度降低，大幅度减税导致了大量社会问题。1946年贫困率开始上升，甚至升至35.5%的高位。为了缓解战后的各种问题，马歇尔计划应运而生，并发挥了积极作用，例如刺激国际市场对本国产品的有效需求，促进了本国经济的发展。

美国人崇尚自由，并不代表政府会完全放任经济的自由发展。战后，尤其是罗斯福总统之后的历届政府，都认为政府须对经济开展一定程度干预。在社会保障政策方面，1950年之前，除了调高个别人群的资金给付，几乎没有变化。

20世纪50年代，艾森豪威尔担任总统，他不完全认同前几任的政策，仍然保留了一些有效的社会政策。在社会保障政策方面，他扩大了社会保险的受益人群，增加了社会保障的给付金额，着力发展了教育、健康等部门。他高度关注贫困居民的住房问题，为这部分人专门修建了福利住房。在此期间，美国政府对经济的干预不如战时那样严格，市场力量更加强大，战后经济迅速发展，导致了贫富收入差距的扩大。

由表6-6可以看出，1957—1961年，无论是家庭收入还是大家庭收入的基尼系数均呈现出上涨的趋势，涨势较为明显。家庭收入的基尼系数由1957年的0.403一路飙升至1961年的0.424，大家庭收入的基尼系数也由1957年的0.351升至1961年的0.374。由此可以看出，美国的收入差距呈现出扩大的趋势，收入分配不均，一系列的社会问题便会出现。在这几年，美国的贫困率呈现出下降的趋

---

① 周云红.美国、德国和瑞典的社会政策建设及启示[D].济南：山东大学，硕士学位论文，2012.

势，由1957年的23.8%下降至1961年的21.9%。虽然贫困率下降，美国的财富在增加，但是这也掩盖不了美国收入差距扩大的事实。[①]

表6-6　　　　　　　　1946—1968年美国基尼系数和贫困率[②]

年份	家庭收入基尼系数	大家庭收入基尼系数	贫困率（%）
1946	0.421	0.412	35.5
1947	0.415	0.376	32.0
1948	0.407	0.371	32.8
1949	0.415	0.378	34.3
1950	0.415	0.379	32.2
1951	0.402	0.363	30.2
1952	0.415	0.368	29.3
1953	0.409	0.359	—
1954	0.419	0.371	—
1955	0.415	0.363	26.2
1956	0.407	0.358	23.4
1957	0.403	0.351	23.8
1958	0.405	0.354	24.3
1959	0.409	0.361	22.4
1960	0.415	0.364	22.2
1961	0.424	0.374	21.9
1962	0.413	0.362	19.5
1963	0.410	0.362	19.0
1964	0.411	0.361	19.0
1965	0.408	0.356	17.3
1966	0.407	0.349	14.7
1967	0.399	0.358	14.2
1968	0.388	0.348	12.8

资料来源：斯坦利·恩戈尔曼，罗伯特·高尔曼.剑桥美国经济史（第三卷）[M].北京：中国人民大学出版社，2008.

由图6-4可以看出，自1946年以来，美国的基尼系数总体上呈现出下降趋

[①] 滕菲.典型国家劳动关系协调模式比较及其对中国的吸收与启示[D].沈阳：辽宁大学，硕士学位论文，2014.

[②] 斯坦利·恩戈尔曼，罗伯特·高尔曼.剑桥美国经济史（第三卷）[M].北京：中国人民大学出版社，2008：208~209.

势。由1946年的0.42下降到1968年的0.38。但中途波动不断，时而上升，时而下降，1961年的数值明显高于1946年，之后的下降趋势却是十分明显的。这说明，1961—1968年，美国的居民收入差距在缩小。

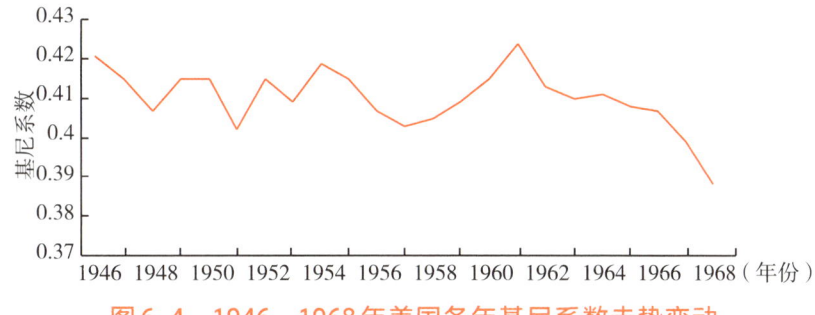

图6-4　1946—1968年美国各年基尼系数走势变动

由图6-5可以看出，1946—1968年美国贫困率的走势。在这一时期，美国的贫困率呈现出明显的下降趋势，贫困率下降了20多个百分点。贫困率下降说明美国贫困程度的下降，一部分贫困人群摆脱了生活贫困的状况，这说明美国的反贫困措施取得了显著的效果。

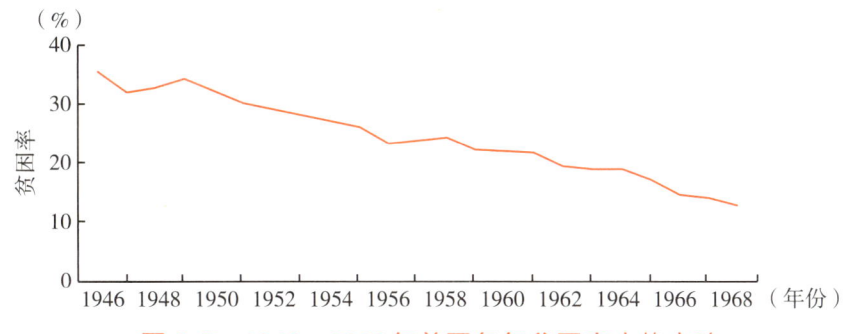

图6-5　1946—1968年美国各年贫困率走势变动

肯尼迪总统上任后，致力于完善社会保障政策，减少贫困，为老年人、儿童、低收入者提供社会保障。肯尼迪总统任期较短，1960年上任，1963年遇刺，导致他的许多政策主张没有实现。尽管如此，任期内他在社会保障政策方面作出了许多贡献，例如，增加了对残疾人及老人的援助，使更多老年人能够领取养老金。肯尼迪政府还高度关注儿童福利，提供部分抚养儿童的资金，对特殊儿童提供资金的援助。在住房方面，无论是老人，还是低收入群体，抑或是残疾人、失业者，都在住房贷款政策方面提供了优惠。由此可见，虽然肯尼迪任期较短，但在社会保障领域内的贡献十分突出。

约翰逊总统作为肯尼迪总统的继任者，对社会保障政策给予了高度关注。约翰逊总统将重点放在了解决贫困的问题上，他认为要彻底解决贫困，应提高低收入者的收入，为贫困者支付更多社会保障金。在促进收入方面，最有效的措施是通过经济的发展来带动就业，通过经济的繁荣来提高工资收入。增加就业不能只靠国家，就业者也应充实自身，通过接受教育或者培训来提高自身的能力，积极获取就业岗位，解决温饱问题。约翰逊政府也将注意力投向了住房方面及教育方面。美国政府发展教育，既可以增加就业，又可提高劳动力素质。

为了积极应对贫困问题，1964年6月美国政府出台了就业机会法案，成立了致力于反贫困的就业机会办公室。对于移民而来的工人及收入较低的家庭给予贷款及资助。有些贫困人口温饱问题难以解决，美国政府在该年又实行了食品补助法，通过为贫困人口发放食品券的形式帮助其解决温饱问题。1964年之后，食品券发放已经成为美国反贫困的一项重要政策，政府在这方面投入的资金呈现出上升趋势。

20世纪60年代美国医疗保障改革取得了显著成果。自约翰逊总统后，各届总统大都十分关注医疗保障问题。1965年颁布的医疗照顾和救助法案将医疗保障一分为二。一部分是由政府（州政府及联邦政府）出资，救助社会上的特殊人群，这类人群包括残疾人及有未成年人要抚养的家庭。另一部分是建立在强制缴费基础上的医疗照顾，属于社会保险性质，年龄在65岁之上的老年人在患病期间会得到医疗保险津贴。显然，这一时期的医疗保障并没有将所有居民纳入该体系之内，但是对于当时的美国而言，这填充了医疗保障的空白。

约翰逊总统在任期间，高度关注社会保障政策，积极促进经济落后地区发展，并做出了实际行动。通过资助可以达到缓解贫困的目的，但不能彻底解决贫困问题。只有发展落后地区经济才能较好解决贫困问题。1964年联邦政府颁布的就业机会法案包含了这项政策，指出要促进该类地区经济的发展；在需要时，联邦政府为其提供贷款等帮助。在下一年的法案中，政府还强调要致力于落后地区的基础设施建设。

6.2.4　教育改革

美国高等教育结构变化主要有两个特点，一个是教育机构类型多样化，另一个是数量在增加。在高等教育机构数量方面，1870年以前，美国高校数量为563所，1920年达到1 041所，1979年达到2 525所，2000年更是增加到4 084所，2011年再增加至4 599所。教育机构的类型分为两年制及四年制两种。两年制的教育机构使学生获得了进入本科学习的机会；四年制机构是指提供本科教育，且学制为四年制的高校。两年制教育机构在1918年数量较少，占比较低，但至2000年，其占高等学校总数的比例由1918年的4.7%增加至42.14%。两年制高等教育机构数量增加的同时，四年制高等教育机构数量同样在上升。2011年，两年制高等教育机构数量是1 729所，而四年制高等教育机构数量为2 870所。[1] 由此可见，四年制高等教育机构在全部高等教育机构中占绝大多数。两种机制的教育机构数量在增加，就读的学生人数也在增加。

高等教育结构的另一方面为公、私立属性。1918年，美国的私立高等教育机构数量较少。不同类型教育机构数量的多少与其在校生数量并不呈现出完全的正比关系。1930年，美国公立与私立高等教育机构数量几乎持平，但就读于公立教育机构的学生数量远多于就读于私立教育机构的学生数量，更多学生倾向于公立高等教育机构。就读于公立高等教育机构的学生数量占学生总数的比例由1930年的48.23%增加到1990年的78.48%，后来又下降到2010年的72.05%，虽然占比有轻微的下降，但绝大部分学生就读于公立高等教育机构。在美国教育机构中占支配地位的是公立高等教育机构。其部分原因可能在于私立高等教育机构收费较高，普通市民难以负担高昂的学费，公立高等教育机构能够更加便利地获得政府的支持，资源较为充沛。

第二次世界大战后，美国经济已经十分强大。19世纪末20世纪初，美国国土面积是刚获得独立时的14倍，其国土仅在美洲。美国并不满足于此，想将国土及活动范围扩大到其他地区。此时欧洲列强已经将其他地区瓜分完毕，美国要想获得重新瓜分的权利，须着力发展本国军事及经济实力，并超过欧洲列强。若想实现以上目标，唯一途径就是实现工业现代化。[2] 与此相对应，美国加强科技研发，为现代化生产提供先进的科学技术体系。[3] 为了提高产量，私人工厂也开始雇佣科研人员进行研究。自此，科研便不再局限于个人研究，更普遍的是集体研究。进入20世纪，科研的发展甚至得到政府的大力支持，时任美国总统的威尔逊建立了全国研究委员会，推动各个行业的发展。考虑到战争的需要，美国推动建立多种科研机构，推动各种战争武器的研发、加强军用工具的生产。在此期间，众多大学都在推动实验室及研究所的建立。[4]

各种私人科学基金会相继成立，一些新兴学科发展较为迅速且全面，科研系

---

[1] 韩梦洁.美国高等教育结构变迁机制研究[D].大连：大连理工大学，硕士学位论文，2013.

[2] 加尔文.D.林顿.美国两百年大事记[M].上海：上海译文出版社，1984：156.

[3] 周寄中.美国科技大趋势[M].北京：科学文献出版社，2001：49.

[4] National patterns of R&D Resource, 1953~1977, NSR 77~310.

统渐进趋于完善。① 20世纪初,共有四种类型研究所:联邦政府设立的、工业企业设立的、私人科学基金会设立的及大学设立的。在这四种类型的研究所中,工业企业设立的研究所规模最大、科研人员最多。出于对科研的重视,美国政府对其也给予了较多的干预。这一时期的科研体制有利于充分发挥研究人员积极性,美国科技事业取得了长足进步。②

由于美国的国土范围较为广阔,地势平坦,适合大面积耕作,在第二次世界大战之前,农业机械化及工业化就已经实现。③ 这一时期,美国的经济发展较为迅速,得益于政府对科学技术发展的鼓励。④

第二次世界大战后,以美国为起源地,一场新的科学技术革命正在蔓延。这场革命席卷了生活的方方面面,众多领域发生了天翻地覆的变化。在电子工程、新材料、新能源等诸多新兴技术的应用下,生产率大大提高,自动化、智能化生产渐进成为主流,大量劳动密集型的产业成为夕阳产业,并逐步衰落,生产更加趋向于知识及技术的应用。美国所实行的科研政策在1945年"科学——无止境的疆界"中一览无余,主要是强调重视基础研究,对这方面研究工作给予支持。政府在政策和资金上都给予支持。

在第二次世界大战刚结束的一段时间,美国并不十分重视学术教育。为了培养新时代的人才、提高本国在国际上的经济能力,教育改革势在必行。科南特等人的教育理念对美国中等教育的改革发挥了重要作用。他认为,应加强对全国青少年的基础教育,培养他们在科学技术方面的兴趣,使未来有更多人从事科学技术方面的工作,为国家的富强积蓄力量。⑤ 对于有较高天赋的孩童,要将他们分离出来培养,对他们的教育给予高度重视,或许他们就是未来世界的主人。

第二次世界大战前,美国教育不关注学术研究,教育改革之后,教育的重点放在了学术上。⑥ 最突出的改革为以下几点:首先,教学内容扩大,教学课程增多。在改革之前,中小学的教育因州的不同而不同,甚至也会因区而异。教学的课程、目标在不同州、不同地区之间有较大的自主性。第二次世界大战后,教育

---

① 胜弟,姚世官,刘洪.美国大学与工业的合作关系[M].大连:大连理工大学出版社,1990:38.
② 朱斌.当代美国科学与技术[M].北京:专利文献出版社,1999:145.
③ 李庆余,周桂银.美国现代化道路[M].北京:人民出版社,1994:76.
④ 周阳.美国教育的发展与科技大国的崛起[D].福州:福建师范大学,2008.
⑤ 马骥雄.战后美国教育研究[M].南昌:江西教育出版社,1991:44.
⑥ 翟宝奎,马骥雄.教育文集——美国教育改革[M].北京:人民教育出版社,1990:135.

的状况发生改变，不只是在教学标准上得到了统一，而且教学课程增多，涵盖生物、化学、物理、数学、语文以及外语等，在学科侧重点上，不同地区的学校也相同，这样不同的学校之间可以进行交流沟通。在中学阶段，无论是初中还是高中，学生的发展方向尚不能确定，教育都是以基础文化教育为重，不涉及职业教育。其次，由于外语、自然科学及数学在教育改革之前未受到足够的重视，这三门课程在经济社会发展中占有重要地位，因此教育改革将这三项课程放到重要位置上，重视提高学生在这些领域的学习水平。最后，改变了教学方法，新知识的传播不再依赖于过去那些浅显的生活经验，而是转向高深的学科专业知识。在传授知识的方法上，强调教师不能简单地将课本知识"灌输"给学生，而是采取启发式教育，加深学生对基本原理、核心知识的理解，从深层认知上掌握知识。

改革之后的美国教育，不只是改变了教育内容，教育手段也发生了变革。在改革之前，学生学习知识主要依赖于老师，学生上课只能靠老师口授或者板书，改革之后的情形却大不相同。现代化教育工具的普及为学生加强实操、真正理解知识发挥了极其重要作用。学生在学习知识时，不必仅依赖老师，还可以通过现代电子设备自行钻研，这样不仅丰富了学生们的知识，还提高了学生们的动手能力。改革后的教育对教师的能力也提出了要求，教师不仅需要懂得学科的知识，还须能够操作现代复杂的教育设备。此后，美国联邦教育部针对学校教育内容实施了一系列改革。

约翰逊总统执政时期，美国高等教育获得了高速发展，是高等教育发展的黄金时代。[1]约翰逊总统时期，高等教育的发展对社会繁荣与国防发展至关重要。通过高等教育培养大批高素质劳动力，既可以促进就业，又可以脱离贫困。[2]

同20世纪50年代末至60年代初相比，美国高等教育培养人才目标在1973年有了许多改进。高等教育的目标有四个。第一，在政治方面，通过为青少年提供大量的接受教育的机会，使青少年能够在自主的基础上有相同的受教育机会，有利于促进社会教育的公平。第二，在经济方面，对广大市民而言，收益最高的投资便是对教育的投资。在初期，对教育投入一定的数额，等学生学成离校后，具备较高的知识素养，成为社会所需要的高素质人才，能有良好的发展机遇。高等学校及政府也十分注重科研的发展，为科研提供大量的资金及政策支持。第三，

---

[1] John T.Wilson.Academic Science，Higher Education and the Federal Government，1950~1983. American Publishing House，43.

[2] 陈学飞.美国高等教育的发展与改革[M].北京：人民教育出版社，1993：63.

在社会服务方面，第二次世界大战前美国经济发展的重点是农业及工业，这一时期的教育也主要是为工业、农业培养人才，为其服务。第二次世界大战后，经济的发展有了新的动向，发展的领域也在不断扩大，不仅包括工、农业，还包括商业、环境友好行业等，这时的教育不仅为工农业服务，还为许多新兴的产业提供高素质人才，促进这些行业的发展壮大，高校还对社会开放其实验室及图书馆等设施，为社会作出贡献。第四，在人才培养方面，教育改革之前，教育对人的培养主要是提高其专业知识；教育改革之后，在人的培养方面，更注重教育对经济社会变化的适应性。

联邦教育部实施了大学课程改革。第二次世界大战后，伴随经济繁荣，美国社会趋于稳定，大量人群致力于科学知识及技术的研究，自此，新兴知识大量出现，技术开始革新。为了适应这一社会形势，大学开设的课程也发生变化。这一时期，许多大学建立了研究生院，众多大学毕业生选择进入研究生院继续深造学习，这就使本科教育不再是单纯强调传授实用性知识，而是加强基础知识传播；学生在进入研究生院之后，接受专业知识学习。由于改革强调中小学基础教育的普及与加强，学生们的学术素养提高，这促进了研究生教育的发展。

第二次世界大战美国经济取得了飞跃性进步，军事和政治得到加强，这促使美国开始追求世界霸权。为实现这一国家战略，需要大量高级人才。第二次世界大战后，美国政府高度重视高等教育及科研机构发展。[1] 在这种国家战略激励下，美国培育高素质人才，设立硕士及博士学位授权点的高等院校大量增加，数量高达几百所。所培养的硕士和博士研究生人数迅速上升，由1906年的35万人上升到1977年的132万人。

第二次世界大战前，各类研究所及实验室主要用来教授学生。第二次世界大战后，研究所及实验室的作用主要是用于科学研究，促进研发新技术、新科技，提高国家经济和科技水平及科技国际地位。战后，各类研究所数量超过了5 000所。各大学几乎都配备有自身的研究所，很多学校的研究所不止一所。高等学校师资力量较为雄厚，教师具有较高的知识水平及学术素养，这为美国科学研究的发展发挥了推波助澜的作用。

如果各学校专注于自身的科研创新，不与其他学校相互交流，这显然不利于对新思想、新技术的研究传播。美国各学校相互联合，创办更大的研究所，在资金上更加充裕。来自不同学校老师在思维碰撞中推动了科学进步。这些条件有利

---

[1] 腾大春.今日美国教育［M］.北京：人民教育出版社，1980：73.

于重大课题项目顺利开展。美国高等教育在这一时期飞速发展，科研快速进步。

如果科学研究仅限于高等教育机构，则会有很多限制因素，例如，相关扶植政策或资金难以得到满足。高等教育机构设立发展的研究所离不开政府及企业的参与，而企业及政府同样需要高等教育机构，三者之间相辅相成、相互促进、缺一不可。例如，为了准备战争和加强国防，美国需要研制新型武器；为了争夺世界霸权，为了在冷战中战胜苏联，美国需要发展航空航天技术，而这些国家战略项目研究离不开高等教育机构，离不开高素质科研人员开展联合创新。高等教育机构主要负责基础研究。1947年基础科学研究资金中，64%的资金流向是高等教育机构。[1] 应用科学研究的资金主要来源于企业，占比达54.1%。高等教育机构负责的基础研究是研究的基础，没有基础研究的成果，其他研究难以开展。大学的研究所在科研工作中占有举足轻重的作用。

第二次世界大战后，美国大学的研究生教育发生了显著变化。这体现在以下几个方面：首先，用于教育研究生的机构规模在扩大、研究生数量在上升。研究生教育机构规模的扩大得益于政府科学研究经费的支持。1960年的研究生数量是1940年研究生数量的2倍，而1960年的政府资金支持是1940年的29倍。[2] 之后，政府不断为研究生教育投入大量资金。1965年，近一半的研究生得到了奖学金及助学金的支持。1944年众多军人在《军人权利法案》颁布后有继续接受高等教育的动力，大学生、研究生数量迅速增加，这增加了对大学任课教师的需求。因此继续研读博士的人员增加了，这促进增加了科研行业的高、精、尖人才。大批高素质人才不仅促进了美国教育行业的发展，也促进了美国科学技术进步和国家综合国力提升、国家的国际影响力的扩大。其次，得到政府支持的科研院所集中在大学，为大学带来了丰厚的资金、精良的仪器设备，为培养研究生提供了不可或缺的硬件设施。科学研究会为研究人员及研究生提供资金补助，使更多有实力的教职人员愿意投身到高等教育研究中。在高素质人员的指导下，研究生的教育质量不断提高。研究生毕业之后，他们更有动力留在科研院所，为美国的科学研究事业不断注入鲜活血液。再次，研究生教育同科研相互促进、相辅相成。在美国，研究生教育不仅包括课堂教学，还包括研究所的科研实习。在研究所的实习中，研究生不仅是接受导师指导的受教育者，还是开展研究的科研人员。研究生在研究中进步，在研究中提高。研究生在导师指导下，不仅获得了知识，更

---

[1] 腾大春.外国教育通史［M］.济南：山东教育出版社，1959：28.
[2] 顾明远，梁忠义.世界教育大系——美国教育［M］.长春：吉林教育出版社，2000：124.

学到导师的科研精神和研究规范等，这种教育培养模式有利于提高研究生科研实力。

研究生教育的发展方向受到政府政策的影响。政府在哪些项目上投入科研资金、给予政策支持，与这些项目相关的专业就会得到较快发展。例如，1965年，50%的博士生选择的专业是得到政府支持的工程学、生命科学或者物理科学。此外，政府可以通过奖学金的设置及规定来引导研究生教育。例如，为了促进第二次世界大战后美国经济的发展，吸引更多维护国家安全的高素质人才，美国政府在有关经济及国家安全的专业设置了众多奖学金。这些专业规模迅速扩大。政府对研究生教育的引导，可以使高等教育机构培养适合国际形势发展和国家需要的高端人才，使高素质人才人尽其用。不仅对以上所述的硕士研究生如此，联邦教育部和大学及研究所对博士生的支持及引导也比较多，博士生得到了很多资金及政策支持，博士生教育发展较为迅速。

6.2.5 社会结构与中产阶级

美国的中产阶级是指所拥有的财富高于下层阶级而低于上层阶级的人群，即收入和生活质量介于两者之间的人群。[①]在不同的国家甚至同一国家的不同时期，中产阶级的含义不尽相同。本书所研究的中产阶级是按以上定义的中产阶级。

自独立战争胜利，美国社会结构表现为两头小、中间大的"橄榄"形式。也就是说，上层社会及下层社会的人数都比较少，而中间阶层即中产阶级的人数较多。由于美国的这种形态较为明显，因此，学者将其称为全球"第一个中产阶级社会"，这种划分得到许多人的认可。[②]中产阶级在美国是很难被明显而快速辨别出来，伴随社会的进步、经济的发展，众多下层人士挤入中产阶级，使中产阶级涵盖的范围愈加广。既包括收入相对稳定的蓝领工人，又包括众多的文官，还包括各种类型的推销人员。范围之广、职业之复杂可见一斑。第二次世界大战后，据相关资料统计，中产阶级（年收入在30 000~100 000美元）在美国的占比约为75%。[③]

第二次世界大战后，伴随美国教育事业发展，科学技术迅猛成长，后工业化

---

① 石庆环.二十世纪美国中产阶级的结构变迁及其特征[J].辽宁大学学报（哲学社会科版），2010（04）：90~95.
② Vide Joseph Arthur J. The New American Society [A]. Chicago. 1971. In Anthon Giddens. The Class Structure of the Advanced Societies [C]. Landon：Hutchinson & Co.（Publishers）Ltd，1978：178.
③ 丹尼斯·吉尔伯特，约瑟夫·A.卡尔.美国阶级结构[M].北京：中国科学出版社，1992.

出现，经济长期进入繁荣周期，人民生活水平提升，社会保障及社会福利制度不断完善。在经济社会种种变化中，美国中产阶级进一步扩大，上层阶级及下层阶级不断缩小，绝大部分美国人进入中产阶级。根据1940年统计调查，中产阶级人数在美国总人数中的比例为79.2%，接近于80%。[①] 进入20世纪80年代，情况在继续变化，中产阶级的占比已经达到了87.1%，上层阶级及下层阶级占比分别为6.7%及6.2%，中产阶级的规模日益庞大。[②] 其涵盖的范围也在迅速扩大，除蓝领、文官、推销员之外，还包括商人、白领、技术人员等。美国中产阶级结构随时间而发生变化。18世纪至19世纪，小规模的商人及土地拥有者是中产阶级的主体；20世纪上半期，白领崛起，取代了之前的小规模商人及土地拥有者，占据中产阶级的主体地位；20世纪下半叶，下层阶级收入不断上升，大批人群跻身于中产阶级，而中产阶级的主体变为高等教育机构培养出来的高素质人才及从事科学技术研究的人员，以及由于工业的发展，收入迅速提高的蓝领，还有一些得益于政府发展的官员。

从以上变化可以看出，美国中产阶级规模与日俱增，中产阶级的主体也在不断变化，这种变化与经济社会形势紧密相关，例如科技与教育发展促使高素质的白领与研发人员成为中产阶级的主体构成之一。

6.3 成熟阶段（20世纪80年代至今）

20世纪80年代至今为美国国民财富分配制度发展的成熟阶段。自20世纪90年代以来，针对财税制度的改革从未停止。里根总统推行了不合理的财税政策，导致美国财政赤字较为严重，负债较多。为此，克林顿总统实施了增税政策，并将税收主要转嫁给富裕阶层，注重实现二次分配的公平，有利于缩小贫富差距。在社会保障方面，克林顿政府帮助的主要是没有工作能力、没有收入来源的群体；对于有工作能力，暂时失去收入来源者，政府对其帮助有一定限制。这表现在领取年限方面，又表现在领取金额方面，实际上是把救助与个人的工作相联系，降低居民对政府救助的依赖，刺激再就业。在教育方面，克林顿政府对其较高的关注，给予大量的资金支持；还鼓励支持落后地区教育的发展，对贫困学生实施救

---

① 李强.关于中产阶级和中间阶层[J].中国人民大学学报，2001（02）：17~20.
② The Fortune Survey：XXVII, The People of U.s. A-a Self-Portrait.[A]. Fortune, 21（February）, 20. In Burton J. Bledstein. The Culture of Professionalism：The Middle Class and the Development of Higher Education in American[C]. New York：W. W. Norton Company. Inc.，1976：33.

助，整个国家的教育体系在这一阶段取得了飞跃性的发展。这一时期美国中产阶级不断发展壮大。

6.3.1 税制改革

20世纪80年代，美国经济长期处于失调之中，长期利率上升。这一时期由于较高通货膨胀率，人们的名义工资在上升，但实际工资在下降，而名义工资上升使人们的工资进入了更高纳税层次，在经济不景气情况下，人们承受了较大税收压力。里根总统执政之后，对税收改革给予了足够的重视，实施大规模减税，调整了免税额及税率。近500万贫苦群众因个人所得税免征额提高而不必缴纳个人所得税。个人所得税各级边际税率在原来基础上都有一定幅度提高。不仅在个人所得税方面，在其他税费如销售税及个人退休金储蓄征收的税费都有一定程度扣除。

里根总统执政时期，为国防投入了大量资金，减税政策没有使企业资金进入实体经济，而是流入股票市场。政府收少支多，财政赤字较为严重。1993年克林顿总统上台，面对这一残局，财政改革不可避免。

里根总统在全国实行统一减税政策，穷人与富人面临相同的税率，收入差距不断扩大。布什在任时期，上调税率，但财政赤字严重的局面并未解决。克林顿为了解决这一问题，于1994年颁布了新税法。新税法的核心内容是提高税率。在个人所得税方面，增加了税率的档级，提高了每个档级的税率，对于之前超额不需征税的部分，要全部征税。在公司所得税方面，税率也上调。所有人员的税率均上升，但为了缩减贫富差距，增加的税收绝大部分由富裕阶层缴纳，比例为90%。为了缓解财政赤字，克林顿总统缩减了政府支出并取得了明显效果。

税率制度在刺激个人消费及投资上取得了一定效果，但由于其税制是以凯恩斯理论为基石，20世纪70年代的经济滞胀证明凯恩斯理论已经不符合经济的发展，以此为基础的税制引致许多不合理现象：首先，该税制存在许多漏洞，部分企业所有者利用漏洞减少了税收的缴纳。其次，过高的个人所得税减少了人们的储蓄，抑制了居民投资。最后，现实中税收没有增加政府收入，这显然不符合税收增加政府收入的常态。[①]

由于税收制度存在以上三种弊端，美国政府积极实施了税收改革，这主要集

---

① Vide Joseph Arthur J. The New American Society ［A］. Chicago. 1971. In Anthon Giddens. The Class Structure of the Advanced Societies ［C］. Landon：Hutchinson & Co.（Publishers）Ltd，1978：178.

中在以下若干方面：

第一，对税收结构实施改革。美国税收的主体是直接税，主要为社会保险税、公司所得税及个人所得税。居民的生活水平由于社会保险税的增加而下降；公司所得税的税率始终以来处于较高的水平，投资受到限制；众多居民因为个人所得税较低的起征点而成为纳税人，个人所得税实行的是累进税率，其纳税压力更大。可以看出，美国税制结构很不合理，部分专家学者主张实行个人所得税单一税率，美国政府对此高度重视。

第二，减少纳税人群，降低纳税者负担。20世纪80年代之前的美国税收制度中，几乎对居民所拥有的一切都征税，不管是人寿保险金还是出租房的租金。这种征税方法会产生许多弊端，不应继续实施。80年代的税收改革应充分考虑居民的个人收入，在减轻居民税收重担的同时增加消费者的实际购买能力，刺激经济发展。

第三，废弃销售税，代之以增值税。西欧国家实行的是对劳务及商品征收的增值税。增值税实行以后，取得了较为理想的结果，促进了经济的发展，在加强企业的经营管理、促进产品出口等方面收效较好。而美国实行的销售税却存在众多不合理之处：首先，税务管理不便；其次，在促进不同专业之间进行协作并加强企业分工方面起到抑制作用；最后，不利于商品的进出口。正是由于增值税的优势及销售税的劣势，美国政府应废弃销售税，代之以增值税。

第四，应实现不同地方、不同州之间税制的一体化。众多税收领域的专业学者主张实现不同地方、不同州之间税制的一体化，只有这样，美国经济才能快速发展。

由于资本主义生产关系，美国针对税收的改革调整幅度不会太大。美国当时的税制存在较多弊端，抑制经济发展，美国政府在20世纪80年代实施了税收改革。

调整预算是经济改革最常用的方法之一。里根总统在任期内最主要的经济政策是减税。为了刺激经济发展，美国政府通常会减免所得税及其他税。里根总统通过征收较少的公司所得税来调动富人阶层的投资热情，公司所得税最高税率降低了12%，由46%下降到34%。为保证市场按照自身规律发展，政府还取消了一些失之偏颇的免税政策，使所有竞争者能够公平角逐，优胜劣汰。在个人所得税方面，里根政府也进行了改革。1981年，在14个不同等级的个人所得税率中，最高等级税率为70%，最低等级税率为14%。1986年，里根总统将14个税率等级改为2个，高层税率为28%，低层税率为15%。税收政策是各届政府调控经济的重要手段，通过调节税收可以增加居民消费、刺激企业投资、发展国民经济，累进的个人所得税能够缩小贫富差距，通过再分配促进社会公平。①

由于里根总统执政时期，财政赤字严重、债务负担沉重、贫富差距加剧，为继任者留下了较大压力及负担。为了改善这种状况，布什总统实施了部分改革。但这种状况仍存在，克林顿总统上任之后，对税收及政府开支实施了大规模的改革。克林顿政府一方面增加税收，另一方面减少政府开支。税收的增加主要来自对富裕阶层征收的税率更高，还附加超额所得税。在这一时期，最高的边际所得税率上升到36%，增加了5%，若个人收入所得超过25万美元，超过的部分需再征收10%的税收。这种累进所得税对缓解收入差距发挥了十分重要作用。由于征缴的税收增加，政府的开支减少，财政赤字得到了解决。这一政策还促进了美国经济在供给与需求的平衡，经济恢复发展，摆脱了高通胀、低增长甚至是负增长的局面。

克林顿政府时期的经济繁荣没有持续到21世纪。2000年下半年，美国经济由盛转衰，全年实际国内生产总值的增长率仅达到2.23%，2001年几乎为零。2001年，经济发展的不利因素不断出现，私人投资呈现下降趋势，私人消费几乎没有增长，进出口下降，因此，布什总统最为紧迫的任务是实现经济回升。2001年，布什政府颁布了1980年以来规模最大的减税法案。个人所得税改革主要包括：首先，提高个人所得税起征点。对于已婚夫妇，在税改前，起征点为7 600美元，而税改后为9 100美元，这一改革，使收入在7 600~9 100美元的居民不必再缴纳个人所得税。其次，降低税率。改革法案对除15%的税率之外，其余税率全部降低1%。为了照顾低收入者，政府对这部分人群只征收10%的个人所得税。再次，在税收方面，对教育支出给予更多优惠：学生贷款利息在纳税前扣除没有任何限制，个人教育支出在纳税前的扣除额为2 000美元，而在改革前为5 000美元，由于教育储蓄可以获得税收优惠，优惠额度为2 000美元，之前仅为500美元。最后，提高扣除额的标准。"子女福利基金"能够抵扣税款。2010年每子女能抵扣1 000美元，而改革之前仅为500美元。②

布什总统实施了税收改革法案，继续推进减税计划。个人所得税减免数额更高，提高了儿童能够抵扣的限额，调低了资本所得税税率。

为了促进社会公平、缩小贫富差距，奥巴马总统实施了税收改革：增加

---

①② 马冉.美国联邦个人所得税制度历史变迁研究[D].济南：山东大学，硕士学位论文，2013.

对富裕阶层的征税，减少对中产阶级及贫穷阶层的征税。这一领域的税收改革对于缩小收入差距具有明显效果，二次收入分配更体现了公平原则。政府增加了对富裕阶层的税收，同时政府致力于降低贫困率，加大了对贫困家庭的救助力度。

6.3.2 金融制度改革

自20世纪80年代，美国金融制度走向自由化。自由化以对利率进行市场化改革以及扩展银行机构的从业范围为开端。同时，强调联邦储备委员会在金融管理领域的重要作用。

（1）1980年新银行法即《存款机构放松管制和货币控制法》

此项法案对银行业意义重大，它使美国放宽了金融行业的微观监管，放弃了金融行业的严格监管，更加依赖市场自身的调节机制，联邦储备委员会的货币监管加强了。

第一，不再限制贷款及存款的利率。1980年银行法之前，对银行等存款机构进行管制的法案为"Q条例"，该条例在利率方面对存款机构实施了严格限制。在活期利息的支付方面，新银行法取消了金融机构对存款及贷款利率的限制。在利率放开后，非银行金融机构在吸收存款方面能够更加公平有效地同金融机构展开竞争，有利于金融市场趋向合理化。

第二，存款机构能够从更多渠道吸取资金。新银行法规定，自1981年起，全部存款机构，如商业银行、互助储蓄银行等，可以为顾客开立可转让支付命令账户（NOW）。NOW的通俗说法是"支付利息的活期存款"，能够通过储蓄获得利息收入，又能够用于转账付款。新银行法还使客户获得自动转账服务账户（ATS）成为可能，但对金融机构的限制为参加存款保险的银行。ATS能够随意由支票存款账户转为储蓄存款账户，也可以由储蓄存款账户转为支票存款账户。以上措施均使存款机构能够从更多渠道吸收资金。

第三，使存放在储蓄贷款协会的资金有更多用途。新银行法扩展了非银行金融机构的业务范围，部分非银行金融机构能够发放商业信贷及消费信贷；允许部分金融机构发放商业及贸易贷款，这部分金融机构同商业银行之间的竞争更大。

第四，增强联邦储备委员会管理货币的能力。新银行法使金融机构接受的管制较原来宽松许多，促进其增强了自主创新能力，但这不意味联邦储备委员会对金融机构完全放开，其在宏观方面的监管反而得到加强。新银行法颁布之前，只有会员银行需要交纳存款准备金；而新银行法颁布之后，所有存款机构均需交纳存款准备金。[①]在其他存款机构享受新的权利（如支票清算及再贴现等）的同时，也需要履行相应的义务。新银行法的实施，使美国美邦储备委员会在宏观监管方面的能力得到了加强。

（2）1982年银行控制法即《1982年高恩·圣杰曼存款机构法》

新银行法颁布后，金融机构之间的竞争在加强，银行业存款时间短而贷款时间长的市场风险得以缓解，但金融业在跨地域合并以及跨行业合并的障碍依然存在。为了解决这个问题，使金融机构能够公平竞争，在1980年新银行法基础上，联邦政府制定颁布了《1982年高恩·圣杰曼存款机构法》。此法进一步放宽了银行等存款机构的负债业务，使银行等存款机构的资产业务受到的限制更小，机构有更大的自主权，银行与其他金融机构在利率方面的限制不复存在。

（3）1989年新改革法即《金融机构改革、复兴和加强法》

1980—1990年，美国金融行业发展很不稳定，出现多次金融危机。危机发生后，美国政府积极应对，出台了上述的两项法案，即1980年新银行法和1982年银行控制法，这两项法案在处理金融危机时发挥了一定效果，但作用不显著，不能有效阻碍金融危机的发生。时任美国总统布什决心消除危机，颁布更系统有效的新法，1989年《金融机构改革、复兴和加强法》由此而生。此法由以下主要部分构成：

第一，对储蓄贷款协会的主要管理机构实施改革。新改革法规定，隶属于联邦存款保险公司的储蓄协会保险基金（SAIF）与隶属于财政部的储蓄贷款监理署（OTS）成立。SAIF负责储蓄贷款协会的保险，OTS负责储蓄贷款协会的监督管理，之前执行相应职责的机构不复存在。此法也促进了储蓄贷款保险资金同银行之间的分离。商业银行有了收购贷款与储蓄机构的权利，在收购后，是将其作为其分支机构还是储蓄机构，银行完全可以自主决定。

第二，完全消除储蓄贷款协会难题。重组信托公司由美国政府负责组建，其目的是消除储蓄贷款协会难题，该公司的经济机构为联邦存款保险公司，而监督机构为重组信托公司监督委员会。在联邦存款保险公司、重组信托公司及重组信托公司监督委员会之间相互制衡、相互监督、相互配合下，储蓄贷款协会难题最终完全消除。

第三，在资本比率方面，美国政府对储蓄机构提出了更高的要求，其目的是促使储蓄机构在面对风险时能够不受其影响。具体要求为，资本核心比率应大于

---

① 徐景.美国金融结构研究［D］.长春：吉林大学，硕士学位论文，2013.

等于3%。①为了维护储蓄机构的稳定，保障其健康发展，在最低风险资本方面，新改革法也提出了具体的要求，规定这些机构不应开展或者应较少开展不能达到标准的储蓄机构业务。

20世纪90年代初期，美国已经从之前的金融自由化改革中吸取了较多的经验，并不断扩大探索自由化改革的领域。鉴于国内金融业的竞争压力较小以及国际国内经济形势的变化，美国人民一致认为应加强金融制度改革，建立一个更加完善的、既注重效率又注重安全的现代金融体系。

（4）1991年改进法即《联邦存款保险公司改进法》

20世纪80年代后半期大量经营不善的银行破产，且破产形势越发严峻。同时，大批存款保险基金被储蓄贷款协会不合理利用，其他管理问题也开始暴露，例如广泛存在的逆向选择及道德风险等。20世纪末期，联邦存款保险公司所承保的存款数额远高于所拥有的基金余额。美国联邦存款制度面临崩塌风险。为了应对上述情况，使长期以来运行的存款制度不至于破产，美国政府颁布了1991年《联邦存款保险公司改进法》。该法实行了更严格的监管方案。

第一，对联邦存款保险制度实施改革。改进法规定，联邦存款保险公司从财政部获得的借款额度提高至300亿美元，改革之前，该标准为50亿美元，增加了250亿美元的借款额度；联邦存款保险公司能够从政府处筹得700亿美元的贷款。②该类保险公司在承保存款及准备金比例方面也有严格的规定，该比例应高于1.25%。该类保险公司也就不得不提高保险费率。

改进法使存款保险的范围缩小。倘若存款机构资本不充足，就不能接受代理存款；除非银行有大额养老金账户或者经济存款，否则其不能接受存款保险；如果得不到联邦存款保险公司董事会及联储委员会财政部长和2/3以上成员的同意，金融机构就不能获得"大而不倒"政策的庇护。

第二，高度重视资本充足问题，加强资本充足率管理。资本充足率提高后，当银行面临风险时，能够依靠自身力量去控制风险。资本充足率的提高是降低联邦存款保险公司风险及维护存款人利益的根本途径。改进法规定，银行的资本充足率应不低于8%，这一比率是根据巴塞尔银行监管委员会《巴塞尔协议》，旨在减少银行体系的市场和信用风险，维护市场稳定。该法还依据资本充足率对银行进行了划分。其中，资本充足率低于2%的银行被视为资本致命短缺，需要及时改进资本充足率；资本充足率在2%~6%的银行被视为资本严重不足；资本充足率

---

①② 徐景.美国金融结构研究［D］.长春：吉林大学，硕士学位论文，2013.

在6%~8%的银行为资本不足；资本充足率等于或略高于8%的银行为资本相对充足；资本充足率远高于8%的银行则被认为资本非常充足。①

第三，限制了州银行的权利。由于州银行拥有许多国民银行没有的权利，因此国民银行难以与州银行相抗争。改革法为了缓解这种情况，取消了对州银行赋予的特权，使银行之间能够进行公平竞争。

第四，在银行兼并及并购方面有了新的规定。改革法规定，国民银行能够在符合银行合并条例规定的情况下兼并或者收购任何储蓄机构，反之亦可。在保证资本充足率的情况下，投保的金融机构可以在适当的范围内合并或者兼并其他保险基金。

（5）1994年效率法即《里格·尼尔银行跨州经营与跨州设立分行效率法》

1994年之前，银行在跨州发展金融业务方面受到严格限制，这不利于银行业的长远发展，不同州之间的银行难以形成竞争，效率不高。为了解决这个问题，美国政府于1994年实施了《里格·尼尔银行跨州经营与跨州设立分行效率法》。效率法使银行进行跨州建立分支机构及经营成为可能，在后来金融行业的健康发展中占有十分重要的地位。银行在获得州政府及联邦储备委员会的批准下能够收购其他任何州的银行，前提是不违反再投资法并且要保证资本充足率满足规定的条件，否则跨州收购不能实施。银行能够在不属于其注册地的其他州设立分支机构，而且没有任何限制。自1997年下半年开始，独立的银行能够同跨州银行合并。效率法的实施增强了银行业活力，银行之间的竞争压力也因此加大，效率得到提高，并购产生了一些规模巨大的银行。

（6）1999年《金融服务现代化法》

在"格拉斯·斯蒂格尔"的限制下，美国的金融行业始终实行分业经营，即每个类型的金融机构只能从事特定类型的业务，不得与不同类型的金融机构从事相同的业务，保险、证券及银行业之间互不干涉，这阻碍了金融体系的现代化发展。20世纪50年代，金融体系出现部分混业，到了80年代，分业经营的管理制度也在松化。为了彻底改变长达几十年的分业经营制度，美国联邦政府于1999年的11月颁布了《金融服务现代化法》，自此混业经营开始取代分业经营，成为美国金融体系的主流，提高了银行竞争力和企业活力。该法的主要内容如下②：

第一，混业经营制度确立在《现代化法案》颁布之前，新法取消了商业银行禁止从事保险及证券业务限制，保险、证券及银行之间没有严格的界限，其业务

---

① 徐景.美国金融结构研究［D］.长春：吉林大学，硕士学位论文，2013.

② 美国参议院.美国金融服务现代化法案［Z］.1999：11.

可以相互渗透。

第二，修订《银行控股公司法》。银行控股公司的业务范围受到一定的限制，只能从事与银行有密切关系的业务，不能经营不属于金融范围的商业活动，除非这种活动同金融业务相互补充，而且能够在与证券公司及控股公司合作的基础上提供金融服务及产品。银行控股公司应将本公司从事的金融及非金融业务以4年为一个周期向美国联邦储备委员会及财政部做报告。

第三，国民银行及其分支机构的活动条款。若隶属于管理精良且资本较为充足的国民银行的分支机构的总资产在银行总部资产的45%以内，并且资本总额低于500亿美元，则该分支机构能够开展证券承销，这种严格限制的目的是将风险在可控范围之内。为了控制风险，国民银行总资产在10亿美元之上者，应出具评级机构作出的评级结果；为了遵守谨慎性原则，国民银行的分支机构只有在该法生效5年之后才能够经营不动产及保险承销；国民银行和分支机构都可以承担市政收益债券的承销业务。①

第四，保险条款。银行只有在监管当局批准后才能从事保险产品营销的业务。保险活动由州政府负责。对于不符合规定的保险业务的开展，州政府会及时制止。

第五，证券条款。在保险经营上，只有商业银行满足有关规定，否则不能涉足证券业务。商业银行能够交易证券衍生产品，如股权互换等。商业银行既可以从事保险、信托交易，又可以涉足证券经纪业务。

第六，关于金融监管的限制。该法促进了金融业务的自由化，但是没有放弃监管，在监管方面作出了更加严格的规定，将众多机构共同任命为对金融活动进行监管的机构，如联邦储备委员会、财政部货币监督管理署等。监督管理机构之间能够共享数据等，在监管机构已经获得相关资料后，其他监管机构可以从获取资料的监管机构获取。在金融业务涉及是否合法时，监管机构的高层领导可以协商交流。②

停止了金融行业的分业经营实现混业经营，并实行银行的跨州合并之后，金融自由化改革在20世纪90年代之后加快推进。金融业务的监管跟不上金融体系的发展速度，衍生品的发展使虚拟经济的资产总值逐年递增。虚拟经济极度繁荣，然而实体经济并不是这样。银行在高杠杆的运作中乐此不疲，一味追求高利润，最终导致虚拟经济严重脱离实体经济。21世纪初，美国华尔街引起的席卷全球的

---

① [美]斯坦利·恩戈尔曼，罗伯特·高尔曼.剑桥美国史[M].北京：中国人民大学出版社，2008：209~215.

② [美]乔纳森·休斯，路易斯·P.凯恩.美国经济史[M].北京：北京大学出版社，2011.

金融危机爆发。2008年，美国始终引以为豪的、排名第四的投资银行雷曼兄弟宣告破产，摩根士丹利及高盛集团均由投资银行转型为银行控股公司。在虚拟经济拖累下，实体经济的发展也遇到了严重困难，金融自由化的劣势也开始得到社会各界人士的广泛关注。

（7）2010年《金融监管改革法案》

为了应对新一轮的金融海啸，美国政府开始研究经济救助方案，然而方案的制定及实施再到发挥作用所需要的时间是漫长的。救助经济危机的方案众多。2008年，布什总统的《现代金融监管构架改革蓝图》，加强了金融行业的监管力度；2009年，奥巴马的《金融监管改革框架》，对布什总统法案的劣势进行弥补；2010年施行的《金融监管改革法案》，提出进行全面的监管，着重解决不合理的监管问题。[①]

美国联邦储备委员会及财政部获得金融监管的主要权利是《金融监管改革法案》的核心，具体规定如下：

第一，系统性风险的应对方案。该法案成立了专门应对市场性风险的金融稳定监督委员会，该委员会主要负责系统性风险的甄别及应对方案，对于不合理的监督管理政策进行改进，使监管更加合理有效。

鉴于大型投资银行雷曼兄弟破产及高盛集团、摩根士丹利改制给经济带来的巨大影响，应严格控制金融机构的规模，避免重蹈覆辙。在控制金融机构扩大规模方面，该法案对其扩张提出具体的硬性要求，对扩张规模的金融机构在杠杆及资本量方面有了更苛刻的规定。同时，为了使金融机构不扩大规模，该法案还规定了大型金融机构在破产时应追究相关人员的责任。

为了使美国联邦储备委员会在监管中不滥用私权，该法案对其救助权利进行了限制。救助陷入危机的金融机构时，美联储应向财政部门提出请求，只有在请求通过之后才能实施救助，其贷款救助只限于缓解企业的流动性问题。这迫使美联储不能完全按照自身的意愿行事，维护了金融行业在面临危机得到救助时的公正性。

第二，保护消费者及投资者的利益。该法案还注重保护消费者及投资者的利益，并为了将保护付诸实施，专门成立了消费者金融保护局。尽管该局建立在美联储之下，但在管理上具有自主性，不受美联储的限制。该局的主要职责是监管金融机构是否欺骗消费者、不合理地收取消费者额外的费用，一经发现，及时制止。消费者保护局除了可以监管金融产品，还能够监管金融中介。避免各种不合

---

① 徐景.美国金融结构研究［D］.长春：吉林大学，硕士学位论文，2013.

理现象的出现。①

第三，限制金融衍生产品的交易。2008年的金融海啸是由高杠杆、高收益的金融衍生产品引发而来。美国政府对金融衍生产品给予了高度的重视，对其交易进行了严格的监管。对于具有高杠杆、高风险的衍生产品的交易，商业银行应将其分离出去，转至具有较多资本的下属公司；对于常规性衍生产品的交易如拥有对冲功能的并且能够降低风险货币互换、利率互换予以保留；对于其他投资活动的规模也进行了一定的限制。

为了防范衍生产品交易风险，当局加强了监管。美国期监会及证券监督委员会一同监管场外金融衍生品的交易，为了控制市场风险，还对场外交易进行了清算，再归入场内交易。基金资产在1亿美元以上的机构应将产品信息及投资情况上报给其监督机构，须在证监会注册。②

第四，对信用评级机构实施改革。由于信用评级机构的评级可以显示出金融机构的风险，因此信用评级机构的客观及公正应得到满足。为此，该法案设立了评级监管机构。评级监管机构由专业的人员组成，对评级机构进行监管，并将其所获信息予以公开。对于评级机构在评级中出现失误的应承担相应的责任，并不再具有评级资格。

第五，应加强公司管理和薪酬监管。美国联邦储备委员会严格监管金融体系高管的薪金，阻止那些追求高风险以换取高薪的薪酬制度。赋予股东大会决定公司高层管理人员工资的投票权，该权利不受任何限制。对于依靠虚假数据而取得高额薪金的高层管理人员，一经发现，美国证监会便会进行追责。

6.3.3 社会保障制度改革

美国政府始终努力完善社会保障制度，解决居民贫困和教育方面的问题。为此，联邦政府和州政府颁布了各种法案。伴随推行一系列法案，政府在社会保障中承担的角色愈加重要，责任不断增加，需要支付资金规模也愈加扩大。③

从表6-7可以看出，1902—1989年美国联邦政府、州政府及地方政府的支出在国内生产总值中所占的比重，无论是联邦政府，还是州政府或者地方政府，其支

---

① [美]斯坦利·恩戈尔曼，罗伯特·高尔曼.剑桥美国史[M].北京：中国人民大学出版社，2008：140~155.
② [美]乔纳森·休斯，路易斯·P.凯恩.美国经济史[M].北京：北京大学出版社，2011.
③ 邓念国.高收入国家社会保障的民营化.新制度主义的视角[D].上海：上海交通大学，博士学位论文，2008.

出在国内生产总值中所占比重均呈现出明显的上升趋势。1902年联邦政府占比为2.6%，到1936年该比例甚至达到了11.1%，到了1989年跃为24.4%，增长幅度之大可见一斑。州政府在1902年的比例为0.9%，1936年升至4.7%，1983年达到10.0%，也呈现出了上涨趋势。对政府的总支出而言，上升趋势也比较明显。1902年该数值为7.6%，1936年为20.3%，而到了1989年直逼40%。由此可以看出，整个20世纪，美国的政府支出在显著上涨，一个重要的上涨原因便是社会保障支出的增加。①

表6-7　　　　　1902—1989年美国政府支出占GNP比重　　　　　单位：%

年份（年）	联邦政府支出/GNP	州政府支出/GNP	地方政府支出/GNP	合计
1902	2.6	0.9	4.1	7.6
1913	2.4	1.0	4.6	8.0
1927	3.7	2.2	5.9	11.8
1932	7.4	4.9	9.2	21.5
1936	11.1	4.7	4.5	20.3
1940	10.1	5.2	5.0	20.3
1950	15.5	5.3	3.7	24.6
1960	19.2	6.2	4.4	29.8
1970	21.0	8.5	4.0	33.5
1980	23.5	9.8	3.1	36.4
1983	26.4	10.0	4.5	40.9
1989	24.4	7.7	7.1	39.1

资料来源：斯坦利·恩戈尔曼，罗伯特·高尔曼.剑桥美国经济史［M］.北京：中国人民大学出版社，2008：336~385.

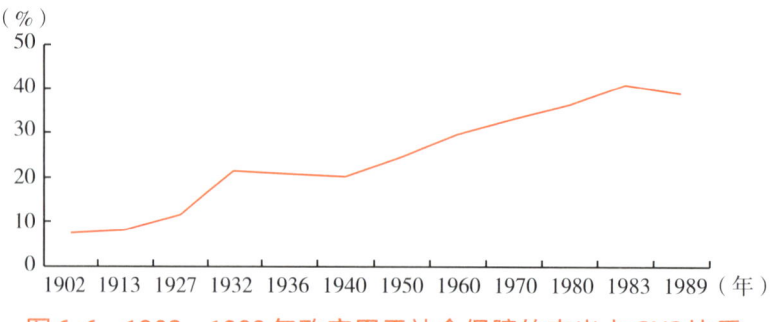

图6-6　1902—1989年政府用于社会保障的支出占GNP比重

---

① ［美］乔纳森·休斯，路易斯·P.凯恩.美国经济史［M］.北京：北京大学出版社，2011：213~216.

由图6-6可以看出，美国各级政府用于社会保障的支出在总支出中所占比重的走势。自1902年以来，该比重呈现出不可逆转的上升趋势，即政府高度重视社会保障，用于社会保障的资金支出不仅在总额上呈现出增加的趋势，在总支出中所占比重呈现出上升的趋势。伴随国民经济趋向繁荣，政府财政收入不断增长，用于支出的资金数额在上升，用于社会保障的资金总额的上涨更加迅速，资金更加充裕①。

社会保障改革在20世纪60年代的社会效应较为显著，体现在三个方面：首先，基尼系数下降，贫富收入差距缩小。在这段时期，基尼系数没有超过0.4。其次，失业率下降，1960—1969年，失业率在5%以下，就业情况较为理想。最后，贫困率下降。这一时期贫困率的下降较为明显，低于20%。美国经济在这一时期增长较为迅速，呈现出一片繁荣的景象。

美国在20世纪70年代调整了社会政策。20世纪60年代的经济繁荣没有延续，进入20世纪70年代后，情况发生了反转，出现了经济滞胀，1971年失业率上涨为5.9%，通货膨胀相伴而生，物价长期上涨。20世纪70年代中期，经济增长为负数，一方面来由1973年爆发的石油危机，另一方面受滞胀的影响。70年代末，国民经济状况没有好转，1979年石油危机再次爆发。整个20世纪70年代，失业率上涨、物价上涨的状况始终持续，1975年失业率甚至为8.5%，1974年物价上涨11%。②经济衰退迹象已经十分明显，为了应对这种状况，时任美国总统的尼克松开始调整社会保障政策。在他看来，政府承担社会保障的责任太重，不利于提高个人工作积极性。部分人认为经济衰退中获得的工资较少，因此宁愿不工作，接受政府的救济。这一方面不利于社会就业，另一方面又加重了政府的财政负担。因此，尼克松总统实施了社会保障变革，减少了政府责任，将社会保障与个人工作连接起来，不参加工作的人不再享有同等社会福利。尼克松总统对社会保障政策作出了诸多改革，但没有改变社会保障的基本原则，扩大了残疾人、老人救助规模，把更多资金用于食品券支出。在通货膨胀背景下，数额不变的保障支出不利于居民生活，政府将保障支出同消费指数联系起来，更具合理性。尼克松总统对社会保障政策的改革，主要在于减轻政府责任，使个人承担更多社会责任。

卡特总统于1977年上任。当时美国的经济形势仍旧较为严峻，失业率在7%

---

① ［美］乔纳森·休斯，路易斯·P.凯恩.美国经济史［M］.北京：北京大学出版社，2011：253~260.

② 周云红.美国、德国和瑞典的社会政策建设及启示［D］.济南：山东大学，硕士学位论文，2012.

以上，为此社会政策再度调整。在医疗保险方面，为了减轻政府的压力，更加强调个人责任，使个人在医疗费用上需支付更多。为了降低失业率，政府增加对失业人员的培训，增强了失业人员的工作能力，增加就业。在人员的救济方面，对于无法工作的残疾人、老年人及儿童，救济金额根据家庭收入情况及人口的不同而不同，但救助金额呈现出增长趋势。而对于有工作能力家庭的救助，部分人员的救济金额与是否就业相关。

1970—1979年，美国社会保障制度面临很多发展障碍。首先，经济衰退，联邦和州政府收入降低，失业人员激增，需要救助的人员增多，这需要政府增加支出，而同期政府财政收入却在减少。其次，第二次世界大战后，美国经济发展势头较好，社会保障政策充足，居民能得到较高的福利，而经济下行使福利不得不减少，居民一时之间难以接受。经济衰退，大批人员失业，无收入群体增加，众多小企业发展困难，大批倒闭。只有少数大企业幸存，提供整个国家所需的产品，贫富收入差距扩大。最后，政府的社会保障改革促进了对穷苦群众的社会救助，使美国在20世纪70年代的贫困率未发生明显变化。①

从表6-8可以看出，1970年美国家庭收入的基尼系数为0.392，而到1980年时该数值升为0.403，大家庭收入的基尼系数由1970年的0.353上升至1980年的0.365。而在贫困率方面，1970年比率为12.6%，1979年时为11.7%，较1970年而言不升反降，这体现出社会救济政策取得了较为显著的效果。②

表6-8　　　1969—1980年美国基尼系数与贫困率

年份（年）	家庭收入的基尼系数	大家庭收入的基尼系数	贫困率（%）
1969	0.391	0.349	12.1
1970	0.392	0.353	12.6
1971	0.396	0.355	11.5
1972	0.401	0.359	11.9
1973	0.397	0.356	11.1
1974	0.395	0.355	11.2
1975	0.397	0.357	12.3
1976	0.398	0.358	11.8

---

①②［美］斯坦利·恩戈尔曼，罗伯特·高尔曼.剑桥美国史［M］.北京：中国人民大学出版社，2008：355~364，736~745.

续表

年份（年）	家庭收入的基尼系数	大家庭收入的基尼系数	贫困率（%）
1977	0.402	0.363	11.6
1978	0.402	0.363	11.4
1979	0.404	0.365	11.7
1980	0.403	0.365	13.0

资料来源：[美]斯坦利·恩戈尔曼，罗伯特·高尔曼.剑桥美国史[M].北京：中国人民大学出版社，2008：456~473.

由图6-7可以看出，1969—1980年美国基尼系数的变动趋势。总体而言，基尼系数呈现出上升趋势，1972年后，基尼系数有微弱下降。自1974年之后，基尼系数再度上涨。基尼系数的上升体现出美国贫富收入差距的扩大。自1969年以来，美国贫富收入差距呈现出扩大的趋势。

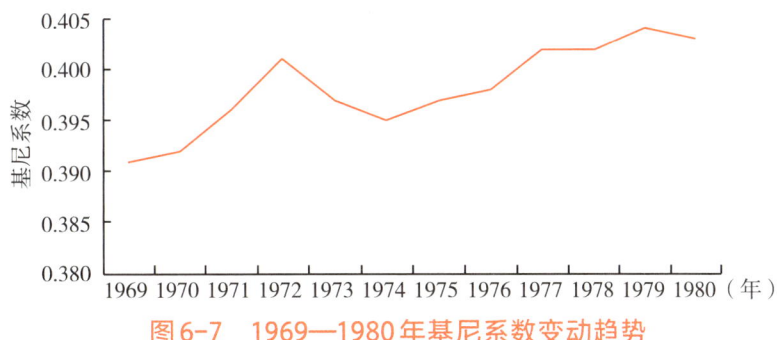

图6-7　1969—1980年基尼系数变动趋势

由图6-8可以看出，在1969—1980年美国贫困率的走势变动。总体而言，美国贫困率呈现出上升趋势。1970年、1972年、1975年先后出现了贫困率的小幅下降，但此后，贫困率持续上升，且上升幅度大于其下降幅度。

图6-8　1969—1980年各年贫困率变动趋势

里根总统实施的社会保障政策的改革较为激进。20世纪70年代的滞胀使美国的经济发展步履维艰。尽管尼克松和卡特总统在20世纪70年代进行了努力，经济衰退的状况并没有消失，尤其是1979年发生的第二次石油危机，使美国经济雪上加霜，1980年美国经济增长为负数，滞胀仍然持续，失业率较高，物价指数继续上涨。新上任的里根总统面临很大压力。这一时期，美国学术界开始探讨经济衰退的原因，货币学派及供应学派认为政府不应干预经济的发展，经济面临的困难都是政府参与过多的结果。只有政府放手，市场借助于供给机制、竞争机制及价格机制的作用，经济才能恢复增长。凯恩斯学派则持完全相反的观点，他们认为政府应积极引导需求，刺激经济，增加就业，或者采取措施制止通货膨胀的继续恶化让经济走向健康发展的道路。究竟采取哪个学派的观点，主要在于执政者。里根总统更信奉前者的观点，认为政府干预太多。尤其是在社会保障领域干涉过多，支付了大量的资金却达不到预想的效果，还造成居民依赖政府、怠于工作的不良社会风气，这不仅增加了政府的支出，还不利于就业，有百害而无一利。自此，里根政府实施了大规模的社会保障改革。

社会保障改革的第一项是减少政府在社会保障方面的支出，提高税率。1984年，里根政府修订了社会保障法案，为了减轻政府的财政负担，在提高保障税的基础上又减少了社会福利。例如，如果工作者的收入较高，其将面临退休年龄延迟、领取保障津贴的年龄也提高的境况，这样既减少了政府的支出，又通过工作年限的延长使政府的收入增加。社会保障税率提高的具体情况如表6-9所示。

从表6-9我们可以看出，自营者缴纳的社会保障税率由1970年的6.91%提高到1990年的15.30%，无论是老年人、残疾人还是健康者均需缴纳社会保障税，老年人缴纳得最多。企业主及劳工缴纳的社会保障税率由1970年的4.80%增加至1990年的7.65%，20年增加了近3%，老年人、残疾人及健康者所缴纳的税率都在上涨，同自营者一样，老年人缴税较多。

表6-9　　　　1970—1990美国社会保障税率变化情况　　　　单位：%

年份（年）	社会保障税率							
	企业主和劳工缴纳				自营者缴纳			
	合计	老年	残疾	健康	合计	老年	残疾	健康
1970	4.80	3.65	0.55	0.60	6.91	5.48	0.83	0.60
1975	5.86	4.38	0.58	0.90	7.91	6.19	0.82	0.90
1980	6.13	4.52	0.56	1.05	8.10	6.27	0.78	1.05
1985	7.05	5.20	0.50	1.35	14.10	10.40	1.00	2.70
1990	7.65	5.60	0.60	1.45	15.30	11.20	1.20	2.90

资料来源：邓大松.美国社会保障制度研究［M］.武汉：武汉大学出版社，1990：126.

不仅如此，政府削减了公共援助支出，1981年，该项削减为政府节省128亿美元，1984年节省了176亿美元。政府还减少了医疗、儿童及住房方面的补助。[①]

再者，为了减少政府支出，联邦政府提高了获得社会保障给付的标准，只有达到标准的人群才能获得政府资助。根据1981年有关规定，若居民收入在该州平均生活标准的1.5倍以上者，将没有资格获得抚育未成年人的家庭补助。对于再婚的家庭，应将新配偶的收入计算在内。如果家庭收入为贫困标准的1.3倍，除非家中有残疾人或者老年人，否则将没有住房补贴及食品券。此外，没有就业或者没有接受培训的人将没有资格领取社会福利。对于家有未成年人者，未成年人若中学毕业之前便不再上学或者年满19岁而不参加培训的，将不会获得家庭援助的资格；之前获得家庭援助而后来家长再就业的家庭将失去继续获得家庭援助的资格。

里根政府执政后期的社会保障改革政策为：在社会保障方面，更加强调地方政府的责任。里根政府将之前众多由联邦政府负责的社会保障计划划分给州政府或者地方政府，包括医疗补助、食品券。社会保障的资金来源，联邦政府不再负责，由州及地方政府自行筹集。里根政府在社会保障政策上的改革并没有取得预想的效果。减税政策虽然可以刺激企业及个人的投资活动，促进经济的发展，而对所有的人征收相同的税率会造成收入差距的扩大，这种税收政策会更受到富裕阶层的欢迎。在相同的税率条件下，富裕阶层缴纳的税较贫困阶层多，但只是绝对数额上的多，相同的道理，富裕阶层个人可支配收入较贫困阶层而言更多，税收丝毫没有改变二者之间的差距，工资收入的差距直接导致了收入方面的差距。在里根执政时期，占全国总人口20%的富裕阶层生活质量提高了1/5，而占全国20%的贫穷阶层的生活质量下降了10%左右。社会保障水平的提高，使原来可以享受社会福利的部分人群不能获得社会福利，加剧了美国贫穷人口的数量。以上问题直接导致美国在这一时期收入差距的扩大。从表6-10可以看出，1981—1990年，美国的基尼系数上升。家庭收入的基尼系数由1981年的0.406上升到0.428，基尼系数大于0.4显示该地区的收入差距较为明显。大家庭收入的基尼系数由1981年的0.369上升到1990年的0.396，也呈现出明显的上升趋势。由此，足以看出里根政府的社会保障政策的负面影响。里根执政期间，尽管减少了政府的社会保障支出，但财政却显示出赤字的状态。主要有以下两个原因：一是由于减税政

---

① [美]乔纳森·休斯，路易斯·P.凯恩.美国经济史[M].北京：北京大学出版社，2011：245~261.

策的实施而减少的税收并没有进入实体经济、刺激经济的发展，而是流入股票市场，这为后来的股市泡沫发挥了推波助澜的作用；二是政府将大量的资金用于国防建设，国防建设需要大量的资金，这也就使美国政府大量举债以满足其需要。据统计调查，1988年美国政府的负债达到了26 000多亿美元，政府赤字达到1 500多亿美元。[①] 巨额债务对后任的总统而言是一项艰巨挑战。

表6-10　　　　　　1981—1990年美国基尼系数和贫困率

年份（年）	家庭收入的基尼系数	大家庭收入的基尼系数	贫困率（%）
1981	0.406	0.369	14.0
1982	0.412	0.380	15.0
1983	0.414	0.382	15.2
1984	0.415	0.383	14.4
1985	0.419	0.389	14.0
1986	0.425	0.392	13.6
1987	0.426	0.393	13.4
1988	0.427	0.395	13.0
1989	0.431	0.401	12.8
1990	0.428	0.396	13.5

资料来源：[美]斯坦利·恩戈尔曼，罗伯特·高尔曼.剑桥美国史[M].北京：中国人民大学出版社，2008：208~221.

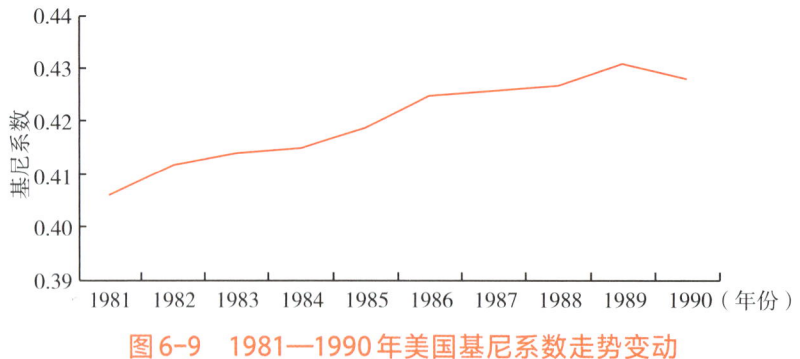

图6-9　1981—1990年美国基尼系数走势变动

由图6-9可以看出，美国在1981—1990年，基尼系数呈现出上升趋势。

---

① 周云红.美国、德国和瑞典的社会政策建设及启示[D].济南：山东大学，硕士学位论文，2012.

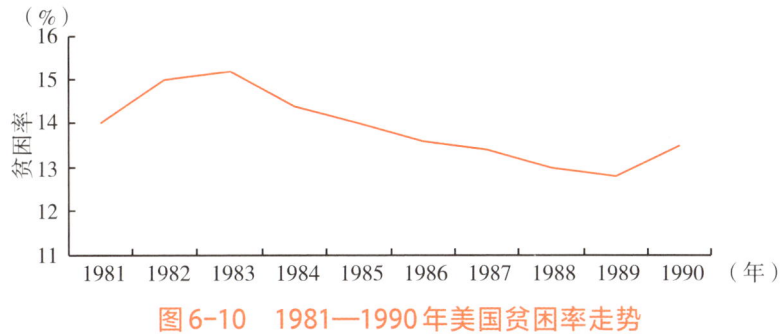

图6-10　1981—1990年美国贫困率走势

由图6-10可以看出，1981—1990年，美国的贫困率呈现下降趋势。

克林顿政府在社会保障改革中指出，政府主要帮助没有工作能力、无法获得收入来源的人群；对于有工作能力的人，政府给予的资助时间不能过长，这类人群应积极去寻找工作。可以看出，克林顿总统在社会保障改革中坚持不能一味地给予社会福利，应将其与工作结合起来。

根据克林顿政府改革原则，政府高度重视将福利同工作相联系及减少"无效率"部分的社会福利。改革包括以下几个方面：第一，为了减少社会福利开支。1994年政府规定，对于已经年满18周岁、有工作能力的人失业之后只能领取最多两年的救济金。为了促进失业人员的就业，对于雇佣尚在领取救济金的成年人的企业，政府为其支付相应的补贴。两年后，美国政府进一步规定，对于非美国公民的人员，没有资格接受政府的公共援助。对于美国公民而言，若其具有劳动能力，也只能接受5年社会福利的援助，还必须在2年之内重新就业。为了进一步减少政府支出，对于因使用不合法的药物或者酗酒而导致的残疾将不给予补贴，1997年取消了这类人群所接受的补贴。[1]

第二，为了使社会福利政策发挥真正作用，应使国民关注现有体制存在的问题。这样施政在改革上遇到的阻力更小，改革的效果更显著。嗣后，美国政府为改善健康保障、医疗保障等问题作出了一系列的努力，由于牵涉利益较广，实施较为困难。克林顿总统在改革残疾人年金及养老政策时由于同样的原因没有实施成功。

克林顿总统相对于里根总统实施的社会保障改革给予了更多资金支持，这不仅没有抑制经济的发展，还促进了经济发展，使通货膨胀及经济停滞的危机迎刃而解。经济增速加快，通货膨胀率降低，国民就业水平提高，失业率下降。由此促进了经济繁荣，居民收入水平提高，贫困率下降，克林顿总统的社会保障政策

---

[1]　[美]斯坦利·恩戈尔曼，罗伯特·高尔曼.剑桥美国史[M].北京：中国人民大学出版社，2008：208~215.

取得了较好成果。①

由于克林顿总统实施的社会保障政策较为成功，因此其继任者——小布什总统及奥巴马总统在社会保障方面未再扩大改革范围。这导致2000—2007年美国各阶层收入在总收入中所占比重没有大的变化。例如，最低的20%人群收入占比2000年为3.6%，2007年为3.4%，几乎没有变化。同理，最高的20%收入占比由2000年的49.8%变为2007年的49.7%，变化微乎其微。2000—2007年美国基尼系数变化也较小，由2000的0.462变为2007年的0.463，这种社会稳定性是基于社会保障政策的稳定性。在此期间，社会保障政策最大的变化为2010年，奥巴马总统的医疗改革，该改革获得了国会的通过，但没有取得预想效果，社会公众普遍认为该改革没有使国民明显受益。②

表6-11　2000—2007年美国不同阶层收入份额占比　　　　　　　单位：%

人口份额＼年份	2000年	2001年	2002年	2003年	2004年	2005年	2006年	2007年
最低的20%人群	3.6	3.5	3.5	3.4	3.4	3.4	3.4	3.4
第二个20%人群	8.9	8.7	8.8	8.7	8.7	8.6	8.6	8.7
第三个20%人群	14.8	14.6	14.8	14.8	14.7	14.6	14.5	14.8
第四个20%人群	23.0	23.0	23.3	23.4	23.2	23.0	22.9	23.4
最高的20%人群	49.8	50.1	49.7	49.8	50.1	50.4	50.5	49.7

资料来源：美国人口调查局，Bureau of Census，http://www.census.gov/.

表6-12　2000—2007年美国居民收入的基尼系数

年份（年）	基尼系数
2000	0.462
2001	0.466
2002	0.462
2003	0.464
2004	0.466
2005	0.469
2006	0.470
2007	0.463

资料来源：美国人口调查局，Bureau of Census，http://www.census.gov/hhes/www/income/histinc/h04.html.

---

① 路婧.美国经济金融化对收入不平等的影响研究［D］.济南：山东大学，硕士学位论文，2014.

② 王森.美国社会保障制度的历史考察［D］.重庆：西南政法大学，硕士学位论文，2008.

通过以上对美国社会保障改革的分析描述，可以发现，美国政府的主要目标是缩小贫富收入差距，降低贫困率，通过税收政策增加高收入阶层的纳税额。在社会救助上，为了避免居民的过分依赖，实行的是有限救助。例如，在领取失业保险金方面，有最高年限的限制；为了鼓励企业增加对失业人员的雇佣，政府对其支付一定的补贴。由于美国崇尚自由，反对过多干预经济，市场主要是依靠自身力量的调节，这便是收入差距较大的原因。加上政府救济有限，造成20世纪80年代以来美国基尼系数较高，从表6-12可以看出，2007年之前，基尼系数从未低于0.4。

6.3.4 教育制度改革

在克林顿总统任职时期，教育发展较为迅速，成果较为显著。当时的联邦政府对未来社会发展有较为系统且深刻的认知。教育在社会发展中发挥着重要作用，人才是经济及社会发展的关键。联邦政府和州政府普遍认为，只有通过人才的培育，才能从真正意义上促进一国经济的发展，提高一国政治在国际上的影响力，提高该国的综合国力。只有通过发展教育，一个国家才能彻底降低贫困率；只有通过发展教育，一个国家才能提高国民的整体生活水平；只有通过发展教育，才能缓解甚至解决贫富收入差距较大的不合理现象，真正实现社会的公平、公正。正是由于克林顿政府意识到教育的极端重要性，才为教育投入了大量资金。在促进教育的发展方面，美国联邦政府注重公平原则，为落后地区教育的发展提供机会，为低收入家庭提供帮助，为贫困孩子提供学生贷款，保证他们能够继续完成学业，通过受教育来改变自身贫穷的命运。政府每年拿出大量的资金用于图书馆建设。克林顿政府在这一时期的教育政策为美国教育的发展发挥了重要作用。

在人力资源培训方面，克林顿总统建立了专门的就业网站，为所有公民提供机会均等的培训及帮助，该网站公布与就业相关的信息，减少了求职者的搜寻成本。通过网站，缩短了居民寻找工作、企业寻找合适劳工的时间。政府部门对就业培训提供优惠政策，可以提高国家劳工的总体综合实力，为发展经济、降低失业率作出重大贡献。

6.3.5 中产阶级发展

经过60多年的发展，中产阶级在美国产生了重要影响，无论是在政治、经济，抑或是文化方面，中产阶级的作用是不容忽视的。美国阶级分化如表6-13所示。美国不同阶级之间存在较大的差别。特别富有及富有阶级只占不到6%的人群,但他们在社会中却扮演着极其重要的角色。在政治上,他们是主导;在经济上,他们拥有较大的影响力;在文化上,他们的作用不容小觑。但他们的工资按照年薪计算,这小部分群体占有社会上绝大部分的财富。①

表6-13　　　　　　　　美国社会阶级结构(2004年)

阶级		典型特征
上层阶级 Upper class	特别富有 (supper rich)(0.9%)	年收入通常超过350 000美元的百万富翁;包括名人,有权力的管理者、政治家;通常毕业于常青藤联盟
	富有(rich)(5%)	家庭净资产不少于100万美元,且通常以房产的形式存在;大多拥有大学学历
中产阶级 Middle class(46%)	上中层阶级 (upper-middle class)	接受过大学教育的员工,工资和补助高于平均水平。男性的典型工资是57 000美元,女性为40 000美元
	下中层阶级 (lower-middle class)	
下层阶级 Lower class	劳工阶级(working class)(40%~50%)	蓝领工人和其他从事程序化工作并且经济保障较差的工人。男性的典型工资是40 000美元,女性26 000美元。这些人大多是高中教育水平
	穷人(the poor)12%	生活在贫困线之下并有限或不参与劳动力市场。家庭的典型收入是18 000美元,接受过一些高中教育

资料来源:Beeghley L. The Structure of Social Stratification in the United States,The,Course Smart eTextbook[M].Routledge,2015.

在总人口中占一半以上的下层阶级生活比较困难。从表6-13可以看出,他们的占比达到了52%~62%。前面提到,中产阶级的占比在一半以上,下层阶级的人群在总人口中占到了20%~25%,人数众多。其中不乏失业人员,他们生活穷困潦倒,有些甚至解决不了温饱问题,依靠国家救助为生。②

上层阶级与下层阶级之间的就是中产阶级。在中产阶级的划分上很难有具体标准,中产阶级能依靠自身技术生活,不必为生活担忧,但不会过于奢华。在中产阶级划分标准上,许多专家学者广泛认同的是:女性的年收入在4万美元以上,

---

① US Census Bureau. 2005. Percent Distribution of Households,by Selected Characteristics Within Income Quintile and Top5 Percent in 2004. http://pubdb3.census.gov\macro\032005\hhinc\new05-000.htm.

② RESULTS:Hunger and Poverty in the United States. http://www.results.org/website\article.aspid=350.2009.

男性则不低于5.7万美元，家庭拥有的净资产在100万美元以下的人群。[1]同属于中产阶级的群体在生活质量上存在差距，中产阶级可以细分为上中产阶级及下中产阶级。[2]就受教育程度而言，上中产阶级中的绝大部分拥有硕士学位。[3]而下中产阶级只有1/4的拥有学士及以上学历。[4]在经济危机发生之后，中产阶级上层一般能够安然度过，而中产阶级下层没有那么幸运，他们在面临经济社会危机时生存力与抵抗力较弱，属于弱势群体。[5]

---

[1] Gilbert D..The American Class Structure in an Age of Growing Inequality［M］. New York：Wadsworth Publishing，1998.

[2] DeNavas-Walt，Carmen，Bermadette Proctor，and Jessica Smith.2008.Income. Poverty.and Health Insurance Coverage in the United States：2007.http：\\www.census.gov\prod\2008pubs\p60~235.pdf.

[3] US Census Bureau，personal income by education.htto：\\www.census.gov\hhes\income\histinc\p16.html.Retrieved on 2006.10~17.

[4] US Census Bureau，Education Attainment in the United States.http：//www.census.gov\prod\2004pubs\p20-550.pdf.2003.

[5] Ehrenreich，Barbara. Fear of Falling. Perenial，1990.

第 7 章　日本国民财富分配改革

明治维新后，日本政府制定并颁布了法律法规，倡导"国民""平民"思想理念，推动产业、教育、社会保障、住房保障等改革。日本政府倡导教育为本的理念。日本财富分配制度改革取得了显著进步，政府财富调节机制较好体现了财富公平。

日本从明治维新致力于产业发展与资本积累。政府接收各种工厂和企业（军事或原材料），出资从高收入国家购买先进的技术装备，提高生产能力，制定企业保护法，促进产业振兴，鼓励企业发展；积极拓展国外市场，参加国际博览会，促进出口，加大对外开放程度。这样，日本吸引外资及西方公司的数量大幅增加。①

第二次世界大战后，日本政府处于被动的执政状态，主要原因是美国驻军在日本领土上。1949年8月，美国税制考察团代表夏普提出"日本税制报告书"，对日本税制改革产生了重要影响。嗣后提出的"夏普劝告"成为日本税制改革基本框架，其主要目标是建立长期、稳定的税制结构，其主要内容包括：以直接税为中心，个人所得税为主体，调整个人所得税和法人所得税的关系；取消税收优惠政策，如税收补贴、部分税收减免等，推行申报纳税制度；明确税收权限，即中央和地方政府之间的税收关系，形成上下级的税制体系，实现独立的地方税制体系。②

7.1　形成阶段（"明治维新"至20世纪初叶）

7.1.1　教育制度和政策

1.明治初期的教育政策与教育改革

日本政府于1872年颁布法规，实施"学制"制度，标志着日本教育的近代化

---

① ［日］浜野洁.日本经济史［M］.南京：南京大学出版社，2010：69~73.
② 杨旭.日本税制改革研究［D］.长春：吉林大学，硕士学位论文，2008.

的开始。日本政府积极倡导教育为本的理念。"学制"的内容包含了德、智、艺三个方向,扩大了教育范围,从部分学生延伸至全体国民。日本明治政府颁布的"学制"是日本现行教育的基础,展现了日本教育的进步,但其大部分内容并未得到实现,"学制"与当时日本教育存在一定脱节。

1879年,日本政府颁布了新的"教育令",废止了"学制"。新的"教育令"削弱了文部省对学校教育的干涉,将权力下放到日本各地政府,推行地方性的分权教育。①

2.明治中期的教育改革

当日本内阁于1885年成立时,便对一些教育领域的思想作出了更正。森有礼是内阁中的第一任文部省大臣,他对"教育是为了使国民自身发家致富"这一思想作了更正。他认为,教育是为了使国家变得更加富强、兴旺、发达,不只是为了满足自身需求。新的教育政策"教育敕语"应运而生,该政策始终延续到了第二次世界大战后,始终作为日本教育大纲发挥指导作用。1886年,日本政府第一次制定了"学校令"。

3.明治后期的教育改革

进入20世纪,经历了日俄战争,日本经济开始了高速发展阶段。伴随经济发展,日本教育也进入了一个学习欧美教育先进模式快速发展的新阶段。

日本政府相信教育能够振兴产业。为了使日本的产业能够更加迅猛地发展,1893年,新上任的文部省大臣井上毅采取了法律手段,以法律的强制性保证教育能够振兴产业发展。从学校的规章规程来看,政府颁布了"农业学校规程"这一法律法规。②

日本官方统计数据显示,到1907年,日本小学入学率达到了97%,这一数字很好地诠释了日本义务教育取得成功。同年,日本还将学制确定为6年制。

日本教育制度逐步成熟和完善,这为日本经济发展提供了人才支撑,提高了国民文化素质,推动了日本经济发展。③

7.1.2　产业振兴与产业政策

明治维新后,1868年,日本政府派遣的欧美考察团提出了"殖产兴业"的政策建议。日本政府倡导产业振兴,创办近代工业,学习西方工业化国民经济模式,推行税制改革、土地私有化,摒弃传统封建制度,推进经济社会现代化。

---

①②③ [日]浜野洁.日本经济史[M].南京:南京大学出版社,2010:39~48,80~84,121~126.

日本政府推行产业发展与资本积累，政府接收各种工厂和企业（军事或原材料），出资从高收入国家购买先进的技术装备，提高生产力，促进产业振兴，鼓励企业发展；拓展国外市场，参加国际博览会，促进出口，扩大对外开放程度。外资以及西方各国的贸易公司大幅增长。①

7.2 发展阶段（第一次世界大战后至20世纪70年代）

7.2.1 税制改革

（1）日本经济高速增长时期的财政体制

①日本财政体制结构。日本财政制度主要包括三个方面：预算制度、财政支出制度和税收制度。

日本预算制度是财政制度的基础。日本拥有比较完善的财政预算制度，并从法律的角度制定了相关的政策规定和规则。日本财政经历了从平衡预算到赤字预算的转变，常年的财政赤字给日本政府带来了巨大的压力，1947年，日本政府出台了《财政法》等法律。《财政法》的出台旨在对日本的财政行为进行强制性的规范和控制，主要目的是在日本经济高速发展时能够保证财政平衡，在经济低迷时能够进行相应的刺激和治理。20世纪60年代，日本发行赤字国债，刺激经济发展。这标志着日本财政平衡预算转向了赤字预算，此后，日本债务不断上升。

日本财政支出制度主要是通过政府购买和政府投资这两种形式实现调控，从而保证日本经济平稳发展。20世纪70年代，日本出现了五次经济高速增长和五次经济下滑。五次经济上升时期是：神武景气、岩户景气、奥林匹克景气、伊奘诺景气和列岛改造热景气；经济下滑时期是：锅底萧条、1961~1962年经济下滑、昭和40年萧条时期和1970~1971年经济萧条。经济萧条时，日本政府采用的金融政策和财政政策是拯救经济的两大法宝。金融政策在前两次经济不景气时所起到的调节作用巨大，相比之下，财政政策作用较小。到昭和萧条时期过后，日本财政政策成为日本经济调节的主要工具，金融政策已无法单独对日本经济进行调控，日本政府通过扩大财政支出，增加投资需求，采用财政赤字刺激经济，缓解了经济低迷趋势。②

---

①② ［日］浜野洁.日本经济史［M］.南京：南京大学出版社，2010：210~216，251~252.

在日本经济高速增长时期,日本税收制度包括税率的高低、税收收入的来源结构以及税租特别措施。第二次世界大战后,日本国内经济遭受到巨大损失,为了恢复经济,日本政府实行了低税率措施,出台了相关政策,以维护企业生存发展。日本经济高速发展期间,日本税率不高,但日本政府税收却居高不下。这是因为尽管税率低,但税基扩大,税收收入仍持续上升。

税收结构上,日本政府主要采用征收直接税的方式,减少相应的间接税,1970年,日本直接税征收额为5.2万亿日元,占税收总额的70%。①

1938年,日本制定了《临时租税措施法》,这是日本政府在战时采用的税收特别措施。第二次世界大战后,租税特别措施仍然存在,主要目的是让财政更加灵活,扶持重点优质产业,优化企业资源。②

②日本财政政策的特点。经济高速增长时期,日本财政政策呈现出了以下特点:

第一,政府财政支出规模小,占比例相对较小。从表7-1可以看出,1955年,日本的国内生产总值为86 000亿日元,中央财政支出只有21 700亿日元,占当年国内生产总值的比例为25.1%,这是由于日本政府采取的低税率政策,以减轻企业、组织的负担,促进经济的发展。从图中可以看到,当时的财政支出规模小,占国民收入的比重也不高。直到1964年,日本的国内生产总值高达289 000亿日元,是1955年的3~4倍,这证明日本经济在这10年得到了高速的发展。从财政支出的角度来看,1964年的财政支出增长到了58 000亿日元,是1955年的近3倍。从数据上我们可以知道,日本从1955年到1964年的国内生产总值的增长率高于财政支出的增长率。在这一时期,英国中央财政支出占本国国内生产总值的比例是37.7%,美国的中央财政支出占本国国内生产总值33%,联邦德国的中央财政支出占本国国内生产总值比例为35.8%,法国和意大利分别为35.8%和34.1%。相较于其他国家,日本的中央财政支出占本国国内生产总值的比例只有20%~25%,低于其他高收入国家。伴随经济社会发展,1973年日本中央财政支出占国内生产总值的比例提高到了33%。从1964年到1973年的比例均值来看,日本中央财政支出占国内生产总值的比例较低,规模相对较小。③

---

① ② 崔显凯.日本经济高速增长时期财政政策研究[D].长春:吉林大学,博士学位论文,2012.

③ [日]浜野洁.日本经济史[M].南京:南京大学出版社,2010:231~249.

表7-1　　1955—1973年日本中央财政支出占国内生产总值比重

年份	历年总量（10亿日元）	中央财政支出（10亿日元）	中央财政支出占GDP比例（%）
1955	8 600	2 170	25.1
1956	9 700	2 280	23.5
1957	11 000	2 460	22.2
1958	11 500	2 630	22.9
1959	12 900	2 910	22.6
1960	15 500	3 270	21.1
1961	19 100	3 740	19.6
1962	21 200	4 370	20.6
1963	24 500	5 060	20.7
1964	28 900	5 800	20.1
1965	32 700	6 590	20.1
1966	38 000	7 260	20.1
1967	44 500	8 970	20.1
1968	52 800	10 420	19.7
1969	62 100	12 070	19.4
1970	73 200	13 730	18.8
1971	80 600	15 530	19.3
1972	92 400	18 750	20.3
1973	112 500	37 800	33.6

资料来源：王琥生，赵军山.战后日本经济社会统计（1950—1986）[M].北京：航空工业出版社，1988：50~51，317~318.

第二，从财政支出结构上看，政府购买支出少，而政府投资增加较多。从表7-2可以看出，日本一般会计与特别会计的支出决算金额从1955年的21 690亿日元增长到了1970年度的137 270亿日元，其所占国内生产总值的比重也从1955年度的24.5%下降到了18.8%，这表明，日本经济的增速高于财政支出的增速，政府对国民财富的控制相对降低。从日本防卫关系费来看，1955年，日本的防卫关系费为1 330亿日元，占当年国内生产总值的1.5%。到1970年，日本的防卫关系费上升到5 900亿日元，而其所占国内生产总值的比例下降为0.8%。文教支出从1955年的1 190亿日元上升到了1970年的9 640亿日元，其所占国内生产总值的比例保持在1.3%。这表明文教费用的支出增长相对较高，反映了日本政府重视文教事业发展。从社会保障关系费方面看，1955年，日本的社会保障关系费为1 030

亿日元,到1970年,日本的社会保障关系费为11 570亿日元,其所占国内生产总值的比例从1.2%上升到1.6%。这表明日本政府高度重视社会保障事业发展。从公共事业关系费方面看,1955年,日本政府财政支出中,公共事业关系费为1 410亿日元;1970年,日本财政支出中的公共关系费上升到了13 300亿日元,年平均增长率高达9.4%,从统计数据上看,日本政府重视公共事业发展。政府财政投资贷款资金在1955年时高达3 000亿日元,远高于其他的财政支出费用。到1970年,财政投资贷款资金上升到37 990亿日元,增长将近12倍。从其历年的GDP占比来看,1950年财政投资贷款资金占总量的3.4%。到1970年,这一数值上升到了5.2%。这足以看出日本政府对财政支出有独特的控制方式,即政府财政支出中,政府购买支出总额的比重相对较小,政府投资支出的比重相对较大。与其他发达资本主义国家相比,这样的政府财权支出体现了一种特殊的财政政策。受高收入国家影响,日本采取了非军事化改革,这直接导致日本军事支出大大减少。节省的支出被转用于教育、医疗、社会保障、公共投资、高端设备投资、技术开发等领域。客观上看,日本军事发展速度降低,但国内社会发展速度加快了。①

表7-2　日本中央财政支出变化情况

年度与增长率	1955年		1970年		年均增长率 (%)
支出金额与占比	金额(亿日元)	占GDP比重(%)	金额(亿日元)	占GDP比重(%)	
一般会计与特别会计岁出决算净额	21 690	24.5	137 270	18.8	6.3
防卫关系费	1 330	1.5	5 900	0.8	4.4
文教关系费	1 190	1.3	9 640	1.3	8.1
社会保障关系费	1 030	1.2	11 570	1.6	11.2
公共事业关系费	1 410	1.6	13 300	1.8	9.4
财政投资贷款资金	3 000	3.4	37 990	5.2	12.7

资料来源:大藏省会计局调查课.财政统计[M].1962:292,1972:175、177、186、281、96;经济企划厅:国民收入统计年报,1978:36~41.

第三,日本企业税收负担较轻。20世纪50年代是日本经济高速发展时期,个人、企业、社会组织致力于为社会与国家作贡献。从税收角度看,日本政府在这段时期没有提高税率,反而保持或降低税率,不但没有减少财政收入,反而大幅增加了税收收入。统计数据显示,从1955年到1973年,日本政府税收总额从

---

① [日]浜野洁.日本经济史[M].南京.南京大学出版社,2010:89~106.

13 200亿日元上升到了205 400亿日元,增长近16倍,年平均增长率高达近17%,这表明日本政府采取的特殊财政政策是成功的。根据当时数据,20世纪50年代至70年代,日本税率基本保持在19%,相较于其他高收入国家,日本的税负较轻。例如,1970年日本的国税和地方税的负担率为18.9%,未超过20%。同期其他资本主义国家的税负较高,如美国为29.1%,英国为42.5%,联邦德国为29.3%,法国和意大利的负担率超过了20%,分别为27.6%和23.5%。比较而言,日本税负率在发达资本主义国家里是最低的,这样的财政政策在一定程度上减轻了国民负担,增加了国民可支配收入,提高了国民生活水平。①

表7-3　　　1955—1973年日本税收总额、税负率和人均负担额

分项	税收(10亿日元)			税负率(%)		人均负担额(千日元)	
年份	总计	国税	地方税	合计	国税	合计	国税
1955	1 320	940	380	18.1	12.8	15	11
1956	1 540	1 090	450	19.2	13.6	17	12
1957	1 730	1 200	530	18.9	13.2	19	13
1958	1 740	1 190	540	18.4	12.6	19	13
1959	1 980	1 370	610	18.4	12.8	21	15
1960	2 550	1 800	740	19.2	13.6	27	19
1961	3 130	2 230	910	20.3	14.5	33	24
1962	3 450	2 390	1 060	20.1	13.9	36	25
1963	3 950	2 730	1 210	19.7	13.7	41	28
1964	4 560	3 160	1 400	19.5	13.5	47	33
1965	4 830	3 280	1 550	18.5	12.6	49	34
1966	5 430	3 660	1 770	17.8	12.1	55	37
1967	6 550	4 390	2 150	18.1	12.1	65	44
1968	7 900	5 320	2 580	18.4	12.4	78	53
1969	9 560	6 460	3 090	19.2	13.1	93	63
1970	11 530	7 780	3 750	18.9	12.8	111	75
1971	12 680	8 440	4 240	19.3	12.9	121	80
1972	15 410	10 400	5 000	20	13.5	144	97
1973	20 540	14 050	6 490	21.7	14.8	188	129

资料来源:昭和国势总览[M].日本东洋经济新报社,1980;日本统计[M].日本统计局,1981、1983、1984年经济统计年鉴[M].日本东洋经济新报社,1987;日本国税厅.国税统计年.大藏省.财政金融统计月报.

---

① [日]浜野洁.日本经济史[M].南京:南京大学出版社.2010:263~271.

（2）日本经济高速增长时期财政政策演进[①]

①20世纪50年代后半期财政政策。20世纪50年代，日本处于经济高速发展的时期，与战时相比，日本政府在经济高速增长的背景下调整了财政政策。这个时期日本财政政策的主要特点是：

在经济快速发展的情况下，政府保持税率不变，但由于税基扩大，财政税收仍持续增长。为了提高社会总需求，政府对财政预算提出了新的政策建议，即增加预算支出并减少税收，从而增加社会总需求。

在财政支出上，日本政府推进公共投资改革，在客观上增强了公共投资对国民经济的影响力。

在日本经济高速增长时期，经济增长率均在10%以上，同时国内物价和银行储蓄保持稳定的增长，没有严重的经济社会问题。

通过对比经济增长率（即国内生产总值增长率）和政府财政支出增长率，我们可以发现，在日本经济高速发展期间，几乎每年日本财政支出增长率都低于日本国内生产总值增长率。

②20世纪60年代前半期财政政策。这一时期日本财政政策的特点主要表现在以下三个方面：

首先，20世纪60年代日本财政政策和其50年代的财政政策有一定的相似之处，即在扩大政府财政规模的同时实行减税措施，这一方式不仅提高了日本经济增长的速度，还扩大了日本社会的总需求。

其次，日本更加注重对资源的优化配置，政府投资开始成为日本政府支出的主要部分，公共部门的资源投入也更加明显。此外，日本政府的公共事业费用也逐年增长，远高于50年代水平。

最后，日本的财政规模不断过大，从而刺激了社会的总需求。同时，日本经济的高速发展导致物价上涨，其中一个原因是过高的消费水平降低了整体储蓄率。因此，为了稳定经济的正常发展，政府对需求进行了适度的抑制调整，以避免经济过热。[②]

③20世纪60年代后半期财政政策。该时期日本财政政策的演进主要有五方面内容：

[①] 高敏行.日本经济高速增长时期财政政策的运用及特点[J].日本研究，1987，（Z1）：20~31.

[②] ［日］浜野洁.日本经济史[M].南京：南京大学出版社，2010：260~269.

一是在20世纪60年代大萧条的经济背景下，日本放弃了原有的平衡预算政策，为了能够扩大总需求以拉动经济增长，日本步入了真正的发行国债时期。

二是在20世纪60年代末期，日本的财政规模增速开始减缓。根据日本公布的数据来看，1966年至1970年，日本政府对商品劳务购入的增长速率为14.5%；同期的国内生产总值增长率为17.5%，税收和税外负担的年平均增长率为19%。

三是经济过热过快发展带来较多社会问题。当时，日本的经济发展速度已超出政府的预期。取消平衡预算的主要目的是采取相应的抑制政策，以实现经济平稳增长。①

四是财政政策对经济的贡献率降低。

五是为了实现经济的高速和稳定增长，日本政府开始考虑降低公共投资的增长率，并减少对国债的依赖，以减少财政收入再分配的影响，从而使社会资本的使用不充分。这种调整牺牲了社会资本和民间资本之间的资源分配，目的是实现经济稳定增长；否则经济过热过快地增长，将给日本国内带来较多社会问题。

7.2.2　社会保障制度

社会保障制度萌芽时期（1868—1945年）。明治维新伊始，日本政府推行原始资本积累政策，客观上促成了土地过度集中，迫使大量农民只能成为地主的劳动力。面临恶劣的生活与生产条件，农民自发组织起来，掀起了长期的维护自身权益的社会运动。日本政府为了维护政治稳定，推出了打压农民运动的很多措施，力图压制农民的社会运动。同时，日本政府推出了济贫政策，例如，1874年颁布"恤救规则"，这是一个口头协议，对救济作用有限。

进入垄断资本主义时期后，日本社会问题愈加严重，失业率剧增，农村贫困问题十分突出，整个社会贫富分化，矛盾尖锐，社会动荡不安。日本政府为了支持战争，废除"恤救规则"，制定了《救护法》，于1937年颁布了《军事扶助法》。第二次世界大战结束前，日本政府颁布了《健康保险法》《国民健康保险法》和《劳动者年金保险法》，力图解决居民收入和福利保障问题。②

（1）社会保障形成时期（20世纪五六十年代）

第二次世界大战后，为了防止日本军国主义重生，联合国通过协议对日本强制推行民主化改革——农民土地改革、劳动改革与解散财阀，这三个改革在历史上被称作民主化的三大改革或三大支柱。

---

① ［美］康拉德·托特曼.日本史［M］.王毅，译.上海：上海人民出版社，2008：73~85.
② ［日］浜野洁.日本经济史［M］.南京：南京大学出版社，2010：132~141.

第二次世界大战后，日本政府最紧迫的任务是重建社会。通过推行社会保障改革，安置战争的"受害者"。同时，在国际社会以及美军的指导下，日本出台了保护国民的社会救助政策，以下是根据时间顺序列出的救助政策：1948年1月，《失业补助法》《失业保障保险法》及《社会保障制度审议会设置法》；1949年5月，《残疾人福利法》；1950年5月，《社会保障制度纲要》；1951年3月，《社会福利事业法》；1954年5月，《厚生年金保障保险法》；1958年9月，《新国民健康保险法》。

第二次世界大战后，日本面临民心涣散、生产低下和民生问题严重的困境。日本政府制定实施这些法律法规，保障了国民的生产生活，完成了从具有军国主义特征的救贫模式向现代民主特征的现代社会保障模式的转型。在这一期间，《社会保障制度审议会设置法》和《日本社会保障制度劝告书》具有代表性。

（2）社会保障发展时期（20世纪六七十年代）

这一阶段的日本经济经历了高速增长。同时，日本物价急剧上涨，收入差距扩大。统计数据表明，1962年后，国民生活水平与经济发展不成正比，这也诠释了日本此前的经济发展是建立在牺牲国民生活的基础上的。

为快速提高经济发展水平，日本政府注重民生，提高国民社会保障水平。统计数据显示，1962—1965年，日本对社会保障的财政支出逐年增长，在总体规模上扩大了近两倍。这一时期标志着日本的社会保障制度步入了高速发展的时期，是日本社会福利体系形成的关键时期。这些措施显著提高了国民生活的稳定性，促进了国民消费和经济发展，维护了社会稳定。

日本实现了"全民保险"，即国民的保险覆盖率为100%，每一位日本国民都有自身保险，将原来的经济性保障转变成了国民生活型保障，从本质上保障国民生产、生活和医疗等的基本权利。在欧洲发达福利国家的影响下，日本政府大力发展公共事业，国内福利事业得到了巨大发展。日本社会保障已基本形成了完整体系，即包括了社会保险、家庭补贴、社会救济和社会福利。这是日本作为经济强国的一大标志。①

随着社会保障高速发展，日本政府财政面临了前所未有的压力。此时日本政府财政难以维持巨大的社会保障支出，出现了许多社会问题。特别是在高龄人口医疗方面的支出，出现了较大的财政缺口。1961—1980年日本国家财政负担增加情况如表7-4所示。

---

① ［美］康拉德·托特曼.日本史［M］.王毅,译.上海：上海人民出版社,2008：117~124.

表7-4　　　　1961—1980年日本国家财政负担增加情况　　（单位：亿日元）

年份	1961年	1962年	1963年	1964年	1965年	1966年	1967年	1968年	1969年	1970年
财政负担	120	100	130	130	150	170	250	310	350	390
年份	1971年	1972年	1973年	1974年	1975年	1976年	1977年	1978年	1979年	1980年
财政负担	630	720	970	880	2 110	1 200	2 390	4 080	5 210	5 420

资料来源：日本厚生省统计协会编.国民福利动向（年度统计数据）.1960—1981年。

（3）社会保障成熟时期（20世纪七八十年代）

1973年，爆发了第一次世界性石油危机。在石油危机影响下，日本遭受到一次严重通货膨胀。1974年，日本经济在高速增长时期第一次出现了负增长，这标志着日本经济结束了高速增长时期，从此转为低速增长阶段。这样一来，依赖经济增长的社会保障制度也进入了重组调整阶段。[①]

1975年后，日本社会各界开始批判原有的高福利国家模式，产生了新的保障思想——既不搞高福利也不搞低保障，以适度为好。在这一新思潮的推进下，日本政府紧缩财政开支，重新强调优先发展经济的方针，大力整改福利政策，以适应新形势下的日本经济社会形势。在这一时期，日本政府对社会保障采取的主要措施是：首先，紧缩财政支出，减轻国家财政对社会保障的支出负担；其次，通过责任权限的分配，将各级财政负担分散到各地区政府或者参保人的身上；再次，从保障支付方面着手，缩小支付的标准差距，以此促进均等化；最后，根据实际情况，寻求一种新的适合日本当时发展现状的社会保障道路。

人口老龄化是一个严重问题。伴随生活和医疗质量的提高，高龄人口数不断增加且年龄延长。同时，由于女性就业率提升，生育率下降并出现少子化的现象，这些变化给养老保障制度带来了不小的挑战。到1980年后，高龄人口的医疗费用以及医疗保障方面的财政赤字增加，领取养老保险金人数不断增加，日本政府面临社会保障发展的压力。

为解决社会保障出现的矛盾和问题，日本政府推行了新的医疗保险改革。1982年制定了《老人保健法》，使医疗和保健相分离；1984年修改了《健康保险法》，巩固加强了各个保险体系之间的联动作用。日本政府实施了养老金制度改革，将退休年龄延长至65岁。2010年全面实施了新的退休制度，建立了较为完善

---

① ［日］厚生统计协会编《国民福利动向》，1959—1994，年度统计数据.

的养老金支付制度。①

7.2.3 教育改革

战时日本的教育改革对国内经济产生了重要影响。第一次世界大战时期，军用物资需求上升，日本国内产业得到了快速发展，日本教育界掀起了一场思想变革，经验主义和儿童主义传播到私立小学和附属小学。日本文部省探索出了新的教育思想并融入中小学教学，努力加强新的教育思想的传播，尤其是摒弃了大量封建思想残余。这些教育变革标志着日本教育实现了重要进步。②

1918年，日本制定了《大学令》，承认公立大学和部分私立大学，使日本教育进入了快速发展阶段。

1924年，日本引入了小学义务教育制度，废除了原有的"一般小学"和"高等小学"的划分。这一制度直到1937年才正式实施，学年制为8年。此时日本的小学教育已经达到了几乎100%的覆盖率，即人人都能上小学。日本的初中教育也达到了公众化的目标，这是日本教育经过十几年发展和探索的成果。同时，在当时的教育内容中还列入了一些实业实践的课程，这为日本的产业发展提供了相应的初级技术人才，不仅能够促进日本的产业发展，还能够带动就业率。

从社会教育的角度来看，日本文部省设立了社会教育局，标志着日本教育从学校走向社会。公民图书馆、博物馆等从事社会教育的机构大量涌现，让日本国民有更多渠道去接受社会教育，提高了日本国民基本素质，提高了整个国家教育水平。

第二次世界大战给日本带来了灾难，国民生活水平大幅下降，国内经济发展滞后。为了有效促进经济复苏，日本政府决心实施教育改革，出台了《教育法》和《教育基本法》。③

（1）战后复兴期的教育政策与教育改革（1945—1954年）

①20世纪40年代的教育政策与教育改革。第二次世界大战后，日本宣布无条件投降，其从世界上各地主战区撤回的人员和士兵达600余万人，面对这一庞大的"战争受害者"群体，日本政府承受了巨大社会压力，加之国内经济不景气，到处是失业者与流浪者，物资匮乏与学校瘫痪等严重社会问题频发。

---

① 张烨.中产阶级结构变化对日本政党体制转型影响研究［D］.上海：上海师范大学，硕士学位论文，2018.

② ［美］康拉德·托特曼.日本史［M］.王毅，译.上海：上海人民出版社，2008：90~99.

③ 虞小强.日本素质教育研究及启示［D］.西安：陕西师范大学，2004.

战时，日本推行的教育政策是为了满足战争需求。战争结束后，日本出台了新的教育政策，即"努力实现建设文化国家的教育政策"，这是1945年9月推出的新日本建设教育方针的核心内容之一。日本投降后，部分地区被美军占领，日本为了抵制异国文化对本国文化的侵蚀，在新出台的教育政策中上着重强调了"捍卫祖国，振兴本土文化"等理念，体现了日本政府保护本国文化的决心。面对经济停滞、失业率激增等严重社会问题，许多国民健康状况恶化，政府决定加强体育事业，增强国民身体素质，因此设立了体育局。嗣后，在对战败的反思中，大部分国民认为日本战败的原因是科技落后，并要求政府加强对科学技术的提升。为此，日本还设立了科学教育局，决心大力改革国内的科学技术教育。

在日本投降后，美军派出了占领军，在日本领土上成立了占领军司令部（GHQ）。由于当时日本的设备和资源都非常匮乏，处于战败国的地位，政府在很多领域非常被动。CHQ成立了一个行政机构，专门对日本国内教育进行监督和检查，这个机构就是"民间情报教育局"。民间情报教育局的成立，使日本的教育显得更加被动。CHQ还推行了一系列改革方针，如人们称为"四条指令"的日本教育管理政策。美国的这一系列干预让日本不得不放弃传统的教育方式，日本教育走上了由美国化的教育模式。[1]

宪法是日本的国家根本法律，其他法律是根据宪法来制定的。日本政府在1946年11月颁布了日本国家宪法。根据宪法内容，在随后的1947年3月日本颁布了相应的教育法律，如《学校教育法》以及《教育基本法》等，并在同年4月开始实施。其中，《学校教育法》着重强调学校的设立、学制的规定等框架性内容，而《教育基本法》主要以教育的内容为重点。以《学校教育法》为例，能够创办学校的只能是政府或者是法人，我们可以从其相应的学校名称看出其创办者的主体背景，如国立学校，即是由国家中央政府创办的学校；公立学校是由地方政府组织创办的学校；私立学校则是由地区企业法人等组织设立创办的学校。并且根据相应的法律规定，学制定为6年、3年、3年和4年，即小学6年教育，初中3年教育，高中3年教育，大学4年教育，这和我们现在的学制内容可以说是一模一样。由于法律执行下来需要一定的时间，直到1948年，日本的新制高中才开学，国立大学到1949年才正式开学。[2]

---

[1] 李文英.模仿、自立与创新——近代日本学习欧美教育研究[D].保定：河北大学，博士学位论文，2000.

[2] 李文英.模仿、自立与创新——近代日本学习欧美教育研究[D].石家庄：河北大学，博士学位论文，2000.

②20世纪50年代前期的教育政策与教育改革。战后日本的经济、文化遭受了严重创伤，教育发展几乎停滞。这一时期日本政府的当务之急是培养国民的责任感，培养国民责任感最主要途径是教育。20世纪50年代末期，日本教育制度步入教育民主化时期。当时，日本社会各界强调恢复经济的重要性，日本政府在大力恢复经济的同时没有忽视教育。日本国会在美国结束对日本的占领后颁布了《产业教育振兴法》等相关教育法律，旨在通过教育振兴产业，进而振兴整个国民经济，改善国民基本生活水平。政府强调教育对改善理念、激发创造力以及培养国民自立和奉献精神的重要性。

《产业教育振兴法》引发了日本教育领域的一场巨大变革，各地开始出现教育委员会，开始制定各种促进产业教育发展的措施。对日本政府来说，教育的财政支出迅速增加，主要用在购买教学仪器、教育经费的补助、教师的薪酬补贴等。

《振兴科学教育法》是日本在1953年颁布的旨在促进小学、中学以及高中自然科学方面的教学的法律法规。

（2）经济高速增长期的教育政策与教育改革（1955—1972年）

发展经济，离不开人才培养。20世纪50年代，日本处于经济高速发展时期，日本政府于1955年成立了经济企划厅并制定了经济自立五年计划，以实现宏观经济指导。嗣后，1957年，经济企划厅出台了新的长远经济规划，其主要内容是强调教育的重要作用，即教育是日本经济发展最主要的因素，是经济发展的基础和根本。从其给出的具体数据要求来看，日本在未来的五年规划中，对理工科的毕业生需求达到了 28 000 余人。① 为了实现经济高速发展的目标，需要培养一定的人才作为基础。日本文部省为培养人才制定实施了五年计划，以增加科技类大学生名额。②

日本经济经过10年恢复，逐步转变为以重化工业为主的经济增长模式，即重化工业在第二产业的比重越高，如钢铁、材料、机械设备等企业有所增加。为了适应新的经济发展形势，日本政府制定了新的规划目标，即1955年出台的经济自立五年计划。新的五年规划提出了在这一时期国内生产总值增长率要达到5%的目标。日本学者根据这一目标，分析了面临的问题，找出了主要突破口，要从科学技术、社会保障、国民生活、经济稳定等几方面出发，优化产业结构。为了实现这一目标，就必须抓教育，扩大对技术人员的供给，以技术推动经济革新。

---

① 卢盈.中日教育督导制度比较研究［D］.新乡：河南师范大学，硕士学位论文，2012.
② 虞小强.日本素质教育研究及启示［D］.西安：陕西师范大学，硕士学位论文，2004.

从基础教育方面看，日本政府开始强调技术教育。1958年，日本政府提出了"巩固基础学历，提高科技教育"的新政策，同年统一了教育大纲。1958—1959年，日本文部省出台了"巩固基础学历，提高科学技术教育"的计划，同时修改了小学的教育大纲，提高了小学教育质量。这项计划主要针对全国的小学、中学以及高中教育，显示了日本政府对基础教育的重视。

1958—1959年，日本中学教育事业得到了一定发展，新设立的理工类专业扩招超过了万人，其中，机械类理工学生约4 000名，占新扩招专业总人数的约40%；电气类学生约5 000名，占新扩招专业总人数的1/2；工业化学类的学生约1 000名，占总数的10%。从产业方面来看，这些学生能够为产业发展带来推动与促进作用，满足了产业的人才需求，推动了经济发展。①

（3）20世纪60年代教育政策与教育改革

《十年后的科学技术》是日本中央教育审议会在20世纪60年代提出的一份报告。科技是国家进步的标志，提高科学技术水平能够提升国内生产力。科学家、工程师、技术人员和创新员工等都是国家科技水平提高的必备人才。20世纪60年代，日本处于经济高速发展阶段，也是科技高速发展阶段。研究报告预测，到1970年时，日本在科学技术研究和发展方面的投入需要达到国内生产总值的2%，且在10年后，大学理工科毕业生的需求较多，为了适应新形势，日本政府加大了教育投资，创办技术学校、改善大学理工科教育等，以培养出更多优秀的理工类人才。

日本中央教育审议会在1960年出台了《十年后的科学技术》报告，又在1963年出台了《改进高等教育》报告。当时日本经济正处于高速发展和辉煌时期，为了保证高等知识人才培养数量，报告强调了教育的重要性，《改进高等教育》旨在从政策上明确高等教育的主要目标，以适应日本经济高速发展的需求。同年，还出台了《人力资源开发的目的及对策》报告，与《改进高等教育》报告相辅相成，引起了极大关注。关注点集中在因材施教、完善制度、教育投资等。因材施教旨在使人才既具备个人能力，又符合经济社会对人才的多样化需求，并建立多样化教育体系；完善相应的产业教育和技术培训教育的相关制度；教育投资则强调政府、企业、家庭和个人应认识到教育是长期投资和国家发展必需，各方需加强对教育，特别是高等教育和技术培训方面的投入。

到20世纪60年代末期，日本教育取得了巨大进步，这得益于政府实施的教育

---

① 虞小强.日本素质教育研究及启示[D].西安：陕西师范大学，硕士学位论文，2004.

振兴经济的计划或政策,表7-5显示了1960—1972年各层次学生数量的逐年明显增长的情况。①

表7-5　　　　　　　　1960—1972年学生人数统计　　　　　　（单位:人）

学校类型	1960年	1965年	1970年	1972年
研究生	1 537	4 457	12 607	14 476
大学本科	81 684	158 006	283 674	308 322
大专	8 166	14 203	21 799	22 266
职高	3 375	22 208	44 314	47 853
中专	305 687	565 270	565 507	541 412

资料来源:根据日本总务省《第六十回日本统计年鉴平城23年》整理,2010年11月公布。

(4) 20世纪70年代初的教育改革

20世纪70年代是日本经济高速发展的最后阶段。为了适应新形势下的经济发展,日本政府出台了新经济社会发展计划,旨在提高国内生产总值增长率。主要措施包括提高经济效率、加快高端科技的开发和提升国民素质等。20世纪70年代正值计算机技术兴起时期,日本对计算机事业十分重视,出台了相关政策,鼓励培养计算机技术人才。1973年,日本政府推出了经济社会基本计划,因遭遇第一次石油危机而失败,由此日本经济结束了连续的高速增长,趋向走下坡路。

(5) 企业教育改革

日本政府在1958年颁布了职业培训法,这一法案影响了企业培训工作,法案规定员工培训应在企业内部进行,设定了培训的主要形式。到1969年,日本政府改进了职业培训法,调整培训周期为6个月到3年,扩展了培训内容,包括自然基础学科等。统计数据表明,在1969年,日本全国的培训中心培训了将近20余万名工人,其中,约60%是办公培训中心培训的工人,约有12.3万人次;40%是由企业或者商社等创办的培训中心培训的工人,约8万人,并且在总人数中,70%为年龄未满18岁的青年。

7.2.4　产业政策

(1) 20世纪20年代的产业政策

20世纪20年代,日本产业经济发展得到政府大力量支持。在这一时期,针对进出口企业,日本政府出台了关税和补贴政策,这些政策反映了日本政府保护

---

① 虞小强.日本素质教育研究及启示[D].西安:陕西师范大学,硕士学位论文,2004.

国内工业的决心。这一时期的日本产业政策可以说是以扶持和保护企业为中心的政策。①

①补贴政策。在20世纪20年代，日本政府对国内工业实施了大力扶持政策。为了保护国内工业的发展，抵御外国企业对本国市场价格的控制，日本特别注重补贴政策。最具代表性的三大产业分别为碳酸钠灰、染料以及生铁，这些政策直接或间接地将进出口利益转移至本国，同时防止了其他国家采取报复性措施。

②关税。日本在1926年进行了部分的关税改革，将电器、机械、车辆、铁道建设等作为主要的关税修改对象，特别关注机械制品方面。结合当时的国情和社会生产的情况，政府对自给程度高且质量较低的产品设置了高关税，而对高质量、高技术的产品则降低了税率。这一政策不仅保护了国内企业的发展，还引进了外国的高新技术产业以及高端设备，为日本产业发展带来了新动力。②

（2）20世纪30年代的产业政策③

《重要产业统治法》和《重要出口产品工业组合法》是日本政府于20世纪30年代出台的法律法规，旨在对卡特尔进行限制性贸易。这些法律法规的出台，为此后日本政府对经济的干预奠定了法律基础。

首先，日本利用关税措施保护国内企业。日本政府通过关税政策，提高关税，抑制进口，明显促进了重化工业的发展。④

其次，日本政府加强了对大型企业的控制。在石油等行业，政府制定实施了一系列法律法规，如《石油业法》。这些政策包括对石油精炼业和进口业实行许可证制度，规范石油企业的废止、合并、解散和发展，同时控制石油进口，稳定石油储备。

日本政府对汽车行业实施了管控。1936年，日本出台了《汽车制造事业法》，规定汽车制造公司必须采用许可证制度，包括汽车制造许可证等。此外，该法要求所有的汽车制造公司的股东，半数以上的股东必须是日本国民，以确保汽车行业的控制权掌握在日本手中。日本政府从战略的角度出发，保护关键性的物资设备。

---

① 李劲.日本产业政策研究［D］.长春：吉林大学，博士学位论文，2006.
② ［日］浜野洁：日本经济史［M］.南京：南京大学出版社，2010：465~471.
③ ［日］中村隆英，尾高煌之助.双重结构［M］.许向东，张雪，译.北京：三联书店，1997：342~347.
④ ［日］中村隆英，尾高煌之助.双重结构［M］.许向东，张雪，译.北京：三联书店，1997：226~231.

（3）经济复兴时期产业政策（1945—1955年）

第二次世界大战后，日本经济遭受了巨大冲击。这一阶段日本政府的重中之重便是恢复经济，从1946年到1955年，是日本经济复兴和高速发展的阶段。从产业发展来看，在经济高速发展背景下，产业经历了从复兴到合理化调整，再到产业振兴阶段的演进历程。①

①产业复兴政策阶段。日本是第二次世界大战的侵略国。第二次世界大战给许多国家带来了巨大的灾难，作为侵略国的日本遭受了巨大损失。第二次世界大战后的日本满目疮痍，部分幸存的企业发展停滞不前，社会面临粮食短缺、工业停滞，经济秩序严重混乱。日本政府的首要任务是稳定经济、稳定社会秩序、赢得民心与恢复生产。

日本政府制定实施了"倾斜生产方式"的产业复兴政策，即对整个生产链实施干预。日本政府视原料资源产业为重中之重，特别是钢铁和煤矿，这些原料性产业是所有工业的基础和发展前提。日本政府侧重增加煤矿和钢铁生产，将这些资源分配给各个工业部门，以促进工业的整体发展，带动整个国民经济发展。随着时间推移，日本国民经济逐步恢复，使"倾斜生产方式"为主的复兴政策不再适合经济发展，最终退出了历史舞台。②

②产业合理化政策阶段。第二次世界大战后，日本在社会、经济和军事等方面都处于被动状态。1948年出台的"经济安定九原则"由盟军司令特别指令，旨在通过工资、物价、汇率和进出口等方面的稳定，促进日本经济自行恢复。该政策被称为"道奇路线"，因其实施者和创建者为美国人道奇。当时的日本处于非常被动的局面。尽管"道奇路线"这一计划出台了，但对日本经济的影响有限，反而拖累了刚起步的股市，使其再一次陷入了萧条状态。朝鲜战争爆发后，为日本的工业注入了新活力，让日本经济恢复了一定程度上的景气。

产业合理化政策是通过技术的革新和改进提高生产力，尽可能降低单位成本。日本政府对一些重要产业进行了大量投资，如钢铁、电力、运输等行业，颁布了一系列法律法规。1950年制定实施了《钢铁工业和煤炭行业的合理化政策纲要》，1952年出台了《企业合理化促进法》，从法律的角度强制性地对产业进行优化配置。1950—1955年，日本政府减免的相应税收额达到了435亿日元，促进了重要产业发展。

---

① 李劲.日本产业政策研究［D］.长春：吉林大学，博士学位论文，2006.
② ［日］浜野洁.日本经济史［M］.南京：南京大学出版社，2010：382~395.

③产业振兴政策阶段。在产业振兴阶段,日本经历了产业复兴阶段和产业合理化阶段的演变。到了20世纪50年代后期,日本进入了产业振兴阶段。在这一阶段,日本政府出台了一系列政策,这些政策具有以下三点特性:改变政策对象,即政策对象从日本的传统基础性产业转向了新兴产业和成长型产业,如当时的高新技术、能源、化工等产业;政策对象从瓶颈型产业转向了支柱型产业和出口先导型产业;政策注重低成本、高效率、高技术等产业。这三点彰显了日本产业振兴经济的决心。①

在产业振兴阶段,除了原先的钢铁产业、石油产业等基础产业受到重视之外,合成纤维、橡胶塑料、电子科技、机械等新兴产业在这一阶段也得到了政府政策的大力支持。日本制定了《机械工业振兴临时措施法》和《电子工业振兴临时措施法》等法律法规。政策从更加专业的角度出发,例如通过集中生产形成规模经济以降低单位成本,提供大量特别贷款,对重点产业给予支持,对进口方面实施免税等优惠政策。②

④高速增长时期的产业政策(1956—1973年)。

Ⅰ.高速增长时期的经济背景。日本经济经过十几年恢复,国民经济从战争阴影中走了出来。到了20世纪50年代末60年代初时,日本经济进入高速增长时期,这提高了其国际地位与国际竞争力。在美国干预下,日本被迫实现国际贸易自由化,力图打开国内市场。此外,日本内部的企业竞争力增大,市场机制的自我调节制约着日本政府的宏观经济调控。在经济高速发展时期,贸易自由化和市场自由化成为日本政府需面对的两个重要问题。③

Ⅱ.高速增长时期的产业政策。在经济高速增长时期,日本面临多种社会经济问题与矛盾,政府设计政策的目标是调整好政府与各方的关系,包括政府与产业的关系,要扩大政府干预范围,以推进产业结构的升级。同时,政府应致力协调各阶层企业关系,保持适当的竞争力,避免出现恶性竞争的局面。通过一系列的政策实施,政府试图应对国际市场的竞争以及对国内的影响。国际上广泛推行的资本自由化对日本这种由政府主导的产业体制构成了重大威胁。在经济高速发展时期,日本政府处于一种被动的矛盾情境中。尽管如此,政府仍出台了相应政策:

---

① 李劲.日本产业政策研究[D].长春:吉林大学,博士学位论文,2006.
② [日]浜野洁.日本经济史[M].南京:南京大学出版社,2010:422~434.
③ 李晨.日本产业政策的演变、特征及对中国的启示[D].延边:延边大学,硕士学位论文,2014.

·提出了"新产业体制论",制定了相应的法律法规,但这些法规未获得通过;

·规范了设备投资行为,以防止民间对设备投资过热,影响社会投资信心;

·制定了《中小企业现代化促进法》,以协调大中小企业之间的关系;

·相继制定了《石油工业法》《电气事业法》《核反应堆与核燃料开发法》和《煤炭工业重建调整临时措施法》等法律法规,从石油、电气、核能源、煤炭等行业出发,保障了经济发展时期所需要的能源供给;

·推行了产业扶持政策以及着重扶持新兴的电子计算机产业的发展,并在政府的支持下,日本电子计算机株式会社正式成立。[①]

Ⅲ.高速增长阶段的经济社会政策。日本政府实施行政指导。行政手段是针对每一个行业协会实施相应指导,以促使其产业内部自主调整。这样不仅使调整的方向和力度能适应全行业的发展,而且使全行业处于自身的掌控之中,以保证行业可持续发展。

建立民主化制度,如"官民协调制"和"审议会"等。在审议会中,政府、企业及专家学者共同参与,对各项产业政策进行审议,从而避免了政府一手包揽的情况。

财政与金融诱导。从金融的角度出发,以国家开发银行为载体,给予各项重点产业资金上的支持。[②]

⑤稳定增长时期的产业政策(1973—1985年)。

Ⅰ.稳定增长时期的政策背景。20世纪70—80年代是日本经济稳定发展时期。在经历了20世纪70年代石油危机后,日本经济增长率从高速转为低速,这标志着日本经济神话的终结。在经济低速增长时期,日本政府不得不对国内产业结构及产业政策做一系列调控。

Ⅱ.产业调整的政策内容。

一是解决经济发展带来的环境问题。与经济腾飞同步产生的是严重的环境问题。日本早年提出了一些法律法规,如关于限制工厂废水法、烟尘排放法、公害应对基本法等,但不可避免地造成严重环境危机,给广大国民带来了很多生活不便,降低了生活质量。解决经济发展带来的环境问题成为政府首要任务。为了治理环境,日本政府从1970年起制定了十几项防止污染的法律法规,获得了国会的

---

① [日]鹤田俊正.战後日本の産業政策[M].东京:日本经济新闻社,1986:68~73.
② 陈韶华.战后日本产业政策研究[D].武汉:武汉大学,博士学位论文,2011.

认可。这些法律法规的主要目的是保护大气以及水质等环境，加强对污染环境行为的处罚力度等。

二是针对汇率的政策调整。针对国际贸易摩擦，日本政府积极调整政策。1973年，西方主要高收入国家宣布实行浮动汇率，日元汇率随之实行浮动汇率制度。①

三是针对石油危机的调整政策。20世纪70年代，世界爆发了第一次石油危机。石油危机给日本经济当头一棒，迫使其调整经济结构。在经济调整过程中，产业政策发挥了积极作用。政府还制定了一系列关于新能源开发的政策，如"阳光计划"（利用太阳能）、"月光计划"（利用潮汐能），以及地热、海洋温差、氢气等新能源开发措施。这些措施大幅降低了经济发展过程中的石油需求量。②

⑥经济结构调整时期产业政策（1985—1990年）。

Ⅰ. 20世纪80年代中后期的经济环境。20世纪80年代中期，日本经济达到了空前繁荣，人均国内生产总值超过了美国，且成为当时世界上最大债权国。从外汇储备看，1988年日本外汇储备达到了900多亿美元，位居世界第一；从银行贷款看，1987年9月，日本银行国际贷款净额达到了5 100亿美元，超过了当时美国银行的同种类贷款总额。日本经济在20世纪80年代达到了空前繁荣，这一时期被称为"平成景气"③。

Ⅱ. 结构转换时期的产业政策内容。从20世纪80年代起，日本经济进入平稳增长的阶段，且出现了一波景气小高潮。日本经济繁荣主要得益于科学技术的迅猛发展，如电子计算机、电器产品等，推动了出口商品比重的上升。新的问题也随之而来，例如，贸易方面的摩擦加大、日元开始大幅升值等问题，日本政府作出相应调整，以保证日本经济继续平稳快速增长。以下是日本政府提出的主要政策：

一是刺激国内需求，推进"内需扩大主导型"战略。日本计算机和电子产品在全球处于领先地位，导致出口快速增长，但引发了贸易摩擦问题，国际社会要求日本政府解决贸易不平衡问题。日本政府决定采取措施提升内需，除了鼓励政

---

① 中国社会科学院工业经济研究所，日本综合研究所.现代日本经济事典［M］.北京：中国社会科学出版社、日本综研出版股份有限公司，1982：133.

② ［日］浜野洁.日本经济史［M］.南京：南京大学出版社，2010：398~415.

③ "平成"系日本明仁天皇的年号。从1986年12月至1991年4—6月，日本经济突破战后持续达57个月之久的景气时限，创下持续时间最长的景气纪录。日本人把从1986年12月开始的经济繁荣称为"平成景气"。

府采购本国产品，还促进国民消费，以减少对外贸易的依赖，减少贸易矛盾，确保贸易的平稳发展。[1]

二是鼓励向海外投资。当时日本长期处于顺差的位置，导致日元不断升值，抑制了出口企业的发展。为了应对日元升值的压力，许多出口企业选择通过对外投资来规避汇率风险，在一定程度上减少了企业损失。[2]

7.3 成熟阶段（20世纪80年代至今）

7.3.1 税制改革

第二次世界大战后，日本政府执政长期处于"行政被动状态"，主要原因是美军占领军驻扎在日本领土上，行使域外司法权。1949年8月美国税制考察团代表夏普提出《日本税制报告书》，对日本税制的改革发挥了基础性的影响。随后提出了"夏普劝告"，这成为日本税制改革基本框架，其主要以建立长期、稳定性的税制结构为主，主要内容包括：在以直接税为中心的基础上，主张个人所得税为主体，调整了个人所得税和法人所得税的关系；取消税收优惠政策，如税收补贴、部分税收减免等，并推行申报纳税的制度；明确税收权限，建立从中央到地方政府的税收关系体系，实现独立的地方税制体系。[3]

"夏普劝告"是由美国方面提出的建议案，不是日本政府自身制定的议案。日本政府没有完全按照这一劝告的内容进行税制改革，而是根据日本国内的需求、经济增长情况来对夏普劝告进行了一定的改善，以使其更适应日本当时的经济机会需要。这些调整包括废止富裕税和遗产税，恢复了先前取消的税收优惠政策，以鼓励储蓄和投资行为。日本政府的税制改革取得了较大成功，对当时经济发展产生了积极作用，但这一税制改革将税收公平放在了次要位置上，更加关注社会公平、社会稳定问题。[4]

（1）1987年税制改革

日本在第二次世界大战后的十几年里，经济迅速腾飞，但到了20世纪60年代，日本经济的腾飞劲头有所缓慢，同时税收收入开始减少。为了促进经济发展，

---

[1] 陈韶华.战后日本产业政策研究［D］.武汉：武汉大学，博士学位论文，2011.
[2] ［日］浜野洁.日本经济史［M］.南京：南京大学出版社，2010：464~473.
[3] 杨旭.日本税制改革研究［D］.长春：吉林大学，硕士学位论文，2008.
[4] ［日］浜野洁.日本经济史［M］.南京：南京大学出版社，2010：351~356.

日本政府仍然采取减税政策,增加了公共项目的支出。这种做法减少了税收收入,扩大了财政支出,导致日本不得不发行公债来弥补税收的不足,同时放弃了原先的平衡预算政策。到了20世纪70年代,在石油危机的影响下,日本经济出现了负增长趋势,这标志着日本经济结束了高速增长阶段,一些新问题摆在了日本政府面前,如国债规模急剧膨胀、社会老龄化等。到20世纪80年代,日本政府不得不采取新税制改革措施,以适应当时的经济社会发展。[1]

①改革背景。财政状况持续恶化。20世纪80年代,世界经济普遍处于萧条状态。日本经济状况相对其他高收入国家要好一些,但不可避免地出现经济增长放缓。由于人口老龄化加速及社会保障支出加大,日本财政状况日趋恶化。日本政府在放弃平衡预算政策后开始发行国债,但无法弥补政府各方面的支出,导致国债规模加大。改善持续恶化的财政状况,确保经济稳定健康发展是当时政府必须解决的重要问题,主要改善途径是实施新的税制改革。

老龄化社会快速形成。20世纪80年代,日本面临严重问题——社会加速进入老龄化。人口老龄化不仅会降低劳动者的比例,还会增加社会保障的支出。人口老龄化将会给政府财政带来巨大的压力。根据厚生省相关数据,1980年,日本的老年人口占社会总人口的比重为8%,1990年和2000年,日本65岁以上的人口占总人口数分别为12%和16%。从1980年起,日本社会进入了老龄化社会。

原税制的缺陷。伴随日本经济的发展,20世纪50年代和80年代的日本经济发展程度已经截然不同。20世纪80年代的税制已不再适应当时的经济发展,缺陷逐渐显现。个人所得税和法人税过高,1987年实行的个人所得税15级累进税制加上地方税,使个人所得税率高达90%,这种高税率的税制严重打击了劳动者的积极性。在法人税方面,日本的企业法人税比美国企业高出20个百分点。这导致企业人才、资金等外流,企业更倾向于进行对外投资以规避国内高税收。考虑到日本经济的可持续发展,日本政府对税制的改革迫在眉睫,适合的税制政策才能够保证日本经济平稳快速地发展。[2]

②税制改革主要内容。1987年12月,日本政府公布了税制改革内容,包括个人所得税、法人税(企业所得税)、遗产和赠与税、间接税及其他税种。个人所得税方面,日本政府下调了税率,由原来的12档下调到了5档,改为10%~50%;法人税方面,将税率下调为37.5%,废除了分红税;遗产、赠与税方面,将最高税率从75%降低为20%,并扩大了减轻配偶者负担的措施;间接税方面,日

---

[1][2] 丁飞.日本税制优化分析[D].长春:东北师范大学,硕士学位论文,2009.

本政府废除了物品税、电气税、入场税、通行税等，同时新增了消费税，税率为3%。①

这次税制改革是日本税制历史上一次根本性改革。从内容上看，突出了流转税重要性，出台了消费税改革。这一次税制的整体改革较好体现了税制公平性，保证了公平和效率的平衡。②

（2）20世纪90年代税制改革

①改革背景。20世纪90年代，日本遭遇了泡沫经济危机，导致经济下滑。从1990年的2.2%下滑到了1994年的0.7%，日本经济陷入困境。由于经济下行，政府税收收入减少。为了鼓励经济的发展，日本政府不得不扩大财政支出，采取扩张性的财政政策。在这两方面的作用下，日本财政压力加大，最终导致国债和财政赤字的继续膨胀。为了摆脱这一困境，日本政府不得不采取新的税制，以促进经济发展的同时减轻政府的财政压力。

②税制改革主要内容。

Ⅰ.1994年税制改革。日本在1994年的税制改革主要根据是新上任的村山内阁提出的税制改革大纲。此次税制改革的主要目的是振兴经济，同时减轻广大劳动者的税负。直到1994年11月，日本国会才通过了"税制改革相关四法案"，主要从个人所得税、消费税等角度进行整改。从个人所得税方面来看，改革主要集中在劳动所得税，主要有两方面的调整：一是降低税制的累进程度；二是提高所得税的起征点，扩大起征点以下的人群，以减少低收入人群的税负。从消费税方面来看，一是废除了消费让与税；二是提高了消费税率，扩大了消费税简易课税制度的适用范围。③

Ⅱ.1999年税制改革。个人所得税方面，下调了最高税率，按一定比例减免个人所得税；企业法人税方面，中央政府和地方政府降低对企业的基本税率，减轻企业税负。此外，对环保节能产业、住宅土地和有价证券交易的减税或免税政策积极促进了日本的消费与投资，这促进了经济发展。

Ⅲ.2003年和2006年税制改革。21世纪初，日本经济仍然不景气。2000年，日本经济增长率仅为0.9%，没有达到在2000年初期制定的经济增长率达到1.2%的目标。主要原因在于，尽管政府、进出口和企业对国内生产总值增长有所贡献，但国民消费增长仍然非常低，甚至出现负增长。此外，经济不景气导致财政收入

---

① ③ 杨旭.日本税制改革研究［D］.长春：吉林大学，硕士学位论文，2008.
② ［日］浜野洁.日本经济史［M］.南京：南京大学出版社，2010：194~210.

减少，政府不得不采取积极的财政政策，提高财政支出以促进经济增长。同时，日本步入人口老龄化阶段，社会保障方面的支出不断增大，这导致财政收入的减少和支出的增加，政府财政压力过大，不得不加大国债的发行。在这一背景下，税制改革显得尤为迫切。①

Ⅳ. 2003年税制改革。日本政府主要对个人所得税、企业法人税和消费税进行了改革，于2003年对整个税制改革和预算体系完成了法定上的程序。从个人所得税方面来看，取消了"配偶特别扣除"政策，尽管这一措施增加了部分国民的小额税负，但也在一定程度上缓解了政府财政压力。在企业法人税方面，日本的企业法人税率比较低，与其他高收入国家大致相当。为了鼓励企业发展，政府小幅降低了税率，提供了一定税收优惠，以支持中小企业的发展及新兴IT行业发展。从消费税来看，小规模业者的征税起征点有所降低，增加了小规模业者的税负，从原先的3 000万日元降低为1 000万日元（年销售额），但这一措施有助于提高日本财政的收入，缓解了日本政府财政压力。

Ⅴ. 2006年税制改革。伴随税制改革和经济发展，2006年，日本经济已经出现了一定好转，为了保持现阶段日本经济、社会的发展和繁荣，日本政府继续对税制进行了一定的改革，并出台了税制改革方案——适当税制。适当税制主要针对个人所得税、企业法人税，同时也对其他税制进行了一定的改革。从个人所得税方面来看，税制的累进程度有所提高，同时对税率进行了一定调整，即将累进税制的档位从原来的4档调整到6档，并将最低税率调整为5%，最高税率调整到40%，以此增加个人所得税的税收收入；从企业税方面来看，只是进行了一定的微调，对中小企业的优惠政策仍然持续，并有所加大，目的是促进中小企业的发展，带动经济增长；从其他税制来看，只是对土地住宅、烟酒等方面的税制实施了微调，相对影响效果不大。

Ⅵ. 日本最新税制—社会保障一体化改革。从1949年至今，日本经历过了多次税制改革。尽管税制改革在一定程度上对日本经济发挥了促进作用，但是也给日本政府财政带来了巨大的压力。为了进一步推动经济发展，日本政府持续实施扩张性的财政政策，同时减少税收收入，从而降低国民的税负，以支持经济快速增长。这样的措施让日本财政出现了持续性赤字，且不断扩大。为了减少赤字，日本政府不得不大量发行国债，这也导致日本国债水平居高不下。②

---

① 刘广献.日本税制改革及其经济效应研究［D］.保定：河北大学，硕士学位论文，2014.
② 杨旭.日本税制改革研究［D］.长春：吉林大学，硕士学位论文，2008.

日本社会保障出现了严重问题——社会保障危机。伴随经济社会发展，日本国民平均寿命越高，这使日本老龄人口迅速增加，增加了养老机构压力，财政在养老保障方面支出迅速增加。养老保障制度受益者主要是高龄老人，为此买单的是新一代年轻人，他们要抚养自身的下一代，还要承担赡养老一代。在这样的环境下，日本政府不得不持续实施新的税制改革，以改善日本财政状况。①

少子化与老龄化现象日趋严重。少子化指的是新生儿的出生率不断下降，这导致社会无法得到"新鲜血液"补充，劳动力增长速度持续降低。从日本总务省所得数据来看，1970年日本出生率为2.13%，1980年出生率为1.75%，2004年出生率为1.29%。从以上数据以及图7-1来看，日本出生率随着时间推移在不断下降，导致日本出现少子化现象。同时，随着经济社会发展，老龄化程度加深，日本现在已经成为人口老龄化国家之一。此外，人口总数也在不断减少，如表7-6所示，2010年，日本的人口总数为12 808万人；2012年，日本的人口总数为12 750万人；2025年，日本人口总数预计为12 066万人；到2050年，日本人口总数预计只有不到1亿人，这将给日本经济发展带来巨大负面影响，加重社会保障日本经济的制约。②

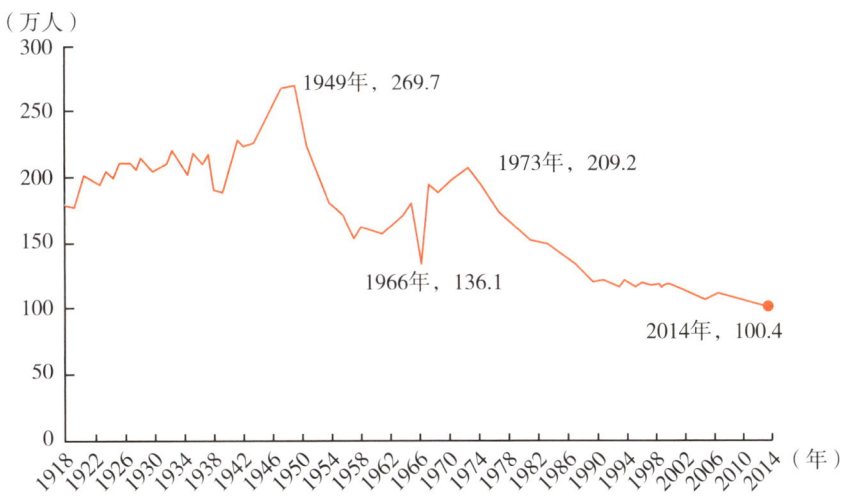

图7-1　1918—2014年日本出生人数走势变动

资料来源：陈立希.日本人口出生率全球垫底［EB/OB］.新华社微特稿，2016-06-13.

---

① ［日］浜野洁.日本经济史［M］.南京：南京大学出版社，2010：123~129.
② 刘广献.日本税制改革及其经济效应研究［D］.保定：河北大学，硕士学位论文，2014.

表7-6　　　　　　　　　　　日本人口数量及预测　　　　　　　（单位：万人）

年份	2008年	2010年	2012年	2014年	2025年	2050年
人数	12 800	12 808	12 750	12 700	12 066	小于10 000

雇佣结构和家庭结构的变化。第二次世界大战后，日本经济和社会遭受严重损失。日本企业为了留住人才，采取了终身雇佣制运营模式，以此保证人才不流失。终身雇佣制带来了一些好处：一是保障了企业的运营，使企业不会受到人才不足所带来的影响；二是从社会保障方面来看，终身雇佣制的员工可以及时地缴纳社会保障费用；三是在保证运营的同时，也能够为员工带来一定保障福利，从而减轻社会保障压力。随着日本经济发展，终身雇佣制逐渐减少，非正规形式就业更多，即企业内部员工流动性变大。这样一来，不仅对企业非常不利，且对社会保障极为不利。同时，这会拉低劳动者的平均工资，求职者在寻找就业期间是没有任何经济来源的，但他们此时被纳入劳动者统计范畴，这一部分劳动者工资为零，所以会拉低劳动者的平均工资。此外，非就业者的增多还会导致社会保障收入不稳定，即保费的缴纳出现了断层断节问题。

日本典型的家庭模式是女子主持家务、男性外出努力工作。伴随日本经济发展，仅靠一个人收入已经很难维持一个家庭正常生活。日本人接触到了更多外来文化，也吸收了外来优秀经验，一些传统思想观念被摒弃。例如，女子不再仅是一个家庭妇女，她们也会去求职、兼职，为家庭补充一些外快。现在日本很多家庭妇女都有一份工作，且伴随经济社会的发展，女性工作者的数量还在不断攀升。这一现象，在一定程度上加重了社会保障的负担，从而使财政对社会保障的支出大大增加。①

年金制度中存在代际间不公平现象。根据日本厚生劳动省资料，日本国民年金保费约为每月1.7万日元且保持固定。人们在年轻时期缴纳这些保险费用后，其最终作用要在几十年后才会体现，比如20岁的青年，从其现有的工资里抽取一部分去缴纳社会保障费用，最终能够达到的效果将会在几十年以后呈现，这样一来就存在着上一代的负担由下一代承担的代际间负担转移。若社会保障的收益与负担之比持续下降，则会影响缴费者的积极性，导致社会保障费的断层，最终需要政府的财政支出来弥补社会保障费用的不足，导致政府财政负担进一步加大。根据最新的日本厚生劳动省数据，2010年社会保障参保人数只有6 830万人次左右，与2005年相比下降了约210万人。日本相关机构对国民年金和厚生年金的预测显

---

① 刘广献.日本税制改革及其经济效应研究［D］.保定：河北大学，硕士学位论文，2014.

示，到2035年国民年金将会出现第一次枯竭现象，即国民年金无法对其参保人进行保障；到2040年厚生年金将枯竭，若国民年金和厚生年金都出现枯竭的状况时，对日本社会将会是严重的打击，会造成社会不安定，对经济发展造成严重不利影响。

税制改革的影响与现实意义。当时日本面临许多社会、政治、军事和文化问题，这对经济社会造成不利影响。从税制改革方面来看，此次税制改革不再是从1949年以来那样的减税改革，而是进行了一次增税改革。其增税的主要目的是提高社会保障的收入、缩小社会贫富差距，提高社会的公平性、完善整个国家的社会保障制度等。此次税制改革主要涉及的税种包括个人所得税、法人税（即企业法人所得税）、资产税和消费税四大种类[①]。

从消费税来看，提高了消费税率。从公布的提案可知，日本于2015年10月1日将消费税率从2014年4月公布的8%提升到10%，这一提案引起了广大消费者的不满，但对于财政收入来说却是很好地缓解财政压力的"良药"。尽管这是从居民可支配收入中抽取一部分收入，但是这一部分收入将全部用于社会保障，最终的效果也是为了全体国民。从资产税方面来看，为了防止大型家族对社会财富的过多占有，日本政府提高了财产的继承税。从2015年初开始，便实行了继承税方面的改革，在降低基数的同时提高了税率。这样一来不仅可以使家族之间的财富更加相近，从而起到平衡作用，还能防止家族对社会财富的占有。从个人所得税方面来看，由于日本的股市发展较好，日本政府提高了股票等金融债券分红的附加税率，由原先的10%提高到了20%，同时提高了个人所得税率，从原先的40%上调到了45%，税制的累进程度和起征点有小幅度调整，累进程度由原先的6档提高了1档，达到了7档。税制改革对政府财政收入发挥了一定缓解作用，为社会提供了良好保障。[②]

7.3.2 社会保障改革

到20世纪80年代，与以往完全由政府负责或包揽的社会保障相比，为了满足经济社会发展，日本社会需要一种新型的社会保障模式，这就需要对社会保障运营模式实施改革。

进入20世纪90年代，经济全球化进程加快，国家与国家、地区与地区之间的贸易、服务和文化等交流日益频繁，各国外来人口不断增加，对公共基础和公共

[①] 杨旭.日本税制改革研究[D].长春：吉林大学，硕士学位论文，2008.
[②] [日]浜野洁.日本经济史[M].南京：南京大学出版社，2010：110~116.

设施的要求也不断提高。日本政府财政在公共支出上负担日益加重。受日本人口老龄化、少子化以及经济发展缓慢等因素影响，社会保障支出也在日益增加。为了避免因社会保障资金不足导致社会混乱，日本社会需要一种新型社会保障模式，即社会保障商业运营模式，通过获利、运作等方式得到更多社会保障资金，满足社会保障的支出，满足人们基本生活需要。从内容上看，日本政府这次社会保障改革涉及范围广泛，且历时最长，它对社会保障的基础结构进行一次重大变革，进而提高了社会保障运营效率。[1]

日本社会保障改革着眼点是从社会老龄化出发，对社会高龄人口的保障和福利事业进行完善，保障高龄人口的基本生活生存，避免保障缺失而导致社会不稳定。其中在涉及改革发展老人保健福利事业的10年战略性规划中出台了一系列的具体实施方法。1994年，日本出台了"天使计划"，旨在对儿童福利实施改革，为社会发展奠定人才基础。从部分特殊人群方面来看，对残疾人士的关爱和帮扶是体现社会进步的重要标志之一，也是体现一个民族文化强大的因素之一。日本政府制定了残疾人福利发展规划，这一规划将残疾人福利事业的发展纳入地方政府的发展规划，从而加强对残疾人士的社会保障投入，以保证社会稳定地发展下去。

从改革方向来看，首先推进了社会福利方面的改革；其次是以养老保险制度为核心推进了护理保险制度发展。[2]

从改革具体内容分析，这一阶段日本社会保障改革具有以下显著特征[3]：

一是普惠化，即社会福利的对象不再只是一些特殊的群体（如残疾人士、高龄者等），还包括一般的群众、市民等普通阶层的人群；广泛覆盖社区，支持养老院、托儿所、孤儿所等集体形式的人员活动、住宅区域，形成社区形式的普惠福利制度。

二是分权化，即将中央、地区的集权权利分配到广大的基层社区，由基层社区掌控一定的权力和责任。

三是使改革变得更加有计划性，即政府部门对财政、福利、保障等事业制定出详细的中、长期规划。

四是多元化改革，即从渠道、途径方面进行社会福利的改革，从而让更多群

---

[1] 崔万有.日本社会保障研究[D].大连：东北财经大学，博士学位论文，2007.
[2] 张青枝.日本社会保障制度的演变、特色及对中国的启示[D].合肥：中国科学技术大学，博士学位论文，2011.
[3] 赵毅博.日本养老保障体系研究[D].长春：吉林大学，博士学位论文，2014.

众参与到社会福利中。

五是整合化,即将所有社会存在的福利,如医疗、保健、教育、就业、住宅等福利整合为一体,从而提高福利事业的发展效率,更好地造福于社会。

六是自由化,在财政和运营方面,政府可以取消一定的限制,从而为福利事业开拓更加宽广的发展空间;年金给付方面,对低收入的人群,政府提高了其每月收到的年金,即提高了年金给付;对高收入人群来说,减少了对高收入人群的年金给付甚至是不再给高收入人群提供年金,这样一来保证了社会财富分配的公平性,稳定了社会贫富差距导致的不稳定性。此外,日本相关机构还进行了一项对未来的改革,即从2015年10月起,将共济年金和厚生年金进行一元化改革,也就是将厚生年金和共济年金合并,直到2018年改革完成后,共济年金和厚生年金的保费率均为18.3%左右,根据其预测,涉及的每月保费达到了23.04亿日元左右。①

七是主体化,将社会福利保障事业的知识宣传到每一位国民的生活中,从而让国民有意识地自发参与到福利事业中;让国民意识到福利事业的发展,倡导独立、自立精神,从而让国民有意识地为自身的福利承担一定的费用。

八是专业化,即从社会福利工作人员素质出发,提高工作人员的整体素质和技术水平,可以通过设置国家统一专业考试,也可以设置证书等形式,来提高工作人员的整体素质。

当第一阶段的福利改革措施完成后,进入第二阶段的护理保险制度改革阶段。由于日本是第二次世界大战的战败国,且领土遭受到巨大的损害,其国内经济、社会的发展受到严重的创伤。因此,在大战结束后,日本经济和社会处于恢复和重建阶段,当时社会上有大量的失业人员,饥饿、贫困、疾病等社会问题侵扰着日本社会,为了重新让社会、经济振兴起来,日本政府在当时主要以扶贫、脱贫以及发展保障事业、公共医疗卫生事业、公共环境事业等为主,在保障了国民的最基本生活能力后,开始大力发展国内经济。②到20世纪90年代后,日本社会经济已经进入繁荣、成熟阶段,但有新的社会问题出现,如人口老龄化、人口少子化等。其中,少子化将从人口层面减少日本的未来劳动力,且伴随老龄化的不断加深,社会保障的支出更多,如对高龄人群的医疗看护、医疗服务和生活服务等支出不断增加,这给日本财政带来了巨大负担,而劳动力供给无法跟上社会劳动力需求,这就导致了日本国内生产下降,严重阻碍经济发展。在21世纪,如何防

---

①② 崔万有.日本社会保障研究[D].大连:东北财经大学,博士学位论文,2007.

止人口劳动力的流失以及如何创造出更多劳动力，这是日本政府面临的新的社会问题。

7.3.3　教育制度改革

（1）稳定增长期的教育政策与教育改革（1973—1989年）

1950年至20世纪60年代，是日本经济高速增长时期，也是其科技、文化和教育高速发展的时期。从第二次世界大战的战时经济社会的恢复发展时期，到20世纪80年代的稳定增长时期，日本通过其国民、社会、政府的努力，创造了一个又一个经济社会奇迹，让日本一跃成为世界瞩目的经济、科技和教育大国。尽管日本取得了骄人成绩，但在发展过程中，仍然有许多的社会问题阻碍着经济社会的发展，如医疗卫生保障、失业保障、教育、环境、社会公平性等。战后的日本，满目疮痍，经济社会发展停滞，出现大量社会问题，诸如饥荒、疾病和失业等，在这种背景下，日本不得不通过学习和引进高收入国家先进技术和高效管理模式来提高生产力，以推动社会经济发展。[①]20世纪70年代到80年代，日本经济、科技和教育等已经超过了西方大部分高收入国家，逐渐缩小了与美国的差距，这时的日本不再像以前那样效仿高收入国家的发展模式，因为西方发展模式已经无法满足日本当时经济社会发展的需要，只有通过创造一种满足本国国内需求和国情的发展模式，才能进一步带动日本经济社会的发展。人才是国家发展进步必不可少的"血液"，人才的不断补充是建立在完善的教育制度之上的，只有完善了国内的教育制度，才能够带动国内教育的发展，从而提供更加高素质、更加满足社会经济发展的人才。[②]

到20世纪80年代后，日本经济的高速增长时期画上了句号。1974年，日本国内生产总值增长率为-1.2%，这是日本第一次出现经济负增长。同年，受国际石油危机的影响，日本经历了自第二次世界大战结束以来到20世纪80年代最严重的经济危机。这次危机导致了严重失业以及各种社会性问题。1976年，新一届三木政府上台并制定新经济计划，即昭和50年前期经济计划，这一计划的出台，把GDP增长率提高到了6%。为了实现这一目标，日本政府将总体目标划分为若干部分，逐一达成。[③]在经

---

① 杨瑾.二十世纪60年代以来的日本终身教育政策研究[D].昆明：云南师范大学，硕士学位论文，2006.
② 冯志军.日本教育法规研究[D].苏州：苏州大学，硕士学位论文，2004.
③ 王玉珊.日本教育及其在经济发展中的作用研究[D].大连：东北财经大学，博士学位论文，2012.

济和教育发展方面,日本政府推出了国民环境建设政策,努力解决居民住房问题、社会保障问题,满足人们日常生活需求。同时,积极推动经济全球化、合作化发展,加强与西方工业化国家在贸易、金融、文化、学术、教育等领域的交流。从以上改革效果看,日本政府将教育、科学研究等放在了重要的位置上,并将教育视为其他制度改革的基础。

20世纪70年代初是日本经济从高速发展到稳定发展的转折点。1973年,全球石油危机爆发,对整个世界格局造成巨大的影响,各国经济、社会在一定程度上都遭受到阻碍。日本在石油危机的冲击下,出现了严重的通货膨胀以及能源方面的危机,即恶性的通货膨胀和能源供给不上的情况。在这一背景下,日本产业的发展重心从原先的重化工、粗放型工业化转向了集约型、知识型工业方面,最为代表的是电子工业、计算机产业等这类高、新、尖端的行业,这样一来,日本通过产业重心的转移,有效降低了工业生产的成本,同时提高了产品附加值。这种产业重心转移极大地提升了日本产业对整个经济的贡献程度,并拉动了科学技术的发展。尽管在经济、科技方面得到了发展和稳定,但存在严重社会问题,如社会不稳定。严重的通货膨胀、物价的飞涨和失业率的攀升产生了大量的失业人员,且伴随物价的飞涨,人们的生活水平逐渐下降,加剧了社会矛盾,尤其是统治阶层和底层人民的矛盾。同时,教育方面出现了新问题。[①]

日本政府认为,教育是一个国家人才供给的基础和根本条件,只有根据国家的发展国情,制定出相应的教育政策,按照社会需求培养人才,才能对国家的整体经济和社会起到促进作用。为此,在社会问题严重侵扰下,日本政府在1975年修订了《学校教育法》。此次修订的主要内容之一是对新型专科学校的扶持,即大力发展、创建新型专科学校,并承诺在翌年开始正式招生,从而加快对人才的培养和供给。在课程教育内容上,新型专科学校结合了中专和高中课程,形成了中专与高中课程的有效结合。随着时间的推移,新型专科学校在政府大力的扶持下得到了一定的发展。

为了适应社会对专业人才的需求,专科学校的课程设置进行了改革。据日本文部省的统计,在专科学校中,有70%的课程是职业性质的课程,且针对的是高中毕业的这一部分人群。另外,有15%的高中性质的课程是针对初中毕业的这一部分人群;有15%的一般性质的课程是针对社会青年为主的这一部分

---

① 王玉珊.日本教育及其在经济发展中的作用研究[D].大连:东北财经大学,博士学位论文,2012.

人群。[①]同时，从新型教育大学方面来看，政府也对新型教育大学提供了一定的扶持政策。从1978年起，日本政府开始创建新型教育大学，其主要的目的是培训教职人员，如初中、高中和专科的教师等。从培训内容来看，大部分是以实践性的培训内容为主，主要目的是加强教职人员实践能力，促进教职人员成为"双型教师"，即理论与实践相结合，以此提高教职人员教学效率。

日本文部大臣于1977年提出了终身教育，探讨了终身教育的重要性，强调了终身教育和个人教育、家庭教育、学校教育的联系。其内容主要包含以下两个方面：一是必须将终身教育与学校教育、社会教育和家庭教育衔接好；二是终身教育的基础是学校教育，必须紧抓学校教育，从初级、中级、高级等几个阶段分别实施改善，提高学生的学习热情和积极性。

日本文部省认为，终身教育最主要目的是提升国民的整体素质，促进经济、社会稳定快速发展，让国民深刻了解到终身教育的重要性，深入理解终身教育的含义；政府应该让更多国民拥有终身学习的基本前提条件，即学校教育、家庭教育和社会教育。

（2）经济停滞期教育政策与教育改革（1990—1999年）

①改革背景。20世纪80年代后期伊始，世界进入了信息化和全球化时代，计算机技术兴起给世界带来了革命性影响。在这一背景之下，日本政府对教育进行了新一轮改革。伴随经济、金融与贸易不断发展，为了培育高素质、适应新时代日本社会发展的人才，满足社会和国家对人才的需求，日本政府把教育个性化、教育国际化以及教育信息化作为教育改革的重点。受20世纪90年代泡沫经济影响，日本经济社会发展较为缓慢。为了振兴经济，日本政府采取了教育改革，制定了相应的教育政策。日本当时步入了老龄化社会，人口红利消失，生产力受到一定的影响，而人才不足是导致生产力停滞不前的主要原因。高龄人口比例增加，原因是国民的生活水平得到了大幅的提升，人们的寿命也就更长，再加之社会保障、医疗保障、养老保障渐进完善，高龄人口享受社会带来的各种福利，其寿命呈直线延长。年轻一代背负沉重社会负担，即通过自身的劳动来养活老一代和新一代。迫于生存压力，年轻一代的生子欲望直线下降，导致婴儿出生率下降，即新生率下降。日本社会出现老龄化和少子化是无法避免的。

在这样的社会经济环境下，日本政府不得不采取新的政策，以适应社会环境变化。从教育方面看，高龄人口数量大幅度增加，新生人口数量保持一定的增长，

---

① 日本文部省.日本教育水准.昭和55年［R］.1981.5.

日本政府采取了终身学习教育模式，使教育资源得到充分的利用，提高国民的平均个人素质，以此为经济社会带来更多效益。1984年8月，在首相中曾根康弘领导下，成立了"临时教育审议会"，负责实施教育改革。同年，临时教育审议会提出了"教育内容多样化，教育制度的弹性化"以及"让接受教育的国民能够拥有更多选择教育的空间"等内容，主要目的是让更多不同年龄层次的国民受到教育。到1987年，临时教育审议会还提出了"个人主义的教育原则"，强调受教育者的个性化，并将其作为教育改革的首要原则之一。直到1997年，首相桥本龙太郎的新一届政府推进了"规制缓和"，即国家放宽了教育规则、指标制度方面的规制，即实行自由化改革。在教育自由化改革的进程中，包含了原先的教育理念、教育政策、教育原则及各类学校教育制度等。①

②教育制度改革。教育制度改革主要是针对义务教育阶段和高等教育阶段的改革。

Ⅰ.初等、中等教育改革。首先，中央政府减少了对义务教育方面的投入力度。政府采取的第一项改革措施是减少义务教育投入，让多出的这部分教育资源补充到随后的职业教育中，从而让教育资源得到优化配置，以此满足经济社会的需要。日本政府修改了《义务教育费国库负担法》，将中央政府对义务教育相关经费的负担比例从原来的1/2调低到1/3。此外，日本政府还修改了《义务教育学校设施费国库负担法》，将中央政府对义务教育设施费的负担比例从原来的60%调低到55%。

其次，对初中的教育课程也做了一定的修改调整。减少学生的课时量，将原有的必修学分从38分降低到31分，实行了每周五日制的教学模式，即学生拥有双休（周六周日）。此外，在对教育实行了宽松式政策之后，增加了一些更加个性化、国际化和信息化的教学内容，丰富了学生的学习生活。

最后，强调了职业教育重要性，政府加大了对职业教育支持力度。从小学阶段的教育改革来看，新增加了小学生的课程，如生活课，旨在提高学生的生活自理能力，为之后的独立生活、独立思考、独立进入社会打下基础；从初中阶段的教育改革来看，初中新增加了"技术与家庭课"以及一部分理科的职业课程，为其进入高中阶段的学习做准备；从高中阶段的教育改革来看，高中新增加了多门职业选修课程，如信息产业方面的课程，以提升毕业生的社会适应性，帮助他们

---

① 王玉珊.日本教育及其在经济发展中的作用研究［D］.大连：东北财经大学，博士学位论文，2012.

找到合适的就业岗位,并满足社会对专业型人才的需求。

中等教育方面,引入了"中高一贯制"制度,即对人才的基础性教育到高中教育进行整体规划。为了培养高水平的人才,这些学校的教学设备、教学师资以及环境都要实现国际化和全球化。

Ⅱ.高等教育改革。在高等教育方面,主要进行了内容上的改进。随着日本经济、社会的发展以及世界的大变迁,高等教育的改革旨在培养更多优质、高质量的人才,以适应社会的发展和变迁。改革主要包括引入新兴学科,如信息科学、智能技术、信息处理、计算机等,同时加强了对学生操作实践能力的培养。此外,1999年,日本文部省首次建立了职业研究生教育制度,主要目的是提升高层次学生的职业意识,将理论与实践相结合,以提高学生的实践操作能力。在必要阶段,该制度通过研究经费的形式给学生提供一定的支持。[①]

(3) 21世纪以来教育改革(2000年以后)

2001年,日本文部省和科学省实施了组织机构改革,政府将两个机构合并为日本文部科学省,以统一领导教育和科学事业。在整合文部省和科学省之前,日本政府出台了相关教育政策法规,如《教育三法》《国立大学法人法》《教育基本法》及修改《义务教育国库负担法》等法规,这些措施旨在促进国内教育以及教育机构的发展。经过实施这些改革,日本教育事业获得了显著成绩,法律法规体系更加完善。从教育振兴国民经济的角度看,这些改革促进了日本经济社会发展。[②]

①修订教育基本法。《教育基本法》正式实施于2006年12月,其基本理念是希望日本能够进一步发展成为一个文明、民主和自由的国家,能够为世界和平以及人类事业的发展作出贡献。2000年3月起,日本政府修改了《教育基本法》,成立了"教育改革国民会议",旨在将其修订为适应新时代、新千年的教育法案。这一修订结合了当时国家的国情以及社会经济发展状况,紧密结合教育与社会经济对人才的需求,以培养更加符合当下国际社会、国内社会、经济发展的高质量人才。嗣后,日本政府于2003年出台了顺应新时代的《教育基本法》与《教育振兴基本计划》,明确教育是振兴国民经济的最重要手段之一,必须强调教育的重要性。这些举措为《教育基本法》的修改提供了现实的依据,推进了教育基本法的

---

① 臧佩红:日本近现代教育史[M].北京:世界知识出版社,2010:353.
② 詹亚.20世纪90年代以来的日本基础教育改革政策研究[D].昆明:云南师范大学,硕士学位论文,2006.

完善进度。①

日本政府修订了《教育基本法》，增加了一些符合社会发展的条款，如家庭教育、幼儿教育以及终身教育等。修订后，学校教育、家庭教育和社会教育有机结合，成为新的教育项目，以确保国民在任何时候都能接受教育。修订后的《教育基本法》有三个核心原则，其一是继承和发展传统文化，文化事业是一个国家的软实力，文化事业的兴衰象征其国家未来的兴衰，保护好本国的传统文化事业将是一项艰巨且必须执行的任务；其二是让新时代的日本人接受到更加符合当代社会、经济发展的教育，以保证为社会提供大量的高质量人才；其三是振兴教育计划，即将日本改革成为一个教育强国，从而保证其人才在世界之林有更大的竞争力，增强国家实力和影响力。此外，在原有的教育基本法的内容中补充了一定的新内容，如发挥学生个人能力、培养学生的基本素质、倡导学生自主学习、强调职业教育以及教育均等化等新条款。这些新条款都符合当下日本经济社会的发展，能够大大促进教育事业的发展，促进社会事业、社会经济的稳定及进步。②

同时删除了一些原有的不符合当下社会经济发展的条款，如删掉了原先的"男女公学"制度。"男女公学"制度是日本战后为了让男女能够平等接受教育而制定的一项条款，但随着日本社会经济不断进步，"男女公学"早已实现，教育在性别上的公平化已经实现。在这次对教育基本法的修改之中，将"男女公学"这一条款去掉证明了日本社会对男女平等有了一定共识。虽然存在一定性别歧视，但相信在不久的未来都能够得到完善，保证男女的完全公平。

新修订的《教育基本法》在目标上与原先的版本有所不同。首先，新的目标包括培养学生的高尚品德及情操，使他们掌握渊博的知识，具备强壮的体魄以及追求真理的态度，这是育人的基本目标；其次，从学生个人能力来看，培养其创造力和自理能力，保持学生与职业生涯的一定联系，为学生树立正确的价值观、人生观，并尊重学生的个人价值；再次，从学生的内在出发，培养他们的正能量，如正义感、责任感，以及男女平等和公共自律的精神，让学生能够自发参与到对社会事业建设中来；最后，从对学生的影响看，培养学生重视生命的意识及对自然和环境的保护意识，为创造可持续的和谐社会打下一定的基础。此外，要培养学生对传统文化的保护意识，在热爱本土故乡的同时要学会尊重他国文化。③

---

①② 詹亚.20世纪90年代以来的日本基础教育改革政策研究［D］.昆明：云南师范大学，硕士学位论文，2006.

③ 卢盈.中日教育督导制度比较研究［D］.郑州：河南师范大学，硕士学位论文，2012.

为了实现上述教育目标,新的《教育基本法》将按照时间顺序把不同阶段的教育目标分化到教育的各阶段中。小学教育阶段,即义务教育阶段强调学生对日本传统文化的认识,同时培养学生的爱国主义意识,使其遵守基本的道德规范;高中阶段的教育则强调社会道德、继承文化以及培养学生为国家、世界作出贡献的精神。另外,新的教育基本法还提出让整体国民素质得到大幅度提升的理念,即倡导终身学习的理念,让现代社会成为一个学习型社会,让每一个国民在其有生之年内的任何时段都能够有机会接受教育,并将所学成果应用于社会,以促进社会、经济的发展。

新的《教育基本法》赋予日本教育新特点。首先是教育民族性,强调学生对本国传统文化的尊重、祖国的热爱及故乡意识;其次是教育公平性,实现教育机会均等化,让国民能够有机会接受同等质量的教育内容,提升国民平均素质;最后是教育时代性,如新增加与时俱进的教育内容。在当代,环境问题是人类面临的重要问题,维持好的生态环境,为未来的社会经济发展奠定必要的环境基础,让整个世界成为可持续发展的世界,新的《教育基本法》就包括了保护环境等教育内容,这表明了日本教育的时代性特点。

日本政府公布《教育振兴计划》及新的《教育基本法》,这标志着日本教育改革步入了新阶段,体现了以人为本、培养高质量人才的基本教育理念,反映了教育对国家、民族事业的发展有着重要作用。立足于未来发展,《教育振兴计划》实施思路有三点:首先,强调全社会共同发展教育事业的横向联系,即加强结合多方资源,如学校、家庭、企业、社会、组织等各方的合作,让教育事业得到进一步的发展,最终受益于整个国家;其次,从纵向来看,倡导终身学习的教育理念,让日本社会成为学习型社会,确保国民在有生之年获得高质量教育,确保国民将所学用于社会发展①;最后,从国家权力、制度上实施改革,将教育分权、分责,让各个地方团体能够根据当地的发展,制定适合当地的教育措施。政府只对地方团体进行建议和指导,分散式地促进教育事业的发展,相互之间形成协作的关系,以此共同推进政策实施。②

从政府教育投入看,日本与OECD的平均水平有一定差距。对被教育者来说,在学前教育和高等教育阶段的教育费用都是由自身或者家庭承担的,这大大增加

---

① 王玉珊.日本教育及其在经济发展中的作用研究[D].大连:东北财经大学,硕士学位论文,2012.
② 詹亚.20世纪90年代以来的日本基础教育改革政策研究[D].昆明:云南师范大学,硕士学位论文,2006.

了被教育者的经济负担，而减轻国民的教育负担，是日本政府必须要解决的一个社会性问题。日本政府增加教育财政支出将减缓国民教育负担。未来，日本政府财政支出将着力于以下几方面：首先，实行学前教育完全免费，让低龄儿童都能够获得接受教育的机会；其次，在义务教育阶段，提升教育资源的质量，如提高师资和教育设备的质量以及改善教学环境等；再次，在高等教育阶段，提高科研技术水平，增加科学研究经费，以此提高研究者的积极性，进而提高受教育者的国际竞争力；最后，日本是一个处于地震带上的国家，资源极其匮乏，日本政府必须考虑国民的工作、生活、学习的安危，要建造出抗震和安全的教学区域及教学设施，能够让学生的学习生活有一个安全环境。①

提出教育振兴计划10年发展目标后，日本政府提出了未来5年发展方向，以保证教育事业稳步上升。首先，对教育而言，须得到全社会支持，即借助社会团体、企业、家庭和个人等多方资源，大力支持教育事业发展；其次，从个人的能力、个性和生存方面看，须提高个人的全面素质，以适应新形势下的社会发展；再次，从个人专业技能角度出发，培养学生的专业技术，从而为社会提供大量专业人才，保证社会经济稳步发展；最后，从学生安全角度看，为他们提供安全、安稳、高质量的学习环境，提高教学质量。根据上述四个基本方向，《教育振兴基本计划》制定了77项具体措施，主要措施如下②：

一是加强情感和体育教育。学生不仅要有一定的科学知识，还要有情感方面的"知识"，即情商的培养。此外，强壮、健康的体魄将是所有行为的基础，确定合适的教材，制定合适有效的教学课程，开展丰富多彩的学生活动，推进学校的心理咨询机构的发展，以保证学生的身心都得到加强。

二是保证学生的学习能力。严格执行教师选拔标准，保证每一位教师都达到执教标准，改善教学条件，严格落实新教学指导要领，保证学生的学习能力③。

三是为残疾人等特殊被教育者提供一定特殊服务，如教学援助、个别指导计划等。

四是实现教育环境个性化。从教职工方面出发，对教职工进行一定的激励设置，让其发挥最好的教学质量。

五是加快推进专业教育、职业教育和终身教育。让大学与社会及企业合作，

---

① 卢盈.中日教育督导制度比较研究［D］.郑州：河南师范大学，硕士学位论文，2012.
② 王玉珊.日本教育及其在经济发展中的作用研究［D］.大连：东北财经大学，硕士学位论文，2012.
③ 虞小强.日本素质教育研究及启示［D］.西安：陕西师范大学，硕士学位论文，2004.

开展实践性教育课程，让更多社会人士能够接受高等教育，能够让大学生有机会进入社会得到社会实践锻炼。

六是建立区域性儿童教育机制。实施家庭教育综合援助计划，建立社区支援中学机制，建立小学课后活动体验中心。

七是从提高高等教育质量入手，强化大学、职高等高等教育机构的教育能力。从课程的设置以及教师的配置方面出发，引入更加先进的教学设备以及对课程的评价机制。加强大学之间合作，实现共同进步。

八是高等教育国际化。与国外先进高等教育机构合作，推出留学生计划等，引进外国高质量人才，并将本国的人才引入国外先进教育机构，从而实现高等教育的国际化。

九是从教学的安全、教育机会的均等化方面出发。保证学生宿舍、教室与食堂等建筑及设施的安全性，推进私立学校的发展，让更多教育资源扩散于整个社会，让教育资源得到充分的利用，实现教育机会均等化。

②初等、中等教育结构改革。日本义务教育的负担比例从前期的1/2降低到2006年的1/3，即家庭、个人对义务教育费用承担得更多，加重了家庭和个人的经济负担；从初中阶段的教育改革看，初中新增加了"技术与家庭课"及一部分理科的职业课程，为其进入高中阶段学习做铺垫。此外，课程改革加强了对数理教育、传统文化教育、道德及体验活动教育及语言类教育。

Ⅰ.增加初等、中等教育领域"科技"与"职业"比重。[①]进入21世纪，世界进入了信息时代。日本政府意识到在信息科学技术方面教育新一代的重要性，更加注重数理学科方面的教育，以培养社会信息化的高质量人才。根据日本文部科学省的统计数据，2008年日本教育改革中，课程改革内容包括在义务教育阶段增加数理科目。在小学阶段，数学课时增加了142个学时，让学生能够深入了解学习数理知识。[②]此外，在初中教育阶段，增加了数学学科学时，在理科教学方面更是增加了近95个学时；在高中教育阶段，将数学类学科定为必修学科，保证每一位被教育者能够接受数理知识，这能培养学生对数理、科学技术的兴趣，这为以后提供大量科技型人才奠定基础。

Ⅱ.职业教育改革。除重视数理化、自然科学的知识教育之外，日本政府积极

---

① 王玉珊.日本教育及其在经济发展中的作用研究［D］.大连：东北财经大学，硕士学位论文，2012.

② 日本文部科学省.文部科学.2007年版［R］.2007.6.

推动职业教育改革。"通过体验性学习与职业教育，使学生认识到学习的意义和价值"，这是日本文部科学省在学习指导纲要中提出的一个教育思想。①

③高等教育结构改革。这一时期，高等教育的结构改革主要是围绕管理体制和教育内容展开。

Ⅰ.高等教育的管理体制改革。高等教育改革主要是从其管理体制方面开展的，日本的大学机构分为国立性质的大学、公立性质的大学、私立性质的大学，其中，国立性质的大学都拥有国家政府机构的地位，类似于国家部门。这对私立性的大学非常不公，容易造成整个大学机构的不公平竞争，并使教育资源分配受到人为的干预，同时也对国立大学造成一定的约束，使其资金预算方面受到政府预算的影响。为了解决这些问题，2004年日本国会通过了六部法案，其中包括《国立大学法人法》，取消了国立大学的政府机构地位，使其转变成为一般的法人机构。②

《国立大学法人法》的发布使国立大学的性质、人事制度、运营模式、评估制度等发生了改变。大学性质方面，国立大学成为具有一般法人资格的法人机构，而非以前的政府机构，因此不再受政府预算的影响，也不再受政府的全权控制；运营模式上，理事会成为大学的最高决策机构，不再受政府评估组决策的影响。此外，国立大学人事制度发生了一定变化，曾经的国立大学是隶属于政府的组织机构，其在职人员列为国家公务员，享受国家公务员待遇，同时受到公务员编制的束缚。在实行了国立大学法人化之后，国立大学的教职工不再是国家公务员，其工资待遇变得更加灵活，教职工除在学校担任必要工作之外，可以进行兼职，这样为教职工开拓了更多就业渠道，使大学人才招聘更加灵活，能够按需招人，提高了大学运营效率；在教育评估制度方面，法人化的国立大学引入了第三方机构的评估体系，这比起法人化之前的自我评价制度更加准确明。日本政府推进加深了国立大学与社会的联系，促进了企业与大学的合作，吸引更多社会人才，提高大学运营效率。同时，引入了产学相结合机制，实行校企人才、技术、设备和信息等方面的合作，这对于企业和大学是一项双赢举动。从日本文部科学省公布的数据看，2006年，法人化之后的国立大学产学结合项目增加了10 080件，且研究经费突破了1 100亿日元，这些数据表明国立大学法人化的改革取得了显著成效。③

---

① 日本文部科学省.文部科学.2007年版［R］.2007.6.
② 卢盈.中日教育督导制度比较研究［D］.郑州：河南师范大学，硕士学位论文，2012.
③ 日本总务省统计局.科学技术研究［R］.2011.3.

Ⅱ.高等教育内容改革。在教育内容方面，日本政府特别重视高等教育向新兴领域拓展。进入21世纪以来，高新技术不断发展，影响世界教育发展，日本政府采取了对应措施，促进了高新技术在教育领域的应用，推动了教育行业的发展。在高校中，兴起与设立了身心健康教育、知识产权教育、医疗、服务与技术创新等新兴学科，拓展了学生对学科的认识与学习。日本政府加强了对电子电气、社会科学、机械、土木建筑、化学材料和计算机复合技术的教育投入，资助这些新兴学科的设立与发展。在职业教育方面，日本专科学校实施了专门教育模式，为实践性教育作出了巨大贡献，即按照职业内容一一对应的方式培养专门人才，满足产业界的人才需求。部分专科学校针对初中生提出了5年制的高中至大学连贯式教育，即从初中起就开始培养技术型专业人才。尽管这种模式限制了学生拓宽知识面，但培养了专业性强的技术骨干。这一教育模式能够为产业界提供优质人力资源，以保证产业人才供给兴盛不衰。根据日本文部科学省数据，5年制的高中至大学连贯教育每年能够为产业界提供超过60万的人才资源。①

Ⅲ.高等教育规模变化。除管理体制和教学内容的变革之外，日本高等教育规模发生了很大变化。首先，高等学校总数有所增加，但职高和专科学校的数量呈下降趋势，高等教育机构数量显著上升。从2000年开始，硕士研究生人数逐年增加，到2007年才开始减少；博士研究生人数在2000年至2003年逐年增加，从2004年起出现了减少趋势。其次，从入学率看，大学本科、专科的入学率由2000年的49%提高到2007年的54%，职高入学率从2000年的17%提高到2004年的19%，但在2007年下降到17%。②

受人口老龄化和少子化的影响，日本在校学生的总数呈现减少趋势。人口红利逐渐消失给日本产业发展和社会保障带来明显的负面影响，如何保证人才补充与供给是日本政府必须面对的一个重要社会问题。

7.3.4 产业政策改革

（1）泡沫经济"及崩溃后的长期低迷

20世纪80年代以后，日本企业出现过度借贷行为，促使社会金融风险膨胀，导致20世纪80年代末的日本泡沫经济。20世纪90年代日本泡沫经济崩溃后，日本经济进入了长期低迷状态。日本政府遭受到来自社会各界的巨大压力，不得不制定新政策以促进经济发展。1996年，日本政府推出了被称为"大爆炸"的金融

---

① 虞小强.日本素质教育研究及启示[D].西安：陕西师范大学，2004.
② 日本文部科学省.平成22年度学校基本调查速公表[R].2010.8.5.

改革方案。此方案吸收了"宇宙大爆炸"的理念，即从一个小点向全局辐射。在这次"大爆炸"式的金融改革方案中，主要内容是将间接的融资方式渐进转变成为直接的融资方式，让金融业务互相影响、互相交叉，打破银行的垄断以及进行金融业务的障碍。①

2001年，美国经济减速和股市下跌对日本经济产生了负面影响。例如，日经指数在同一时期下跌，大量公司股票集中于日本银行，导致日本银行的资产补充率下降，引发银行破产。为了治理经济下行的不利局面，日本政府制定了新的经济政策，即成立了"股票购买机构"，以减轻股票下跌对日本银行资金的压力，保障了日本银行健康稳步发展。②

（2）20世纪90年代以来产业政策

日本是世界上唯一遭受核武器攻击的国家，也是一个成功的后起高收入国家，其经济实力曾居全球第二，仅次于美国。就现在来说，日本的经济实力也是全球前五位，其产业政策与经济运行制度，为其追赶欧美高收入国家发挥了巨大作用。尽管一些政策已经不再适应日本经济发展，但这些政策对经济的推动和发展仍然是制定新政策的重要参照指标。现在日本国内要求"规制缓和"的呼声很高，这是日本经济发展的必经路途之一，即实现经济自由发展。

步入新千年之后，日本人口老龄化、少子化等新型社会问题困扰着日本社会。为了促进经济的发展，日本政府提出了面向21世纪的日本经济结构改革思路。具体而言，日本政府提出应转向高附加值和高技术含量的产业，如精密仪器、电子科技、新能源等领域，放宽政府对工业发展的规制，以保证市场的自由竞争；对企业制度进行改革。在21世纪初期，日本强调制造业对经济发展的重要作用，在制造业方面制定实施了更多扶持政策，推动了日本新时期的经济发展。③

（3）小泉内阁经济结构改革

①小泉内阁经济结构改革。20世纪90年代日本泡沫经济破灭后，日本内阁先后经过了桥本龙太郎、小渊惠三、森喜朗的执政。经历了频繁的换届，日本经济仍然没有较大的起色，银行巨额不良资产、通货紧缩和失业率居高不下等问题困扰着日本政府及国民。尽管日本政府进行了改革，但改革遭到了日本各界利益集团的抵制，影响了改革深入实施。直到2001年4月，小泉纯一郎上台。

---

① 陈韶华.战后日本产业政策研究［D］.武汉：武汉大学，博士学位论文，2011.
② 李晨.日本产业政策的演变、特征及对中国的启示［D］.延边：延边大学，硕士学位论文，2014.
③ 李劲.日本产业政策研究［D］.长春：吉林大学，博士学位论文，2006.

小泉执政后，在财政、金融、不良债权处理、税制、道路公团和道路建设等方面实施了深入改革。小泉内阁"结构改革"的主要内容包括：改革社会保险制度和强化社会保障机制；加强和完善竞争机制；大力推进规制改革和民营化进程；推进教育改革和人力资源开发；加强地方政府行政职能；推动生活方式改革；财政改革。改革的实施加强和完善了改革对象的竞争机制；改善了社会保险制度和社会保障机制，让社会保障、社会福利更好地服务于国民；改变了国民生活方式，如加强文化的宣传学习、教育的普及、基本生活设施的建设等；从地方政府方面看，加强了地方政府的行政职能，使其更好地结合地方特色进行管理；对明确了中央财政和地方财政的职责关系，提高财政运营效率。[①]

②日本邮政民营化改革。日本的邮政事业始创于1871年。从那时起，直到小泉时期之前，邮政事业运营模式始终是国营。邮政事业改革的主要方向是改变其运营模式和运营主体，即针对邮政事业实施民营化改革，这也是整个邮政事业改革的核心步骤。邮政事业主要包括邮政储蓄、邮递、简易保险，这三部分都关乎整个国民利益。改革之前，"邮政三事业"隶属于邮政省。桥本龙太郎这一届的内阁上台后，提出了邮政民营化的方案，但是遭受到来自邮政省、邮政省公会等高层领导的强烈反对。到2004年，小泉内阁上台，其在2005年10月实现了邮政民营化。其改革的主要内容体现在相应的法案中，以下是日本邮政民营化改革的主要内容[②]。

一是提出邮政民营化法案，实行邮政公司制，即成立日本邮政株式会社，废除了邮政公社。在日本邮政株式会社的基础上成立4家全资子公司，分别是邮递事业株式会社、邮政局株式会社、邮政储蓄银行和邮政保险株式会社。在日本邮政株式会社中，日本政府持有一定的股份。

二是颁布邮政株式会社法案，日本邮政株式会社卖出其持有的邮政储蓄银行和邮政保险公司的全部股份，实现日本邮政民营化的基本目标。

三是实施邮政局株式会社法案，这是针对邮政储蓄银行以及邮政保险公司设立的。在准备期内，法案规定须保证邮政储蓄银行之存续，且赋予邮政储蓄银行应有的银行资格；在向储户进行贷款时，须征得日本首相和总务大臣的同意，否则无法开展贷款业务。此外，首相和总务大臣须保证邮政储蓄银行存续，即反对

---

① 李晨.日本产业政策的演变、特征及对中国的启示[D].延边：延边大学，硕士学位论文，2014.
② 周建军.日本邮政业市场化研究[D].长春：吉林大学，硕士学位论文，2016.

邮政储蓄银行与其他金融银行开展并购或者合并。①

四是从竞争的角度出发，在新公司成立之时，政府须对其经营发展加以限制，让私营企业能够与新成立的官方公司开展公平竞争。过渡阶段后，政府可以放松相应的限制措施，让整个邮政市场自由、正常地发展。此外，日本政府须将日本邮政株式会社的股份转让出去，推进邮政民营化发展。

五是从个人权益看，原有的日本邮政公社就职人员大部分为国家公务员，新成立的日本邮政株式会社等邮政公司就职人员不作为国家公务员，即原在日本邮政公社工作的公务员拟转职于新成立公司，则须放弃自身公务员资格，若保留自身公务员资格的人群，可申请离职，可得到国家公务员补贴。

2017年4月1日是日本邮政事业实现民营化最重要的转折点，所有在过渡期和准备期的邮政民营化委员会、推进部等机构被撤销，邮政储蓄银行和邮政保险公司的性质为商法公司，与一般的民营金融机构相同，日本政府只对邮政株式会社、邮递事业株式会社和邮政局株式会社开展监督，且对日本邮政株式会社的股份持有程度较低甚至为零。②

7.3.5　社会管理改革

20世纪80年代至今，日本政府积极实施社会管理改革。日本政府尤其关注医疗领域和老龄人口的改革。

推进社区医疗服务制度改革。在医疗服务领域，日本处于人口老龄化阶段，高龄人口相对较多，发病率相对较高，这对医疗服务是一种挑战。为了满足日益增长的医疗服务需求，对医疗服务的改革刻不容缓。首先，在保证医疗质量的前提下，要提高医疗效率；其次，须实施医疗团队、医疗资源制度化，形成完善的医疗服务体制，更好地服务于广大国民。③

深化人口老龄化服务改革。新生儿是促进经济发展的"新鲜血液"。为了提高出生率，保护好青少年的健康成长环境，日本政府对有子家庭大力实施补贴。这些补贴不仅包括教育资助，还涵盖了保育方面的支持，保障了新生劳动力的成长，为未来的经济社会发展奠定了良好的人口基础。④

---

① 陈扬.邮政民营化的行政法研究［D］.北京：中国政法大学，硕士学位论文，2010.
② 周建军.日本邮政业市场化研究［D］.长春：吉林大学，博士学位论文，2016.
③ 崔万有.日本社会保障研究［D］.大连：东北财经大学，博士学位论文，2007.
④ 何泽慧.日本老龄化对经济社会发展的影响及对策研究［D］.长春：吉林大学，硕士学位论文，2011.

第8章　俄罗斯国民财富分配改革

俄罗斯国民财富分配制度发源与形成于1861年农奴制改革后。农奴制改革后，俄罗斯出现了现代国家国民财富分配制度的萌芽，这是俄罗斯国民财富分配制度的起点。18世纪中叶到19世纪末，这是俄罗斯国民财富分配制度的初步形成阶段。嗣后，经历了"十月革命"，直到苏联解体，国民财富分配制度处于曲折发展阶段。20世纪末至今则是变革阶段。在俄罗斯国民财富分配制度发展的三个阶段，政府政策涵盖劳动就业与工资、财税制度、社会保障、教育和中产阶级等领域。受苏联社会主义按劳分配价值观影响，俄罗斯政府推行财富公平分配原则，这对于经济社会起到了重要促进作用，为俄罗斯现代国民财富分配模式的发展提供了重要条件。

目前，俄罗斯实行联邦制，联邦政府所推行的分配制度决定了各地方政府的分配政策，是国家最基本的分配规制。收入分配制度是俄罗斯以宪政为基础的社会经济政策中的重要环节。俄罗斯国民财富分配，一般包括居民的消费、保险、住房、医疗、养老、救济、教育和金融等政策与法规。现阶段俄罗斯国民财富分配的主要特征：初次分配中工资所占比例较大；近年来收入增长速度加快，其周期性、阶段性超过了整个俄罗斯国家GDP增长速度，有利于促进国民消费及国民经济发展；二次分配中，政府将财政收入运用于社会保障，以保障公民的社会保障权益；社会结构转型加速，中产阶级发展较快。[1]

8.1　萌芽阶段（18世纪初至19世纪末）

俄罗斯国民财富分配制度萌芽初始，是在俄罗斯国家成立阶段。16世纪初期，俄罗斯以亚欧大陆的莫斯科大公国为中心，渐进扩展范围形成了一个多民族封建国家。1861年俄国废除农奴制之后，伴随资本主义早期发展，出现了现代国民财富分配模式早期萌芽。

---

[1] 赵敏.俄罗斯经济转轨时期的收入分配问题研究［D］.天津：南开大学，博士毕业论文，2012.

18世纪初至19世纪末,是俄罗斯国民财富分配制度的萌芽孕育阶段,主要表现在劳动就业、工资制度、税制和社会保障制度发展与改革。俄罗斯现代国民财富分配模式渐进形成。现代国民财富分配模式的形成,促进了俄罗斯国民经济发展,有利于国民的工资与经济利益分配。19世纪末到"十月革命"之前,是沙俄现代制度的初步形成阶段。在这一过程中,伴随第二次工业革命兴起,沙俄资本主义发展加速。19世纪80年代起,沙俄战略重心由西方、中亚向东北亚转移,劳动力迅速增加,财政体制进一步改革,工业结构不断调整,社会保障制度渐进建立。

8.1.1 农奴制改革与就业制度变革

（1）1861年至19世纪末的农奴制改革

1861年彼得一世改革封建农奴制度,是俄国发展的重要历史事件。15世纪下半叶至19世纪上半叶,俄国农奴制获得持续发展,其本质是以劳役制为主,在农奴庄园经济基础上维持封建主义经济、法律制度。农民被束缚在地主土地上,处于社会最底层,成为实际上的"农奴"。19世纪上半叶,俄国的资本主义发展顺利,尤其是工厂手工业,已达到一定规模,在国内外市场进一步扩大。彼得一世改革是一场大封建贵族阶级主持的自上而下的资产阶级改革。[①]

1853—1856年克里米亚战争失败,俄国农民运动兴起,社会矛盾加剧,农奴制面临危机,俄国农奴制改革加速。1861年,俄国政府针对当时的社会矛盾,推行了一场自上而下的农奴制改革。至19世纪上半叶,农奴制改革后,俄国渐进废除了农奴制,开始进入资本主义阶段。[②] 废除农奴制之后,手工工场被大工厂所替代,机器设备渐进投入生产中,商品经济逐步发展,国民经济发生了结构性改变。但改革受到多种因素影响,仍旧存在很多制度痼疾,如土地占有、工役制等,致使俄国商品经济发展缓慢。

彼得一世改革遗留问题很多,封建专制政权阶级性继续存在,地主土地占有制仍旧实行。具体表现在:国家政权仍然掌握在贵族地主手中,他们拥有大量土地,农民土地却更少。历史资料显示,1877年和1878年,俄国近50个省共有私人

---

① 赵敏.俄罗斯经济转轨时期的收入分配问题研究[D].天津:南开大学,博士毕业论文,2012.

② Ананьич Б.В., Лебедев С.К. Участие банков в выпуске облигацийроссийских железнодорожных обществ（1860—1914）Монополии иэкономическая политика царизма в концеXIX—начале XX в. Л.，1987.（1680—1917）.

土地9 150万亩，80%以上土地属于贵族，占全国人口70%以上的农民只占有土地近2 000万亩。地主阶级变本加厉，农民土地被非法侵占高达40%以上，农民生活苦不堪言。[1]

除上述问题之外，工役制农奴经济的存续是彼得一世改革遗留的重大问题。工役制剥削与资本主义剥削不同。前者是对土地带有高利贷性质的盘剥，后者是自由雇工对私有资本进行生产。它是徭役制的一种最直接的方式。据调查，19世纪80年代中期，俄国发展较好的约40个省份之中，近1/3的省实行工役制农奴经济。工役制农奴经济在国民经济发展中占有绝对优势。残余的封建农奴制直接导致农民失去土地，农民要在苛刻条件下向地主租佃土地，接受工役制剥削，使农民在改革后的处境更加悲惨。此时的农民饱受政治压迫与经济困难的折磨，生存难以维系，生活苦不堪言。

彼得一世没有彻底改变俄国农民的经济和政治状况，但是促进了资本主义发展，加速了国家资本主义发展，使俄国社会经济出现了新面貌，使俄国生产关系与生产力相适应。俄国资本主义在国民经济中的作用加大主要表现在农业和工业两个方面。

一是农业领域。农业作为国家第一产业，是俄国国民经济重要组成部分。1861年改革之后的结构性变化表现在农民阶级分化。农民中的农奴主阶级，他们拥有少量农具和牲畜以及土地、资金。为了赚取更多利益，农奴主阶级购买土地，建造房屋庄园。同时，出现了更多破产农民，他们失去土地，没有资产，成为无产阶级。这为资本主义发展提供了直接便利。农民破产以后，没有土地，没有生产工具，不能再从事工役劳动，地主不得不采取资本主义的经营方式来维系自身发展，增加的雇佣劳动为俄国资本主义的发展奠定了坚实的劳动力基础。根据全俄人口调查显示，1861年农奴制改革以后，俄国无产阶级人数逐渐攀升，大约有1 000万人。

二是工业领域。俄国社会经济新状态主要表现在工业发展上，尤其表现在各类工业产品产量上。1861年后近20年时间内，俄国工厂增加近6 000个。到1903年，俄国国内工厂逾9 000个。织布工厂直接冲击手工织布业，布匹产量增加近两倍；钢产量逐年攀升，从1861年的1 250万普特增加到1890年的52 000万普

---

[1] Ананьич Б.В., Лебедев С.К. Участие банков в выпуске облигацийроссийских железнодорожных обществ（1860—1914）Монополии иэкономическая политика царизма в концеXIX—начале XX в. Л., 1987.（1680—1917）.

特；煤产量从1 800万普特增加至36 700万普特。这是农奴制改革后俄国国家资本主义在各行业的发展表现。除产业发展外，俄国国家资本主义发展体现在铁路、公路修建等领域。例如，铁路修建里程在1895年已增加到31 728俄里，较1865年增加近10倍。铁路建设工程成为俄国资本主义发展的一大动力，是俄罗斯工业革命重要的一部分，是促进俄国在19世纪末完成工业革命的重要力量。铁路建设工程帮助俄国更快走上西方列强殖民扩张之路，继而成为世界工业大国之一。①

俄国资本主义发展有了质的飞跃，国民经济有了明显进步，但国家专制制度维持旧形态，没有任何改变，农民生活困苦，缺乏基本民主权利，国民经济发展不稳定，社会发展滞后。

1861年4月27日，沙俄政府颁布《移民法》主要针对移民，该项法律对于移民的优惠政策主要表现在劳动就业、工资和住所等方面，缓解了劳动力不足，有利于国民经济发展。沙俄废除农奴制，但封建残余存在，这限制了人口流动，不利于国家内各行业发展，如1871—1880年，移民太少造成国家劳动力匮乏，多个行业缺少劳动力，影响了经济社会发展。

19世纪70年代初，沙俄在中国招募劳动力，缓解了其国内劳动力不足和产业停滞等问题，促进了俄国经济社会发展，为工业化发展打下了坚实基础。

（2）"十月革命"至苏联解体：苏联工资制度改革

"十月革命"后，苏联建立了社会主义劳动制度和体现按劳分配的工资制度。从"十月革命"到19世纪70年代，苏联工资制度经过了多次改革，但是未触及传统社会主义遵循的"平均主义"错误倾向，仍旧存在很多问题，例如平均主义倾向严重，工资水平始终不能与社会主义的"按劳分配"相匹配等。为了改变这一状况，苏共二十七大后，苏联劳动管理部门对工资分配制度进行了改革，改革不仅涉及生产领域，还包括分配领域。事实证明，这一改革实行新的工资制度，有利于增加苏联职工福利状况。这次改革的主要原因是：

①原有工资体系比较混乱，亟须变革。②苏联工资制度改革直接关系到工人根本福利，与国民经济的发展相互联系，是国民财富分配的基本措施。以工人工资构成为例，在原来的工资体系中，重要部分是基本工资，占总工资的50%，附

---

① Ананьич Б.В. Россия и международный капитал 1897~1914.Л., Наука, Ленинградское отделение, 1970.

② 赵敏.俄罗斯经济转轨时期的收入分配问题研究［D］.天津：南开大学，博士毕业论文，2012.

加工资、补贴等反而占有更大的比例。这种严重不协调的比例分配，不能完全满足国内工人需求，且发放附加工资、补贴等更加具有人为主观因素，造成工资体系中出现平均主义，不同职业之间工资没有适当差距，严重扰乱了工资体系，降低了工人生产积极性，产业发展滞后。如表8-1所示。

表8-1　　　　　　1985年苏联国有单位职工工资水平　　　　（单位：卢布/年）

部门	平均工资
政府部长级官员	800
居民平均工资	120~150
工业部门	210.6
专业技术人员	173.2
普通职工	164.6
城镇最低工资	70

资料来源：根据科研合作单位——俄罗斯远东科学院经济研究所历史资料翻译整理；参考С.В.Пономарев编：《Русскиецари》，МоскваФеникс出版社，1997年。

②苏联经济变革要求调整分配关系。为了扩大生产自主权，苏联社会主义企业要求在分配方面有相应的自主权，改革原工资制度中的不足，以促进生产。改革后工资由基本工资、附加工资、补贴和奖金四个部分组成。基本工资是工资中的基本部分，占工资总额的70%~75%。附加工资则是按照职工工作表现不同而附加不同的份额，但这类工资所占工资比重不多，正常情况下规定，附加工资和补贴均不能超过工资总额的24%。补贴则是另外一种形式，一般表现为加班补贴、高温补贴等，适用于特殊情况。奖金是对超额劳动的物质鼓励，一般是对工作有特殊贡献的职工发放的，且奖金不能越级控制，也就是上级组织只控制下属单位的奖金总额，不能干预其内部分配机制。这种方法能帮助企业控制奖金发放的总数，还可以避免在分配中出现平均分配现象，刺激职工生产积极性，增进企业经营效率。

这次工资制度改革一个重要原因是职工工资不再与职工人数关联，而是与职工生产出的最终产品有关，这是工资制度改革重要进步，有利于工资制度质的飞跃，刺激职工生产积极性，促进企业引进先进生产技术与优秀管理人才，提高生产效率，优化生产结构。在这次工资制度改革中，苏联政府劳动管理部门关注各种不同工种工资之间的差异，工资等级同工人的技能和工作复杂程度与职工工资直接关联，不是无差别工资待遇。这次工资制度改革后，扩大了复杂、简单工种和高、低级技工之间的工资差距,提高了职工生产积极性,促进了生产效率提高,有利于企业经营发展。①

8.1.2 税制改革

(1) 1861年沙皇俄国废除农奴制与税制改革

在18世纪初到19世纪末的沙皇俄国,财税制度改革是重要政务。②

彼得一世在位时期(1696—1725年),对俄国政府采取了一系列改革,财税改革是改革重点之一。彼得一世引进西欧先进的科学技术,对全国自然资源进行有效的勘察开采,将开采的资源投入生产中,促进提高工厂企业生产。彼得一世在政策上大力扶植商业,提高商人的社会地位,发展内外贸易;颁布关于商业资本积累的敕令,将城镇居民分为三类,并赋予商人贸易特权,让其在商品流通市场上发挥中间人的作用;鼓励商人组织公司,发展对外贸易。此外,政府大力整治交通,兴建通商港口,开凿运河,加强国内市场的联系,使俄国商业贸易迅速发展起来。③彼得一世体现出的重商主义倾向,成为俄国资本主义发展重要推动力。

19世纪中叶,俄国社会进步显著,但国内依旧实行野蛮落后的农奴制,俄国经济社会发展大大落后于西欧国家。1861年俄国农奴制废除后,俄国农奴人身自由与权利得到解放,农奴成为国家发展的重要参与者,缓解了国内劳动力短缺的现状,成为资本主义发展的重要推动力。俄国颁布了"关于脱离农奴依附关系的农民的一般法令"(以下简称"一般法令")后,农民获得了更多就业机会和人身自由,这为俄国资本主义经济的发展提供了更加便捷的通道。"一般法令"中,涉及农民的人身权利和财产权利,规定农奴不再依附于地主而生存,可以享受与其他自由的农村居民同等的公民权利。这项规定直接改变了农奴身份,赋予了农奴人权,给他们足够的自由发挥空间;同时,增加了他们对国家的信心,促进了资本主义发展。

"一般法令"中,关于农奴制改革的另一个重点是农民财产权利,它规定:"每一个农民都可以按照自由农村居民法则来获得财产作为自身的私有财产,而

---

① 赵敏.俄罗斯经济转轨时期的收入分配问题研究[D].天津:南开大学,博士毕业论文,2012.
② 李作双.俄罗斯经济现代化问题研究[D].大连:东北财经大学,博士毕业论文,2010.
③ Ананьич Б.В. Банкирские дома в России 1860~1914 гг. Очерки историичастного предпринимательства. М., Росспэн. 2006.

且可以对这些财产进行转卖、抵押等处理。"这里的不动产，除了宅地，就是耕地或者其他土地。① 俄国虽然改革了农奴制，但对于土地来讲还是有非常大的私有性。"一般法令"规定地主应该在保留自身的私有土地所有权的情况下，作为份地分给农民使用，土地所创造价值归二者共有，但是份额不同。这是地主压迫农民的一种方式，是农民受剥削的延续。不仅如此，农民在此时被称为"义务农"。顾名思义，"义务农"是指从地主手里获得土地的农民，不仅要耕作，还要承担部分义务。其主要原因是义务农在从农场主手中获得份地用于耕种前，须承担额外义务，这加大了农民负担。② 例如，缴纳代役租、工役租等租金，在促进国家财政税收收入增加的同时，增加了农民压力，加重了对农民的剥削，不利于俄国资本主义发展。对于义务农来讲，他们拥有较少的土地和资产，只是单纯为地主劳作。但有的农民不同，他们可以在得到地主同意情况下，以私人财产作为交换，将份地赎出，作为自有财产，这种农民被称为"自主农"，他们属于少量的拥有私有土地的农民。无论农奴制废除与否，农民受剥削的事实始终没有改变，在俄国国民经济发展中农民的地位始终较为低下，这严重阻碍了国家资本主义的发展。③

"一般法令"中规定设立一系列机构管理农民，这在实质上形成了对农民的一种行政压榨。村长、征税官主要管理农村的行政事宜，调停农民与地主的关系，征税官则主要向农民征收各种赋税。1861年彼得一世改革之后，封建残余存续，出现了调停官，这类官员是打着促进农村经济发展的幌子，帮助贵族地主打压农民，严厉打击农民的反抗，要求他们缴纳赋税，承担义务，让地主的压迫合法化。1861年2月19日，俄国颁布了关于农民改革的单行条例，"国有农民"完全保留土地的同时，仍旧要缴纳高于一般农民所有的土地份额的代役租。该条例是"一般法令"的延续，是对农民的进一步剥削。

18世纪初至19世纪末，俄国财税制度改革推动了俄国资本主义发展，为嗣后俄国财税制度的变革奠定了基础。俄国财税制度的发展主要取决于国民经济的进步与发展，不是单纯依靠旧有的经济制度的作用。

（2）19世纪末至"十月革命"前：税制改革

19世纪末至"十月革命"前，俄国政府实施了诸多税制改革。1879年俄国政

---

① 李作双.俄罗斯经济现代化问题研究［D］.大连：东北财经大学，博士学位论文，2010.
② Б.Г.Пашков：Русь Россия Российская империя［D］. Москва ЦентрКом издательство，1997.
③ С.В.Пономарев：Русскиецари［M］. МоскваФеникс издательство，1997.

府根据国情改革税制。俄国政府组建新的税收委员会，该部门讨论与实施了替代人头税的税制改革方案。该部门提出了三个新税种来替代原有的人头税。① 这三个税种分别是所得税、个人税和宅院税。所得税是指对货币资本、商业和个体劳动所得征收3%的税；个人税是指对18~55岁的男性公民征收每人1卢布的税；宅院税，顾名思义，就是指提高国家土地税和城市不动产税率。这三种税收帮助俄国政府增加税金的同时，增加了俄国农民的赋税，增加了他们生活压力。19世纪末到20世纪初，俄国相继出现了5位财政大臣，他们对国家财政改革有不同建树，主要针对工商业税、土地税和农村税费等进行了改革。② 关于这次改革中的工商业税、土地税和城市不动产税、税酒类税收、农村税费改革，内容要点如下：

工商业税。工商业税是俄罗斯国家在财税制度改革中最基本的改革，早在1824年，俄国政府关于工商业的税收（其中包括河运费、企业管理税、养路费以及企业营业税等）已经作出了初步规定，这对工商业税改革有着重要作用。同级别企业税额相等，其中一级企业纳税额为其资本额的4%，二级、三级企业纳税额分别为其资本额的2.5%和0.5%。1863—1865年工商业税改革后，很多高收入企业或是从事零售贸易雇佣16个以上工人的中型企业，其企业内部仍旧存在很多税收不合理机制。这次改革的可取之处是取消了对农民经商的限制，对于广大农民是一次重大变革。③

伴随俄国经济发展，工商业税收制度愈加不合理。仅根据不同企业的级别来判定他们所缴纳的税款，这是明显的不合理。工商业税税制改革后要按照企业级别，还要依据企业经营状况征税，尽量体现社会公平。对企业征税，要征基本税，还要加上利润税和包额摊派税。前者是指企业利润率超过3%时应向其征收3%税费；后者是非股份制公司需缴纳包额摊派税，根据企业经营状况每隔3年确定一次税额。这一税制改革提高了国家税收便利性，也在一定程度上规范了税收秩序，有利于俄罗斯经济发展。

通过上述的工商业税收改革，俄罗斯商业税收显著增加。1897年，俄国工商业税收为4 660万卢布，1899年达到6 100万卢布。1898年，俄国工商业税收占国

---

① С.В.Пономарев：Русскиецари［M］. МоскваФеникс издательство，1997.

② С.Г.Агаджанов、В.В.Трецавлов：Национальные окраины российскойимперии：становление и развитиесистемы управления［M］. Москва Славянский диалог издательство，1997.

③ Б.Г.Пашков：Русь Россия Российская империя［M］. Москва Центр Ком издательство，1997.

家预算比例为3.2%。1906年，企业所得利润税由3.3%提升到5%，对于利润超过20%的企业，征收税率有了明显提高，直接增加了国家财政收入，同时加重了企业赋税负担，这是要实施工商业税改革的重要原因。① 这一阶段工商业税改革对国民经济有着重要的推动作用，工商业税成了国家财政收入的重要来源。这一制度也伴随许多不法行为，如偷税、漏税和逃税等行为。

土地税和城市不动产税。在莫斯科公国时期，土地税从基辅罗斯时期开始正式征收。彼得一世时期，土地税被废，人头税盛行。1853年，国家恢复征收土地税。为增加中央收入，1875年俄国政府宣布除国有土地外对所有土地征收土地税，所有税收归国家所有。古老的包额摊派制度不再能反映土地的实际收成，按收入征税很难替代包额摊派制度。

除了土地税改革，还有城市不动产改革。这项改革的内容是废除市民人头税，征收城市不动产税，改革效果比较显著。1883年，住宅税占不动产税的0.2%，1885年显著降低，仅占城市不动产税的0.11%。1893年3月14日，维特任职后，为完善住宅税征收，特颁布法令对此进行特项监管，规定无论任何人的住宅，都要根据房屋出租价格征税。1905—1906年的农民运动爆发后，国家税收政策作出了较大幅度的调整，尤其是对城市不动产税进行了根本性的变革。20世纪初，住宅税缴纳比例基本固定，一般在7%左右，这预示着城市不动产税的根本性变革初见成效。土地税和城市不动产税的变革是国家税制改革的一项重要举措，对于20世纪初的国家政治动荡、风雨摇曳的俄国来讲，此时出台这样的一项政策，对于俄国经济发展有着重要作用，更为嗣后财税制度改革作出重要贡献。

农村税费改革。农村税费改革是俄国的紧迫任务。"十月革命"前，农民税收负担本就沉重，加上克里木战争失败，国内经济发展举步维艰，农民生活困苦。如不改革农村税费制度，可能会引发社会动乱。为了改善农民现状，解决国内各种困难，农村税费制改革势在必行。1865年，俄罗斯税务局取消了无劳动能力农民的人头税。1882年3月，俄国财政大臣本格（译名）主张降低人头税，改善农民普遍高额欠税的现状。数据显示，1866年、1880年和1881年人头税分别为790万卢布、2 050万卢布和2 340万卢布。② 这些数字对于生产能力低下的农民来讲是天文数字，是无法完成的指标。只有废除人头税，才能减轻农民负担，调动其生

---

① В.К.Цечоев.Н·Е·Орлова：Историягосударства и права Россия сдревнейших времён до1861［M］.Ростов-на-Дону Феникс издательство，2000.

② Е.В.Анисимов：Время петровскихреформ［M］.Ленингра д лениздат издательство，1989.

产积极性，满足其基本生存需要，提高农民生活水平。

农民承担人头税，还得承受赎金重负。废除人头税在一定程度上增加了农民部分权益，减轻了农民生活负担，但不能从根本上解决农民重税负问题。由于农民负担不起高额的赎金，降低高额赎金，改革直接税又成为改善农民生活环境的一个重要手段。为了让农民真正拥有土地，减轻农民赋税负担，保护农民基本权益，俄国于1881年明文规定降低农民赎金。农民税制改革进入第二阶段，但这不能完全解决他们的生活困境，取消赎金、废除村社和连环保、建立独户田、组织农民移民成为紧迫任务。俄国政府解决这一问题有很大难度。俄国政府通过改革税制帮助农民脱困取得了显著成效，如表8-2所示[①]。

表8-2　　　　　　　　沙皇俄国农村税费改革进程

年份	政府主要政策（策略）
1881	降低农民的赎金，将其转变为"义务赎买"
1883	废除原皇室农民以及无地农民的人头税
1885	除西伯利亚外，在全国停征人头税
1895	降低保险税、免除农民近亲财产转移税
1896	减少土地税、将赎金减半并延长偿还日期
1898	废除西伯利亚地区居民的人头税
1907	停止征收赎金
1913	按等级征税制度被根除

资料来源：根据科研合作单位——俄罗斯远东科学院经济研究所历史资料翻译整理；参考С.В.Пономарев编：《Русскиецари》，МоскваФеникс出版社，1997年。

19世纪末，俄国农民税收制度经历了一个复杂的改革历程。改革中遗留了很多问题，但仍然取得了显著成效。首先，缓解了农民长期高额赋税的困境，刺激农民生产积极性，促进农业发展。其次，增加了国家财税收入，缓解了国家战争之后资金不足等压力。农民税收制度改革转变了俄国政府的税收传统理念，俄国政府认识到，并非一定要高额赋税才会增加财政收入；适当降低赋税，尤其是针对农民赋税，则会促进其积极劳作，为社会创造更多价值。1907—1913年农民收入增长28%，但纳税额相应提升了28%。除支付国家赋税、村社税和保险税外，

---

① Б.Г.Пашков：Русь Россия Российская империя［M］.Москва Центр Ком 出版社，1997.

对酒、烟草等消费品所缴纳的间接税大幅提升。1913年，国家直接税占国家税收总收入的8%，间接税占其中的20.7%。统计资料显示，近50%的俄国农民入不敷出。关于农民税费改革仍旧不彻底，其中依然遗留了很多问题。①

酒类税收改革。19世纪下半叶，俄国税制改革一个重要组成部分是酒类税收改革。该项改革是针对酒类销售、消费等征税标准进行的一系列改革。这次改革中，不仅废除了包收酒税，还开始征收酒类消费税等新税种。直至19世纪末，国家已经实现了对酒的销售垄断，俄国国内酒类销售直接被国家管控。为了增加国家财政收入，俄国政府采取措施来改善这一状况。

1863年，俄国政府宣布废除酒类包税制，继而实现国内垄断销售。20世纪初，酒类销售垄断普及75个省。消费税制度下酒类生产和销售自由，监督酒类销售是为避免偷税漏税，确保税收数额；酒类销售垄断是指酒类从生产到销售都归国家管理，国家统一出售按标准生产的酒类，对生产商征收高额税，其目的是国家力图通过垄断，管控酿酒企业收入。1913年国家收入比1900年增长一倍。1900—1913年，国家酒类税收收入由1.183亿卢布增加到8.989亿卢布，占国家总收入的比重分别是7.12%和26.37%，酒类收入在13年的时间内直接增长6.3倍。为避免财政赤字，酒类销售垄断成为政府税收的必要手段之一，它不仅可以增加国家收入，确保预算稳定，促进国民经济稳定发展，还可以保障税收收入在国家财政收入中的比例稳定性。它也阻碍了国家税收机制变革，不利于市场活跃，不利于提高生产商的生产积极性。②

酒类税收制改革增加了税收。19世纪50年代开始实行特殊商品税收，如糖类、烟草等产品税收制度。酒类税收制度改革为这些产品的税收提供了指导作用。1856年，沙皇俄国对糖类、烟草等征收消费税。到1880年，近30年间这几种产品消费税税收增加了近10倍，前者由33.5万卢布增加到420万卢布，后者由15万卢布增加到250万卢布。到1913年，糖类消费税税收总额与工商业税总额相等，这个数字是巨大的，对于其他商品的税收有着重要影响。嗣后，国家税制改革中还包括印花税、财产转移税、保险税等税种。③

以上历史数据表明，国家税制变革不仅影响企业，还影响行业进步与发展，还与国家财政收支直接相关。为了保障国民经济持续平稳发展，应结合实际情况，

---

①② В.К.Цечоев、Н.Е.Орлова: Историягосударства и права Россия сдревнейших времён до1861 [M].Ростов-на-Дону Феникс издательство, 2000.

③ Б.Г.Пашков: Русь Россия Российская империя [M].Москва ЦентрКом издательство, 1997.

建立合理税制，否则会对国家税收长期增长造成负面影响。

8.1.3 金融改革

19世纪末，俄国先后进行多次金融制度改革。19世纪俄国货币制度的演变，不仅历经战争与和平的交替发展，还反映了俄国政府治理经济危机的策略。19世纪中期到20世纪初，俄国政府发现经济发展滞后的主要原因是不稳定的货币制度。俄国首先通过发展工业，兴修铁路等措施来积累资金，弥补国库的空虚。为了引进外资，政府作出了很多努力，尤其是大力吸取外商资金与国外银行的投资。西方银行家投资行为谨慎，他们在没有较大把握情况下，通常不会向俄国提供资金支持。①

（1）币制改革主要进程

1861年奴隶制改革后，俄国进入资本主义社会，开始效仿高收入国家政策。19世纪末，俄国金融制度变革的重要进展是实行金本位制度。根据俄国当时国情，不适合用金本位制，俄国政府表示拒绝实行金本位制度。伴随金本位制度在世界经济中居于主导地位，从1876年开始，为了稳定卢布汇率，保证国内货币流通市场稳定，俄国政府决定实行金本位制度。俄国政府颁布《俄国长期发展纲要》规定，要增加发行国债，削减政府开支，改革税制、关税政策，实行贸易自由化，渐进替代之前实行的旧金融制度，向金本位制度转变。这是俄国金融制度的一项重要变革，为俄国经济发展及后续金融制度改革打下了坚实基础。

该项改革措施执行后，有效促进了俄国经济发展：国家税收增加、国库充足，卢布牌价上涨，增加了大量辅币基金储备。但是，克里木战争阻断了俄国经济发展，1877—1878年，沙皇亚历山大二世认为战争比经济发展更为重要，发动俄土战争。战后，俄国金银储备骤减，卢布牌价大幅下跌，国债增长迅速，国内通货膨胀率过高，流通市场严重混乱，此时的财政大臣本格为了稳定卢布汇率，要求实行金本位制度，以缓解国内经济问题，促进国家更快地走出经济困境。②

维什涅格拉茨基是本格之后的财政大臣，他继续实施了一系列改革措施。这些改革消除了国家预算赤字，吸引大量外资，增加了黄金储备，对国民经济发展发挥了重要作用，但没能消除国家财政赤字。嗣后，维特接任财政大臣，继续贯彻本格的改革方针。为了增加国家财政收入，首先提高酒类、烟草、糖类等日用

---

① 赵敏. 俄罗斯经济转轨时期的收入分配问题研究［D］. 天津：南开大学，博士毕业论文，2012.
② Г.Г.斯克伦尼科夫：伊凡雷帝传［M］. 谷中泉、何渝生，译，北京：商务印书馆，1986.

消费品的间接税率,其次提高土地税率,颁布了许多新税种。政策实施后,稍见成效,但后期,徒增纳税人负担。1876—1891年,俄国实行严厉的关税保护政策,近15年时间里,进口关税由12%增加到32%。①

历史数据表明,确立实施金本位制对于俄国经济发展具有十分重要作用。俄国放弃银本位制度,实行金本位制度,更快适应了世界高收入国家的贸易合作要求,更快促进了各国之间经济、人才和技术的交流,有利于增强俄国国家经济实力,有利于提升俄国国际竞争力。

(2)币制改革与分配公平

实施币制改革与金本位制度,对于俄国经济发展发挥了重要历史作用。币制改革前,俄国实行的是银本位制度。为了稳定卢布汇率稳定,促进国民经济发展,便于国家参与国际竞争,20世纪初,俄国实行了金本位制度。这一重大改革,不仅稳定了卢布汇率,提升了俄国货币信用度,增加了外资的流入,为俄国树立了良好金融信用及国际形象,也为俄国资本主义发展提供了金融制度基础。②

通过19世纪币制改革,尤其确立金本位制度,俄国成为实行货币自由兑换的国家。1914年,俄国卢布成为世界五大金属货币之一。俄国金融改革未完全达到改革目的,但变革了旧的政治与经济制度,促进了俄国资本主义发展。俄国作为一个新兴的资本主义国家,在生产力发展、城市化程度、国际贸易关系等方面远不能与资本主义工业化强国相提并论。③俄国国家货币关系及资本积累水平不能与老牌资本主义强国相比。俄国政府认为,国家金融制度改革,不仅关系到国民经济进步,还与国家前途息息相关。俄国于1802年、1810年和1824年相继建立了财政部、国家偿债委员会和信贷特别办公厅等金融管理机构,主要职能是制定货币的发行权、金融特权等与国家政治高度相关的金融政策。俄国政府把这些权利高度集中在国家的手里,垄断金融权利。俄国成立国家银行,作为国内最大商业银行和政府皇权集中的决定性工具。此时的沙皇俄国实行的是一个高度金融垄断前提下集货币发行权和货币流通权于一体的金融体制。这样的国家金融体制有执行效力,但从长远看,可能引起货币制度非社会化,促使卢布汇率严重下降,引

---

① Вухов Н.П. Внешнеторговая таможенно—тарифнаяи промышленно—финансоваяп олитика Россиив X IX—первойп оловине XX вв . M., Бухгалтерс кий учет . 2007. C.114.

② Ананьич Б.В. Банкирские дома в России 1860~1914 гг. Очер ки историичастного предпринимательства [M].Росспэ н, 2006.

③ Витте С.Ю. Избранные воспоминания 1849~1911гг. В 2 т. T. 2. M., Терра. 199 C .35.

致市场经济紊乱或经济危机。①

币制改革、金融改革与分配公平密切关联。19世纪末到20世纪初，沙皇俄国多次发动战争，金融制度伴随战争情况不断改变，由于不断爆发国内外战争，俄国财力物力不断消耗，俄国经济发展相对滞后，国内通货膨胀加剧，市场秩序紊乱，货币币值变动频繁，这直接降低了居民的收入，引致了普通人的金融风险。针对这一状况，俄国政府决定：暂时停止战争，以减少财政损失及人员伤亡，维持国内稳定；增加纸币发行量。政府增加纸币发行量这种方法只能解决短期流通问题，长期会带来更多金融困难，因此不可长期使用。到20世纪初，俄国实行了回笼剩余货币政策——康克林币制改革等货币政策后，俄国金融市场获得了一定发展。②

8.1.4　社会保障制度改革

1861年至20世纪初叶，俄国社会保障制度发展较为缓慢。

英国、德国是欧洲实行社会保障的先行国家。英国于1601年倡导社会保障理念。最早实行社会保障的是德国。德国社会保障发展较早，成为国家社会保障发展的重要参照。20世纪初，由于社会保障对于一国经济发展具有突出性作用，世界各国开始重视社会保障，纷纷开始效仿德国、英国等社会保障先行国家的政策，结合自身实际情况，推进社会保障制度建设。俄国社会保障思想发源较早，在沙俄时期开始萌芽，农奴制废除后，俄国资本主义加快发展，俄国政府对老年人、失业者的物质保障力度渐进加大。这是对丧失劳动力者的待遇，是一种国家福利支持，是经济社会稳定发展的一项重要制度保障。俄国政府致力社会保障制度建设，其政策主要表现在：

（1）政府为无家可归者、流离失所者和孤儿等特殊人群建造庇护所，为那些行乞壮汉即拥有劳动能力的乞丐安排工作（1681年实行）。

（2）政府为残疾人和老人建立特殊医院，照顾他们饮食起居；对未失去劳动能力的人不姑息，一被发现，轻则罚款，重则处以服苦役或鞭刑等惩罚措施（《济贫法》）。

（3）通过立法设置规章制度，调节国家和社会救济问题，谴责和取缔自愿赤

---

① В.К.Цечоев、Н·Е·Орлова：История государства и пра ва Россия XIX — XX вв［M］.Ростов-на-Дону Феникс издательство，2000.

② Б.Г.Пашков：Русь Россия Российская империя［M］.Москва ЦентрКом издательство，1997.

贫者、对具有劳动能力但懒惰者实行压制措施、建立儿童福利院等①。

俄国社会保障制度具备细致的分类。在工人福利制度方面，1901年俄国政府针对性地制定了工人退休条例，该条例设立之初主要是针对国营矿场因工致残工人，这项条例很好地保障了矿场工人福利，也为工人福利奠定了法律基础。1903年针对遭遇不幸事故的工人，俄国政府在上述条例基础上，又制定了补充条款，扩大了对因工伤或在工地上遭遇不幸的工人以及家人的福利范围，有效保护他们的权益。1912年6月23日，政府在原来存在的各种保险制度的基础上制定实施了一系列保险法，如《医疗保险法》《工人保险鉴定委员会法》《人保险事务现场勘察法》等，这些法律是对社会保障法律的延伸，不仅为经济进步及社会安宁提供了良好法律环境，还为缺少社会保障的社会群体提供了一条更加便捷的维权渠道。②

8.1.5 教育改革

19世纪末，伴随国际交流日益增加，俄国在"强国精神"推动下，加快了改革进程，改革更趋全面化，主要包括财税、金融及教育政策。尤其是教育制度改革，对于提高俄国国民素质、优化整体文化水平发挥了重要作用。俄国教育制度改革重要特点是思维方式"西化"，即全面模仿西方教育体制，甚至是直接复制他们的教育制度。俄国教育体制优化，有利于提升国民素质，促进学习西方先进科学技术热情，使俄国国家文化有了质的飞跃。

俄国教育制度改革主要包括以下几个方面：

（1）重点发展应用型高等教育

为了国家发展，沙皇俄国全面学习和效仿西方先进技术。尤其是学习先进造船、造炮技术，政府高度重视高等教育对于一国经济社会发展的重要影响，特别注重应用科学的教育学习及工科教育，将先进科学技术与传统教育体制结合起来，形成了俄国新型教育模式，改变了俄国国家教育风格，初步促成了国民接受新知识的局面。俄国政府推出了工厂职工的技术学习培养计划，帮助工人提高了生产技能，促进职工自身价值在企业升级中得到更好的体现。沙皇俄国发展教育体制较早，国家教育发展基础落后及公众学习程度滞后，导致俄罗斯教育发展落后于其他"老牌"资本主义国家。

---

① 赵敏.俄罗斯经济转轨时期的收入分配问题研究［D］.天津：南开大学，博士毕业论文，2012.

② Н.М.Пирумова：Земское либеральноедвиже-ние［M］.Москва издательство，1977.

(2) 重视专业人才培养

在俄国"全面学习"西方高收入国家过程中，需要建造船、炮的生产资料，需要生产先进工具的技术资源，还需要大量人才。这里所需要的人才不仅指技术人员，还包括具备先进管理经验、较强专业性的人。俄国政府已经认识到，对于人才的需求，仅靠引进国外先进人才不能满足国内需求，只有设立高等教育机构，培养本国的技术专业人才、管理人才，才是解决人才短缺的有效途径。"十月革命"后，这种独立自主的人才培育方式逐渐形成一种典型的"苏联模式"，这成为苏联培养人才的最为直接的方式。苏联解体后，俄罗斯加强了高等教育人才培养，但由于培养机制问题，在这一人才培养方式下所培养出的人才能力较为单一，不能适应多个部门的工作，专业人才短缺。

(3) 注重教育科学院重要作用

在沙皇俄国教育体制改革中，设立教育科学院是重要组成部分。叶卡捷琳娜一世时期，沙皇俄国设立了教育科学院。这是俄国最早期的科学院，主要是为了培养专业人才设立的，但当时教育未能引起当权者重视。俄国政府开设近代的科学院，源于彼得一世。彼得一世重视高等教育发展，亲自签署了创建科学院及附属大学和中学的行政命令。俄罗斯科学院摒弃了教会影响，它的创建让国家科学研究更加独立化，不受其他领域的负面影响；它使受教育者思想更加自由和开放，为教育发展提供了较自由的思想空间，为培养复合型人才奠定了基础。①

综上所述，19世纪末到20世纪初，沙皇俄国在世界各国加强文化教育交流的背景下，渐进推行了本国教育体制西方化，促进提高了国民素质及工作能力。俄国重视教育体制改革，这有利于经济发展，为提高教育体制效率打下了较为坚实的历史传承的教育思想基础。

8.1.6 社会结构与中产阶级

沙皇俄国中产阶级的形成，与其他西方高收入国家的历史差别较大。俄国中产阶级在形成进程中，并未简单表现为单纯上升或下降的趋势与过程。自1861年俄罗斯废除农奴制、资本主义快速发展到"十月革命"前，俄国中产阶级发展历经了艰难的"曲折发展"过程。

---

① Б.Г.Пашков：Русь Россия Российская империя [M].Москва ЦентрКом издательство，1997.

1917年"十月革命"前,俄国曾经存在数量众多且不断增长的中产阶级,其主要由技术专家、自由职业者、知识分子、商人和企业主阶层构成,当时中产阶级也被称为"中间阶层"。从1905年开始,中产阶级对当时俄国政治生活产生了很大影响。

由于沙俄农奴制改革不彻底,到第一次世界大战爆发前,俄国是一个与英国、法国、德国、美国等国差距较大的封建农奴制国家,资本主义发展不成熟,中产阶层数量相对较少,中产阶层收入水平发展缓慢。这一时期,中产阶级(也称"中间阶层")是指在俄罗斯社会结构中处于中间位置的阶层。一方面,中产阶级的一部分来自旧统治阶级,包括地主,还包括大商业和工业资本家,与整个旧的"半农奴主资本主义制度"存在紧密联系,与政府官僚紧密联系。另一方面,中产阶级又处于农民和无产阶级之间,包括服务于各个等级的不属于任何阶层的知识分子和大学生。① 俄国"中间阶层"是一个重要阶级,该阶层不仅包括中小私有业者,多数人的物质条件实际上与无产阶级和农民的物质状况没有很大差距,一部分中产阶层不能适应改革后的资本主义制度,表面上其身份仍旧在社会上层,实际上已经被抛弃,生活质量较差,接近社会底层。②

综上所述,俄国中产阶级是一个非典型的资本主义社会的不成熟群体,他们成为各种政治力量和党派施加思想政治影响的目标,但不能成为自由主义意识形态的社会坚实基础。这一时期俄罗斯中间阶层的结构性不稳定,他们处于统治阶级和劳动阶级之间,这种模棱两可的地位使他们不可能形成自身的思想体系,推选自身阶层的政治领袖,形成自身的利益代表及建立自身的政党。这样的中产阶级只不过是俄国各种政治派别操纵的对象,他们偏向于支持民主和革命的政党派别。③

8.2 曲折发展阶段("十月革命"至苏联解体)

"十月革命"后,苏联国民财富分配制度经历了曲折发展阶段。

由于"十月革命"胜利,苏联国家政局初步稳定,政府颁布法令、设立机构、

---

① 赵敏.俄罗斯经济转轨时期的收入分配问题研究[D].天津:南开大学,博士毕业论文,2012.

② 娄春杰.中产阶级在俄罗斯经济转型中的作用研究[D].沈阳:辽宁大学,博士毕业论文,2015.

③ Андреас· К аппелер: Россия—многонациональная империя[M].МоскваПрогресс-Традиция издательство,2000.

处理国民财富分配等问题变得有法可依。"十月革命"胜利，劳动力获得解放，财税体制步入正轨，金融制度渐进形成，社会保障制度进入法典。苏联政府更多地关注国民切身利益，例如国民教育、社会保障、医疗保健和公共设施等，政策措施逐步规范化，这促进了苏联经济社会的发展。

在这个历史阶段，"十月革命"刚刚胜利，苏联政府出台各项措施实施"计划经济"管理，经济社会发展顺利。到20世纪60年代和70年代中期，苏联经济社会快速发展，国民财富分配调节适度。但在苏联统治后期，由于政治经济体制僵化、政策措施错误及盲目侵略扩张，国民经济停滞，改革政策无法落实，最终苏联解体。

苏联国民财富分配制度曲折发展阶段主要是指1917年到1991年这段时间。这一历史阶段是苏联实施国民经济的计划管理阶段。在此期间，为了促进国民经济平稳发展，保障社会主义社会的公正、公平及社会秩序，苏联政府颁布了诸多涉及收入分配与财富分配的经济、社会、文化和政治的法律法规。

"十月革命"之前，俄国经济发展有了很大提高，但始终处于世界资本主义国家的后进行列。1917年后，苏联将旧俄国带入了一个鼎盛时期，社会主义计划经济促进了生产力发展，提高了国家整体经济社会发展水平，增强了国家实力，为其与美国开展世界领袖大国竞争奠定了经济社会基础。这也是苏联国民财富分配制度改革发展的重要历史阶段。[①]

8.2.1 劳动就业和工资制度改革

"十月革命"胜利后，苏联政府实行了劳动就业改革。苏联政府取消了私营劳动介绍所并设立国有制的国家劳动介绍所。1922年，苏联颁布《苏维埃社会主义共和国联盟劳动法典》，明文规定录用职工必须经过劳动介绍所。这样，劳动介绍所这一国有中介机构成为劳动力就业的必经之路，在规范了劳动者就业的同时，也增加了许多低效率的不必要的烦琐流程和行政环节。

苏联政府推行劳动工资改革。继工资公平性改革（即把工资等级同工人的技能与从事工作的烦琐程度联系起来）之后，实施了一系列劳动工资改革，如表8-3所示。

---

① ［俄］瓦莲京娜.俄罗斯产业结构变迁对经济增长的影响［D］.大连：大连理工大学，硕士毕业论文，2016.

表8-3 苏联劳动工资改革主要内容

年份	改革内容
1917—1918年	实行劳动薪酬工资等级表；等级表分为4个等级，即工人的工资40~85旧卢布不等；其最终定额后，最低工资标准和最高工资标准的级差大致为1∶2
1919年	国家直接开始实行全国统一的35级工资等级表，分别由工人和工程技术人员以及党政负责干部组成，前两者工资等级级差为1∶5，后者分为4级，工资数额确定，分别是700、1 000、1 900、2 000旧卢布不等
1921—1922年	废除35级工资等级表，实行17级工资等级表。17级工资等级表中，由工人、工程技术人员以及党政负责干部组成，但是等级和比例分配有所不同。前两者的工资等级级差由1∶5变成了1∶8，后者仍分为4级，工资却不再是定额，而是按照职工贡献的不同而设置了不同工资
1931—1933年	改革之前存在的工资等级制度，给社会上存在的主要的几类工种以及重要部门的工人规定了比较高的工资水平，下调党政负责干部工资；针对特殊职位或者国家特殊贡献者，建立专门补贴
1945年	实行特定工资制，主要是针对企业或者对国家有特殊贡献的人，其工资额度为2 200~5 000旧卢布不等
1956—1965年	实行8级等级工资制度，首先就是直接缩小最低工资等级和最高工资等级的级差，主要就是将处于最低工资等级的工人的月工资提高到40新卢布，让两级工资级差缩小为1∶1.08~1∶1.26。这一改革直接刺激了商品生产者的生产积极性，有利于企业发展
1968年	提高职工工资到60新卢布。规定在农业国企、食品以及轻工业部门最低工资每个月为60卢布，其他部门最低工资超过60卢布。机器制造业、冶金业、钢铁生产部门工资都有准确的最低工资标准
1972年	通过多次提高职工工资标准的会议，决定普遍提高职工工资，一般部门均提高10新卢布。苏联解体前后，职工工资由低到高，总体增长幅度达到近2倍。工资之间的差别不大，最高工资与最低工资之间的差距保持在2倍以内

资料来源：根据原苏联劳动部等政府报告、信息资料汇编整理；参考原苏联工资改革有关历史文件，1917~1972年[①]

表8-3是苏联工资改革的主要内容。在这个阶段中，关于职工工资水平的调整较为频繁，这些调整是由国家政治导向与苏联国家政府对劳动人民的切身利益的关切程度所决定的。苏联在这一阶段遵循工资制度改革的公平公正原则，有利

---

① ［俄］巴哈林·叶甫盖尼.俄罗斯的社会保障体系与社会福利水平研究［D］.哈尔滨：黑龙江大学，硕士学位论文，2014.

于国民经济发展与进步,对于嗣后的工资制度改革有着重要的指导性意义。①

进入20世纪80年代,由于苏联工资制度严重影响了劳动者的基本权利与根本利益,苏联各界对现存工资制度提出了极其尖锐的批评,这直接引起了苏联国家政府的高度重视。苏联政府明确提出了根本改革生产领域的工资制度的措施。该措施主要是为了消除分配制度中的平均主义,增加工资制度的公平性。1987年,苏共中央颁布了《关于完善俄国民经济的工资制度和依靠劳动集体所得提高工资的决定》(以下简称《决定》)。《决定》公布与实施促进了工资制度改革,帮助大量劳动力解决了劳动就业问题,促进了国民经济健康发展。这次工资制度改革的主要内容是②:

(1)改革工资收入结构,提高工资基本收入来源。在改革前的工资收入结构中,工资主体是基本工资,其他则是奖金、福利等。事实上,在这次改革前,苏联国家工资制度已经有了深刻变化,其中最为重要的表现是基本工资在工资总额中的比重有了明显的下降,从之前的超过工资总额的近80%降低到50%,基本工资大幅降低挫伤了职工学习新的生产技术的热情以及努力提高生产水平、生产技术的积极性,不利于企业引进先进技术和生产管理机制,严重阻碍了企业进步,也不利于提高行业发展效率。为了鼓励职工学习新的生产技术、提高管理水平,提升生产竞争力,政府决定把基本工资的比例由50%~55%提高到70%~75%。

(2)对技术工人的薪酬改革,尤其是改革工程技术人员薪酬制度。科学技术是重要生产力,伴随世界经济一体化发展,科学技术对于一个企业的发展,对于一个国家经济进步有着重要作用。在这次劳动工资改革之前,工程技术人员的工资比普通工人仅高10%~20%。这显然不再适用于当时科技与人才发展的时代要求。为了弥补对工程技术人员的心理差距及刺激他们投入更多工作精力,政府决定增加其工资,普遍增加幅度为40%~45%,根据他们的各自贡献,发放占其工资50%的补贴。这一举措大大激发了技术工作者生产热情,提高了技术工作人员生产积极性,对于激励先进人才和刺激生产力发展发挥了重要作用。③

(3)对于工程技术人员实施等级划分,根据不同等级的技术工作人员的不同贡献采取不同的工资制度。国家将工程师岗位直接分为4个等级,分别是普通工程师、二级工程师、一级工程师和主任工程师,不同级别工资区域为130~260卢

---

① Андреас·К аппелер.Россия—многонациональная имп ерия [M].МоскваПрогресс-Традиция издательство,2000.

②③ Витте С.Ю.Избранные воспоминания 1849~1911гг.В2т.Т.2 [M].Терра.1997.С.35.

布，再加上50%的工资补贴，其工资甚至可以高达390卢布。对于同等级的技术工人，其工作性质不同或者是工作上不同层次的贡献会有不同的工资水平。例如，黑色冶金业工人工资为470卢布；轻工业工作人员工资为350卢布；机器制造业企业经理职务工资为400卢布；建筑安装经理职务工资为420~450卢布。这样的工资分类更加公平，对于工资制度完善有重要作用。

（4）企业不再依赖国家预算拨款来分配工资，而是靠自身经营所得来提高职工工资。企业是否实施工资改革完全取决于自身，工人福利是否能够得到保障靠的不再是国家，而是企业自身的效益或者资金。在这种形势下，企业不得不投入更多精力来生产产品，提高自身的生产效率以创造更多市场价值，从而获得更多收益。这项改革措施不仅扩大了企业对自身所得资金的自主权，还增强了企业对合理使用该项资金的责任感。

（5）除了基本工资的份额调整，苏联对于工资制度的改革，还包括奖金、附加工资和津贴的改善。奖金和附加工资在实施中充分展现了它的优越性与先见性，激励劳动者学习生产技术与先进的经营管理机制，促进生产效率的提高，直接提高了企业生产水平，有益于企业稳定地发展。[①]

苏联政府对于奖金、附加工资等工资组成部分进行调整，主要是为了克服工资制度中长期存在的平均主义。在新工资制度中，苏联政府把工资发放权利"放权"，将奖金发放额度和等级规范化，将这些基本的权利放权于企业手中。发放奖金不能随意赋予，要按照员工的生产贡献来分配，奖金不可随意发放，否则会造成企业内部混乱。附加工资不再依据工龄来定，而取决于劳动表现和劳动成绩。津贴不根据部门、行业的区别，而是根据每个人的具体劳动条件。事实证明，改革后的奖金、附加工资以及津贴是根据劳动人员的工作贡献来确定。[②]

8.2.2 税制与金融改革

（1）税制改革

1917年之前，沙皇俄国财政收入仅是来源于各种税收，没有其他来源。1918年，苏联政府通过了实物税和"'临时百亿革命税'法令"，该法令直接废除了之前的财税体制，将其重组，苏联国家财税体制进入了一个税制重建阶段。此后，苏联建立了社会主义财政体制——由联邦中央集权，各加盟共和国独立运营的财

---

① 孙莹.俄罗斯经济转轨与经济发展问题研究［D］.大连：东北财经大学，博士学位论文，2007.

② Витте С.Ю.Избранные воспоминания1849~1911гг.В2т.Т.2［M］.Терра.1997.С.35.

政体制。其中，专门成立了专属于俄罗斯联邦的税制体制，这为俄罗斯联邦现存的新型税制体制提供了条件。

1917年之前的税制改革的关键点是废除人头税，满足人民群众所需。"十月革命"后，关于税制变革有了新内容。1922年，苏联开始征收所得税和财政税。1923年开始征收企业所得税，把农业部门课征的税收统筹起来，合并为农业税。1930年，苏联及俄罗斯联邦都开始了税制改革。1930年的苏联税制改革是国家税制改革重要转折点，对于国民经济发展至关重要，与财政体制改革紧密关联，其核心是要解决财税制度中的矛盾问题，尤其是国营企业与组织预算缴款问题。伴随世界工业生产发展和科学技术进步，国民经济发展水平成为一国参与国际竞争的主要依赖。这次改革要解决国营与组织预算问题，主要是简化之前的税制，简化80余种税种，将其分门别类后，分为两种税，即周转税和提润提成。对于企业和国家来说，这样分类简化了缴税过程的不必要流程。1931年，苏联政府取消了工业联合局，这是他们考虑国家税制发展前景作出的一项重大改革。苏联政府取消了工业联合局，企业全权生产和销售产品，且自行直接交纳周转税。

苏联政府对1917年之前的沙皇俄国中央全权管理的税制实行了改革，下放部分权利给企业，简化了纳税的烦琐过程，让企业直接受益，增加企业活力与自主生产与销售的能力，给国家税收部门减轻了很大负担，同时增加国家收入，促进苏联经济发展。关于苏联时期国家对于税制的重大改革，除了1930年的税制体制的改革之外，还包括对剩余税种的变革，主要包括[①]：

①全面征集集体农庄及消费合作社的所得税。对于集体农庄以及消费合作社的所得税的征收，俄罗斯财税体制改革中始终没有特别明确的规定，直到1960年，该项制度的改革逐步步入正轨。根据1930年税制改革，苏联政府认识到了旧俄国财税体制上存在的各种问题。苏联政府对农业税的漏洞进行了全面调查研究，开始实行对集体农庄和消费合作社征收所得税。这是一项专门针对农庄、消费合作社等集体机构征收税款的机制，所纳的税款总体仍旧归国家所有。这类劳动互助合作社成员大都是农民，该税收征集过程中所遇难题较其他征收的税款较少。

②个人所得税改革。个人所得税由片面单人税收变革为对某些特定职业的人征缴不同的个人所得税。该项改革对不同个体征收不同的税，甚至是实行不同的税制，尽力达到社会公平，展现了国家对待公民公正的态度，体现了一个社会

---

① 孙莹.俄罗斯经济转轨与经济发展问题研究［D］.大连：东北财经大学，博士学位论文，2007.

主义国家以公平公正对待公民的价值理念，有利于国家长治久安，促进国民经济发展。

③增加地方税捐。税制改革中，地方税捐渐进加入税收。在1930年改革的基础上，再加入地方税捐，包括房产税、地租和交通工具捐，完善对于各种职业者的税款征收，促进完善国家税制体制。

④完善农业税。在"十月革命"之前，农业税改革措施主要包括在全国停征人头税、降低保险税、减少土地税等，而这次的税制改革涉及的农业税，除了基本措施的完善，就是增加部分农业税，该农业税并不仅是对于农民，还包括拥有土地资源的人、依赖土地生产并获取利益的人等。此次农业税变革为之后税制改革奠定了基础，有利于国民经济发展。①

⑤关于未婚、独身及少子女公民税。1941年，苏联开始征收"未婚、独身及无子女公民税"，且在1944年变更税种名称为"未婚、独身及少子女公民税"。开征这一税种，是国家为了保障更加公平对待不同社会人群。出台新的税制改革，有效促进了苏联国家经济发展。

⑥1978年，苏联政府开征外国法人和自然人所得税。这项税收主要是针对外国法人而设立的。由于世界经济一体化，更多外国人来到异国谋取利益，苏联也不例外。由于外国人增多，为了加强管理，苏联于1978年开始征收外国法人和自然人所得税。1987年5月1日，苏联正式颁布个体劳动法。为了适应该法律，政府制定了详细的税法实施条例。这是俄罗斯联邦独立前苏联实行的一项重大税制改革。②

"十月革命"后至苏联解体，这是俄罗斯联邦政治、经济体制正常化发展阶段，苏联财税体制改革是国民经济发展的重要部分，它涉及方面多、范围广，不仅丰富了税收种类，有助于增加国家收入，还促进了社会文明进步。③

（2）金融制度改革

"十月革命"后，为了将苏联建设成为社会主义强国，苏联政府对包括金融制度在内的经济体制进行了改革或改进。

1917年，苏联开始推行计划经济模式。第一个"五年计划"实现了经济模式

---

① Витте С.Ю.Избранные воспоминания 1849~1911гг.В2т.Т.2［M］.Терра.1997.С.35.
② 姚海，刘长江：当代俄国—强者的自我否定与超越［M］.贵阳：贵州人民出版社，2001：65~69.
③ 孙莹.俄罗斯经济转轨与经济发展问题研究［D］.大连：东北财经大学，博士学位论文，2007.

的初步转变,由国家垄断生产资料,实行高度集中的社会主义中央集权制。实施计划经济制度,对于苏联经济利弊兼有。主要弊端是实行计划经济后,工业尤其是国防工业发展过快,与许多高收入国家国防科技比肩看齐,但苏联工业结构不平衡,重工业消耗大;轻工业缺乏生产资料,严重滞后,这导致经济结构极度不平衡,阻碍了国民经济健康发展。苏联通过"经济互助委员会"管控方式,对东欧其他社会主义国家实行了殖民地式掠夺性贸易,即低价从他国进口原材料,国内加工后,高价出售制成品,从中赚取高额利润。这是当时有利于苏联国情的经济模式,也是导致了苏联东欧剧变的主要经济原因。

①苏联银行改革前的弊端。金融是苏联经济运行的神经中枢。银行是金融体制的中心。"十月革命"后,苏联国有银行体制迅速发展,特别是实行计划经济体制后,苏联国民经济不断发展,需要计划经济体制尤其是金融体制改革。为了更好地适应世界金融新趋势,苏联实施金融体制改进。由于计划经济局限性,遗留了许多制度问题。①

一是中央银行的法律定位缺位。苏联中央银行是国民经济发展的重要金融机构,是国家金融体制核心,是国家金融体制健康发展的关键,是金融市场能够正常运作的制度保障。它具备控制货币流通,提供各种长短期贷款等多种职能;同时,开展企业存贷款业务、个人储蓄、信贷和现金使用等具体业务。

二是金融体制的"过度行政化"。苏联国家信贷政策决策权在苏共中央,苏共中央要求如何进行资源分配,下级金融机构必须无条件执行。银行成为行政管理工具,类似没有任何权利的中介机构,它没有对于信贷活动的监督权,更没有资源分配的抉择权。这种过度的行政化使贷款活动失去了市场竞争属性,只能让银行权利更少。

三是严重缺乏基本商业信用。商业银行丧失了应有的信用基础,银行内部机构冗杂,秩序混乱,尤其是严重缺乏内部管理机制,造成经营业务单一,利率长期固定不变,办理业务水平低下的局面,严重影响苏联国民经济发展。

四是信贷投资结构不合理。国民经济发展要求最高决策者——政府要赋予金融机构自主经营管理权,而苏联投资分配额度十分僵化,苏联不合理的投资分配结构与不现实的投资分配额度,直接造成贷款流向不合理性。大约一半的短期贷款全部提供给了农业部门,这些部门大多是信用程度较低的部门,存在严重的

---

① 张养志.俄罗斯体制转轨的经济学分析[D].北京:中国社会科学院研究生院,博士学位论文,2001.

内部缺陷和政策缺失，其他生产部门不会获得太多的贷款。这种不合理的信贷投资以及分配结构，不利于银行体系发展，对于急需贷款企业或行业有诸多负影响。①

②苏联银行体制改革。苏联的金融体制存在诸多弊端，主要表现在银行服务种类单一性、国家对经济的宏观调控作用锐减、金融制度改革力度小和金融管理机制紊乱。为了促进金融发展，苏联政府实施了金融体制改革，尤其是银行体制改革。

推行银行体制改革。苏联为了改善政府财政现状，解决企业资金困难，改革的第一步是银行体制改革。金融体制改革主要是为了稳固中央银行在金融体制中的经济核心地位、提升银行商业信用基础与改进信贷投资机构。政府积极实施国家宏观调控，优化国家银行体制。

历史证明，任何金融改革措施必须符合国情。苏联计划经济模式下，强政治调控下的金融体制改革对于苏联来讲是有必要的，但是最终失败的原因是计划经济体制不符合国家基本国情。

8.2.3　社会保障制度

苏联学术界主流观点主观地认为，19世纪末到20世纪初俄国工业企业中没有社会保险和社会保障机制。事实上，19世纪七八十年代沙皇俄国社会保障制度初露端倪，嗣后不断发展完善，有些方面甚至超越了立法规定。一些大企业为生产中发生意外事故的、生病及年迈的工人发放不同形式的补助金和抚恤金。其中，很多具体保障措施帮助当时的困难群体解决了许多难题，例如，1903年通过的救济遭遇不幸事故工人的法律、《意外工伤保险法》《医疗保险法》和《工人保险的鉴定委员会法》，都是对社会保障有显著性作用的重要措施。

苏联社会保障制度包括了对社会弱势群体的多种援助，表明了国家对弱势群体的政策导向。1912年1月，俄国社会民主工党第六次全俄代表大会召开。大会严厉批评了由国家杜马起草提出的立法草案，认为该草案不符合当时苏联实际情况。大会摒弃了该草案，提出了全新的保险方案。此次会议决议对社会保障实施进一步改革。②

一是在工人丧失一切劳动能力或失业情况下，国家应该通过社会保障制度扶

---

① Витте С.Ю.Избранные воспоминания 1849~1911гг.В2т.Т.2［M］.Терра.1997.С.35.

② 徐向梅.浅析1917~1918年俄国地方自治机构的演变［J］.东欧中亚研究，1997（02）：78-83，91.

持工人生存与生活，给予工人最低生活保障。

二是对于被保障对象的一切利益予以严格保护，要求按照全部工资的原则给予全面赔偿或补助，被保障对象不需要负担保障费，费用由国家和企业承担。

三是保障的主体不仅包括雇佣劳动者，还包含其直系家属。

四是实施社会保障的统一管理。由专门的社会保障机构进行统一管理组织，要求专门机构对不同保障者和不同保障事项进行分类管理。

五是这一改革是以生产资料公有制作为基础，与高度集中的计划经济相适应。社会保障根据按劳分配原则，与工龄直接关联，其资金来源于政府和企业，劳动者不负担。这大大减轻了农民和工人的负担，提高了国家保障体系的透明度。

"十月革命"后，社会主义国家的社会保障优势开始显现，社会保障管理方式日趋成熟，这直接成为苏联新社会保障制度的思想基础。[1]苏联社会保障领域这一进步主要表现为：

第一，"十月革命"胜利后，苏联废除了沙俄时期的旧的社会救济制度，开启了新的社会主义社会保障模式，成立了专门机构进行系统化管理。例如，社会公共救济保障所和国家救济人民委员会等。

第二，苏联政府十分重视社会保障事业，改革了社会保障体制，发布了《关于社会保障的政府公告》。为了保护雇佣工人以及贫农的切身利益，苏联政府通过社会保障事业发展直接向全世界彰显了社会主义社会制度的优越性。

第三，1917—1922年，苏联国家领导人为工农争取到了前所未有的社会福利。这可以从列宁签署的100多项关于劳动者社会保障和福利的法令体现出来。这一系列法令肯定了劳动者应享有的各种社会权利，提升了劳动者生产积极性，有益于经济社会发展。[2]

第四，1918年，苏联社会保障局批准了《劳动者社会保障条例》，1936年在苏联宪法中确立了社会保障的重要地位，重点保障了一部分工人和农民的福利，这引起了其他社会群体的不满。1932年，养老保障涵盖了所有经济部门的工人，主要服务于大部分年届55岁的妇女、年届60岁的男性、失去工作的能力者。从1932年开始，实行女55岁、男60岁的退休年龄制度，此后这个界限未再改变。1956年苏联制定了全国统一的《国家退休法》。1964年颁布了《集体农庄养老金

---

[1] Н.Л.Петров：Российскаямногонациональная цивил изация—единство и противоречия[M]. МоскваНаука издательство，2003.

[2] ［俄］巴哈林·叶甫盖尼.俄罗斯的社会保障体系与社会福利水平研究[D].哈尔滨：黑龙江大学，硕士学位论文，2014.

和补助费法》，这项法律是对工农区别待遇的一项重要改革，其中规定了集体农庄庄员同职工一样，享有社会保障的优越待遇，成为全国统一的社会保障制度。20世纪70年代，苏联社会保障制度有了质的飞跃，即颁布了《苏联城乡社会保障制度》。按照这一制度规定，除在医疗保障管理及年金支付方式上存在差别之外，不存在城乡社会保障的差异化，基本实现了城乡统一待遇，同时社会保障范围覆盖到"全民"，这有利于城乡居民福利公平，有利于促进国家各民族和谐发展。由于苏联实行计划经济模式，造成社会保障措施执行上的一定滞后。[1]

8.2.4 教育制度改革

"十月革命"后，苏维埃政府正式执政，国家实行高度集中的计划经济体制。苏联在政治、经济、军事和文化等方面提出了诸多发展举措，在教育方面也有显著改革进步。

（1）"列宁—斯大林时期"高等教育发展与分配公平

列宁时期的高等教育直接区别于彼得一世式教育体制，后者是对西方先进文化及教育体制的照抄照搬，而前者则是在学习西方先进之处的基础上进行改进，且获得了重要突破[2]：

一是改变高等教育指导思想。不再盲目崇拜西方思想，而是坚持自身应有的国家信仰，尤其要信仰马克思列宁主义思想。

二是改变高等教育性质。不再是服务于地主阶级和资产阶级，而是转向服务于广大工农，倡导受教育者一视同仁，绝不会将旧教育理念用于新型教育体制。

三是改变招生规则。这是一种政策细节改变，随着时代进步，国家愈加重视广大无产阶级的心声，这有利于完善国家教育体制，促进提高全民素质。

从列宁时期开始，教育体制有了新转变，但改革存在不当之处。为了使教育体制得到改进，斯大林时期苏联教育体制改革出现了新的侧重点：在原有体制基础上，改变高等教育的培养目标，致力于培养更多社会主义信仰高尚的人才；转变高等教育性质，使其成为公立且对社会成员实行完全免费的真正的为民机构；统一管理高等教育体制。这些改革对于国家的发展和教育十分重要。国家设立一系列政策

---

[1] 赵敏.俄罗斯经济转轨时期的收入分配问题研究[D].天津：南开大学，博士学位论文，2012.

[2] 姚漫漫.俄罗斯教师培养模式转型的路径及保障机制研究[D].沈阳：辽宁师范大学，硕士学位论文，2017.

措施或机构进行规范化管理,使这些改革政策对国家教育发展产生了积极影响。①

以上的这种模式是苏联的一种特有模式,即"苏维埃化"的强化与扩展下的教育改革。苏联政府强化和扩展教育思想,演变成为另一种模式,即"苏联社会主义教育模式"。两者核心思想一致,但存在很大差别,主要是二者的深度不同。在斯大林时期,实行高度集权制,企图将一切国有化,在这种指导思想下衍生了教育体制诸多弊端。

列宁—斯大林时期的高等教育体制改革贯彻了强国建设原则,是一次重大的教育改革,成为苏联高等教育发展改革的范例。

(2) 20世纪六七十年代高等教育改革与分配公平

这是苏联教育发展中一个艰苦而复杂的阶段。在这一阶段,苏联教育经历了曲折发展的过程,主要包括1958年赫鲁晓夫教育改革与1964年勃列日涅夫教育改革②。

①1958年赫鲁晓夫教育改革。1958年,赫鲁晓夫上台后,苏联国内社会发生剧烈变化,教育领域出现了重大改革。不再如斯大林时代那样由中央高度集权,漠视国内教育现实情况,政府更加注重提高教育水平,注重劳动者生产技术和实际教育水平相符合,注重培养新型研究专业人才,将自然与人文科学有机结合;更加注重加强生产教学,加强综合技术教育,更加重视学习外国最新的科学技术。

②1964年勃列日涅夫教育改革。1964年,赫鲁晓夫下台,勃列日涅夫执政,他上台后关注国民经济发展。在教育方面,也有很多变革。遵循"高教同国民经济实际相适应,同科技相伴前进,注重思想道德教育"的指导思想,苏联政府实施了以下教育改革:首先,将专业人才的培养作为重点,把人才等级和不同行业人才的分类培养作为教育体制改革的核心;其次,对于人才培养、科研管理以及学位授予等作了详细规定,这些规定始终延续到苏联解体,这对于国家教育体制有重要贡献。这个时期教育体制改革主要特点是应变式,即对于当前国家的实际情况的正确认识下的全面性改革,对于苏联来讲,这是一次行之有效的教育变革。③

(3) 20世纪80年代高等教育改革与分配公平

20世纪80年代,戈尔巴乔夫上台,他提出"改革新思维",以这一思想为指

---

① [俄]伊万·伊瓦诺夫(Ivan·Ivanov).俄罗斯高等教育质量保障体系研究[D].大连:大连海事大学,硕士学位论文,2017.
② России——Характеристика суверенного заёмщика[M].Экономика.2003.С.23.
③ 李盼宁.俄罗斯高等教育治理模式研究[D].西安:陕西师范大学,硕士学位论文,2017.

导，苏联完成了多项教育改革。作为教育重要组成部分的高等教育，在这一"改革新思维"思想指导下，苏联进行了一系列高等教育改革。

从1930—1986年以来，苏联政治、经济及文化等各个方面有了显著进步，教育体制进行了一系列改革，但尚不能满足经济社会发展的需要。1987年，苏共中央颁布了《高中等专业教育改革基本方针》，颁布实施这项方针成为苏联教育史上一次重大革新，是苏联教育体制的一个重要里程碑。其主要内容包括：调整专业设置，建立新型的校企关系，改进注重数量而忽视质量的状况；淘汰或者合并一些浪费资源的高等院校。这是苏联时期最全面、最彻底的一次教育体制改革，也是苏联教育改革中规模最大的一次改革。不论从改革内容还是从改革力度上来看，都是极具改革代表性的。经过这次改革，苏联教育体制有所改善，但由于世界经济发展，国家之间联系增多，苏联受到严重影响，经济社会动荡，经济社会危机频发，国家政权摇摇欲坠，教育改革难以维系。直到苏联解体以后，教育改革更是无力支撑，最终被迫废止。①

这个阶段的改革还包括1990年通过的《苏联及各加盟共和国国民教育立法纲要（草案）》。该草案内容简要，主要是针对教育国际交流作出了一系列规范，体现出了当时浓厚的意识形态色彩，也反映了执政当局领导者个人意愿。这个阶段的苏联教育改革内容出现了很多新意，也存在很多问题，仍遗留很多弊端。

8.2.5 社会结构与中产阶级

1917年，"十月革命"消灭了俄国资本主义，宣告了世界上第一个社会主义国家的诞生。嗣后的一个社会现象是知识分子、公务人员、商人与资本家等群体被迫迁居国外。1918—1921年，为了集中一切人力、物力捍卫革命的胜利果实，苏维埃中央被迫实行了战时共产主义政策。为了确保苏维埃政权的胜利果实，革命前的中产阶级要么被消灭，要么被驱赶到国外。②

1921年春天，苏维埃宣布放弃战时共产主义政策，实施新经济政策，允许开设私营商业，给予了人们一定经营活动自由，但大量资产阶级意识渗透进了无产阶级和农民阶级队伍中，混乱了国家最初发展一部分市场经济机制的政策定位。这一时期出现了在农村地区率先富裕起来的富农阶层或富裕农民，他们从社会文化、

---

① ［俄］优丽娅.俄罗斯女性高等教育的历史与现状研究［D］.武汉：华中师范大学，硕士学位论文，2017.
② 王广振.转型期俄罗斯中产阶级问题研究［D］.济南：山东大学，博士学位论文，2007.

思想政治方面来说，与传统的中间阶层已没有直接联系了，事实上已经成为"中产阶级"。他们被允许拥有财产，可以涉及市场经济关系，但被剥夺了政治活动权利。这股力量不是一支独立政治力量。伴随新经济政策的结束，这一"中产阶级"很快消失了。

1929年，发生了苏联历史上的经济大转折。此时斯大林已经集国家党政权利于一身。为了解决粮食收购危机，满足社会主义工业化发展的需要，1929年夏季，苏联开始实施消灭富农阶级的政策，这是国家政权集体意志的体现。1929年底，斯大林发出了号召：要从限制富农剥削趋势的政策过渡到消灭富农阶级的政策！最终，富农作为一个阶级在苏联被彻底消灭了。借助于新经济政策的机遇，出现了通过辛勤劳动率先富裕起来的普通农民。但在斯大林时期，由于延续数年的大清洗、强制性工业化和农业集体化运动，再加上四年卫国战争的严重摧残，中产阶层的形成进程遭到了严重挫折。1953年，苏联社会结构中已经没有了明显的社会分层。[①]

20世纪50年代中期到80年代初，苏联中产阶层发展的规模和速度都十分迅猛。勃列日涅夫执政时期促进了苏联中产阶层的发展，这是一个适宜中产阶层修生养息的发展阶段。这一阶段内，苏联为了追赶西方资本主义国家，引进先进生产技术，大力发展生产力，培养了大量科技与管理人才。虽然在社会阶层中缺少小资产阶级和企业主，但仍顺利形成了中产阶级，他们主要由科技知识分子、技术人员、教师、医生、经济学家、政府机关人员和军官等组成，实力雄厚，成为经济社会发展的社会中坚力量。[②]

从成员构成来看，这一时期的苏联中产阶级包括企业领导、高水平的专家，也包括工人阶级中的精英分子，以及那些与分配体系紧密相关的工作人员。他们所处的地位各不相同，但他们都属于中产阶级，没有拥有实质性的权力，因为苏联社会划分等级的依据不是财产关系，而是权力关系。

苏联社会的中产阶级，具有一些传统中产阶级的特征，但就其社会功能而言，它对政权的依赖性决定了它只是一个准中产阶级或中产阶级原型。在一个没有市场经济体制和市民法律制度的社会中，不可能形成真正现代意义上的具有自主阶

---

① 娄春杰.中产阶级在俄罗斯经济转型中的作用研究［D］.沈阳：辽宁大学，博士学位论文，2015.

② ［俄］瓦莲京娜.俄罗斯产业结构变迁对经济增长的影响［D］.大连：大连理工大学，硕士学位论文，2016.

级意识的中产阶级。①

8.3 变革阶段（20世纪末至今）

本部分研究俄罗斯现代国民财富分配模式的内容。在本部分中，在综合了上一个阶段关于苏联劳动就业、财税体制、金融制度和教育体制的改革发展等内容基础上，增加了俄罗斯改革与国际化的措施及原因。俄罗斯政府认为，应推进现代国民财富分配模式改革，这是由当前的世界经济一体化的趋势所决定的。习他人之优，促进国家在竞争中的优胜劣汰，是不变的历史法则。

20世纪90年代初，伴随苏联解体，世界格局变化巨大，由原来的两极格局演变到世界多极化，俄罗斯在这个阶段发挥了重要作用。西方资本主义大国介入苏联地区，坚持对东欧社会主义国家不断施压，东欧社会主义力量受到重挫。苏联这样的社会主义大国遇到了巨大挫折。20世纪90年代以来，俄罗斯对苏联的各项政策措施进行了系统性的调整与改革，致力于建立与苏联不同的更好的国家体制。

在这个变革阶段，科学技术进步渗透到经济、文化、国防和教育等不同领域，国际经济一体化和世界经济一体化愈演愈烈，俄罗斯走出了原苏联的曲折发展阶段，进入了全新的国家经济社会政策探索变革时期。对于现代国民财富分配而言，此时的俄罗斯需要更多财力物力来武装自己、完善自己，从而促进提高国际竞争力，更好地参与国际竞争，学习其他国家先进经验，结合本国实际情况，充实完善自己，促进把俄罗斯建设成为更优秀国家的进程。②

伴随经济全球化和世界经济一体化的不断进步与发展，更多国家参与了国际竞争。俄罗斯作为一个原社会主义大国，在经历了无数"战争"洗礼后，尤其是在苏联解体后，幡然觉醒，开始学习其他西方国家先进科学技术与生产经验、管理体制，培养和引进优秀管理人才和技术工作人员，提高生产力效能。

8.3.1 劳动就业与工资制度改革

20世纪90年代初，俄罗斯国家制度开始形成，劳动就业、财税制度、金融制度和教育体制改革逐步形成确定的发展模式，俄罗斯国家体制改革发展开始进入快速轨道。

---

① 王广振.转型期俄罗斯中产阶级问题研究[D].济南：山东大学，博士学位论文，2007.

② Вухов Н.П. Внешнеторговая таможенно—тарифнаяи промышленно—финан соваяполитика Россиив XIX —первой половине XX вв[M].Бухгалтерский учет. 2007. C.114.

本部分主要分析俄罗斯劳动就业与薪资制度。为了保障公民的劳动权利，为营造完善劳动环境、创造更好劳动条件，俄罗斯颁布了《俄罗斯联邦劳动法典》[①]。该法典有利于调节俄罗斯劳动关系，有利于促进解决国内因劳动就业和工资制度等问题，有利于经济社会健康平稳发展。该法典涉及的劳动就业及工资制度的内容如表8-4所示。

表8-4　　　　　苏联劳动就业与工资制度改革内容[②]

名称	具体内容解释
实行劳动合同	改革前一阶段劳动力就业的基本问题，开始签订劳动合同，主要是确立劳动者与雇佣者的劳动关系。合同包括试用期以及解除合同方式，试用期一般在3~6个月，而合同期限则由劳动者与雇佣者商议决定
如何解除劳动合同	该规定合同可在任何时间解除，合同到期时，雇佣方应提前3天通知劳动者；合同未到期时，双方解除合同应提前两天通知。此外，员工也有权利向雇佣者提出辞职
劳工薪酬分配方式	坚持实行最低工资标准，但不再实行工资定额佣金，而是在最低4 300卢布的工资情形下，对于加班或者额外贡献的方面，增加工资补助、奖金和其他奖励
准确规定法定工作时间	劳动者工作时间修改为每周5天制工作，周末休息两天，工作日每天工作不超过8小时，如若加班则定有额外薪酬或者奖金。员工连续工作第一年满6个月后有权享有28天带薪休假
职工社会保险	包括退休保险、社会保险和医疗保险，所占工资额的比例分别是28%、4%和3.6%
外来劳务基本政策	独联体国家的劳务人员不需要办理劳务邀请及签证

资料来源：俄罗斯联邦劳动和社会保障部研究报告、俄罗斯联邦劳动管理部门网站；参考 Витте С. Ю.Избранные воспоминания1849~1911гг.В2т.Т.2［M］.Терра.1997. С .35.

以上是劳动法典关于俄罗斯劳动就业和薪酬问题的部分具体规定。对于最后一条，是前几个阶段中不会发生或者很少发生的事情，即外来务工者的法令条款。受全球性金融危机影响，俄罗斯国内就业压力增大，俄罗斯外籍劳务政策发生了相应变化，具体表现为：不断缩减外来劳务配额；为保证国内就业，对使用外来劳务实施行业性禁止措施；改善外来劳务结构；严厉打击非法劳务移民等。

[①] 俄罗斯联邦劳动法典，于1971年12月9日通过，1972年4月1日生效，1996年3月1日公布修改和补充稿。

[②] 俄罗斯联邦劳动和社会保障部：俄罗斯联邦劳动法典.1971年12月9日通过，1972年4月1日生效，1996年3月1日公布修改和补充稿。

伴随世界经济一体化发展加快，俄罗斯薪酬制度不断改善，但新的薪酬制度遇到很多问题。尤其是企业员工的心理不平衡，直接影响就业市场，激化了社会矛盾，扰乱了社会秩序。这就能促使企业主为满足工人愿望，不顾国家利益，胡乱增加薪酬，从而引发国家市场经济体制混乱，财政发展不顺利等问题。俄罗斯薪酬制度改革道路漫长，加上它在国民经济体制中所占有的特殊地位，不论是企业还是政府，都应该给予重视，一旦改善良好，薪酬制度则成为推动俄罗斯经济社会发展的重要动力。

8.3.2 财税与金融制度改革

（1）财税制度改革

财税体制是苏联社会主义经济体制不可缺少的组成部分。苏联解体后，为了适应新的经济发展需要，俄罗斯财税体制改革和财政政策调整成为改革的重要环节。经过多年改革与调整，俄罗斯以简化税制、降低税负、减少税种和下调税率为主要内容的税制改革取得了成效，直接改善了俄罗斯国家税制，有利于国家财政方面的稳定与发展。同时，俄罗斯还对财政支出、财政转移支付、赤字和国债等财政政策进行了一系列调整，获得了显著成效。苏联解体后，俄罗斯处于经济转轨时期，这个阶段改革对于经济社会的影响更加迅猛。苏联解体后，俄罗斯财政体制改革进入了一个实质性阶段，财政政策调整步伐明显加快，财税体制改革与调整取得了成效。为了促进国民经济平稳健康地发展，建立一个更加公平、更加健全的财税制度，此时的财税改革是非常有必要的，改革内容主要包括[1]：

①简化税制，减少税种。为了使税收更加便利，国家税制改革除减少纳税环节之外，缩减税收种类始终是税制改革重点。俄罗斯税制改革首先就是减少税种类别，将之前的近百种税收种类减少到28种。其中，联邦税费所占比例最大，大约有20种，地方税仅占其中的5种，这样的税种缩减措施实行并生效后，大大减轻了纳税者的赋税负担以及税收部门的收税压力，成为俄罗斯后来的税制改革重心。这之后增加了统一的社会保障税，该税种逐渐成为联邦社会保险基金的主要来源。为了避免税收过于烦琐的过程，俄罗斯联邦政府不断简化税法规定的税制。

②严格优化财政收支结构，明确各级财政的支出责任。苏联的财政收支结构严重不合理，为了改善财税体制，俄罗斯的财政收支结构改革势在必行。财政收

---

[1] 车贤一.俄罗斯税制改革研究［D］.哈尔滨：黑龙江大学，硕士学位论文，2013.

入结构中，比重由大到小分别是增值税、出口关税、利润税和消费税等。这种税收结构基本上是合理的，但结合实际情况，每个阶段应该适用不同的结构，不同阶段的财政收入结构可以是不同的。优化税制结构成为俄罗斯税制变革的重点。

完善各级财政支出责任。2001年，联邦中央财政收入与地方财政收入占联邦全部财政收入的比重分别为59.4%和40.6%。财政收支责任划分不明确，直接造成财政支出结构混乱，这加重了俄罗斯国家财政困难，不利于财政体系发展。俄罗斯改革财税制度主要针对财政支出责任划分，以缓解中央和地方之间的财务纠纷产生的矛盾。2001年，普京在预算咨文中明确提出，俄罗斯将免除地方财政所承担的对联邦组织和机构的拨款义务。这一举措不仅减轻了地方财政机构的负担，还优化了国家税制机构。①

③明确税率调整。在税制改革中，俄罗斯始终注意税率调整。《俄罗斯法典》②淘汰了之前苏联的不同等级累进税率，将自然人收入税率统一调整为13%。这一统一税率的实施有效减少了偷税漏税行为，有助于高收入公民诚信纳税。③但统一税率同时也上调了低收入者的纳税额度，加重大多数低收入公民的纳税负担。因此，降低高收入者纳税率，提高低收入者的纳税率，直接导致收入差距拉大。不利于国家有效管理市场，甚至严重时会导致社会动荡。尽管该项措施尚存在争议，俄罗斯仍旧于2001年初实行13%的统一税率。此外，就是降低税率与扩大税基，这主要表现为所得和所失上面，当税率降低5个百分点时，在利润税上的体现是直接损失0.8%，扩大税基可以增加1.3%，此时的国家财政总额应增加0.5%；同样，税率降低5%，在增值税上表现为直接损失3.2%，扩大税基所得增加1.9%，国家财政会损失1.3%。由此数据可以看出，利润税税率增减对于俄罗斯国民经济的影响深远，尤其是影响利润税和增值税，且直接影响国家财政总收入。④

综上所述，俄罗斯税制改革通过降低税率和税负，具体包括将企业利润税税率从35%降至24%，将银行利润税税率降至24%，以及将增值税税率从20%降至15%，从而减轻偷税漏税行为，增加税收收入，保障国家税收稳定。从2003年开始，统一社会保障税率从35.6%降到30%。通过加征海关税收，弥补了社会保障税减少的收入损失。

---

① 郑维臣.俄罗斯转型时期货币政策选择研究［D］.射阳：辽宁大学，博士学位论文，2013.
② 俄罗斯联邦税法典（第二部）：俄罗斯国家杜马2000年7月19日通过，联邦会议2000年7月26日会议表决通过.
③ 张广翔.十九世纪俄国政府工商业政策基本趋势［J］.西伯利亚研究，2000（08）.
④ 车贤一.俄罗斯税制改革研究［D］.哈尔滨：黑龙江大学，硕士学位论文，2013.

④建立分税制为基础的分级财政体制。为了保障俄罗斯财政体制的稳定性以及其税收对国民经济的贡献，建立分级财政体制对于俄罗斯财政发展具有重要作用。

转移财政权限给地方政府，简化中央与地方税制的程序，优化税制体制。分税制实际上就是分级财政体制中的一个重要部分，其可分为两种主要类型：彻底的分税制和适度的分税制。二者主要的区别就是分税制的一个适用度，即中央以及地方之间的一个重要分界点。法典生效后，俄罗斯设立了新的中央与地方政府之间的分税制。由于国家财政体制仍旧实行集权制，任何财税政策是由中央政府直接确立的，不是私立机构可以随意自行确定的，这样，增加地方税收机构对联邦中央财政机构的不满，不利于财政体制发展。

⑤降低税负。20世纪90年代，俄罗斯经济中实际税负占GDP的35%~36%，1999年为37%，2000年为38%，2001年为37%，2002年为35.3%。税负不断下降，这在一定程度上减轻了国民的税负负担，有利于提高生活水平；对于国家来讲，降低税负刺激了消费，带动生产、消费和投资增长，有益于国民经济发展。

为降低税负，俄罗斯先后采取了很多措施：一是取消大部分流转税；二是降低劳动薪酬基金税；三是降低企业利润税和个人所得税的税率。俄罗斯国家杜马于2002年7月1日通过了简化小企业纳税方法和降低小企业税负的法律并于次年开始生效，它规定对小企业实行五税合一，即利润税、增值税和财产税等税种融合在一起作为一种税种缴纳。① 此次改革对于中小企业来讲是十分有利的，它不仅简化了纳税程序，还减少了企业税负，有利于提高企业生产积极性，为其加入市场竞争作准备。②

⑥改革关税。相较于上一个阶段的税制改革，该阶段加入了对于关税的改革。根据IMF贷款协议以及WTO入关要求，俄罗斯已由1996年开始在各方面减少关税。目前俄罗斯进口关税14%左右，外贸税收占总收入的25%。为了加入WTO，俄罗斯在关税改革方面作出了许多努力，且事实上自2001年开始俄罗斯对国内万余种进口商品征收4种不同的税种，关税改革最初会造成短时间的财政收入的减少，但长久发展下来，低关税刺激进口，海关关税率得到提高，财政收入不减反增。据统计，俄罗斯进口额与进口关税有明显增长。海关收入由2001年的190亿美元增加到2014年的近100万亿美元。

---

① 《俄罗斯银行部门2004年和2008年前时期的发展战略》，http://www.Cir.ru/2004.
② 车贤一.俄罗斯税制改革研究［D］.哈尔滨：黑龙江大学，硕士学位论文，2013.

总体来讲，俄罗斯对于税制的改革从18世纪至今始终未停止过，在每一个阶段都产生了很大的影响。伴随世界经济一体化、经济全球化的不断进步与发展，国家之间的政治、经济、技术、文化等各个方面的交流愈加频繁，俄罗斯为了更好地适应世界经济发展局势，对国家财税体制的改革是很有必要的。合理使用国家财政支出，促进国家各项事业的同步发展，减少社会不平等现象，保障国家市场经济稳定。税制改革步伐稳健，对于俄罗斯国民经济，尤其是这样一个社会主义发展中大国有着不可忽视的作用。①

（2）金融制度改革

前面关于"十月革命"至苏联解体阶段的金融制度改革主要分析的是银行体制对于实行计划经济体制的苏联的影响。本部分是简要分析苏联解体后至今的关于俄罗斯金融体制演变的主要特征。基于这一阶段的国内外经济形势，即经济全球化及通货膨胀对俄罗斯经济的影响，20世纪90年代苏联解体前后，俄罗斯处于经济转轨阶段，开始实施国家金融体制全面改革。这一阶段的改革内容包括很多方面，本部分主要讨论经济增长与通货膨胀之间的密切关系。我们必须明确经济增长与通货膨胀的概念界定。前者是指国家在一定时期内（一般为一年），以固定的市场价格来准确计算的商品以及服务总量的增加量；后者主要是指流通中的货币量远超过市场需求而引起的物价上涨，经济市场混乱的现象。由此，我们可以清楚地了解到二者在国民经济发展中的影响。自苏联解体以来，俄罗斯经济增长与通货膨胀始终紧密联系在一起，处于长期并存的状态。②现将俄罗斯1991—2014年经济增长和通货膨胀并存关系描述为以下几个阶段：

① 1991—1998年零增长与高通货膨胀阶段。1991年12月25日，苏联宣布正式解体，俄罗斯作为一个独立的国家正式登上国际政治舞台，其经济体制放弃了之前的计划经济体制，渐进转变为市场经济。这样的改革首先是由国家的社会主义性质所决定的，其次就是不断演变的世界经济发展局势的作用。在这样的共同作用下，俄罗斯国民经济开始有了完全不同的发展道路。俄罗斯成立之初，国民经济发展非常的不稳定，可以说是直线下滑，其表现在1992年俄罗斯GDP较上年直接下降了14.5%，直接造成国家财政收入锐减、物价飞涨，通货膨胀呈恶性发展且愈演愈烈，市场经济秩序混乱不堪。为了改善这一状况，俄罗斯政府开始实

---

① Вухов Н.П. Внешне торговая таможенно—тарифнаяи промышленно—финансовая политика Россиив XIX—первой половине XX в в [M]．Бухгалтерский учет. 2007. C.114.

② 《俄罗斯银行部门2004年和2008年前时期的发展战略》，http：//www．cir．ru/2004.

行紧缩的财政以及货币政策。该政策的实施在一定程度上帮助俄罗斯解决了很多的问题，例如，增加了财政收入、提高了税率等。长期来看，这对俄罗斯造成更多负面影响，例如，过高的赋税负担严重打击了企业的生产积极性，造成企业资金严重不足，生产量迅速下降，工人失业率直线上升；国家财政出现严重赤字，流通中的货币量远超过市场需求量，通货膨胀严重，经济市场秩序混乱，甚至出现了社会动荡等问题。紧缩的财政和货币政策解决了短期问题，但它们不能长期使用，如果长期使用只会对国民经济造成更多负面影响。[1]

1991年底到1992年初，俄罗斯成立之初国民经济不稳定，经济发展滞后且通货膨胀率特别高，甚至高达上千个百分点。在接下来的近3年里，俄罗斯始终保持着经济负增长与高通货膨胀并存的局面。这是一个国民经济发展非常混乱的阶段，从1999年开始，国民经济渐进平稳，俄罗斯经济发展进入另一个阶段。[2]

② 1999—2008年稳定增长与通货膨胀下降阶段。自1999年开始，俄罗斯经济逐渐进入一个平稳发展的阶段，其主要表现是俄罗斯联邦GDP开始回暖，通货膨胀直线下降。这种局面的形成主要归功于普京总统，他自上台以来，推出了近20条决定，明文规范国家金融体系中各个行业的发展。他在国情一文中重点提出了俄罗斯未来十年的经济发展目标，在这一背景下，俄罗斯出现了经济稳定增长与适当的通货膨胀相应发展的新局面。[3]

2003—2006年3年时间里，俄罗斯经济增长速度保持在年均6.8%左右，加上较低的通货膨胀，经济渐进恢复到经济转轨之前的水平。普京上台后，他不再完全实行紧缩的财政政策和货币政策，而是根据当时的国家状况交替使用扩张性和紧缩性货币政策，改善了国家经济现状，促进了国民经济发展。例如，2000年降低法定准备金率至7%；2007年降低存款法定准备金率至3.5%，但伴随经济状况的改变，2008年又将其提高到4.5%。1999年到2008年的金融体制改革是俄罗斯经济社会发展的重要阶段。[4]

③ 2008—2014年经济增长与适度通货膨胀并存阶段。这是一个俄罗斯国民经济快速发展的阶段，是经济增长与通货膨胀持续并存的阶段。伴随世界经济一体

---

[1] 郑维臣.俄罗斯转型时期货币政策选择研究［D］.沈阳：辽宁大学，博士学位论文，2013.
[2] 孙莹.俄罗斯经济转轨与经济发展问题研究［D］.大连：东北财经大学，博士学位论文，2007.
[3] 普京：《千年之交的俄罗斯》，《普京文集》.北京：中国社会科学出版社，2002.
[4] 李中海主编.普京八年：俄罗斯复兴之路（2000~2008）（经济卷）［M］.北京：经济管理出版社，2008.

化以及经济全球化的不断发展，俄罗斯作为一个世界大国，肩负对世界其他非西方国家的引导及榜样作用，在普京政策持续的背景下，俄罗斯实行扩张性与紧缩性货币政策相互交替使用的金融政策。为了促进国民经济更快发展，使国家能够加入世界竞争中，联邦政府关注国家实际国情，保证所颁布使用金融政策的高效性，这对于俄罗斯经济发展十分重要。①

历史数据表明，俄罗斯政府稳定货币的政策有效地抑制了通货膨胀。实施稳定货币政策消化了货币的过度流动性，对抑制通货膨胀具有不可替代的作用。俄罗斯政府认为，对于通货膨胀来讲，每一个时期引起的原因不同，解决的方式也不一样。应结合国情，制定一套行之有效的方法抑制通货膨胀，才能真正解决问题，改革之路任重道远。

8.3.3　社会保障制度改革

1991年苏联解体后，俄罗斯国内市场经济秩序混乱，经济发展严重滞后，经济负增长和极高的通货膨胀直接造成国内卢布汇率下降，物价飞涨，企业发展困难，失业人数增多等严重问题，人民基本生活也无法保障。社会保障制度作为保障人民生活的基本制度安排，政府必须对其实施改革。

俄罗斯政府实行社会保障制度改革，致力于解决贫困群体生活困境。俄罗斯经济转轨以来，对于社会保障制度的关注更多，其内容围绕职工就业保障、养老保险、医疗保险以及社会福利等，我们对1992年以来俄罗斯社会保障制度改革作简要分析。②

（1）职工就业保障

在苏联时期，由于采取普遍就业政策，国内失业人口较少。苏联解体后，俄罗斯国内经济长期衰退，企业发展困难多，工人失业率长期攀升。为了保障失业工人的最低生活及鼓励有工作能力但未就业者的积极性，俄罗斯于1991年颁布了《居民就业法》，规定设立居民就业基金，主要负责失业补助金的管理。该基金主要是由企业和国家财政共同作用下成立的，是一个专门帮助失业人口的资金款项。

工人失业的主要原因一般是企业大量裁员、工人主动辞职或者退休等。苏联解体后，国家失业人口数量增加，企业生产困难，企业只好大量裁员，同时出现了部分工人提前退休。对于困难企业，国家给予津贴补偿。为了鼓励企业继续雇

---

① 郑维臣.俄罗斯转型时期货币政策选择研究［D］.沈阳：辽宁大学，博士学位论文，2013.
② ［俄］巴哈林·叶甫盖尼.俄罗斯的社会保障体系与社会福利水平研究［D］.哈尔滨：黑龙江大学，硕士学位论文，2014.

佣工人工作，政府对企业给予优惠贷款政策，鼓励企业扩大生产规模以吸收更多工人。

俄罗斯政府设立了就业基金，其中包括预备基金和补助基金，专门针对失业人口提供援助，预防大规模失业以及鼓励失业工人重新参与就业。政府还实行规范的失业保险制度，鼓励失业工人再就业并帮助企业解决因失业人口的不断增加而衍生的种种问题。[①]

（2）养老保险

1991年12月，为了解决国内人口老龄化带来的国家财政方面的负担，俄罗斯政府颁布实行《养老基金法》，严格规定了退休养老基金应该由国家、企业和个人三方面共同承担。国家承担份额大致与企业和个人所承担的总和相等，一般应该在45%~51.7%。这一改革，不仅可以延长养老金收入基数的期限，还可以减轻国家以及个人义务的压力。为了进一步提高老年人生活，国家决定提高最低养老金，将其指数化。这一改革后，保障了养老金实际水平不会因经济波动而不断变动。

此外，养老保险增加了员工退休养老保险金，该保险金由国家、企业以及个人负担，比例基本与养老基金相同，这是俄罗斯国家社会保障体系中重要的一个组成部分。增加这种保障措施在很大程度上缓解了退休工人的生活压力，解决了国家退休人员基本生活困难，提高了国家声望，对于国民经济稳定发挥了重要作用。[②]

（3）医疗保险

在苏联时期，政府实行全民公费医疗制度，即医疗费完全由国家统一承担。这项保障制度暂时性地解决了苏联普通群众在国内收入不高条件下的社会基本医疗需求。由于国家投入公共医疗的资金不足，苏联医疗保障的供给明显下降，医疗服务人员工作积极性降低，药品以及医疗器材供不应求，实行医疗保障措施阻碍较多。1991年，苏联解体，俄罗斯经济进入转轨时期，俄罗斯通过了《俄联邦公民医疗保险法》，该保险法主要内容是实行强制的医疗保险制度，即国内全体居民必须参加医疗保险。该法律实施后，俄罗斯联邦与地方先后建立了强制医疗保险基金，其基金主要来源于各个企事业单位、保险者本人以及国家预算，对于残疾者、退休者或者孤儿、老年人等特殊人群免除自身缴纳的部分，由国家承担。

---

① ［俄］巴哈林·叶甫盖尼.俄罗斯的社会保障体系与社会福利水平研究［D］.哈尔滨：黑龙江大学，硕士学位论文，2014.

② 赵敏.俄罗斯经济转轨时期的收入分配问题研究［D］.天津：南开大学，博士学位论文，2012.

嗣后的5年里，俄罗斯联邦先后出台了很多关于医疗保险的措施，其中的重点是叶利钦总统在位时颁布的增加政府工作人员的卫生保健基金、1994年成立的近1 000家单位参加的地方强制医疗保险基金等。这一系列改革是俄罗斯医疗保障制度在现代社会保障制度建设中的重要进步。①

（4）社会福利

俄罗斯社会保障制度除了上述中的养老金、医疗保险等内容，还包括贫困救济以及社会福利。这项资金一般只针对家庭贫困者、老年人和残疾人等特殊人群，其主要来源是中央以及地方政府预算和专项基金。设立该项贫困救济以及社会福利制度，主要是为了保证贫困人群的最低生活水平。苏联解体后，俄罗斯国民经济发展严重不平衡，通货膨胀尤为严重，失业率迅速攀升，贫困人口增加近2倍。在这样的情形下，俄罗斯出台社会福利和救济制度，目的就是保障这些低收入、无收入者的基本生活。事实证明，设立该项贫困救济以及社会福利制度是十分有效的，1998年俄罗斯贫困人口覆盖率由1991年的35%下降到20%，虽然仍旧有很多的贫困者，但是贫困人口生活得到了基本保障。俄罗斯还建立了福利院和老年人公寓，主要是收养孤儿、残疾人和退休者及没有劳动力且无人赡养的老年人。

俄罗斯联邦现代的社会保障制度发展良好，改革内容顺应民生，体现了一个世界大国的风貌，保障了部分特殊人群的基本生活，为国家弱势群体构建了一个较好的生活环境。这不仅有助于国民经济秩序的稳定，且有利于社会秩序安定。②

8.3.4　教育改革

1991年苏联解体之后，俄罗斯进入经济转轨时期，经济、政治和文化获得了恢复发展。俄罗斯文化改革涵盖了教育制度。为了适应经济全球化，加强国际交流，在教育领域，俄罗斯放弃了之前实行的单一教育模式，转而实行教育多样化、国际化。俄罗斯教育模式转变影响是多方面的，主要从以下两个阶段分析。③

（1）1991—1999年教育改革

苏联解体后，国民经济发展长期停滞，社会秩序不稳定，俄罗斯在如此困难的情况下开展教育体制改革面临诸多困难。但是，俄罗斯政府顶住了压力，坚持

---

① ［俄］巴哈林·叶甫盖尼.俄罗斯的社会保障体系与社会福利水平研究［D］.哈尔滨：黑龙江大学，硕士学位论文，2014.

② 丁超.俄罗斯住房财政保障制度改革研究［D］.北京：中央财经大学，博士学位论文，2016.

③ 李盼宁.俄罗斯高等教育治理模式研究［D］.西安：陕西师范大学，硕士学位论文，2017.

实施教育改革，2001年后，俄罗斯成功完成了教育体制转型，促进了经济社会发展。

俄罗斯这十年的教育体制改革中最为重要的是1992年颁布的《教育法》。这是苏联解体后俄罗斯联邦颁布的第一部系统规范教育体制的法律，它既传承了苏联时期优秀的教育传统又兼顾了俄罗斯教育的国情，取得了良好的社会效应。1996年颁布的《俄罗斯联邦教育法》是对《教育法》的继承发展，更加全面地规范了教育改革内容。[①]由于没有稳定的社会秩序和经济环境，这项改革没能发挥较大作用。俄罗斯教育改革困难重重，立法困难、资金不足、质量下降，俄罗斯教育体制未能顺利进行。

（2）21世纪初叶教育改革

21世纪初，俄罗斯经济回暖，国家政局趋于稳定，教育体制有了稳定的社会环境及可以依托的经济基础，改革有了可靠保障。2001年，俄罗斯通过了《2010年前俄罗斯教育现代化构想》，该构想的诞生直接奠定了俄罗斯教育体制改革的重要基础。实施《2010年前俄罗斯教育现代化构想》的社会效应可以四年为一个周期来分析。[②]

2001—2004年，俄罗斯政府参与签署了《博洛尼亚宣言》，正式将俄罗斯高等教育纳入欧洲统一的高等教育制度框架之中，使俄罗斯教育与欧洲高收入国家教育相接轨，这是俄罗斯高等教育正式跨入世界文化交流平台的一次突破性发展。

2005—2008年，俄罗斯实行全国统一考试测评的高等教育模式，这是为了促进教育欧洲一体化发展，也是俄罗斯教育制度适应经济转轨的一种可行方式。自2008年至今，俄罗斯改革学制结构，创建学位制度，规范各种等级教育制度规定，划分设立了不完全高等教育、基础高等教育和完全高等教育等三种教育体制，赋予了高等教育更多灵活性和全面性。俄罗斯创建了很多综合性大学，主要是为政府机构、企事业单位培养更多专业性人才。[③]

俄罗斯在经济转轨时期的教育改革是国家各类制度改革的重要一环，国家本着"强国精神"理念实施高等教育体制各项改革，有力推动了俄罗斯教育体制发

---

① 姚漫漫.俄罗斯教师培养模式转型的路径及保障机制研究［D］.沈阳：辽宁师范大学，硕士学位论文，2017.

② ［俄］优丽娅（Pukas Iuliia）.俄罗斯女性高等教育的历史与现状研究［D］.武汉：华中师范大学，硕士学位论文，2017.

③ 郭连成：俄罗斯经济转轨与转轨时期经济论［M］.北京：商务印书馆，2005：445.

展进步。这是苏联解体后俄罗斯联邦建立以来历次教育体制改革中最为彻底的一次改革，中间出台的多项改革制度规定在俄罗斯教育发展中获得了延续使用。①

8.3.5 社会结构与中产阶级

苏联解体后，俄罗斯中产阶级的再度出现与当代俄罗斯经济社会转型有着密切联系，但与西方明显不同的是，苏联解体后俄罗斯中产阶级的形成与发展是作为政治上的战略任务"自上而下"地提出来的。②

对于苏联社会的中产阶级来说，意识形态的价值体系和宗旨具有特别重要意义，开放的竞争能力的有效运用，是后苏联时期中产阶级的基本特征。上述两者之间并没有内在的承继性关系，在改革进程中，苏联时期的中产阶层群体中只有那些具备良好的适应能力和优势条件的人较好地完成了自身的转化，而更多人则是丧失了原有的社会地位而落入社会底层。其中包含了大量的知识分子。自20世纪80年代末期开始的自由主义市场化改革对中产阶级产生了强烈的冲击，导致了中产阶级向传统阶层的退化。在激烈的市场化改革的冲击之下，他们中很大一部分人的经济状况急剧恶化，社会地位一落千丈。1998年秋天，经济危机进一步压缩了正在转型为中产阶级的一部分人群（例如，教师、律师、手工业者等）的生存空间，导致他们向贫困阶层的新一轮滑落。

构成中产阶级核心力量的是中小企业家、管理人员、个体经营者等。转型期市场经济的发展造就了一批依靠自身能力、富有开拓精神和进取心的企业家，他们中许多人受过高等教育，拥有私人财产，关心政治稳定性和法制健全性，关心市场经济公平性与公正性，他们作为改革的受益者，成为俄罗斯社会稳定发展的重要基石。③

新中产阶级中的专业技术人员是由知识分子中最有社会活动能力、最能适应新形势的那些群体组成，他们人数不及企业家众多，却对中产阶级群体的构成和发展具有重要意义。这些具备创造性和专业知识技能的知识分子受到社会各界广泛关注，被视为引领当代俄罗斯社会发展的新力量和创新源泉。在这个庞大的群体中，拥有高级技术人员和受过高等教育的大量被雇用者，这说明俄罗斯中产阶

---

① ［俄］伊万.俄罗斯高等教育质量保障体系研究［D］.大连：大连海事大学，硕士学位论文，2017.
② 王广振.转型期俄罗斯中产阶级问题研究［D］.济南：山东大学，博士学位论文，2007.
③ 娄春杰.中产阶级在俄罗斯经济转型中的作用研究［D］.沈阳：辽宁大学，博士学位论文，2015.

级后备人群的社会基础十分广泛，只要具有适宜的阶层转型的时间与发展机遇则可以完成社会阶层转型。

苏联解体后，俄罗斯的经济增长方式没有根本性转变，科学技术也没有成为主要生产力，市场经济体制长期处于混乱之中，中产阶级无法快速登上政治舞台。新总统普京上台后，俄罗斯社会秩序日趋稳定，经济发展走上正轨，文化教育事业和知识产业也在渐趋复苏。拥有文化教育资本的知识分子或新社会阶层逐渐获得社会认可，逐步转型走向中产阶级。在当代俄罗斯，要真正形成一个强大的中产阶级尚需要时日。俄罗斯政府认为，培育发展中产阶级一项国家战略，中产阶级是一个充满发展活力、创新意识和创新动力的阶级，它将促进俄罗斯走出现阶段的经济社会发展低谷。①

---

① Вухов Н.П. Внешнеторговая таможенно—тари фнаяипромышленно—финансо вая политика Россиив XIX—первой половине XXвв［M］.Бухгалтер ский учет. 2007. C.114.

第 9 章　新加坡国民财富分配改革

第二次世界大战是新加坡经济社会发展的重要转折点。本章以第二次世界大战为分界点，着眼于劳动就业和工资制度、财税体制、金融制度和政策、社会保障、教育制度和中产阶级等领域，分析新加坡国民财富分配制度形成和改革的历史过程。

从18世纪新加坡作为马来柔佛王国一部分到第二次世界大战前，这是新加坡现代国民财富分配模式形成的初级阶段。1824—1942年，新加坡始终是英国的殖民地。在英国管辖下，新加坡国民财富分配受到行政干预，从散漫无序状态向有序管理方向发展。根据当时新加坡的实际情况，英国殖民当局陆续出台了很多社会管理政策，包括社会福利、住房、卫生、教育、劳工、人口和移民等诸多方面，建立了相对完整且具有较强稳定性和延续性的社会政策体系与社会管理机制，对新加坡后续的政府治理产生了深刻影响。[①]

新加坡是多元化移民国家，从1965年独立成立共和国起，新加坡在其"国父"李光耀的领导下，经济社会得到了持续快速发展，成为"亚洲四小龙"之一。新加坡经济持续快速发展离不开其在国民财富分配制度方面的改革。以第二次世界大战为分界点，分析新加坡国民财富分配制度形成、发展和成熟历程，可以为借鉴新加坡政府建立现代国民财富分配模式的经验与教训提供参考。[②]

9.1　形成阶段（19世纪中叶至第二次世界大战）

19世纪至第二次世界大战前，是新加坡国民财富分配制度的萌芽形成阶段。这个阶段可以分为两部分。

第一部分是1824—1942年，这个时期新加坡作为英国殖民政府的殖民地。

---

① 郭建军.独立以来新加坡外向型经济的发展：全球化与区域化视角［D］.昆明：云南大学，博士学位论文，2012.

② 柯珂.新加坡的精英治国及后李光耀时代的走向［D］.南昌：江西师范大学，硕士学位论文，2017.

1819年，斯坦福·弗莱士——一名英国东印度公司劳工登上了新加坡，开始了对该地区的管辖。1824年，新加坡被英国管辖，当时隶属于英属印度殖民当局，1867年行政"升格"为海峡殖民地，接受英国的直接行政统治。

第二部分为1942—1945年。这个时期是第二次世界大战时期。1941年12月，新加坡受到日本攻击，英殖民政府低估了日军实力，导致新加坡沦陷，新加坡变为日本殖民地，被日本改名为昭南岛。新加坡大多数移民是华人，日军攻占新加坡时受到华人强烈反抗，经过了三年艰苦抗争，新加坡在日本占领时期经历了三年时间，日占时期的新加坡财富分配制度处于停滞阶段。随着日本战败投降，1945年英国军队重新回到新加坡，继续行使行政管理权。[①]

由于新加坡长期处于英国管辖之下，深受英国经济社会制度影响。以下，我们分析英属时期新加坡现代国民财富分配模式的形成与主要特点。

9.1.1　劳动就业和工资制度改革

新加坡是移民国家。19世纪很多相邻国家劳动力以劳工输入方式进入新加坡，以中国、印度居多。其中，华人移民新加坡主要分为两个阶段：第一个阶段是从1819年到19世纪50年代，第二个阶段是从19世纪50年代到19世纪末期。

从1819年到19世纪50年代，这段时间中国移民数量较多。当时迁移过去的华人大多来自从广东、福建等沿海一带。当时的中国尚处于清朝时期，清政府是不许移民的。由于闭关锁国的政策，当时国人对外界知之甚少，在那段时间移民数量不多。当时移民新加坡的华人，大多是做小本生意或者给别人当佣工，所做的是些谋生职业。随着这些华人积累了财富，他们逐渐转向商业。当时新加坡急需要开发，这些从事商业的华人扩大了经营规模，对劳动力的需求增加。他们开始向家乡的亲朋好友寻求帮手，移民新加坡的华人数量逐渐增多，形成了华人向新加坡或东南亚的移民热潮。

在移民浪潮里，移民方式最多的是亲属移民。这种移民方式无法满足当地开发的需要，于是"赊单制"移民方式应运而生——由于更多华人移民到新加坡，大部分贫困移民无法承担迁移的费用，因此船长和劳工代理垫付了这些费用。等移民到达新加坡后，通常会被卖到当地的企业主手中，船长和劳工代理就会从企业主那里收回之前垫付的费用。这些迁移的华人通过劳动偿还费用。

---

① 万世达.新加坡威权政治的民主化改革［D］.济南：山东师范大学，硕士学位论文，2017.

一旦还清债务，他们可以从债务中解脱，自由选择职业和企业主，成为自由劳动力。①

19世纪50年代到19世纪末期，这是移民演变的第二阶段。1842年清政府和英国签订《南京条约》之后，中国的门户被打开了，中国的移民政策放宽，移民贸易性质有了较大改观，"苦力贸易"渐进被"移民贸易"所代替。在这样的背景下，一些从事奴隶贸易的欧洲商人参与移民贸易，把对待奴隶贸易的那一套方式拿来对待移民过来的华人，导致当时移民的环境越来越差。

在那段时期，包括英国人、西班牙人等高收入国家的商人受到条约保护，分别在新加坡各个口岸设立"猪仔馆"，即用来向商人和企业主们提供苦力的贸易机构。他们从各地招来苦力，用船只运到目的地。当时运送船只的条件极差，移民华人的待遇非常不好。②

印度人与新加坡的关联，肇始于莱佛士登陆。英国殖民新加坡后，当地的开垦和建设需要人力，除了从中国引进劳动力外，也从印度等地吸引劳工和商人。由于当时印度属于英国的殖民地，为了考虑到印度的利益，英国殖民当局限制了印度移民人数。移民到新加坡的印度人，在当地大多数从事种植甘蔗、咖啡和树胶，以及筑路、畜牧、捕鱼、佣人和警卫人员等工作。与华人移民相比，印度人的待遇要高很多，而且他们与英国人的关系比华人与英国人关系更好。③

由于新加坡开发的需要，英国殖民当局对新加坡实行自由开放的移民政策。1860年，新加坡华人已增至5万余人，超过马来人，占据当时总人口63%，成为第一大种族。1821年新加坡的印度劳工和商人仅有121人，占当时总人口2.8%。1871年，印度人达到11 501人，这个数字不包括印度驻防军、跟随队伍的商贩，以及从印度流放来的囚徒。

1873年，英国殖民政府颁布了《华人苦力移民法案》，这是新加坡第一部移民法案，是真正意义上保护移民权益的法令。该法令提出迁移到新加坡的人需要注册。这个提议被认为违反自由移民原则遭到了欧洲商人、立法会议和英文报刊反对，该法案没有得到执行。到19世纪后期，伴随经济社会发展，新加坡对劳动力需求增加，贩运苦力和虐待劳工到了泛滥的程度。在这种情况下，英殖民政府

---

①③ 李路曲.新加坡现代化之路——进程、模式与文化选择[M].北京：新华出版社，1996.
② 张志超.海外印度人与海外华人之比较研究——新加坡个案分析[D].昆明：云南大学，硕士学位论文，2010.

意识到加强移民的管理的重要性，1877年成立华民护卫司署，通过了新的法案，如《华人移民法令》《诱骗法令》。1890年，英政府完全接管了华工来新加坡的一切事务。1914年正式废除了类似契约奴隶制的劳工制度。当时颁布的法令还规定，聘用劳工不得超过一年的期限，不能订立书面契约，这断绝了贩卖"猪仔"的生财之路。①

由于颁布了一系列移民法案，新加坡移民环境得到了很大改善，19世纪末新加坡人口迅速增加，政府对移民实施了控制。1933年，《外国人移民条例》正式颁布，这是新加坡第一部实施移民限制的法律。该条例规定对外国移民实行配额制，其中女性和儿童不受限制，可以自由移民，鼓励女性移民。这样一来，新移民潮改变了新加坡人口的性别比，从1931年男女比例1.713∶1.947变为1.217∶1.957。②

1948年，新加坡启用殖民地人口登记制度。该制度规定超过12岁且没有英属直辖殖民地身份证的人在新加坡停留的时间不得超过30天。在1953年8月1日，政府开始实施《移民条例》，规定只有英国公民、马来亚联邦公民和特定人群可以自由进入新加坡，在新加坡停留时间超过14天的外籍公民必须向外国人登记处报告。限制性移民政策使新加坡人口渐进趋于稳定，本地出生的人口比例逐步增加。根据1957年人口普查显示，当时64.3%的人口出生于新加坡，8.6%出生于马来亚，只有27.1%出生在其他国家。③具体如表9-1所示。

从表9-1可以看出，大约在19世纪50年代，华人超过马来人成为新加坡第一种族，马来人成为最大的少数种族，其次为印度人，最后为其他人种。1871年，新加坡进行的第一次全面人口普查统计表明，新加坡有2 000名欧美人，其中800名是英国人，欧亚混血种人1 000人，其他还有少数阿拉伯人、犹太人、非洲人和吕宋人。这种人口的基本构成状况始终保持至今，只有在这期间人口的比例有所变化。然而，无论是华人、马来人、印度人还是其他人种，其人数在过去基本均呈上升趋势。④

---

① 范磊.新加坡族群多层治理结构研究［D］.济南：山东大学，博士学位论文，2014.
② 张志超.海外印度人与海外华人之比较研究——新加坡个案分析［D］.昆明：云南大学，硕士学位论文，2010.
③ 李路曲.新加坡现代化之路——进程、模式与文化选择［M］.北京：新华出版社，1996：72~76.
④ 张志超.海外印度人与海外华人之比较研究——新加坡个案分析［D］.昆明：云南大学，硕士学位论文，2010.

表9-1　　新加坡人口发展概况（1834—1947年）

项目	年份	华人	马来人	印度人	其他人种	总和
人数（人）	1836年	13 700	12 500	2 900	800	31 736
	1849年	18 000	17 000	6 300	1 600	44 749
	1860年	50 000	16 200	13 000	2 500	83 560
	1871年	54 572	26 148	11 501	4 890	98 982
	1891年	121 908	35 992	16 035	10 619	186 445
	1901年	164 041	36 080	17 823	10 611	230 456
	1911年	222 655	46 952	27 900	14 388	313 806
	1921年	317 491	58 520	32 456	17 445	427 833
	1931年	421 821	71 777	51 019	23 436	569 984
	1947年	730 133	115 735	68 978	25 978	942 771
百分比（%）		46	42	10	3	100
		42	40	15	3	100
		61.2	20	15.8	3	100
		56.2	26.9	11.8	5.1	100
		66.1	19.5	8.7	5.7	100
		71.8	15.8	7.8	4.7	100
		71.4	15	9	4.6	100
		74.5	13.7	7.6	4.2	100
		74.3	12.5	9	4.2	100
		77.6	12.3	7.3	2.8	100

资料来源：The Annual Report of the Labor Force Published by the Ministry of Labor does not Publish Data by Ethnic Classifications from 1990 onwards though the Ministry Has Collected the Data，Census Data.[①]

1931—1957年，新加坡劳动结构和经济结构发生了重要变化，其加工业（如制造业、建筑业和服装业等）中雇佣工人占全国劳动力的比例也发生了变化。具体如表9-2所示。

---

① 张志超.海外印度人与海外华人之比较研究——新加坡个案分析［D］.昆明：云南大学，硕士学位论文，2010.

表9-2 新加坡产业结构华人与马来人劳动力配置的百分比
（1931—1957年） （单位：%）

年份	人种	农业	制造业	商业	运输业	服务业	总和
1931年	华人	11.6	18.1	15.3	23.6	31.4	100
	马来人	2.6	10.1	5.8	20.5	61.0	100
1947年	华人	9.4	22.7	26.1	13.9	27.9	100
	马来人	11.5	7.3	8.6	19.0	53.6	100
1957年	华人	9.1	22.7	35.5	9.9	22.8	100
	马来人	4.5	12.0	13.8	13.7	56.0	100

资料来源：The Annual Report of the Labor Force Published by the Ministry of Labor does not Publish Data by Ethnic Classifications from 1990 onwards though the Ministry has Collected the Data, Census Data.

如表9-2所示，1931—1957年，新加坡华人与马来人的劳动力结构发生了重要变化。其中华人在制造业、建筑业、造船业和公共事业中受雇人数几乎增长了1倍，从占劳动力总数的18.1%增至32.4%，而马来人在同一时间在这些行业中则增长了2倍，从10.1%增至32.9%。[①]

9.1.2 税制改革与金融制度

（1）税制发展背景：自由贸易

在英属时期，英国在新加坡等东南亚地区推行重商主义政策，这对中国东南沿海的华人极具吸引力。19世纪的英国是世界上最强大的国家，它向全世界推销重商主义政策。1819年英国在新加坡建立殖民地，1824年从荷兰人手中接管了马六甲海峡后，推行重商主义政策，为当地发展商业和增加就业提供了良好机会，中国东南沿海的商人、工匠和劳工对此充满向往。英国的自由主义政策没有延及殖民地。新加坡具有重要战略意义和商业意义，需要大量移民提供劳动力供给。因此，英国政府允许移民政策有较大自由度。同时，自移民社会形成以后，东印度公司很难把它在印度推行的那一套殖民制度实施下去，这促使英国下院同意新加坡改制，将其由东印度公司管辖改为殖民地直辖，新加坡从而获得了更大的移民政策自由决定权。[②]

在这种相对自由的制度之下，加之新加坡本身是一个易于进行商业活动的贸

---

① 范磊.新加坡族群多层治理结构研究［D］.济南：山东大学，博士学位论文，2014.
② 薛征.新加坡税务CRM分析与研究［D］.上海：上海交通大学，硕士学位论文，2007.

易口岸，东南沿海的小国很快就发现了新加坡的商业优势，商业机会多，很容易聚敛财富。大量中国人为谋生和改善经济状况而出国，正好遇上了海峡殖民地宽松出境政策，他们纷纷涌入新加坡。当时的欧洲观察家写道：由于中国发生饥荒，当年有4 000多名华人男性抵达新加坡。在整个19世纪，新加坡商业不断发展，19世纪中叶以后，世界资本主义市场急剧扩大，新加坡港货物集散量日趋增加，港口规模也不断扩大。到19世纪70年代，来自世界各地的远洋货船及其贵族化的姐妹邮船和客轮，常常满载客货停靠在港口。其中，有法国帝国信息公司的第一流轮船（这是东方航线上最大最舒适的船只）；有德国邮轮，船上设有邮局，船一进港口就放邮票，以示邮船到港；有日本政府资助的日本邮船会社的船只。为了满足交通运输发展需要，到了1878年，丹绒巴葛船坞公司已经有2 450人从事相关商务工作。[1]

地理位置优越是新加坡经济发展的重要基础。得天独厚的自然资源及地理位置可以产生比较优势，面积只有225平方英里的新加坡得到的"自然资源"优势就是它的地理位置。在发现新加坡后，托马斯·斯坦福·莱佛士（Thomas Stamford·Bingleg·Raffles）承认："我很幸运能够在一个汇集了所有可能的地理优势及本土优势的地方来建立这个港湾（新加坡）。"[2] 从新加坡的地理来看，它的优势主要表现在以下三个方面：（1）新加坡的岛屿位于亚洲大陆最南端的延伸处，它的位置可以有效控制印度洋和南中国海之间的两大关口之一（另一关口为巽他海峡）；（2）新加坡位于本地区及国际运输线的自然交会点；（3）新加坡港口条件一流，能够为出口贸易和航运等带来极大便利。自由港政策和资源禀赋共同促使新加坡发展成为停靠港、马来亚地区货物集散地和对华贸易的货物集散地。新加坡商人在发展对华贸易集散地的努力也遭遇过挫折，直至1870年，这里的贸易规模仍然很小，主要是出口各种热带产品及进口部分货物，特别是从英国进口棉布和鸦片。

1871年，新加坡仍然是一个规模不大的定居点，居民大约有65 000人，是一个"从海滩算起向各方延伸很少超过一英里"的小镇。该定居点发生了一场革命性变化。这场变革是由国际经济发展带来的，1869年苏伊士运河启用，这为汽动船打开了东方贸易的大门，世界对马来亚地区初级产品的需求在急速增加。轮船

---

[1] 薛征.新加坡税务CRM分析与研究［D］.上海：上海交通大学，硕士学位论文，2007.
[2] 李路曲.新加坡现代化之路——进程、模式与文化选择［M］.北京：新华出版社，1996：90~97.

须沿着海岸停靠以便于加煤。在马来亚地区，这些船只主要通行于马六甲海峡而非巽他海峡，取道后者跨越印度洋赴科伦坡需要走更长的路程。轮船开始频繁地穿梭于马六甲海峡，新加坡也因此成为本地区的主要停靠港及"东方的大门"。更多航运和马来亚地区出口的增加共同促进了新加坡的发展。便利的船运将该地区的出口货物引向这一港口，新加坡贸易增长吸引了更多船只，它们能在装煤时能得到货运生意，这不增加开销。充足运力使新加坡运费低于其竞争对手，这种情况持续到1897年世界大部分国家航运会确立了固定价格为止。

1911年，统治马来联邦的英国当局在吉隆坡建立了巴生港，与新加坡竞争，但它的作用主要还是为新加坡提供货物。巴生港与新加坡竞争存在困难，这主要是因为新加坡位于重要的全球航线上，同时航运公司也不利于巴生港。为了尽量减少停靠港的数量，航运会对所有从巴生港运回本国的货物加收额外费用，只有橡胶除外，这种情况始终持续到1934年。槟榔屿位于马六甲海峡北端，距新加坡376英里。在政治上，巴生港是海峡殖民地的一部分，该城是英属马来亚的一个主要港口，主要运输半岛剩余的大部分贸易。就马来半岛各个国家利益而言，海峡殖民地这两大港口的竞争成为怨恨之源，新加坡至今耿耿于怀。对新加坡来说，在其周边海域的荷属印度（荷属印度洋群岛或荷属东印度群岛，即后来的印度尼西亚）是一个与马来半岛同等重要的后方腹地。从19世纪末起，新加坡的荷属印度腹地不断缩小，但该港仍是包括婆罗洲和中苏门答腊的广大马来亚群岛地区的天然集散中心。

依托作为马来亚地区货物集散地和停靠港，新加坡的商业出现了爆炸性繁荣。1871—1873年，新加坡进口贸易从6 700万新加坡元增加到1900—1902年的4.31亿新加坡元。1925—1927年，贸易出现了第二个增长期，贸易额增长4倍，达到了第二次世界大战之前18.32亿新加坡元的顶点。这些数据反映了当时海峡殖民地的新加坡贸易领域的高速实际增长，同时也展示了其整体经济的高速实际增长，因为新加坡的经济高度依赖它的贸易（1932年以前的国民收入数据缺失）[①]。

1870—1937年，新加坡实际贸易增长率平均为3.3%，每22年翻一番。第二次世界大战前新加坡的贸易数据是可靠的，除了1927年英属马来亚成为一个单一的统计单位后删去了对马来亚的统计外，上述数据是完整的。截至1932年，其他官方贸易统计数据仍然存在，此后数据的空缺在很大程度上可以用估算来弥补。这

[①] 李路曲.新加坡现代化之路——进程、模式与文化选择[M].北京：新华出版社，1996：158~163.

些贸易统计数据的一个重大优势在于它们排除了经过简单手续的过境货物，仅经了一下手的过境货物未被列入贸易额。这些官方数据在研究新加坡商务活动方面可作为很好参考。新加坡转运业务在20世纪有了实质性增长，增加了对港口设施的需求，提升了居民收入水平，增加了就业机会。为了避免引发新加坡贸易依赖性的错误评价，新加坡官方很少公开这类货物运作的全面数据。①

第二次世界大战后，这种不愿公开数据的做法造成贸易统计方面的严重遗漏。从20世纪60年代起，开始汇编国民收入的账目。1960—1990年新加坡经济扩张的速度明显高于以往的历史水平，30年国内生产总值的年度平均增长率达到8.8%。

（2）税制改革

在新加坡开埠后很长一段时间内，英国殖民政府把新加坡定位为自由港。当时新加坡当地税收很少，在公共服务上和社会福利方面也无大作为。尽管这样，新加坡的税收有所增加，具体如表9-3所示。根据统计资料显示，当时新加坡的税收主要来源是以鸦片和酒为代表的征税对象，以及向酒类商品店、酒吧和当铺征收的许可证税、印花税和从土地获得的收入。为了维持城市的治安，政府对房屋、土地、马和马车征税。

表9-3　　　　　　　　新加坡税收（1820—1880年）

年份	税收额（万元/新加坡元）
1820~1821年	15 925
1830~1831年	96 331
1840~1841年	142 900
1849~1850年	172 375
1860~1861年	492 853
1870年	875 690
1880年	1 277 413

资料来源：特罗基·卡尔.鸦片与帝国：殖民地新加坡的中国人社会1800~1910［M］.纽约：康奈尔大学出版社，1900年.

纵观整个19世纪，新加坡税收收入中占比最大的是鸦片。1820年到1882年，比重最大达到55.6%，最小的时候是31.8%。当时海峡殖民地政府的税收收入很大程度上依赖鸦片税收收入。②

---

① 余卫东.中国跨国企业在新加坡投资的税务筹划研究［D］.成都：四川农业大学，硕士学位论文，2005.

② 鬼丸武士.鸦片、秘密结社与自由贸易［J］.南洋资料译丛，2003（03）.

1941年12月，日本以建立"大东亚共荣圈"的借口，发动了太平洋战争。英军低估了日本军队战斗力，日本仅用半年时间打败了英国殖民者，攻占了新加坡。当时日本占领了整个东南亚，在发动进攻的同时在各区设立了军政统治机构，用来统治南方军。日本在1942年1月成立了军政总监部。该部门下设立经济部，由大藏省官员担任部长。在实施军事管制方针下，由日本南方军出台一系列财税金融统制政策，在新加坡实施具体的军政财税政策。1942年2月，制定出台了《有关占领地财政金融通货贸易工作的细则》，提出停止支付工资，加强征税力度等。到1942年的6月，南方军下达了《有关昭和17年度后半期预算编制的通知》的规定。① 该规定要求：①各地的财政尽量保持均等和平衡。为了恢复治安，复兴产业，保持和促进经济力量，可因地制宜，适当地根据各地特点采取相应的手段。②尽量削减一般性行政费用。③确立新的税收体制，整顿税收机构。④把转入的临时军费改为警备费，尽可能调拨出经费。1942年7月，《有关南方占领地和其他地区间的物资交流的课税制度》出台，该制度同意在当地征收关税，规定其中缅甸和菲律宾的关税率为10%，其他地区的税率则为15%，据此来加强对东南亚包括新加坡的税收统制。②

（3）金融制度

自由港政策和市场经济使新加坡的金融业备受国外银行青睐，国外银行很早就在新加坡进行投资了，推动新加坡的金融业逐步建立了发达的国际金融体制。1846年，第一家外国银行——东方银行在新加坡开业。1856—1877年又有三家外国银行在新加坡开业。1906年，第一家本地银行——四海通银行在新加坡开业。至20世纪50年代，先后又有10家本地银行建立起来。

9.1.3　社会保障改革

按照国际劳工组织定义，社会保障可以概括为："社会通过一系列的公共措施向其成员提供的，用以抵御因疾病、生育、工伤、失业、伤残、年老和死亡等原因引起的收入丧失或收入锐减而带来的经济和社会灾难的保护、医疗保险的提供以及有子女家庭的补贴。"③ 社会保障制度是现代社会的发展产物，是维护社会公

---

① 日军对东南亚的"侵略与解放"[EB/OL].http://view.news.qq.com/original/legacy in touch/d308.html.
② 马来西亚的算盘：一口气读懂新加坡[EB/OL].http://blog.sina.com.cn/s/blog_51d52c870100vhue.html.
③ 李健，兰莹.新加坡社会保障制度[M].上海：上海人民出版社，2011：56~62.

民权益的一项重要工作。到目前为止，世界上大多数国家已经建立了不同形式的社会保障制度。①

在英属时期，新加坡没有建立真正意义上的社会保障制度。第二次世界大战后，英军重新占领新加坡，政府实施了公共援助计划，主要针对对象为战争受害者。1946年，英殖民政府成立社会福利部，将公共援助的对象扩大到结核病患者的家庭成员以及判刑入狱者的家庭成员。②

9.1.4 教育制度

新加坡历史上不同时期的教育方式对财富分配的影响很大。

新加坡早期学校是由教会、殖民政府以及宗亲、方言组织建立的。当时它们从小集团或本地的利益出发，把本族文化和语言的发展当作教育发展、培养人才的唯一方法和目标。整个19世纪至20世纪初，华人的学校都是用本族的一种语言教学，学生大都来自地方组织的狭小圈子之中，教学内容也缺乏科学性；殖民政府的学校在一段时间内只收马来族学生，以保持种族力量的平衡，防止华族势力发展过快。到20世纪上半叶，公立学校增多，有了初级学校和中级学校，开办了学院。公文学校的建立带来了两点变化：一是它吸收学生的范围扩大，各种族、各社团组织的子女都可入学，这在一定程度上打破了种族界限；二是它大多以英文为教学语言，英语教育地位不断上升。

殖民政府推行的种族分立政策使各族学校仍然只讲一种语言，如华语、马来语或泰米尔语（印度语）。除了英文学校外，其他语种的学校在种族融合方面的作用有限。在这种教育制度下培养的学生对本族文化的感情较深，但对整个国家和民族的认同很少。这种情况对殖民统治者有利，它有助于分而治之，但对于建立一个统一的现代化国家来说是十分不利的。③

20世纪四五十年代英国殖民当局一度对华语采取了教育歧视政策。当时华人中的激进派受马来亚共产党的影响和操纵，反英情绪十分强烈，这导致殖民当局对他们采取了强硬镇压政策，还导致当局继续不承认华语学校的毕业文凭，使华语学校毕业生无法找到较高待遇和公共行政部门的工作，激化了华人青年反英反殖的民族情绪。20世纪50年代中期，殖民政府在新加坡推行新的征兵制度，华族

---

① 张颂.东盟外国劳工社会保障法律制度研究［D］.北京：北京外国语大学，硕士学位论文，2015.

② 李健，兰莹.新加坡社会保障制度［M］.上海：上海人民出版社，2011：113~120.

③ 范磊.新加坡族群多层治理结构研究［D］.济南：山东大学，博士学位论文，2014.

大力反对，尤其是在华校中酿成了暴乱事件。为平复民怨，殖民政府于1955年成立了一个包括各党派组成的调查委员会，开展调查社会骚乱和种族不和的原因。各党派调查委员会提交了有关调查报告，经1956年议会会议批准。议会批准的内容如下[①]：

①由于马来族在马来亚居于优势主导地位，承认马来语为国语，马来文为国文；②承认马来语、英语、华语和泰米尔语为公共行政和教育施行的官方语言；③各种不同语文学校的官方补助和毕业文凭一律平等对待；④小学采取强迫性的双语教育，中学则为三语教育；⑤重编各级教科书，不论其文字为华文、巫文还是泰米尔文，教材的内容均以强调各族人民认同新加坡为主，并对各族和欧洲历史文化酌量介绍；⑥按地区设置学校。避免开办单一种族学校，以便使学校之间的某些活动，如体育比赛、合唱团比赛，不再是种族与种族之间的竞争，而是多元种族学校之间的比赛。

以上措施的宗旨是减轻种族矛盾，弥补了各种族间的歧义和不理解。当时，由于民族运动正在激烈进行，英国殖民者正处于权力交接的历史阶段，学校教育没有得到很好发展，实际执行的效果并不理想。[②]

9.1.5 社会结构与中产阶级

19世纪的新加坡社会正处于转型期。社会阶级结构比较复杂，既保留着封建社会的某些阶级残余，又有正在兴起的资产阶级和工人阶级，而且知识分子也处于角色转换阶段，很难界限分明地把它们划分为几大阶级。具体地说，可以对这一时期的阶级关系做如下划分：

位于社会顶层的是以总督为首的英国殖民统治集团。尽管他们人数寥寥无几，却掌握着国家政治、军事、治安以及财政税收等关键领域的权力，操控着殖民地的命脉。在政治领域，他们居高临下，发号施令；经济上，他们收入丰厚；生活上，他们奢侈无度，享受着众多仆人的侍奉；精神上，他们深信自己在种族和地位上的优越性。因此，他们难以与其他社会阶层建立紧密联系。

商业资产阶级在殖民地经济中占据了最为强势的地位。得益于殖民者实施的自由主义商业政策，对商业贸易的干预极为有限，加之新加坡作为一个重要的转口贸易港口，商人特别是上层商人积累了巨额财富。他们中除了少数的欧洲人和印度人，绝大多数是华人。这些商人的职业涵盖了商人、店主、转口贸易商、种

---

①② 苗晨阳.新加坡中小学国家认同教育研究［D］.新乡：河南师范大学，硕士学位论文，2017.

植园主、房地产商以及金融业主等。在这些商业资产阶级中,真正富有的大商人或大业主仅占少数,而一般商人和一般业主构成了一个更为广泛的群体。商业资产阶级的上层通常享有显赫的社会地位,担任着一些大型社会团体的领导职务,从他们的日常生活中不难看出其财富之丰。

普通商人和小店铺业主通常整日忙于经营,将大部分时间耗费在店铺中。许多人甚至与家人一同居住在店铺的楼上。他们渴望事业成功,以减轻家庭的负担。由于长时间的工作以及缺乏休闲娱乐的机会,他们中的大多数人都感到身心疲惫。那些经营状况较好的商人通常会雇佣几名店员或助手,自己则主要负责管理工作。在社会发展的初期阶段,机会较多,商人们很少涉足政治,而是专注于自己的生计和财富梦想。①

职员阶层主要包括政府的初级官员、公司的中低层员工、翻译、新闻机构的工作人员以及学校教师等。通常,职员受教育程度较高,思想较为开放。他们的收入并不低,作为政府的初级官员和外国公司的员工,他们在殖民当局和外国人面前有一定的影响力。由于新加坡社会深受儒家政治文化的影响,职员阶层普遍受到普通民众的尊重,其社会地位可以与中小商人相媲美,在政治上甚至高于普通商人。他们通常政治立场不明确,容易受到殖民当局政治态度的影响而变化。

教师的角色正在经历转变。最初,私塾先生主导了教育领域。到了19世纪50年代,半近代化的学校开始建立,来自中国的教师数量增多,他们传播了文化知识,主要教授儒家文化。这有助于社会文化的传播与整合,但并不完全适应快速变化的新加坡社会的教育需求。到了19世纪末,随着近代学校的建立,教师成为新社会文化的传播者。

手工业者主要由雇工和个体经营者构成。在那个尚未实现机械化的时代,劳动主要依赖体力。手工业者群体涵盖了店员、种植园工人、人力车夫、木匠、铁匠、泥瓦匠、金饰匠、厨师、裁缝以及其他各类手工艺人。小规模的个体手工业者通常生活较为稳定,他们依靠自己的技能出售劳动力,或者经营自己的店铺。尽管他们的生活无法与富商巨贾的奢侈生活相提并论,也难以雇佣帮手或工人,但与那些能够摆脱体力劳动的普通商人和业主相比,他们至少能够确保衣食无忧,住所安定。雇工在殖民地社会中处于最底层,他们的收入微薄,直接从事繁重的体力劳动,其中一些人衣衫褴褛。雇工通常没有自己的住所,居住条件依赖雇主提供,店员住在店内,而种植园工人则居住在园内的房屋中。生活的艰辛和殖民

---

① 范磊.新加坡族群多层治理结构研究[D].济南:山东大学,博士学位论文,2014.

地社会的流动性使种植园工人改变现状的愿望尤为迫切。由于文化水平普遍较低，种植园工人缺乏致富的途径，思想上也相对保守。①

这一段时期新加坡的社会阶级结构主要有以下三大特点：

一是国家与社会的"分离"较为突出。由于统治者的专权、统治者与被统治者分属于两个不同民族，以及移民带有传统封闭性的文化机制，种族隔阂很严重，语言不通，移民大量涌来，使当局难以有效实施统治。殖民当局与下层社会的交流困难，下层疾苦问题不能有效反映到决策层。同样，上层政令也很难有效在下层执行。一些华人富商家财万贯、有较高的社会地位，但是没有相应的政治地位，没有表达政见的渠道，遭受政治上的不公平待遇。统治者与被统治者之间有明显种族界限，这在19世纪末期稍有一些形式上的改变。②

其次，社会阶级流动性较高。在19世纪，许多移民将他们在新加坡的居留视为一种临时的旅居，而非永久定居。那些积累了一定财富的移民选择返回故土，而新的移民则跨越重洋，填补了这些空缺，寻求自己的致富机会。这种人口的频繁流动不仅改变了阶级成员的构成，也使阶级结构变得不稳定。社会阶级流动性增强的另一个因素是英国殖民政府推行的自由主义经济政策。在这样的政策环境下，不存在经济垄断，人们享有平等的竞争机会。加之新加坡当时正处于开发阶段，这激发了人们为了改变自身社会地位而努力奋斗。当时，一些人成功地改变了命运，跻身于更高的社会阶层。然而，也有人在竞争中落败，阶级地位下滑。在这样一个移民社会中，基于封建血统的等级制度已不复存在，人们的社会地位更多地取决于财产，这进一步促进了社会等级的流动性。③

三是新加坡是一个城市社会。新加坡农业不发达。它的种植业一度比较发达，大量进口农出口，但种植业少有传统农业性质，属于资本主义经营，产品主要用于出口，生产方式是资本主义企业经营方式，且与资本主义市场和工业化紧密相关。到19世纪末，新加坡港口转运和工业已经超过了种植业，成为主要产业。新加坡社会基本阶级结构是商人、企业主和劳工，不是土地和农民。④

19世纪的新加坡社会不存在封建社会对社会流动的法律和习俗方面的制度障碍。没有法律限制、出身门第限制和科举考试制度约束，财富是决定社会流动的主要因素。拥有财富的人可以进入社会上层，失去财富的人则坠入社会底层。在

---

① 张志超.海外印度人与海外华人之比较研究——新加坡个案分析［D］.昆明：云南大学，硕士学位论文，2010.

②③④ 范磊.新加坡族群多层治理结构研究［D］.济南：山东大学，博士学位论文，2014.

这一时期，经济发展为普通人获得财富和改变社会地位提供了许多机会。相对于以往的社会形态来说，当时新加坡社会阶层向上流动趋势大于向下流动趋势。这种社会阶层频繁流动在手工业者上层和商业资产阶级下层中表现得突出。对于掌握技艺的或经营经验的手工业者来说，要改变自身地位成为一个店主不是一件难办的事情，他们的收入差距不大。

英国殖民者与华人之间，富商、业主、种植园主与职员、帮工、农业工人之间的关系构成了19世纪新加坡社会阶级关系主要内容。英国统治者为了确保自身的特权地位，垄断了所有高级官职，控制了新加坡政治、治安、社会和经济大权，在国家权力层面上，不允许其他种族越雷池一步。获得这种特权地位，是以对其他种族的剥夺为基础的，这种剥夺使华人群体难以接受。19世纪后期发生的一些社会骚乱，大多与这种剥夺有关。①

当时新加坡社会阶级关系复杂表现在商业资产阶级和手工业者之间。英国殖民者的剥夺大多是间接的，商业资产阶级则要直接与工人产生剥削关系。华人社会阶级关系是相互依赖和带有剥削性质的。富商、业主和种植主想方设法攫取最高利润，他们利用他人，包括宗亲以致秘密会社势力，以确保劳资关系和经营管理的常态运营。许多企业主从中国招来国内亲属，安排在自身属下当工头或工人。除亲属之外，他们雇佣同一种方言或同一个秘密会社成员。在宗亲、秘密会社的兄弟关系的基础上，企业主与劳工之间的关系不能简单以阶级对立的尺度来衡量。

在当时的新加坡，无论是保留儒家文化的企业，还是雇佣外人的企业，资本主义生产关系与阶级关系始终存在，当时企业主和劳工之间是剥削与被剥削的关系。同时，当时有移民的企业中存在特殊的社会关系。一名普通劳工会由于与企业主存在特殊社会关系得到比自身能力更多的薪酬。若他失去了企业主的信任，就会被赶出企业。大多数具有特殊社会关系的人才能获得额外的优厚待遇。

9.2　发展阶段（第二次世界大战后至20世纪70年代）

第二次世界大战后，英国殖民政府战后恢复工作富有效率。进入20世纪50年代，新加坡民族运动高涨，人们反对殖民主义、争取政治权力，殖民当局的社会经济改革难以实施。新加坡于1959年实现了自治，李光耀任自治邦政府第

---

① 李路曲.新加坡现代化之路——进程、模式与文化选择[M].北京：新华出版社，1996：34~40.

一任总理。1963年，新加坡加入马来西亚联邦。1965年，新加坡从马来西亚联邦中独立出来，成立了新加坡共和国。在建国初期，新加坡政府所面临的主要问题是①：

一是经济发展迟缓，失业问题严重。当时新加坡主要依赖转口贸易，面对渐进增加的人口压力，无法提供满足这么多劳动人口的就业机会，加之民族运动一度使经济萧条，更加重了失业问题。如何发展经济和解决失业问题，成了政府的首要问题。

二是教育发展缓慢成为严重的社会问题。1959年，新学年一开始，家长们就在学校排起了长队，争取子女入学的机会。增加学校就需要建造校舍，还要增加教师力量，还有大量的资金投入，这一切都变成了亟须解决的难题。

三是很多人无家可归。大部分人居住在很简陋的草棚中，处境非常困难，在建国之前的27年里面，即1932—1959年，殖民政府只建造了3万多套住宅，平均每年仅1 200套，相对于这一时期移居来的和自然增加的几十万人口来说是杯水车薪。当时新加坡到处是贫民窟，脏乱不堪。如何迅速地建造廉价住宅，使人民安居乐业是政府面临的一大问题。②

面对以上严峻的经济社会形势，新加坡人民行动党行实施了整体改革，积极发展经济科技，创新金融制度。新加坡人民行动党致力于实现社会经济的公平公正，通过改革促使国民财富分配制度渐进走向成熟。

9.2.1 劳动就业和工资制度改革

1959年新加坡脱离英国取得自治时，新加坡国内失业人数众多，局势千头万绪，状态堪忧。当时新加坡的人口增长率高达4.4%，但就业机会无法满足劳动力增长，导致失业率总体速度呈上升趋势。1957—1965年，新加坡失业率保持在10%~15%，1966年更是高达8.9%。③

"屋荒"问题严重。近70%的居民居住在贫民窟或简陋不堪的棚屋，促使新加坡社会治安较为混乱。李光耀认为新加坡国内市场缺乏增长动力，国内资金、技术和人才匮乏，要鼓励吸引企业家、技术专家参加新加坡投资和建设，开展国

---

① 柯珂.新加坡的精英治国及后李光耀时代的走向[D].南昌：江西师范大学，硕士学位论文，2017.
② 范磊.新加坡族群多层治理结构研究[D].济南：山东大学，博士学位论文，2014.
③ 孙朝玉.新加坡工业化进程中的工资政策[D].广州：华南师范大学，硕士学位论文，2007.

际招商，吸引国际资本。在英国工会运动影响下，新加坡工会运动快速发展。作为社会组织政治化的产物，工会希望新加坡人民行动党上台后能保障增进工会权益。以李光耀为首的领导人认为，新加坡要获得国外投资者的青睐，首要的是需要维持低工资和劳资关系的安定，要限制工会权力。在他们看来，新加坡人民行动党代表全体新加坡人权益，应致力于人民福祉，而不是一味迎合某个利益集团。1961年，工会和新加坡人民行动党的两者关系白热化，工会进行频繁罢工。1961年7月~1962年9月，新加坡共发生了153次罢工行动，创下了历史纪录。对此，新加坡人民行动党明确表达了坚定的政治立场，采取了不妥协措施，逮捕了罢工领导人物，限制罢工权利，扶植自身领导下的全国职工总会作为新加坡唯一的全国性工会。在这种情势下，其他工会也不甘示弱。1967年，公共日薪劳工联合总会属下的公共日薪清洁工友联合会上千名工人不顾政府的反对和警告，就卫生部推行的清洁工人工作制度发动罢工。政府采取了铁腕政策：一方面，逮捕了煽动罢工的工会领袖，提出司法控告，取缔了这个工会；另一方面，政府宣布罢工的做法等于放弃工作，瓦解了罢工队伍。这次罢工冲突也发挥了积极的社会作用。李光耀回忆道："这次罢工是新加坡劳资关系的一个转折点。政府针锋相对地应付罢工行动，赢得公众的支持，导致工会文化产生了变化，从目无法纪转为互谅互让。"①②

新加坡于1965年退出马来西亚主导的联邦，独立成立新加坡共和国。当时新加坡经济体量过小，资源极度匮乏，劳动力严重过剩，产业结构单一，主要是依赖商业与服务业。政府引导工会参与制定国家发展计划，支持全国职工总会发展壮大。工会召开了一个历史性研讨会，提出了工会未来发展的建议，推进与政府合作，政府和工会的共生关系确立起来。③

20世纪60年代是新加坡工会运动时代，这个阶段是罢工高发阶段。与1959年相比较，全国罢工人数从1 939人增加到43 583人，1963年增至33 044人；损失的工作日从26 587个上升到410 889个，1963年上升到和388 219个。没有了工人辛勤劳动，一些工厂和港口在工潮中陷入瘫痪。当时，劳资关系紧张，新加坡政府再一次发挥了重要作用。李光耀指出，罢工是劳工自私自利的行为，如果新

---

① 吕元礼.鱼尾狮智慧：新加坡政治与治理［M］.北京：经济管理出版社，2010.
② 孙朝玉.新加坡工业化进程中的工资政策［D］.广州：华南师范大学，硕士学位论文，2007.
③ 柯珂.新加坡的精英治国及后李光耀时代的走向［D］.南昌：江西师范大学，硕士学位论文，2017.

加坡再发生这样的事，他会宣布这是犯了严重的叛国罪，采取行动对付罢工领袖，把他们送上法庭。①从长远出发，政府颁布了一系列劳资关系法规，主要规定包括：延长劳动的工作时间，从原来的1周39小时增加到1周44小时；公休日从1年14天减到1年11天；削减可领工资的假日；削减病假日；加班1个月以48小时为限；劳工在1年内能享受1周休假，但没有工资；退休工龄定在55岁。

新加坡政府新颁布的工业关系法则让企业主拥有更大的管理权。其中第17条规定：一些基本的管理职责不须通过工会和企业主的集体合约商定，必须由企业主单独行使。这些管理职能包括劳工的提升、在企业的转岗、录用、裁员、解雇和职务分配等。②随着集体合约期限的延长，劳资谈判的次数减少了；最短的合约期限，从1年半延长到3年。政府希望减少谈判有助于降低停工现象，合约期限延长则能加强企业主的安定感。这些法令对工人苛刻，对资方有利，政府排除工会干扰和阻挠，将法令付诸实施。其中新加坡职工会总会秘书长蒂凡纳支持政府做法，他认为在一个快速发展国家中，劳工阶级是否能改善处境有赖于经济发展与繁荣，不明智的工会行为将导致经济被排斥于世界市场之外。这些法律强制约束了劳资关系，使罢工和停工不能随意使用。投资者普遍欢迎政府的劳工法，全国职工总会作出了让步，同意取消原草案中有关55岁强迫退休的规定，这遭到工人反对，活跃的工人运动沉寂下来，罢工减少了，因劳资纠纷而丢掉工作的人数减少到最低限度。③

改善劳资关系得益于时任总理李光耀。1968年职工会总会代表大会上，李光耀强调改善劳资关系比加薪更加重要，资方代表应和政府联合起来改善劳工运动，改善管理制度和福利制度。事实上，工人没有改变其地位和境况。一些工人受到企业主的压榨，新加坡的经济得到恢复，但是就业岗位没有增加。李光耀指出，这些行为是不道德的；工人们付出了努力，应该公平对待工人；只有企业主尽了自身本分，工人才会付出更大努力。通过李光耀争取，政府和工会的对抗性劳资关系转变为合作的伙伴关系。

李光耀的上述举措使工会看到了政府和资方的诚意。职工会总会反思了"工会"定义。当时的工会法令是沿用英国法，工会是一个通过罢工或其他工业活动

---

① 李路曲：新加坡现代化之路——进程、模式与文化选择[M].北京：新华出版社，1996：36~38.

② 李路曲：新加坡现代化之路——进程、模式与文化选择[M].北京：新华出版社，1996：44~47.

③ 吕元礼.鱼尾狮智慧：新加坡政治与治理[M].北京：经济管理出版社，2010.

来争取工友权益的组织。经过商榷,职工会总会的职能转换为:通过提高生产力,搞好劳资关系,以提高工友在社会与经济上的地位。全国职工总会确立了自身的社会角色,协助政府,以国家利益为重并承担自身的责任,努力在国家发展中改善自身的生活和工作条件。在政府的协调下,劳资关系逐渐呈现出平稳的局面,并产生了显著效果。

1968年,新加坡有52家工厂落成,提供了17 000份职业。第二年新投资提供了2万个新就业机会,就业问题渐进得到解决,工人收入增加了。1972年,在政府的领导下,新加坡成立了全国工资理事会。这是三位一体的组织,由工会、企业和政府三方派人员组成。成立全国工资理事会目的是不损害新加坡出口竞争力,不剥夺工会的基本权利,不妨碍企业主自行调整工资,给工人带来加薪的行政保障。全国工资理事会的政策总原则是薪金增长率不得高于生产率。全国工资理事会每年都根据国内经济发展状况、通货膨胀因素、劳资双方要求及加薪对就业、生产、消费、出口和国际收支平衡等诸多因素,提出全国年度加薪指导原则及与工资、就业有关建议。全国工资理事会的职能和战略目标具体如表9-4所示。

表9-4　　　　　　　新加坡全国工资理事会职能与战略目标

全国工资理事会	
职能	战略目标
①对奖励制度提出意见,以此来提高企业的效率和生产率	①尽量降低通货膨胀率
	②平等分配经济增长的成果
	③增强产品出口的竞争力
②调整一般新晋指导原则和薪金,向政府提供意见,以期配合长远经济与社会发展的工资制度	④尽量降低失业率
	⑤保证工资有序地增长
	⑥增加工资增长率

全国工资理事会的职能和战略目标最大限度发挥了效用,有效改善了劳资关系及工资问题,促进了劳资双方共同合作。20世纪80年代,伴随劳资关系改善,政府认为1968年的雇佣法令已经不合时宜,遂作出修改。新法令加强了劳资关系,促进工人对企业效忠意识。

新加坡建国伊始,国内的人口增长速度和妇女的劳动参与程度得到了提高,劳动力的供应大于市场的需求,降低了新加坡的工资水平。但是伴随经济的发展,1965—1973年,新加坡发展加工业、金融业、旅游业和交通运输业,改善基础设施建设,提供进行投资的多项优惠政策,这一阶段新加坡经济获得快速发展。新加坡失业问题显著缓和，国家失业率从9%左右降低到4.5%，失业率下降了4.5个百分点。①

1972—1974年，新加坡经济持续增长，基本实现了充分就业。随着爆发石油危机，1972年实施了工资政策改革，主要用来补偿通货膨胀对收入的影响。这一阶段工资政策未能提高生产率，反而增加了国内生产成本。1975—1978年，新加坡实施了降低工资增长幅度的政策，以控制工资增长，增加就业岗位，在增强出口竞争力的同时提高生产率。全国工资委员会鼓励企业采取奖惩制度，限制员工的福利待遇。新加坡政府实施降低工资增长幅度的工资政策，对促进新加坡国内经济增长，充分就业和降低通货膨胀发挥了积极作用。②

9.2.2 税制改革与金融改革

税收制度的产生和运行有其特定的历史环境和因素，随着环境因素变化，税收制度要进行相应调整和变更。新加坡税收制度变革，是新加坡社会和经济发展客观要求，也是国民经济迅猛发展重要原因。

1959年初，新加坡人民行动党政府刚组建就颁布了第一和第二号法令，即《新兴工业（减轻所得税）法令》《工业扩展（减轻所得税）法令》，前者规定对于国家工业发展和新兴工业所需的原料，一律免征进口税；后者规定凡投资已获国家批准的现有企业，可按所投资本的多少累计计算所免税收。也就是说，所投资本越多，相对减税就越多，这两项法令对吸引外资起了重要作用。③

在新加坡脱离英国殖民政府加入马来西亚联邦后，在两国的合并协议中，马来西亚首相东姑·阿都拉曼（马来语：Tunku Abdul Rahman）表示，虽然两国合并了，但是税收由联邦政府控制，再根据新加坡所需要的款项划拨。马来西亚首相这样表示，新加坡政府担心，如果自身税收被马来西亚联邦控制，嗣后新加坡本地区将受其控制。这样，新加坡和马来西亚在缴税金额上争执不下。④

---

① 数据来源：The Annual Report of the Labor Force Published by the Ministry of Labor Does Not Publish Data by Ethnic Classifications from 1990 onwards though the Ministry Has Collected the Data, Census Data.

② 孙朝玉.新加坡工业化进程中的工资政策［D］.广州：华南师范大学，硕士学位论文，2007.

③ 余卫东.中国跨国企业在新加坡投资的税务筹划研究［D］.成都：四川农业大学，硕士学位论文，2005.

④ 毕世鸿.太平洋战争期间日本对东南亚的财政金融统制［J］.东南亚纵横，2011（03）：91~95.

（2）金融改革

第二次世界大战后，新加坡为了恢复国内经济，进行了改革尝试。新加坡利用自身的地理有利条件和区位优势，大力发展金融市场。重点培植亚洲美元市场和金融期货交易所，提供税收上的优惠政策。新加坡独立时期，政府针对本国银行机构少、实力差、素质低的状况，考虑若让外国大银行进来，会压制本国金融业发展。新加坡政府决定，促使银行业进行收购合并，壮大本国银行，渐进形成了大华、发展、华联和华侨大集团等金融机构，在资金实力、技术设备和业务素质等方面，逐渐具备了与国外大银行的竞争实力。①

20世纪六七十年代进入经济起飞阶段后，新加坡金融业进入了大发展时期。当时外国金融机构大量涌入，到1965年，有30多家国内外银行和100多家金融及保险公司。20世纪60年代末期，新加坡政府进一步放宽政策，利用原有的基础和其他有利条件，放松外汇和黄金管制，通过各种手段吸引外国银行在新加坡设立分行和办事处，开展各种金融业务活动。1968年设立了亚洲美元市场，这标志着新加坡的金融业进一步与国际接轨。1977年底，新加坡已成为仅次于伦敦、纽约和香港的世界第四大金融中心。根据1986年的统计，新加坡共有商业银行134家，证券银行58家，其他金融机构50多家，银行资产总额约800亿新元，金融公司资产总额为80多亿新元。1995年，新加坡的"亚洲元"市场资产达3 860亿美元，交易非常活跃。各地长短期资金流动自由，日交易量超过1 000亿美元。②

伴随金融业发展，新加坡社会向非现金交易的社会过渡。据1992年统计数据，全国已有70%以上职工从银行领取工资，这大大减少了储蓄手续和交费等转账手续，减少了现金付账业务；在全国280万人口中，已有近60万人使用各种各样的信用卡。连交房费、水电费也可以用信用卡结算，已120多万人使用自动提款卡。各商业区、购物中心、商场、商店和酒楼等都设有自动出纳机，十分方便；已有60多万人在银行办理电子转账手续，他们持卡到商店购物，不必付现金。商店的转账机可以帮助结账。渐进形成非现金交易社会，使金融业功能得到了强化，推动了其进一步发展。③

新加坡政府在新加坡成为国际金融中心过程中发挥了重要作用。20世纪60

---

① 李路曲：新加坡现代化之路——进程、模式与文化选择［M］.北京：新华出版社，1996.
② 数据来源：The Annual Report of the Labor Force Published by the Ministry of Labor Does Not Publish Data by Ethnic Classifications from 1990 onwards though the Ministry Has Collected the Data，Census Data.
③ 郭建军.独立以来新加坡外向型经济的发展：全球化与区域化视角［D］.昆明：云南大学，博士学位论文，2012.

年代开始，新加坡政府采取了一系列金融优惠政策吸引外资在新加坡开办金融机构。主要政策包括：采取低税制和低经纪佣会制，取消黄金交易的一切限制和黄金进口税；全面放宽外汇管制，取消银行向国际汇款的货币种类和数额的限制；免除投资亚元债券所得利息的征税，以鼓励更多机构到亚洲美元市场来发行债券。这一系列改革措施促使新加坡金融市场迅速发展起来，国际化程度越来越高，成为世界金融中心。新加坡形成世界金融中心，不仅为国际金融资本在亚洲活动提供了一个重要场所，也把亚洲金融资产集聚起来，减少了向欧美流动数额。更重要的是把欧美的金融资本吸引到亚洲，推动了国际金融资产活动，给新加坡带来了丰厚利润，解决了建设资金短缺和外贸逆差问题。在引进资金过程中，新加坡引进了先进科学技术和管理方法，提高了本国劳动生产率，促进完善了经济体系。

纵观新加坡经济发展的历史轨迹，新加坡经济发展过程分为四个阶段。1966—1975年为新加坡经济发展第一阶段。新加坡政府在该阶段重点投资国内基础设施，鼓励本国人民进行创业，大力发展制造业和加工业。国内基础设施得到了很大改善，国外投资渐进增加。1976—1985年是第二阶段。新加坡政府在该阶段重点改革了国内经济结构，将本国劳动密集型产业向资本密集型产业进行转变，加快了第三产业投资力度。国内环境得到改善，为引入外资提供了良好条件。1986—1995年是经济发展的第三阶段。本阶段是新加坡经济高速增长的时期，新加坡政府大力发展高新技术，成为全球著名航运中心和世界金融中心。从1996年至今，新加坡政府将发展重心转移到服务业、信息产业为代表的第三产业，全力打造一个国际化的新的新加坡，积极推进经济机构重组。当前，伴随全球经济发展及富人财富规模扩大，新加坡成功立足于"大资管时代"。从变为亚洲金融财富中心起到2013年，新加坡各类金融机构在资产管理的规模已经达到了1 082万亿新元，仅次于瑞士。

9.2.3 社会保障改革

新加坡以中央公积金制度为中心的社会保障制度已经成为社会保障改革典范之一。新加坡社会保障制度称为中央公积金体系，也称为公积金制度，以下简称CPF。该制度是在保证新加坡公民"老有所养，居有其屋，病有所治，能应灾变"的基础上设计和制定出来的。作为新加坡的社会保障制度，公积金制度始终作为国际上社会保障体系的典范，相关的经验值得其他国家学习。根据新加坡在社会保障制度方面的所做的尝试，可以从以下两个阶段看出新加坡在社会保障方面作出的努力。[1]第一个阶段是从20世纪60年代到80年代,新加坡社会保障方面改革主要包括促进就业和实施组屋。在就业方面,促进实现充分就业,尽量为劳动力提供就业机会。推行组屋政策是为了人人有房住。除了这两方面,当时新加坡其他社会福利措施较少。第二阶段是在20世纪90年代后,新总理吴作栋致力于建立一个更加具有人文关怀的社会,为增加社会福利做出许多努力,使新加坡社会保障制度变得更完善。经历过这两个阶段后,新加坡社会保障体系不断发展完善,通过一系列政策提升,公积金制度逐渐扩展到退休养老、购买住房、医疗保险、家庭保健和教育等领域,中央公积金制度的社会保障功能愈加显现出来。[2]

新加坡社会保障制度体系框架的主要内容如下:

(1)中央公积金制度

新加坡社会保障制度被称为中央公积金制度。1955年,该制度正式成立。它通过强制储蓄的方式,为退休或无法继续工作的劳工提供经济保障。新加坡社会保障发展至今,中央公积金制度先后推出过十多项公积金计划,包括养老储蓄金计划、福利住房计划和新加坡巴士有限公司股票计划等(如表9-5所示)。

中央公积金采取完全积累的筹资模式,由企业主和劳工共同出资缴纳,存至中央公积金的个人账户。[3]新加坡中央公积金制度的各项保障计划实施时间如表9-5所示。

表9-5　　新加坡中央公积金制度的各项保障计划实施时间

保障项目	实施时间	计划名称
住房保障	1968年	公共组屋计划
	1981年	住宅房地产计划
家庭保障	1981年	家庭保障计划
	1989年	家属保障计划
医疗保障	1984年	保健储蓄计划
	1990年	健保双全计划
	1994年	增进健保双全计划
	1995年	填补保健储蓄计划

---

[1] 陈云娣.新加坡的福利模式研究[D].上海:上海师范大学,硕士学位论文,2017.
[2] 李健,兰莹.新加坡社会保障制度[M].上海:上海人民出版社,2011:P120~124.
[3] 李健,兰莹.新加坡社会保障制度[M].上海:上海人民出版社,2011:P8~10.

续表

保障项目	实施时间	计划名称
退休保障	1987年	最低储蓄计划
	1987年	最低储蓄填补隐患
资产增值	1978年	新加坡巴士有限公司计划
	1986年	住宅房地产计划
	1993年	基本投资计划
	1993年	增进投资计划
	1993年	填补购股计划
支持教育费用	1989年	教育计划

资料来源：新加坡中央公积金局，转引自李绍光.养老金制度与资本市场［M］.北京：中国发展出版社，1998：199。

早在新加坡作为英国殖民地时期，中央公积金制已初见雏形。当时该制度旨在响应英国殖民政府希望保持独立与减少财政负担的要求。起初，中央公积金制度未作为一项社会保障制度，而是作为一种强制职工进行储蓄的自我保障制度。1946年新加坡成立社会福利部，将保障对象扩大到患病和入狱的家庭成员。新加坡社会保障制度实质性转变发生在1951年。当时，政府成立一个专门委员会，提出了养老金计划和公积金计划，最终被社会各界采纳的是公积金计划，使中央公积金制度成为社会保障制度一部分。①

第一，中央公积金制度发展。中央公积金制度发展过程可以分为两个阶段。第一阶段是1955—1965年，即单一养老保障阶段。在这个阶段，新加坡局势动荡，政治不稳定。新加坡从英国殖民政府脱离后进行自治，加入马来西亚联邦，直到1965年从马来西亚联邦中独立成为共和国。这个阶段政府着力稳定社会关系，维护社会稳定，在中央公积金制度建设方面投入不多。第二阶段是从1965年至今，这是社会保障项目扩展和完善阶段。新加坡政府首次推行公共建屋计划以实现"人人都有房子住"的目标，这标志着中央公积金制度保障范围扩宽。1986年政府允许将公积金投资于证券市场，进一步扩展了中央公积金制度范围。嗣后，中央公积金保障范围不断扩大，功能不断增多，缴费基数持续提高。②

第二，中央公积金制度总体框架。新加坡为参与中央公积金的人员设立个人账户。该个人账户分为3个子账户，具体包括普通账户、专用账户和医疗储蓄账

---

① 李健，兰莹：新加坡社会保障制度［M］.上海：上海人民出版社，2011：16~19.
② 李绍光：养老金制度与资本市场［M］.北京：中国发展出版社，1998：81~85.

户。每个账户具体使用情况如表9-6所示。当参与中央公积金的人员满55周岁后，这类人群拥有由中央公积金建立的退休账户，退休账户资金来源于普通账户和专用账户，可以在年满62周岁后领取养老金。

表9-6　　　　　　　　　　中央公积金个人账户分类

子账户类型	用途	设立时间
普通账户	用于子女教育方面的支出、股票投资、购置组屋、保险等	20世纪70年代
专用账户	用于退休金、投资退休相关的金融产品	1977年7月
医疗储蓄账户	用于支付住院、门诊、疾病保险等相关费用	1984年4月

资料来源：新加坡中央公积金局，转引自李绍光.养老金制度与资本市场［M］.北京：中国发展出版社，1998：199。

在中央公积金筹集资金方面，个人账户的资金按照缴费比例由企业主和劳工一起缴纳。其缴费水平因参与人员的年龄和工资水平的不同而不同。随着年龄的增长，缴费水平逐年递减。如果劳工的工资水平低于某个标准，可以免缴或少缴费用。如工资收入每月500新元以下可以免缴，750新元以下则可以少量缴纳。[①]

在中央公积金投资管理方面，由于中央公积金实行完全积累，这部分积累资金涉及投资管理问题。主要投资方向有3个：一是股票基金，中央公积金允许参与者从普通账户和特别账户中提取一定比例资金投资于股票和基金类；二是保险计划基金，中央公积金设有保险计划基金，这部分资金用于投资股票债券、定期存款或者可转让存款凭证等；三是住房、基础设施建设和国外资产。中央公积金会将部分资金用于这些领域的投资，参与者可以获得不低于2.5%的记账利率。[②]

作为一个覆盖面较广、功能比较强大的社会保障制度，中央公积金制度自设立以来取得了良好成就，在维护社会稳定方面发挥了重要作用。中央公积金制度推动了新加坡经济发展，配合了国家宏观调控，已经成为新加坡政府宏观调控的有力手段。中央公积金制度通过强制储蓄和完全积累模式，一方面强调了公民自我保障意识，增强了他们对家庭和社会的责任意识；另一方面，减轻了政府财政负担，加强了国家凝聚力，改善了公民生活水平和社会福利待遇。同时，中央公积金制度在社会保障方面存在一些问题，如中央公积金积累资金巨大，如何对这

---

① 张颂.东盟外国劳工社会保障法律制度研究［D］.北京：北京外国语大学，硕士学位论文，2015.

② 新加坡的中央公积金制度［EB/OL］.http：//www.studytimes.cn/shtml/xxsb/20140616/5254.shtml.

部分资金实现保值增值功能是需要解决的问题。中央公积金的功能决定了该制度缺乏互相救济作用，这可能造成参与人员在退休之后的待遇不公平。

（2）新加坡老年保障制度

第二次世界大战后的殖民主义晚期，各发达资本主义国家虽然继续实行殖民统治，但社会福利问题逐渐受到重视，成为巩固政权的课题之一。在英国统治的地区，1951年马来西亚最初采用了劳动者积累基金，EPF在独立前后得到了普及。这种制度与高收入国家的"互利国家"制度有所不同，是一种确定给付制度。许多国家在实施此类制度时，除了独立前后的财政制约因素，更多是出于经济发展和监督体制的考量。国际劳工组织以及高收入国家认为，在发展中国家及地区，实施社会保险型的社会保障制度较为困难。新加坡引进了中央公积金制度，在其基础上推进和完善了以CPF为基础的社会保障制度，最终建立了一个独特制度安排。[1]

从1942年日本人占领以前的英国殖民地时代起，新加坡已经存在着以政府职工为实施对象的养老保险制度。第二次世界大战后的1945年，为了解决由战争带来的贫困问题，新加坡设置了社会救济制度。由于社会救济制度实施范围有限，殖民地政府讨论研究了包括扩大实施范围在内的社会保障制度的基本理念。麦克法德齐恩委员会对养老保险制度与公积余制度之间的优缺点进行比较和分析，得出应该实施缴纳型养老保险制度的结论，但殖民地政府以自有的福利理念为基础否定了委员会的这个结论，决定实施公积金制度。1953年通过了《中央公积金法》，1955年开始实施中央公积金制度。在当时制度中，其实施对象没有包括所有的被雇佣人员，未对失业与治病疗养中的参与者实施救济。[2]

为了探讨实施其他新型制度的可能性，新加坡成立了凯思委员会。该委员会研究了如何解决失业与疾病引发的贫困问题，接受了国际劳工组织（ILO）委托的专家布罗克赫斯特（Brockhurst）的建议。他们提出了两个方案：一是建立一个覆盖所有被雇佣人员和个体经营者的社会保险体系；二是扩大社会保险体系和充实社会救济制度。新政府担心这些措施可能导致类似于西欧"福利国家型"的制度，推迟了这些措施的实施，继续扩充中央公积金制度以推进社会保障政策的实施。目前，中央公积金制度已演变成一个复杂制度，它依然是新加坡最重要的社会保

---

[1] 李健，兰莹.新加坡社会保障制度[M].上海：上海人民出版社，2011：73~76.
[2] 陈文.新加坡志愿性福利组织研究[D].苏州：苏州科技学院，硕士学位论文，2011.

障制度安排。①

第一，新加坡实施个人养老账户的原因。新加坡在实行养老保险时，在退休金给付办法上大胆采用了"个人养老账户"制。之所以采取"个人账户"，原因众说不一。最主要的原因是，作为英联邦盟主国，英国不愿承担联邦成员国退休金负担，而是尽可能地从成员国榨取收益。出于这样的宗旨，英国不愿意其联邦成员国仿效它的养老保险模式，而是期望它们实行一种收支自我平衡的退休金给付办法，而"个人养老账户"制恰恰符合这一设想。

第二，新加坡老年保障制度主要内容。新加坡老年保障制度依赖中央公积金制度，该制度是一个完全积累的强制储蓄计划。如表9-7所示，中央公积金分为3个账户：普通、保健储蓄与特别账户。②

表9-7 新加坡中央公积金养老账户

账户类型	账户用途
普通账户	该账户的资金可用于购买组屋或者其他房地产，另外也用于投资、退休、购买保险和支付子女大学教育费用等
保健储蓄账户	主要用于公民医疗方面的支出，包括医疗费和获批准的医疗保健费
特别账户	该账户主要用于公民晚年养老和部分紧急支出。其中特别账户的存款约占中央公积金存款的10%

资料来源：新加坡中央公积金局，转引自李绍光.养老金制度与资本市场[M].北京：中国发展出版社，1998：199~203.

55岁以后，公积金会员的个人账户将变更为两个账户，即退休账户（由特别账户和普通账户中的部分存款转移而来）和保健储蓄账户。退休账户中的存款占所有账户存款的比例会逐渐降低。公积金总缴费率在下降。到了65岁以上，保健储蓄账户几乎占据了总公积金账户存款的全部，退休账户中存款比例仅占10%。③

第三，新加坡养老保险制度的改革。新加坡以"个人养老账户"为核心的中央公积金制度取得成功与它不断改革、完善的中央公积金制度密切相关。1955—1968年，新加坡规定退休投保者有权一次性连本带息取走自身"个人养老账户"上的全部存款，作为个人养老之用，嗣后进行了几项新的修改：

一是规定"个人养老账户"须留下最低存款。此项最低存款为3.38万新元，

---

① 李健，兰莹.新加坡社会保障制度[M].上海：上海人民出版社，2011：63~64.
② 陈文.新加坡志愿性福利组织研究[D].苏州：苏州科技学院，硕士学位论文，2011.
③ 李健，兰莹.新加坡社会保障制度[M].上海：上海人民出版社，2011：65~67.

以保障他们退休后能够安享晚年，防止某些老人取走全部存款后挥霍一空或因投资失败而无法度过晚年。最低存款总额按老年人平均余年和平均每月最低生活费算计算得出的。

二是保障退休老人生活，鼓励老人继续就业，退休后仍可继续投保，根据不同年龄段设定了不同的投保费比例。

三是个人账户分开使用。从1976年起，新加坡把"个人养老账户"一分为二，分成"普通账户"和"特别账户"。1984年起，将"个人账户"一分为三，除"普通账户"和"特别账户"外，新增了"保健储蓄账户"，用于住院治疗。

四是大幅度调整公积金制度。新加坡政府对中央公积金制度进行重大调整，主要目的是降低筹资成本，降低失业率，减轻人民负担。新加坡政府在以下几个方面进行调整：放弃提高公积金缴纳率至40%的计划，将36%的公积金缴纳率下调至30%；调高之前（2003年7月之前）设定的8万新元最低存款额；将需缴纳公积金薪金下限从6 000新元下调到5 000新元；四是分阶段取消退休者提取半数公积金的政策，改为退休者只能提取扣除公积金最低存款额和保健储蓄最低存款额后的余款。

改革中央公积金制度是难度较大的决策，但这是解决社会保障问题的"良药"。若新加坡不解决这些问题，可能会导致更高失业率。新加坡政府认为，社会保障政策和制度须与时俱进。[1]新加坡养老保险制度依靠中央公积金制度来实现。中央公积金制度最初建立时，是为新加坡薪资人员提供养老储蓄基金。今天看来，它是一种独特且有效的老年保障制度，能够实现公民老有所依，得到了社会认可。[2]

新加坡实行养老保险，在退休金给付办法上采用"个人养老账户"制。新加坡政府规定：凡是在新加坡有薪金收入的每位劳工须缴纳公积金，企业主需要按照国家规定为其劳工缴纳一定比例保险费，这些保险费以储蓄形式存入劳工个人账户，由中央公积金局管理，以备退休后领取。55岁以下的公积金会员，每月缴纳公积金按不同比例存入3个账号：普通账户、保健储蓄账户和特别账户。[3]

新加坡老年保障制度主要包括以下计划：养老储蓄计划、最低存款计划、终

---

[1] 李健，兰莹.新加坡社会保障制度［M］.上海：上海人民出版社，2011：84~89.
[2] 陈云娣.新加坡的福利模式研究［D］.上海：上海师范大学，硕士学位论文，2017.
[3] 陈文.新加坡志愿性福利组织研究［D］.苏州：苏州科技学院，硕士学位论文，2011.

身总计划、老年人医疗计划（包括医疗保健储蓄、健保双全计划和健保双全附加计划）、老年人住房方面屋契回购计划、老年人残疾保障方面的老年保障盾牌计划、受赡养者保护计划、老年人服务蓝图计划、银发资讯通信项目、公共援助金计划和分享财政预算盈余计划等。通过这些保障计划，新加坡初步在实现人民安居乐业的和谐社会方面取得了初步成效。为了弥补缺乏互济性和灵活性的老年保障方式，新加坡政府采取积极措施，从本国国情出发，先后设立了各项改革方针。这避免了社会保障资金过分依赖国家财政，节省了大量财政开支用于经济建设，还对新加坡经济增长作出了重要贡献，取得了显著社会保障成就。①

（3）新加坡住房保障制度

为解决住房问题，新加坡政府成立建屋发展局，建造人民购买得起的公共房屋。1961年，新加坡一个贫民窟发生大火，造成多达1.6万人流离失所。在此背景下，建屋发展局着手为受灾群众兴建新家园。这一行动标志着新加坡开始为低收入居民建设廉价住房。

在早期，新加坡政府修建的公寓主要分为单间、双房和三房式三种户型，把这些房子以较低价格（平均每月约40新元）租给低收入居民。伴随经济社会发展，这种住房政策的受益人群逐渐扩大到中低收入家庭。这种政策实施了4年后，新加坡房荒问题得到了有效的解决，很多低收入家庭住上了干净整洁的房屋。在接下来几十年内，新加坡继续完善房屋保障。1991年由建屋发展局启动了"设计和建筑"计划且放宽福利住房条例，实施新加坡单身公民购屋制度；1995年为了给居民提供更多选择，启动了"执行共管公寓计划"；1991年开始放宽福利住房条例，实施单身新加坡公民购屋制度。2001年8月，新加坡购房政策进一步放宽限制，允许居民在转售市场上购买其他的三房式组屋；2004年，政府再次放宽政策，允许单身人士在公开转售市场上购买二房式组屋，允许35岁以上单身者购买各类型组屋，包括五房式和公寓式组屋。②

9.2.4 社会保障改革

由于历史原因，新加坡教育制度因其多元化、多民族文化而更具魅力。1959年，新加坡人民行动党上台执政后，调整了教育政策。新加坡政府确立三大教育目标是：认同和效忠新加坡国家；为学习者提供知识、技能和价值观；增加各种

---

① 李健，兰莹.新加坡社会保障制度［M］.上海：上海人民出版社，2011：87~88.
② 李健，兰莹.新加坡社会保障制度［M］.上海：上海人民出版社，2011：90~92.

族和各群体接受教育的机会，确保教育机会均等。①除了第二条体现了教育一般功能外，第一条和第三条都含有发展种族关系的内容。认同和效忠新加坡国家实际上是种族关系发展的最高目标。各种族只有认同了"新加坡"，把自身看成是新加坡人，才能最终消除种族隔阂；通过提供平等的教育机会与提高教育水平，则是消除种族隔阂的基础。三大教育目标中有两条与发展种族关系有关，可见种族关系对新加坡经济社会发展的重要性。②

1960年，新加坡政府开设了两所语言教育学校。这些学校采用两种主要语言进行教学，使不同种族的学生能够在同一所学校学习。1972年，新加坡政府已建立了107所双语制学校。一般这样的学校教授使用英语和一门本族语言，例如华语、马来语或印度语。此举打破了种族界限，创造了一种环境，使不同种族和讲不同语言的学生可以在一起互相交流，增加接触和了解，培养种族团结精神。由于英语在就业和工作中作用不断增大，推行英语没有种族背景，不会引起种族矛盾，使用英语的学校迅速增加。到20世纪80年代末，政府取消了各母语学校，所有学校完全以英语作为主要教学语言。

新加坡政府致力于给各种族提供平等受教育机会。新加坡政府曾对马来人特别优待。新加坡建国之初，马来人的文化水平比华人和印度人都低，从20世纪60年代开始政府作出规定，凡马来人子弟在中学和大学一律享受免费教育（当时新加坡已在小学实行了义务教育）。这一政策显然对马来人有利。但即便如此，很多马来人家庭的经济收入和文化水平很低，仍然无法或不愿意使子女接受中高等教育和职业教育。据统计，1973—1985年，升入大学的马来族学生比华族学生少6~19倍，比印度学生少2~8倍，华族比马来族的人口只多了4倍半，印度人比马来人要少1倍多。以1985年为例，能够进入大学的马来族学生只占中学毕业生的1.2%，华族学生则占12.7%，印度学生占6.3%。显然，马来族与华族和印度人在教育机会上的差距较大。面对这种情况，1981年，政府设立了"巫族教育基金"。该基金用来资助马来族学生及其家庭的生活，在更广泛的范围内帮助马来人得到受教育的机会。随后10年中，受益于这些政策，马来人的教育水平和生活水平得到了快速提高。1990年，政府采纳了一些马来人倡议，规定只要马来人家庭达到一定水准，学生进入大学学习的经费可以被纳入"巫族教育基金"，马来族学生获

---

① 苗晨阳.新加坡中小学国家认同教育研究［D］.新乡：河南师范大学，硕士学位论文，2017.
② 陈丽平.新加坡税收法律保护制度初探［J］.法制与社会，2009（04）：44~45.

得资助。新加坡少数民族与中国少数民族住在不同偏远地区，他们与华人住在一起。由于政府政策得力，新加坡少数民族的教育水平得到提高①。

1966年教育部通令小学实行双语教学制，由家长为学生在4种官方语文中选择"第一语文"和"第二语文"。一般家长把英语列为学生的"第一语文"，把母语列为"第二语文"，即华人选华文为第二语文，马来人选马来文为第二语文，印度人选泰米尔语为第二语文。在学校中推行双语教学产生的后果是：英语成为新加坡人最广泛使用的语言。华人、马来人和印度人都学习英语，致使十几年后通晓英语的人数大增。据1980年统计，全国通晓英语的人已超过半数，华人家庭中讲英语的占到10.2%。1990年，华人家庭中讲英语的增加到20.6%，翻了一番。此时，英语成为公共行政、法律部门、企业和商业经营主要语言。在这种环境中，通晓华语或其他母语的人，其就业前途受到限制。同时通晓母语和英语的人，也常受到歧视，而只精通英语的人则有较好的发展机会，如有很多机会获得奖学金到国外著名大学深造，学成归国后，职位可以迅速升迁，成为"精英"。普及英语有利于接受西方文明和科学技术，促进了新加坡社会发展。华人、马来人和印度人都将英语作为母语之外的首选语言，各族之间仍有一定的隔阂，不愿让其他族群的语言取代自己的母语作为第一语言。②

9.3　成熟阶段（20世纪80年代至今）

20世纪80年代至今，新加坡现代国民分配制度进入了成熟阶段。为了寻求更高层次的经济发展和国家繁荣，新加坡推行了一系列改革与创新，实现了"新加坡奇迹"。新加坡政府系统总结了贫富分化的深刻经验教训，提出了相应治理政策。③

9.3.1　劳动就业和工资制度改革

从1978年开始，新加坡转变其经济政策，由发展劳动密集型企业转变为发展资本密集型企业，工资政策由降低工资增长幅度变为增加工资标准。这期间，新加坡政府实施产业战略，鼓励本国企业实现工业现代化、机械化和计算机化，将

---

①② 苗晨阳.新加坡中小学国家认同教育研究[D].新乡：河南师范大学，硕士学位论文，2017.

③ 柯珂.新加坡的精英治国及后李光耀时代的走向[D].南昌：江西师范大学，硕士学位论文，2017.

技术进步转换成生产率提高，摆脱对外来劳动力依赖。由于工资政策改变，新加坡提高了生产率，工资水平得到提高。

1982年，新加坡全国工资理事会将增资标准改变为增资幅度。这一调整是考虑全球经济增长放缓与提高新加坡工资水平在国际上的竞争力。全国工资理事会宣布工资指导线较上年有所下降。在这样的政策背景下，随后两年内，新加坡国内生产率由4%增长到6%，工资增长幅度超过了10%。

受1984年新加坡经济下行影响，在嗣后几年，新加坡工资政策频繁调整。1985年，政府政策着重于限制生产费用增加和增强国际竞争力；1986—1988年，实行了为期3年的工资节制；1986年，全国工资理事会进行了工资改革。①通过上述一系列工资政策改革，1988年，新加坡经济逐步获得恢复。②

由于一系列工资政策的改革，新加坡的工资制度主要包括三类。第一类为灵活性工作制度。这种制度将工人的工资分为两个部分，第一部分为固定工资，第二部分为奖金部分，类似于我国的基本工资加上绩效工资。其中固定工资基本上是持平的，而奖金部分则视大家的具体表现来定。第二类工资制度则根据每个人的工作年限实施。在这种工资制度下，工作年限越长的人，其工资越高，相反则越低。第三类工资制度则为退休金制度。这种制度是指人们在退休后可以领取退休金，保证其退休生活的稳定。但在新加坡，只有少数的高级公务员能享受退休金制度。上述三类工资制度各有利弊，其中第一类工资制度起决定作用的因素不是年龄，而是工作态度、技术水平和个人的竞争能力；第二类工资制度未考虑到年轻人的工作价值实际上是大于老年人的问题，存在一定的不合理性；第三类工资制度则只有少部分人能够享受，覆盖面不大。③

新加坡在保证国内充分就业方面成就显著，离不开它实施的一系列劳动用工和劳动保护方面的法律法规。④根据统计资料，新加坡在劳工标准方面，包括劳动合同、工资、工作时间和休息休假、外国人力雇佣、工伤赔偿以及工作场所安全和健康等方面，做了详细规定。在劳动保护方面，新加坡对未成年和女职工、老年人提供了法律保护。新加坡《就业法》中规定禁止雇佣15岁以下的儿童从事

---

① 新加坡的工资政策[EB/OL].http://www.360doc.com/content/11/1110/17/8110425_163362899.shtml.
②④ 孙朝玉.新加坡工业化进程中的工资政策[D].广州：华南师范大学，硕士学位论文，2007.
③ 储东涛.新加坡的工资和社会保险制度[J].开放导报，1994（06）：41~42.

动,禁止任何工业部门雇用未成年劳动者,禁止13岁以下儿童从事任何职位等。[①]

由于新加坡在劳动就业方面的努力和工资改革,新加坡失业率在全球范围内较低。在就业率方面,新加坡大学生几乎是100%就业。几乎没有大学毕业生在毕业后1年内找不到工作。根据《新加坡2014年人力资源统计年鉴》的资料,2013年新加坡就业率达到了97.36%。2003—2013年,新加坡国内就业人数逐年上升,失业率渐进下降。具体如表9-8所示。

表9-8　　　　　　　　新加坡2003—2013年就业趋势

年份	就业人数(千人)	同比增长率(%)	失业率(%)
2003年	2 208.1	—	3.6
2004年	2 238.1	1.4	3.6
2005年	2 505.8	11.9	2.7
2006年	2 607.8	6.6	2.3
2007年	2 631.9	−1.4	2.3
2008年	2 858.1	8.6	2.2
2009年	2 905.9	1.7	3.2
2010年	3 047.2	4.9	2.2
2011年	3 149.7	3.4	2.1
2012年	3 274.7	3.9	2
2013年	3 352.9	2.4	2

资料来源:新加坡国家人力部网站资料、新加坡2014年人力资源统计年鉴。

9.3.2　税制改革与金融改革

(1)税制改革

20世纪70年代至90年代,新加坡经济呈现出三大特征。

第一,国民经济命脉由跨国公司、法定机构以及政府控股公司控制。外资在制造业的参与率始终在4/5左右。跨国公司在服务行业,特别是金融与商业服务业参与率很大,新加坡当地银行只占其银行总数1/10左右。新加坡拥有100多个法定机构,其中大约10个法定机构在经济发展中发挥了重要作用。新加坡有超过600家政府控股公司及下属子公司。法定机构和政府控股公司拥有新加坡股票市场资本总值的一半以上。迄今为止,没有任何资料显示其在国内经济中的主导地位有任何变化。在这种情况下。低税政策最大受益者并非新加坡政府,而是资本阶层。

---

① 杨宜勇,邰凯英.新加坡劳动就业政策及启示[J].中国经贸导刊,2015(03):63~66.

第二，政府拥有的土地数量大幅增加。1960年，政府拥有的土地只有40%。到了20世纪80年代，这一比例上升到了85%。政府所拥有的大部分土地都是根据1966年颁布土地征用法令，以低于市场价格征收的。新加坡政府在1973—1987年征收土地均按1973年的价格进行征税。政府根据规划将土地使用权拍卖给开发商，包括用于居住、商业和工业用途，通过土地销售获得收入①。

第三，1965年至20世纪80年代末，新加坡非税收收入迅速增加，税收收入在财政收入中所占比重下降，政府公共开支愈加依赖于非税收收入。非税收入主要包括土地征用收入、公共贷款利息和红利。1966年，政府的税收收入占其全部收入的71%，到了1985年则下降为55%。20世纪90年代，新加坡税收收入占财政收入的比重进一步下降，从1991年的近55%下降到1997年的41.1%；政府的"土地租赁收入"从1991年的14.5%上升到了1997年的41.5%，首次超过税收，成为政府当年最主要收入来源。

20世纪90年代初以来，新加坡在经济和社会等方面发生了变化，这促使政府实施税收体制调整与改革。其中，人口老龄化是新加坡的主要社会问题之一，主要表现在以下方面：

一是人均寿命的延长。在19世纪50年代，新加坡人均寿命62岁（男性为61.2岁，女性为64.2岁），到1997年，人均寿命上升到了76岁（男性为79.2岁，女性为79.2岁）。在1985年，60岁以上的国民占总人口的7.8%，1990年为8.5%，预测到2035年将会增加到29.4%。②

二是人口快速老化对政府提供卫生保健和退休金提出了新挑战。新加坡现有社会保障体系依赖公积金，公积金除强制缴费和限制性提用外，等同于美国预扣所得税的社会保障体系。公积金会员获得的公积金存款回报远低于政府从公积金投资中所获得的收益。政府不公布公积金的投资方向和表现，但从1996年3月财政部发布的一则消息可以看出，新加坡在过去10年中储备金投资的平均年回报率为5%，这显著高于政府给予公积金会员的存款利率。两者之差实际上代表了间接税收的部分。1995年，这种差距估计约为11.886亿新元，相当于当年上交公积金的8.8%。

基于以上经济环境及社会因素变化，新加坡从20世纪80年代初进行了一系列税制改革，大幅度调整了政府收入结构。至今，政府已经新配置了3个主要财源：

---

① 余卫东.中国跨国企业在新加坡投资的税务筹划研究［D］.成都：四川农业大学，硕士学位论文，2005.

② 高强，项怀诚.新加坡税制［M］.北京：中国财政经济出版社，2006：153~164.

①为了促使企业采用机械化、减少对外国劳工的依赖，新加坡自1982年征收外国劳工税；

②为了控制交通拥堵，新加坡自1990年5月实施拥车证措施；

③为了扩大税基并使税收更公平合理，新加坡自1994年4月1日实施了商品劳务税。政府下调了现有税率，以使税收政策和财政政策发挥推动经济发展的作用，实现政府的社会与经济目标。

新加坡政府改革了所得税制度。新加坡所得税法依托于地方性法规，如《新加坡国内税收判决法》主要产生于国内税务局对与收入相关的全部税收管理权；经济扩张刺激法（免征收税法）产生于新加坡经济发展阶段，旨在鼓励外国资本进入，促进重要且广泛的工业和金融业增长，特别在高度资本密集型的高科技工业领域。上述法规为所得税提供了税收激励，刺激了经济发展。除了所得税制度外，新加坡对其他税法进行了改革，包括印花税法、财产税法和商品及劳务税法；在辅助法规方面，如技术开发法和工资税法。① 目前新加坡政府征收的税种如表9-9所示。

表9-9　　新加坡财政税种结构

类别	税种
所得课税	个人所得税
	公司所得税
商品课税	商品劳务税
	关税与国内货物税
财产课税	遗产税（2008年2月15日取消）
	财产税
	财产税附加
其他课税	印花税
	机动车辆税
	博彩税
	外国劳工税
	水资源保护税
	特种税

资料来源：新加坡财政部资料、新加坡社会保障局网站信息。

---

① 高强，项怀诚.新加坡税制［M］.北京：中国财政经济出版社，2006：82~89.

由于新加坡曾是英国殖民地,它承袭的是英国法律体制,国会有权利对税法进行制定修订。新加坡实行统一税收制度,一般为属地原则征税。这意味着发生或者来源于国内的收入需要缴税。税收收入是新加坡财政收入的重要组成部分,其比重高达90%。为了使财税政策更快促进经济的发展,新加坡在21世纪初进行了较大幅度的税制改革。政府下调了所得税率。在2001年,政府下调了0.5个百分点的公司所得税率;2003年7月1日起,对国内居民和机构在境外的所得进行免税;2004年降低2个百分点的个人所得税率;2005年起继续降低公司所得税率,鼓励企业进行创新,吸引人才和投资。①

新加坡被评为世界上实施税收制度较好的国家之一,其在评税机构、评税方法和评税流程等方面的经验,值得很多国家学习。从评税机构来说,新加坡评税机构包括税务处理部、纳税人服务部、公司服务部、纳税人审计部和税务调查部。这些部门各司其职,相互协调配合。从评税方法方面看,新加坡使用的评税方法为核对法和财务分析法。②从评税流程来看,包括两部分:一部分是对纳税人当年申报情况进行评估,另一部分是对纳税人有异议案件进行重新评估。在对违法违规纳税人的评估过程中,给纳税人一个主动坦白机会,如果纳税人依然不配合,这样的事件则会上升到刑事层面。新加坡在平时生活中注重培养公民的纳税意识。无论是一碗稀饭、一个烧饼或者是停车费,都需要公民进行缴税,当地学生在入学后会进行纳税教育。除了培养纳税意识,新加坡尽量简单税收管理,要求程序不复杂。新加坡政府注重税务检查,若纳税人偷税漏税,则会受到法律严惩,甚至会制裁破产。③

(2)金融制度改革

20世纪80年代,金融自由化与国际化改革浪潮席卷而来。1977年爆发亚洲金融危机,新加坡深受其害,虽未像泰国、马来西亚这些国家损失惨重,但新加坡严重依靠电子制造业和转口贸易的经济结构显现出了严重问题。在这样背景下,作为亚洲国际金融中心,新加坡政府提出了改革措施,以求在激烈竞争中获得发展。为了巩固发展新加坡国际金融中心的地位和作用,健全和完善国内的金融市场体系和实现市场多元化,新加坡在金融改革方面主要采取了以下措施:

---

① 黄晓虹,李顺明,邓文勇.新加坡税收制度简介与吸收[J].税务研究,2008(11):94~95.
② 薛征.新加坡税务CRM分析与研究[D].上海:上海交通大学,硕士学位论文,2007.
③ 陈丽平.新加坡税收法律保护制度初探[J].法制与社会,2009(04):44~45.

第一,1978年新加坡政府全面取消外汇管制,包括取消外汇买卖的批准手续及外汇交易限额。1982年,降低外汇交易的经纪佣金。1989年,进一步降低经纪佣金回扣。

第二,为了鼓励亚元市场债券交易,1989年11月新加坡宣布豁免投资亚元债券利息税,以吸引更多机构到亚元市场发行债券。

第三,1987年新加坡将证券业放手给所有内资、外资金融机构,放宽新股IPO上市条件和外商在新加坡国内拥有经纪商股权最高限额。1990年6月,新加坡政府又放宽了外资持有当地银行股权的限额。

第四,降低中央储蓄基金提存比例。新加坡政府规定,每个职工要将其薪金25%存入中央储蓄基金。这种国民储蓄国有化措施曾是新加坡政府调控经济的有效工具。1986年以后,新加坡政府开始调低公积金提存比率,已从原来的25%降到10%,允许存款者动用部分基金投资于政府指定的股票和债券,政府还计划将中央储蓄基金的部分资金移交给投资专家或民间基金管理机构经营。

第五,1990年新加坡政府宣布从新的财政年度起,对以新加坡为金融及财务中心的跨国公司给予税务优惠,其公司溢利税从原来的32%调低到10%,减税幅度达68.75%。[1]

新加坡金融改革的主要成果包括:

一是外汇交易量上升,由原来世界排名第四上升到第三。1998—2010年,新加坡外汇交易量是继伦敦、纽约、东京之后规模最大的一个国家。从国际结算银行2013年发布的报告看出,2014年4月新加坡日均外汇交易量达到了3 830亿美元。根据全球局势,伦敦和纽约占据了大部分市场份额,新加坡2013年还是以5.7%速率超过了东京,排名世界第三,成为亚洲最大外汇交易中心。具体如表9-10所示。新加坡外汇贸易规模持续增大,实力不断增强,极大促使了新加坡资本市场发展。

二是股市市值加倍增长。根据2014年数据,新加坡股市的总市值增长了6.1%,与1988年相比上涨了两倍多。作为亚洲金融财富中心,新加坡股票交易市场国际化程度较高,大约40%的上市公司来自其他国家。[2]

---

[1] 张书.新加坡金融制度[M].北京:中国金融出版社,1998.
[2] 陈丽平.新加坡税收法律保护制度初探[J].法制与社会,2009(04):44~45.

表9-10　　1998—2013年全球六大外汇交易中心日均交易量及市场份额

地区	1998年 日均交易（10亿美元）	1998年 市场份额（%）	2004年 日均交易（10亿美元）	2004年 市场份额（%）	2013年 日均交易（10亿美元）	2013年 市场份额（%）
伦敦	685	32.60	835	32	2 726	40.90
纽约	383	18.30	499	19.10	1 263	18.90
新加坡	145	6.90	134	5.10	383	5.70
东京	146	7	207	8	374	5.60
中国香港	80	3.80	106	4.10	275	4.10
苏黎世	92	4.40	85	3.30	216	3.20

资料来源：国际清算银行（BIS Triennial Central Bank Survey of Foreign Exchange And Derivatives Market Activity in 2014）。

三是衍生品交易市场渐进发展。此前全球大宗商品交易中心在瑞士，定价由纽约和伦敦市场决定。随着中国等新兴国家市场发展，影响力逐渐提高，大宗商品定价权和交易重心开始向东方转移。新加坡借助这一契机，利用自身地理优势，吸收瑞士成功经验，逐步成为新的大宗商品交易中心。新加坡在农产品、金属和矿物等领域的地位不断提升，大宗商品衍生品交易已成为新加坡交易所发展速度最快业务。2014年，新加坡新进入金属和矿物领域的交易商已超过100家，这个数字在5年前只是个位数，且相继有实力超强贸易商在新加坡建立基地。新加坡在衍生品贸易交易市场所占份额加大，地位越来越高。[1]

四是债券市场发展良好。1998年，新加坡政府为了打造债券中心，持续发行债券，增加市场供给。为了吸引境外企业发行债券，1988年8月，新加坡金融管理局下发公告，允许外国公司将债券发行收入兑换成其他货币。在这一政策刺激下，2012年新加坡非新元企业的企业债券流通规模达到了1 113亿新元，高于新元发行企业债券规模。[2]

五是发展离岸金融。随着亚洲新兴国家发展崛起，新加坡针对中国、印度等

---

[1] 数据来源：The Annual Report of the Labor Force Published by the Ministry of Labor Does Not Publish Data by Ethnic Classifications from 1990 onwards though the Ministry Has Collected the Data, Census Data.

[2] 郭建军.独立以来新加坡外向型经济的发展：全球化与区域化视角［D］.昆明：云南大学，博士学位论文，2012.

国家设立了期货离岸市场，该市场是全球最大的亚洲股指期货离岸市场。新加坡逐渐成为离岸人民币业务中心。2013年，新加坡实施了人民币清算业务，更便于国际交易。

六是财富管理和私人银行领域。新加坡进行金融改革后，发展最成功的是财富管理和私人银行领域。根据相关统计调查报告，从1998年开始，新加坡金融机构资产管理规模增长了10倍，在2013年更是达到了1.82万亿新元，在全球排名仅次于瑞士。

自20世纪90年代至今，新加坡金融体系包括新加坡金融管理局、新加坡货币局、商业银行和中央公积金。新加坡货币局成立于1967年，负责货币发行，发行国家法定货币——新加坡元（新元）。1971年，新加坡货币局接管了中央银行职能，同时它不负责发行钞票。新加坡商业银行体系从殖民银行体系中演变而来，经历了多次变迁，最终形成了包括完全执照银行、限制性执照银行和离岸性执照银行在内的综合性商业银行体系。1955年，新加坡成立了中央公积金。作为政府法定的储蓄机构，它体现了更强烈的政策意图。其职能主要是由企业主和劳工定期存入款项，以便在员工退休后或失去工作能力后支付其生活费。新加坡金融体系中还包括其他金融机构，如新加坡发展银行、财务公司、邮政储蓄银行、保险公司、国际货币经纪商、黄金交易商、租赁公司和单位信托等。[①]

9.3.3 教育改革

20世纪六七十年代以后，为了保障低收入群体的教育权益，新加坡政府有计划推行教育保障制度，在20世纪80年代使这一制度渐趋完善（见图9-1）。

新加坡教育保障制度主要是指一系列旨在促进教育发展和保障教育权利的措施，通过教育选拔和社会流动功能，配合其他措施来稳定机会。新加坡高度重视教育，新加坡前总理李光耀曾指出，要使新加坡经济保持高速增长率，唯一方法是充分挖掘人才资源，人才资源培养来源于教育。新加坡大力发展教育，以实现世界性人才强国目标。[②]

新加坡是世界上教育体系最完善的国家之一。[③]新加坡政府重视教育，投入

[①] 新加坡金融体系［EB/OL］.http://www.baike.com/wiki BA&prd=so_1_doc.
[②] 程海啸.新加坡大学自治改革研究［D］.保定：河北大学，硕士学位论文，2012.
[③] 吕冰冰.新加坡高等教育政策研究［D］.南宁：广西师范大学，硕士学位论文，2013.

较多资金在教育领域上。新加坡教育支出仅次于国家军事支出，这体现了教育在新加坡的重要性。除了投入教育支出，新加坡在教育方面设立了奖学金和教育基金，通过这种方式来帮助困难家庭子女上学。其中"教育储蓄基金"是一个代表。1991年，政府设立教育储蓄基金，最初为这支教育基金筹集到了50亿新元作为基金池，其中部分为政府拨款，政府的拨款数额会根据每年政府的财政收支相应变化。

基金设立后，每个学生从小学起可以从中获得教育费用，用于建立教育储蓄账户。这些费用由学生自由支配，主要用于学杂费和课外活动。新加坡教育制度倡导"没有任何一名有条件上大学的学生会因负担不起学费而无法上大学"，强调"任人唯贤"和"人人有公平教育机会"。这一制度确保每个人能获得均等受教育机会，充分发挥国家教育发展潜力。

新加坡实施双层教育制度，包括双语教育政策和教育分流制度，对新加坡的教育发挥了举足轻重的作用。通过这种教育制度，新加坡培养出了一批批高素质的人才，而且随着时间的推移，这种教育体系逐渐得到完善和稳定。该双层教育制度主要包括以下方面：

（1）双语教育政策

由于新加坡多种族、多文化和复杂的价值观，决定语言政策实非易事。新加坡自开埠以来是英国殖民地，深受英国文化影响。新加坡还是移民国家，华人、印度人等多个种族占据了大多数。结合实际国情，新加坡政府采取了双语教育政策。[①]

（2）教育分流制度

教育分流制度是要求根据同一年龄组儿童的能力，分为几个等次来编排学校和班级。1977年以前，新加坡教育制度包括小学6年、中学4年、大学前2年的教育，这种形式的教育要求所有学生接受相同教育体系，不合格学生将被淘汰。这种把学生"一刀切"的方式存在不合理性，1980年新加坡对教育制度进行了改革。改革方针围绕"因材施教"的教育分流制度，目的是提高国民教育质量，为国家培养出高质量人才。在承认人人有受教育权利的基础上，新加坡分流教育为每一个人提供充分学习和平等接受教育机会。

---

① 苗晨阳.新加坡中小学国家认同教育研究［D］.新乡：河南师范大学，硕士学位论文，2017.

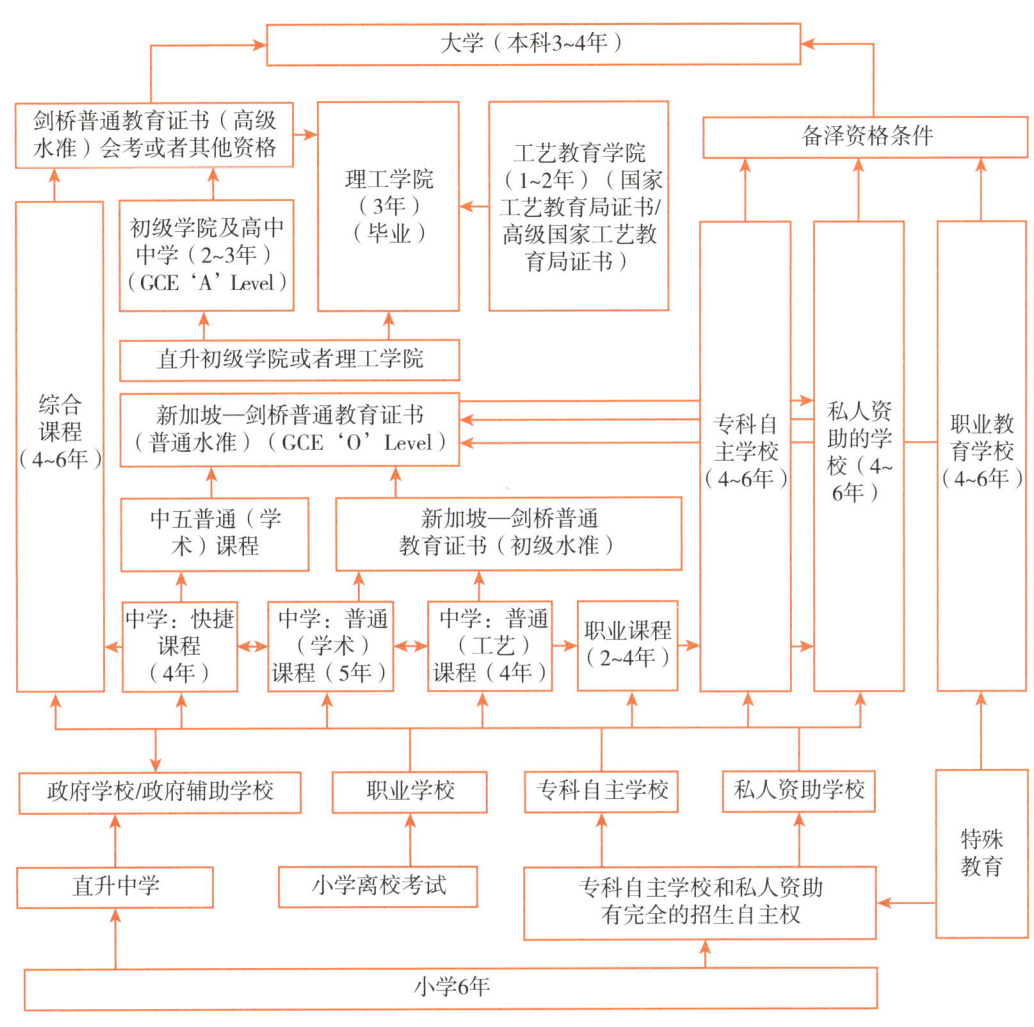

图9-1 新加坡教育流程

资料来源：新加坡教育部网站资料；新加坡2009年教育统计年鉴。

9.3.4 社会结构与中产阶级

伴随经济社会跃进式大发展，新加坡产生了一批中产阶级。中产阶级通过选举程序及政治选举程序之外的民间利益组织向政府施加压力。由于主客观因素影响，中产阶级在政治中的作用很有限，这说明新加坡距离真正意义上的政治多元化尚有制度上的距离。①

关于中产阶级定义有多种。有些专家认为新加坡是一个中产阶级国家，因为按照收入、教育、消费和住房等标准与其他国家比较，新加坡大部分人口属于中

---

① 万世达.新加坡威权政治的民主化改革［D］.济南：山东师范大学，硕士学位论文，2017.

产阶级。这样的看法得到了新加坡领导人认同。从1987年李光耀的论述可以看出,他认为新加坡是一个中产阶级占比为80%的社会。[①] 还是有一些专家不同意这一观点,这部分人认为这样的说法夸大了新加坡中产阶级数量,很容易给人一种假象认为新加坡是一个中产阶级社会。因为没有充分资料来证明新加坡收入分配实现了平均分配,贫富差距得到有效改善,甚至还有相当一部分人口处于低收入水平。据有关统计资料,在新加坡工业化早期,收入不均现象有逐渐扩大迹象,其中基尼系数由1966年的0.46增加到1983年的0.49。尽管有相关统计数据表明了这种迹象,但是实行工业化以来,新加坡中产阶级数量确实是显著扩大了,这个阶层人数占总就业人数比例从1957年的7%增至1990年的24%,且有40%以上就业人员已经过上了中产阶级生活方式。得益于工业化和现代化进程加快,中产阶级这一群体数量渐进增多,且这一群体为民主制度发展发挥了重要作用。他们很多从事脑力劳动,收入主要来源于工资所得,受过良好教育,具有专业知识和较强的职业能力与消费能力,追求生活质量且有高度政治参与意识。基于这些特征,中产阶级对推动政治民主化有着强大推动力。以韩国和中国台湾地区为例,它们在20世纪六七十年代经济快速发展,中产阶级快速壮大,中产阶级与当地工人、农民一起提出了政治民主化诉求。[②]

新加坡中产阶级大多受到过良好西方教育,深受西方文化熏陶。在新加坡工业化和现代化进程中,中产阶级享受到经济发展带来的成果,不仅得到了物质上的满足,还在政治上提出了更多诉求。他们给当政者施压,通过合法政治选举和给独立利益集团施压这两种途径,寻求更多民主自由。早在20世纪80年代初期,通过给政府施压这种方式就开始出现。此前,新加坡人民行动党囊括了议会全部席位,到20世纪80年代开始出现变化。1981年议会补选中,工人党打破了新加坡人民行动党在议会席位上的垄断。1984年大选成为一个"分水岭",新加坡人民行动党支持率开始下降。工人党、民主党在议会上获得了一定支持率。后来大选中,更多党派参与其中,特别是1911年大选,其选举结果更是出乎意料,反对党支持率意外上升了22%,这还是在新加坡人民行动党克服经济衰退和完成政治更新的情况下出现的。这些选举结果表明,受过良好教育的中产阶级阶层对反对党派的支持率提高了,对新加坡人民行动党的支持率下降了。

---

① 柯珂.新加坡的精英治国及后李光耀时代的走向[D].南昌:江西师范大学,硕士学位论文,2017.

② 李绍光:养老金制度与资本市场[M].北京:中国发展出版社,1998:142~149

从20世纪80年代开始的历次选举情况看，由于中产阶级的力量，新加坡人民行动党始终在议会选举中的支持率占据着优势地位，但支持率逐渐下降。除向政府施压之外，新加坡中产阶级还通过民间的利益集团如学生团体、宗教团体等来提高政治影响力。20世纪80年代新加坡宗教团体就表现得十分活跃，但被政府以"马克思主义阴谋"为由解散了。到了20世纪90年代初，由知识分子和社会工作者等阶层组成的团体开始出现，这些组织充分发挥作用，向政府建言献策，通过新闻媒体等间接手段来影响政府决策。①像新加坡自然社会等组织在人数和影响力不断扩大背景下，积极向政府表达自身政治诉求。总体来说，新加坡中产阶级影响力不断扩大，但其影响范围和程度仍然有限，未达到真正的政治多元化。

新加坡政府十分重视中产阶级的社会影响。从1985年到1987年再到1988年，新加坡政府先后成立了民意处理组、政府国会委员会与政策研究所等一系列民意机构，以顺应中产阶级诉求。在吴作栋总理执政期间，新加坡政府从李光耀时期的强硬统治转为较为政治温和的态度，对中产阶级作出了诸多让步，特别在教育、医疗和福利住房等领域，进一步地满足了中产阶级要求。同时，新加坡政府也控制了一部分表达人民利益的组织，将其纳入政府的控制范围，尽量削弱反对党涉及社会稳定的负面影响力。②新加坡政府对选民施加一定压力，若民众投票给反对党，政府则在住宅修建和整改方面实施拖延，以促使民众不投反对党的票。实施以上这些措施，新加坡人民行动党的目标是长期且稳定地把握政权，实现整个国家的政治稳定。相对于新加坡人民行动党，反对党的影响力十分有限，中产阶级也不会因为政权更迭而损害其利益。在新加坡政治中，中产阶级作用仍然有限。如何处理中产阶级的自身诉求，将是新加坡中产阶级未来必须面对和解决的问题。③

---

①② 万世达.新加坡威权政治的民主化改革[D].济南：山东师范大学，硕士学位论文，2017.

③ 郭继光.浅析新加坡中产阶级[J].东南亚研究，2000（03）：72~75.

第三篇

高收入国家国民财富分配调节机制与政策体系

一、逻辑分析基础：基于经济史视域

通过以上对美国、英国、法国、德国、瑞典、俄罗斯、日本和新加坡等国的现代国民财富分配模式的历史分析，本书认为，高收入国家政府普遍采用的现代国民财富分配模式是一个动态的社会经济大系统。该制度形成于20世纪80年代的高收入国家，包括以往的居民收入分配、国民收入分配制度，但是其作为社会经济大系统相较于以往的这些子系统存在着结构性的重要差别。具体而言，现代国民财富制度以维护中产阶级权益为制度价值观，以法律、社会管理和政治为政策杠杆。中产阶级的形成是现代国民财富分配模式的主要社会基础，社会管理、政治法律杠杆和经济政策并重是制度调节方式的主要特征。三大社会特征是中产阶级占主导地位、低水平的基尼系数（0.4以下）与对人权及财产权的法律尊重。高收入国家国民财富分配的制度和体系包括很多方面，如税收制度、社会保障制度、利润分红制度、最低收入标准、社会救济、产业政策等。税收制度、社会保障制度是其中的重要制度，是影响国民财富分配的关键。

高收入国家政府普遍实行社会化调节的政策理念。社会化调节综合运用薪酬、税收、产业政策、价格、社会保障、医疗服务、住房、教育、公益理念等多种政策杠杆。[①]

高收入国家调节财富分配差距的主要措施包括税收、社会保障、教育、反贫困、最低工资保障等，这些政策构成财富分配政策体系。

二、现代国民财富分配模式的政策工具选择

根据历史分析法和理论元模型分析，本书对美国、英国、法国、德国、瑞典、俄罗斯、日本和新加坡等国的现代国民财富分配模式的分析，主要围绕经济性政策、社会性政策和长周期政策等若干方面。

---

① 李绍光.养老金制度与资本市场［M］.北京：中国发展出版社，1998：3~10.

综合公平系数，是在对收入分配、财产分配和自然资源分配的不平等程度进行衡量的基础上，通过一定数量关系得到的综合公平指数。由收入分配基尼系数、财（资）产分配基尼系数和自然资源分配基尼系数三个子变量组成，综合公平系数大小是由复杂的经济、政治、社会和文化等方面因素交织作用的结果。由此可以建立以综合公平系数为因变量，经济、政治、社会和文化为自变量的方程组模型，经济、政治、社会、文化这些自变量是分别由若干政策工具组成的分类变量。

根据历史分析法和理论元模型分析，本书对美国、英国、法国、德国、瑞典、俄罗斯、日本和新加坡等国的现代国民财富分配模式的分析，所选择的政策工具模型如下：

$$G(g_1, g_2, g_3) = f[O(x_1, x_2, \cdots, x_i), L(y_1, y_2, \cdots, y_i), N(z_1, z_2, \cdots, z_i), C(v_1, v_2, \cdots, v_i)]$$

其中，G 为综合公平系数，g_1 代表收入分配基尼系数，g_2 代表财（资）产分配基尼系数，g_3 代表自然资源分配基尼系数；O 为经济性政策变量，$x_1, x_2, \cdots, x_i$ 分别为影响经济发展水平和经济效率的子变量，如税制与所有制结构、薪酬与收入结构、产业发展与市场化水平等；L 为社会性政策变量，$y_1, y_2, \cdots, y_i$ 分别为影响社会发展程度和居民生活满意度的子变量，如社会保障政策、住房保障制度和医疗服务政策等；N 为长周期政策变量，$z_1, z_2, \cdots, z_i$ 分别为公共选择制度和教育政策等；C 为超长周期政策变量，$v_1, v_2, \cdots, v_i$ 分别为影响民族传统和精神信仰的子变量，如宗教信仰、人口结构和社会习俗等。

三、现代国民财富分配政策体系

分析美国、英国、法国、德国、瑞典、俄罗斯、日本和新加坡等国的现代国民财富分配模式的历史变迁与结构变动，需要从经济、政治、社会、文化和历史的角度，考察各国国民财富分配的共同特征及发展趋势。从美、英、欧各高收入国家不同制度背景和历史环境下的国民财富制度演变过程，寻找影响国民财富分配制度的社会大系统中各个方面的显著变量，从经济、政治、文化和社会角度提取主要指标变量。

在经济史分析基础上，确定入围指标数量和其所涵盖内容。针对美国、英国、法国、德国、瑞典、俄罗斯、日本和新加坡等国的现代国民财富分配模式的历史变迁与结构变动，本书在经济性政策工具上主要考量上税收制度、薪酬制度、产业发展与市场化程度、所有制结构、收入结构等政策；在社会性政策工具上主要考量社会保障和住房保障等政策；在长周期政策工具上主要考量医疗、教育、公共选择体制、产权制度和政府效率等政策。为了进一步验证所选指标的科学性和合理性，本书采用相关性分析和层次分析法，进行更细致的政策工具筛选和政策功能评价，以找到最能准确揭示国民财富分配制度变迁的政策变量，建立完善的国民财富分配制度的政策体系。

按照上述关于"现代国民财富分配政策体系"理论的分析,本书对美国、英国、法国、德国、瑞典、俄罗斯、日本和新加坡等国的现代国民财富分配的政策工具进行分析,得到各国的政策体系。根据各国经济、政治、社会和文化的现实发展状况,对各国国民财富分配政策体系的差异进行综合分析。

第 10 章　财富分配模式变革：社会化财富分配

高收入国家在国民财富分配领域贯彻社会化调节的政策理念。"社会化调节"是指在国民财富分配中，政府不再局限于经济性政策工具，而是更加侧重于社会性的政策工具与社会性杠杆，综合运用税收、薪酬福利、社会保障、教育、住房和医疗等多种政策杠杆。

从税收制度、金融制度、产业政策、就业、教育、住房、医疗和社会保障等看，高收入国家的现代国民财富分配模式和体系已经很完备和健全。

高收入国家财富分配政策工具分为三大类：经济性分配政策、社会化财富分配政策和长周期分配政策。

经济性分配政策工具主要包括：宏观型分配政策工具——税收、价格等；微观型分配政策工具——薪酬、最低工资标准、劳资谈判和工资指导线等。社会化财富分配政策工具主要包括：社会保障、扶贫、住房保障和医疗服务等。长周期分配政策工具主要包括：教育、秉持公平等文化价值观的培育等。

10.1　社会化调节：财富分配制度模式转型

高收入国家普遍采用的现代国民财富分配模式出现于19世纪末，成熟于20世纪80年代。税制是政府规制收入分配的主要政策工具，社会保障税在税制中占有重要地位。第二次世界大战后，高收入国家普遍建立了公共服务型政府和公共财税体制，以期实现财产和收入的公平分配。现代国民财富分配模式的重要标志是德国俾斯麦（Bismarck）对于社会保险的立法。德国初期的社会保险法包括1883年颁布的《疾病保险法》、1884年颁布的《工伤事故保险法》、1889年颁布的《老年残废保险法》。社会保障税开始于美国。1935年，美国在罗斯福（Roosevelt）总统领导下通过了联邦历史上第一部社会保障法，议会批准美国政府开始征收薪酬税。第二次世界大战后，伴随高收入国家人均收入的不断增长，高收入国家普遍形成了中产阶级主导的社会模式。第二次世界大战后，高收入国家普遍实施了教育改革、保障性住房制度，促进教育资源分配向中低收入倾斜。由政府建设实施低价格、低租金的住房保障政策。高收入国家积极实施向低收入阶层靠拢的就业制度包括失业保险、就业福利、免费培训、职业培训等。20世纪80年代，西方高收入国家通过税收、社会保障、义务教育、保障性住房、失业保障等政策措施，构建了比较完整的现代国民财富分配模式的政策体系，有效促进了收入分配公平，普遍实现了0.4以下低数值基尼系数水平。

现代国民财富分配模式是基于复杂社会大系统的联动机制。中产阶层崛起与基尼系数之间的互动关系是复杂社会大系统的变化结果，两者能否成为相互增益的正相关关系，有赖于在经济社会运行中各个层面的条件能否同时得到满足。国民财富分配制度可以从两个方面来优化：一方面，通过建立完善的税收体系对私人部门形成有效激励，促进经济增长和社会财富扩张；另一方面，在基础教育、医疗卫生和社会保障领域加大公共投资，提高自然资源和政治权益的全民覆盖程度，构建一个能满足国民心理预期的安全网络。同时，运用财税、政治法律和社会管理杠杆调控经济、政治、社会、文化协调运作，共同促进社会财富增长和阶层人口从上下通道向中间区域的集聚转移。

10.2 社会化调节可行性理论分析

现代国民财富分配需要有一整套系统的运行机制和政策体系。国民财富分配理论除了关注国民财富总量水平大小，还关注财富分配差异对国民财富总量的影响。"增长"与"公平"两者共同实现的可能性，取决于各经济体自身的社会经济政治结构。[①]

假设国民财富分配是社会大系统的多因素的隐函数形式，

$$G_3=F(x_1, x_2, x_3, x_4, x_5, x_6, x_7, x_8)$$

其中，x_1代表所有制结构（含城乡结构），x_2代表市场活力，x_3代表政治民主，x_4代表人均财富水平（含人均收入），x_5代表基尼系数，x_6代表中产阶层占比，x_7代表社会心理预期，x_8代表社会调控方式。上述8个变量之间存在相互影响，相互牵制的关系，如下式：

$$x_2=f(x_1, x_3, x_4, x_5, x_6, x_7, x_8), x_5=f(x_1, x_2, x_3, x_4, x_6, x_7, x_8)$$

国民财富的公平分配要求社会改革同步推进。在所有制结构上，要保证各种

---

① 关于现代国民财富分配理论模型的研究，由本书组首席专家主持研究，并提出关于理论原理、模型内容、设计思路等。邀请清华大学蔡继明教授及其研究团队参加了有关研究工作。在此致谢。

产权主体平等地使用全社会的资源,把保护私人财产落到实处;在经济体制上,充分发挥要素市场在财富分配中的基础性作用;在政治法律制度上,注重财产权、人权保护和民主化程度的提高;在社会阶层上,注重培育中产阶层,夯实国民财富分配的社会基础;在调控手段上,注重对自然资源的合理配置,调控过高垄断收入,注重国民心理感受对社会财富的反馈机制的作用。以上构成了国民财富分配的政策体系框架。

国民财富分配变革与经济制度、政治制度、社会结构与文化变革相互伴生、共同演进。上述自变量均以向量形式出现,且包含不同子变量。不同子变量及其影响权重的变化会带来收入、财产和自然资源三大领域基尼系数的波动。只要这些波动维持在基尼系数可容忍变化区间(如0.3~0.6),就可以确定哪些子变量的变动能最大限度提高经济效率,这些子变量涉及的领域就是经济社会发展应该引起足够重视的领域,也就是确保国民财富增长和公平分配的最有效的改革路径。

上述社会系统诸多因素的改革未必都会导致财富蛋糕做大和更加公平地分配,但只要综合效应为正,并能设计良好机制进行不断的帕累托改进,最终达到最优状态,就是最优或者"准优"的分配制度。如下式:

$$\frac{\partial G_3}{\partial x_1}=\phi_1, \quad \frac{\partial G_3}{\partial x_2}=\phi_2, \quad \cdots, \quad \frac{\partial G_3}{\partial x_7}=\phi_7, \quad \frac{\partial G_3}{\partial x_8}=\phi_8$$

根据不同国民经济社会背景和发展阶段的差异,上述因素对国民财富的边际贡献可正可负,但诸因素的综合效应应该为正。这是运行机制设计的基本原则和预期效果,如下式:

$$\phi=\sum_{i=1}^{8}\phi_i>0 \quad i=1, 2, \cdots, 8$$

若所有制结构中私有制占比提升2%,带来的经济效率提升5%,由市场机制调控的要素收入的不平等程度提升4%,政治体制完善和自然资源公平配置程度提升2%,且反馈到国民心理预期上,心理保障安全指数提升1%,则社会总体分配综合和谐度会提升4%。可见,尽管存在收入不平等程度的上升,但效率提升和自然资源领域基尼系数水平的降低将抵消这一不利影响,并保持综合社会效应的正向影响。[①]

所有制结构、政治体制、市场机制的设计应理顺利益关系,兼顾各方面的诉求,既要最大限度地促进增长,又要最大限度地增进公平。只要体制机制设计合

---

① [美]加里·M.沃尔顿(Gary M. Walton),休·罗考夫(Hugh Rockoff):美国经济史[History of the American Economy(Tenth Edition)][M].北京:中国人民大学出版社,2013:3~12.

理科学，效率与公平就能够相辅相成。

10.3 社会化财富分配政策与公共选择均衡模型

财富分配政策的公共选择过程始终基于社会化的财富分配政策市场。从广义分析来看，财富分配政策的公共选择过程从属于财富分配政策市场的总体运行过程。一方面，特定时期财富分配政策市场的供求结构和市场效率从根本上决定了财富分配政策公共选择过程的内容和特征。[①]另一方面，财富分配政策公共选择过程的"本质特征"反过来影响财富分配政策市场的供求结构和市场效率。一般而言，相对于封闭而低效率的财富分配政策公共选择过程，一个公开化且高效率的财富分配政策公共选择过程更有利于财富分配政策市场的供求结构优化和市场效率的提高。

10.3.1 社会化财富分配政策市场：概念界定

（1）财富分配政策市场：概念界定

在经济学中，根据物品（或者产品，以下简称物品）在消费或使用上所呈现的不同特征将产品分为两类：一类是私人物品；另一类是公共物品（公共政策）。私人物品具有两个特点：竞争性和排他性。市场价格机制只对具备上述两个特点的私人物品的供求发挥调节作用，对社会经济资源实行优化配置。不能满足消费上的竞争性和排他性特点的产品是公共物品（公共政策），而不能完全排除消费上的竞争性和排他性特点的产品是准公共物品。

财富分配政策指广义政府[②]向居民、企业等狭义公共选择主体提供的有关财富分配的政策、法律、法规以及相关行政措施的总和。居民、企业等狭义公共选择主体，作为财富分配政策的接受者，与政府之间围绕财富分配政策的需求与供给进行交换，构成财富分配政策市场。一般来说，财富分配政策市场必须具备3个要素：市场主体，即公共选择主体；财富分配政策及其价格（通常表现为税收）；财富分配政策供给与政策需求。

财富分配政策涵盖公共物品（产品）和准公共物品（产品）。根据财富分配政策在排他性和竞争性上程度的不同，政策可分为规范性财富分配政策和准财富分配政策。同时，具备完全的非排他性和非竞争性的财富分配政策为规范性财富分配政策，如社会救济和社会福利。具有不完全的非竞争性和非排他性的财富分配

---

① 这是将财富分配政策市场要素纳入财富分配政策公共选择要素系统的主要原因。
② 广义政府指中央政府、地方政府、行业的政府管理部门及其官员的总和。

政策为准财富分配政策，如社会保险。准财富分配政策的付款方式是间接的，即通过纳税实现。广义上的财富分配政策概念包括规范性财富分配政策和准财富分配政策，而狭义的财富分配政策概念等同于规范性财富分配政策。必须指出的是，虽然准财富分配政策有某些类似于私人物品的特征，但在本质上它们更接近于公共物品（见表10-1）[①]。

表10-1　规范性财富分配政策、准财富分配政策与私人物品的区别

特点	规范性财富分配政策	准财富分配政策	私人物品
消费时间能否分割	不可以	部分可以	可以（个人享用）
购买时能否独享	不可以	可以	可以
购买方式	间接支付（纳税）	部分间接部分直接	自己直接支付
分配原则	政治投票	政治投票或购买（纳税）	市场价格
个人有无选择自由	没有	部分没有	有
不购买可否享用	可以	不可以	不可以
是否可以鉴定好坏	不容易	不太容易	容易鉴定
生产和使用效率	低	不易于评价	高
例证	社会救济、社会福利	养老保险、医疗保险	服装、电器

（2）私人物品的局部均衡分析

私人物品市场的分析前提是假设居民的偏好、收入和物品的价格是既定的。对私人物品的分析如图10-1所示。

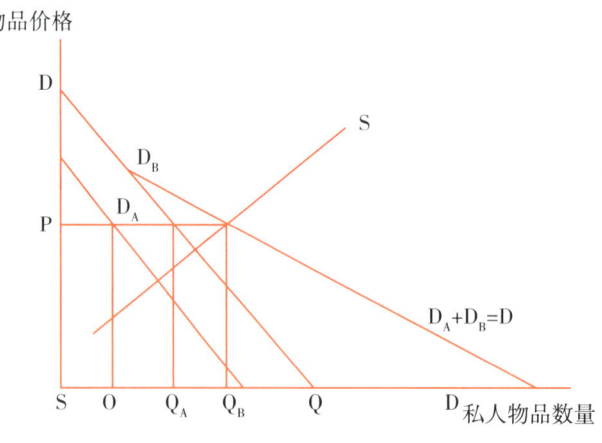

图10-1　私人物品市场局部均衡

---

① 本表格的制作在构思上吸收了鲁照旺的一个方法，参阅鲁照旺的《政府经济学》（河南人民出版社．2002年10月第1版．p130）。

曲线 D_A 和 D_B 分别代表私人 A 和私人 B 的需求曲线。两人需求曲线的差异反映了他们的收入或偏好不同。要得出市场需求曲线 DD，只须把私人需求曲线横向加总，即市场需求 $D=D_A+D_B$。私人需求曲线上的任意一点表示在其他条件不变的情况下，消费者在某一价格下愿意消费的数量。市场需求曲线则表明，当（假设其他情况不变）公共选择主体面对该物品的相同价格时，他们愿意购买的总数量。因此，通过改变价格并汇总不同的产出，便可得出市场需求曲线，这也是私人市场需求曲线的横向加总。假定市场供给曲线为 SS，那么均衡价格 OP 就位于需求与供给相等的那一点上，这是因为假定市场是完全竞争的，即公共选择主体都是"价格接受者"。假设均衡市场价格 OP 既定，私人 A 的需求为 OQ_A，私人 B 的需求为 OQ_B，使 $OQ=OQ_A+OQ_B$[①]。

10.3.2 社会化财富分配政策市场：局部均衡分析

（1）假设：居民（消费者）、收入、财富分配政策价格、私人物品价格既定；其他公共物品供应为零；居民（消费者）为公共选择主体的抽象代表[②]。本节关于局部财富分配政策市场均衡和一般财富分配政策市场均衡中的财富分配政策均指规范性财富分配政策；准财富分配政策的市场均衡更近似于私人物品的市场均衡。

（2）财富分配政策的局部均衡分析[③]

财富分配政策特性不同，使私人物品和财富分配政策的分析也有所不同。在私人物品分析中，市场主体通常是价格接受者和产量调节者，而对于财富分配政策，公共选择主体则更倾向于产量接受者和价格调节者。具体来说，私人物品的均衡是建立在市场需求总量等于该价格水平上的供给总量的基础上的，而财富分配政策的均衡则是指市场主体愿意为财富分配政策支付的总量，等同于政府部门愿意在某一产出水平上提供该财富分配政策的价格[④]。

如图 10–2 所示，D_A、D_B 分别代表个人（或者公共选择主体）A 和 B 的需求曲线，反映了对财富分配政策的需求。假设用于财富分配政策的要素是每个人可等量使用的，因此要得出支付财富分配政策价格的总意愿，只需把私人需求曲线纵向加

---

① C.V.Brown，P.M.Jackson. Public Sector Economics [M]. Blackwell Ltd. 1986：62~63.
② 本节关于局部财富分配政策市场均衡和一般财富分配政策市场均衡中的财富分配政策均指规范性财富分配政策；准财富分配政策的市场均衡近似于私人物品的市场均衡。
③ 需要说明：本书关于财富分配政策局部均衡和一般均衡的分析，建立在对 C.V.Brown，P.M.Jackson 等人关于公共物品市场均衡模型的重新构造基础之上，参阅 C.V.Brown，P.M.Jackson. Public Sector Economics [M]. Blackwell Ltd. 1986.
④ C.V.Brown，P.M.Jackson. Public Sector Economics [M]. Blackwell Ltd. 1986：79~80.

总，即财富分配政策的总需求等于私人需求的纵向总和，表示为DD，供给曲线为SS。财富分配政策的均衡点位于总需求曲线和供给曲线的交点，即产出为OQ。给定这一均衡水平，假设每个公共选择主体都准确表露出自己的支付意愿。意愿支付OQ的总均衡价格为OP，即$OP=OP_A+OP_B$。

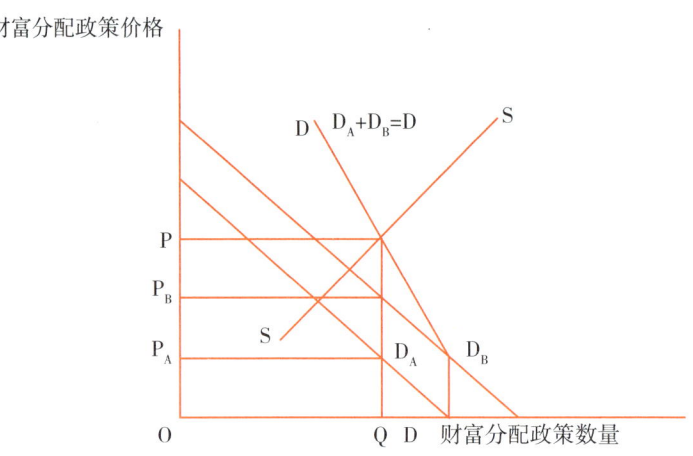

图10-2 社会化财富分配政策市场局部均衡

在这个分析中，私人愿意为财富分配政策支付的价格与他们从财富分配政策中获得的边际消费收益成正比。如果将税收看作是财富分配政策的价格，那么局部均衡分析可以将收益赋税视作对财富分配政策的投资。

假设图10-1和图10-2的供给曲线是供应额外产出单位时的边际成本，则可以把私人物品和财富分配政策的有效定价规则表示如下：

私人物品　　　　　　　　$OP_A=OP_B=OP=MC$

即在私人物品的任意一种产出水平下，公共选择主体都面临完全一样的市场价格，这一价格等于边际成本。因此，私人物品的有效定价规则为价格等于边际成本，表示如下：

财富分配政策　　　　　　$OP_A+OP_B=OP=MC$

即各个公共选择主体愿意为财富分配政策的产出水平支付的价格都不同。规范性财富分配政策的有效定价规则是私人价格的总和等于边际价格。这些私人价格也常被作为财富分配政策的私人化或者个性化价格。

在财富分配政策中，垄断者将市场分割成若干部分，并对公共选择主体（或者居民）收取不同的价格。但是，追求利润最大化的垄断者，是无意以$\sum P_i=MC$（其中P_i是私人愿意为该财富分配政策支付的价格）这样的一组价格提供非竞争但排他的财富分配政策的。当MC=MR时，财富分配政策的垄断者的收益最大化。

因此，财富分配政策的垄断者选择的产出水平将低于有效条件所要求的水平，即 $\sum MR_i = MC$。由于个人的边际收入曲线都处于需求（即平均收入）曲线以内，综上所述，$\sum MR_i \neq \sum P_i$。因此，财富分配政策市场无法实现帕累托最佳状态的定价规则。

10.3.3 社会化财富分配政策市场：一般均衡分析

为了得出私人物品和财富分配政策的帕累托最优供给条件，采用标准的几何分析法，对存在两个私人、两种物品的经济进行分析（见图10-3）[①]。假设：存在两种物品可供最后消费；私人物品X和规范性财富分配政策G；生产可能性组合既定；两私人的偏好既定[②]。

私人A对物品X和G的无差异曲线用图10-3（a）表示，私人B的则用图10-3（b）表示，X_A代表私人A对私人物品X的消费，X_B代表私人B的消费，图10-3（c）标明的是财富分配政策供应中的生产可能性曲线。

选定B的一定效用水平，图中用无差异曲线B_2B_2表示。需解决的问题是，当B在这一水平上时，A能获得的最佳无差异曲线是什么呢？要回答这个问题，可把无差异曲线B_2B_2移动至图10-3（c）的生产可能性曲线上。现在只需假设B保持在无差异曲线B_2B_2的水平，就可以确定A所得到的财富分配政策和私人物品的消费组合。A的财富分配政策和私人物品的组合，可用他的消费可能性曲线表示，在图10-3（a）中用TT曲线表示。

消费可能性曲线是把B_2B_2和图10-3（c）中的FF纵向相减得出的。在图10-3（c）的P点上，私人B消费G_1单位的财富分配政策和OX_1单位的私人物品。由于B把可能得到的所有私人物品都消费完了，私人A的消费中便不包含任何私人物品。鉴于A和B可以同时消费财富分配政策G_1，这就可以在图10-3（a）的TT曲线上得出P′点。在P′点上，私人A消费零单位私人物品和G_1单位财富分配政策。Q′点可以通过类似的方法得出。把B_2B_2曲线往下移到图10-3（c）并把G_1G_2范围内的FF纵向减去B_2B_2，便可得出可供A消费的一系列私人物品和财富分配政策的组合。因此，只要B的消费得到满足，消费可能性曲线TT就是可供A消费的财富分配政策和私人物品的组合。假定B必须保持无差异曲线B_2B_2的消费水平，能最大化A的效用函数的X和G的组合是在A的无差异曲线和消费可能性曲线TT的切点上。

在图10-3（a）的M点上，私人A将消费X_A'单位的私人物品和G′单位的财富分配政策。根据定义可知，B也将消费G′单位财富分配政策，而他的私人物品消

[①] 这种几何分析法是萨缪尔森首次使用的。
[②] 关于财富分配政策局部均衡和一般均衡的假设同时有效，不再赘述。

费量则为X_B'单位,即图10-3(b)的N点。在图10-3(a)的M点上,A已不可能移动到更高的无差异曲线,而不影响B的消费水平,因此,图10-3(a)的M点和图10-3(b)的N点表示的财富分配政策组合,必定是财富分配政策和私人物品的帕累托最佳组合。

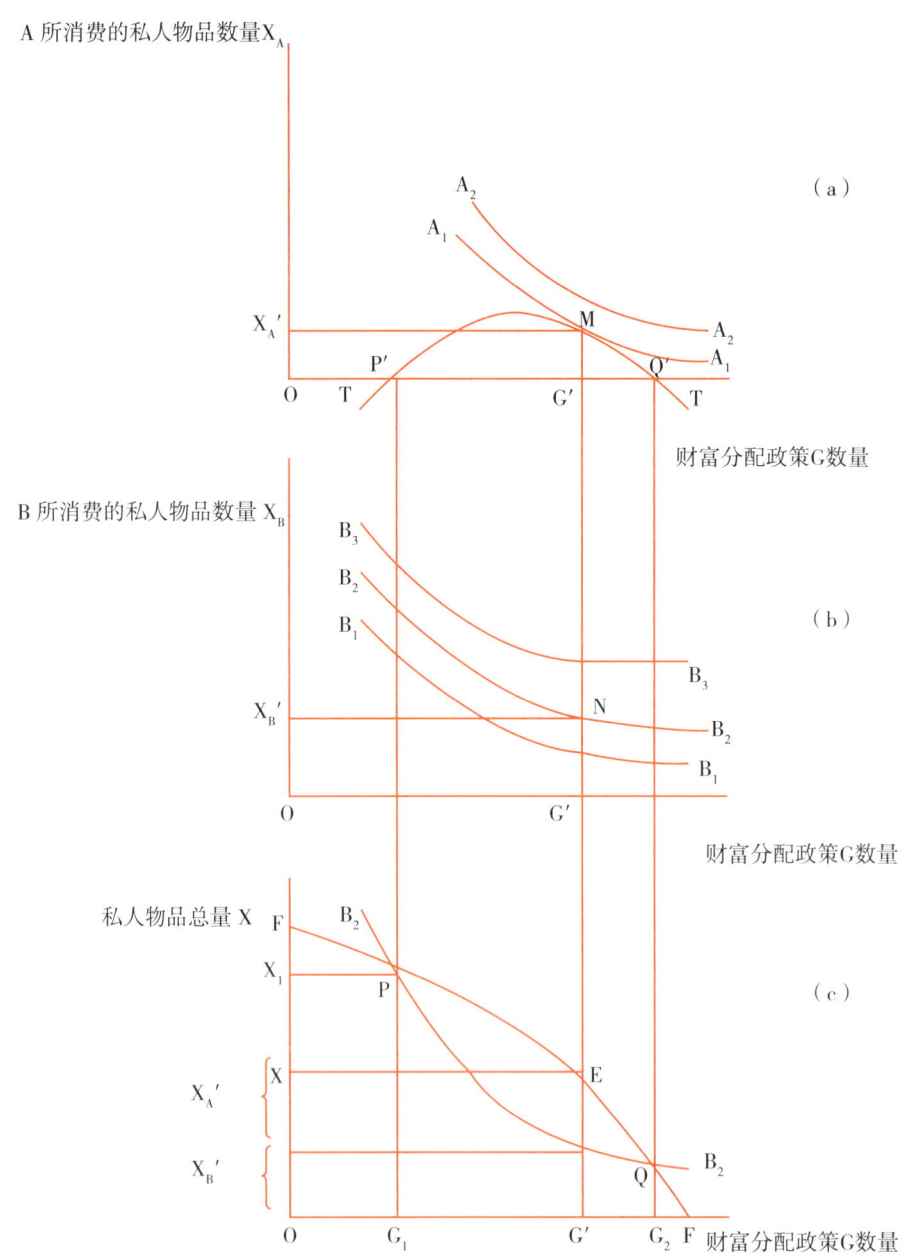

图10-3 社会化财富分配政策市场:一般均衡分析

财富分配政策一般均衡模型有赖于诸多限制性的假设。在现实生活中，许多问题需要借助这些假设获得解决。

首先，该模型假设存在一个完全理性的财富分配政策政府部门，该部门了解公共选择主体（或者私人）为消费财富分配政策愿意支付的价格，并将这些价格反馈到总计划中，从而计算出整个经济的财富分配政策和私人物品的组合。为了有效解决经济中的福利分配问题，完全理性的财富分配政策政府部门需要掌握私人确切的效用函数。显然，任何一个财富分配政策政府部门都不可能获得如此详细的信息，而财富分配政策的帕累托最佳供给要求具备这些信息。

每个人都应准确表达自己对财富分配政策的偏好（意愿），否则，财富分配政策政府部门无法确定财富分配政策的一组价格，分散的市场也难以实现这一点。非排他性的含义是公共选择主体可以在不支付成本的情况下享受财富分配政策的好处。因此，个人可能有意成为"搭便车者"，即不表达自己的偏好（意愿）。

需要指出的是，揭示市场主体对于财富分配政策的需求条件，关键在于参与交易的人数。在只有少数人参与并且只有私人物品的交易经济中，任何私人的需求都有可能是总需求中很重要的一部分。如果私人扭曲其偏好，从而改变其以偏离竞争价格进行交易的意愿，那么他就可以通过这种行为影响贸易发生时的最终价格。私人是否有这种行为要取决于其动机，即预期效用的得失。人数越少，私人扭曲偏好获得的好处就越大。随着群体规模的扩大，私人在总需求中所占的比例变得就越小，其对价格的影响能力也随之降低，从而减少了非正常行为产生的潜在收益。

在财富分配政策市场只有少数购买者时，私人承担生产财富分配政策所需成本的份额可能相当大。在这样的小群体中，私人有强烈的动机准确流露自己的偏好，否则财富分配政策供给可能会大幅减小。随着群体规模的扩大，私人为财富分配政策承担的成本显著减少，即使他不出资，财富分配政策的供给也不至于减少。在这种情况下，私人流露自己真实偏好的动机会变弱。如果所有私人都采取这种态度，就会出现财富分配政策无法通过分散的市场来提供的问题。因此，在私人物品的例子中，当人数较少时，私人扭曲偏好的动机比人数较多时要强，而财富分配政策的情况则正好相反。

即使在群体规模很小的情况下，自愿协定也不可能实现财富分配政策的帕累托最佳供给。群体中公共选择主体都有意最小化自己对总成本的支付，因此很可能会从事包括扭曲偏好在内的投机行为，但通常不会完全不流露其偏好。

总而言之，不管是分散的市场，中央计划制度，抑或是自愿协定，除非假设公共选择主体流露其真实偏好，否则都不可能产生财富分配政策的帕累托最佳供应结果。应当指出的是，在萨缪尔森（Paul A.Samuelson）模型中，财富分配政策必须由一组收益赋税来提供资金，而分配目标却必须以税收的方式来实现，因为税收不会发生扭曲，仅是纯粹的收入效应，能够保持相对价格不变。由于相对价格不受影响，税收的征收不会影响私人对财富分配政策和私人物品的相对需求。

第 11 章　经济性财富分配政策工具

经济性分配政策工具，主要包括：

宏观分配政策工具——税收、价格等；

微观分配政策工具——薪酬、最低工资标准、劳资谈判、工资指导线等。

11.1　宏观分配政策工具：税制

税收，尤其是所得税等直接税税种，具备量能征税，有效"调高"或"提低"的职能和重要作用。

社会保障税可以对收入分配差距进行调控。在财产税中，房产税、车船税、遗产税（或继承税）和赠予税都具有重要的调节收入分配差距的功能。特别是遗产税（或继承税）和赠予税实行累进税率，规定了必要的扣除额，对获得遗产或赠予财产多者多征税，对获得遗产或赠予财产少者少征税或者不征税，因而对缩小收入分配差距无疑更具调控功能。在商品税中，增值税是相对中性的，通常不具有调控收入分配差距的功能，而对某些特殊消费品或消费行为课税，一般能起到调控收入分配差距的作用。

11.2　税收公平与财富分配公平

高收入国家普遍注重通过税收公平促进实现财富公平分配。

（1）税制秉持公平，税收体现关爱低收入群体的价值理念

例如，美国政府较为注重完善税收制度，采用较合理的个人所得税的累进税率政策，多收入、多交税，少收入、少交税。个人根据自己一年收入和开支情况填写纳税表格，列明扣减项目，税务部门核实后会比照代扣税额进行多退少补。值得一提的是，美国实行严格的税收稽查制度。在强大的计算机信息系统支持下，税收部门可以通过对纳税人的各种信息进行交叉审核，从而有效打击偷漏税的不法行为。

（2）持续完善税制和税种、税率

第一，应积极推行个人所得税，直接调节平衡收入差距。例如，为了限制政府税收权利，1787年美国宪法规定，全国应该征收相同的税种。在税收的制定及改革方面，若最高法院与国会意见不一致，便会产生两者之间的博弈。在经过一系列的商榷后，如果双方仍无法达成一致，最高法院的意见便是最终的决定，即使宪法的规定与国会的意见一致，只要最高法院持相反意见，便按最高法院的决定进行。这造成诸多问题，最终的解决办法就是对宪法作出修改。例如，1872年国会与最高法院在累进所得税的征收问题上产生了分歧。最高法院主张累进所得税符合宪法理应存在，而国会则站在其对立面，认为其不合法。经过长时间的僵持，情况并未发生转变。后来，为了推进个人所得税的征收，两方都支持征收该项税种，但新的矛盾集中在如何征收。最高法院认为，应撇去居民收入的多寡，对所有居民征收数额相同的个人所得税；而国会认为，税收应根据居民收入而异，收入丰厚者，对其征收的税收应较高，收入较低者，对其征收的税收也应较少。当然，最终的决定取决于最高法院的意见，而不是国会。

19世纪后期，为了调节居民收入，美国政府开始推行个人所得税政策。个人所得税是针对个人的所得而征收的税种。个人所得并不局限于工资所得、劳务所得，还包括偶然性的彩票收入、租金收入等，这些都计入纳税基数，然而，居民继承或者接受捐赠的金额并不计入纳税基数，这体现了税收征收中的合理性原则。个人所得税是政府直接向居民征收所得，不属于间接税。在税收的实际征收过程中，会存在着免征额、起征额等规定。免征额是指给予居民收入的一部分免除交税的优惠。倘若居民收入在免征额之下，该居民不必缴纳个人所得税；一旦居民收入在免征额之上，居民则需要对超过免征额的部分缴纳税金。[①] 起征额的规定则与免征额不相同，倘若居民收入在起征额之下，居民的全部收入不必缴纳所得税，而居民收入在起征额之上，其处理方式便与免征额存在较为显著的差距。就起征额来说，一旦居民的收入达到或者超过起征额，居民便要就全部收入所得缴纳税金，而不是就超过起征额的部分缴纳税金。从两者关于缴纳税金的实行情况来看，起征额的受益者只是收入在起征额标准以下的人群，而对于收入不低于起征额的人群而言并没有丝毫影响。免征额的受益人群为全国所有居民，不论居民收入在免征额之下还是之上，居民均可以不必缴纳相应金额的税收。除起征额及免征额

---

① ［美］加里·M.沃尔顿（Gary M. Walton），休·罗考夫（Hugh Rockoff）：美国经济史［History of the American Economy（Tenth Edition）］[M].北京：中国人民大学出版社，2013：35~41.

之外，还有扣除额的规定。扣除额是指对于符合规定可以扣除的项目可以在个人收入中予以扣除。扣除额的受益人群仅是存在扣除额规定项目的人群。

应重视个人所得税调节作用。除个人所得税作为调节居民收入分配差距的重要手段之外，遗产税也是一项重要的调节工具。顾名思义，遗产税是对居民通过继承遗产而征收的税种。遗产税对社会公平的实现有着重要的促进作用。居民继承遗产，可以说是"不劳而获"，增加了自身的财富，对于贫富收入差距的扩大有一定的刺激作用。此外，继承遗产后，继承人可能会产生消极怠工的情绪，这不利于生产效率的提高，而对遗产征税便可以缓解这种情况。在高遗产税的情况下，实际得到的遗产金额会减少，继承人得到的财产严重缩水，他们继承的遗产可能并不能支持他们的长久生活，要想始终获得充裕的生活物资，他们必须通过自身的辛勤劳动来获得。因此，这种情况下，继承遗产并不会对生产产生较大的阻碍作用。征收遗产税可以减少原本扩大的贫富差距，对收入分配和社会公平有一定的积极作用。例如，美国政府意识到遗产税的重要性，在1797年开始了遗产税的征收。在某一段时间遗产税退出了政府税收序列，但很快又得以恢复，并延续至今。为了增加政府的税收收入、促进社会的公平和缩小贫富收入差距，美国遗产税的税率一度达到77%的峰值。[①]

作为调节收入的税种，美国还有社会保障税。社会保障税包括四大方面的内容。其中之一就是工薪税，即政府对居民接受雇佣所得而征收的税种。

为了调节收入差距，美国政府的税收措施发挥了积极的调节作用。个人所得税和遗产税等税种，并没有地域的限制，对全国的居民都具有适用性，这避免了不同地区因税制差异而造成的收入差距，从而有利于在全国范围内促进社会公平，实现收入调节的积极效果。[②]

第二，应通过调节税率，缩小贫富差距。例如，在第一次世界大战中，为了筹集充足的军需费用，美国政府增加了居民的税收负担，对于富裕阶层的税负尤其严重。战争结束后，为了缓解税收压力，政府大规模减税，主要受益者是富人。这一减税政策加剧了贫富差距，并抑制了贫穷阶层人民工作的积极性。在金融体系方面，战争期间军费除了依靠征税外，政府还发行了大量的债券。而且，为了挽救美国的金融体系，罗斯福总统在20世纪30年代加强了对金融体系的改革。在

---

① ［美］加里·M.沃尔顿（Gary M. Walton），休·罗考夫（Hugh Rockoff）.美国经济史［History of the American Economy（Tenth Edition）］［M］.北京：中国人民大学出版社，2013：85~99.

② ［美］加里·M.沃尔顿（Gary M. Walton），休·罗考夫（Hugh Rockoff）.美国经济史［History of the American Economy（Tenth Edition）］［M］.北京：中国人民大学出版社，2013：140~146.

1933年前后,美国的失业情况比较严重,为了解决失业问题,政府将大量资金投入公共设施的建设上,并取得了一定效果。同时,罗斯福总统还进行了社会保障制度的建设及完善。

在第一次世界大战期间,美国实施了较高税率的所得税。超额累进所得税使富裕阶层要缴纳的赋税更高。富裕阶层认为这时的税收制度侵害了他们的利益,尤其是个人所得税的税率高达67%,在1917年改革之前,这一税率仅为15%。同时,在起征额方面,超额累进所得税也从15 000美元降低至5 000美元。[①]除了所得税,其他税种的税率在第一次世界大战期间也显著提高。战时,美国政府为了筹集足够的款项,满足战争的需要,美国政府于1919年又增加了税率,在新税法中,富裕阶层的缴税率甚至达到了77%。但是,这一增税是暂时的,在战争结束后,政府会立即降低税率。

在战争期间,高水平的税收不仅为政府筹集到了大量的军需费用,还对收入分配进行了调节。富裕阶层需缴纳大量税收,而贫穷阶层在战争期间则投身于产品的生产和作战,他们的社会地位因此得到提高。然而,战争结束之后,战时的生产和作战需求减少,贫穷阶层的地位也随之降低。战后,税率下降,富裕阶层再次掌握了话语权,控制了市场。如表11-1所示,在战争之前,在个人所得税方面,最高边际税率一再上涨,由1916年的15%上涨至1917年的67%,再上涨至1918年的77%。在战后,为了保障富裕阶层的利益,政府实行了减税措施,最高边际税率在1922—1923年下降至58%,再下降到1925—1931年的25%,富裕阶层的利益得到了保障。

表11-1 1916—1935年美国个人所得税最高边际税率

年份	最高边际税率(%)
1916年	15
1917年	67
1918年	77
1919—1921年	73
1922—1923年	58
1925—1931年	25
1932—1935年	63

资料来源:税收基金会(1988年,表C36)。转引自代鹏.经济增长的革命[M].北京:经济科学出版社,2002:364.

[①] 王晓峰.美国政府经济职能及变化研究[M].长春:吉林人民出版社,2013:186~191.

战后的税收政策显然失去了社会公平的考量。富裕阶层的税收在下降,贫富差距在扩大。在1920年前后,美国最富有的1%的人口却占有32%的财产。而且,富裕阶层获得大量资金后,为了获取利息而存进银行,马太效应出现,即贫者越贫,富者越富,社会矛盾在加大。贫穷的民众失去了工作的兴致,国家的生产面临较大的难题。

1929—1933年美国爆发的经济危机,降低了居民的实际收入水平。在扩大了失业率的情况下,政府的税收不会取得较为显著效果,政府在这一时期的首要任务是扶贫,而不是征税。众多居民入不敷出,温饱已然成为一项严峻的问题,而另一些企业厂主,有较多的盈余,贫富收入差距悬殊。企业厂主甚至将生产出来而没有卖掉的产品销毁,而贫困居民却没有钱财来购买自身所需的产品。因此,政府在调节收入分配差距方面需要作出更多努力。

(3)积极减税,缓解财政赤字,促进投资与消费

应注重减税,以促进投资与消费。例如,美国经济在1960年跌入低谷,恢复经济发展成为政府的首要任务。约翰逊政府及肯尼迪政府在刺激经济发展方面实施的主要政策是减税。减税可以刺激私人及企业增加投资,促进个人消费。投资增加,就会带来生产规模的扩大,扩大后的企业需要更多工人,这就缓解了失业问题。减税取得的效果是显著的,从表11-2可以看出,减税促进了国内生产总值的增长。

表11-2　　美国1964年减税作用　　(单位:%)

年份	GNP缺口	GNP增长率	充分就业下盈余占GNP百分比	利率
1963	5.6	4.0	0.5	4.3
1964	3.3	5.3	0.1	4.5
1965	0.7	6.0	0.1	4.5

资料来源:李世安.一只看得见的手:美国政府对国民经济的干预[M].北京,当代中国出版社,1996.

在越南战争中,政府开支较大,财政赤字严重。为了缓解财政赤字,政府除了在1968年实施增税政策外,还采取了减少政府支出的措施,双管齐下,财政赤字的问题最终得到解决。[1]

---

[1] [美]加里·M.沃尔顿(Gary M. Walton),休·罗考夫(Hugh Rockoff).美国经济史[History of the American Economy(Tenth Edition)][M].北京:中国人民大学出版社,2013.

11.3 政府财政调节与财富分配公平

11.3.1 优化税收组织与运营，维护分配公平

维护分配公平，需要优化税收组织与运营。例如，在法国，税费由政府征收，通过公共管理部门收集。法国"公共管理"是由3个不同的机构组成的：

第一，中央政府，即国家政府，包括所有中央政府机构。它拥有独立的预算体系，包括总预算、特殊财政账户以及专项预算。中央政府主要负责征收大部分的税收。

第二，地方政府涵盖在特定地域内行使管辖权的机构，例如地方行政机关、地方公共机构、商会以及主要由地方政府提供资金支持的各类公共或准公共机构。这些机构虽然也征收大量税收，但与中央政府相比，其税收规模相对较小。

第三，社会保障协会（ASSO）被赋予了公共服务的使命，尽管它们的运作在很大程度上类似于公共管理部门的私人组织。它们的预算来自所有强制性的社会保障基金，包括总体方案、失业保险计划、补充退休基金、福利基金收益、资金的自由职业、农业资金以及特殊员工计划。此外，这些基金资助的机构，如社会工作、公立和私营部门的医院，可获得综合经营补助金。这些协会大多由社会捐款资助，以增加社会福利为唯一目的。

法国的税收是由狭义税收和社会保障构成。大部分的税收是由政府和地方集体收集，而社会保障款项则由社会保障系统征收。税收之间存在一定区别，税收按生产、进口、财富、收入和社会捐款进行分类，其中企业主在支付员工工资时，需支付员工工资总额的一部分。在法国，税收和捐款统称为强制性征税。

依据法国税法规定，无论是居住在法国的自然人还是法人，只要满足以下任一条件：拥有个人住宅或主要居所、在法国从事工作或拥有经济收入或经济利益，均应被视为纳税主体。尽管自1999年起，法国的税收负担呈现下降趋势，但2007年其税负（占GDP的43.3%）无论是在历史对比还是与其他国家比较中，依然处于较高水平。20世纪60年代中期，与法国相比，OECD国家的税收负担普遍上升，从1965年占GDP的25%增长至2005年的36%，同期欧盟国家增加了约12个百分点。OECD国家已实施措施以控制税收负担的增长，自20世纪90年代起实行减税政策，但自2000年以来略有回落，这也是法国税率在OECD国家中仍居首位的原因之一。法国税收占GDP的45%，而OECD国家的平均水平税收占GDP的37%。2005年，法国的社会保障和税收总额平均占工资总额的71.3%，在OECD国家中

位居最高。社会保障缴费率也特别高,占收入的16.3%,而OECD国家的平均水平为9.4%。此外,社会保障预算超过政府预算,且政府预算和社会保障组织的预算均出现赤字。①

11.3.2 厘清税收清单,开征财富税,平衡贫富分化

政府应依据征税对象的差异实施税收分类,并将所征税收用于公共开支。税收本质上是一种货币形式的福利,它根据纳税人的经济能力进行征收,不以纳税人的直接回报为前提,其宗旨在于实现政府的经济和社会目标。与税收有别,关税从严格的经济角度出发,主要目的是保护国内市场。实际上,某些由海关征收的费用也可视为税收。例如,来自非欧盟国家的货物所征收的增值税,以及对石油产品征收的税费,这些税收并不考虑产品的原产地。尽管社会保障缴款是强制性的,但它并不属于税收范畴,因为其核心目的是提供社会保障福利,且纳税人有可能从中获得相应的利益。此外,某些税收是基于个人收入征收,并分配给社会机构,但纳税人通常无法直接从这些税收中获得个人利益。例如,法国的税收种类可分为生产和进口税、增值税(VAT)、石油产品税(TIPP)、财富税;所得税、低收入者所得税抵免高工资所得税附加费、高工资的企业主工资税、企业所得税、社会保障税等。

第一,财富税(财富团结税)。在法国财富税是一种年纳税,当个人的财富净值超过一定的金额时支付。它成立于1989年,以资助最低生活保障津贴RMI。2008年,财富税的回报总额为4.5亿欧元。

在法国居住的个人对其全球资产征税,在法国法律之外的居民仅对其在法国的资产征税。税收是以每个家庭(已婚夫妇或伴侣、同居者以及未成年子女)为单位。税基构成为在相关纳税年度的1月1日的所有财产、权利和价值(如建筑物、个体工商户、农场、活动家具、金融投资、债务、汽车、飞机、游艇等)。然而,某些资产可以全部或部分豁免税收,主要包括专业性资产(如个体企业)、文学和艺术作品、一些农村财产、物品和古董,以及艺术品和收藏品。

在法国居住的个人可以将其主要家庭财富税收的30%作为扣除项。在法国居民可以降低财产税,适用于综合所得税、财产税、社会费用(CSG & CRDS)和当地财产税的限额,这些限额可以从应纳税所得额中扣除。这种限制被称为"Bouclier Fiscal"(税盾),它限制了这些税种的应纳税所得额。2008年8月6日,

---

① [法]皮埃尔·米盖尔.桂裕芳,郭华榕,译:法国史[M].北京:中国社会科学出版社,2010:30~45.

法国颁布了一项法律，允许那些连续在法国居住5年的非居民，排除其居留在法国的第一个五年财富税中的非法国资产。虽然这种小税只适用于最富有的人群，实际上收集的收入很少，但仍然颇具争议。很多左派人士认为这是团结的象征，而许多右派则辩称它鼓励企业家离开法国。①

相关资料见表11-3。

表11-3　　　　　　　　　　法国居民净资产率

2010年净资产率（欧元）	比率（%）
<790 000	0
790 000~1 290 000	0.55
1 290 000~2 530 000	0.75
2 530 000~3 980 000	1
3 980 000~7 600 000	1.30
7 600 000~16 540 000	1.65
>16 540 000	1.80

资料来源：法国经济财政和私营化部、社会事务和国民团结部、联合国经济与社会事务部数据资料、政府网站信息整理汇编，网址：https：//www.economie.gouv.fr，https：//www.un.org/development/desa/。

在出售或免费赠送（礼品、继承）时，财富可能会受到征税。在这种情况下，在法国可能会支付继承或赠与税。

此外，它还可能在拥有期间被征税：财富是受年度税收通过财富税和当地财产税对房地产支付；资产处置时需支付资本收益税，这是一种对利润征收的税。②

下面这些税收，被称为遗产税和赠与税，适用于赠与和遗产。税收适用于以下情况：

·捐赠者/已故者是法国居民，在赠与/已故日期；

·接受者是法国居民，在10个纳税年度中至少有6个纳税年度接收到了赠与或继承；

·该资产是法国资产。

这些规定，可以由税务条约覆盖。

税费由接受者缴纳，根据收到的金额及其与捐赠者或死者的关系确定。

---

① 景丽.高收入国家税制结构特点及成因分析：法美比较的视角［D］.济南：山东大学，2014.
② 付楠楠.营改增下纳税人权利保障法律问题研究——以税收公平原则为视角［D］.北京：北方工业大学，2017.

在法国，通过配偶和PACS伙伴之间的继承资产现在免征继承税，但是通过配偶和PACS伙伴之间的捐赠资产仍缴纳赠与税。

关于财富税，家庭主要资产的价值可以通过继承税减少30%，因为这些资产最终也被家庭的生存配偶或一个或多个子女作为家庭财富继承。PACS伙伴也可以从30%的扣除中获益。[①]

相关资料见表11-4、表11-5。

表11-4　　　　　　　　　法国2010年税率（遗产税）

应税遗产（欧元）	直线（包括领养子女）	应税收入（欧元）	累积税（欧元）
<7 953	5%	398	398
7 953~11 930	10%	398	796
11 930~15 697	15%	565	1 361
15 697~544 173	20%	105 695	107 056
544 173~889 514	30%	103 602	210 658
889 514~1 779 029	35%	311 330	521 988
>1 779 029	40%		

表11-5　　　　　　　　　法国2010年税津贴（遗产）　　　　　　　　（单位：欧元）

接受者与捐赠者的关系	津贴
遗产：	
孩子	156 974
兄弟姐妹	15 697
侄女/外甥	7 849
其他	1 570
赠与：	
配偶或PACS伙伴	79 533
孩子	156 974
孙子	31 395
侄女/外甥	7 849
遗产和赠与，残疾人额外获得的	156 974

第二，所得税。在法国，有三类所得税：企业所得税、个人所得税和用于社会的税收（CSG和CRDS，由家庭支付）。企业主支付的税款，即社会捐助，不被

[①] 景丽.高收入国家税制结构特点及成因分析：法美比较的视角[D].济南：山东大学，博士学位论文，2014.

法国中央政府视为税收。

个人所得税是指个人在一年内所获得的所有收入应缴纳的税款。除了一些特定的例外情况，不论收入来源，净收入是根据总收入来确定的，并在扣除一定的免税额度后，按照统一的税率进行征税。这种税率是根据累进税制原则对不同等级的收入进行分级的。然而，由于存在众多的规定，税收系统会根据收入的种类不同而有所差异。此外，一些收入和资本收益按固定税率征税。个人所得税是基于家庭总应税收入每年应付的。2007年，个人所得税收入达570亿欧元[1]。

个人所得税收入分为七大类：工业和商业利润、非商业和农业利润、土地收入、工资、养老金和年金、活动收入和资本利得。不论他们是否拥有法国国籍，只要他们居住在法国，就要对个人的总收入进行征税。不居住在法国的居民仅对其法国来源的收入进行征税。该税是按每个"家庭财政"，即由一个人或一个单独的人，或是他们的子女或其他亲属组成的家庭单位。无论是什么国籍，居住在法国的居民都应该根据其全球收入进行纳税。没有居住在法国的人仅需要交纳其来自法国收入的有限税收。

应纳税所得额，或称为"税收收入参考"，并不等于家庭在一年内获得的总收入。相反，应纳税所得额（财务报表框架）由家庭收入除以家庭财政的"部件"（一部分代表每一个成人，一部分代表第一个孩子，1/2部分代表以后连续的孩子），并进一步减去扣除标准和纳税人可能在当年申报的其他扣除项目。[2]

相关资料见表11-6、表11-7。

表11-6　　　　　　　　　2009年每个家庭单位的税率

单位收入（欧元）	税率（%）
<6 011	0
6 011~11 991	5.5
11 991~26 631	14
26 631~71 397	30
71 397~151 200	41
>151 200	45

资料来源：法国经济财政和私营化部、社会事务和国民团结部、联合国经济与社会事务部数据资料、政府网站信息整理汇编，网址：https：//www.economie.gouv.fr，https：//www.un.org/development/desa/。

---

[1] 景丽.高收入国家税制结构特点及成因分析：法美比较的视角［D］.济南：山东大学，博士学位论文，2014.

[2] 付楠楠.营改增下纳税人权利保障法律问题研究——以税收公平原则为视角［D］.北京：北方工业大学，2017.

表11-7　　2013年每个家庭单位税率

1单位（=1个成人的家庭）（欧元）	2单位（=2个成人的家庭）（欧元）	3单位（=2个成人+1个孩子的家庭）（欧元）	3.5单位（=2个成人+2个孩子的家庭）（欧元）	4单位（=2个成人+3个孩子的家庭）（欧元）	税率（%）
<5 875	<11 750	<14 688	<17 625	<23 500	0
5 875~11 720	11 720~23 400	14 688~29 300	17 625~36 160	23 500~46 880	5.5
11 720~26 030	23 440~52 060	29 300~65 075	35 160~78 090	46 880~104 120	14
26 030~69 783	52 060~139 556	65 075~174 448	78 090~209 349	104 120~279 132	30
>69 783	>139 556	>174 448	>209 132	>279 132	41

资料来源：法国经济财政和私营化部、社会事务和国民团结部、联合国经济与社会事务部数据资料、政府网站信息整理汇编，网址：https://www.economie.gouv.fr，https://www.un.org/development/desa/。

免税政策是基于社会公平考量的。当纳税人的净收入不超过7 920欧元时，他们可享受个人所得税的免税待遇。通常情况下，应纳税所得额是根据家庭年度总收入来计算的。在计算家庭所得税时，可以从总收入中扣除部分费用，这有助于降低应纳税额的上限。

个人所得税的计算基于纳税人申报的上一年度总收入，但同时也会考虑纳税人的个人情况，包括通过"家庭单位"（或称"家庭商"）以及适用的税收减免或抵免。家庭单位的考量能够反映家庭责任，并根据简化后的渐进税率来计算税额，因为渐进税率适用于部分收入（即应纳税所得额）。该过程涉及将所得税收入分配到若干个单位（或部分），与家庭成员数量相等，并将渐进税率应用于应税收入。最终，税额是通过单位数量乘以确定的应税基数来计算得出的。

家庭商的计算方法是：每个人算作1个单位，夫妻两个共2个单位；前两个孩子每人增加0.5个单位，从第三个孩子开始，每增加一个孩子增加1个单位。

在部分制度下，节省税收可能受到限制。如果系统生成的税务账单比其他不使用该系统时减少超过2 302欧元（以2009年收入为例），则不允许使用该系统。即使是一对已婚夫妇，税务账单也会分为两个部分。

各种税收优惠可以在总税收中计算。这些优惠包括股息税收抵免、主要住宅的节能改造、购买环保汽车、雇佣家务助理、托儿费用、纳税电子申报、直接借记卡或电子支付税以及按揭利息等。

第三，低收入者所得税抵免。收入为11 800~16 418欧元的单身人士，为17 454~25 983欧元的没有孩子的夫妻和为23 717~35 400欧元有孩子的夫妇可以抵免。2013年出台的单身人士的税收抵免额是480欧元，一对夫妇的税收抵免额是960欧元。2014年税收抵免额有所增加，单身人士是1 135欧元，一对夫妇是1 870欧元。

第四，高工资所得税附加费。杰出贡献高收入税是2012年Francois Fillon为遏制预算赤字所提出的一项临时性措施。收入为250 001~500 000欧元的，税率是3%；超过500 000欧元，税率是4%。

第五，高工资的企业主工资税。2013年和2014年，税收收入超过100万欧元的纳税人/企业主需要缴纳税款。这类税收是类似于企业主的社会保障贡献，其中100万欧元占工资总额的0.22%，而15万欧元占工资的44%。弗朗索瓦·奥朗德介绍，75%的所得税率实际上是一个额外的企业主贡献，50%的税率是当现有的社会保障费达到75%时的情况。提议中的税收遭到理事会的拒绝后进行了修改，并于2014年以其目前的形式实施，计划于2015年1月终止。

第六，企业所得税。企业所得税，在法国是按年度纳税，原则上适用于所有企业和其他法国实体企业的所有利润。它涉及法国1/3的公司，标准税率是33.1%。2006年，企业所得税的净收益达478亿欧元，应纳税所得额等于总利润与成本和可扣除费用的差额。总营业利润由销售和成本之间的差额造成。除经营利润总额外，所有收入或利润均为应税所得：财产、利益、存款和债券的租金收入。降低利率适用于有限数量的长期资本收益。

第七，社会保障税。自1945年创立以来，社会保障资金主要依赖社会捐赠和社会贡献资助，即从工资中扣除。直至近期，社会支出并未广泛依赖税收，这在某种程度上违背了欧洲伙伴的意愿。为应对社会保障融资的挑战，政府不得不征收额外的税种以拓宽资金来源，特别是普遍的社会贡献（CSG）和社会保障债务偿还（CRDS），目前正以0.5%的比率偿还ASSO债务。

1991年，法国制定了财政法案，引入了一般社会贡献（CSG），这是一种由居住在法国的个人支付并受益的强制性医疗保险。CSG的收入被分配到社会保障预算中，专门用于国家家庭津贴、团结基金养老金计划和保险。实际上，与那些支付并受益于社会贡献的权利相比，CSG并不直接提供补偿（与任何其他税种一样）。CSG拥有广泛的基础，适用于盈利和收入财富原则。CSG由三个独立的社会贡献组成：劳动收入税率为7.5%，投资收益税率为8.2%，并且它也适用于金融投资（对某些非税产品如工业发展储蓄账户手册和人民银行例外）。到2005年，CSG的收入达到了714.7亿欧元。

1996年，法国社会债务贡献（CRDS）成立，与CSG类似，它也适用于盈利和财富收入。最初，CRDS是为了建立一个为期13年的社会贡献，但这一时间限制在2004年被取消。CRDS的地域范围与CSG相同，因此CRDS是由居住在法国并受益于强制性保险的个人缴纳的，税率为0.5%。CRDS的基础比CSG更宽泛，包括了从CSG免征的收入，如家庭福利或住房津贴。CRDS的回收方式与CSG相同，但CRDS并非来自税基的税收收入。到2005年，CRDS的收益达到了52亿欧元。

总之，法国社会保险是由四部分组成的：CSG、CRDS、PS和RSA。每个类型的收入数额是不同的，具体的情况概括如表11-8所示。

表11-8　　　　　　　　法国社会保险构成与占比　　　　　　　　（单位：%）

社会保险构成	工资和失业福利（总收入97%）	退休或伤残退休金（总收入95%）	投资，年金，租金收入和资本利得
CSG（广义社会贡献）	7.5	6.6	8.2
CRDS（偿还债务的社会贡献）	0.5	0.5	0.5
PS（征收额外的社会贡献）	0	0	3.4
RSA（团结劳动收入）	—	—	1.1
合计	8	7.1	12.1

资料来源：法国经济财政和私营化部、社会事务和国民团结部、联合国经济与社会事务部数据资料、政府网站信息整理汇编，网址：https://www.economie.gouv.fr，https://www.un.org/development/desa/。

还有其他类型的社会所得税。其税率对养老金收入或支付的津贴适用固定比例，并且不能扣除。因此，这些收入或收益按固定税率征税，不可扣除。

第八，地方税。在众多地方税种中，直接税占据着至关重要的地位。作为法国税收体系中历史最悠久的税种，地方直接税起源于1790年和1791年，当时成功地确立了中央政府的税收征收权。到了1917年税制改革，这些税收的管理权被转交给了地方政府。地方税由国家的地方政府机构（包括地区、部门、直辖市以及地方公共机构）负责征收。主要的地方税种包括房产税、物业税、居住税和营业税。税率由领土议会（区域市政局）在年度预算表决中确定，但不得超过国家设定的上限。税收基础则由国家统一建立。此外，该税种还享有多种永久性或临时性的免税优惠。2006年，这四大地方直接税的总收入达到了602亿欧元。除了这些主要税种，还有其他多种直接税，例如农业商会费用、垃圾收集税、通信塔税等。至于间接税，则涵盖了矿泉水、矿产、眼镜、广告、导航、电力、污染以及工作场所税收等领域。

第九，职业税。职业税（营业税）针对的是每年在法国的个体户、法人或者自然人。它提供各种豁免（活动由国家、地方政府和公共机构、企业和农业组织等执行）。其税基是由纳税人提供的资产的租金价值构成。费率是由当地社区和组织在国家法律规定的范围内进行制定颁布。2005年，营业税所得额为250.6亿欧元。

第十，住宅税。住宅税（居住税）适用于充分陈设的所有建筑及其依赖物（花园、车库、私人停车场）。在应纳税年度的1月，任何拥有该住宅单位的人（无论是业主、租户还是免费居住者）都需缴纳此税。税基是住宅物业的名义价值。2005年，住宅税的收入为133.7亿欧元。

第十一，土地房产税。土地房产税适用于在法国境内的所有建筑物。应税财产包括所有永久性建筑，如公寓、住宅、车间、仓库等。税基相当于建筑物的名义租值的50%（即由税务机关设置的值）。由于社会原因，存在许多豁免和例外情况。2005年，该税收达177.3亿欧元。

11.3.3　公开税源，接受社会监督

应吸收借鉴高收入国家公开税源的做法，促进接受社会监督。例如，法国于2007年税收收入总额达到8 189亿欧元，占GDP的43.3%。2007年，法国税收收入的分配有四个主要受益者：社会保障管理部门获得了超过一半的收入；国家和中央政府机构获得了近3/1的收入；地方政府（APUL）近13%；欧盟（EU）小于1%。2007年，直接和间接税占总收入的62.8%。国家资源几乎全部来自税收（见表11-9）。社会保障机构的资金主要由社会捐助和税收构成，包括一般社会贡献（CSG）和社会债务偿还贡献（CRDS），这代表着2007年1/4政府社会保障资金（见表11-10）。地方行政部门的资金主要来源于3个主要的地方直接税（房屋税，房产税和营业税）资助。

表11-9　2007年法国各管理局的资金来源　（单位：%）

管理部门	直接税	间接税	社会贡献
中央政府	39.5	57.6	3.0
准自治非政府组织	54.5	45.5	0
社会保障局	19.8	9	71.2
地方政府	62.3	37.7	0
总费用	27.1	35.7	37.2

资料来源：法国经济财政和私营化部、社会事务和国民团结部、联合国经济与社会事务部数据资料、政府网站信息整理汇编，网址：https://www.economie.gouv.fr，https://www.un.org/development/desa/。

表 11-10　　　　　　　　　2007 年法国各管理局基金

公共管理机构与基金	数额（亿欧元）	占总基金的百分比（%）	占 GDP 的百分比（%）
中央政府	2 925	37.9	17.1
社会保障	3 601	47.9	21.1
地方或区域政府	952	12.7	5.6
欧洲联盟	45	0.6	0.3
合计	7 522	100	44

资料来源：法国经济财政和私营化部、社会事务和国民团结部、联合国经济与社会事务部数据资料、政府网站信息整理汇编，网址：https：//www.economie.gouv.fr，https：//www.un.org/development/desa/。

11.3.4　坚持公共财政收支平衡，预防支付危机

我国应吸收高收入国家的教训，坚持公共财政收支平衡，积极预防支付危机。例如，法国于 2007 年公共赤字达到 506 亿欧元，占 GDP 的 2.9%，而欧元区的平均比例为 0.2%（不包括法国）。如果情况恶化，实际赤字可能会超过 3% 的门槛。2007 年，公共债务占 GDP 的 63.9%，这代表着每个就业者负担 47 000 欧元。公共债务在过去几年有所增加，2007 年偿还利息支出达 520 亿欧元，相当于每个就业者负担 2 000 欧元。

法国社会保障管理部门的赤字保持在 110 亿欧元，相应的债务（社会债务）有所增加。法国居民消费增长明显高于近年来的收入，地方政府的赤字有限，但 2007 年仍达到了 70 亿欧元。至于中央政府的净税收收入，2007 年仍然与 2004 年保持在同一水平，由于社会保障收入的转移增加和 2007 年地方政府减少赤字 700 亿欧元，总收入自 2004 年以来增加了 510 亿欧元。2007 年，法国中央政府的收入大约为 2 720 亿欧元，支出大约为 3 540 亿欧元。总的来说，政府登记的赤字约为 420 亿欧元。

在法国对欧洲货币联盟的承诺下，削减赤字已经成为法国政府的头等大事。《马斯特里赫特条约》规定，货币联盟的成员国需将政府预算赤字控制在 GDP 的 3% 以内，公共债务控制在 GDP 的 60% 以内。

11.4　调节个人收入与财富分配公平

应吸收高收入国家调节个人收入的经验与教训，促进财务分配公平。

11.4.1 创新调节个人收入与财富分配公平

（1）运用税收政策调节个人收入，调节个人收入水平

税收政策在高收入国家财富分配管理中具有重要作用。它不仅是国家财政收入的重要来源，而且是调节社会收入再分配的重要手段。应吸收高收入国家的经验教训，把调节个人收入作为国民平衡财富分配的重要环节。①

例如，20世纪80年代全球出现了"低税负，简税制"的改革浪潮，瑞典政府对本国的税收制度进行调整。先降低了几种主要税种的税率，包括个人所得税、财产税和公司所得税。个人所得税在税收项目中是重要的税种，在税收收入中占有很大的比例。在2002年，瑞典个人所得税这一项的税收收入就占到总收入的31%，大约占GDP的17%。公司所得税改革后，企业只需向国家缴纳税款，税率也下降到28%，对企业固定设备的折旧条件放宽，设备年综合折旧率达20%~30%。对于企业贷款利息、企业主为劳工缴纳的社会保险费等，也都可以在税前进行扣除。②

（2）增强税收对居民福利的调节功能

应增强税收对居民福利的调节功能。高收入国家普遍遵循高福利、高税收原则。税收调节属于再分配领域。例如，瑞典把个人所得税作为实施再分配的重要手段。高福利高税收是瑞典模式的主要特点。瑞典政府在提供全面的高福利的社会保障时，必须有强大的资金支持，而这些资金的主要来源是税收收入。因此，从表11-11我们也可以看出，瑞典的税负在欧洲国家中是比较高的。高税收也反映出瑞典的社会福利制度在高收入国家范围内具有一定的超前性③。

表11-11　　　　　　　　2001年欧盟国家个人所得税比重

国家	个人所得税占全部税收比重（%）	税收占GDP比重（%）
瑞典	70.5	51.4
芬兰	74.9	46.1
法国	68.6	45.4
澳大利亚	65.6	45.0
比利时	74.2	45.6
欧盟成员国家平均水平	67.8	41.0

资料来源：瑞典统计年鉴，2003—2005。

---

① 杨来发.瑞典税收制度及吸收［J］.涉外税务，2007.
② http://www.cnnsr.com.cn/jtym/swk/20080107/2008010713092321783.shtml.
③ 刘强.瑞典、芬兰居民收入分配状况及调节政策考察报告［J］.经济研究参考，2006.

11.4.2 适度提高个人所得税水平，促进财富分配公平

我国应适度提高调节个人所得税水平，以保证促进财富分配公平。例如，英国于1799年开征所得税，是最早开征所得税的国家。英国通过个人所得税、遗产税、社会保障税等税收来调节收入分配差距，其调节效果比较明显。[①]

---

① 安联集团：《2016安联全球财富报告》，2016年10月.

第 12 章　社会化财富分配政策体系

我国应分阶段建立社会化财富分配政策体系。社会化财富分配政策工具是指通过社会领域政策来实现分配公平目的。社会化财富分配政策工具主要包括：

- 普惠型分配政策工具——社会保障等；
- 差别性分配政策工具——扶贫等；
- 保障性分配政策工具——住房、医疗服务等。

12.1　社会保障政策工具

社会保障政策是一种重要的调节分配的政策工具。社会保障在很大程度上依赖国家经济社会发展的综合水平。国家是社会保障领域的重要参与者，它制定法律法规，监督各类机构（包括社会保障局），通过税收或补贴来资助社会保障体系。

12.1.1　有序健全社会保障调节功能

高收入国家社会福利制度的普遍原则是"解除国民对未来任何不确定因素的忧虑"，其福利的主要特点是全民享有，包括农民和外国人，越穷享受的福利越多。例如，法国共有400多种类型的社会福利，政府每年从国库拿出大量的资金用于各种福利补贴。法国明确规定有最低生活保障金、幼儿补助、家长育儿补助、雇佣家庭育儿保姆补助、雇佣在家照看孩子补助、拥有第二个孩子家庭补贴金、孩子开学补助、孩子上学补助、收养孩子补助、住房补助、搬家补助、扶持家庭补助、单身父母补助、特殊教育补助、成年人残疾补助金等。除了国家明确的福利项目外，各地方政府也有主要针对穷人的福利项目，如一些城市的公交免费等。[①]

法国社会保障涵盖所有旨在保护人们免受社会风险（疾病、生育、年老、失业）财务后果的系统。社会保障是指一系列社会福利的所有机制，使个人能够应

---

① 许荣.法国中产阶级：历史与现状［J］.湖北社会科学，2004（11）.

对"社会风险"的财务后果。这些情况可能会危及个人或其家庭（被定义为一组受宗族和联盟关系约束的人）的经济安全，导致其资源减少或增加开支（如年老、疾病、残疾、失业情况、生育和家庭责任等）。在法国，社会保障各项支出每年约5 000亿欧元，占GDP的30%以上。

1930年，法国创建了现代社会保险，为员工提供一定的风险保障（意外、疾病、残疾、生育、年老以及死亡等）。第二次世界大战期间，国家抵抗委员会设计了社会保障制度，这一制度现已成为社会保障的核心。1945年10月4日通过了一项命令，随后又有其他相关文件出台。此后，保障范围逐步扩展，覆盖了整个人口，并不断增强其优势。[①]

在构建社会保障体系的过程中，法国主要借鉴了以工人为主体的俾斯麦保险模式，而非贝弗里奇所倡导的广泛社会团结模式。尽管如此，随着时间的推移，团结原则（例如反对单一贡献方式）在法国逐渐发展并扎根，其社会保障体系的核心依然是保险理念。然而，推行统一社会保障系统的尝试遭遇了阻力。这便说明了法国福利制度的多样性，它由众多不同的参与者共同构成。至关重要的是，法国的福利制度覆盖了工业、商业和服务行业的劳动者，构建了一个全面的社会保障体系。

（1）发展态势

法国社会保障体系覆盖面广，涵盖所有个人。其起源可追溯到19世纪末，当时建立了社会保险制度。这个制度将保险与职业活动紧密绑定，为因事故、疾病、失业、年老等导致的收入损失提供保障。最初，它仅涵盖工人及其家庭。社会福利的权利依赖社会保险费的缴纳，而社会保险费的缴纳金额又与收入相关。对于非劳工或在执业期间未缴纳社会保险费的个人，在极端窘迫的情况下，他们仍有权享受福利。

社会保障行政部门致力于逐步扩大社会福利的覆盖范围，使之惠及国内所有居民。在国家共同体中，每位成员，不论其职业如何，也不论其是否具备贡献能力，目前均有资格享受最低生活保障。实际上，1946年8月22日颁布的法律已将家庭津贴的发放对象扩展至全体公民。老年人的风险保障几乎实现了全民覆盖，因为自1956年起建立的最低退休金制度确保了每个人都能领取到基本的退休金，不论其是否参与了强制性的养老保险计划。医疗保险已实现普及，特别是自1999

---

① 法国经济财政和私营化部数据资料、政府网站信息整理汇编，网址：https：//www.economie.gouv.fr.

年实施的全民健康保险制度,确保了每个人都能获得基础的医疗照护。此外,"社会最低收入"保障计划在经济困难时期为人们提供必要的资源,以抵御社会排斥的风险。

(2)组织运营

法国各种形式的社会保障在经济社会发展中发挥着重要作用。社会保障分为四个层次。①

①社会保障。社会保障行政部门提供了四种风险覆盖的基本保险:"疾病、生育、伤残、死亡""意外事故、疾病""养老"和"家庭"。这四个风险对应于一个分支,根据自身的专业活动,对不同的人群进行了不同的分类。这四项计划是:

A.总体方案:包括大多数职工、学生接受某些福利和普通居民;

B.特别计划(包括特殊退休计划):它们覆盖的员工不是在私营部门(公务员);

C.农业计划:它保证农民和农业工人的福利;

D.自治方案:它们包括单独的工匠、商人、工业和老年自由职业者("疾病"的风险是常见的治疗系统)。

②补充方案。补充方案旨在为已经参加社会保障的风险提供额外的覆盖范围。这些方案包括强制性的(私人部门劳工的补充退休金计划)和可选的(相互医疗保险和退休金计划)。社会合作伙伴主要负责设定这些计划的收入和支出的数额,然而,强制性的计划(失业保险或职工的退休金)和可选的计划(互惠社会)之间存在差异,强制性计划为所有相关人员提供保障,而可选计划则允许个人根据需求自愿选择加入。②

③UNEDIC。国家就业联盟工商联(UNEDIC)负责失业保险制度。

④中央政府。中央政府和地方政府提供了一些援助,主要扶持最贫困的人。社会援助包括法律所规定的福利待遇,在满足特定条件时提供。这些援助通常由部门提供资助,同时也有中央政府(RMI或津贴、残疾成年人)的支持。

(3)来源规制

法国社会保障资源不断增加,它们遵循福利开支的增长。它们分为三类:社会贡献(社会捐助)、"分配税"(这一称谓源于社会保障传统上不依赖税收)和中

---

① 刘曼.欧盟社会保障税对就业的影响[D].保定:河北大学,硕士学位论文,2017.
② 法国经济财政和私营化部数据资料、政府网站信息整理汇编,网址:https://www.economie.gouv.fr.

央政府的贡献。

①社会贡献。近年来，社会保障资源筹措的比例始终在变化。传统上，法国社会保障资金来自捐款而不是税收。在过去30年中，捐款依然是资金的主要来源，但其比例有所下降。资金来源也逐渐扩展至更广泛的财政措施。特别是自1991年创立的一般社会贡献（CSG）显著提升了收入，使其成为法国（仅次于增值税）的第二大重要财政来源。法国更接近平均欧盟成员国的社会保障融资结构，尽管它是相对收益直接贡献率最高的国家之一。

法国社会保障缴款是自雇人士和劳工（及其企业主）为获得社会福利而进行的强制性支付。这些缴款与法国的税收体系不同，尽管它们在许多盎格鲁—撒克逊国家类似于工资税（或"伪税"，仅增加了总体政府收入）。税收与捐款的主要区别在于，捐款直接提供具体的福利，税收则是一个更广泛的团结系统的一部分。社会保障税分为五类，分别对应于不同的风险。自2004年起，新增的团结税（CSA）被实施，用于资助由私人和公共用人单位支付的医疗保险。

法国社会保障税是社会福利的重要组成部分。[①]法国社会保障体系是建立在法国的社会保险制度的基础上。从20世纪90年代开始，社会保障税的比例有所下降，因为它们被财政资源所替代以及各种各样的捐款所豁免。

法国税收的资金"分配税"构成日益增多的社会福利（2007年近21%，不包括转移）。这一增长表明，社会福利的需求不单依靠劳动收入，还与国家团结和保险利益的融资方式有所不同。"分配税"是分配给社会福利的财政资源。它们包括：

A. 永久支付给农民的税收收入转移计划；
B. 对一些产品征税（酒精和烟草的消费税、汽车保险税、污染活动税）；
C. 工资和劳动所得税；
D. 收入和财富税，它们构成"分配税"的最大份额，其中之一是一般社会保障税（CSG），成立于1991年。CSG是社会保障的主要财政资源（2007年占"分配税"的66%）。

法国一般社会保障税（CSG）是一种用于资助医疗保险、家庭福利和退休团结基金（FSV）的税种。它由1990年的金融法案创建，适用于在法国的所有居民，但不包括那些未参加法国强制医疗保险计划的人。对大多数收入而言，CSG是一

---

① 法国经济财政和私营化部数据资料、政府网站信息整理汇编，网址：https://www.economie.gouv.fr.

个重要的征收来源，不包括福利和家庭津贴。2005年，税率进行了调整，其中收入（工资、奖金）和遗产、安置（年金、资本收益）被征收7.5%；非劳动收入和投资收入（养老金、资本收益）则征收8.2%。福利（如养老金、失业救济金）的税率较低。

法国CSG旨在增加多样化的社会保障资金，主要基于社会保障税。传统的社会保障制度存在问题，因为社会保障税通常由企业主承担，并且基于收入征税，这使它成为劳动力成本的一部分。此外，传统制度只对劳动收入征税。

CSG能够缓解社会保障缴费对工资的负担，促进筹资方式的多样化，使其更好地适应社会保障福利的广泛需求。它使所有家庭收入（包括工作收入和财产收入）都能纳入税收范围，与传统的社会保障税形成对比。CSG的重要性体现在其回归资金高达750亿欧元，这几乎占社会保障税收总额的2/3（65%）。在法国，CSG是继增值税后第二个最重要的税种。①

②中央政府税收。2007年，法国中央政府和附属机构的税占社会保障的10%。这些税收用于财务团结的支出，包括最低收入保证和退休团结基金。此外，这些税收还资助了部分企业主对低工资的税负，并支持了一些计划，例如某些职业的退休金计划，这些计划中活跃的纳税人数少于退休人员人数。②

③津贴。法国社会福利占国内生产总值（GDP）的30%，约占家庭收入的45%。其中，3/4的福利支出由社会保障资金提供。社会福利报告每年出版，详细区分了五类主要的风险和收益：

A.养老金和生存风险。最重要的是，由于养老金的分量，它代表着收益44%。③

B.健康风险。它包括残疾、职业事故和疾病。2006年，这类风险占总福利收益的35%。

C.产妇和家庭风险。它包括每日津贴、儿童津贴、家庭津贴、儿童照顾和住房援助的大部分。它代表了收益的9%。

D.就业风险。它包括失业救济、援助安插、职业康复和提前退休，占收益7%。

E.贫困和受排斥风险。它接管了80%最低收入（RMI），占收益2%。④

---

①③④ 法国经济财政和私营化部数据资料、政府网站信息整理汇编，网址：https：//www.economie.gouv.fr.

② 刘曼.欧盟社会保障税对就业的影响［D］.保定：河北大学，硕士学位论文，2017.

12.1.2 推行社会保障形式多样化

我国应吸收高收入国家的有效做法，推进实现社会保障形式多样化。例如，英国是最早建立社会福利制度的国家，其一系列操作办法对西方福利国家相关政策的形成产生过重大影响。在履行缴费义务基础上，居民直接得到的社会保险和救济救助收入，主要有养老退休金、失业保险金、残疾保险金、特殊人群如寡妇补贴金等项收入；在符合资格认定的基础上，居民可以从政府得到的收入包括居住补贴、儿童补贴、学生援助金、家庭护理补贴、工伤残疾补贴、政府培训津贴等救济救助收入。

此外，英国政府为居民提供相对间接的社会保障。如教育、医疗服务补贴、休假补贴、交通补贴以及学生营养补贴等专项补贴。[①]

12.1.3 规避激进改革的社会风险

我国应吸收高收入国家历史教训，稳健实施社会保障改革，规避激进改革的综合社会风险，有序实现财富分配公平。

（1）关于社会保障税制

例如，俄罗斯社会保障改革从19世纪末至今始终处于延续发展阶段。苏联解体以来，国家开展了退休养老金制度改革。伴随国家老龄化加剧，就业人数不断减少，退休人员渐进增多，俄罗斯应对现状的首要措施是建立了退休养老基金。养老基金以国家预算为资金来源，出现了更多问题，养老金赤字加大，国家不得不采取其他措施来解决这一问题。2001年，议会通过了多项法律，以应对经济危机。

社会保障体系面临诸多挑战，除了养老基金问题，还包括社会保障税制的不合理性等。1992年，俄罗斯设立了社会保障基金，其初衷确实为国家带来了诸多益处。然而，长期的实践表明，由于其独特的独立性，给税收工作带来了诸多不便，特别是烦琐的征收程序，不仅给纳税人带来了额外的困扰，征收部门也得投入了更多的人力、物力和财力。国家亟须解决这一问题。2002年，俄罗斯开始实施统一的社会保障税，简化了税种和征收流程，有效预防了更多问题的发生。在此基础上，国家还适度降低了社会保障税率，减轻了社会成员的经济压力。这一系列措施显著提升了政府和税收部门的工作效率，减轻了纳税人的负担，代表了俄罗斯税制改革的重要进步。

---

① 刘志英.社会保障与贫富差距研究——典型国家的实践与中国的政策主张［D］.武汉：武汉大学，2004.

(2)关于社会福利与社会救济

我国应注重把社会福利以及社会救济作为重要的社会保障措施,在收入分配改革中充分发挥其辅助作用。例如,俄罗斯设立了社会福利和社会救济专项基金,帮助家庭贫困者、残疾人、孤儿和退休者等特殊人群,提高了政府声望。实施该项政策的负责人是政府部门,由于各地区存在不合理的贫富差距,直接造成各个地区不同的社会救济以及社会福利水平,没有形成国家统一标准。为了缓解这一矛盾,俄罗斯联邦政府增加了财政预算,加大了对贫困地区支援力度,以改善促进该地区贫困者的状况。加强社会救助直接减少了俄罗斯贫困者数量。

12.2 创新推进反贫困政策

我国应创新推进反贫困政策。反贫困政策的重要功能是转移支付,增强贫困地区的"造血"功能。反贫困调节措施主要是运用财政工具对贫困人口或贫困地区进行救济、补贴与开发,以消除绝对贫困或相对贫困问题。反贫困支出是一个系统概念,包含范围很广泛,很多社会保障措施也是反贫困的具体体现,在此主要指对贫富地区差距和贫困者住房政策的干预。

我国社会保障政策的一项重要功能是援助落后地区,缩小区域经济差距。

英国政府在秉持"调节收入首先是提供工作"这一前提下,经历了从资助人员迁移到财政援助的转变,推动了区域内部的开发与成长。政府以失业率作为扶持地区的标准,把失业率高于全国平均水平的地区确定为需要援助的地区,然后采取各种措施促进这些地区的开发。英国政府最初解决收入地区差别的办法是鼓励工人从失业多的地区转移到发达地区。这没有从根本上解决总数超过300万的失业人员的贫困问题。[①] 为此,英国政府在1934年和1937年制定特别地区法(又称特区法案),按照把"工作带给工人"的原则解决区域问题,将英格兰东北部、西坎特伯兰郡、威尔士南部和英格兰中西部定为特区,对这4个失业率高的特区进行财政援助,援助资金主要用于基础设施建设,鼓励厂商到特区投资,通过建立商业区来援助企业。政府倾向由对外迁移向加快高失业地区内部发展转变,即把失业者迁移到发达地区转变为在高失业率地区创造就业机会。1984年,英国政府把区域开发政策调整为:一是将援助分为两类,即发展补助和选择性援助;二是

---

① 刘志英.社会保障与贫富差距研究—典型国家的实践与中国的政策主张[D].武汉:武汉大学,博士学位论文,2004.

资金补贴，按就业成本和就业规模为企业提供补贴，鼓励劳动密集型企业的发展；三是迁入企业可得到资金补贴；四是给服务业以地区性补贴。区域开发政策改善了不发达地区的经济环境，增强了对资本和熟练劳动力的吸引力以及边缘地区制造业的优势，对英国经济活动的均衡布局和区域失业差异的缩小，产生了积极影响。①

法国对贫困地区的干预政策。法国是欧盟农业补贴最多的国家，这种补贴发挥了政策导向作用。希望得到补贴的农民，在每年4月填表，12月就能拿到补贴。目前的补贴标准：1公顷农田给400欧元，1头牛每年补贴300欧元。补贴累计计算，没有上限。一些农产品没补贴，如土豆、水果和蔬菜。要求生产过程符合环境保护标准，不符合标准的就不给补贴。②

法国关注低收入者住房问题。2006年7月11日，法国社会协调部宣布已经有16个市政府签署了"10万欧元独立房屋"协议，另有30多个市镇随后签署这项协议，还有上百个市镇也在考虑签署这项协议。根据这一计划，低收入者通过数项优惠机制，可以10万欧元购买一套使用面积约为85平方米的独立房屋。各种优惠集中在房地产促销商和有关市镇签署的协议里。法国目前的最低工资标准是1 357.07欧元/月，即不到74个月的最低工资，即6年零2个月的最低工资可以购得。法国公务员的平均工资和普通工人的工资大致相等，是最低工资的两倍，即法国普通公务员和工人用3年零1个月的工资就购买一套4居室使用面积约为85平方米的独立房屋。③

12.3　灵活运用住房与医疗服务政策

我国政府高度重视社会弱势群体救助工作。我国政府支持救助弱势人群，促进社会稳定。可以吸收参考高收入国家的经验和历史教训，增强工作创新，开辟新的工作渠道和救助方式。

例如，法国政府关怀儿童成长。第二次世界大战后，法国政府计划集中指导下的医疗系统逐渐崩溃，最初由多个健康基金管理，后转变为医生参与的自由收费和灵活选择体系。健康保险覆盖范围扩大到更多人口，但到1954年，只有20%

---

① 刘志英.社会保障与贫富差距研究——典型国家的实践与中国的政策主张［D］.武汉：武汉大学，2004.

② 法国经济财政和私营化部、法国农业部数据资料、政府网站信息整理汇编，https：//www.economie.gouv.fr.

③ ［法］乔治·杜比，吕一民，等译：法国史［M］.北京：商务印书馆，2010.

的人受到保险基金和医生协议的保障，这些协议限制了法律规定的共同支付上限。实际上，其他病人支付的医药费用中，有70%来自自掏腰包。

1958年，法国医疗体制改革获得成功，通过抑制住院医师制度和提升基础医疗，调整受薪医生的地位。公立医院和私立医院在很大程度上放在同等的地位，在收费政策方面以及医生的费用是由集团协议限制。1960年，推动了门诊改革，同时，法国医疗保险基金在很大程度上剥夺了他们先前的谈判费用权力，取而代之的是一个在全国水平的专门委员会。这项改革被医生、保险公司、工会和业务部门反对，戴高乐的宪法改革使它变得可能，这使政府绕过议会通过法令来控制。卫生保健体制的改革成为测试这种新政府形式的试金石，其实施过程无情且不妥协。由于激励结构的优化，新系统在医生中迅速获得接受，其中96%的医生选择了"公费医疗制度"。[①]

法国创建了一个新的管理结构，保留至今，但这一体制是脆弱的，尤其是健康护理费用出现了不成比例的增长趋势。为应对这一问题，初步措施包括提高共同支付，即通过再度私有化部分成本。同时开展了关于建立一个更强大的医疗保健体制和重新定位税收资助制度的政策讨论。

法国社会政策在援助贫困地区时有差距。与德国现有体系相比，法国没有将货币利益和服务一体化的社会援助体系，缺乏一种普遍的法律权利来保障生存的水平。由于严格政教分离，非政府行为者慈善福利的做法远不如德国。

在法国的非政府福利领域，以工作为基础的社会措施是最重要的。所有公共部门和许多私营企业拥有了社会工作者，除了为员工提供相关帮助，通常带有社会保障任务。近年来，法国政府实施了自由主义导向的政策措施，但没有形成补贴机制来支持这些自由主义制度安排。从总体上看，社会服务没有成为国家政策问题，但属于社区和不同的免费措施的灰色政策区域。[②]

法国住房政策在社会政策方面居于次要地位。住房建设公共推广依赖具体环境，缺乏可持续性。在推进社会住房建设的进程中，经济政策和城市规划远远超过了社会政策的影响权重，这是一个经济问题，不是政治问题。

---

①② 刘志英.社会保障与贫富差距研究——典型国家的实践与中国的政策主张[D].武汉：武汉大学，2004.

第 13 章　长周期财富分配政策工具

我国应吸收高收入国家的经验和教训，分阶段建立我国长周期财富分配政策体系。

政府规制、教育政策等具有长期才能见效的特征，属于长周期财富分配政策工具。长周期分配政策工具主要包括：

· 普惠型分配政策工具——政府规划、义务教育等；
· 差别型分配政策工具——特殊（人群）教育等。

13.1　政府改革与政府职能再造

不同于传统西方经济学的理论假说，在高收入国家国民财富分配中，政府发挥着重要作用，它可以通过创新分配制度来实现公平，遏制收入贫富差距，使普通的劳动者能够获得利益，不同群体之间利益关系得到协调，保持合理基尼系数，实现社会和谐稳定。同时，政府为了保护垄断者群体利益，进行政策倾斜，这势必损害普通劳动者利益，不利于社会利益协调。我国应发挥政府规制重要作用，政府应行使干预职能，由政府调控国民财富分配政策。政府对国民财富分配有很强的干预能力和调节能力。国民财富分配伴随政府不断改革完善自身职能，实现职能再造，把公平理念融汇于财富分配调节，完善初次分配和再分配，推动分配正义的实施。

完善的福利制度是高收入国家取得经济社会发展成功的原因之一。由此吸引了众多高素质外国移民，有力地促进了经济社会发展。例如，瑞典等北欧国家公民从出生可以享受儿童津贴，上学有义务教育，毕业后即使找不到工作也不必担心，因为国家有失业保障，甚至普通辛勤工作的员工和失业者的收入相差无几，这些都依靠国家强大的福利政策。瑞典是欧洲国家代表，瑞典这些完善的福利政策是由政府来调控的。

瑞典政府具有较强治理能力。20世纪50年代，充分就业是瑞典政府亟须解决的问题，20世纪60年代后期和70年代，瑞典政府主要目标是建设福利国家，缩小国民收入差距。20世纪80年代中期，瑞典基尼系数0.3，2011年瑞典基尼系数0.25，处于世界收入差距最小的国家序列[①]。

瑞典的高福利模式受到很多国家羡慕，但作为典型的"大政府"模式遭受了一些新自由主义经济学家的批判。在发生了1991年金融危机之后，瑞典实施了不同的经济发展政策。然而，这些政策导致了严重的后果，瑞典经济经历了严重的衰退。社会民主党重新执政后，他们坚持瑞典模式中"信任""公平"和"阶级合作"的核心思想，成功转变了新自由主义政策，最终克服了金融危机。

瑞典政府在解决危机时，有些地方值得我们吸收借鉴。首先，在面临危机时，瑞典政府保持了政治上的一致性。在世界金融危机期间，瑞典政府经历了两次变更，但是不论哪个政治派别，他们的基本思想是保持一致的，对瑞典模式核心思想持赞同态度，也坚持和瑞典福利模式相适应的制度安排。有利的政治环境减轻了议会进行金融危机解决方案通过的压力，每个派别可以发表自身的意见。他们的主要目的是消除经济危机，恢复经济健康发展。在意识到危机的严重性时，就采取措施，对金融机构进行扶持，特别是陷入困境的银行。这对公众的信心恢复有很大的作用，为危机的解决提供了有利的条件。

其次，瑞典政府的信息披露制度比较完善，这有利于获得纳税人的信任和支持。瑞典建立了"银行支持机构"，也就是"坏账银行"。政府为了保持"坏账银行"的独立性，把它与央行、政府及金融监管部门都保持适当的距离，可以摆脱政府机构的过多干预，增加了人们对银行解决问题的可信性。

最后，瑞典政府保证了救助资金使用的公正性。瑞典的社会福利政策很好，涉及的救助资金也较多。如何高效使用好这些资金是政府部门面临的一个重要问题。瑞典实行政府救助计划，主要针对包括银行家、股东等纳税人。他们对所要救助的对象有严格的评审，对于陷入困境的纳税人，政府会请专门的评估机构进行评估，这个过程要求公开性，以有效规避暗箱操作的风险。政府为了保证政府基金的安全，明确要求银行要放弃所持有的股权，这个要求对纳税人有一定的激励作用，在他们遇到困境时，先想到的不是向政府求助，而是先通过自身的努力尽量克服，只有到万不得已，才会放弃自身的利益，寻求政府救助，这对公司的持续发展有重要意义。

瑞典政府在社会保障方面发挥了重要的规制职能。在住房方面，让中低收入者实现"居者有其屋"，这是瑞典政府的核心职能之一，并成为基本公共服务体系

[①] 联合国开发计划署："国际人类发展指数报告"，2011年1月。

中的一个重要部分。瑞典住房公共服务是国家长期发展战略,政府制定了国家住房福利制度,实施广泛住房政策,瑞典住房数量和质量在世界范围内都名列前茅,是世界上解决住房问题的成功国家之一。[①]瑞典政府投资了大量廉价房,占市场住房总量40%,给中低收入者提供了拥有房屋的机会,政府提供的住房补贴政策又刺激了房屋建设,促进了居民消费。瑞典的住房制度也充分体现了公平原则,政府提供各种优惠政策和补贴政策,更好地保障了中低收入者的利益,他们没有因为收入差距出现明显的住房条件优劣差别。[②]

在养老保障方面,20世纪的70年代和80年代,瑞典有一个完善的税收制度,主要是为老年人和一些年龄不到65岁的残疾人员提供服务。近些年,这项制度有了显著改变。在老年人保障方面,补贴政策有了一些紧缩,覆盖率有了明显的下降,针对性也更强。这种发展使关爱老年人的服务更加透明化,也就更有可能实现对上一代人的照顾必须由家庭成员来负责的目的。在残疾人保障方面,相应的服务始终在进行扩充。可能最值得注意的是一个严重残疾人士的个人援助计划。在老年人和残疾人方面的服务不断分化,推动了这两个领域服务的集中化发展,即服务的市场化以及大型盈利性供应商的兴起。

瑞典保障制度的一个重要特点是尽管家庭在实际生活中发挥了相当大的作用,但是他们没有法律责任为他们的成年成员提供照顾。"长期照顾"不是瑞典政策或政治辩论中使用的概念。相反,社会保障的两个主要领域是对年老体弱者的照顾(包括养老院服务)和对残疾人士的照顾,这两个领域在政策和实践中被视为分离的内容。

瑞典保障制度另一个特点是地方自治传统。直辖市主要负责组织公共资助服务,包括家庭和社区。直辖市拥有大量的征税权利,因为照顾老年人和残疾人需要大量的公共财政支出。直辖市可以自由选择不同类型的护理。在养老服务方面,可以对家庭护理和社区护理进行选择来满足老人、儿童和残疾人员等不同社会群体的需求。

瑞典市政当局的核心职能在于提供财政资助和关怀服务。目前,政府所提供的资金支持仅占老年人照护费用的10%,但通过立法与监管、财政激励以及监督和指导这三个专门机制,在市政护理领域产生了显著影响。政府的行动有时专注于对医疗服务的特定方面进行改革,而有时其在职责范围内的决策则可能对更广

---

① 晏荣.美国、瑞典基本公共服务制度比较研究[D].北京:中共中央党校,2012.
② 栗芳,魏陆.瑞典社会保障制度[M].上海:上海人民出版社,2010:35~50.

泛的活动乃至整个城市产生影响。

借助立法与监管机制，瑞典政府确立了市政当局应关怀的对象，规定了在提供服务时可收取的费用上限，以及哪些机构或组织具备提供服务的资格。老年人和残疾人的需求自1982年起被纳入社会服务法，该法律旨在调整家庭医疗服务和社区服务（包括养老院）。社会服务法是一套以目标为导向的法律体系，确保普遍权利得到保障，使每个人都能享有合理的生活标准。该法律并不特别强调需求的特殊性，若个人对某项决定不满，有权向法庭提起诉讼以求审理。

瑞典政府运用财政激励措施来指导各地区的发展，主要依赖国家补贴的规模和结构。在过去的几十年中，影响社会关爱服务的财政政策经历了多次调整。1993年，针对关键服务领域的专项资金被转变为可由市政当局自主分配的分项补助金，这一转变激励了地区政府调整其组织结构或活动，以更好地符合国家治理的目标。①

在医疗保障领域，瑞典的中央政府、省议会以及自治市共同承担着责任。通过《健康与医疗服务法》的制定，明确了省议会和各级政府的具体职责，同时赋予了地方政府更大的管理自主权。中央政府负责从国家层面出发，制定原则、指导方针，并构建卫生和医疗保健的政治议程。它通过制定和颁布一系列相关法律、法规，或与地方政府及地区协会签订协议，确保中央政府的领导作用得到充分发挥。省议会则致力于为本地区的居民提供全面的卫生保障服务，确保医疗条件便利，保障居民的健康，并提升居民的身体素质。地方政府的主要职责包括为身体残疾者、居家或特殊机构中的老年人提供必要的照顾与援助。此外，地方政府还承担着为本地区学校提供医疗保健服务的重要任务。②

医疗安全构成了医疗保障体系的关键部分，瑞典政府对此领域给予了高度关注。早在2011年初，瑞典议会经过协商一致，通过了新的医疗安全法。该法律赋予了公众在医疗服务中更大的话语权，确保每位受医疗影响的个体都能表达自己在接受医疗服务过程中的观点。他们有权对服务提出意见或建议，并且可以随时进行反馈，甚至提出投诉。这大大简化了在医疗事故发生时公众的举报流程。为了确保患者能够及时就医并减少等待时间，瑞典政府在2005年实施了一项医疗卫生保障制度。该制度旨在保障患者在生病后九十天内能够获得专科医疗服务。全国的患者需要先联系本社区的医疗卫生中心，随后社区中心卫生部门将在联系后

---

① 栗芳，魏陆.瑞典社会保障制度［M］.上海：上海人民出版社，2010：35~50.
② 陈维佳.瑞典福利国家改革研究［D］.武汉：华中科技大学，2011.

的七天内安排就诊。在初步检查之后，九十天内将有专科专家进行诊断并提供治疗。一旦确定了患者的治疗方案，医院必须在九十天内安排手术或其他必要的治疗方式。如果九十天内未能对患者进行治疗，医院或社区卫生中心有责任为患者联系其他医院，确保患者能够获得必要的医疗服务。在此过程中，患者需承担所有费用，而省议会则负责代为支付。[①]

瑞典居民对于疾病和就医缺乏"紧迫感"和"恐惧感"。大多数居民的卫生和医疗保健费用由省议会和市政税收承担，病人仅需承担其中的一小部分费用。政府还会提供拨款补助。在2012年，公共部门为卫生和医疗保健支出了2 380亿瑞典克朗，这在政府开支中占据了最大比重。瑞典人的平均寿命较高。[②]

13.2　编制教育投入专项预算，优化教育制度

教育投入，这应当是我国政府的一项长周期财富分配政策。

我国现阶段的财富分配制度能够使本国居民享有相应的可持续国民福利待遇，也遇到了矛盾和问题。针对这些问题，我国出台了一系列的调节机制和政策，包括初次分配中的工资决定制度、再分配中的社会保障制度、再分配中的税收调节制度，大力促进教育，加上政府的高效治理，提高了教育制度效率，促进了财富分配公平，实现了二者的有机结合。[③]

[①] 殷蕾.瑞典收入分配制度中的利益平衡问题研究[D].石家庄：河北师范大学，硕士学位论文，2013.
[②] 机会平等——保持瑞典人民健康的关键.瑞典官方网站.
[③] 罗依晨.瑞典模式下的瑞典社会福利制度研究[D].武汉：华中师范大学，硕士学位论文，2017.

第四篇

高收入国家国民财富分配制度对我国的政策启示

收入分配是当前我国经济社会发展的重大战略问题,是发展中国式现代化的重要前提,是全面建设小康社会的关键所在。收入分配是经济问题,也是社会问题,更是政治问题。

吸收和批判建立高收入国家现行的国民财富分配制度,才能实现从传统的带有浓厚计划经济特点的收入分配制度向现代国民财富分配模式的历史性跨越,才能吸收先进高收入国家国民财富分配制度的改革经验、调节机制和政策体系,吸收运用先进高收入国家社会管理方式,避免重蹈这些国家的历史覆辙,避免出现两极分化,培育中产阶级主导的社会结构。现代国民财富分配模式是对传统收入分配制度和国民收入分配制度的结构性超越。

我国现有收入分配制度是在新中国成立后传统的计划经济色彩的劳动工资分配制度的斯大林主义的"老版本"基础上,历经计划经济、改革开放和建立社会主义市场经济等历史变革而形成的一个综合性复杂历史范式,至今仍是我国调节社会收入的主要制度模式。应当指出,我国现存收入分配制度与现代国民财富分配模式存在重大差异。这是因为我国现行的收入分配制度的主要特点是针对现期的居民薪酬(工资)、企业利润、政府收入与支出的规模和结构等进行调控,未把居民、企业利润、政府的财产的规模和结构作为主要的调控对象。国民财富收入分配的早期萌芽形态出现在18世纪初叶,其重要特征是出现了以财产为对象的分配层面的政府规制。现代意义上的国民财富分配制度初步形成于18世纪末至19世纪中叶,基本形成于19世纪末,这一制度初步形成的一个重要标志是在法国、英国等高收入国家中的财产税成为财政税收的组成部分。[1] 现代意义上的国民财富分配制度的主要特征是政府通过税收、社会保险、金融等政策杠杆工具对居民、企业的财产进行调节,居民、企业的财产的规模和结构成为主要的调节对象。[2] 现代国民财富分配模式基本成熟于20世纪80年代,其重要标志是,在全社会范围内已经培育形成了稳定的中产阶级主导的社会结构,全社会从价值观上渐进认同对中产阶级财产权益的保护和培育,

---

[1] James H R. A History of the Revenues of the Kings of England 1066–1399 [M]. Oxford: Clarendon Press, 1925.

[2] 苏海南:收入分配之我见 [M].北京:中国财政经济出版社,2013.

政府在使用税收、投资、利率、汇率等经济杠杆调节财产和收入的同时,更加注重使用社会、政治等政策工具调节和实现教育、医疗、住房、社会保障、就业和人权等社会、政治资源的公平分配,同时建立了实现财产和收入的公平分配所必需的较为合理的社会管理机制和社会政治制度基础,全社会能够实现0.4以下的较低的基尼系数水平。

高收入国家在建立完善国民财富分配制度的调节机制和政策体系方面积累了有益的历史经验和失败教训,亟待我们深入认识和全面总结,亟待我们立足国情,辩证分析和加以运用于完成建立中国式财富分配模式的历史使命。

解决收入分配问题,探索建立中国式财富分配模式,不仅要着眼于经济政策,也要着眼于社会管理,更要着眼于不断推进行政体制和政治体制改革。吸收高收入国家国民财富分配制度,我们不能局限于以往的居民收入、居民薪酬的范畴,也不能局限于居民的财产收入的范畴,而是要从税收、社会保障、教育、住房、就业等政策层面进行系统性的调节,要使用经济杠杆和社会管理工具,系统推进经济、社会、文化和政治领域的深层改革,打造廉洁型政府,建立注重公平与效率相结合的公共财政体制,致力培育形成中产阶级主导的社会阶层模式。[①]

通过吸收国外经验,解决好从收入分配制度向国民财富分配制度的转型,才能明确当前我国收入分配体制改革的正确方向,才能切实推动从收入分配制度向国民财富分配制度的转型,才能促进发展中国式现代化和小康社会建设。当前,我国的收入分配体制改革应当向何处去?收入分配体制改革的长远目标是什么?通过吸收自19世纪中叶以来高收入国家建立完善国民财富分配制度,以及培育中产阶级为主的社会结构的教训和经验,探索建立中国式财富分配模式,实现从现存的带有浓厚计划经济特点的收入分配制度到现代国民财富分配模式的管理体制跨越,这是当前解决我国收入分配问题的正确选择。

---

① 苏海南:收入分配之我见[M].北京:中国财政经济出版社,2013:3~6.

第 14 章 财富分配制度再造：社会化财富分配

社会化财富分配——这是中国式现代化收入分配改革的战略再造。

所谓"社会化财富分配"，是指要实现从局限于经济性分配的传统"收入分配"向经济性分配、社会化财富分配与长周期分配相结合的国民财富分配转型，要实现从目前局限于收入流量的分配调节向财产、资源的存量的分配调节转型，要实现从局限于单一的经济政策杠杆、经济政策工具应用向综合运用税收、薪酬福利、社会保障、教育、住房、医疗等多种经济性和社会性、短周期和长周期的多种政策杠杆与政策工具的转型。[①]

要在顶层设计上明确建立国民财富分配制度是我国收入分配改革的新定位。20世纪80年代以来，欧美高收入国家、新兴高收入国家和一部分经济快速发展的发展中国家为了顺应社会经济发展的新趋势和新要求，结合本国国情各自建立了符合本国需要的国民财富分配制度。

我们要从历史唯物主义的高度，本着实事求是的精神，勇于突破传统的思想禁区，从吸收人类共同文明成果出发，科学地看待和评价高收入国家的现代国民财富分配模式。吸收自19世纪中叶以来高收入国家逐步建立的国民财富分配制度，以及培育中产阶级为主的社会结构的教训和经验，勇于探索建立新时代社会主义特色国民财富分配制度，实现从现存的仍带有浓厚计划经济色彩的收入分配制度到现代国民财富分配模式的管理体制跨越，这是当前我国解决收入分配问题的历史必然，也是应对反贫困和防止社会两极分化、培育我国中产阶层的重要举措，更是构建和谐社会和全面建设小康社会的战略选择，体现了对高收入国家建立完善国民财富分配制度和培育中产阶级的人类普世文明经验和经济社会历史的尊重。

---

① ［英］劳伦斯·詹姆斯，李春玲，杨典，译：中产阶级史［M］.北京：中国社会科学出版社，2015：10~15.

14.1 治理理念转型：改革设计顶层化

治理理念转型，指从政府部门各自为战转向服从顶层设计协同治理。

当前，我国正处于中国式现代化建设的重要历史阶段，收入分配不公已构成深化改革的重要矛盾之一，也是阻碍我国经济社会发展的重大疑难问题之一。

如何做到从政府部门各自为战转向服从顶层设计协同治理？例如，从高收入国家国民财富分配制度的发展经验和历程来看，我们可以针对农村的收入分配问题采取以下新措施：

一是关切城乡分配的"综合"差别，需要通过社会化、综合化、顶层化的设计来解决我国农村居民的收入过低问题。我国存在着经济发展不平衡的情况，如东部沿海地区的经济发展普遍比西部内部地区的经济发展要快、要好。我国西部地区存在大量的农村居民，一部分农村居民还过着自给自足的生活，当地经济发展滞后，农村居民收入微薄。从城市和农村的经济发展情况来看，城市经济发展远比农村经济发展要好很多，这造成经济发展不均衡，导致社会财富集中及贫富差距拉大。需要提高农村居民的收入，协调区域之间发展，主要手段是政策和制度改革，为农村的农民工提供生活和工作上的优惠，如住房、医疗等方面的政策优惠，改善其生活条件，帮扶农村的居民进行财富的积累。

二是从财政的角度来看，需要中央财政加大对农村的转移支付力度，即加大中央资金的调拨，以及扩大农村社会保障包含范围，使教育、医疗、住房等保障制度更具现实针对性，使其更加细化明确。

三是金融专项资金扶持农业，提高农民收入。农业是一个国家的最基础产业，是三大产业的基础。大多数高收入国家都对农业发展投入巨大的人力、物力和财力，保证农业发展。农业发展也和农民收入和生活水平相关联。想要提高农民生活水平，需从扶持农业的政策出发，帮助农民致富。美国农民的生活水平相对较高，有自身的农场、生产地和产品，生活水平甚至比城市中的中产阶级还要高。其原因是美国出台了扶持农业的大量政策，例如，1933年出台的"农业调整法"，从四个方面扶持农业发展，即对农产品的价格支持、服务支持、对农民的收入支持和其他方面的支持四大类。从产品的生产到销售环节都有了政府的帮扶和支持，使农民的产品能够带来较高收入，提升了农民生活水平。

四是取缔农村垄断经营，促进农村市场绿色竞争。

五是加大对农村的违法现象的打击力度，完善税收，改进个人财富管理，使社会财富更加公平地流向不同群体。①

14.2 制度设计转型：政策组合化

政策设计转型，指针对一项改革目标，从改革措施的"单兵突进"转向"分进合击""分割包围"。

例如，针对国企普通职工与高收入群体收入差距不断扩大问题，可以设计实施"组合化"政策：

一是形成合理工资形成机制，保护就业者权益。围绕薪资的多方协商谈判会议——这是西方高收入国家解决劳资矛盾、处理薪资纠纷的重要形式。这一会议由行业协会或工会、企业主与第三方机构或者群体参加，进行谈判，协商解决。英国、法国、德国、瑞典、芬兰等都是通过围绕薪资的多方协商谈判会议协商解决劳资矛盾。当劳资纠纷出现，工资决定权在于多方会议，各方的法律地位平等，采用谈判或者法律手段解决薪资矛盾②。

二是制定颁布最低工资标准。很多高收入国家政府制定颁布最低工资标准。围绕薪资问题召集举行多方协商谈判会议，不会直接干预企业中的劳资纠纷。同时，出于保障社会公平性，政府制定颁布社会平均工资和最低工资标准，维护社会公平性。对于最高薪资标准，国家通过税收方式给予限制和引导，促进社会财富公平分配。

三是培育公平发展外部环境，支持中小企业。高收入国家政府普遍注重培育公平竞争环境，扶植中小企业发展，促进企业竞争，努力限制垄断。例如，20世纪初叶，美国政府制定实施了联邦贸易委员会法、谢尔曼法等法律法规，严厉限制和打击垄断企业、垄断行为，实施反托拉斯政策。高收入国家政府普遍推行积极的就业政策和创业政策，多方扶持中小企业。例如，法国政府制定颁布很多法规，对创业企业、创业者给予资助，减免创业企业、创业者的经济压力和负担。

四是综合使用税收调节手段。税收是对收入分配进行调节的最重要的手段之一，许多欧美高收入国家主要是通过财产税、遗产税、赠予税以及个人所得税等几种税收方式进行调节。③

---

① 舒成. 西方高收入国家的公共财政管理理念及其启示［J］. 江西社会科学，2010（03）：188~191.
② 刘强. 北欧国家的收入分配状况及政策吸收［J］. 中国经贸导刊，2006（10）.
③ 各国税制比较研究课题组. 社会保障税制国际比较［M］. 北京：中国财政经济出版社，1996.

五是实施高额累进个人所得税。高收入国家普遍开征遗产税和赠予税。第二次世界大战后,高收入国家实施高额累进个人所得税,税率上升速度较快。例如,加拿大个人所得税率在1993年已经达到了38.8%。①

六是实现征收财产税制度化。财产税是指纳税人上缴各种财产所产生的税种。不管是遗产还是资产都需要按照税率上缴一定量税金,可以防止企业集团对社会财富的长期、大量的占有以及大型家族对社会财富的占有。征收财产税以后,让这一部分财富从富人手中脱离出来,从而造福于公众,使社会变得更加公平、稳定。

七是实现遗产税与赠与税制度化。第二次世界大战后,北欧国家十分关注遗产税和赠予税的社会效应,制定实施遗产税与赠与税制度可以防止社会财富过度集中于资产阶级、地主阶级和农场主等阶级。遗产税和赠予税是实现财富分配公平、治理财富分配不公的最有效手段之一。例如,北欧国家实施遗产税和赠予税,在大资产阶级、大地主阶级、大农场主的一两代后,他们的财富就再次被分散到社会之中。②③

---

① 各国税制比较研究课题组. 社会保障税制国际比较 [M]. 北京:中国财政经济出版社, 1996.
② 刘强. 北欧国家的收入分配状况及政策吸收 [J]. 中国经贸导刊, 2006 (10).
③ 龚旭. 美国私人基金会及其支持科学事业的考察 [J]. 自然辩证法通讯, 2003 (04).

第 15 章　经济性财富分配政策设计

从高收入国家的税收制度、金融制度、产业政策、就业与失业情况、教育、住房、医疗、社会保障以及国家的政治制度、法律制度等方面来看，高收入国家的现代国民财富分配模式和体系已十分完备和健全。高收入国家分配政策工具分为三大类：经济性分配政策工具、社会化财富分配政策工具和长周期分配政策工具。经济性分配政策工具，主要包括：

· 宏观型分配政策工具——税收、价格等；
· 微观型分配政策工具——薪酬、最低工资标准、劳资谈判、工资指导线等。

改革开放40多年来，我国在不同发展阶段的发展战略重点不尽相同。改革开放初期，我国经济十分落后，当时我国的国家利益是改革开放、快速发展以及增强综合实力。改革开放初期，我国采用让一部分人先富起来的方式，实质是通过让一部分人富裕起来拉动经济发展。根据当前世界总体战略形势判断，我国的长期战略是"强国战略"。现阶段的财富分配制度改革应着重考虑另外一部分人的利益，即从全民角度出发，提升全民整体福利。现阶段改革的阻碍大于前期改革。到改革后期时，尤其要考虑到弱势群体利益和相对落后区域的利益。

15.1　实施2035年"中国人均财富倍增计划"可行性

吸收日本等高收入国家的历史经验，综合国内外形势与我国基本国情，制订并实施2035年"中国人均财富倍增计划"既具有可行性，也具有必要性。

日本"国民收入倍增计划"取得了成功，其主要因素之一是坚实的经济基础。1960年，日本政府推行"国民收入倍增计划"时，经济背景是日本处于经济高速发展阶段，其人均国民财富收入只有美国的17%左右，不足1/5。随着日本经济社会的发展，"国民财富倍增计划"成功落实，到1970年，日本国民财富得到了大幅度提升，人均GDP也大幅增加，此时日本人均GDP已经达到了美国人均GDP的40%，接近一半。可以说，日本"国民财富倍增计划"是一次成功的经济改革。当前我国的社会情况和经济背景与日本当时非常接近，日本的"国民财富倍增计划"对我国具有一定的参考价值。①

· 社会资本。我国政府具备做好投资工程的实力。政府主导的固定投资是具有中国特色的重要投资方式。从社会资本方面来看，我们有足够的能力实施我国的"国民财富倍增计划"。

· 产业经济。我国目前为世界第二大人口国。人口老龄化和劳动人口减少，给我国各产业带来了一定程度的冲击。同时，我国作为制造业大国，经过多年发展，制造产业已获得了充足的实业基础和资金支持，转型刻不容缓。

· 对外贸易。我国是世界第二大贸易国和第一大出口贸易国，在世界贸易中发挥着举足轻重的作用。从货币方面来看，我国人民币有着巨大的发展潜力。

· 国民教育。我国已连续11年达成财政教育经费占GDP比例不低于4%的目标。可以相信，在后续的改革进程中，政府对教育事业的投入将继续逐步提高。

· 改革空间。我国的经济社会改革仍存在很大的拓展空间。当前，在社会经济领域中存在诸多问题，诸如城乡差异、社会保障制度建设、中小企业发展、税负设置以及社会公平性等方面均有待完善。从改革的潜力角度来看，"国民财富倍增"改革与我国经济社会发展道路相适应。

15.2 实施2035年"中国人均财富倍增计划"政策导向

为了实现2035年"中国人均国民财富倍增计划"的目标，需要做好以下几方面的工作：

15.2.1 人均国民财富倍增作为第一目标

我国居民储蓄观念强于消费观念，一个重要原因在于财富问题，另一个则是保障问题。尽管我国国民人均财富水平逐年提升，但仍低于国内生产总值的增长速度。同时，随着国内通货膨胀率的提高，百姓的可支配财富比例呈下降趋势。我国产品在美国有30%的市场占有率，其原因在于美国国民的财富远高于我国国民的财富。从数据上看，我国国民平均工资水平与美国相比存在较大差距，仅约为美国的20%。如此巨大的差距理应引起政府的高度重视。必须将"富民是财富的源泉，更是我国内需和经济转型的关键因素"这一理念推广至各级政府，进而制定出以增长国民财富为主的经济政策，以提高我国内需，推动经济

---

① 张晓波：日本国民收入倍增计划：回顾与政策工具指南，2013年5月，网址：http://www.qikan.com.cn.

的转型与发展。

15.2.2 以中产阶层作为主要普惠阶层

从收入阶层来看，我国的财富分布中，高收入阶层和中产阶级所占比例较小，而低收入阶层则占据了大部分。一个成熟的国民经济应当是高财富和低财富阶层占据较小比例，其余的财富应由中产阶级所主导。我国应该以中等收入阶层人群为主，大力扶持和提升低财富人群的财富水平，促使他们早日成为中产阶层，进而缩小我国的贫富差距。这样一来，不但有利于社会的稳定发展，还能促进我国消费模式的转型与升级，进而提高我国内需水平，拉动国内经济增长。在对低收入阶层进行财富改革时，主要改革方向涵盖农民工、城镇失业人口等财富方面的改革，这与城市现代化的方针政策相契合。确保底层人群财富提高后，能够稳定底层社会发展，提高国内内需，拉动经济发展，团结人心，缩小贫富差距。

15.2.3 控制居民收入阶层分化

解决财富分化问题，需要从三方面着手。其一，在企业内部进行"最低工资制度"改革，提高最低工资标准，从而提升在职人员的财富水平。其二，从起征点方面考量，减少对低财富人群的税收，主要措施是大幅度提高我国对个体工商户、个人、农户等的起征点，以此增加低财富人群的可支配财富，保证社会公平性。其三，从个人所得税、存款税等税收方面出发，降低个人所得税率，并实行新的累进制税率。从农产品方面来看，对大米价格进行适度的调整，以此带动整个农产品市场的发展。

同时，要处理好以下问题：提高劳动者财富，制定劳动者最低财富标准；从行业、企业方面出发，对高财富人群进行一定财富转移；完善社会保障制度，促进国民消费，提升内需。

15.3 实施2035年"中国人均财富倍增计划"基本原则

15.3.1 立足国情

"国民财富倍增计划"的实施必须结合我国国情。当前，我国的经济、社会、科技发展与日本1960年实行"国民财富倍增计划"时大不相同。从市场化角度来看，相较于几十年前的日本，我国如今的市场化程度已非常高。而且，市场价格的调控和影响方式也从原先的中央掌控式转变为行业内部自行定价模式。政府对价格的影响主要体现在管理和监督方面，以防止市场出现恶意的价格调整行为，但这种做法在一定程度上对市场化进程发挥了阻碍作用。不过，随着我国经济、社会的发展，我国经济总量已位居世界前列，在经济发展过程中出现的一些小弊端也可以通过整体调控得到解决。

1960年起，日本推行"国民财富倍增计划"，目的在于提高国民的生活、消费水平，进而拉动经济增长。然而，在推行该计划的过程中，日本经济出现了低迷、萧条的状况，人口红利的消失给产业界带来巨大打击，同时个人消费的不足、过度依赖投资以及社会保障性问题等诸多阻碍因素也纷纷出现。如今看来，我国也面临类似的情况，但与几十年前的日本相比，其严重程度和影响力远比不上日本当时推行"国民财富倍增计划"时所面临的阻碍程度。

当前，我国贫富差距较为显著，高收入阶层的人群平均财富较高，而低收入阶层人群平均财富较低。在这种背景下，我国城乡二元差异结构以及产业内部的二元差异结构、财富差异结构和国有企业与民营企业之间的差异结构等不断显现。

从社会、经济、政治等方面都体现出上层建筑与下层建筑之间的矛盾，矛盾的焦点是财富分配。只有将社会财富公平合理地分配于社会公众，才能够逐步消除社会上存在的贫富悬殊问题。

除了当前存在的分配失衡问题外，制度和体系中的腐败与寻租现象，以及企业和行业中的垄断与寡头现象，均严重阻碍了我国缩小贫富差距的进程。目前，我国多个行业普遍存在垄断和寡头现象，其中大部分垄断和寡头地位由大型国有企业占据。这些大型国有企业经过多年积累沉淀，内部形成了一套稳定的管理经营模式。

15.3.2　避免连带负效应

从具体实施层面出发，我们必须吸收日本在实施"国民财富倍增计划"过程中出现的一系列社会性问题，如环境污染、对国民生活质量产生不利影响等问题，尽量避免此类问题在我国实施"国民财富倍增计划"过程中出现。要对经济发展的客观事实进行真实分析，认清我国"国民财富倍增计划"中的客观经济态势，坚持走可持续发展的道路，从而在保证了"国民财富倍增"的同时也能拥有优质的生存环境。

15.3.3　区别国民财富倍增与工薪财富倍增

应正确引导社会舆论。从实际财富状况来看，日本在实施"国民财富倍增计划"时，社会经济出现了一定程度的通货膨胀，即物价持续上涨，致使居民实际购买力下降。一定的通货膨胀在经济发展中是客观存在且符合经济发展规律的。因此，如何管控在实施"国民财富倍增计划"过程中产生的通货膨胀等影响货币实际购买力的因素，才是需要解决的问题。我们不能简单地将职工工资上涨视为"国民财富倍增计划"的结果，而应将居民的消费能力和实际购买能力当作"国民财富倍增计划"的最终结果。只有这样，才能真正实现社会公平，缩小社会贫富差距，保证社会、经济稳定快速发展，提升国民的生产、消费和生活水平，进而推动社会的和谐与进步。

15.4 推进公务员薪酬制度改革

公务员薪酬制度是国民财富分配制度的重要环节。公务员薪酬制度是国民福利发展的"风向标"。应创新推动公务员薪酬制度改革，促进财富公平分配。这是我国实现国民财富倍增计划的重要条件。

15.4.1 应基于公共服务要素设计规划公务员薪酬结构

公务员薪酬即基于公共服务要素和按劳分配原则对公务员贡献给予的全面补偿。公务员薪酬具有薪酬概念的一般特征，但基于公共服务要素形成的公共服务贡献具有特殊的特征。

公务员按劳分配的"劳"与其工作职责、工作能力、工作实绩、资历等因素密切关联，作为公共服务要素其职责、能力、实绩等方面与企业职工的劳动具有不同性质和内容。公务员在承担"责任"和做出"奉献"时常常要代表政府和面对公众，其好与不好的影响都比较大，其公共价值大于企业职工的"风险和贡献"。公务员工作绩效考评的指标有别于企业职工，"服务本位"是核心理念，有些服务很难用金钱衡量和用货币进行补偿；因此，政府会用公共资源对他们进行非货币化物质补偿。补偿的内容和形式都有区别。

薪酬分类名目繁多，主要分内在薪酬和外在薪酬。内在薪酬是雇员由于完成工作而形成的心理思维形式，一般指由工作而产生的荣誉感、成就感、责任感等。外在薪酬一般是指单位针对员工所作贡献而支付给员工的各种形式的收入，包括货币薪酬和非货币薪酬。本文只对外在薪酬进行研究。

在薪酬计划中，工资具有基本补偿功能，非全面补偿。工资有狭义和广义之分。狭义的工资，是指付给从事体力劳动的员工以货币形式的报酬。习惯上，人们对脑力劳动者接受的报酬称为薪水。广义的工资从内涵上讲，包括货币形式和非货币形式的报酬；从外延上讲，包括支付给体力劳动者和脑力劳动者的报酬。公务员的工资概念应属于前者，是指国家根据按劳分配的原则，分配给公务员个人的货币报酬。福利是指工资以外的补偿，广义福利包括社会服务和单位福利。

我国《公务员法》第七十四条指出，公务员工资包括基本工资、津贴、补贴和奖金。事实上，奖金是独立于工资和福利之外的，既不包含在工资之内，也不包含在福利之内。奖金是单位对员工超额劳动部分或劳动绩效突出部分所支付的奖励性报酬，是单位为鼓励员工提高劳动效率和工作质量付给员工的货币奖励。《公务员法》规定，公务员在定期考核中被确定为优秀、称职的，按照国家规定享受年终奖金。综上综述，公务员的薪酬应由工资、奖金和福利构成：

$$公务员薪酬 = 工资 + 奖金 + 福利$$

15.4.2 公务员薪酬改革导向：结构化改革

（1）基于公共服务要素和公务员工作贡献分析，以及我国《公务员法》相关规定，公务员薪酬必然具有一揽子计划的特征

①工资。在引入薪酬概念后，公务员的工资内容应包括基本工资、津贴。其中，基本工资包括职务工资和级别工资。津贴是工资的一种补充形式。津贴是指对工资或薪水等难以全面、准确反映的劳动条件、劳动环境、社会评价等对员工心身造成某种不利影响或者为了保证职工工资水平不受物价影响而支付给职工的一种补偿。《公务员法》规定，公务员按照国家规定享受地区附加津贴、艰苦边远地区津贴、岗位津贴等津贴。

②奖金。公务员奖金的给付是根据考核的等次，具有激励性，既不属于工资，也不属于福利。

③福利。福利是薪酬的一部分，即非工资部分。美国薪酬管理学家米尔科维奇认为企业提供的福利有两个显著特征：一是总薪酬的一部分；二是不按工作时间给付。马尔托奇奥认为员工福利属于边缘薪酬，是非货币奖励。包括保障计划（如医疗保险）、带薪的工作时间（如假期）和服务（如日托补助）。可以从下面几个方面来界定员工福利：是总薪酬的重要组成部分；大多表现为非现金收入；通常采取间接支付形式；几乎所有员工都可以得到；利通常为非劳动收入。刘军胜认为员工福利具有满足员工多方面、多层次需要的作用，具体表现：满足员工的经济与生活需要；满足员工的社交与休闲的需要；满足员工的生活安全需要；满足自我充实、自我发展的需要。可以基于员工福利分析了福利的内涵与外延。福利作为分配方式具有补充的特性，即在工资支付基础上的补充。包括增加激励

性的补充和增加风险保障性的补充，前者指对企业当期分配（工资）激励不足的补充，包括现金、服务和度假等福利项目；后者指对国家社会保障不足的补充，包括养老金、医疗计划、住房补贴等福利项目。

在支付形式上包括当期支付和延期支付。主要特征为：一是反映按公共服务要素贡献大小补偿的原则，包括对公共服务项目的覆盖，对人力资本、工作态度、工作绩效、工作年限、社会风险等多种要素的承认和补偿；二是由一揽子分配计划构成，覆盖当期支付的工资、岗位津贴、奖金等，也覆盖延期支付的社会福利、职业福利和单位福利（见以下公式）：

$$一揽子薪酬计划 = 当期分配 + 延期分配$$

（2）公务员薪酬的当期支付

当期支付即指按照当前承诺的时间支付薪酬，通常按月或年进行支付。当期支付的主要形式包括基本工资、奖金、津贴等，以及当期可以兑现的福利。当期支付是扣除延期支付部分的薪酬。通常，发放到个人工资卡中的薪酬是经过扣除税前列支的各项社会保险缴费和个人所得税的净工资。当期支付的主要特征有：当期兑现，属于即时权益；直接补偿，是指对员工工作贡献的直接补偿，补偿形式主要是现金，补偿内容包括服务年限、岗位责任、工作绩效等；非全额薪酬，因为延期支付部分已经被扣除。

公务员薪酬的当期支付应能满足公务员及其家庭成员的生活所需。这些费用至少包括：衣食住行的基本生活费用、身心保健的费用、继续学习的费用和养育子女的费用等。否则便难以使公务员安心工作。

（3）公务员薪酬的延期支付

延期支付即按照预期承诺的时间支付薪酬。延期支付的主要特征有：预期兑现，属于既定权益，既定条件的实现将面临很多风险，公务员需要同政府共同承担风险；间接补偿，基于劳动力折旧和社会风险等原则进行支付，以补偿公务员未来风险和保障其个人和家庭基本生活需要。延期支付主要包括如下内容：社会福利、员工福利等。社会福利是由社会保障计划提供的福利待遇，如养老保险、医疗保险和失业保险等；员工福利是由公务员福利计划提供的福利，如补充医疗保险等。

延期支付在个人的薪酬中所占比重不断上升，已成为不争的事实。如在国际金融机构中，延期分配已占员工薪酬总额的20%~40%。某咨询公司对美国150家大公司的薪酬构成的分析表明，股票期权收入已达到公司总裁总薪酬的48%。在新加坡、中国香港等国家和地区，公务员的总薪酬收入中，延期分配的比例非常高，以至于绝大多数公务员能够有效地抵御贪污和腐败的诱惑。因此，当期支付和延期支付理论，对于社会现实给出了有力解释。

将公务员薪酬的一部分作为特定的福利项目延期支付，可以增加公务员违法违纪所付出的成本，以鼓励公务员奉公守法，预防公务员贪污腐败。此外，公务员人到老年后，事业有成，家庭负担减轻，可能更关心退休后的生活保障，延期支付在这时更有吸引力。

第 16 章　社会化财富分配政策设计

高收入国家财富分配政策工具分为三大类：经济性财富分配政策工具、社会化财富分配政策工具和长周期财富分配政策工具。社会化财富分配政策工具主要包括：社会保障、扶贫、住房保障和医疗服务等政策。

吸收高收入国家经验，我国应积极运用社会化财富分配政策工具，促进实现分配公平。

16.1　设立社会保障房财政预算，实现住房保障多层次化

应吸收高收入国家经验，设立国家和省、市、县四级社会保障房财政专项预算，制定政策细则，实现居民住房保障多层次化。国家和省市县四级政府应强化对住房保障建设的职能，分工负责，各有侧重，结合当地实际情况，建立多层次实现住房保障的目标。可以吸收参考美国、德国、日本和新加坡等高收入国家住房保障制度的历史经验和改革政策。

16.1.1　强化政府职能，确定住房保障多层次目标

应吸收高收入国家强化政府职能，设立社会保障房财政专项预算，实现住房保障多层次目标。

（1）高收入国家住房保障制度特点

高收入国家住房保障制度具有以下特点：

①实行保障方式多样化。主要包括控制租金和补贴，当房租过高时，政府应限制租金水平，保持保障性住房的低租金率，确保低收入家庭租金仅占月收入的比例不超过25%。[1]

②完善住房贷款和担保体系。美国的住房贷款机构数量众多，包括国有金融、商业金融机构，且各类型差异显著。联邦政府在住房信贷体系中居于主导，政府

---

[1] 王琪，周毕文：美国住房保障制度对我国的启示，2014-02-09，http://blog.sina.com.cn/s/blog_4c2d10640101h72u.html.

支持银行向中低收入家庭贷款,并通过发行债券来筹集资金。

③注重立法,建立法律体系。例如,美国政府相继颁布了"合众国住房法""国民住宅法",相继建立住房管理署、联邦存款贷款保险公司。政府鼓励申请人投资于中低收入者的公寓住宅。注重法制是美国住房保障制度的一大特点。

④住房保障的参与主体十分广泛,包括联邦、州、地方政府、地产开发商等。政府鼓励私人资本参与廉租和出租房工程建设。这使美国住房保障的资金来源更加多样,从而减小了财政压力。

(2)吸收参考高收入国家住房保障政策

参考高收入国家住房保障制度,我国可以从以下几个方面得到政策启示:

①强化政府职责。我国应长期采用各种方式干预保障性住房建设。我国政府作为宏观调控者,职责之一是促进经济社会发展。解决低收入家庭住房问题,构建新型住房保障体系,是执政为民的体现。我国地区间发展差异很大,应充分发挥地方政府职责。

②实现保障层次化。根据居民收入的不同水平给予不同保障,这可以控制财政预算规模,降低成本。保障范围要从实际出发,根据政府财力调整保障范围。

③建立完善法律制度。我国各级政府应明确自身在保障性住房领域的职责,在引导其他经济主体的同时,制定系统性法律法规。目前,我国住房保障面临诸多困难,应当研究和吸收高收入国家立法方式,结合国情,建立符合实际的住房保障法律制度。[①]

④强化财政资金支持,加大住房保障投入,推进金融服务,引导社会资金参与住房保障建设。我国应参考高收入国家的教训和经验,加大财政投入,实施税费减免等措施,引导地产开发商促进住房保障制度。

16.1.2　制定科学规范的房租补贴标准,建立低收入居民房租补贴制度

我国应吸收高收入国家历史经验,制定科学规范的低收入居民房租补贴标准,建立低收入居民房租补贴制度。

(1)高收入国家住房保障制度状况

以德国住房保障制度发展为例。19世纪中叶,德国出现了住房保障制度。进入19世纪中叶,德国普鲁士出现了住房合作社,集体占有所建住房产权,社员有使用权。1949年,德国出现了住宅、房地产企业联合会,它代表地方联合会、各

---

① 王琪,周毕文:美国住房保障制度对我国的启示,2014-02-09,http://blog.sina.com.cn/s/blog_4c2d10640101h72u.html。

地住房合作社。联合会代表3 000多个地产机构、地方政府、教会、地产公司等。第二次世界大战后，德国家庭住房的1/4被摧毁，出现了1 000多万难民，德国政府组建了住房管理部门，制定颁布了《住房法》。20世纪50年代至80年代，德国加速城市化，政府建设了数量众多的保障性住房。20世纪90年代后，德国政府制定实行房租补贴解决低收入的住房问题。21世纪初，德国政府制定实施了《住房促进法》《住房租金法》等法律法规，建立了保障性住房法律体系。2011年，德国居民住房自有率为45.7%左右，居民中的55%属于租房。德国人均住房面积达到45平方米左右。[①]

（2）高收入国家住房保障制度主要内容

①房租补贴政策。这是目前德国政府对中低收入群体的住房保障服务的主要方式。德国80%的家庭采用租房的方式。德国政府为了支持居民租房，制定实施了《住房补贴法》(1965)、《联邦改革法》(2006)。其中规定补贴额度可达家庭税后收入25%；对低收入家庭的租金补贴由政府负担，联邦政府向地方政府作转移支付。2011年，德国90.3万家庭领取住房补贴，德国政府住房补贴金支出为15亿欧元左右，平均每个公民获得18欧元。

②大力建设保障性住房。政府用无息、低息贷款支持私人、企业建设出租不出售、低租金的保障性住房。保障性住房以成本为基准，管制期30年。保障性住房分配由企业确定，以成本价租给特定人群，合同期满后可以用市场价出租、出售。

③推行住宅房屋配给和租金管理机制。由地方政府按照不同的区位、房屋结构和质量，提出不同的指导性租金水平，作为住房出租、承租的参考标准，保障居民的基本住房条件；允许部分保障房租金提高到市场水平，向低收入家庭发放租金补贴。

④促进福利住房建设。德国政府注重投资建设福利住房，面向低收入家庭推出福利住房计划，收入超过享用福利住房标准的，要按市场租金向政府交纳，以补充住房建设。

（3）吸收与创新

我国应吸收借鉴高收入国家历史经验与教训，建立科学规范的社会保障房制度：

[①] 刘斌：中国和德国住房保障体系到底差距在哪？ 2016-11-04，新财富酷鱼（www.ikuyu.cn），http://www.managershare.com/post/305704.

①建立低收入居民房产普查制度、房价和房租信息公开制度。应推行低收入居住条件普查，收集低收入居民房屋状况、居住情况等信息，地方政府、租房者协会、房东协会应建立了租金数据库，建立低收入居民住房租金价格管理的条件。

②建立居民收入核算体系。地方政府应更加重视住房保障问题，把住房建设作为政策重点给予支持。目前，我国政府应注重向中低收入阶层提供住房保障，通过税收、住房补贴、租金补贴等方式渐进解决中低收入阶层的住房问题。①

③建立相关的住房保障法律体系。住房保障工作是一项长期工作，我国住房保障法律体系应覆盖建设施工、住房管理、租金补贴、住宅规划等方面。吸收参考高收入国家经验，我国应制定实施关于民法、住宅法、住房保障法等方面的相关法律法规，对保障性住房提供法律保证。②

16.1.3　加强住房保障立法，提升运营管理效率

应吸收高收入国家加强住房保障立法，提升运营管理效率。第二次世界大战后，高收入国家政府积极制定实施住房保障制度，努力解决居民住房保障问题，建立了相应法律体系。

目前，建立保障性住宅运营体系是我国住房建设的重点。我国应吸收日本等高收入国家的教训和经验：

（1）应加强住房保障立法，完善法律程序。例如，日本政府注重廉价租金公房分配、管理的法律建设。日本政府颁布实施了《公营住宅法》(1951)，先后修改了14次，主要目标是以低房租向低收入者提供住宅。

（2）应注重行政廉洁，提升运营管理效率。例如，日本公房租用主要针对低收入家庭，管理严格，力戒房产投机。政府部门坚持公平分配公房，力戒公房等公共资源外流。这样做的成效十分显著，目前日本东京有人口1 300万左右，基本做到了人人有房住③。

（3）应吸收高收入国家的教训和经验，我国经济保障房建设应当注重法制建设，实施运营管理上的公开化、标准化、信息化，尤其要注重提高建设品质、质量，在经济保障房建设中采用新技术，兼顾节能环保理念。

---

①②　刘斌：中国和德国住房保障体系到底差距在哪？2016-11-04，新财富酷鱼（www.ikuyu.cn），http：//www.managershare.com/post/305704.

③　黄鸣：日本的住房保障制度值得学习，2011-03-11，网易博客，http：//www.iceo.com.cn/column/26/2011/0311/211834.shtml.

16.1.4　实施保障住房金融扶植，构建保障住房政策体系

应吸收高收入国家实施保障住房金融扶植，构建保障住房政策体系。

（1）高收入国家住房保障体系框架

①建立保障住房供给体系。1960年，新加坡成立了直属于国家发展部的建屋发展局，它是一个独立的、非营利性政府机构，财政预算纳入国家计划。政府赋予建屋发展局在福利住房方面广泛的合法权利，既代表政府行使权力，负责制定组屋发展规划及房屋管理，实现"居者有其屋"的住房保障目标；同时，又作为最大的房地产经营管理者，负责组屋施工建设、出售和出租。①

②建立保障住房金融体系。创建于1955年的新加坡中央公积金制度是一项全面的强制储蓄制度，规定企业主和劳工均须按照法定的公积金缴纳率（目前为32%，其中劳工缴纳20%，企业主缴纳12%）将个人月薪的一部分存入中央公积金等形式注入建屋发展局，从而使建屋发展局有能力大规模地进行福利住房建设。另外，新加坡中央公积金直接履行住房金融职能，即向建屋发展局发放公共住宅建设贷款，同时向个人购房者提供住房公积金贷款。新加坡中央公积金制度不仅解决了福利住房建设资金问题，而且解决了中低收入家庭购买力不足的问题。

③建立完善保障住房政策体系。高收入国家先后建立了住房保障体系。例如，新加坡政府推出了"居者有其屋"计划，1961—1995年通过7个"五年计划"，累计建成超过80万套的组屋，使公共住宅占比一度超过90%。②

我国应吸收参考其教训和经验：

一是我国应严格控制土地资源，为保障房建设提供强有力的土地保障。例如，新加坡约80%为国有土地，土地资源牢牢地掌握在政府手里，从而能够满足组屋建设的土地需求。即使是私人土地，政府也有权征用以支持公共住宅建设。1966年新加坡政府颁布的《土地征用法令》，规定政府有权征用私人土地用于国家建设，可在任何地方征用土地建造公共组屋；政府有权调整被征用土地的价格，价格规定后，任何人不得随意抬价，也不受市场影响。因此，建设组屋的土地需求能够得到有效满足，并且土地成本远低于市场价格，从而使组屋的低价销售或出租成为可能。

二是我国应以家庭收入水平为依据，实行公有住宅的合理配售政策。例如，

---

①② 苏多永：新加坡住房保障制度及其启示，上海发展战略研究所，2011-02-16，找法网，http://china.findlaw.cn/fangdichan/fccs/wgfc/62974.html.

为保障中低收入家庭的合法权益，实现公平、有序的市场分配原则，新加坡政府制定了缜密而严格的法律法规，对购买人条件、购买程序、住宅补贴等均作出严格规定，按照公平原则进行合理分配。在购房准入政策方面，根据经济发展和收入水平，不断调高家庭收入水平，保证80%以上中等收入的家庭能够购买到廉价的组屋。在购买程序方面，符合政府配房条件的家庭，一律排队等候政府分配住房，低收入者可廉价租房，中等收入者可廉价购房，从而真正解决了中低收入家庭的住房问题。在住宅补贴方面，政府根据购房者的收入状况区分层次，严格按照家庭收入情况来确定享受住房保障补贴的级别，其首付款、还款额以及还款方式都有所不同，体现出高收入者住房福利少、低收入者住房福利多的补贴方案。①

三是我国应严禁炒房，确保保障房政策的顺利实施。例如，20世纪60年代新加坡政府制定实施了《新加坡建屋与发展法》，明确了政府发展福利住房的方针、目标。同时还颁布了《建屋发展局法》和《特别物产法》等，不仅解决了建房问题，而且有效地解决了福利住房的转售转租问题，严格控制了居民的炒房行为。组屋计划的宗旨是"以自住为主"，解决中低收入家庭的住房问题，一个家庭只能拥有一套组屋，如果要再购买新房，旧组屋必须退还政府，更不允许以投资为目的买房。

（2）高收入国家住房保障制度的政策启示

应履行政府职能，构建以政府为主体的保障性住房供给体系。

新加坡的住房保障制度告诉我们，政府是公共住房保障制度的主体，应承担起为中低收入家庭提供住房保障的责任。政府应以管理监督者和直接参与者的双重身份干预住房市场，通过调整商品房供给结构来遏制房价过快增长，通过政府调控来弥补市场失灵，以满足中低收入家庭的基本居住需求。政府应当成为住房保障供给的主体，成为保障性住房的建设者、组织者和管理者。

①应完善住房公积金制度，改革住房公积金运营模式，为保障性住房提供金融支持。早在1991年，我国借鉴新加坡的中央公积金制度，建立了自己的住房公积金体系。然而，我国的住房公积金在保障性住房建设中并未发挥主导作用，甚至存在法律上的障碍，阻碍其参与。因此，迫切需要对住房公积金制度进行改革。首先是修订现行的法律法规，允许住房公积金进行专门针对保障性住房建设

---

① 苏多永：新加坡住房保障制度及其启示，上海发展战略研究所，2011-02-16，找法网，http://china.findlaw.cn/fangdichan/fccs/wgfc/62974.html.

的"对公贷款"。同时，住房公积金应被允许购买政府住房保障管理部门发行的公共住宅债券，以此为保障性住房项目提供充足的资金支持。其次，财政部可以为政府住房保障管理部门发行的债券提供担保，以提升债券的信用等级；同时，应给予住房公积金贴息，以补偿其在开展保障性住房建设"对公贷款"和中低收入家庭购买保障性住房按揭贷款时产生的利息损失。最后，改革现行的住房公积金缴纳和贷款模式，个人缴纳部分应取消上限，以增加高收入群体的缴纳额度，但对高收入群体的贷款需求应严格审查，防止其利用住房公积金进行投机。对于中低收入家庭，应放宽贷款条件，特别是购买保障性住房的贷款需求必须得到满足，这样方能真正实现住房保障的目标。[①]

②应多管齐下，发挥政策效能，全面构建我国住房政策体系。一些高收入国家之所以能够解决中低收入家庭的住房难题，是因为它们建立了全面的住房政策体系，确保了公共住宅建设得到有力的政策支持。我国应当采取多种措施，充分利用政策的效力，构建起自己的住房政策体系。首先，政府需要建立一个保障性住房土地政策体系，增加保障性住房建设所需的土地供应。国家可以通过立法规定，地方政府开发的土地中必须有一定比例专门用于保障性住房建设。如果这些土地未能满足国家设定的保障房建设目标，就必须增加土地供应量。同时，在土地转让方式、土地增值税、契税等方面，应与市场规则有所区别，以最大限度地提供土地支持。其次，政府应构建一个完善的金融政策体系，为保障性住房建设提供坚实的金融后盾。政府应通过提供担保或财政贴息的方式，鼓励住房公积金、商业银行等机构加大对保障性住房建设的金融支持。同时，政府应严厉打击投机炒地、炒房等行为，特别是商业银行和住房公积金必须严格执行国家的差别化房贷政策。最后，政府应建立一个完善的税收政策体系，以打击投机行为，整顿房地产市场的秩序。[②]只有建立完善的住房政策体系，才能将保障性住房落到实处，实现保障性住房建设目标。

16.2 明确政府责任，摒弃医疗服务市场化

我国应明确政府责任，实施政府规制，摒弃医疗服务市场化的错误导向，走出医疗服务市场化的历史误区。

---

①② 苏多永：新加坡住房保障制度及其启示，上海发展战略研究所，2011-02-16，找法网，http://china.findlaw.cn/fangdichan/fccs/wgfc/62974.html。

16.2.1 明确政府的医疗服务改革主体地位

必须明确政府在医疗服务改革中的主导地位,并重新设定改革的目标。

从动态视角来看,每个阶段的医疗服务治理机制目标本质上都是一种过渡模式。这种模式的提出基于对中国当前医疗服务治理相关法律和法规尚未成熟或存在缺陷的认识,因此需要政府直接进行规制。

从政府规制的角度来看,每个阶段的医疗服务治理机制目标的功能,在医疗服务治理过程中,政府通过法律途径或手段(主要是行政法规)替代那些尚未成熟、存在缺陷或运行失效的规制,直接介入(或干预)医疗服务过程中的行为主体。这样,政府能够主动组织医疗服务治理,促进医疗资源的合理配置和有效利用。对于像我国这样的发展中国家而言,医疗服务治理机制的目标是通过确立一种制度安排或规则,在医疗服务治理等方面建立一套相对完整的法规体系,以推动医疗服务管理的完善。

对于我国的医疗服务事业来说,最缺乏的不是资本、技术,而是有效的制度。虽然表面上医疗服务管理制度的不成熟或缺陷主要表现为资本、技术要素的稀缺,如人均医疗服务水平低、医疗服务覆盖面小、医疗资金短缺等,但从根本上讲,最缺乏的是能够有效组织和配置各种医疗服务要素以优化整个医疗服务体系的制度安排。医疗服务治理过程的不足或缺陷本质上源于制度的稀缺,即缺乏一种能够推动医疗服务治理过程优化的有效制度安排。

要从追求组织或管理的"后发性利益"的角度来认识制度稀缺。政府并非建立一整套有关医疗服务治理过程交易的法律制度,而是从政策的角度,规范性地激励行为主体(医院、医生、患者等)做什么或不做什么,并要求其遵守。政府的优势就在于,如果需要的话,它能够完全或部分避开医疗服务治理过程,而医院、医生、患者等行为主体却做不到,因此政府有能力以低于其他行为主体(如患者、医院、中介组织等)的成本进行政策活动。

总之,医疗服务治理机制的目标范式是政府通过行政法规,替代那些尚未成熟或存在缺陷的法律,直接组织医疗服务治理过程。其主要目的是在行为主体偏好、医疗服务治理决策、医疗服务治理执行、医疗服务治理评价和监督等方面,制定有利于我国医疗体系不断优化的制度安排。

本书认为,在目前的"过渡阶段",我国中央政府应该既担当医疗服务治理的规则制定者,又担当医疗服务治理过程的裁判者。而在规范的市场经济中,医疗服务治理的规则的制定者一般是代议机构,政府只是这些规则的执行者。

目前，我国政府要制定医疗服务治理的规则，以便有所参照，并在实施规则过程中对政府自身行为进行制约。显然，其他行为主体（患者、医生、医院、咨询机构、地方政府部门等）都不具备为全社会普遍认同的权威。虽然，政府作为行为主体也参与部分医疗服务治理，但在"过渡阶段"政府仍需作为医疗服务治理规则的"阶段性"决策主体，因为只有它具备制定医疗规则和进行监督的资格与能力。

医疗服务治理机制的类型划分。按照演化进度划分，医疗服务治理机制可以划分为现行机制、过渡机制和目标机制。从动态角度分析，医疗服务治理机制的目标范式是一种过渡机制（如表16-1所示）。

与医疗服务治理机制的目标范式相对应，我国现阶段的整个医疗服务体系也处于一种过渡状态。因此，医疗服务治理机制的目标范式与作为其制度背景医疗服务体系的机制状态存在同构性。也就是说，医疗服务治理机制的目标范式在逻辑上完全符合医疗服务体系对医疗服务治理过程的要求。

表16-1　　按照演化进度划分的医疗服务治理机制

要素类别	特征要点	现行机制	过渡机制	目标机制
1	总体特征	医疗服务供求严重失衡	有效控制医疗服务供求失衡	医疗服务供求基本平衡
2	行为主体要素	医院、药厂等进行政策垄断；其他利益集团影响很大	医院、药厂等受到有效监督；利益集团行为受到约束	患者、医院广泛参与政策决策；医院、药厂行为受到法律制约和监督
3	医疗服务市场要素	医疗供给失衡；医疗需求被人为压抑	缩小供给缺口；显示真实的政策需求	医疗政策供求平衡
4	法律环境要素	法律法规极不完善	行政法规构成体系	立法比较完善
5	医疗行政开放程度要素	医疗行政处于封闭运行；缺乏激励约束机制；行政程序混乱	政务公开；健全行政程序；改革内部人力资源机制	规范的行政程序；高效的人力资源制度；行政公开
6	政府行为	政府缺乏服务、法治化和公开化观念	建立医院、药厂等法治观念	医院、药厂等受到法律有效制约

16.2.2 持续保持医疗服务治理的政府规制强度

从逻辑上讲，合理的医疗政策市场结构是医疗服务体系不断优化的一个必要前提。但是，通过历史比较分析可以发现，在部分国家形成合理的医疗政策市场结构的历史进程中，医疗服务资源（医疗服务）损耗构成的成本付出巨大。我国当前的国民经济无法承受这样高的改革成本（指医疗服务资源损耗）。而由政府制定一系列涉及医疗服务决策程序、综合考虑行为主体偏好、限制利益集团行为的行政法规，则可以加速形成以政府替代为主要特征的合理的医疗政策市场结构。

在建构合理医疗政策市场结构过程中，政府不仅不能单纯拘泥于以立法手段引导医疗政策市场运行，而且要打破常规，保持政府规制的合理强度。从医疗政策市场结构分析，这种保持一定强度的政府规制主要是指政府直接制定涉及医疗服务政策执行、评价、监督等方面的规则（行政法规），并通过这些规则直接影响患者、医生、医院、医保机构等行为主体的偏好取向。

要确定医疗政策的合理强度，要先分析政府对医疗政策市场的规制能力。这是因为政府对医疗政策市场进行规制，是以政府具备的对医疗政策市场的规制能力为基础的。

本书所提出的政府规制能力的概念，是对政府为了建立医疗政策市场运行规则，规范行为主体行为，针对医疗政策市场所进行的系统性和总体性的调节和控制行为的一种理论概括。制度变迁下，我国政府对医疗政策的政府规制能力直接表现为政府规制和控制医疗政策的能力。医疗政策的政府规制主要包括三项主要内容，即政府规制的强度、范围和方向。需要说明的是，由于篇幅所限，本书只从医疗政策的角度探讨政府规制强度。

（1）政府规制强度：医疗政策管理分析

本书对制度变迁条件下医疗政策的政府规制强度的分析，是以政府、医院、药厂等利益集团和患者、医生等影响力较小的行为主体之间的政策不对称（不公平）为假定的。

一般分析，在医疗政策市场中，医院等利益集团使患者等影响力较小的行为主体处于不利地位；政府部门与行为主体之间信息不对称，一方面形成政策成本，另一方面使政府规制必须维持一定强度，以保证政府规制的有效性。

一般认为，当这个强度为100%，说明政府行为导致了计划经济的复归。当这个强度越逼近100%，说明政府规制强度越大；反之，说明政府规制强度越小。当这个强度为0，说明政府未参与医疗政策活动。目前，鉴于中国医疗政策市场结构的非均衡，这个强度应保持在较高水平，即阶段性的"高强度政府规制"。

（2）医疗政策市场的政府规制范围分析

应当明确对医疗政策市场进行政府规制的范围，否则，将对医疗政策市场产生消极影响。目前，医疗政策市场中的政府规制范围应该相对广泛一些：

首先，维护患者等行为主体的医疗服务权，建立有效的偏好显示制度；

其次，关于政府进行医疗服务管理的法律法规建设；

最后，医疗服务管理中各级政府部门之间的关系。

目前，政府规制应聚焦于医疗政策市场运行中的最无序领域。例如，医院、药厂等利益集团的政策垄断行为，医政部门在政策制定和执行过程中的完全封闭性，以及患者有效表达对医疗政策诉求的路径等问题。

医疗政策的政府规制的目标实现是以政府规制能力为基础的。从医疗政策市场运行分析，政府规制能力主要包括以下三个方面：

一是对医院、药厂等行为主体干预能力，这主要表现为政府对行为主体行为的影响；

二是对医改体制开放程度干预能力，这主要表现为医疗政策执行受到监督的程度；

三是对医疗政策环境干预能力，这主要表现为关于医疗服务的法律法规制定和执行情况。

政府对医疗政策的总体规制能力（在本节简称政府总体规制能力）可以用政府对行为主体干预能力、对医政体制开放程度干预能力、对医疗政策干预能力的平均数表示。

医疗政策体制不规范的条件下，总体的政府规制能力应保持一定强度，否则就是软政府了。同时，必须指出，从总体上衡量医疗政策的政府规制能力不能单纯以评价指标为依据，而要进行综合经济社会分析。

第17章 长周期财富分配政策设计

高收入国家长周期分配,是指政策或者措施在三年以上甚至更长的周期内才能获得经济社会效用或影响力。分配政策工具分为三大类:经济性分配政策工具、社会化财富分配政策工具和长周期分配政策工具。

从财富分配领域分析,长周期分配政策工具,主要包括:公共选择制度建设、政府规制体系建设、教育、秉持公平等文化价值观的培育等。

17.1 政策程序立法:构建公共选择制度

建立和完善社会范围内的财富分配政策偏好显示制度,应该从建立规则入手。只有在立法上建立了科学合理的政策程序,才能制约作为组织的政府、利益集团的政策垄断或寻租。从中长期分析,在财富分配管理中,为了建立针对财富分配的科学、规范、高效的偏好显示机制,必须制定和推行财富分配领域的行政程序法(包含针对财富分配决策过程的规则)。

在财富分配领域的行政程序法中,首要内容是理顺财富分配政府部门的内外关系和权责界限,并通过法律法规对其进行严格规范,在此基础上结束财富分配政策变动的权威约束,代之以法治约束,并辅之以硬性的数量化技术手段,将财富分配政策变动行为控制在法律制度、技术标准的框架之内。从总体上看,财富分配的规制体系是以行政程序法、政府组织法、编制法等为主的多种法规所构成的政府组织变动的规则约束体系。要从根本上解决财富分配领域的偏好显示制度缺位的问题,必须清晰界定财富分配政策的提出、制定、审议、执行、评价和监督程序所涉及的全部权责问题,这要求必须制定专门的财富分配领域行政程序法,这一点是其他任何手段都无法代替的。[①]

17.1.1 政策程序立法

政策程序立法,本质上是要将执法问题转换为立法问题。财富分配政策程序

---

① 张正钊,等.部门行政法研究[M].北京:中国人民大学出版社,2000:346~347.

规范的依据，在于程序作为一种判断财富分配管理中权利、责任和义务归属的工具，具有不偏向于当事任何一方的中性特征，而这个中性特征主要来源于布坎南和塔洛克主张的立宪阶段的一致同意规则。作为一种"元规则"，它在制订的时候由于不与任何具体权、责、利关系相联系，又按一致同意原则通过，则所有的人都不能确定规则将来对己对人是有利还是不利，即人们在制订规则时保持了一种"对未来的无知状态"，因此会尽可能将规则设计得公正合理一些。①

在现阶段的财富分配管理中，还没有关于政策程序或程序产生的专门的法律规定。从法理上讲，我国财富分配管理中的公正性缺乏法律意义上的解释，其维护也缺乏国家层面的终极法律依据。因此，财富分配政策的程序立法在国家立法中必须提上议事日程。

财富分配政策程序立法在很大程度上还可以将财富分配政策的执法问题转化为立法问题。财富分配政策程序规定需严格、清楚而合理，包括对干扰财富分配政策执法活动和不按程序执法的处罚处理都要有明确规定。只有这样，有法不依、执法不严、违法不究现象才能大幅度减少，这一条对治理目前存在的拖延缴纳财富分配税费、拒缴财富分配税费的现象具有积极作用。②

财富分配管理的立法特别要加强的是程序部分。目前，财富分配政府部门极度缺乏政策程序规定的状况应该得到尽快和彻底改变。财富分配管理方面的程序立法应该包括这样几个要素：

各级财富分配政府部门的关系程序。在机构变动问题上，应进一步规范各级财富分配政府部门的管理职能，通过明确的程序给予进一步的规范，真正将各级财富分配政府部门的活动纳入法律范围之内，使各级财富分配政府部门在政府组织方面的监督管理职能主要通过间接方式得以履行。

（1）财富分配政府部门政策变动的申请程序和标准核准程序。这种程序的规定要达到防止随意性和长官意志的效果，因此要在立法过程中充分发扬民主，增大其社会认可程度。

（2）各级财富分配政府部门的行政费拨款程序。

（3）财富分配管理中的违法责任追究和处罚程序。这种规定要做到使任何违法变动财富分配政府部门政策的行为都能很快受到制裁。

（4）财富分配管理中的违法处罚申诉程序等。

---

① 事实上，中国至今没有颁布行政程序法，理论界几乎未论及社会保障政策的程序立法问题。
② 丁煌.政策执行阻滞机制及其防治对策［M］.北京：人民出版社，2002：196~197.

财富分配领域的行政程序法应该对所属各级政府部门的权责进行细化的列举式规定，使凡超出法律列举的行为可以被迅速确定为非法。其中，对于财富分配政策的提出、制定、审议、执行、评价和监督程序，要作出准确的描述，清晰界定所涉及的全部权责问题。考虑到财富分配政策程序的复杂性，列举式规定会使法律修改过于频繁。在这种情况下，可以考虑进行制度创新，只将长远来看最基本程序的权责关系列举出来，而后赋予各级财富分配政府部门在一定范围内的解释权和执行变通权，以增加立法对财富分配政策实践的适应性。同时，财富分配领域的行政程序立法要有较远期的预测性，尤其要考虑国际规范，以适应全球化的要求。①

17.1.2 未来财富分配公共选择与政府规制

目前，我国的财富分配立法工作总体上处于"初级阶段"，关于财富分配的基础性法律（如社会保险法等）尚处于缺位，关于财富分配政策程序的立法问题也未提上议事日程。未来，政府将出台一系列涉及财富分配政策形成程序的政府规制（如表17-1所示）。

表17-1　未来涉及财富分配政策形成程序的政府规划概要②

指向范围	类别	社会性规制	经济性规制
财富分配政策提出程序	1	关于成立劳动和财富分配专家咨询委员会的通知	
	2	关于在全国财富分配系统推行政务公开的意见	
财富分配政策制定程序	3	中华人民共和国工会法	
财富分配政策审议程序	4	宪法	
财富分配政策执行程序	5	政府部门行政复议条例	
	6	关于在全国财富分配系统推行政务公开的意见	
	7		社会保险行政争议处理办法
	8	社会福利机构管理暂行办法	

---

① 王名扬.美国行政法［M］.北京：中国法治出版社，1994：2~3.
② 本书根据国家人力资源和社会保障部、原劳动和社会保障部等部门的有关法律法规资料汇总。

续表

指向范围 \ 类别		社会性规制	经济性规制
财富分配政策评价（监督）程序	9		社会保险基金行政监督管理办法
	10		社会保险基金监督举报工作管理办法
	11		社会保险费征缴监督检查办法
	12	中华人民共和国工会法	

资料来源：本书根据国家人力资源和社会保障部、原国家劳动和社会保障部等部门的有关法律法规资料汇总。

鉴于中国财富分配政策程序的立法条件尚未成熟，依据"公共治理模式"的原理，在现阶段采用财富分配政府部门的法规来填补相关的立法空白（如表17-2所示），为未来的正式立法做好准备。

表17-2　　基于公共治理模式的财富分配行政程序法规体系

指向范围 \ 类别		社会性规制	经济性规制	时间预期
财富分配政策提出程序	1	财富分配行政程序法		未来5年
	1	关于建立财富分配政策听证制度的规定		短期内
	2	关于定期进行社会各阶层对财富分配政策意见的社会调研的规定		短期内
	3	关于财富分配政策的宏观经济影响的中长期社会调研的规定		短期内
	4	关于定期进行财富分配政策民意测验的规定		短期内
	5	关于建立常设专家咨询委员会的规定		短期内
财富分配政策制定程序	6	关于财富分配政策制定程序公开化的规定		中期内
	7	关于财富分配政策制定工作的组织办法的规范化的规定		中期内
	8	关于国务院与政府部门的财富分配政策制定权责划分的规定		中期内

续表

指向范围 \ 类别		社会性规制	经济性规制	时间预期
财富分配政策审议程序	9	财富分配法		未来3年
财富分配政策执行程序	5	政府部门行政复议条例		已颁布
	6	关于在全国财经系统推行政务公开的意见		短期内
	7		社会福利行政争议处理办法	已颁布
	8	社会福利机构管理暂行办法		
财富分配政策评价（监督程序）	9		社会保险基金行政监督管理办法	已颁布
	10		社会保险基金监督举报工作管理办法	已颁布
	11		社会保险费征缴监督检查办法	已颁布
	12	中华人民共和国工会法		已颁布

备注　关于有关法规的未来颁布时间只是本书的个人学术观点

17.2　高收入国家继续教育模式主要特征

　　伴随科技高速发展，技术创新周期大大缩短，人们的知识更新速度不断加快。继续教育作为一种社会化的终身教育模式，能够帮助人们持续提高职业技能。对企业而言，继续教育为企业带来了高质量、高效率的就业者。人们愈加看重继续教育以及其所产生的价值，从终身教育型社会和全民学习型社会来看，继续教育也推动着终身教育事业以及全民学习事业的发展。

　　继续教育事业的发展，为结束全日制教育的人们提供了一个再教育平台。这样，不仅能够为社会带来人力资源，还能够提升人口的平均素质水平。

　　和高收入国家比较，我国继续教育事业发展相对落后，存在结构性、系统性问题。对高收入国家的继续教育模式进行分析和吸收，可以促进我国继续教育事业不断发展，有利于吸收高收入国家继续教育经验和管理模式。

17.2.1 批判地吸收美国继续教育的"合作教育"模式

从继续教育方面来看,美国继续教育历史可以追溯到1906年,即20世纪初,是在一所大学进行的一项教育实验,实验内容是将测试者(即学生)分成两批,一批分配到工作中,另一批分配到学习中,经过一段时间后再互相交换学生的任务,即先前处于学习中的一批学生转向工作中,而工作的学生转向学习中。这就是最典型的合作教育模式,也是最早期的合作教育模式,简单地来说就是"学工交换"。如今,现在这种"学工交换"的合作教育模式已经得到了较好的完善,有学生评价这一教育模式为"合作教育不可能立马将刚步入社会的年轻一代变成一个拥有熟练技巧的工程师,但是合作教育可以为年轻一代成为熟练的工程师打下坚实的基础"[1]。从国际评价来看,美国的合作教育模式是得到了学界认可的一种教育模式。从当今全球来看,继续教育模式事业的发展为各类企业带来了巨大的经济效益以及人力资源。继续教育模式是一种成功的教育模式,值得我国大力发展。

(1)"合作教育"内涵

从合作教育的精髓来看,合作教育就是指把学习和工作相结合起来的一种新型教育模式。根据合作教育的精髓来看,有多种界定合作教育的内涵:

是美国国家合作教育委员会对合作教育内涵的界定。"合作教育,是指通过将课堂学习和在相关领域进行工作所得到的工作经验相结合起来的一种融合性教育策略。其中,相关的工作是与学生学习的理论相关联的,而合作教育只是把相关的学业理论知识与相关的工作经验有机地结合起来,即理论与实践相结合。并且合作教育中的主体是学生、教育机构以及企业主(企业、组织等),且每一个主体都有自身的职责所在。"[2] 美国高校机构中,还有一种对合作教育内涵的解释:"合作教育是把学生在课堂所学习到的知识与专业相关的有生产性、有成效、有薪酬的工作相联系起来的一种教育模式。"[3]

要理解合作教育的内涵,必须把握其精髓所在,即将学生的理论知识和拥有"生产性"的工作经验相结合,其中,理论知识即是存在于书本上的描述性语言;

---

[1] Cooperative Education and Internship Center.The Dean Herman Schneider Award [EB/OL].http://www.ceiamc.org/sub.asp?PageID=71.2010:11~23.

[2] 胡家秀,郭琳.合作教育模式解析[J].教育与职业,2004(17):38~39.

[3] 徐平,徐建中.美国辛辛那提大学的合作教育及其启示[J].外国教育研究,2009(02):47~52.

而"生产性"工作经验包含着两层含义,第一层是指那些有具体工作任务和项目的工作;第二层是指学生真正参与到该工作中并能提高相应技能。[1]

随着继续教育事业的发展,其内涵也不断得到丰富和改善。为了将继续教育和教学实习、实习就业、服务性学习等相区分,学者格罗沃尔德对继续教育理念进行了重新的界定:"继续教育课程的整合;以工作经验为基础进行学习;支持继续教育学习基地的建设,并对学习经验进行逻辑组织和协调。"如果将合作教育与其他的一般性实习教育等混为一谈,就会大大低估合作教育的价值,从而影响其充分发展和体现。

（2）美国合作教育主要特征

①社会资源整合。这是指通过教育机构、社会机构与继续教育机构进行沟通与合作,从而形成三方面的合作关系,以创造更多优质人才资源。从合作的实现形式上看,主要包括以下三类:第一是咨询委员会,即对继续教育和就业方面的咨询信息进行有机结合,从而服务于受教育者;第二是伙伴关系;第三是特约讲座,讲座所能够达到的效果是多种多样的,如对机构的宣传、对学生的教育以及对相关人员的培训等。因此,对于继续教育事业发展来说,社会整合所带来的效益多方面的。此外,合作机制的产生也能够为当地带来一定的经济效益,既提供大量的人才资源,也能够让教育机构得到更多政府支持。

②体验式、开放式学习。根据美国合作教育项目来看,体验式学习否定了学习知识不是通过反复地记忆从而被动地接受知识,而是学生通过对知识的具体体验、对知识的反思观察以及对知识的抽象概括和行动应用,其中抽象概括是指学生通过自身的能力,将学习到的知识理论自我概括、表达出来。此外,知识的学习过程是像DNA一样,螺旋式上升的对知识的积累和创造。举例来说,车工、销售、工商管理硕士、语言翻译等具体的技术性岗位存在着"学工交换式"的培训机构,从实际工作来看,这比起在高等学校里进行纯理论知识的学习更能满足实际岗位对人才的需求。

③财务有偿性。这是指参与继续教育的学生需要为自身的教育"买单"。如今的社会,教育方面分为义务教育阶段、高等教育阶段以及继续教育阶段。作为非全日制式的教育阶段,人们对继续教育存在所有的选择权,且继续教育作为一种特殊的教育形式,是将课堂学习与实际工作相结合起来的一种教育模式,参与继续教育阶段的人群大多都是有独立生存、独立经济来源的人群,目的是得到工作

---

[1] 徐平.美国合作教育的基本模式[J].国外教育研究,2003(08):3~6.

上的进一步提升。因此，简单来说，继续教育阶段的学习通过受教育者在金钱和实践方面的投入，获得能力上的回报。因此，我们认为继续教育具有有偿性。

④政府认可。官方对继续教育的认可有多种形式，例如资格证书，对取得一定成果的继续教育学生给了与其专业岗位相关的资格证书，如会计从业资格证、银行从业资格证和证券从业资格证等。此外，官方政府机构可以对继续教育事业提供大幅度的支持力度，如直接从资金上对继续教育事业进行扶持或者制定相关的法律法规，从政策制度上对继续教育进行扶持。1994年，美国政府提出"从学校到就业机会法案"，这一法案让美国各州开始对学生进入就业前期，即就业准备阶段进行资金上的扶持，并且还要求每一个地方性继续教育扶持计划必须建立一个以工作为基础的学习组织。[1]美国联邦政府从1992年起对继续教育事业发展的专项投入总计已经超过了2.2亿美元。此外，从证书，即政府认可的角度来看，继续教育的学生在进行继续教育期间的所有学习指标都可以被正式的教育机构所认可，并根据学生的学习状况判定后颁发证明或者证书。[2]

17.2.2　日本"产学合作"模式

20世纪90年代的经济泡沫危机，日本经济低迷，日本政府为了重振经济，倡导振兴教育。日本在继续教育方面的发展十分成功，拥有自身的教育体系，具有代表性的是"产学合作"模式。

20世纪五六十年代，日本经济高速发展，这与其当时的教育制度有紧密联系。1956年，日本政府提出"产学协作教育制度"，1960年提出"国民收入倍增计划"中包含着对人才从学校转向实际工作的扶持政策，即加强学校教育与职业教育之间的联系，为社会提供大量的专业性、技术性人才，进而带动经济的高速发展。

（1）产学合作的形式

从产学合作的内涵上看，产学合作是将大学与企业相结合，以促进科学技术研究，从而为产业发展提供高质量人才和技术的各种行为活动的总称。[3]伴随日本经济社会的发展，产学合作得到了快速发展，主要有以下模式：

①委托培养，企业将自身所拥有的初中毕业生全部送往全日制学校，企业将

---

[1]　U.S.Departments of Education and Labor.School to Work Opportunities Act of 1994，Public Law.
[2]　王英立，乌力吉图.美国大学合作教育项目实践模式及其启示［J］.教育发展研究，2012，32（03）：74~79.
[3]　玉并克哉，宫田由纪夫.日本的产学合作［M］.东京：玉川大学出版社，2007：10~12.

自行组织专门的导师和设备以及专门的班级，对其进行教育。

②巡回指导，即高中老师到企业的生产现场进行不定期或者定期的指导，而企业的在职人员需安排一定的时间到学校中进行学习。

③集体入学，即将函授制的高中教师派出到企业中去，为企业中的所有初中毕业生进行培训。

④双结合，即是将接受教育者定为双重身份，举例来说，接受教育者既是定时制高中学生，又在职业培训机构中接受培训。

（2）产学合作的特点

产学合作对日本经济复苏与发展发挥了重要的促进作用，日本的产学合作具有十分突出的特点：

①合作研究是校企合作的主要内容。日本企业与大学之间有多种的合作模式，例如，企业对大学提供助学金、奖学金补助，资助学生完成学业。企业研究员、高级管理人员受邀到大学，为大学学生授课或培训。大学、研究院人员进入企业，为职工培训。企业和大学还采用共同研究的合作模式——企业从内部安排研究员，大学也从其研究院等机构派出研究员开展合作研究，共享研究成果。通过采用多种合作模式，企业和大学都可以获得收益，达到了双赢状态。总之，产学合作模式中，企业与大学主要是以合作研究为主，辅之以人员培训、资金补助等。

②组织间的信任与依赖程度提高。日本政府从法律法规方面对产学官合作模式进行了规范，并采取了多项产学官合作的政策和措施，以促进日本科学技术的发展。在1995年，日本政府出台了《科学技术基本法》，标志着日本对科学技术的重视性上升到了国家的层面。随后1996年到2006年，总共实行了3期《科学技术基本计划》，推动了日本科学技事业的发展。从大学和企业合作研究的项目数量来看，呈现直线上升趋势，这充分说明了产学官合作中企业、大学、政府之间的合作关系愈加密切，且出现了依赖的现象。

③合作研究开发项目的核心是前沿的科学技术和基础的研究。企业、政府、个人都是技术创新的主体，其中企业是整个国家技术创新的第一主体，在技术开发创新上有一定的优势，例如企业拥有自身的专利技术、跨国的研究团队、高端实验室等。而在大学中，又以国立大学的科技为主，其拥有的科技资源远比其他私立大学的要尖端、先进。因此，可以看出伴随经济社会的发展，日本政府开始重视科学技术带来的对经济、社会的积极影响，并且实行了科技立国的战略。自此，日本的产学官三者的长期合作拉开了序幕。步入21世纪后，经济全球化的速率加快，金融、科技电子、信息技术等新兴产业发展加快，各行各业对科学技术

的依赖开始加深，尤其是信息技术、电子计算机技术等。因此，各大企业、集团开始加深与政府科研机构以及其他大型集团之间的科技合作和交流，其中也不乏中小企业。例如在2005年，日本的公立大学和国立大学所进行的合作研究项目就超过了23 000件，并且伴随产学合作的不断发展，新形势的合作机制也油然而生，如产学合作模式从一般交往合作型的产学结合上升到了契约式的产学结合模式，从而使产学结合更加透明、正式化。

④伴随产学合作模式的不断发展，规模不断扩大，企业和大学之间共同研究和委托研究的项目数量也呈直线上升。因此，为了满足科学技术对人才、设备、研究室、实验室等硬件和软件设施的需求，日本政府开始向更多大学开设研究院，并安装了先进的研究仪器、设备等。此外，为了能够让新成立的大学研究院快速运营起来，日本政府还提供了对研究员的培训以及人才的调配等措施。当研究院正式运营起来后，研究院还专门开设一定技术咨询和培训等服务，一方面是得到一定的资金支持，另一方面是促进了当地的经济、科技的发展。研究院的运营，为各大企业输送了大量的技术性人才以及先进的技术性服务，给企业带来了巨大的效益。①

17.2.3 德国"双元制"模式

德国的继续教育是以爆炸性的形势发展的。其继续教育的发展历史相对于其他高收入国家而言较短，但是从其继续教育的参与人数、规模和政府资金投入来看确实呈现直线上升的趋势。这一现象表明，依靠传统的就业前教育（即义务教育、高中教育和高等教育）已经无法满足德国国内对人才的需求，当时的德国社会对职后教育以及继续教育的需求加大，对技术性、专业性的人才需求也随之变得加大，这也是德国是欧洲制造业大国的国情体现。因此，在这样的背景之下，德国的继续教育事业发展迅速，已经成为德国教育事业中的主要板块部分。

"双元制"教育，是指被教育者拥有双重身份，能够同时在学校与企业中接受教育，旨在最大限度地利用学校和企业的资源，以提升综合素质和专业技术能力。从第三方的角度看，"双元制"教育模式体现了教育机构与企业的合作，共同对被教育者进行职业培训。以下是主要合作内容：

· 从合作的主体上来看，主要是企业和学校。

---

① 闫瑞军.日本产学官合作创新模式对中国自主创新的启示[J].消费导刊，2009（21）：45~46.

・从合作教育的教学内容上看，主要分为两种教学内容。一种是基础性学科的教学内容，即语文、数学、语言、政治、体育等；另一种是专业性的教学内容，例如职业经验的传授、实际工作的流程、操作情况等。

・从实施方式来看，分别采取两种不同的方式，一种是企业的联邦职教培训条例；另一种是文部省颁布的教学计划。

・从教材上来看，也根据教学内容分为两种不同的教材，一种是实训教材，由企业方面进行掌控；另一种是理论教材，由学校方面进行掌控。企业培训方面的教材实行的是全国统一制定的统编教材，目的是确保所有受教育者得到公平的实训教育；而理论教材则是根据学校的不同自由选择，且选择的范围都为著名专家编写的理论知识教材，从而在保证学生、学校自主选择的同时，也能够得到高质量的理论知识积累。

・从教师上来看，也区分为两类教师：一类是企业劳工，另一类是学校讲师，且两者的性质是完全不相同的，从劳工的角度来看，劳工自身隶属于公司企业，属于职员，而学校老师则隶属于公家公务员。

两种身份，即企业学徒和职校学生。[1]

以上可见，德国的"双元制"继续教育模式是将学校教育与职业教育相互有机结合在一起，但在具体实施的过程中两者又是互相区分的。从接受教育者的角度出发，在同一时期接受到不同类型的教育内容，不仅能够将理论运用于实际，还能够结合实际需求进行理论的选择性学习。这样一来，德国的"双元制"教育不仅能使受教育者获得理论知识基础，还能够让其掌握一定的社会实践和职业操作能力，为受教育者打下了坚实的理论和专业基础，能够让其更快适应于毕业后的工作。

17.2.4 英国"工读一体化"模式

英国政府为了实现继续教育的功能，从而使广大国民能够在任何年龄段接受到教育，在2006年3月出台了《继续教育：提高技能，改善生活机遇》的白皮书，为国民提供了继续教育的机会之外，旨在提升国民的整体素质水平，从而应对新的社会性问题，以保证社会经济的平稳发展，并提升国家的综合实力。为了推进继续教育，英国政府实施法律法规改革，制定实施了促进继续教育事业的法律法规。

---

[1] 郑向荣.德国"双元制"职业教育的历史、内涵、特点及问题[J].理工高教研究，2003（03）：79~81.

（1）"工读一体化"主要含义

①"工读一体化"是英国继续教育的主要模式。如何理解"工读一体化"，即从工与学出发，"工"是指在真正的工作环境下进行的具有生产性的劳动；而"学"是指在学校或者培训机构进行理论或者操作上的学习；而"交替"是指接受教育者在学校接受教育的同时到企业进行生产实践活动。[①]通过这种方式，教育者能够将理论联系实际，更好地吸收以及运用其所学到的理论知识和技巧。[②]

②从教育方面来看，为学生进行教育的工读辅导教师也有所不同。"工读一体化"的特性是将学生放置于学校与企业两面。在学校中由学校老师为学生进行授课，在企业中，企业里有经验的师傅为学生进行操作或者讲解理论知识。

（2）"工读一体化"主要特征

①打破传统的"先理论后实践"教学方式，按照实际进行教学，理论与实践相结合，强化学生的实际操作能力、理论与实践相结合的能力。

②结合工作岗位的能力需求，引导学生在毕业前学会就业技能，使学生更好融入工作中。

③注重学生对操作及学习的规范能力的培养，弱化对考核及作业的影响，将考核、作业等反映理论性知识的方法与实际结合，这样可以引导学生接受到新知识，可以引导学生自主学习。

④注重工读辅导教师的工程实践能力的培养。所有的任课老师和专业师傅都应具备丰富的理论和实践经验。从企业方面来看，前来指导的工读辅导教师应该为该领域的专家或者优秀的专业技术人员、工程师。[③]

⑤吸纳外界的高端人才进入权威技术机构和指导机构，如企业专家、技术人才等。

17.3 吸收参考高收入国家继续教育政策

继续教育是提升我国中高龄人群素质的重要方式。高收入国家经过几十年的探索和发展，已经有了相对完善的理论和实践基础。通过对高收入国家继续教育

---

① 袁海军.教劳结合方针的困惑与重建——二评新世纪教育方针的新发展[J].教育与现代化，2003（03）：63~67.

② 龚伟，杜侦."工学结合"概念研究综述[J].职业技术教育，2009（10）：12.

③ 郑向荣.德国"双元制"职业教育的历史、内涵、特点及问题[J].理工高教研究，2003（03）：79~81.

模式吸收和分析，结合我国国情，我们提出以下建议和意见。

17.3.1 创新校企合作继续教育培养模式

应进一步加强高校与企业全方位"战略性合作"。在高收入国家，高校与企业相结合的案例非常多，学校为企业输送源源不断的人力资源，从基层的专员到中层的培训，再到高层的管理，高校都可以提供相应的人才。对企业中的人员来说，高校的讲师、教授等也可以通过相关的培训对其进行继续教育。高校与企业的合作是一件两全其美的事，即将理论与实践相结合，共同创造更大的效益。

从合作角度出发，我们可以大致整理出四种校企合作模式：

模式1：大学服务于企业。大学服务于企业的基础在于人才。大学通过提供源源不断的人才能够全面地为企业服务，从企业运营、企业产品到企业管理，大学都可以提供与企业岗位适应的人才。此外，大学的科研团队、设计团队、宣传团队等也能够为企业提供一整套产品的服务，如从产品的开发，到产品的设计，再到产品的宣传等无不是为企业带来巨大的效益。

模式2：企业服务于大学。企业服务于大学。从企业的角度来看，既能够让企业得到利益的同时也能够给大学带来效益的方式是提供实习、实训场所、师资等帮助。以实习为例，不仅能给公司带来一定的效益，也能为学生带来实习的机会。

模式3：大学与企业相互服务。第三种模式就是大学与企业互相服务，即形成长期合作伙伴关系。双方自愿为对方服务，将利益达到最大化。但这只是一种理想的状态，具体的实践还需要大学、企业、政府以及社会等方面的共同努力，寻找出能够让每一方都获益的合作点。

模式4：大学设置企业或企业设置大学。对于校办企业来说，国家通过设置企业孵化器、企业孵化园等措施，表明我国对校办企业的重视。这种模式在高收入国家非常普遍且成功，它不仅为大学带来了巨大益处，也为社会创造了相应的效益。同样，大型集团企业也会创办企业大学，为自身提供源源不断的专业人才，以保障企业的发展和运营。

17.3.2 保障师资素质建设投资，优化继续教育制度模式

《关于加强高职高专教育人才培养工作的意见》指出："抓好'双师型'教师的培养。""双师型"教师，是指理论知识掌握得好且实践操作也非常扎实的老师。我们需要提高理论型教师的实践操作能力，让理论型教师变成"双师型"教师，

从而提高教学水平。对于"双师型"教师的培养，以下给出了几点意见：

（1）寻求与企业合作的机制，将理论型教师送往生产单位、企业等机构进行培训；

（2）通过聘请，定期请一些德高望重的技术型人才以及管理型人才对高校中的理论型教师进行培训和指导；

（3）对高校中理论型教师进行相应教学指导，如在其教学大纲中加入更多实践性教学内容；

（4）给予激励机制，对"双师型"教师给予薪资或者福利上的优惠，以此激发更多理论型教师对实践的学习欲望。

17.3.3 变革继续教育模式，构建实践式教学

从继续教育的角度来看，课程内容应增加更多实用性和针对性的知识。企业对于人才的技能、工艺和操作需求应与高校合作，共同开发和设计专业课程，以培养更适合操作性岗位的人才。

首先，应从课程设置和规范上进行改革。课程内容应更贴合企业需求，企业需明确列出岗位职责和职能，并提供相关岗位知识，为高校制定课程提供依据。这样设计的课程将与岗位紧密相关，有助于培养出的人才在相应岗位上更顺利地开展工作。

其次，从文凭的角度来看，学生毕业后除了获得高校的毕业证书外，如果还能获得其他技术等级或职业资格证书，将对个人发展和企业带来双重益处。例如，会计从业资格证、证券从业资格证等证书，将有助于相关人才直接进入相应单位工作。

最后，从实习实训的角度出发，高校可提供大量人才资源，而企业则可利用自身资源提供实习实训场地和设备。例如，企业举办的论坛博览会，可为高校学生提供志愿者和服务者方面的实习实训机会。此外，对于即将毕业的学生，企业还能提供实习岗位，这不仅为学生提供了宝贵的实习经验，还助于企业挖掘潜在人才，为公司的长期发展奠定基础。

17.3.4 实施国际化办学，推进教育开放

根据国情，我国教育机构大部分实行的是有偿教学，这种模式使我国的一部分低收入人群无法享受到高等学校的教育。教育内容的单一、理论性过强、无实践操作性等问题制约了我国实用型人才的培养。我们不仅要广开学路，开展多渠

道的办学，还要提高教学的质量，增强学科实用性。想要达到这一效果，需要结合多方社会资源，充分发挥所结合的资源，实现多渠道、多途径的办学目的，让更多人群享受到继续教育以及高等教育带来的服务。举例来说，大学的图书馆、博物馆、附属学院、社区学院等，都是实施继续教育的有效渠道。

对于办学渠道的多样化而言，可以从两方面入手：办学主体的多样化和办学层次的多样化。

（1）对于办学主体的多样化，如高等学校、学院、科研单位、学会、协会以及社区、军队、图书馆、公众媒介等，都可以开展继续教育。

（2）办学层次的多样化，以技术人员为例，技术人员可以分为3类：初级基础技术员、中级技术员和高级管理技术员。根据相应的职位高低不同，培养的具体技术知识也有所区别。基础技术员具体以实践操作知识的培养为主；中级的技术员在培养技术操作的同时还要培养其独立操作的能力；而高级技术管理员在熟悉技术操作的情况下，还需要具备管理和指导下级技术员的能力，因此，对其进行管理方面的培养是重点。

第五篇

2035：我国财富分配战略创新设计

面向2035年，基于我国由收入分配体制向财富分配制度转型的战略定位，本篇梳理了近十年来我国居民收入和财产分配发展脉络和现状，系统分析了居民收入基尼系数偏高、四方面差距偏大和居民财产分布不合理三个突出问题，深入剖析了引发这些问题的直接原因、深层次原因和思想认识偏差。在此基础上，遵循中央有关大政方针并结合实际，提出了问题、其原因和解决办法的基本思路和五个强调的原则。同时，提出了改革完善居民收入和财产分配制度的六个主要战略和深化经济社会等体制改革、消除引发分配不公弊端的四方面措施，以及转变经济发展方式、夯实共享发展的经济基础的主要内容。[①]

---

① 本篇内容依照和来源于劳动经济专家苏海南的理论文章和研究报告；由苏海南完成。

第18章 我国居民收入和财产分配改革战略设计

为了贯彻落实中央"共享发展"理念，进一步深化收入分配体制改革，构建合理的居民收入和财产分配格局，有必要回顾总结近十年来居民收入和财产分配发展状况，分析存在的问题，剖析其原因，并研究提出对策建议。

18.1 近十年来我国居民收入和财产分配发展状况

18.1.1 近十年来我国居民收入和财产分配发展轨迹

十余年来[①]，我国经济体制改革持续推进，国民经济和社会继续较快发展。其间，曾遭遇2008—2009年国际金融危机。总体来看，我国经济社会发展呈现波浪式起伏向上推进状态，与此相适应，我国居民收入和财产分配发展轨迹呈现以下特征：

（1）城乡居民可支配收入增长略低于经济增速，且呈现起伏趋势

2004—2014年，城镇居民人均可支配收入年均实际增长8.99%，农村居民人均纯收入年均实际增长9.1%，都略低于同期城乡居民人均GDP年均增速9.41%。其中，城镇居民人均可支配收入增长曲线先高后低，个别年份高于当年人均GDP增速；农村居民人均纯收入增长曲线先低后高，近五年来高于同期人均GDP增速（见图18-1）。

---

① 因暂无2015年数据，本部分所称近十年来的数据，主要使用国家统计局等方面发布的2004—2014年数据；但收入分配工作和改革则跨度为2004-2015年。

第18章 我国居民收入和财产分配改革战略设计

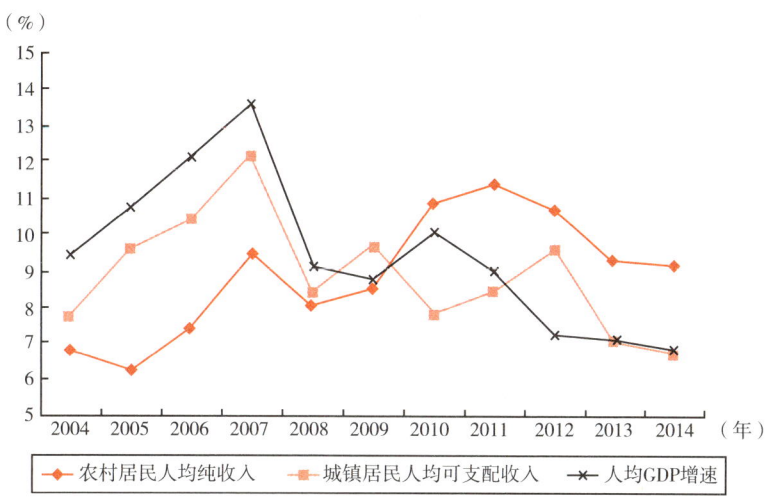

图18-1 2004—2014年我国城镇、农村居民收入与人均GDP增速比较

资料来源：中华人民共和国国家统计局.中国统计年鉴2014.中国统计出版社，2014年9月.

（2）十年中职工平均工资[①]增速低于可比范围全员劳产率增速[②]，但一定时段内高于同期劳产率增速。

2004—2014年，城镇单位在岗职工平均工资年均实际增长率为10.2%[③]，稍低于同期第二、三产业全员劳动生产率[④]年均增速10.27%；2011—2014年，全国私营企业职工平均工资年均实际增长11.5%[⑤]，比同期第二、第三产业全员劳动生产率年均增速8.2%[⑥]，快3.5个百分点；将其与同期城镇非私营单位职工工资汇总为第二、第三产业全部职工平均工资计算，此期间第二、第三产业职工平均工资年

---

① 职工平均工资是指城镇单位在岗职工平均工资，其中不包括私营企业职工，私营企业职工平均工资从2009年才开始统计。

② 按国家统计局统计公报规定，全员劳产率是指年度国内生产总值除以全部从业人员总数之商，其中包括第一产业从业人员；同口径劳产率是指领取工资的劳动者均为第二、第三产业从业人员，第一产业农业劳动者不领工资；因此，职工平均工资及其增速应与第二、第三产业增加值及其增速对比才是同口径的。

③ 根据国家统计局发布的数据按扣除物价因素计算。

④ 第二、第三产业全员劳动生产率，是指第二、第三产业增加值之和除以第二、第三产业从业人员总数之商，根据《中国统计年鉴2015》有关数据计算。

⑤ 因国家统计局从2009年才开始发布全国私营企业职工平均工资及其增速数据，这里只计算了2011—2014年有关数据。

⑥ 分别根据《中国统计年鉴2015》中关于私营企业职工工资水平及其增速扣除同期物价因素和第二、第三产业GDP及其从业人员数据计算。

均实际增长8.5%，稍快于同期第二、第三产业全员劳动生产率①0.3个百分点（见图18-2）。

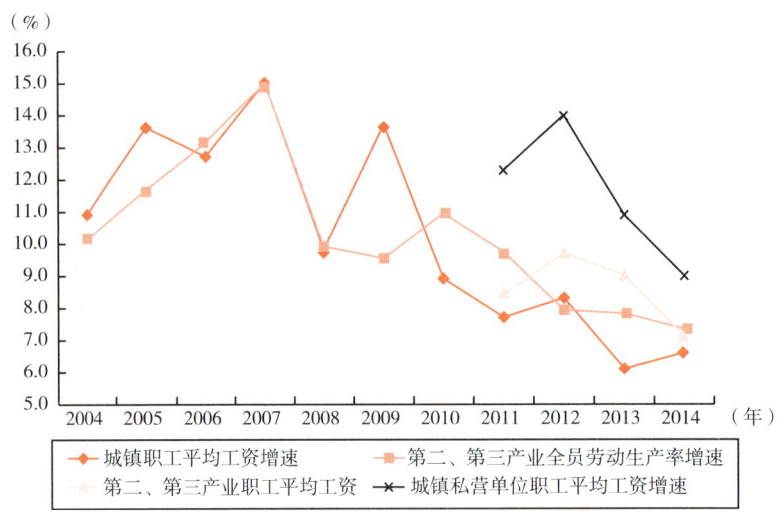

图18-2 城镇职工和私营企业职工平均工资与第二、第三产业全员劳动生产率比较

资料来源：中华人民共和国国家统计局.中国统计年鉴2014.中国统计出版社，2014年9月.
中华人民共和国国家统计局.中国统计年鉴2015.中国统计出版社，2015年10月.

（3）居民财产性、经营性、转移性收入水平逐年提高，但城乡居民内部此三项收入水平及增速不均衡

2005—2014年，我国城镇居民人均财产性收入、经营性收入、转移性收入合计年均增长12.0%，其中，人均财产性收入年均增长30.7%；同期，农村居民三项非工资性收入合计年均增长12.4%，其中，人均财产性收入年均增长9.6%②（见图18-3）。二者绝对水平增长均呈现总体逐渐上升趋势。

---

① 根据《中国统计年鉴2015》有关数据，将2011年至2014年各年度城镇职工平均工资乘以当年城镇单位职工人数加上私营企业职工平均工资乘以其职工人数之和，除以当年城镇职工人数加私营企业职工人数之和并扣除当年物价因素求得。

② 此段所列增速均根据国家统计局《中国居民调查年鉴2015》和《中国统计年鉴2015》数据计算求得。

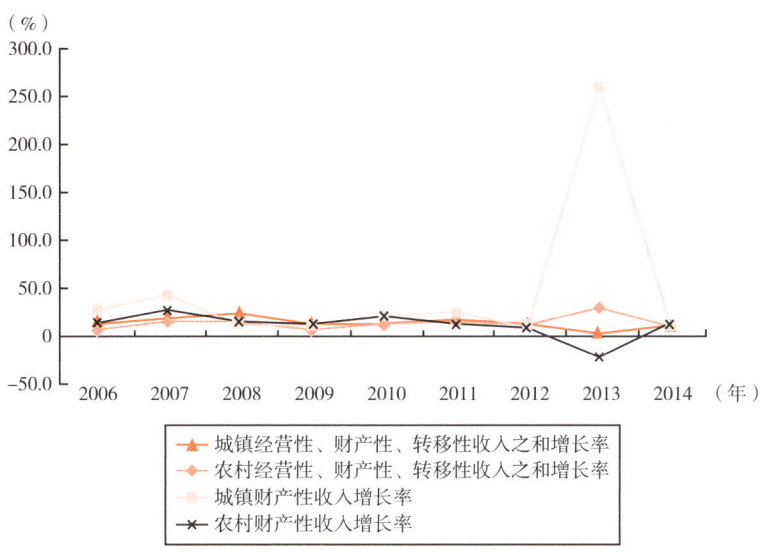

图18-3 2005—2014年城乡居民人均财产、经营性、转移性收入之和人均财产性收入增长曲线图

（4）居民收入和劳动报酬两个比重呈现先下降后缓慢上升趋势，居民收入基尼系数呈先上升后下降趋势

2004—2013年，我国居民收入占国内生产总值比重由59.2%逐渐下降到2008年的57.6%，其后缓慢上升到2013年的60.7%[①]，比2004年提高了1.5个百分点；我国劳动报酬比重由2004年的50.7%逐渐起伏下降到2011年的47%，其后上升到2013年的50.8%[②]（见图18-4），只比2004年比重稍高0.1个百分点。

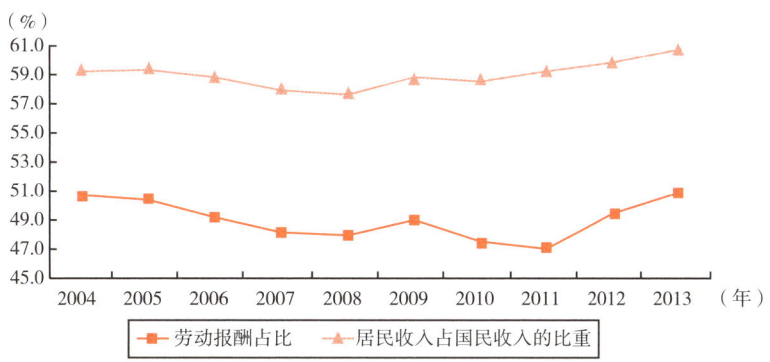

图18-4 2004—2013年我国居民收入比重和劳动报酬比重

资料来源：中华人民共和国国家统计局.中国统计年鉴2015.中国统计出版社，2015年10月.

[①][②] 中华人民共和国国家统计局.中国统计年鉴2014.中国统计出版社，2014年9月.

同期，我国居民收入基尼系数呈现前期上升后期下降趋势，由2004年的0.472上升到2008年的0.491；其后开始逐渐下降，到2014年下降到0.469①（见图18-5）。

图18-5　2004—2014年我国居民收入基尼系数

资料来源：中华人民共和国国家统计局.中国统计年鉴2014.中国统计出版社，2014年9月.

18.1.2　我国居民收入和财产分配现状

2014年，城镇单位职工平均工资水平达到57 361元，比2004年的16 024元增长了257.9%；同年，私营企业员工平均工资达到36 390元，比2009年的18 199元增长了99.95%。②同年，城镇居民人均可支配收入水平为29 381.6元，比2004年的9 421.6元增长了211.85%；农村居民人均纯收入水平为10 488.9元，比2004年的2 936.4元增长了257.2%。劳动者工资水平和城乡居民收入水平均比十年前有大幅度提高，生活水平总体上有很大改善。

同时，我国城乡居民家庭财产水平普遍有较大幅度提高。2011年，我国家庭总资产均值为121.7万元，其中，城市家庭总资产均值为247.6万元，农村家庭总资产均值35.万元③；2013年城镇家庭住房拥有率达87.0%，农村家庭住房拥有率达95.8%④；居民家庭耐用消费品特别是小汽车大幅度增加，2014年全国居民拥有1.23亿辆家用汽车，平均每百户拥有19.6辆。

---

① 国家统计局发布数据。
② 此段城镇单位、私营企业职工平均工资增长是指名义工资增速，不是实际工资增速。根据《中国统计年鉴2015》和国家统计局网站公布的数据计算。
③ 甘犁，尹志超，贾男，徐舒，马双.中国家庭金融调查报告[M].成都：西南财经大学出版社，2012：169.
④ 甘犁，尹志超，谭继军.中国家庭金融调查报告2014[M].成都：西南财经大学出版社，2015：66。

以上变化是在我国经济持续较快发展和收入分配体制改革的基础上实现的。多年来，中央对收入分配改革越来越重视，党的十八大后，决策层次由原来国务院主管部门层级提升到中央全面深化改革领导小组；改革政策和措施陆续出台且日益全面、系统；改革力度日益加强，贯彻落实情况明显改善。收入分配制度、薪酬制度、社会保障制度、个人所得税制度、土地流转收益分配制度等方面都先后进行了诸多改革和调整。这些改革政策和措施对于促进劳动者工资水平和居民收入的较快提高、推动收入分配格局的合理调整发挥了积极作用。

18.2 现阶段我国居民收入和财产分配的主要问题

虽然近十年来我国居民收入有大幅度提高，人民生活有进一步明显改善，但与党中央、国务院的要求和人民群众的期盼仍有较大距离，存在的问题仍然突出，以下从居民收入分配和财产分布两方面分析。

18.2.1 我国居民收入分配的主要问题

（1）城乡居民收入基尼系数仍明显偏高，四方面不合理收入差距仍然明显偏大

根据国家统计局发布的数据[1]，2014年全国居民收入的基尼系数为0.469，相较于2015年的0.462有所上升，而与2004年的基尼系数0.473相比则略有下降。尽管如此，该数值依然高于基尼系数的警戒线。[2]值得注意的是，国家统计局进行的住户收支与生活状况调查可能因部分富裕家庭拒绝参与而导致数据的偏差。此外，其他研究机构，例如西南财经大学中国家庭金融调查与研究中心的报告称2010年全国基尼系数为0.61，而到了2013年这一数字进一步攀升至0.65。鉴于此，综合多方面的数据进行分析，更能接近真实情况。基于这些数据，国内众多专家和学者普遍认为，我国居民收入的基尼系数实际上大约为0.5，这表明我国的收入差距正处在较为悬殊的边缘。

与此同时，我国城乡居民之间、地区之间、行业之间、群体之间不合理收入差距仍然明显偏大。其中，一是城乡居民人均收入差距，2014年为2.97∶1[3]，仍

---

[1] 国家统计局于2013年1月18日公布了我国2003至2012年的基尼系数。其中，2003年为0.479，2004年为0.473，2005年为0.485，2006年为0.487，2007年为0.484，2008年为0.491，2009年为0.490，2010年为0.481，2011年为0.477，2012年为0.474。2013年为0.473；2014年为0.469，2015年为0.462。

[2] 按照国际通行说法，基尼系数0.4~0.5为收入差距较大，高于0.4为警戒线以上。

[3] 以农村居民人均收入为1，下同。

远高于改革开放以来差距最小时1984年的1.84∶1①。二是地区居民人均收入差距，2012年城镇居民人均可支配收入最高的上海40 188元与最低的甘肃17 157元之比为2.34∶1，仍较多高于1985年的1.95∶1②；同年农村居民人均纯收入最高的上海17 803.7元与最低的甘肃4 506.7元之比为3.95∶1，仍较多高于1981年的2.79∶1。三是行业平均工资差距③，2014年为3.86∶1，仍远高于改革开放以来差距较小时1996年的2.18∶1。四是全国城镇居民按五等分分组最高收入组与最低收入组的收入差距，2014年为5.49∶1，仍明显高于改革开放以来差距较小时1985年的3.23∶1；同年，农村居民五等分最高收入组与最低收入组之比为8.65∶1，是近十年来差距最大值，呈持续扩大趋势。④而按照其他方面或研究机构的相关数据，则差距还要大很多。比如按照国家卫生计划生育委员会发布的《中国家庭发展报告（2015年）》称，收入最多的20%的家庭与收入最少的20%的家庭相差19倍左右。西南财经大学中国家庭金融调查与研究中心发布数据，2013年高收入组户均总收入210 644元，低收入组户均-7 193元（因经营亏损等所致），二者收入差距大到不好计算。

将现行基尼系数和四大方面收入差距进行纵向、横向比较（见表18-1），我们可以对其作出"一高四大"的基本判断，即全国居民收入基尼系数仍然过高，城乡居民之间、地区之间、行业之间、居民内部四方面收入差距仍明显偏大。

表18-1　我国基尼系数、四方面分配关系比例纵向、横向比较

	最近年份全国基尼系数和各方面收入差距	改革开放以来各方面收入的相对合理最小差距	国际上发达国家和其他国家有关方面收入一般差距	对我国有关收入差距的基本判断
基尼系数	0.469（国家统计局2014年数据） 0.65（西南财经大学2013年数据） 0.5（多数专家学者判断）	0.266（1985年数据）⑤	多数发达国家0.3左右；其他多数国家0.4左右	明显偏高

---

① 城乡居民人均收入差距数据均根据国家统计局《中国统计年鉴2015》发布的城镇居民人均可支配收入与农村居民人均纯收入数据计算。
② 根据《中国统计年鉴1986》数据计算。
③ 按19个行业门类划分的行业最高平均工资与行业最低平均工资之比，下同。
④ 城乡居民收入五等分分组差距根据2006—2015年的《中国统计年鉴》和张东辉、徐启福的《中国城镇居民收入分配差距实证研究》有关数据计算并推算。
⑤ "百度文库".曾国安.《论中国居民收入差距的特点、成因及对策》。

续表

	最近年份全国基尼系数和各方面收入差距	改革开放以来各方面收入的相对合理最小差距	国际上发达国家和其他国家有关方面收入一般差距	对我国有关收入差距的基本判断
城乡居民人均收入差距	2.97：1（国家统计局2014年数据）	1.84：1（国家统计局1984年）	发达国家1.2：1以内；其他多数国家1.6：1以内	差距仍然明显偏大
城镇居民人均可支配收入最高省市与最低省市差距①	2.34：1（国家统计局2012年数据）	1.95：1（中国统计年鉴1985年）	美国1.61：1 法国1.33：1②	差距仍然偏大
农村居民人均纯收入最高省市与最低省市差距	3.95：1（国家统计局2012年数据）	2.79：1（《中国统计年鉴1981》）	—	差距偏大
行业平均工资差距③	3.82：1(国家统计局《中国统计年鉴2015》)	2.16：1（国家统计局历年《工资统计1997》)④	多数发达国家2：1以内 韩国3：1	差距仍然明显偏大
城镇五等分居民最高收入组与最低收入组收入差距⑤	5.49：1（国家统计局2014年数据）10.72：1（西南财经大学2013年数据）	3.23：1（国家统计局《中国统计年鉴1985》）	美国在1974年是7.5倍	真实差距仍然偏大
农村五等分居民最高收入组与最低收入组收入差距⑥	8.65：1（国家统计局2014年数据）17.17：1（西南财经大学2013年数据）	近十年最低为2006年，7.17：1（《中国统计年鉴2007》）	—	差距偏大且呈现继续扩大趋势

---

① 指全国职工平均工资最高地区与平均工资最低地区之比。

② 美国排名第10的波士顿的人均收入，是排名第90位的辛辛那提的1.61倍。这个比率在1976年时最低，当时旧金山与埃尔帕索的收入之比为1.36。

③ 按照国家统计局19个行业门类（未含国际组织）划分平均工资最高行业与平均工资最低行业之比。

④ 1996年最高平均工资行业电力、煤气及水的生产和供应业88 162 015元，最低为农林牧渔业4 050元，相差2.18倍。

⑤ 指根据国家统计局对城镇居民家计调查五等分分组人均可支配收入最高组与最低组之比。

⑥ 指根据国家统计局对农村居民家计调查五等分分组人均纯收入最高组与最低组之比。

（2）一些收入分配热点、焦点问题日显突出。除上述"一高四大"问题外，近些年来还有以下一些分配热点难题日显突出：

一是低收入群体增加收入水平难度很大，成为制约缩小收入差距的主要难点。当前，我国低收入群体主要包括劳动密集型中小微企业职工、非正规就业劳动者与农业劳动者，接近3亿人。低收入群体易受外部经济环境变化的冲击，尤其是在经济新常态下，将面临更多生产经营困难，其收入的提高将受更多制约。

二是社会上对机关事业单位与企业退休人员退休金差距偏大反映强烈，待遇双轨制有待破除。2005年以来，国家对企业退休人员已经连续11年每年提高10%以上的养老金，但机关事业单位退休人员的养老金提高更快，后者平均养老金是前者的两倍以上。目前，这种差距不仅没有缩小，反而还在扩大。虽然2015年机关事业单位养老保险办法与企业并轨了，但当年调整养老金仍是分别安排的，机关事业单位退休人员最低月增加260元，最高增加1 100元，明显高于当年企业退休人员月平均增加206元的水平。

三是城乡居民之间社保待遇不合理差距偏大。中国社科院发布的2014年《社会蓝皮书》显示，2012年，城镇居民养老保险的养老金中位数为1 200元，而新型农村社会养老保险的养老金中位数为720元，后者只相当于前者的60%。据有关研究机构数据，2013年城镇参保居民医疗保险报销比例为66.7%，且可报销的医疗项目较多；而农村参加新农合居民的医疗保险报销比例名义上有75%，实际报销比例为57.6%，且能报销的医疗项目少，两方面居民享受医疗保险待遇差别比较大。

四是居民财产性收入分配"跑冒滴漏"多，居民内部财产性收入差距明显偏大。前者，主要表现在农民土地流转收益、城镇停车位收入、城镇国有和集体土地租赁出售收入、公有房屋出租出售收益、高速公路超期收费等都存在程度不同的"跑冒滴漏"。

五是贫困人口数量大，扶贫脱困任务重。根据2014年国家统计局的统计监测公报数据，我国还有7 017万现行标准下的贫困人口。到2020年要实现全部脱贫，六年时间7 000万，每年要减贫1 170万，平均每个月要减贫100万，时间非常紧迫、任务非常繁重艰巨。

18.2.2　当前我国居民家庭财产分布存在的突出问题

（1）居民家庭之间财产差距过大。居民家庭财产主要包括家庭金融资产、房产、耐用消费品、家庭经营资产。伴随着中国经济的进一步增长以及在"创造条件让更多群众拥有财产性收入"政策引导下，家庭财产在我国居民生活中的地位日益重要，财产差距也日益增大。据西南财经大学中国家庭金融调查与研究中心抽样调查，2013年全国家庭金融资产平均为73 931元，其中，城镇家庭的金融资产均值为110 951元，是农村家庭金融资产均值23 230元的约5倍。2013年，全国家庭总财产90分位为1 566 100元，10分位为20 050元，前者是后者的78倍；同年，城镇家庭总财产90分位为2 271 500元，10分位为29 600元，前者是后者的约77倍；农村家庭总财产90分位为620 600元，10分位为14 780元，前者是后者的约42倍。另据国家发展改革委员会社会发展研究所万海远副研究员和北京师范大学李实教授研究，2010年，我国居民家庭财产差距基尼系数由2002年的0.538上升到0.739以上，仅在十年内就上升了0.2以上。其数值和上升速度均明显高于居民收入基尼系数。

（2）大城市房价畸高，成为拉大居民财产差距的重要因素。据2015年万海远、李实调查研究，当前我国家庭房产在居民财产总额中占主导地位，房产占比由2002年的57%进一步大幅度上升到2010年的74%，居民财产结构严重畸形。西南财经大学中国家庭金融调查与研究中心的调查也指出，近些年居民住房资产剧增，截至2012年底达到250.4万亿元，户均60.2万元，成为居民家庭第二大资产。居民房产占比过大，且大城市房价连年攀升，进一步加快扩大了居民之间的财产差距。万海远、李实估算，2002—2010年居民总财产分布差距的基尼系数上升了37.3%，其中11.5个百分点是由于房价上升引起的。

（3）少数居民资产占全国居民总资产比例太高，成为推动财富分配不公的主要源头。西南财经大学中国家庭金融调查与研究中心研究测算，2013年，从全国看，总资产最高的10%家庭的资产总和占全国家庭资产总量的60.6%，最富有的20%家庭拥有的总资产占全国家庭资产总量的76.4%；分城乡看，资产最高的10%城镇家庭拥有的资产占城镇家庭资产总量的54.5%，而资产最少的10%城镇家庭拥有的资产只占城镇全部家庭资产总量的0.1%；同年，资产最高的10%农村家庭拥有的资产占农村全部家庭资产总量的52.7%，资产最少的农村家庭拥有的资产只占农村全部家庭资产总量的0.2%。其他专家和研究机构的调查结果也与之近似。这一巨大的财富集中度，已经并将继续发挥"马太效应"，使富人更富，穷人更穷，成为加速拉大居民财富分配不公的主要源头。

18.3 居民收入和财产分配问题的原因分析

造成上述居民收入和财产分配问题的原因很多，既有客观方面的原因，更有主观方面的原因。下面集中就主观方面原因从三个角度剖析。

18.3.1 直接原因剖析

我国现行收入和财产分配制度不健全和缺陷，是造成基尼系数高和分配关系不合理的直接原因。

第一，财税体制不健全、不够透明。一方面，财政收入来源和征管上有缺陷。一是我国税收结构不够科学，仍以间接税为主、直接税为辅（2014年二者比重约为60%：40%）[1]，而且还有若干收费，不利于充分发挥直接税对各类法人和自然人收入调节的作用。二是国有资本收益未全面纳入财政预算，其中国有企业税后利润、各类国有资产处置包括国有土地出售等收益基本没有进入国库，仍留在有关国有系统、单位内。三是个人所得税制不够合理，分项征税以工薪所得为主且最高税率达45%，而资本利得都只按20%税率征收，对两方面收入征税不平衡。四是实际征税不够公平合理，对中小微企业减免税负不够到位，对高收入群体非劳动收入漏征少征较普遍，未能全面有效发挥税收调节收入分配关系的作用。

另一方面，财政资金支出及其监管不够公平和到位。一是中央与地方、省与县的事权与财力不匹配，不利于协调平衡各方面财政资金分配关系。二是各级财政支出结构不够合理，生产建设和行政公务的支出比重较大，特别是公共部门楼堂馆所修建、"三公"经费支出明显偏多，而对教育、卫生、就业和社会保障等公共需要的支出不足。三是财政收支不透明，不公开，没有形成科学和有效的财政资金支出制衡机制，各级人大代表对财政预决算报表审阅时间太短，看不到、看不清，监督难以到位。四是公共财政支出均等化明显不够，比如教育、卫生、城乡建设等资金，偏重名校忽视一般高校，偏重大学忽视小学，偏重大医院忽视基层卫生站，偏重城市忽视农村等，造成新的分配不平衡。

第二，居民收入分配制度不健全、不合理。首先，薪酬制度有缺陷。表现在企业工资决定机制、增长机制和支付保障机制以及调控机制不健全，工资集体协商远未推行并有效运转，多数企业职工特别是中小微企业职工工资难以合理增长；对国有垄断企业工资调控不力，助长了行业工资差距扩大；国企高管薪酬管理制度尚未健全，上市公司高管薪酬监管制度也不完善，造成企业高管与职工薪酬差距明显偏大。公务员工资制度远未健全，基本工资少，不规范的津补贴多，地区附加津贴制度尚未建立，造成公务员内部工资分配关系不合理。大一统的事业单

---

[1] 赵硕刚.我国税收"新常态"的特点、问题及对策.中国权威经济论文库，2015-01-27.

位收入分配制度缺乏针对性，对制度外收入调控不力，许多公共医院工资与药费挂钩、义务教育创收，既搞乱了分配秩序，也助长了"看病贵""上学贵"。

其次，社会保障制度不健全。一是社会保险制度"碎片化"问题尚在治理，此前不同人群适用不同具体制度、办法，造成了诸多不公平、不合理。二是社会保险标准、社会福利待遇尚未健全科学确定和调整机制，致使每次调整标准或待遇水平后，都引发诸多让人们感觉不够公平合理的问题。三是实际执行中有偏差，该保障者未被保障，不该保障者反而得到保障，加剧了分配不公。四是社会保障可持续性暂无切实的资金保证，代际之间不平衡，可能引发代际之间的分配不公问题。

第三，居民财产收益分配制度缺陷多、不公平。一是金融证券交易制度存在缺陷，包括股市交易对金融"大鳄"监管不力，有些金融理财制度变相成为违规集资，造成小股民、小投资者利益的重大损失。二是上市公司股东股份分红制度有缺陷，长年不分红。三是农村土地流转收益分配制度有缺陷，造成农民土地流转收益大幅减少。四是城镇居民房产出租出售收益制度有缺陷，基本将税收负担全部转移给租房购房者，造成新的贫富差距。五是国有、集体土地流转收益分配和城市停车位收费、高速公路超期收费、国企税后利润分配制度不健全、漏洞多，引发了新的分配不公。

18.3.2 深层次原因剖析

居民收入和财产分配制度的缺陷是由经济社会体制等弊端所制约的，后者对社会分配不公更具有决定性作用。

（1）经济体制存在的弊端制约着分配的公平合理。一是我国各类市场主体的产权仍不够明晰，特别是权益不平等、保护不对等，不利于从源头上规范收入分配来源。二是行政垄断、审批制下极易产生权钱交易，加之土地、矿产等资源配置制度存在缺陷，少数人空手套白狼、"合法腐败"或低价收购高价卖出，成为他们暴富的源头。三是市场体系存在较明显的分割和垄断现象，推动了地区、行业、企业经济发展或经营收入的不均衡。四是金融市场规范不到位，银行资金投放过于宽松，同时又存在中小微企业融资难，这助推了房地产价格飙升，稀释了老百姓手里钞票的含金量，加剧了居民收入和财产分配差距的扩大。

（2）社会体制存在的弊端制约着分配的公平合理。一是行政管理体制弊端，政府对市场干预过多，不利于统一、公平的市场形成，进而影响公正合理的分配制度建立和分配结果的达成。二是城乡分割管理体制尚未全面打破，这是造成城乡差别、农民工与城镇职工差别等的源头。三是教育资源配置不够公平合理，这是造成城乡青少年和城镇不同区域青少年难以站在统一的就业竞争起跑线上的根源。四是司法制度不健全，包括经济纠纷在内的各种案件处理不够公平，也制约着收入和财产分配的公平。

（3）民主政治建设进程偏慢影响着分配的公平合理。当前，我国劳动者和人民群众对收入和财产分配的知情权、参与权、表决权、监督权等未有效落实，形成各层级财政资金、市场交易和用人单位分配事项实际上是由少数人或某些机构单方面决定，缺少民主决策和必要的监督和制衡。

18.3.3　思想认识的误区和偏差

一方面，部分宏观经济管理者和用人单位负责人在思想认识上存在偏差，过分追求GDP增长，而忽视或遗忘了社会主义生产的根本宗旨——"不断满足人民群众日益增长的物质文化生活需求"。这种倾向是改革开放后一段时期内，劳动者报酬和居民收入增长滞后于经济增长速度，以及收入分配改革推进力度不足的根本思想原因。

另一方面，社会上流行的"一切向钱看"的错误观念，助长了分配领域中不规范、不透明、不合法行为和现象的扩散。

18.4　战略创新设计

18.4.1　基本思路和原则

我们认为，针对我国居民收入和财产分配存在的问题及其原因，遵循党中央、国务院有关大政方针，"十五五"时期收入分配工作和改革的基本思路是：以《中共中央关于进一步全面深化改革　推进中国式现代化的决定》和国家"十五五"规划纲要为指导，坚定树立"共享发展"理念，在全力保持经济稳定、中速发展的基础上，继续推进收入和财产分配制度及其所依托的经济社会体制改革，标本兼治，继续实施"翻番、脱贫、提低、扩中、调高"方针，努力增加人民群众的改革获得感，以改革促发展、稳增长，以发展促进形成公平合理的居民收入和财产分配格局，切实保证全面建成小康社会目标的可持续实现与保持。

根据此基本思路，在今后收入和财产分配改革中，应强调以下五个原则：

一是强调尽心而为与量力而行相结合的原则。对人民群众最关心、最直接、最现实的收入和财产分配问题，要始终牢记心上，尽心而为，但在居民收入、待遇水平的提高上则要量力而行，使之与经济发展水平相匹配，防止"寅吃卯粮"。

二是强调两个同步与两个促进相结合的原则。即把中央提出的"两同步"原则与促进改革和促进经济发展、劳动生产率提高结合起来，不是简单、被动地同步增长，还应反作用于改革和经济发展，形成相互促进的良性循环。

三是强调居民收入分配制度与财产分配制度改革相结合的原则。居民收入和财产共同构成财富，现在后者的问题日渐突出，因此必须将两方面改革有机联系起来，共同向前推进。

四是强调增量调整与存量调整相结合的原则。经济新常态下，经济增速放缓，增量幅度没有以前大，且现行收入和财产存量结构很不合理。因此，既要使用增量也要动用存量解决分配难点问题。

五是强调继续贯彻现行政策与研究实施新政策相结合的原则。中央已经发布的关于收入分配制度改革的政策，我们要继续全面贯彻落实；同时，针对当前新情况特别是财产收益分配方面的新问题，研究实施新政策，把这两方面有机结合起来。

18.4.2　改革完善居民收入和财产分配制度的主要措施

第一，贯彻共享发展理念，形成下一步深化改革共识。按照中央关于"共享发展"的理念，面向2035年，要坚持两同步原则，保持工资以稍低于或不超过劳动生产率增速提高，以实现两个翻番；同时，改革调整分配关系，努力缩小收入和财产差距。应争取就此形成共识，为今后工作奠定统一的思想基础。

第二，在继续贯彻现行政策的同时，针对新情况、新问题研究实施新政策。要继续贯彻国务院批转的《深化收入分配制度改革的若干意见》四方面三十条政策和现行其他有关政策，推进收入和财产分配制度改革，抓紧抓好7 000万贫困人口脱贫；同时，要针对当前新问题，研究制定新政策，重点是前述财税体制改革和居民财产收益分配制度改革的政策等，并抓好贯彻执行，争取"十五五"期间改革取得新突破。

第三，深化财税体制改革。贯彻落实中央关于财税体制改革的部署，一方面要改进完善财税收缴制度。一是加快将各种国有资本收益全面纳入财政预算并健全相关制度，防止国有资本收益"跑冒滴漏"；二是在改进完善个人所得税制度时，建议对资本利得也实行分级设不同税率（可低于工薪所得税率）征收，以平衡其与劳动报酬征税的关系；三是研究并适时出台房产税等，为调节居民财产性收入提供法律依据；四是在征税时，继续落实对中小微企业减轻税负的政策，同时加大对高收入群体非劳动报酬征收个人所得税的力度。另一方面，要改进完善财政支出制度。一要在"清理规范重点支出同财政收支增幅或生产总值挂钩事项"过程中，专题研究如何做到保证民生支出比重不下降并能逐步合理提升，比如在一定年限内规定社保和就业等民生支出在公共财政支出中的占比下限。二要就控制行政公务经费特别是其中的"三公经费"作出明确的制度规定，要求在一定年限内必须减少到某一下限。三要修改完善财政收支预算报表，不能允许报表文字表述不清、数据不准等问题出现；同时推广广东省设立人大代表专门审议预算报告的程序做法，保证审议时间充足，充分发挥人大代表的决策和监督职能。四要健全转移支付制度，继续加大对老少边穷地区、农村转移支付力度，加快实现城乡居民基本公共服务均等化。

第四，进一步健全完善薪酬分配、社会保障制度。一是由发改委、财政、税务、人社、工信、商务等部门共同研究列出若干扶持中小微企业生存发展、减轻税费负担、大企业带领中小微企业发展和员工素质提升的政策，在此基础上确定工资正常增长的政策。二是结合中央管理企业负责人薪酬制度改革，研究企业高管薪酬监管办法。首先研究制定国有股权代表或政府任命派出高管薪酬水平核定政策，其名义薪酬按其他非国有股东高管水平确定，其实发薪酬由国有股东按稍高于国企行政任命高管薪酬水平确定。其次研究制定适应市场机制要求的上市公司高管薪酬监管办法，建议规定上市公司高管薪酬方案要提交股东大会由半数以上股东网上审议表决确定，杜绝上市公司高管实际自定薪酬的现象。三是贯彻以增加知识价值为导向的分配政策，引导社会和用人单位在分配中向科技研发人员、技能工人等倾斜。四是切实抓好机关事业单位工资制度及其他相关改革。四是继续健全社保体系、扩大覆盖面、做好社保基金保值增值等工作，同时高度重视并协调平衡好机关事业单位和企业两方面退休人员的退休金差距。五是继续健全城乡统一的居民社会保障制度，采取措施逐步平衡城乡居民的社保待遇水平。通过以上措施逐步缩小不合理的薪酬、社保待遇差距。

第五，进一步健全财产分配制度，加强对财产分配关系的调节。一是强化对金融资本市场的监管，规范市场各种交易行为，包括严查金融"大鳄"操纵股市，强化金融理财监管，规范上市公司的股份分红，维护中小股东权益。二是进一步规范农民土地流转收益分配制度，切实保证农民土地流转收益权不受损。三是重点管好土地出让金、国有企业改制资产处置收益、国有单位房屋出租出售、高速公路超期收费和城市停车位收费，减少并力争杜绝国有资产收益流失。四是加强对居民收入和财产的监测及税收调节。在省市县人大新任命的官员中率先推行个人收入财产公开制度，然后逐步推开到其他干部，并在全体居民中建立个人收入和财产申报登记制度，在此基础上强化征收个人所得税，研究出台并适时实施房产税等，有效调节部分居民的高收入和高财产。

第六，大力加强收入和财产分配中的正面宣传引导工作。大力加强社会主义核心价值观建设，全面建立社会诚信制度，有针对性地引导破除"唯GDP"论和"一切向钱看"错误观念，树立"共享发展"理念，为推进收入和财产分配制度改革，逐步理顺分配关系奠定思想认识基础。

18.4.3 实施综合性改革，消除引发分配不公的制度性弊端

（1）加快健全统一开放、竞争有序的市场体系。进一步完善产权保护制度，明晰各类市场主体的产权；积极发展混合所有制经济，支持非公有制经济健康发展，消除各种隐性壁垒；深化国有企业改革，真正打破各种形式的垄断，为协调平衡不同所有制、不同行业企业的收入分配权奠定市场基础。

（2）根本切断依靠行政权力获取经济利益的渠道。要深化改革现行行政管理体制，加快转变政府职能，进一步简政放权，大幅度减少行政审批事项；以上海做法为榜样，在全国推行禁止在职和退休5年内的高干配偶、子女经商；坚持反腐败，严查官商勾结、权钱交易行为和案件；进一步完善国家、地方各层级重大建设项目的信息公开制度，大力完善国有、集体土地、矿产等各种资源配置制度，加强监管并信息公开，从源头上切断依靠行政权力获取经济利益的渠道。

（3）加快民主政治建设进程，全面确立人民群众对收入和财产分配的自主权。首先要进一步健全各级人民代表大会对各级财政收支预决算的审核、监督制度；其次要健全各级工会、职工代表大会对行业、用人单位收入分配的参与决策、监督制度；同时要确立劳动者和居民对收入分配的知情权、参与权、表决权、监督权，引导广大劳动者和居民依法维护自己的合法劳动报酬和收入权利；再次要鼓励并有效发挥媒体、网络等多方面的监督功能，抨击坏案例，表扬好典型，促进落实公平分配权。

（4）进一步整顿规范金融行业和市场。要进一步整顿金融市场，大力规范金融交易行为；要努力消除现行各种金融杠杆的副作用，加强对银行货币投放量的监管，防止引发房产价格继续飙升，扰乱市场公平交易；同时，进一步解决中小微企业的融资难问题，为调控居民收入和财产分配不合理差距夯实金融基础。

18.4.4 加转变经济发展方式，夯实共享发展的经济基础

加快转变经济发展方式，实施经济结构的战略性调整，从供给侧和需求侧两

端发力推进结构性改革,大力推进自主创新,加快科技成果向现实生产力转化,促进社会可分配财富能够持续有效增长;加快城镇化建设步伐,调整城乡结构,同时调整产业结构,加快第三产业发展,合理安排区域经济布局,协调平衡城乡、区域、产业、行业经济发展;通过创新和培训提高员工素质和全员劳动生产率,保持经济健康、稳定、中高速增长,为全面建成小康社会,实现国民经济和居民收入"两翻番",降低基尼系数和缩小四方面收入差距提供良好的经济基础。

第 19 章 创建财富分配制度，致力实现共同富裕

党的二十大报告高度重视收入分配问题，创新性地提出了"规范财富积累机制"。对此，需要深入研究，以正确理解把握其内涵，梳理明确规范的路径及其措施，并抓好贯彻落实。本章剖析了我国财富积累机制的现状和问题，提出了规范财富积累机制的思路和原则，并就规范财富积累机制提出了战略性政策设计。

19.1 财富积累机制的现状和问题简析

19.1.1 财富及其积累机制概念

党的二十大报告"完善分配制度"所称"财富"，是指居民所拥有的各种动产和不动产的总和，包括现金、存款、股票、债券、珠宝、衣物、家具、电器、车辆以及房产等。财富的来源是居民的各种收入，包括工资性收入、经营性收入、财产性收入和转移性收入；收入是流量，财富是存量。"完善分配制度"所称"财富积累机制"，是指居民各种收入形成并转化为各种资产的结构关系和运行方式，它以各种收入分配制度和财产配置制度等为其运行载体。

19.1.2 我国居民财富积累概况

改革开放以来，随着国民经济和社会的快速发展，我国居民收入持续增长，生活水平极大改善；相应地我国居民财富也大幅度增加。2021年，全国城镇居民人均可支配收入47 412元，农村居民人均可支配收入18 931元，较10年前（2011年）分别年均增长8.07%和10.5%；全国非私营单位就业人员平均工资为106 837元，私营单位平均工资为41 799元，较10年前分别年均增长9.84%、9.86%。这为居民财富的积累提供了主要来源。截至2021年，据有关专家及其研究机构调查数据，全国居民财富总量达687万亿元，户均资产约134.4万元。

19.1.3 我国居民财富积累存在的问题简析

在肯定我国居民收入和财产大幅度提高、人民生活水平大幅度改善成绩的同时，也要清醒地看到存在的问题。正如党中央指出的：新时代我国社会的主要矛盾是人民日益增长的美好生活需要与不平衡、不充分发展之间的矛盾。其中，居民之间财富水平的不平衡问题较为突出，同时财富积累路径、程序、方法的不公平、不合理问题也十分突出，已成为社会关注的热点。

先看居民之间财富水平不平衡问题。一是我国居民财富基尼系数居高不下。据有关专家及其研究机构统计分析，我国居民财富基尼系数从2000年的0.599持续上升至2015年的0.711，随后有所缓和，降至2019年的0.697，但2020年在疫情冲击下再度上升至0.704；2019年居民人均财富中位数仅为平均数的35.8%，财富分化程度显著高于收入的分化。二是少数居民资产占全国居民总资产比例太高，成为推动财富分配不公的主要源头。2019年，据中央银行调查，我国金融资产最高的10%家庭所拥有的金融资产占所有样本家庭金融资产总量的58.3%。2020年中国财富排名前1%居民的财富量占全国居民总财富的比例升至30.6%。同年，中国总计有527.9万"百万富翁"（家庭财富在100万美元以上），排名全球第二，较上年上升5.1%；拥有千万元人民币资产的高净值家庭数量增至202万户，拥有亿元人民币资产的超高净值家庭数量也增至13万户。这些高财富家庭因马太效应将进一步轻易获得更多财富。三是大城市房价畸高，推动居民财富差距的快速拉大。

再看财富积累路径、程序、方法的不公平、不合理问题。居民财富差距拉大主要源于财产性收入和经营性收入的分配、管控制度存在缺陷。一是财产性收入分配制度及其相关管理制度缺陷多。主要表现在：少数人通过权钱交易或"合法腐败"等途径低价占有或白拿国家的矿产、土地、金融资源和国有资产等，轻易赚取亿元级以上的非法收入；一些"资本大鳄"通过资本无序扩张，操纵资本市场，牟取惊天暴利；一些金融企业和上市公司高管、网络"大V"通过股权转让、股票出售套现、虚假交易、违规天量借贷或雇用网络水军炒作等获取畸高收入等。二是经营性收入分配制度及其管控制度不合规、有漏洞。表现在一些企业通过市场垄断、价格欺诈、虚假申报材料骗取政府专项资金支持、财务做假账等获取巨额违法收入或违规高收入。三是有关调节、管控制度不得力、有漏洞。主要表现在：土地、资金等资源的配置制度及其运行仍实际存在暗箱操作等诸多漏洞；个人所得税调节制度不够得力，对资产性收入调节税率低于工资性收入的调节税率，且因对高收入底数摸不清，造成调节不到位；对非法收入界定不精准，因而难以依法全部取缔等。四是工资性收入和转移性收入制度的某些欠缺也助推了居民财富差距的拉大。行业薪酬差距偏大、农民工薪酬水平低且常被克扣、拖欠，某些企业高管薪酬与普通员工薪酬差距过大，一些影视明星、球星等轻易获取天价薪酬等，都助推了居民财富差距的拉大；机关事业单位人员退休金及其职业年金与企业养老金的偏大差距、基本公共服务普惠性不足等，也间接拉大了居民财富差距。大城市房价过高也拉大了居民财富差距。

19.2 规范财富积累机制的思路和原则

基于上述对财富差距及其积累机制突出问题的剖析，规范财富积累机制的基本思路是：贯彻落实党的二十大关于完善分配制度、规范财富积累机制和扎实推进共同富裕的精神与部署，全面改进完善初次分配和再分配以及第三次分配制度，配套改革经济、社会体制中制约公平合理分配的弊端，共同发力突破居民财富积累中的重点、难点问题，控制并努力缩小居民之间财富过大差距，在继续增加中低收入劳动者收入的基础上，多渠道提高其财产性收入，强化基本公共服务普惠性并合理提高其待遇水平，进一步扩大中等收入和财富群体，调节过高收入，取缔非法收入，努力增加人民群众的获得感、幸福感，积极稳妥迈向全国人民的共同富裕。规范财富积累机制的基本原则是：

（1）标本兼治，即把收入分配制度的完善与解决其深层次问题紧密结合起来，努力实现各类人员获得各种收入的机会公平，过程有序，相关制度、办法科学合理，尤其要根绝通过无偿、低价占有国有或公众的各种资源从而获取暴利机会问题的发生。

（2）系统改革，即着眼于居民全部收入及其分配制度，立足于统筹安排一次、二次、三次分配制度与相关资源配置制度、生产制度、交换制度和市场体系及其管理制度等的深化改革，力争取得整体好效果。

（3）重点突破，即在系统改革基础上，抓住财富差距过大的重点方面、人群以及财富积累机制问题突出的环节，有针对性地制定、完善并采取相关规范措施，确保缩小居民财富过大差距见成效。

（4）多方协同，即控制、缩小居民财富过大差距和规范财富积累机制是一个系统工程，涉及多方面，需要相关的管理机构、市场主体以及相关人员共同参与和配合，特别是政府各有关主管部门需要强化协同，齐抓共管，合力攻坚。

19.3 规范财富积累机制的基本战略

根据上述基本思路和原则，针对居民财富积累存在的突出问题，建议采取如下六方面措施。

（1）顶层设计，统筹部署

建议国家有关部委共同研究财富积累机制的重大事项并提出政策草案，报中央全面深化改革委员会审定后贯彻落实；继续发挥好国务院深化收入分配制度改革部际联席会议的作用，统筹研究规范财富积累机制工作部署并组织协同落实；各省市区相关机构和部门按照中央精神和部署，结合本地区实际，在深化本地区收入分配制度改革、扎实推进共同富裕进程中抓好规范财富积累机制相关工作。其中，建议浙江高质量发展建设共同富裕示范区率先做出相关安排，并提供试行成功经验供其他地区参考借鉴。

（2）源头治理，强化监管

大力强化对各种公共资源配置的监管，堵塞财产性收入、经营性收入分配源头的漏洞。一是要全面贯彻落实2020年中共中央、国务院《关于构建更加完善的要素市场化配置体制机制的意见》，通过建立健全城乡统一的建设用地市场、深化产业用地市场化配置改革、完善土地管理体制等，实现土地要素依法依规市场化配置；通过完善股票市场基础制度、统一公司信用类债券信息披露标准，完善债券违约处置机制、完善金融机构市场化法治化退出机制等，实现资本要素依法依规市场化配置；同时，要进一步健全其他自然资源、经济资源和社会事业资源等公共资源配置管理制度和有偿使用制度并切实贯彻执行。二是要严肃查处土地、金融、矿产等公共资源有偿使用和企事业单位国有资产市场化配置中出现的无偿白拿或低价占有、违规天量借贷等问题，严惩其中官商勾结、权钱交易行为和案件，堵塞公共资源流失并成为少数人获取惊人财产性收入、经营性收入的漏洞。三是要根据形势发展进一步完善并细化各种公共资源配置、转让及其监管制度、办法，特别是抓好土地、资本、技术、数据等要素确权、交易单位、定价机制、交易市场、交易监管相关制度、办法的改进完善，重点监管土地、资本等要素和国有企事业单位资产并真正做到信息公开，从源头上切断依靠行政权力或特殊社会关系获取经济利益的渠道。四是要健全市场体系，进一步完善产权保护制度，明晰各类市场主体的产权；进一步规范市场主体行为和秩序，消除要素配置暗箱操作，破除市场垄断，根治价格欺诈、虚假申报材料骗取政府专项资金支持、财务做假账等现象，从源头上防止财富积累的不公平、不合理问题。五是要坚持房住不炒原则，控制并合理下调大城市房价。总之，要努力解决导致居民财富积累机制不公平、不合理的深层次问题，为健全公平、合理的收入分配制度以及公平合理的居民财富分布格局夯实基础。

（3）进一步完善初次分配制度，缩小不合理收入差距

一是要改进完善财产性收入分配制度，主要是改进完善股票市场巨额套现监管制度、上市公司正常股份分红制度和债券、商业保险和居民理财收益分配制度，改进完善农村集体土地出租、出让收益分配制度和城镇居民房屋出售、出租制度，解决这些制度中存在的不合法、不合规和不公平、不合理等问题，扭转并杜绝少数人轻易获取天量财产性收入、多数人难以正常获取财产性收入的现象；同时，要改进完善国有企业员工持股制度，防止不具备持股条件或分红资金来源而直接占用国企税后利润等问题发生。

二是要改进完善经营性收入分配制度，主要是提高中小微企业和网络平台等机构经营性收入的合规性、易查性，扭转现行经营性收入分配制度中存在的违规问题和不透明问题，扭转其通过价格欺诈、压低劳动者薪酬以增加经营收入，或将中小微企业主或网络平台控制人及其高管个人收入包装为企业经营开支等违法违规做法。

三是要改进完善各类企业薪酬制度。一方面要"限高"，规范上市公司和其他企业的高层管理人员薪酬分配办法，解决部分企业高管薪酬水平偏高或过高问题。其中上市公司董高监等人员薪酬水平的核定应听取广大小股东的意见，并通过上市公司公告披露，根绝暗箱操作或仅由几个大股东商议确定高管薪酬的做法；国企高管薪酬应控制在相当于本企业职员工平均工资水平的一定幅度之内。另一方面要"保底提低"，合理安排并提高普通员工特别是一线员工的薪酬水平，建立健全普通员工薪酬水平随企业经济效益提高相应增长的机制；大力纠正某些企业薪酬制度存在的歧视、压低农民工薪酬水平的错误做法，尤其要纠正、查处拖欠、克扣农民工工资问题。

四是要规范影视明星、球星的报酬制度，扭转明星天价薪酬或球星天价转会费提成等现象。通过上述薪酬制度的改进完善，扭转薪酬分配不公平、不合理问题对居民财富差距拉大的负面影响。

（4）进一步健全再分配制度，强化社保普惠性功能

按照党的二十大报告要求，要加快"健全覆盖全民、统筹城乡、公平统一、安全规范、可持续的多层次社会保障体系"。一是要完善基本养老保险全国统筹制

度,健全基本养老、基本医疗保险筹资和待遇调整机制,解决机关事业单位与企业退休人员退休待遇双轨制问题,逐步缩小其两方面退休人员不合理的退休金水平差距;同时,要缩小不同地区之间和同一地区内退休人员不合理的退休金水平差距,逐步缩小城乡居民退休待遇的不合理差距。二是推动基本医疗保险、失业保险、工伤保险省级统筹,促进多层次医疗保障有序衔接,完善大病保险和医疗救助制度,防止中低收入人员因病致贫。三是健全分层分类的社会救助体系,同时继续巩固精准扶贫、精准脱贫成果,防止相关人员重新返贫,筑牢托底社会安全网。通过上述措施,为逐步形成橄榄型居民财富分布格局提供基础和支撑。

(5)强化调节过高收入、取缔非法收入力度

一是研究修订财产性收入按20%征税条款,合理平衡其与工资、薪金征收税率的差距。建议参考工资、薪金现行征税办法也实行分档累进税率,可考虑将财产性收入分五档设税率:一档,100万元以下,税率为15%;二档,100万~500万元,税率为20%;三档,500万~1 000万元,税率为30%;四档,1 000万~2 000万元,税率为40%;五档,2 000万元以上,税率为45%。这样调整既有利于中低收入人员增加财产性收入,也能有力调节三档及以上财产性高收入,又能与工资、薪金3%~45%的七档税率合理平衡,将有利于控制并缩小当前居民财富过大差距。

二是进一步健全个人收入和财产信息系统,强化对高收入和高财产信息的收集、掌握,为依法调节过高收入和财产提供依据和基础。

三是强化征收个人所得税力度,有效征收高收入和高财产者的个人所得税,缩小居民收入和财富的不合理差距。

四是在摸清情况、掌握证据基础上,依法取缔、没收非法收入和非法财产,并由此倒逼堵塞少数人获取非法收入、非法财产的漏洞。

五是积极研究适时设立房产税、财产税、遗产税、赠与税等,以此既调节高收入,同时引导、鼓励高收入的自然人和法人自愿积极捐赠。

(6)健全第三次分配制度并稳步推开

一是要完善慈善基金会和慈善信托自身建设与监管制度,督促其严格履行本身职责,防止出现慈善机构定位和履职偏差。

二是加快健全慈善捐赠管理制度,包括捐赠事项发起、收集登记、分类管理、捐出记录、公布捐赠使用信息以及对捐赠资金、物资使用的审计监督等各项制度,并抓好贯彻落实,切实保证捐赠的善款、善物等依法依规使用,不浪费、不流失、不挪用。

三是建立健全促进慈善捐赠的财税激励、名誉奖励制度,信托和法律保障制

度，提高企业和个人参加慈善捐赠事业的积极性，营造慈善捐赠事业依法依规发展的良好环境。

四是抓好慈善捐赠工作的宣传和慈善意识的普及，促进第三次分配更好发挥对初次分配、再分配的补充完善作用。

结　　论

实现收入分配公平，是建设中国式现代化的重要前提和关键所在。

当前，我国收入分配改革的顶层设计亟待定位。顶层设计有待进一步明确、改革视域有待进一步拓展是当前收入分配改革的深层次的重大问题。深化收入分配改革，可以吸收欧美高收入国家的国民财富分配制度发展的教训，构建收入分配的现代国际范式，实现由传统的收入分配体制向现代国民财富分配模式的重要变革。探索推进传统收入分配体制向现代国民财富分配模式转型的理论突破和改革实践，对于建立适应中国式现代化要求的新型收入分配制度具有重要的现实意义和政策紧迫性。[①]

当前，国内理论界对于收入分配的研究尚局限于居民收入分配、国民收入分配、分配公平等层面，基本上是以经济制度和机制的研究为主，尚未建立基于现代国民财富分配模式的研究视角，也未能提出现代国民财富分配模式的基本概念。正是为了尽快改变这一被动状况，本书在国内首次提出和论证了"现代国民财富分配模式"的概念及其调节机制和政策体系，努力为我国的收入分配改革提供新的理论工具。

本书针对当前我国收入分配制度转型面临的重大问题和主要矛盾，探索建立国民财富分配理论，研究分析高收入国家国民财富分配制度的重大改革、调节机制、政策体系、社会管理及政府职能等的有益教训和经验，为当前我国收入分配体制改革提供吸收和参考。

本书的主要研究内容是在对高收入国家的现代国民财富分配模式进行批判的基础上，构建中国式财富分配模式框架。

现代国民财富分配模式，是高收入国家实现收入分配公平的制度基础，是工业文明与后工业文明经济社会制度的重要组成部分，是人类经济社会文明的历史标志。现代国民财富分配模式是典型的社会经济大系统。现代国民财富分配模式，萌芽形成于19世纪中叶至第二次世界大战，发展于"第二次世界大战

---

① 习近平.决胜全面建成小康社会，夺取中国式现代化伟大胜利.中国共产党第十九次全国代表大会报告，2017年10月.

后"至20世纪70年代，成熟于20世纪80年代至今。现代国民财富分配模式与以往的居民收入分配、国民收入分配制度的主要区别是它不仅涵盖了以往的居民收入分配制度和国民收入分配制度所包含的以财税杠杆等经济手段对收入和财产进行调节的内容，而且形成了以培育维护中产阶级权益为制度价值观，侧重以社会管理、政治、法律等政策杠杆为主，配合经济手段共同调节（引导）居民、企业、政府及其他社会主体的收入和财产及财富心理预期（财富期望）、社会安全心理预期（社会安全期望）、信仰心理预期（信仰期望）等三类预期的运行机制和政策体系。中产阶级的形成是现代国民财富分配模式的主要社会基础。社会管理、政治法律杠杆和经济政策并重是现代国民财富分配模式的调节方式的主要特征。现代国民财富分配模式的三大核心社会特征是形成中产阶级且中产阶级占有主导地位、低水平的基尼系数（普遍为0.4以下）和对人权及财产权的法律尊重。

从政策设计分析，探索建立符合中国式现代化要求的中国式财富分配模式，其主要改革措施包括：

第一，要在顶层设计上明确建立财富分配制度是我国收入分配改革的新定位。20世纪80年代以来，欧美高收入国家、新兴工业化国家和一部分经济快速发展的发展中国家为了顺应社会经济发展的新趋势和新要求，结合本国国情各自建立了符合本国需要的国民财富分配制度。

我们要从历史唯物主义的高度，本着实事求是的精神，勇于突破传统的思想禁区，从吸收人类共同文明成果出发，科学地看待和评价高收入国家的现代国民财富分配模式。吸收自19世纪中叶以来高收入国家渐进建立的国民财富分配制度，以及培育中产阶级为主的社会结构的教训和经验，勇于探索建立中国式现代化特色国民财富分配制度，实现从现存的仍带有浓厚计划经济色彩的收入分配制度到现代国民财富分配模式的管理体制跨越，这是当前我国解决收入分配问题的历史必然，是应对反贫困和防止社会两极分化、培育我国中产阶层的重要举措，是构建和谐社会和全面建设小康社会的战略选择，是对高收入国家建立完善国民财富分配制度和培育中产阶级的人类普世文明经验和经济社会历史规律的尊重。

第二，要加快推进从单纯的薪酬调节向财产调节转型，建立国民财产申报纳税制度及大数据征信管理系统。要突破传统的居民收入分配、国民收入分配的范畴，在运用传统的税收、薪酬等干预方式的同时，更加注重运用社会保障、教育、土地制度等新型调节手段，更加侧重社会管理、政治、法律等领域政策对财富分配的调节作用,积极尝试推进由传统的收入分配制度向现代国民财富分配模式的变革,谋求建立适应本国国情的现代国民财富分配模式。要统筹规划,借助大数据技术应用,建立国民财产申报纳税制度及大数据征信管理系统。①

第三,要积极推进从对收入分配的经济调节向对国民财富的经济调节与社会调节、法律调节、政治调节相结合的"社会化调节"转型。只有立足中国国情,且适应世界潮流的理论研究和政策实践,才能赢得世界的普遍认同和尊重。要解决我国现阶段的收入分配公平问题,遵循改革创新精神,探索中国式现代化的新型收入分配制度——国民财富分配制度,要从世界格局、全球视域考虑经济、社会、文化、历史等多个层次,要立足持续推进行政体制创新、政治体制改革,要吸收高收入国家国民财富分配制度改革经验,全面提高政府效率,培育中产阶层主导的社会结构,促进建设中国式现代化的重要制度——国民财富分配制度,体现社会主义倡导的公平正义价值理念。

第四,要探索建立适应中国式现代化发展需要的符合国际现代产权规范的资源管理制度和资源分配制度,促进资源分配公平。资源分配制度或资源配置制度,主要是关于自然资源(土地、矿产、森林、水等)配置制度和规定。现阶段我国自然资源分配权益存在严重不公平,要谋划推进建立符合国情现代产权规范的资源管理制度和资源分配制度,促进资源分配公平。

第五,加快政策程序立法,构建财富分配政策公共选择制度。建立和完善社会范围内的财富分配政策公共选择制度,应该从建立规则入手。只有在立法上建立了科学合理的政策程序,才能制约作为组织的政府、利益集团的政策垄断或寻租。从中长期分析,在财富分配管理中,为了建立针对财富分配的科学、规范、高效的公共选择机制,必须制定和推行财富分配领域的行政程序法(包含针对财富分配决策过程的规则)。

在财富分配领域的行政程序法中,首要内容是理顺财富分配政府部门的内外关系和权责界限,以法律法规对其进行严格规范,在此基础上结束财富分配政策变动的权威约束,代之以法治约束,并辅之以硬性的数量化技术手段,将财富分配政策变动行为控制在法律制度、技术标准的框架之内。从总体上看,财富分配的规制体系是以行政程序法、政府组织法、编制法等为主的多种法规所构成的政府组织变动的规则约束体系。要从根本上解决财富分配领域的公共选择制度缺位

---

① 习近平.在中央财经领导小组第十三次会议上的讲话,2016年5月.

的问题,就必须清晰界定财富分配政策的提出、制定、审议、执行、评价和监督程序所涉及的全部权责问题,这就要求必须制定财富分配领域的专门的行政程序法,这是其他任何手段所不能代替的。①

---

① 张正钊,等.部门行政法研究[M].北京:中国人民大学出版社,2000:346~350.

参考文献

（鉴于研究的综合性，本书的参考文献主要涵盖了经济学、管理学、社会学、政治学、法学和历史学等领域）

一、经济学文献

1.著作、学位论文、学术论文集类

[1]［德］马克思.资本论［M］.第1—3卷，北京：人民出版社，1975.

[2]［英］亚当·斯密.国民财富的性质和原因的研究［M］.北京：商务印书馆，1974.

[3]［英］李嘉图.政治经济学及赋税原理［M］.北京：商务印书馆，1962.

[4]［美］诺思.制度、制度变迁和经济绩效［M］.上海：上海三联书店，1994.

[5]［美］尼尔·布鲁斯.公共财政与美国经济［M］.隋晓，译.北京：中国财政经济出版社，2005.

[6]［美］萨缪尔森.经济学［M］.第十六版（英文）第4页，北京：机械工业出版社，1998，7（1）.

[7]［美］理查德·A.马斯格雷夫，佩吉·B.马斯格雷夫.财政理论与实践（第五版）［M］.北京：中国财政经济出版社，2003.

[8]［英］凯恩斯.就业、利息和货币通论［M］.徐毓，译.北京：商务印书馆，1963.

[9]［美］西奥多·舒尔茨.论人力资本投资［M］.北京：北京经济学院出版社，1990：13.

[10]［英］科斯.社会成本问题，财产权利与制度变迁［M］.上海：上海三联书店、上海人民出版社，1994.

[11]［美］库兹涅茨.各国的经济增长：总产值和生产结构［M］.北京：商务印书馆，1985.

[12]［美］库兹涅茨.现代经济增长：速度、结构与扩展［M］.北京：北京

经济学院出版社，1989.

[13] [荷] J.丁伯根.生产、收入与福利 [M].北京：北京经济学院出版社，1991.

[14] [美] 克拉克.财富的分配 [M].北京：商务印书馆，1983.

[15] [美] 阿瑟·刘易斯.二元经济论 [M].北京经济学院出版社，1989.

[16] [美] 阿瑟·奥肯.公平与效率 [M].北京：华夏出版社，1987.

[17] [美] 阿塔纳修斯·阿西马科普洛斯.收入分配理论 [M].赖德胜，等译.北京：商务印书馆，1995.

[18] [德] 威纳尔·桑巴特.德意志社会主义 [M].杨树人，译.上海：华东师范大学出版社，2007.

[19] [美] 福克纳.美国经济史 [M].王琨，译.北京：商务印书馆，1964.

[20] [美] 约翰·罗尔斯.正义论 [M].何怀远，何包钢，廖申白，译.北京：中国社会科学出版社，1988.

[21] 李实.中国居民收入实证分析 [M].北京：社会科学文献出版社，2000.

[22] 赵人伟.中国居民收入分配再研究 [M].北京：中国财政经济出版社，1999.

[23] 王绍光、胡鞍钢.中国.不平衡发展中的政治经济学 [M].北京：中国计划出版社，1999.

[24] 胡鞍钢，邹平.社会与发展——中国社会发展地区差距研究 [M].杭州：浙江人民出版社，1999.

[25] 杨宜勇.公平与效率——当代中国的收入分配问题 [M].北京：今日中国出版社，1997.

[26] 张君.分配制度改革理论探析 [M].北京：中国古籍出版社，2003.

[27] 杨河清.劳动经济学 [M].北京：中国人民大学出版社，2002.

[28] 杨敬.西方发展经济学概论 [M].天津：天津人民出版社，1988.

[29] 杨叔进.中国：改革·发展与稳定 [M].北京：中国发展出版社，2000.

[30] 杨体仁.现代劳动经济学原理 [M].北京：红旗出版社，1991.

[31] 杨宜勇.就业理论与失业治理 [M].北京：中国经济出版社，2000（01）.

[32] 程恩富.当代中国经济理论探索 [M].上海：上海财经大学出版社，2003.

[33] 顾学荣，等.个人收入分配新体制探析 [M].北京：经济科学出版社，1998.

2.期刊论文类

[1] 习近平.关于中国式现代化理论体系的几点学习体会和认识[J].求是，2008（7）.

[2] 安体富，任强.税收在收入分配中的功能与机制研究[J].税务研究，2007（10）.

[3] 财政部科研所课题组.我国居民收入分配状况及财税调节政策[J].税务研究，2003.

[4] 程恩富.公平与效率：如何兼得[J].文汇报，2002-10-13（007）.

[5] 安体富.当前经济形势与税收政策的选择[J].当代财经，2001.5.

[6] 杨欢进.按生产要素分配：涵义、条件与作用[J].当代经济研究，1999（04）.

[7] 鲁从明.深化对劳动价值论和我国收入分配制度的认识[J].当代经济研究，2001.6.

[8] 李楠.论按劳分配与公平和效率的关系，江汉论坛，2003.5.

[9] 郭正模.坚持效率优先兼顾公平的分配原则，光明日报，2002-12-25.

[10] 甘犁，尹志超，谭继军.中国家庭金融调查报告2014[J]，西南财经大学出版社，2015.2.

[11] 李建新，任强，吴琼，孔涛.中国民生发展报告2015[J]，北京大学出版社，2015.11.

[12] 李实，赖德胜，罗楚亮，等.中国收入分配研究报告[J]，社会科学文献出版社，2013.8.

[13] 李实，罗楚亮.中国收入差距的实证研究[J]，社会科学文献出版社，2013.12.

[14] 苏海南，王宏，常风林.当代中国中产阶层的兴起[J]，浙江大学出版社，2015.11.

[15] 贾康，刘薇.财税体制转型[J].浙江大学出版社，2015.12.

[16] 卫兴华.我国现阶段收入分配制度的理论与实际问题[J].经济学动态，2004（04）.

[17] 蔡继明.论非劳动生产要素参与分配的价值基础[J].经济研究，2001（12）.

3.外文文献

[1] Allen C.Kelley Demand Patterns, Demographic Change and Economic Growth.

The Quarterly Journal of Economics, Vol.83, NO.1 (Feb., 1969), pp.110-126.

[2] M. Bronfenbrenner, A Note on Relative Shares and the Elasticity of Substitution. The Journal of political Economy, Vol.68, No.3 (Jun., 1960).

[3] M.H. Dobb.A Note on Income Distribution and the Measurement of National Income at Market prices.The Economic Journal, Vol.66, No, 262, (Jun., 1956), pp.357-360.

[4] Grace T. Gunn and Paul H.Douglas, The Production Function for American Manufacturing in 1919.The American Economic Review, Vol.31, No.1 (Mar., 1941).

[5] Goldsmith, Raymond W.1955. A Study of Saving in the United States, Princeton, NJ: Princeton University Press.

[6] Gregory C.Chow.Capital Formation and Economic Growth in China.The Quarterly Journal of Economics, Vol.108, No.3 (Aug., 1993), pp.809-842.

[7] John, Maynard Keynes.The General Theory of Employment Interest and Money. New york: Harcourt Brace and Company, 1936.

[8] Kaldor N.Essays on Value and Distribution, Holmes&Meier Publisher Inc, 1981.

[9] Lewis, W.A.1954, Economic development with unlimited supplies of labor. The Manchester School 22 (May): 139-91.

[10] Lloyd A. Metzler. Tariffs, the Terms of Trade, and the Distribution of National Income. The Journal of Political Economy, Vol. 57, No. 1, (Feb., 1949), pp. 1-29

二、管理学文献

1.著作、学位论文、学术论文集类

[1] 美国社会保障署. 全球社会保障—1995年 [Z]. 北京：华夏出版社，1996.

[2] [美] 莫里斯·多布. 工资论 [M]. 北京：剑桥大学出版社，1946.

[3] 鲁照旺. 政府经济学 [M].郑州：河南人民出版社，2002.

[4] 邓大松. 美国社会保障制度研究 [M].武汉：武汉大学出版社，1999（06）.

[5] 董克用. 西方劳动经济学教程 [M].北京：中国劳动出版社，1995.

[6] 郭继严，王永锡.中国就业战略研究 [M].北京：经济管理出版社，2001.

［7］郭树清. 模式的变革与变革的模式［M］. 上海：上海三联书店，1994.

［8］侯文若. 现代社会保障制度［M］. 北京：中国经济出版社，1994.

［9］李琮. 西欧社会保障制度［M］. 北京：中国社会科学出版社，1989.

［10］梁晓滨. 美国的社会保障［M］. 北京：中国人民大学出版社，1995.

［11］穆怀中. 中国社会保障适度水平研究［M］. 沈阳：辽宁大学出版社，1999.

［12］屈祖荫. 市场经济国家社会保险概况［M］. 北京：改革出版社，1995.

［13］杨燕绥. 劳动与社会保障立法国际比较研究［M］. 北京：劳动社会保障出版社，2002.

［14］赵曼. 美国社会保障制度研究与吸收［M］. 武汉：武汉出版社，1999（06）.

［15］郑功成. 论中国特色的社会保障道路［M］. 武汉：武汉大学出版社，1997.

［16］郑杭生，等. 社会运行导论［M］. 北京：中国人民大学出版社，1993.

［17］周天勇. 劳动与经济增长［M］. 上海：上海三联出版社，1995.

［18］李培林. 社会蓝皮书［M］. 北京：社会科学文献出版社，2007.

［19］谢维和，等. 中国的教育公平与教育发展（1990—2005）［M］. 北京：教育科学出版社，2008.

2.期刊论文类

［1］董克用. 关于国有企业富余职工下岗与再就业问题的思考［J］. 教学与研究，1998（05）.

［2］郭士征. 国外就业构成变化及其就业政策［J］. 外国经济与管理，1996.

［3］王勤. 独具特色的新加坡社会保障制度［J］. 世界经济与政治，1996（05）.

3.外文文献

［1］Buchanan J M, Tollison R D eds. Theory of Public Choice［M］.Ann Arbor：University of Michigan Press，1972.

［2］Buchanan, James M, Brnnan G. The Reason of Rules［M］. Cambridge：Cambridge University Press，1985.

［3］Buchanan, James M, Tollison R D eds. The Theory of Public Choice II. Ann Arbor：University of Michigan Press，1984.

［4］C.V.Brown，P.M.Jackson. Public Sector Economics. Blackwell Ltd. 1986.

［5］Chiu, W Henry. Income Equality, Human Capital Accumulation and

Economic Performance [J]. The Economic Journal, 1998, Vol.

[6] Coase R H. The Problem of Social Cost [J].Journal of Law and Economics, October.

[7] David E Sappington. Incentives in Principal-Agent Relationships [J].Journal of Economic Perspectives, 1991, 5（Spring）.

[8] Dearlove, John. Neoclassical Politics: Public Choice and Political Understanding [J].Review of Political Economy, Vol, 1, No.2.

[9] Dilnot A W, J A Kay, C A Morris. The Reform of Social Security [M]. Oxford: Clarendon Press, 1984.

三、社会学文献著作、学位论文、学术论文集类

1.著作、学位论文、学术论文集类

[1]侯风云.中国人力资本形成及现状[M].北京：经济科学出版社，1999.

[2]李春玲.比较视野下的中产阶级形成[M].北京：社会科学文献出版社，2009.

[3]陆学艺.当代中国社会阶层研究报告[M].北京：社会科学文献出版社，2002.

[4]莱特·米尔斯.白领——美国的中产阶级[M].南京：南京大学出版社，2000.

[5]刘精明.国家、社会阶层与教育[M].北京：中国人民大学出版社，2005.

[6]西奥多·W.舒尔茨.论人力资本投资[M].北京：北京经济学院出版社，1990.

[7]周晓虹.全球中产阶级报告[M].北京：社会科学文献出版社，2005.

[8]周晓虹.中国中产阶层调查[M].北京：社会科学文献出版社，2005.

[9]丹尼尔·贝尔.后工业社会的来临[M].高铦，等译.北京：新华出版社，1997.

[10]王处辉.中国社会思想史[M].天津：南开大学出版社，2000.

[11]龚书铎主编.中国社会通史[M].太原：山西教育出版社，1996.

[12]李培林，等.中国社会分层[M].北京：社会科学文献出版社，2004.

[13]让·鲍德里亚.消费社会[M].刘成富，全志钢，译.南京：南京大学出版社，2001.

［14］周晓虹.中国中产阶层调查［M］.北京：社会科学文献出版社，2005.

2.期刊论文类

［1］齐学红.学校、家庭中的文化资本与社会资本［J］.全球教育展望，2007（01）.

［2］陈署红.新中产阶级的教育消费及其动因探析［J］.学术交流，2006（09）.

［3］郭凯.文化资本与教育场域——布迪厄教育思想述评［J］.当代教育科学，2005（16）.

［4］周晓虹.时尚现象的社会学研究［J］.社会学研究，1995（03）.

［5］李强.中等收入阶层的构成［J］.湖南师范大学学报，2003（04）.

［6］成伯清.消费主义离我们有多远［J］.江苏行政学院学报，2001（02）.

［7］周作宇.教育、社会分层与社会流动［J］.北京师范大学学报（人文社科版），2001（05）.

［8］刘精明.教育与社会分层结构的变迁——关于中高级白领职业阶层的分析［J］.中国人民大学学报，2001（02）.

3.外文文献

［1］Brent D. Ruben. Quality in Higher Education［M］.New Brunswick：Transaction Publishers，1995.

［2］Diana Green (ed.) What is Quality in Higher Education［M］.Buckingham：SRHE and Open University Press，1994.

［3］David Lim. Quality Assurance in Higher Education：A study of developing countries［M］.Burlington：Ashgate Publishing Company，2001.

［4］Gleoffrey D.Doherty. Developing quality systems in education［M］.London：Rutledge，1994.

［5］John Cheever. The Stories of John Cheever［M］.New York：Alfred A.knopf：1978.

［6］Lynne Waldeland.John Cheever［M］.Boston：Twayne Publishers，1979.

［7］Scott Donaldson. John Cheever：A Biography［M］.NewYork：Random House，1988.

［8］James E.O'Hara. John Cheever：A Study of the Short Fiction［M］.Boston：Twayne Publishers：1989.

[9] Marry Cheever, Susan Cheever, Benjamin Cheever, and Federico Cheever. The Journals of John Cheever [M]. New York: Alfred A.knopf, 1991.

[10] Andrew Sullivan. Sudden Appearance of Super upper stratum [N]. Sunday Times, May 19, 2002.